新西兰南岛

本书作者
查尔斯·罗林斯卫（Charles Rawlings-Way） 莎拉·本奈特（Sarah Bennett）
彼得·德拉吉策维奇（Peter Dragicecich） 李·斯雷特（Lee Slater）

Marlborough & Nelson
莫尔伯勒和纳尔逊 56页

The West Coast
西岸区
105页

Christchurch & Canterbury
克赖斯特彻奇(基督城)
和坎特伯雷
142页

Queenstown & Wanaka
昆斯敦(皇后镇)
和瓦纳卡
235页

Dunedin & Otago
达尼丁和奥塔戈
200页

Fiordland & Southland
峡湾地区和南部区
276页

中国地图出版社

计划你的行程

三锥山玩滑板，见243页

在路上

目录

达尼丁火车站，见211页

了解新西兰南岛

生存指南

特别呈现

欢迎来新西兰南岛

欢迎来到世界上顶级的户外运动圣地之一，多彩壮丽、引人入胜的震撼美景中孕育着无限的探险良机。

漫步荒野

新西兰南岛面积达151,215平方公里，却只有100万人口，其人口密度甚至低于澳大利亚的塔斯马尼亚岛。葱翠的森林、起伏的山川、如镜的湖泊、惬意的海滩和峻峭的峡湾，这一切构成了这个星球上最佳徒步旅行目的地之一——新西兰“本土”。不妨从南岛六大顶级步道中选择一条，例如著名的希菲步道、路特本步道或米尔福德步道。你还拥有其他数不尽的选择，从15分钟的天然步行小径到行程达数天的山地跋涉，应有尽有。新西兰环境保护部提供的步道及小屋分布网能让你的徒步游更加便捷。

丰富的户外活动

徒步（在这里亦被称为“远足”）或许是南岛最经典的冒险活动，不过在这片土地上，还有很多可以让你大呼过瘾的户外体验。顺着布勒河或朗伊塔塔河激流勇进，或者乘坐皮划艇欣赏莫尔伯勒峡湾、阿贝尔·塔斯曼国家公园或峡湾地区的风光。在皇后镇感受摆脱地心引力的刺激，体验蹦极、滑翔伞或跳伞，也可以骑山地自行车，沿阿尔卑斯山至海洋自行车道前行，欣赏绝佳美景。冬季时分，可以去瓦纳卡、皇后镇或哈特山的滑雪场疯狂玩雪。

美食和佳酿

钟爱美食的旅行者可算来对地方了。这里一年四季出产让人眼花缭乱的美味，包括可口的纳尔逊浆果、奥塔戈中部的核果、坎特伯雷的芦笋以及南部带有泥土味的根用蔬菜。从农场鸡蛋到老祖母亲手做的番茄调味酱，路边的小摊棚出售各种食物；想品尝当地海鲜、野味、其他肉类或奶酪、冰激凌等乳制品，也非常便捷。你可以选择世界上最好的气候凉爽的产区酿制的葡萄酒来搭配这些美食，例如奥塔戈的顶级黑皮诺葡萄酒。纳尔逊的啤酒花农场为纳尔逊到因弗卡吉尔的啤酒厂提供一流的原料。

认识本土“原住民”

做好与南岛当地独特的野生动物近距离接触的准备吧：鲸鱼、海豹和企鹅经常在凯库拉周边的海域出没，与它们做伴的还有各种海鸟，包括海燕和信天翁。濒危的贺氏矮海豚在阿卡罗阿港和卡特林斯欢跃。奥塔戈半岛是企鹅、皇家信天翁和海狮的栖息地。继续往南，偏远荒凉的斯图尔特岛上居住着新西兰特有的几维鸟，数量较多，它们很害羞。卡卡鹦鹉和啄羊鹦鹉不容错过，后者喜欢啃咬汽车天线和没人看管的徒步靴。

我为什么喜欢新西兰南岛

本书作者　莎拉・本奈特（Sarah Bennett）

我的孩提时光是在南岛北部度过的，不过大多数节假日的回忆都与白蛉出没的遮篷和有趣的淘金联系在一起，关于这片生我养我的岛国土地的美，我却知之不多。但现在不一样了，徒步、山地骑行和观赏野生动物，沉迷于一切户外活动的我发现新西兰南岛是一个无与伦比的地方。这里绵延的海岸线、起伏的山峦、峡谷和平原提供了无数冒险机遇，无论你的兴趣是什么，也不论你的能力如何，都能找到适合自己的活动。此外，这里还有独特的自然史，关于原住民毛利族和殖民时期的故事都丰富多彩。

了解更多作者信息，见382页。

上图：米尔福德步道（见283页）麦凯瀑布

新西兰南岛

0 200 km
0 100 miles

海拔高度

2000m
1500m
1250m
1000m
750m
500m
250m
0m

莫尔伯勒峡湾
风光旖旎的航道、郁郁葱葱的小径和蜿蜒曲折的车道（62页）

阿贝尔·塔斯曼国家公园
徒步、划皮划艇和隐匿的小海湾（93页）

布勒地区
历史悠久的地区召唤人们来此徒步郊游（107页）

高山观景火车
最棒的穿越海岸火车之旅（120页）

凯库拉
这个迷人的小镇有小龙虾和野生动物（74页）

40°S
42°S
168°E
170°E
172°E
174°E

TASMAN SEA
塔斯曼海

Cape Farewell
Farewell Spit
Golden Bay
Collingwood
科灵伍德
Takaka
Abel Tasman National Park
阿贝尔·塔斯曼国家公园
Tasman Bay
塔斯曼湾
Marlborough Sounds
莫尔伯勒峡湾
Motueka
莫图伊卡
Karamea
卡拉米亚
Richmond
里士满
Nelson
纳尔逊
Picton
皮克顿
WELLINGTON
惠灵顿
Blenheim
布莱尼姆
Cook Strait
库克海峡
Cape Palliser
Westport
Murchison
St Arnaud
Punakaiki
Reefton
Nelson Lakes National Park
纳尔逊湖国家公园
Paparoa National Park
去 Chatham Islands
查塔姆群岛
Greymouth
格雷茅斯
Lewis Pass
刘易斯隘口
Springs Junction
Kaikoura
凯库拉
Kaikoura Peninsula
Lake Brunner
Hokitika
霍基蒂卡
Arthur's Pass
亚瑟隘口
Arthur's Pass National Park
亚瑟隘口国家公园
Ross
罗斯
Whataroa
Pegasus Bay
佩格瑟斯湾

福克斯冰川
令人叹为观止的冰川、湖泊和雨林（135页）
米尔福德峡湾
高耸的山峰矗立于靛蓝色的河流中（287页）
班克斯半岛
了解法国文化的影响，欣赏沿海风光（165页）
麦肯齐地区
山峰屹立，俯瞰灰蓝色的湖泊（188页）
奥马鲁
维多利亚时期的遗产和蒸汽朋克文化（204页）
奥塔戈中部
历史、骑车游览和夏日水果（225页）
奥塔戈半岛
见见本土“原住民”：企鹅、海豹和海狮（222页）
昆斯敦（皇后镇）
新西兰的冰雪（及滑雪）中心（236页）
卡特林斯
沿观光路线探寻野生动物的踪迹（298页）
斯图尔特岛
几维鸟和偏远的南部海岸线（303页）
Christchurch 克赖斯特彻奇（基督城）
Lyttelton
Banks Peninsula 班克斯半岛
Akaroa 阿卡罗阿
Franz Josef 弗朗茲约瑟夫
Fox Glacier 福克斯冰川
Mt Arrowsmith (2795m)
Mt Cook 库克山 (3754m)
Mt Hutt
Methven
Westland National Park
Mt Cook Village
Aoraki/Mt Cook National Park
Lake Tekapo 特卡波湖
Lake Pukaki 普卡基湖
Ashburton 阿什伯顿
Canterbury Bight 坎特伯雷湾
Haast 哈斯特
Jackson Bay
Haast Pass
Mt Aspiring (3035m) 阿斯帕灵山
Twizel
Temuka
Timaru 蒂马鲁
Lake Wanaka 瓦纳卡湖
Milford Sound 米尔福德峡湾
Fiordland National Park
Milford Sound 米尔福德桑德
Wanaka 瓦纳卡
Glenorchy
Waimate
George Sound
Arrowtown 箭镇
Cromwell 克伦威尔
Queenstown 昆斯敦（皇后镇）
Oamaru 奥马鲁
Doubtful Sound 神奇峡湾
Lake Te Anau 蒂阿瑙湖
Lake Wakatipu 瓦卡蒂普湖
Alexandra 亚历山德拉
Te Anau 蒂阿瑙
Palmerston
Dusky Sound
Manapouri 马纳普里
Lake Manapouri 马纳普里湖
Lumsden
Lake Mahinerangi
Otago Peninsula 奥塔戈半岛
Dunedin 达尼丁
West Cape 西角
Gore
Milton
Tuatapere 图阿塔皮里
Winton
Catlins Conservation Park 卡特林斯保育公园
Balclutha
Invercargill 因弗卡吉尔
Bluff 布拉夫
Chaslands Mistake
Foveaux Strait 福沃海峡
Oban 奥本
Stewart Island (Rakiura) 斯图尔特岛（拉基乌拉）
去 Bounty Islands 邦蒂群岛；Antipodes Islands 安蒂波迪斯群岛
PACIFIC OCEAN 太平洋
去 Snares Islands 斯奈尔斯群岛；Auckland Islands 奥克兰群岛
去 Campbell Island 坎贝尔岛
46°S
172°E
174°E

新西兰南岛 Top 15

1

阿贝尔·塔斯曼国家公园

1 这里拥有新西兰最壮丽迷人的自然景观：林木茂盛的山峦被带有金色沙滩的海湾所环绕，渐渐隐入温暖的浅滩，最后与水晶般澄澈的蔚蓝色海水融为一体。阿贝尔·塔斯曼国家公园（见93页）属于典型的明信片上的天堂，你将置身于如画美景中，尽情体验各种精彩活动：徒步、划皮划艇、游泳、晒日光浴，甚至是在林间狂欢。新西兰南岛这美妙的一隅能将你的旅行推上新的高度，并且始终使旅行轻松保持高水准。

凯库拉

2 凯库拉（见74页）——字面意思是“吃龙虾”——最初是由嗅觉对海鲜格外敏锐的毛利人建立的。想要大快朵颐海鲜，与海洋生物亲密接触，这里是新西兰最好的选择。虽然鲸鱼绝不可能出现在菜单上，但只要参加观鲸之旅，就肯定能看到白鲸莫比·迪克（小说《白鲸》中的主角）的同胞。你也可以与海豹和海豚一同游泳，或者观赏信天翁、海燕以及其他海鸟。提及“海鲜大餐”，龙虾无疑是凯库拉的首选，不过参加钓鱼之旅，你有机会从凯库拉独有的深海中钓起其他美味可口的食材。图为凯库拉海岸的毛皮海豹。

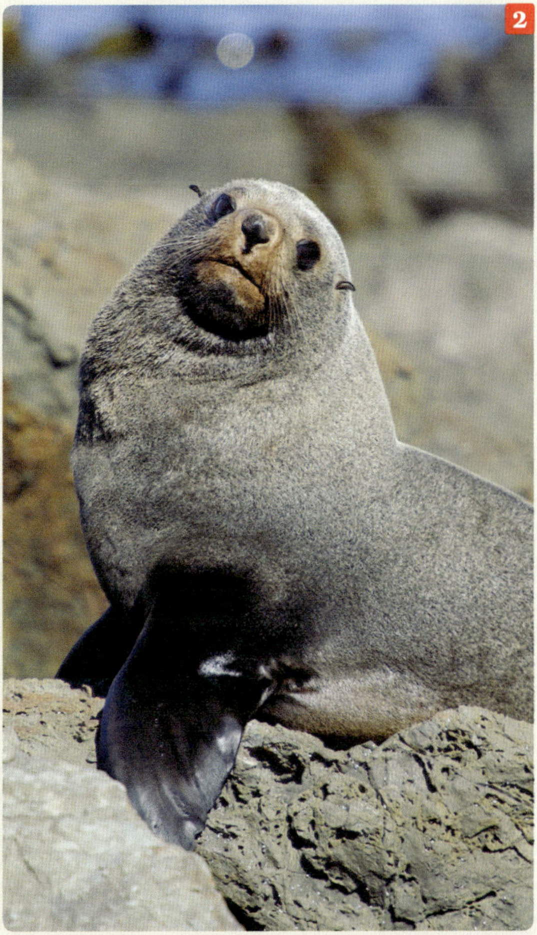

2

昆斯敦（皇后镇）

3 关于皇后镇（见236页），或许为人所熟知的是这里乃蹦极发源地，但作为新西兰冒险活动中心，这里还有更多精彩的选择，而不仅仅是绑在粗壮的橡胶绳上，从桥上纵身一跃。瓦卡蒂普湖、肖托弗河、卓越山等构成了令人难以置信的美丽画卷，旅行者可以选择徒步、山地自行车骑行、滑翔伞、漂流或乘坐四轮驱动车感受越野行的乐趣。皇后镇和箭镇都是热情友好的枢纽站，冒险之后不妨来此喝上一杯，或享用美餐，回味之前的惊心动魄。

阿卡罗阿和班克斯半岛

4 阿卡罗阿村坐落于班克斯半岛（见165页）上最漂亮的港口之一，散发着浓郁的法式风情。身体呈流线型的海豚和胖乎乎的企鹅栖息于清澈的海水中，这片水域也非常适合航行和深入探索。在半岛的其余地方，如蛛网般分布的Summit Rd勾勒出古火山的轮廓，还有蜿蜒下降的道路通往隐匿的海湾。置身于海天一色的大自然中，白天你可以徒步游览，或乘坐皮划艇，入夜后可以在舒适的小餐馆、极具风味的小镇或乡村住宿地放松身心。图为阿卡罗阿。

3

奥塔戈中部

5 奥塔戈中部（见225页）拥有新西兰最极致的风貌，一切都显得相得益彰。可以租辆自行车沿奥塔戈中央铁路自行车道探索，或前往绝妙的罗克斯堡峡谷。在惬意的乡村酒吧畅饮冰镇啤酒，或者在班诺克本和吉布斯顿山谷拥有葡萄园的餐馆享用一顿丰盛的午餐。其他美食体验包括克伦威尔每周的农贸市场，以及夏季的水果丰收，届时有甘甜的油桃、桃子、李子和樱桃。图为金秋时节的班诺克本地区。

米尔福德峡湾

6 天气晴朗、阳光灿烂时，著名的米尔福德峡湾（见287页）将呈现出最迷人的姿态——瀑布、满目皆翠的悬崖及高峰、深蓝色的水域——所以祈祷幸运女神的眷顾吧。大多数时候，这里呈现的是典型的峡湾景致，烟雨朦胧，壮观的瀑布倾泻而下，麦特尔峰在云雾中若隐若现，这一切更令人心驰神往。无论何时，米尔福德峡湾都是无可比拟的。当你参加乘船游或皮划艇游时，还有机会近距离观察当地特有的“原住民”，例如海豹、海豚和海鸟。

莫尔伯勒峡湾

7 皮克顿可不仅仅扮演渡船码头的角色，这里处处展现出勃勃生机，人们从此地出发，前往莫尔伯勒峡湾（见62页）的蜿蜒水道探险，该峡湾由四条不同的水道构成，由树木繁茂的小径和迂回曲折的车道相连。乘船游览可以深入这一区域数不胜数的隐匿角落。你可以沿夏洛特女王步道徒步或骑自行车，也可以划皮划艇往返于野营地之间，感受重归大自然的乐趣。很多乘船游行程都很丰富，从冒险活动组合到午餐巡游，再到前往摩图阿拉岛观察珍稀鸟禽，应有尽有。

6

MARK HANNAFORD / GETTY IMAGES ©

SIMON BRADFIELD / GETTY IMAGES ©

斯图尔特岛

8 作为新西兰粗犷的南端领属，斯图尔特岛（见303页）是徒步爱好者、观鸟爱好者及寻求真正新西兰旅行体验的旅行者的天堂。你可以向具有一定难度的西北环道发起挑战，或者花上3天的时间去体验更为轻松的拉基乌拉步道，那里的风景同样壮丽。在新西兰最南端的酒吧——位于奥本的South Sea Hotel——与友好的当地人一起玩竞猜游戏，然后制订去附近石莼岛观察鸟类的计划，那里栖息着多种鸟儿；或者参加几维鸟发现之旅，黄昏时分在偏远的沙滩上，你可以看到这种新西兰特有的鸟类在悠闲散步。

麦肯齐地区

9 坎特伯雷的麦肯齐地区（见188页）是风光旖旎的8号公路从基督城到皇后镇路段上的明星，标志景点有特卡波湖、奥拉基/库克山等。不过对于时间充裕的旅行者而言，这一独一无二的盆地被群山环绕，拥有一望无际的金色草丛、色彩斑斓的羽扇豆（俗称鲁冰花）、梦幻般的蓝色湖泊和运河——有太多值得探索的地方。要欣赏这里的风光，最好的方式就是沿阿尔卑斯山至海洋自行车道前行，绝大部分路段都很平缓，不过骑马游、直升机观赏、徒步和观星之旅同样是绝佳的选择。

图为特卡波湖（见189页）湖畔的羽扇豆。

11

布勒地区

10 当你抵达韦斯特波特小镇时，不要像大多数西岸区的游客那样直接往北走，这是最常见的错误。在这座小镇的另一边，布勒地区（见107页）十分值得停留，这里有多到令人难以置信的景点，提供多彩多姿的旅行体验，就从漫步幽灵出没的丹尼斯顿高原开始吧。布勒地区有着丰富的人文和自然史，例如迷人溪（Charming Creek）——新西兰最佳日行步道之一，以及奥帕拉拉盆地让人叹为观止的石灰岩拱门。在悠闲、舒适的港湾小镇卡拉米亚的另一边，是希菲步道的终点Kohaihai，从那里出发，只需徒步半天，就能到达原始质朴、杳无人烟的斯科茨海滩，让你终生难忘。图为摩瑞亚拱门（见115页）。

福克斯冰川

11 弗朗兹约瑟夫和福克斯（见135页）这对双子冰川既毗邻塔斯曼海，又靠近南阿尔卑斯山的最高峰，十分罕见。险峻的峡谷和壮观的冰流使它成为不容错过的景点。冰上徒步是领略冰川震撼之美的好办法，你也可以选择乘直升机从高空俯瞰美景，之后飞抵奥拉基/库克山。与福克斯冰川毗邻的是举世闻名、为清新雨林所环绕的“镜”湖马瑟森湖，以及原始的吉里斯派斯海滩，这里有锈迹斑驳的采矿遗迹和一条通往偏僻海豹栖息地的步道。图为福克斯冰川。

高山观景火车

12 新西兰最美的火车旅程当属乘坐高山观景火车（见120页）之旅，5小时的跨岛行程从太平洋一路延伸到塔斯曼海。离开基督城后，火车将快速穿过一派田园风光的坎特伯雷平原，前往南阿尔卑斯山麓丘陵地带，经过隧道和高架桥，来到辽阔的怀马卡里里河谷。火车在亚瑟隘口国家公园稍作停留后，将经过8.5公里长的奥蒂拉隧道，贯穿新西兰高山的山脊基岩。接下去火车将一路下坡，穿过塔拉马考河谷，途经布伦纳湖，最终来到宁静的格雷茅斯。这趟行程令人难以忘怀。

卡特林斯

13 即使是对于很多几维鸟而言，粗犷的卡特林斯（见298页）海岸也是一片未知的领域。连接达尼丁和因弗卡吉尔的内陆线路虽然快速实用，但最佳选择是穿过卡特林斯多变迷人的地形，那里荒僻的海湾星罗棋布，瀑布和洞穴尽显大自然的鬼斧神工，还有机会与友善的当地人闲聊，亲眼目睹当地特有的野生动物。卡特林斯的亮点包括参观位于帕帕图怀的古怪的失落吉卜赛画廊，在库里欧湾与海豚一起游泳（或冲浪），以及步行前往狂风吹袭的斜坡角——南岛最南端。图为努盖特角（见303页）。

奥塔戈半岛

14 这个世界上几乎没有城市像达尼丁这样与令人难忘的野生动物做邻居。从市中心出发，只需15分钟，便能来到地势崎岖的奥塔戈半岛（见222页），这里有宁静的海滩、险峻的海湾及悬崖，是海豹和海狮的天堂。不过真正让奥塔戈半岛显得独一无二的是这里的海鸟，知名的“原住民”包括罕见的黄眼企鹅（hoiho）和皇家信天翁，皇家信天翁在泰瓦罗瓦角——世界上唯一的大陆栖息地筑巢。1月或2月来访，你能看到皇家信天翁展翅飞翔以及笨拙落地的情景。

奥马鲁

15 经过修葺的精致维多利亚镇景、奇特的蒸汽朋克文化、每晚露面的数百只小蓝企鹅——惊喜无处不在的奥马鲁（见204页）是南岛之行必不可少的一站。骑着前轮大后轮小的古式自行车去探索位于港口附近的历史悠久的管辖区，然后在舒适的咖啡馆或烘培坊小憩，品下午茶或点上一份自制馅饼。黄昏时分，在海边的露台选个位置，向辛勤一天捕食归来的企鹅们打招呼，接着去附近的啤酒厂来一杯啤酒，为企鹅们挑战大海的勇气干杯。

行前参考

更多信息见生存指南（见345页）

货币

新西兰元（$）

语言

英语、毛利语和新西兰手语

签证

中国公民前往需要申请签证，详见http://www.vfsglobal.cn/NewZealand/china/chinese/。新西兰对中国公民已开放电子签证，申请网址为https://www.immigration.govt.nz/audiences/chinese/evisa。

现金

各个城市及较大的城镇都有自动柜员机。大多数酒店和餐馆都接受信用卡，银联卡也能使用。

手机

中国手机卡需开通国际漫游才可以在新西兰使用，具体资费请提前咨询运营商。可以使用全球漫游，或者购买当地SIM卡以及预付费卡。

时间

新西兰时间为格林尼治时间加12个小时（比澳大利亚东部标准时间早2小时）。新西兰夏令时比北京时间早5小时，冬令时早4小时。

何时去

Nelson 纳尔逊
1月至3月前往

Franz Josef
弗朗兹约瑟夫
2月至3月前往

Christchurch
克赖斯特彻奇(基督城)
1月至3月前往

Queenstown
昆斯敦(皇后镇)
6月至8月前往

Te Anau 蒂阿瑙
10月至次年4月前往

旺季（12月至次年2月）

- 气候环境最佳，适合海滩放松以及户外冒险。
- 热门旅游目的地聚满了新西兰国内的度假者，道路格外繁忙。
- 大量国际游客涌入南岛各个角落。

平季（3月至4月和9月至11月）

- 气候通常较为稳定，是旅行的好时节。
- 新西兰人或上学或工作，因此游客的数量相对减少。
- 9月至11月，南部的气温可能会低一点，尤其是在夜晚。

淡季（5月至8月）

- 天气难以预测，可能晴朗宜人，也可能糟糕透顶。
- 没有喧嚣的人群，可以轻松预订行程，但安静的城镇进入了冬眠期。
- 滑雪以及其他雪上运动丰富多彩，尤其是在皇后镇周边。

网络资源

100% Pure New Zealand（www.newzealand.com）官方旅行网站；相应中文网站为http://www.newzealand.com/cn/。

Department of Conservation（www.doc.govt.nz）环境保护部提供关于公园以及露营的信息。

Lonely Planet（www.lonelyplanet.com/new-zealand）目的地信息、酒店预订、旅行者论坛等。

Destination New Zealand（www.destination-nz.com）内容丰富的旅行网站。

DineOut（www.dineout.co.nz）餐馆评价。

Te Ara（www.teara.govt.nz）新西兰线上百科全书。

重要号码

新西兰的电话号码通常包含两位数的区号以及七位数的号码。即便你拨打的是同一区的电话号码，仍然要加拨区号。如果从境外拨打新西兰电话，去掉开头的0。

新西兰国家代码	☎64
国际接入码	☎00
紧急情况（火灾、急救、报警）	☎111
查号	☎018
国际查号	☎0172

汇率

人民币	CNY1	NZD 0.20
澳元	AUD1	NZD1.05
加拿大元	CAD1	NZD 1.07
欧元	EUR1	NZD 1.49
日元	JPY100	NZD 1.23
新加坡元	SGD1	NZD 0.98
英镑	GBP1	NZD 1.69
美元	USD1	NZD 1.43

当前汇率信息见www.xe.com。

每日预算

经济：低于$150

➡ 多人间床位或露营：平均每晚$25~38

➡ 经济型餐馆主菜：低于$15

➡ 持Naked Bus或InterCity通票探索新西兰：5次通票$151起

中档：$150~250

➡ 中档酒店/汽车旅馆的双人间：$120~200

➡ 中档餐馆主菜：$15~32

➡ 租车自驾：平均每天$30起

高档：高于$250

➡ 高端酒店的双人间：$200起

➡ 高档餐厅三道菜餐食：$80

➡ 从奥克兰飞往基督城的新西兰国内航班：$100起

营业时间

每个季节的营业时间都不一样（例如冬季的达尼丁就很安静），不过下面所列的时间表可作为大致参考。注意：大多数地方在圣诞节以及耶稣受难节关闭。

银行 周一至周五9:30~16:30；部分在周六9:00至正午也营业

咖啡馆 7:00~16:00

邮局 周一至周五8:30~17:00；较大的分局在周六9:30~13:00也营业

酒吧和酒馆 正午至晚些时候（根据地区以及日子不同，“晚些时候”也有差异）

餐馆 正午至14:30和18:30~21:00

商店和公司 周一至周五9:00~17:30和周六9:00至正午或17:00

超市 8:00~19:00，城市里通常延长至21:00或更晚

抵达南岛

基督城机场（见359页）基督城地铁紫线6:45~23:00运行，前往市区，固定时间段发车。往返大巴24小时运行。出租车前往市中心大约需要$50（20分钟）。

皇后镇机场（见359页）Connectabus的大巴6:50~23:00运行，每隔15分钟发车。需要提前预订的往返大巴提供24小时的接送服务。出租车前往市中心大约需要$40~45（15分钟）。

当地交通

新西兰南岛形状狭长，很多路是两车道的乡村小路，因此想从A地到B地，需要仔细计划。

小汽车 按照自己的节奏旅行，探索偏远地区，拜访公共交通无法抵达的地区。在主要城镇租车。靠左行驶，方向盘在右边（以防你找不到）。

长途汽车 乡村地带很普遍，安全可靠（通常比乘坐飞机便宜）。

飞机 乘坐价廉、班次频繁、快速的国内航班，能帮助你节约时间成本。如果你觉得内疚，就参与碳补偿计划吧。

火车 火车可靠，时间固定（即便速度或价格上不占优），沿着独特的南岛线路前行。

更多**当地交通**信息，见360页。

新线报

元灵路

85公里长的元灵路是新西兰最耗时费力的新自行车道之一，能带来真正的野外体验。这条路将引领你穿过质朴原始的山川，重走两条历史悠久的黄金开采线路。（见111页）

基督城美术馆

2011年的地震使得这座城市最重要的美术馆一直处于闭馆状态。终于重新开放后，美术馆以更好、更明亮的姿态出现在大家面前，展出了部分新西兰最精美的艺术作品。（见147页）

基督城中央商务区

新酒吧、餐馆和住宿地在经历重建的基督城主城区快速涌现。（见143页）

鲨鱼船

是什么从平静的瓦卡蒂普湖中一跃而起？没错，是一条巨大的鲨鱼，或者至少是一艘鱼雷状、被漆成鲨鱼样的喷气船。（见241页）

比尔·理查德森交通世界

这一宽敞大气的新汽车博物馆位于因弗卡吉尔，收藏有大量精心修复的老爷车，令人眼花缭乱。（见293页）

奥玛卡航空遗产中心

令人震撼的布莱尼姆博物馆新落成的侧翼以"危险的天空"为主题，收藏有第二次世界大战的飞机，与隔壁第一次世界大战的藏品相得益彰。（见68页）

卡德罗纳酿酒厂和博物馆

参观瓦纳卡附近的这一新酿酒厂，顺着香气，去品尝单一麦芽威士忌、伏特加、杜松子酒和橙酒。（见273页）

杰拉尔丁博物馆

这座小巧的南部博物馆位于杰拉尔丁古色古香的镇政府大楼内，新开辟的区域收藏着更多古玩物品。（见187页）

了解更多推荐和评价，请登录lonelyplanet.com/new-zealand。

基督城美术馆（见147页）

如果你喜欢

城市

基督城 复古、时尚、新生、刺激——震后的基督城能带来惊喜，让你觉得不虚此行。（见143页）

达尼丁 哥特式建筑、非主流艺术、学生文化以及近在咫尺的野生动物。（见210页）

纳尔逊 艺术、文化、美食和海滩——难怪这座城镇被称为“新西兰的生活之都”。（见79页）

因弗卡吉尔 虽然这里不够摇滚，但充满复古风情，民风友善，随处可见干净漂亮的旧建筑。（见292页）

海滩

阿贝尔·塔斯曼海岸步道 忘记Photoshop软件吧，这里超现实的金色沙滩、蓝色海水以及翠绿山峰可都是真实存在的。（见93页）

卡卡角 有冲浪海滩，居住着海豹、海狮和海鸟。（见303页）

科拉克湾 顶级冲浪地，不过来到如此偏南的海湾，可别忘了带一件上好的潜水服。（见292页）

毛利文化

蒂安娜毛利岩石艺术中心 在博物馆和隐匿的遗址处学习传统的毛利岩画艺术。（见184页）

奥肯斯湾毛利及殖民博物馆 参观大量遗留下来的珍宝，包括毛利战船（waka taua）。（见166页）

霍基蒂卡 欣赏传统的毛利设计，近距离观看出自匠师之手的石雕、骨雕、鲍鱼贝壳雕刻以及真正的绿岩。（见124页）

Ko Tane 在柳岸野生动物保护区造访按照原样复制的毛利村庄，晚上还能欣赏文化表演。（见155页）

博物馆和美术馆

奥塔戈博物馆 拥有启发意义的故事，认识这一地区独有的野生动物。（见213页）

坎特伯雷博物馆 这一漂亮的博物馆躲过了地震浩劫，收藏有大量丰富的展品。（见147页）

世界可穿着艺术和经典汽车博物馆 来这里欣赏举世闻名、古怪至极、令人难以置信的艺术秀。（见83页）

南部区东部艺术馆 收藏有新西兰著名艺术家雷尔夫·哈特雷和里塔·安格斯的作品，让人印象深刻。（见296页）

仙蒂镇 在这座仿古的拓荒小镇，探索西海岸的淘金和采煤史。（见120页）

徒步

米尔福德步道 新西兰顶级步道中最棒的线路——长54公里，沿途可以欣赏到峡湾、山峰和险峻的隘口。（见283页）

路特本步道 与米尔福德步道一起竞争顶级步道的头把交椅。（见257页）

罗伯特山环形步道 纳尔逊湖最美的步道，适合白日步行游览，经Pinchgut步道前行，景色醉人。（见103页）

元灵路 这一新建的荒原之路是为自行车爱好者准备的，也适合徒步游者，完成整趟行程需要数天时间。（见111页）

小酒馆、酒吧和啤酒

纳尔逊 在新西兰的啤酒花之乡，沿着精酿啤酒之路游逛酒馆和酒厂。（见85页）

基督城 Pomeroy’s、Brewery这样的小酒馆充分体现了这座城市对精酿啤酒的钟情。（见161页）

皇后镇 山地骑行、蹦极或滑雪，刺激的一天过后，喝上一杯，放轻松。（见253页）

因弗卡吉尔酿酒厂 不仅推出自家产品，还替新西兰一些最好的酒品牌代工。（见293页）

雪上运动

三锥山 在毗邻瓦纳卡的三锥山挑战下坡滑雪。（见243页）

坎特伯雷 哈特山是这一地区首屈一指的明星，不过别忘了欧豪、圆山、博特斯和布鲁肯河这样的小型滑雪场。（见177页）

皇冠峰 前往皇后镇历史最久的滑雪场滑雪或玩单板滑雪，接着参与这一度假胜地为人所称道的滑雪后活动。（见243页）

葡萄酒产区

莫尔伯勒 顶级的长相思葡萄酒和漂亮的葡萄酒庄餐馆，而这些仅仅是开始。（见72页）

纳尔逊 莫尔伯勒的这位邻居虽然酿酒规模相对要小些，但葡萄酒也是一流的，风景同样迷人。（见79页）

怀塔基谷 精酿酒商打理着这片难以驾驭的地方——新西兰最边缘的葡萄酒产区。（见204页）

奥塔戈中部 这块片岩地区出产上等的黑皮诺葡萄，你能觅到众多酒窖门。（见225页）

极限运动

皇后镇 从蹦极之父A.J.哈克特（AJ Hackett）最初跃下的卡瓦劳大桥上或者内维斯的蹦极地飞身而下吧。（见238页）

弗朗兹约瑟夫冰川跳伞 如果你决心尝试跳伞，那就从最高的地方——高山和冰川之上5700多米处跳下来吧。（见133页）

阿贝尔·塔斯曼峡谷 在这一国家公园尽情体验，划船、游泳、滑行跃过隐匿的峡谷。（见95页）

布勒漂流 在西岸这条壮观的河流的激流中奋勇前进，感受刺激。（见107页）

上图：莫尔伯勒葡萄酒产区的葡萄园（见72页）
下图：阿贝尔·塔斯曼国家公园（见93页）内的喷水湾

每月热门

最佳节庆

纳尔逊爵士音乐节，1月

世界街头艺人节，1月

莫尔伯勒葡萄酒节，2月

皇后镇冬季嘉年华，7月

奥马鲁维多利亚遗产庆典，11月

1月

除夕夜之后，新西兰辞旧迎新，开启新的征程。绝佳的气候，如火如荼开展的板球赛季，当地人尽情享受快乐的假期。

世界街头艺人节

基督城随处可见杂耍者、乐师、魔术师、木偶师、哑剧表演艺术家和舞者……挤入熙攘的人群，欣赏各式表演，留点钱以示鼓励。若你害怕观众参与环节，就避开吧。（见156页）

纳尔逊爵士音乐节

在节奏感十足的演出场馆和街角的临时舞台，尽情展现你的爵士和蓝调天赋。从新西兰街舞表演者到当地的嬉皮士，表演者各种各样，而纳尔逊闻名遐迩的佳酿（葡萄酒和啤酒）使得人们更容易融入多元化的节奏中。（见83页）

2月

阳光明媚，夜晚较长，冰镇饮品带来沁爽体验：这是整个新西兰最好的派对时光。提前预订节庆日的门票（和住宿）。

莫尔伯勒葡萄酒节

在新西兰这一最盛大、最好的葡萄酒节上，开怀畅饮，尽情放纵吧。你能品尝到来自40余个葡萄酒庄的佳酿，外加精致的美食和精彩的娱乐活动。希望你喜欢长相思葡萄酒。（见70页）

利庞音乐节

瓦纳卡的另类音乐节在一座坡度平缓的湖畔葡萄园举行，氛围超级轻松，有大量精选的新西兰特色音乐演出，还有舞曲、雷鬼乐、摇滚乐和电子乐。（见268页）

3月

3月预示着秋季的来临，莫尔伯勒的葡萄园和奥塔戈中部的果园都迎来丰收。此外，3月还意味着黑夜更长，以及更多节假日的到来。

霍基蒂卡野味美食节

在霍基蒂卡极具挑战的美食节上品尝虫子、野兔睾丸或鹿肉馅饼，不过这些并不适合性格温文尔雅或肠胃较弱的人。但即使不去尝试，也能有滋有味地旁观！美食节还提供大量上等的新西兰自酿啤酒，可以净化味蕾。（见126页）

吉布斯顿葡萄酒及美食节

3月中旬，前往皇后镇花园品尝从崎岖蜿蜒的河谷到皇后镇东部出产的各种美味佳酿。期待10座葡萄园酿制的精选葡萄酒、奶酪和巧克力，还有新西兰知名大厨坐镇的烹饪大师课程（www.gibbstonwineandfood.co.nz）。

4月

4月，精明的旅行者纷纷来到新西兰：这个时节气候依旧温和，能够下海游泳，几乎没有其他游客或者排队的长龙。复活节意味着所有地方的住宿都颇为昂贵。

瓦纳卡战斗机航展

瓦纳卡战斗机航展于偶数年的复活节期间在地形起伏的奥塔戈中部举行，享誉全球。古老、标志性的战机将上演惊心动魄的疯狂特技

表演，能吸引5万名热情的观众。（见268页）

克莱德葡萄酒及美食节

宁静的克莱德是奥塔戈中央铁路自行车道的北部终点，因此闻名。不过当地葡萄园酿制的气候凉爽地带黑皮诺葡萄酒以及雷司令葡萄酒同样妙不可言。每年复活节期间举行。（见231页）

5月

派对之夜渐行渐远，寒冷的新西兰冬季降临，幸好还有喜剧节。同时，这也是你趁着气候尚且宜人去探索峡湾地区和南部区的最后机会。

新西兰国际喜剧节

5月举行的喜剧节（www.comedyfestival.co.nz）为期3周，从新西兰北岛开始，然后跟随喜剧车队来到南岛。国际著名喜剧演员与本土天才同台献艺。

布拉夫牡蛎美食节

布拉夫总是与牡蛎联系在一起，两者就如同双壳类动物一般。驱车深入南部腹地，品尝滑溜的咸牡蛎（www.bluffoysterfest.co.nz）。5月的布拉夫天气转冷，但现场音乐表演以及吃牡蛎比赛能让每个人都暖和起来。

6月

滑雪季到了，是时候出发去南部了。皇后镇和瓦纳卡进入旅游旺季，来自世界各地的滑雪和单板滑雪爱好者蜂拥而至，在皇冠峰、卓越山、三锥山和卡德罗纳一展身姿。

新西兰金吉他竞赛周

乡村音乐和西部音乐，这两种我们都爱！金吉他竞赛周（www.goldguitars.co.nz）在戈尔举行，为期一周，人们沉浸在乡村音乐曼妙的琴声与舞步中，有很多音乐会，还能欣赏街头艺人的表演。

7月

一年一度的冬季嘉年华让皇后镇陷入狂欢中。做好这期间住宿价格上涨的准备。如果你对嘉年华兴趣不大，不妨去达尼丁，与电影、巧克力和精酿啤酒打交道。

皇后镇冬季嘉年华

冬季嘉年华始于1975年，每年能吸引大约45,000名滑雪爱好者。为期10天的大派对包括烟火表演、爵士乐、街头游行、喜剧秀、大狂欢、化装舞会等各式活动，外加大量在雪坡上围绕冰雪展开的项目。（见247页）

新西兰国际电影节

继达尼丁（7月至8月）和基督城（8月）的电影季（www.nziff.co.nz）之后，这一电影节从7月持续至11月，在各地区的小镇陆续播放精选电影。格雷茅斯和因弗卡吉尔的电影迷们对此都非常期待。

8月

除了滑雪小镇外，其余地方都能找到价格适中的住宿地。冬季即将过去，但户外活动选择仍然稀少：音乐、艺术和橄榄球赛是你的消遣之选。

基督城艺术节

这一南岛规模最大的艺术节于奇数年举行。在遍布这座城市的诸多艺术场馆与高雅的坎特伯雷人一起欢庆吧。你还能欣赏到各式音乐、戏剧和舞蹈演出。（见156页）

9月

春天的气息开始弥漫，小羊羔活蹦乱跳。你能找到性价比极高的住宿地，不过千万做好一天内感受四个季节的准备。雪季总是显得恋恋不舍。

雪上运动

忘掉欧洲或南美洲吧。在这里，你能体验南半球最疯狂的雪上运动。从皇冠峰俯冲而下，前往卡德罗纳的单板滑雪天堂，或者去新西兰冰雪农场尝试北欧式滑雪。

10月

告别橄榄球赛季，板球赛季尚未开启，这段空白期让体育迷们无所事事：不妨出发去凯库拉、阿卡罗阿或纳尔逊。10月是“平季”，住宿价格合理，游客较少。

凯库拉海鲜节

凯库拉是一座建立在小龙虾之上的城镇。当然了，这不能按字面意思理解，但凯库拉确实有充足的甲壳纲动物，其中很多都会出现在海鲜节（www.seafest.co.nz）的餐盘

上图：野味美食节上的鹿肉馅饼（见126页）

下图：瓦纳卡战斗机航展的空中表演（见268页）

上。这个节日也是畅饮和纵情起舞的好机会。

法式嘉年华

千万别错过阿卡罗阿的法式嘉年华——于奇数年的10月初举行，庆祝这一半岛港口传承的法式风情和遗产。奇特的活动包括侍者大赛和法式板球联赛。（见170页）

瓦纳卡节

在一年一度的瓦纳卡节期间，以户外活动为特色的瓦纳卡展现出它在美食方面的才华，大快朵颐当地的特色美味吧。（见268页）

11月

新西兰夏季渐临，开始采用夏令时，白昼变长。这是徒步顶级步道的好时节，但需要提前预订。

奥马鲁维多利亚遗产庆典

感觉就像回到了过去那段美好的岁月，威严的维多利亚女王坐在王位上，低裙摆，高衣领，端庄大方的仪态是当年的特色。盛装打扮的人们、前轮大后轮小的古式自行车竞赛、唱诗班、团队游等，奥马鲁通过这种幽默风趣的方式向逝去的时代致敬（www.vhc.co.nz）。

NZ Cup & Show Week

一年一度的NZ Cup & Show Week是基督城的特色活动，当地人会举办时装秀、赛马比赛、展现乡村到城镇魅力的农牧博览会（A&P Show）等各种庆祝活动。（见156页）

Highlands 101

驾着你的爱车参加Highlands 101赛（www.highlands.co.nz）吧，这是在克伦威尔举行的一项涡轮增压汽车赛，40余辆赛车将绕4.1公里长的赛道101圈。这是3小时的极速竞赛。

12月

夏天到了！全新西兰的板球场上都回响着板球皮革与柳木球拍碰撞发出的声响，上班族急匆匆地完成手头上的活，以便赶上球赛。人人都兴冲冲地为圣诞节做准备——避开人满为患的购物中心。

夏洛特女王步道

想避开夏季喧嚣的人群，不妨选择颇受追捧的夏洛特女王步道（www.qctrack.co.nz），可以徒步，也可以骑自行车，甚至可以在你的行程中加入海上皮划艇体验。

旅行线路

南岛环线游

无与伦比的美景，品尝葡萄酒、观鲸以及冰上徒步等丰富多彩的体验，南岛环线游涵盖了所有的亮点，定会让你觉得不虚此行。

前往**克赖斯特彻奇（基督城）**，感受这座震后重建城市的勃勃生机。在Supreme Supreme品咖啡，然后参观坎特伯雷博物馆和过渡教堂。在植物园沿着埃文河（Avon River）悠闲散步，乘坐历史悠久的有轨电车游览城市，接着搭乘贡多拉欣赏绝美风光。

厌倦了城市？那就出发前往班克斯半岛和充满浓郁法式风情的**阿卡罗阿村**，然后往北去**凯库拉**观鲸。继续前行到**莫尔伯勒葡萄酒产区**和漂亮的港口小镇**皮克顿**，花上一两天时间，沉浸在**莫尔伯勒峡湾**的震撼美景中。

往西绕道，经过散发艺术气息的**纳尔逊**后，来到生态环境极佳的**黄金湾**。接着南下来到西海岸，普纳凯基和冰川——**弗朗兹约瑟夫**和**福克斯冰川**——不过是此次旅途所见景观的冰山一角。在追求冒险精神的**昆斯敦（皇后镇）**疯狂一回，为**神奇峡湾**所震撼，在安逸的**卡特林斯保育公园**放松身心。回到东海岸，造访苏格兰风情的**达尼丁**，然后绕行穿过怀塔基谷，来到积雪覆盖的**奥拉基/库克山**以及**特卡波湖**，最后回到基督城。

10天 美食、啤酒和集市之旅

新鲜的农产品、海鲜、乳制品、野味、葡萄、啤酒花——如果你是一枚不折不扣的"吃货"，那这趟行程就是专门为你准备的……

从**纳尔逊**开启你的旅程，这里被公认为新西兰的精酿啤酒之乡，Hop Federation和Townshend这样的小型啤酒厂就设在此地。接着前往新西兰最好的葡萄酒产区莫尔伯勒，小城**皮克顿**适合游览观光。然后来到南岛崎岖的东海岸，在**凯库拉**品尝美味的海鲜。光顾过凯库拉质朴的海鲜小餐馆后，下一站是基督城以北、**怀帕拉**周边的葡萄酒产区，在葡萄园餐馆享用奢华大餐。

继续前行来到**克赖斯特彻奇（基督城）**，在维多利亚街、新摄政街以及利特尔顿周边的餐馆寻觅美食，别错过每周六上午的基督城农贸市场。

南下至奥塔戈北部，**奥马鲁**的Riverstone Kitchen和**莫埃拉基**的Fleur's Place都是获过奖的餐馆。再往南，**达尼丁**的Emerson's和Green Man是值得一去的啤酒厂。最后在达尼丁的奥塔戈农贸市场满载而归，用有机美味、自由放养的家禽和本地食材装满整辆车。

10天 畅游动物星球

新西兰南岛有很多独一无二、非同寻常的生物，令人印象深刻。这趟旅程能带你真正领略陆地和海洋野生动物的风采。

从**克赖斯特彻奇（基督城）**出发前往**阿卡罗阿**，和新西兰体型最小、最为珍稀的贺氏矮海豚一起游泳。跟随熙攘的人流沿海岸线往回走，在**凯库拉**观鲸，与新西兰海豹共泳，接着南下至**奥马鲁**。这里有引人入胜的蒸汽朋克文化和历史悠久的管辖区。不过自然爱好者会直奔蓝企鹅栖息地而去——黄昏时分，那里会显得很热闹。

在奥马鲁停留之后，下一站是**奥塔戈半岛**，你能近距离观察到更多的小蓝企鹅以及它们极为稀有的表亲黄眼企鹅。参加团队游可以看到海豹和海狮，然后去附近的泰瓦罗瓦角参观皇家信天翁栖息地。

继续往南走，便来到了粗犷偏远的**卡特林斯保育公园**。企鹅、贺氏矮海豚和海狮都是**库里欧湾**的常客。再往南，从**布拉夫**出发，离开南岛前往独特原始的**斯图尔特岛（拉基乌拉）**，观赏几维鸟。这下可以告诉别人你亲眼见到几维鸟了。

计划你的行程

南岛徒步

想近距离感受新西兰南岛的原始美，徒步旅行（新西兰人又称丛林徒步、远足或步行）是最完美的方式。这里分布有数千公里的徒步步道——有些有明显的标志（包括南岛六大顶级步道），有些只是地图上的一条线段。而徒步步道周边均设有小木屋和露营地，非常便捷。

做计划

何时去

12月中旬至次年1月下旬 每年学校放暑假期间是徒步旅行的旺季，从圣诞节前几周开始——如果可以，尽量避开这段高峰期。

1月至3月 夏季一直会持续到3月；如果可以，不妨等到2月，步道相对不那么拥挤（情况略有好转）。从10月至次年4月，大多数非高山步道都可以轻松体验。

6月至8月 冬季不适合在野外活动，尤其是高海拔地区——部分步道在冬季封闭，因为存在雪崩的危险，此外，相关设施和服务也会减少。

实用物品

首先要考虑的就是保护好你的脚和背部。确保所穿的鞋子坚固合脚，同时背包贴合性好，不能太重。无论选择哪条徒步线路，都要注意衣着保暖防水，帽子同样重要，不仅能保暖，还能让你免受新西兰烈日的暴晒。如果住在没有烹饪设备的露营地或小屋，要带上野营炉。此外，别忘了带驱虫剂——以防白蛉侵扰（不过最好的办法是把皮肤遮起来），以及scroggin——水果干与坚果混合物（有时候也混有巧克力），可以一边走一边补充能量。

三大长途徒步线路

阿贝尔·塔斯曼海岸步道，阿贝尔·塔斯曼国家公园

希菲步道，卡胡朗伊国家公园

米尔福德步道，峡湾地区国家公园

三大短程徒步线路

罗伯特山环形步道，纳尔逊湖国家公园

雪崩峰，坎特伯雷

钥匙峰，峡湾地区国家公园

三大观赏野生动物徒步线路

鸟类，圣阿诺德山脊步道，纳尔逊湖

海豹，逆风角步道，西海岸

几维鸟，拉基乌拉步道，斯图尔特岛

最适合新手的徒步线路

夏洛特女王步道，莫尔伯勒峡湾

阿贝尔·塔斯曼海岸步道，阿贝尔·塔斯曼国家公园

罗布罗伊冰川步道，阿斯帕林山国家公园

书籍与资源

在进入丛林、展开徒步之旅前，最好从官方权威处获取最新相关信息——通常可以找新西兰环境保护部（Department of Conservation，简称DOC；www.doc.govt.nz）或者地区游客信息中心（i-SITE）。DOC不仅提供步道实时路况和天气信息，还有详细介绍新西兰国家公园动植物、地质和历史的书籍，外加细致介绍南岛数百条徒步步道的小册子（大多售价$2或更便宜）。

- Lonely Planet出版的《徒步新西兰》（*Hiking & Tramping in New Zealand*）介绍了50余条徒步线路，长度和难度不等。
- 马克·皮克林（Mark Pickering）和罗德尼·史密斯（Rodney Smith）合著的《101条顶级徒步线路》（*101 Great Tramps*）介绍了新西兰2~6天的徒步旅行相关信息。马克·皮克林所著的指南《202条徒步线路：新西兰最佳短程徒步计划》适合短期出游的家庭。
- 吉奥夫·查珀（Geoff Chapple）所著的《新西兰长途步道指南：蒂阿拉罗瓦》（*A Walking Guide To New Zealand's Long Trail: Te Araroa*）是一本关于遍及新西兰全国的长途步道的权威指南。
- 新西兰山区安全理事会出版的《丛林生存手册》（*Bushcraft Manual*）有助你在徒步时保证自己的安全，并激发出隐藏在你内心的贝尔·格里尔斯（Bear Grylls，英国著名探险家）。
- 肖恩·巴内特（Shaun Barnett）和克里斯·麦克莱恩（Chris Maclean）合著的《徒步》（*Tramping*）详尽介绍了这一新西兰最受喜爱的户外活动的历史。
- Potton & Burton出版社出版的“鸟瞰徒步指南系列”（Bird's Eye Tramping Guides）有很棒的地形图，该出版社还出版了很多关于新西兰

负责任的徒步

如果你从小就接触徒步这项活动，这里介绍的部分注意事项你一定觉得显而易见，但也有一些是你可能从未考虑过的。www.lnt.org这个网站是了解环保徒步的好资源，而新西兰环境保护部官网（www.camping.org.nz）则提供大量关于负责任露营的注意事项。有任何疑惑，可以咨询环境保护部或者地区游客信息中心的工作人员。

显而易见的注意事项：

- 避开徒步旺季：较少的人意味着环境所承受的压力较小，同时小屋内的打鼾者也少。
- 带走所有的垃圾。填埋垃圾会破坏土壤和植被，导致它们被腐蚀，此外，动物也可能将垃圾再次挖出来。
- 别在湖泊和水源地及附近使用洗涤剂、洗发剂或牙膏（即使是可生物降解的，也不例外）。
- 使用轻量级煤油、酒精或白汽油（无铅汽油）炉烹煮食物，避免用一次性的丁烷气罐。
- 沿途碰到厕所，就用吧。如果没有，就在地上挖个洞，掩埋你的排泄物（至少15厘米深，远离水源地100米）。
- 如果步道经过泥泞地带，直接穿过去就好——沿外围绕道反而会更加难以穿过去。

可能从未考虑过的注意事项：

- 在距离水道50米处清洗碗盘，使用擦洗球、沙子或雪，而不是洗涤剂。
- 如果确实需要擦洗身体，使用生物降解的肥皂和水桶，至少距离水道50米。将脏水洒开，有助水分尽快被土壤吸收。
- 如果可以使用明火，只能用干枯掉落的树枝在现有的炉子内生火。将多余的木材留给下一位幸运的露营者。
- 将装有食物的包系在屋顶椽子或树上，以免被食腐动物啃食。
- 喂食野生动物会导致生态系统失衡，让动物患上疾病，养成依赖人类施予的习惯。干杏肉还是留给自己享用吧。

步道安全

无数人在新西兰都安全完成了徒步体验，但每年都有不少徒步者不幸在山上丢了性命。部分步道只适合经验丰富、体能出众、装备完善的徒步爱好者——如果你不符合这些条件，千万不要尝试。务必确保你身体健康，并且在能承受的范围内步行游览。

南岛天气变幻无常，意味着高海拔徒步容易遭遇冰雪侵袭，即便是在夏季也会出现，还会有河流湍急的情况：出发之前一定要了解天气、步道情况以及相关信息，做好更改计划或者在天气糟糕时取消徒步的准备。

网络资源包括：

www.doc.govt.nz 新西兰环境保护部官网提供步道相关信息、警示以及其他参考内容。

www.adventuresmart.org.nz 在网上发布你的徒步计划（告诉朋友或当地人！）。

www.mountainsafety.org.nz 徒步安全注意事项。

www.metservice.co.nz 天气预报。

徒步和城市短程步行游的书籍——可以在书店找到。

地图

新西兰土地信息部（Land Information New Zealand；www.linz.govt.nz）出版的新西兰地形图系列是最常用的参考资料。通常书店出售的地图选择很有限，但土地信息部官网提供零售商列表，新西兰环境保护部办事处往往也会出售与当地步道相关的最新地图。户外商店同样有售。NZ Topo Map（www.topomap.co.nz）有互动地形图，对行前制订计划非常有帮助。

网络资源

www.doc.govt.nz 保护区内所有步道介绍，包括警示以及详尽的动植物相关信息。

www.tramper.co.nz 徒步相关的文章、图片、论坛以及丰富的步道和沿途小屋信息。

www.teararoa.org.nz 从雷因格海角到布拉夫，新西兰这一长3000公里的步道的官网。

www.topomap.co.nz 新西兰全国地形图的网络版。

www.mountainsafety.org.nz 安全提示、装备建议以及相关课程。

www.freewalks.co.nz 关于新西兰境内各长途和短程徒步步道的介绍、地图以及图片。

www.trampingnz.com 按照地区划分，提供步道相关信息，配有可读性强的旅行报告。

步道分类

新西兰的步道根据不同特点分类，包括难易程度。通用的步道分类标准如下：

短途步道（Short Walk；最简单） 路况不错。可能设有轮椅通道，或者对鞋子要求不高（即不要求专业的徒步鞋）。适合各年龄段以及任何身体状况的人体验。

中长步道（Walking Track；简单） 距离更长的步道，路况良好。建议穿徒步鞋或徒步靴。适合大多数年龄段与身体状况的人。

顶级步道（Great Walk）或简单的远足步道（Easier Tramping Track；中等） 路况良好。多数涉水地带架有桥梁，步道交叉口设有指示牌。需要穿轻便的徒步靴，适合身体状况中上的人。

远足步道（Tramping Track；较难） 要求具备一定的技术和经验，需要穿徒步靴。适合体能中等的人参与。涉水地带可能没有桥梁。

艰难步道（Route；专家级） 对技术、经验以及辨识方向的能力有极高要求。必须穿结实的徒步靴。只适合装备完善的专业徒步者。

顶级步道

新西兰官方推荐的九大顶级步道是这个国家最受欢迎的徒步步道：其中有6条在南岛。步道沿途自然风光美不胜收，但是往来人流较为密集，尤其是夏季，因此要做好准备。

Great Walks 顶级步道

Lonely Planet出版的《徒步新西兰》一书中介绍了位于南岛的6条顶级步道，新西兰环境保护部游客中心的小册子和顶级步道官网（www.greatwalks.co.nz）都有详细的介绍。

门票和预订

要亲身体验这些步道，你需要在网上、新西兰环境保护部游客中心或部分地区游客信息中心预订门票。此类特定的步道门票包含小屋住宿（根据步道不同，成人每晚费用为$22~54）以及/或者露营（成人每晚费用为$6~18）。你只能在指定露营地露营。注意，米尔福德步道沿途不设露营地。

淡季期间（5月至9月），在南岛顶级步道徒步，你可以使用山间小屋通票（Backcountry Hut Pass）或者根据实际留宿地付费的小屋充值票（Hut Ticket），但希菲步道、阿贝尔·塔斯曼海岸步道和拉基乌拉步道除外，这三条线路全年都需要提前预订。在所有顶级步道，17岁以下的孩子都可以免费住小屋和露营。

预订可以登录www.greatwalks.co.nz，发邮件至greatwalksbookings@doc.govt.

南岛六大顶级步道

步道	长度	时间	难易度	相关描述
阿贝尔·塔斯曼海岸步道*	60公里	3~5天	简单到中等	新西兰最受欢迎的步道（或海上皮划艇区）；位于阿贝尔·塔斯曼国家公园，沿途有海滩和海湾（见93页）
希菲步道*	78公里	4~6天	中等	位于卡胡朗伊国家公园内，森林、海滩和喀斯特地貌（见102页）
凯普勒步道**	60公里	3~4天	中等	位于峡湾地区国家公园，湖泊、河流、峡谷、冰川山谷和山毛榉森林（见283页）
米尔福德步道**	53.5公里	4天	简单到中等	位于峡湾地区国家公园，雨林、险峻的峡谷和山峰、580米高的萨瑟兰瀑布（见283页）
拉基乌拉步道*	39公里	3天	中等	在偏远的斯图尔特岛（拉基乌拉）上欣赏鸟类（几维鸟！）、海滩和葱郁的原野（见307页）
路特本步道**	32公里	2~4天	中等	阿斯帕林山和峡湾地区国家公园周边震撼人心的高山美景（见257页）

*全年需提前预订

**只有旺季（4月底至10月底）需要提前预订

nz，拨打电话☎0800 694 732，或者前往新西兰环境保护部游客中心。尽可能提前预订，尤其是当你计划在夏季徒步时。

其他步道

班克斯半岛步道（Banks Peninsula Track）长35公里，2天（中等）或4天（简单）的徒步之旅将带你翻山越岭，欣赏班克斯半岛的海岸风光。

霍利福德步道（Hollyford Track）詹姆士敦（Jamestown）的建立是那个时代殖民者一时冲动的产物，如今却成为徒步爱好者渴望征服的目的地。提示：多彩多姿，个性十足，活力无限。这条位于峡湾地区的步道长57公里，难度不高，行程4~5天。

Welcome Flat 在新西兰部分最高峰的掩映下，沿卡朗阿鲁阿河（Karangarua River）前行，最后在天然温泉池中舒缓身心。这条位于西部泰普提尼国家公园内的徒步线路行程2~3天，长度50余公里。

穆勒小屋线路（Mueller Hut Route）是的，这条线路包括一段1040米的爬坡路段——到达奥拉基/库克山国家公园附近的西利山脉（Sealy Range）。但这是一次典型的高山徒步体验：地质奇观、迷人的植物，还有无与伦比的小屋。

安吉勒斯湖步道（Lake Angelus Track）顺着绝美的高山山脊抵达醒目的新西兰环境保护部小屋，就位于纳尔逊湖国家公园保持原始风貌的冰斗湖旁。往返22公里，行程2天，难度中等。

夏洛特女王步道（Queen Charlotte Track）这一长71公里、行程3~5天的中等难度步道位于莫尔伯勒峡湾，提供难以置信的峡湾景致。住宿地一流，提供水上交通工具。

里斯-达特步道（Rees-Dart Track）这条步道位于阿斯帕林山国家公园，长70公里，行程4~5天，难度大，沿途穿过冰川覆盖的山谷和高山隘口。

圣詹姆斯步道（St James Walkway）该步道穿过一个重要的保护区，那里有约430种植物，从低地草类到山毛榉和高山草本植物，不一而足。5天的行程，长66公里，围绕刘易斯隘口展开。

图阿塔皮里驼峰岭步道（Tuatapere Hump Ridge Track）58公里长的环形步道，行程3天，沿高山和海岸行进，风景独好。距离图阿塔皮里20公里的蒂瓦伊瓦伊湾既是步道的起点，也是终点。

山间小屋

除了顶级步道沿途的小屋外，新西兰环境保护部在新西兰国家公园以及森林公园内维护着950多座山间小屋。小屋可分成如下几类：

简易小屋 极为简易的庇护所，只配备少量设施或什么都没有。免费使用。

标准小屋 没有炉具设备，有些小屋没有供暖设施，但提供床垫、水和厕所。费用为成人每人每晚$5。

高级小屋 提供带床垫的铺位或平板床、供水系统、供暖设施、厕所，有时候还配备炉具。费用为

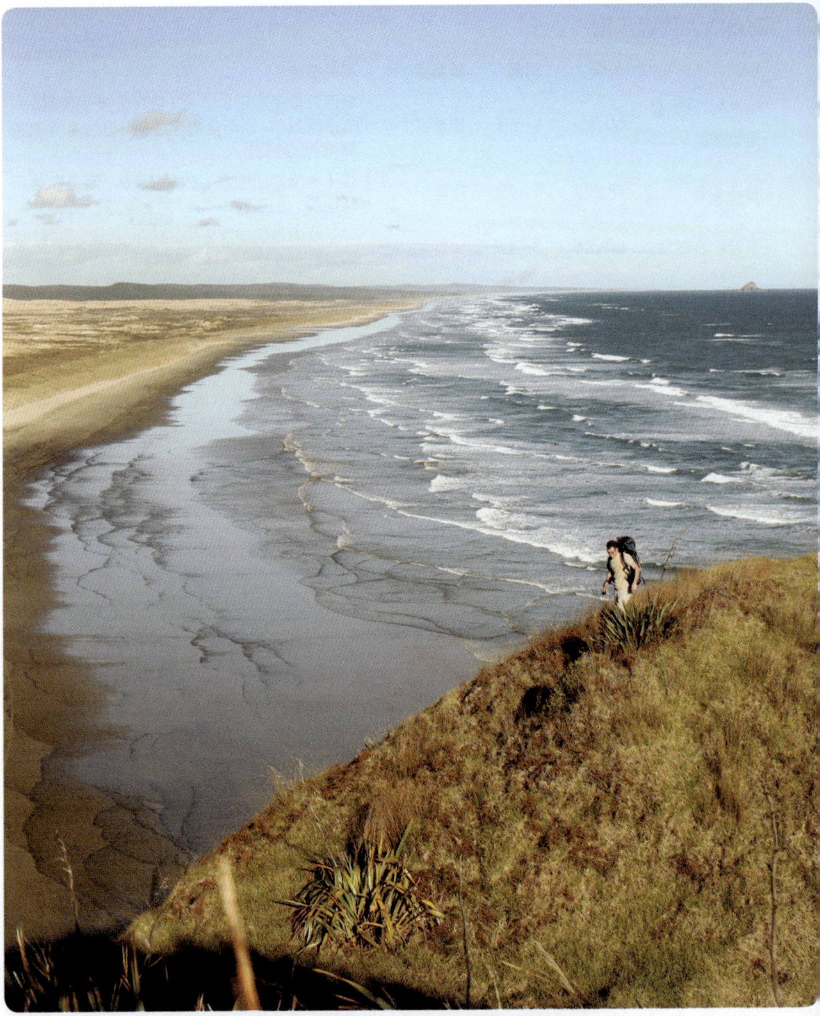

DPE123 / GETTY IMAGES ©

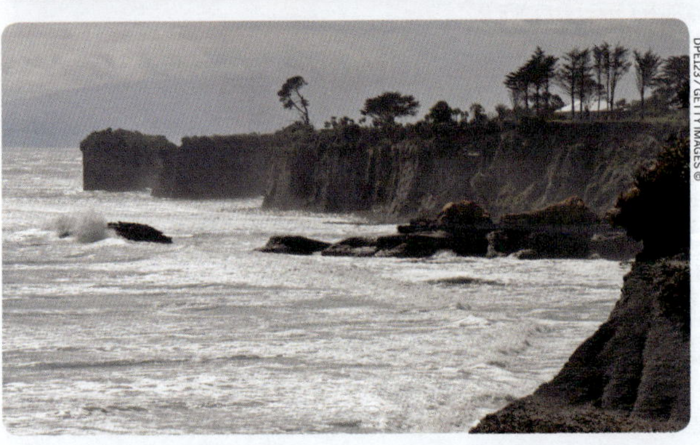

上图：九十英里海滩的蒂阿拉罗瓦步道

下图：韦斯特波特以南的逆风角（见112页）

成人每人每晚$15。

注意，部分小屋需要提前预订（详见网站列表）：可登录https://booking.doc.govt.nz或在新西兰环境保护部游客中心预订。11~17岁的孩童住宿半价，10岁及以下儿童免费。登录www.doc.govt.nz/parks-and-recreation/places-to-stay可了解山间小屋的全面详尽信息。

如果你安排了大量的徒步行程，有效期为6个月的**山间小屋通票**（Backcountry Hut Pass；成人$92）是个不错的选择。此外，也可以选择**山间小屋充值票**（Hut Tickets；$5：若要入住高级小屋，需3张票）。在票上注明日期，放入小屋提供的盒子里。住宿地遵循先到先得的原则。淡季期间（5月至9月），这两种票据还可以用于支付一些顶级徒步线路的铺位或露营地费用。

山间露营地通常位于小屋附近，提供厕所和淡水，也可能会提供野餐桌、壁炉或烹饪场所。每人每晚的价格从免费至$8。

保护区露营地

除了顶级步道沿途的露营地之外，新西兰环境保护部还负责管理220多个保护区露营地（通常车辆可通行），具体分类如下：

简易露营地 提供简易厕所和淡水。遵循先到先得原则，免费。

标准露营地 提供厕所和供水系统，可能还有供烧烤与野餐的桌子。遵循先到先得原则，费用$6起。

风景露营地 使用率较高的露营地，提供厕所和自来水，部分还提供烧烤、壁炉、烹饪设施、冷水淋浴、野餐桌以及垃圾桶。费用每晚$10。

高级露营地 提供全套设施：抽水马桶、自来水、热水淋浴和野餐桌。也可能提供烧烤架、厨房和洗衣设施。费用每晚约$15。

注意：所有高级露营地都需提前预订，旺季期间（10月至次年4月），部分风景优美的标准露营地同样需预订。登录https://booking.doc.govt.nz或在环境保护部游客中心预订。

新西兰环境保护部出版的免费手册有关于每一个露营地的详尽介绍以及线路指南（甚至有GPS坐标）。出发之前去环境保护部办事处领取手册，或者从网站下载。

蒂阿拉罗瓦（TE ARAROA）

堪称史诗级别！蒂阿拉罗瓦（www.teararoa.org.nz）是一条长3000公里的徒步步道，从新西兰北部的雷因格海角到南部的布拉夫（也可以是布拉夫到雷因格海角）。该线路将已有步道与新开发的区域连接起来。蒂阿拉罗瓦大多为志愿者建造，耗时近20年，是世界上最长的徒步步道之一。可登录网站查看地图以及步道相关信息，此外，还能看到完成全程的高手所写的博客和拍摄的视频。

导览徒步

如果你是徒步新手或者只想轻松地体验步行游览的乐趣，而不是自己费尽心思设计线路，部分公司提供导览服务，引领你穿越荒野，沿途通常住在舒适的小屋里（带淋浴！），有餐食，还能帮你运送装备。

在南岛，提供导览徒步服务的步道包括阿贝尔·塔斯曼海岸步道、夏洛特女王步道、希菲步道、路特本步道、米尔福德步道和霍利福德步道。多日行程的导览徒步游费用约$1500起，高级游费用可涨到$2200。

到达和离开步道

热门步道有公共交通可达，也有专门面向徒步者的往返交通服务，但要到达其他步道的起点以及离开终点会比较麻烦。自驾车只能帮助你到达步道的一端（徒步结束后你还得返回取车）。如果步道起点或终点在一条死路上，就很难搭顺风车。

当然，乘坐公共交通或者往返班车（例如阿贝尔·塔斯曼海岸步道）也是最为拥挤的选择。你也可以安排私人交通工具，找朋友帮忙，或者租一辆车先把你送到步道起点，然后在终点接你。如果你打算将车留在步道的一端，不要在车内放置任何贵重物品——偏远地区经常会发生车内物品遭窃的事件。

计划你的行程

南岛滑雪

在南半球，新西兰南岛是滑雪爱好者的必到之处，滑降滑雪、越野滑雪、单板滑雪，无论哪种项目，都受到热捧。南岛的滑雪季节通常从6月开始，持续到9月，不过不同的滑雪区情况各异，有些地方可以开放到10月。

最佳滑雪和单板滑雪

最适合初学者或带孩子出行者的滑雪胜地

哈特山，坎特伯雷中部

杜布森山，坎特伯雷南部

皇冠峰，皇后镇

卓越山，皇后镇

最佳单板滑雪胜地

哈特山，坎特伯雷中部

三锥山，瓦纳卡

卡德罗纳，瓦纳卡

欧豪，坎特伯雷南部

最佳滑雪后酒吧

Dubliner，梅思文

Cardrona Hotel，卡德罗纳

Lalaland，瓦纳卡

Rhino's Ski Shack，皇后镇

做计划

去哪里

地理位置的不同以及地形的多变，使得我们很难为新西兰的滑雪场分类排名。有人喜欢皇后镇附近的派对狂欢，有人钟情哈特山刺激的高海拔雪道、不拥挤的彩虹雪道或压力不大的俱乐部滑雪区。俱乐部滑雪区向公众开放，通常人较少，比商业区便宜，不过非会员仍需要支付较高费用。

实际情况

通常情况下，新西兰南岛的商业滑雪区并不是依照"度假胜地"模式建设的，因此没有小木屋、旅馆或酒店。住宿地以及滑雪后的畅饮狂欢场所往往在周边城镇，每日有班车往返。很多俱乐部滑雪区提供小木屋，滑雪者可以留宿，不过要先确认是否有空屋。

新西兰游客信息中心以及国际化的新西兰旅游局（www.newzealand.com）均提供各滑雪区的相关信息，同时也提供预订以及优惠套餐购买服务。缆车通票费用通常为成人每人每天$70~110（儿童半价）。大多数滑雪区提供滑雪课程及缆车套餐服务。滑雪以及单板滑雪设备的租赁费用每天约$50起（多日租赁更便宜）。私人/团队培训课程每小时费用约$120/60。

网络资源

www.snow.co.nz 关于新西兰所有滑雪场的介绍、实时摄像以及滑雪相关信息。

www.nzski.com 哈特山、皇冠峰和卓越山滑雪相关介绍、招聘、通票信息以及网络实时摄像。

www.newzealandski.co.nz 全面详尽的南岛滑雪场门户网站。

www.chillout.co.nz 利福德山、阿瓦基诺、汉默斯普林斯、奇斯曼、圆山、Rainbow、圣殿盆地、三锥山、福克斯峰、杜布森山、奥林匹斯山、博特斯、克雷格本山谷和布鲁肯河这些滑雪场的相关信息。

南岛滑雪区

皇后镇和瓦纳卡

皇冠峰（见243页）位于皇后镇地区历史最悠久的滑雪场，造雪系统和没有树木遮蔽的滑道为各个级别的滑雪爱好者提供了非凡的滑雪和单板滑雪体验。7月至9月的每周五和周六有夜间滑雪。该滑雪场距离皇后镇16公里，有班车往返。

卓越山（见243页）该滑雪场非常醒目，同样靠近皇后镇（相距24公里）——滑雪季节有班车往返。滑雪场设有少量中级、高级和初级滑道（10岁以下儿童滑雪免费）。留意弧度极大、风景独好的"归途"（Homeward Bound）滑道。

三锥山（见243页）这是南部湖区滑雪场中海拔最高、规模最大的，地理位置绝佳，距离瓦纳卡26公里，有极陡的雪坡，适合中高级滑雪者（专业的滑雪氛围）。此外，这里还有适合单板滑雪爱好者的"U"形坡道和地形公园。

卡德罗纳（见273页）距离瓦纳卡约34公里，拥有大功率的缆椅、适合初学者的带牵绳的雪道、为自由式滑雪爱好者准备的"U"形坡道和地形公

Ski Areas 滑雪区

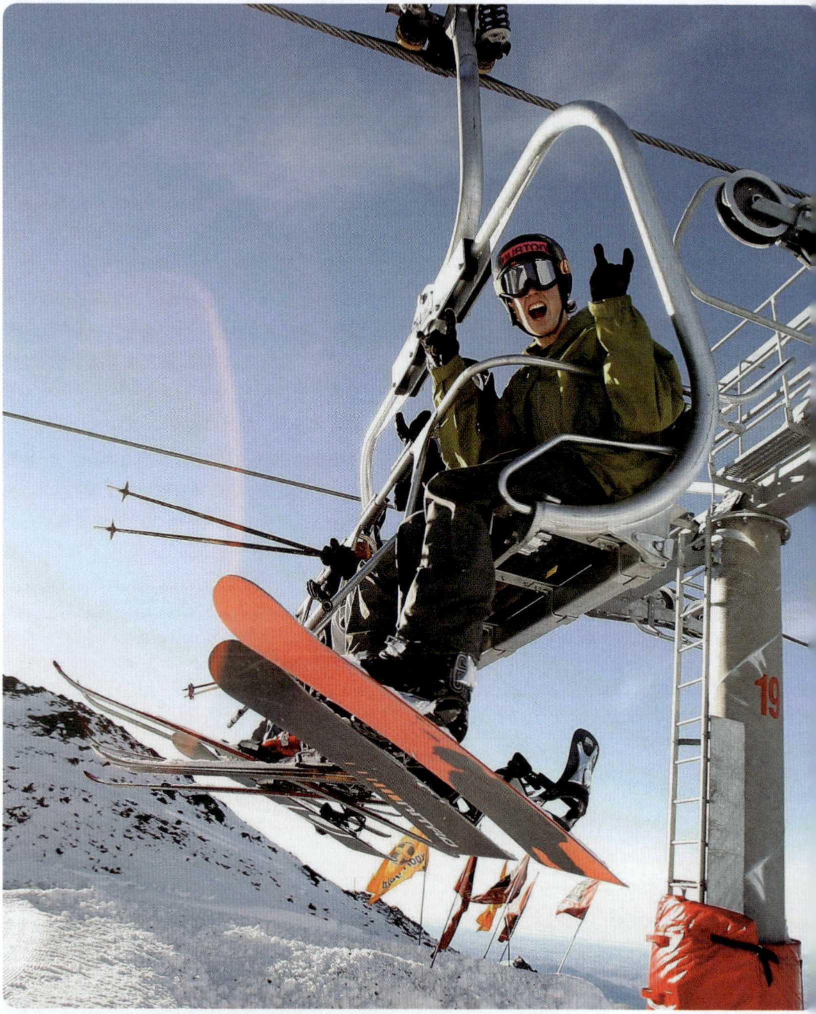

WILL SALTER / GETTY IMAGES ©

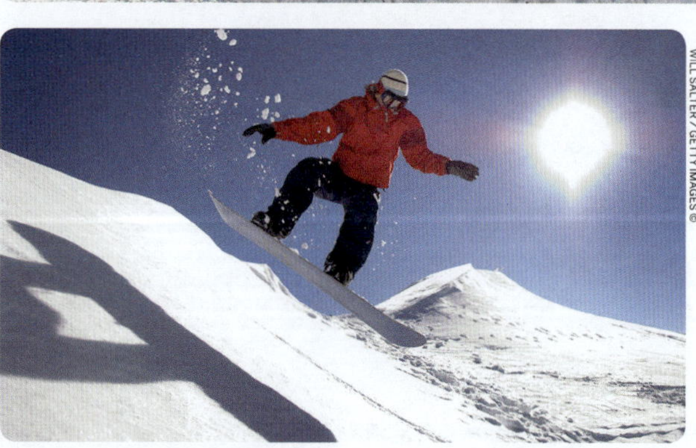

上图：梅思文附近的哈特山（见181页）

下图：皇后镇附近的皇冠峰（见243页）

园。滑雪季节，瓦纳卡和皇后镇均有班车往返该滑雪场。氛围友好，为残障滑雪爱好者提供贴心服务，山上还设有托儿所。

冰雪农场（见273页）新西兰唯一的商业北欧式（越野）滑雪场，距离瓦纳卡33公里，位于比萨山脉（Pisa Range），俯瞰卡德罗纳山谷。这里有长55公里、维护得当的雪道，设施齐全的小屋，数千公顷的开阔雪场。

坎特伯雷南部

欧豪（见192页）这一商业滑雪场位于萨顿山，距离特威泽尔42公里，有许多中高级滑道、一流的单板滑雪场地、两座地形公园，外加Lake Ohau Lodge度假屋。

杜布森山（见189页）这一3公里宽的盆地距离费尔利26公里，适合初学者和中级水平者，有一个地形公园。此外，这里的干粉雪非常有名。天气晴朗时，你能在山顶眺望奥拉基/库克山和太平洋。

福克斯峰（见189页）距离费尔利40公里的俱乐部滑雪场，位于双指峰（Two Thumb Range），价格合理。这里有绳牵滑道，提供一流的越野滑雪体验，还有宿舍式的住宿选择。

圆山（见190页）小型滑雪场，滑道宽且平缓，非常适合初学者和中级水平者。这里距离特卡波湖村32公里。来特卡波滑雪吧！

坎特伯雷中部

哈特山（见181页）南半球海拔最高的滑雪场之一，同时也是新西兰最好的滑雪场之一。这里靠近梅思文，地处基督城以西118公里——两地和滑雪场之间均有班车往返。通往哈特山的道路陡峭，天气恶劣时尤其要小心。滑雪场配备许多初级、中级和高级滑道，有缆椅，可乘坐直升机到山顶体验高山滑雪，场地开阔，很适合单板滑雪初学者。

博特斯（见178页）距离基督城最近的商业滑雪场（亚瑟隘口公路旁，相距96公里）。620米高的“Big Mama”是新西兰最陡的滑道之一，不过这里也有更宽更平缓的滑道。此外，还设有一个地形公园，沿山脊有很不错的越野滑雪滑道，提供度假小屋住宿服务。

圣殿盆地（见178页）距离亚瑟隘口小镇4公里的俱乐部滑雪场。从停车场到滑雪场度假屋，步行上山需要50分钟。夜间滑雪提供泛光灯照明，还有为单板滑雪爱好者准备的一流的越野滑道。

高山滑雪

新西兰偏远的山峦可以说是为高山滑雪量身定制的，沿南阿尔卑斯山质朴原始的山峦有一大片开阔的滑雪区，不少滑雪机构在此驻扎，提供适合高手的极限滑雪项目。3~8轮的费用$825~1450。皇冠峰、三锥山、卡德罗纳、哈特山、利福德山、欧豪和汉默斯普林斯都提供高山滑雪项目。独立运营机构还包括：

Alpine Heliski（见243页）

Harris Mountains Heli-Ski（见243页）

Methven Heliski（见180页）

Over The Top（见245页）

Southern Lakes Heliski（见243页）

克雷格本山谷（见178页）克雷格本山谷位于哈密尔顿峰（Hamilton Peak）中心，距离亚瑟隘口40公里。这是新西兰最具挑战性的俱乐部滑雪场之一，有中高级滑道（不设初级滑道）。可住宿在小屋内，不过需要自己打理。

布鲁肯河（见178页）这一俱乐部滑雪场与克雷格本山谷相距不远，从停车场出发，步行15~20分钟可达，位置较偏。积雪充足，氛围悠闲惬意。有住宿小屋，提供包餐服务，也可以选择不包餐。

奇斯曼（见178页）克雷格本山脉又一很酷的俱乐部滑雪场，适合家庭出游者，距离基督城约100公里。这一有遮蔽的盆地以柯凯因山（Mt Cockayne）为基地，可以驱车直达滑雪场。提供度假小屋。

奥林匹斯山（见178页）这一滑雪场位置隐蔽，很难找（但值得一探）。海拔2096米的奥林匹斯山距离梅思文58公里，与艾达湖（Lake Ida）相距12公里。俱乐部滑雪场提供中高级滑道，还有通往其他区域的一流越野滑雪道。有时候，你只能驾驶四轮驱动车前往，由具体路况决定。有度假小屋可住。

南岛北部

汉默斯普林斯（见173页）位于圣帕特里克山（Mt St Patrick）的商业滑雪场，距离汉默斯普林斯小

皇后镇附近的卓越山（见243页）滑雪场

镇17公里，多数滑道适合中高级水平者。滑雪季节，冒险中心（Adventure Centre）提供往返班车。

利福德山（见173页）与汉默斯普林斯和凯库拉都相距约60公里，距离利福德山小村4公里，相比新西兰大多数滑雪场，这里更像“度假胜地”，有住宿和餐饮选择。滑道多样，还有一个地形公园。

Rainbow（见104页）毗邻纳尔逊湖国家公园（与纳尔逊和布莱尼姆都相距100公里），地形多变，人流少，提供一流的越野滑雪体验。来这里的汽车通常需要安装防滑链。距离最近的城镇是圣阿诺德（32公里）。

奥塔戈

阿瓦基诺（见204页）位于奥塔戈北部的小型滑雪场，但对中级水平的滑雪爱好者而言，非常值得一去。这里与奥马鲁相距45公里，与内陆的奥玛拉玛相距66公里。周末提供住宿滑雪优惠套餐服务。

计划你的行程

南岛极限运动

即使是最温柔随和的人，也会被新西兰南岛丰富多彩的冒险活动所吸引，投身其中以期突破自我极限，但肾上腺素激增带来的快感并非人们对极限挑战如此痴迷的唯一原因。跳伞、蹦极、山地骑行和喷气快艇这类惊心动魄、违反常规的冒险当然刺激，可与此同时，你也能从全新的角度去欣赏南岛非同凡响的自然美景。

陆地项目

蹦极

1986年，新西兰人A.J.哈克特（AJ Hackett）从埃菲尔铁塔上纵身跃下，蹦极这项运动就此声名鹊起。

如今，他们最初选择的皇后镇基地已经成为蹦极大本营，选择多样，包括“哈克特铁三角”：134米高的内维斯蹦极（Nevis Bungy；最高），43米高的卡瓦劳蹦极（Kawarau Bungy；最早）以及悬崖蹦极（Ledge Bungy；海拔最高——从海拔400米高的平台上跃下）。位于汉默斯普林斯附近的Thrillseekers峡谷也有能欣赏到美景的蹦极。你也可以尝试巨大的绳秋千，前往皇后镇的肖托弗峡谷（Shotover Canyon）或内维斯高空秋千（Nevis Swings），感受腾空而起的刺激。

洞穴探险

新西兰呈蜂窝状的喀斯特（石灰岩）地貌地区不缺洞穴探险的机会。在南岛，韦斯特波特和卡拉米亚当地的俱乐部会组织周边的团队游。黄金湾也有一些面积极大的洞穴。

想全面了解洞穴探险相关信息，包括特定地区和俱乐部的详尽介绍，可以登录新西兰洞穴学会（New Zealand Speleological

最佳极限体验

最佳激浪漂流之旅

布勒峡谷，默奇森

朗伊塔塔，杰拉尔丁

肖托弗峡谷，皇后镇

最佳山地自行车道

夏洛特女王步道，莫尔伯勒

西岸区荒野自行车道，霍基蒂卡

阿尔卑斯山至海洋自行车道，坎特伯雷南部

最佳反重力活动

内维斯高空秋千，皇后镇

悬崖蹦极，皇后镇

双人悬挂式滑翔，瓦纳卡

最佳跳伞降落区

皇后镇

莫图伊卡

福克斯冰川和弗朗兹约瑟夫冰川

最佳冲浪地

圣克莱尔海滩，达尼丁

凯库拉半岛，莫尔伯勒

普纳凯基，西岸区

Society）的网站（www.caves.org.nz）。

滑翔伞和悬挂式滑翔

渴望翱翔天空，那就尝试滑翔伞，在如降落伞般的“翅膀”的牵引下，从山坡或悬崖顶部起飞。悬挂式滑翔与之类似，不过“翅膀”更小更坚固。大多数为双人飞行，由经验丰富的飞行员操作，当然你也可以通过学习，体验单人飞行。想将南岛风光尽收眼底，可以在皇后镇、瓦纳卡、纳尔逊或莫图伊卡尝试双人飞行。新西兰悬挂式滑翔和滑翔伞协会（New Zealand Hang Gliding and Paragliding Association; www.nzhgpa.org.nz）管理所有的滑翔飞行机构。

骑马旅行

新西兰人对骑马情有独钟。你有机会在农场、森林或沿着河岸、海滩骑马驰骋。骑马旅行有多种选择，可以是1小时的短途游（约$60起），也可以是为期一周、提供全套服务的长途游。

在南岛，你可以选择西边黄金湾的海滩游，也可以去库克山、特卡波湖、皇后镇和格林诺奇附近的山麓丘陵探险。此外，还有从普纳凯基到帕帕罗瓦国家公园的行程，体验绝妙。想了解相关信息和组织骑马旅行的机构，登录True NZ Horse Trekking网站（www.truenz.co.nz/horsetrekking）。

山地自行车游

新西兰为山地自行车而狂。这项活动凭借它在特定年龄段人群中的受热捧程度而被称为“新高尔夫”，可实际上，在当地，无论老少，都热爱山地骑行。“新西兰自行车道”（New Zealand Cycle Trail）无疑为推动越野山地骑行做出了不小的贡献，但这个国家还有无数条自行车道可选择。

想体验新西兰式的山地骑行，可以去山地车公园，大多设有不同级别的车道和适合不同技术水平的场地（通常也提供自行车租赁服务，非常便捷）。在南岛，不妨前往皇后镇的下坡公园，乘坐空中缆车（Skyline Gondola）可达。

南岛经典自行车道包括塔卡卡山的拉梅卡车道——而这只能算冰山一角。越来越多新西兰环境保护部管理的步行道转为双用——例如难度高但沿途景色堪称史诗级的希菲步道——但由于旺季徒步者众多，因此山地骑行通常只限于淡季进行。步道损坏同样是个问题，要做好无法骑行的准备。

自行车租赁公司附近肯定有一些很棒的自行车道。你可以向工作人员请教山地骑行相关的问题，他们中的大多数本身也是自行车爱好者，很快就能为你找到一条适合你的骑行道。《新西兰经典山地骑行》（*Classic New Zealand Mountain Bike Rides*）一书非常有用（可以在书店、自行车店和www.kennett.co.nz网站购买）。

或许你关心是否可以骑车游南岛，由于天气和道路情况多变，这种方式往往被视为不舒服且危险的选择，但也有些旅程可选，例如深入南岛腹地的南部观光路线。想了解更多这方面的信息，可以查阅尼格尔·拉什顿（Nigel Rushton）著的《骑行天堂》（*Pedallers' Paradise*）小册子（www.

“旅程”，新西兰自行车道

新西兰自行车道（www.nzcycletrail.com）——毛利语称之为“Nga Haerenga”，意为“旅程”——由23条被称为“顶级骑行道”（Great Rides）的越野车道组成，其中13条位于南岛。这些车道从北至南，长度、地形和难度不一，有很多沿着古老的铁路和拓荒者小径伸展，其他则是新近开发的，路况通畅，骑行乐趣十足。在几乎所有的自行车道都能欣赏到美妙的景观，令人难忘。

无论是初学者，还是中级水平的骑行爱好者，这里都有足够多的选择，此外还有几条高难度自行车道，包括南岛的元灵路——欲成为举世闻名的经典车道。大多数车道都配备齐全，提供自行车租赁、往返班车、就餐和住宿等便捷服务，骑自行车游也因此成为旅行者探索新西兰的首选方式之一。大多数车道有自己的官网，提供全面详尽的信息，但通过前文提到的网站可以了解概况和相关的链接。

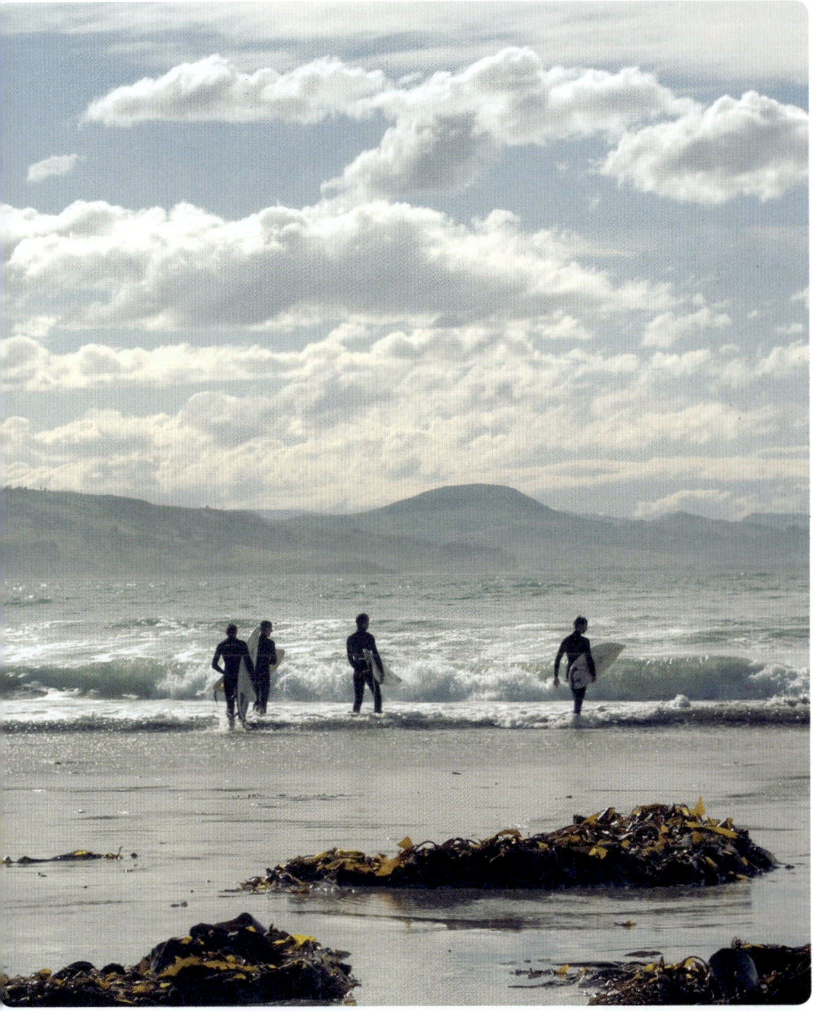

BILL HATCHER / GETTY IMAGES ©

上图：达尼丁附近海滩的冲浪者（见210页）

下图：正在征服奥塔戈半岛情人崖的攀岩者（见223页）

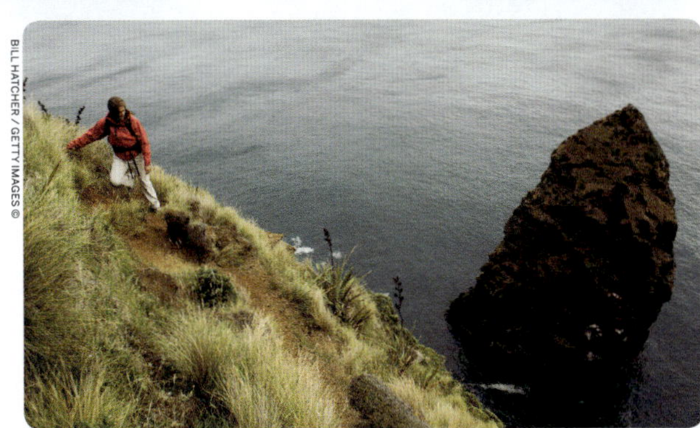

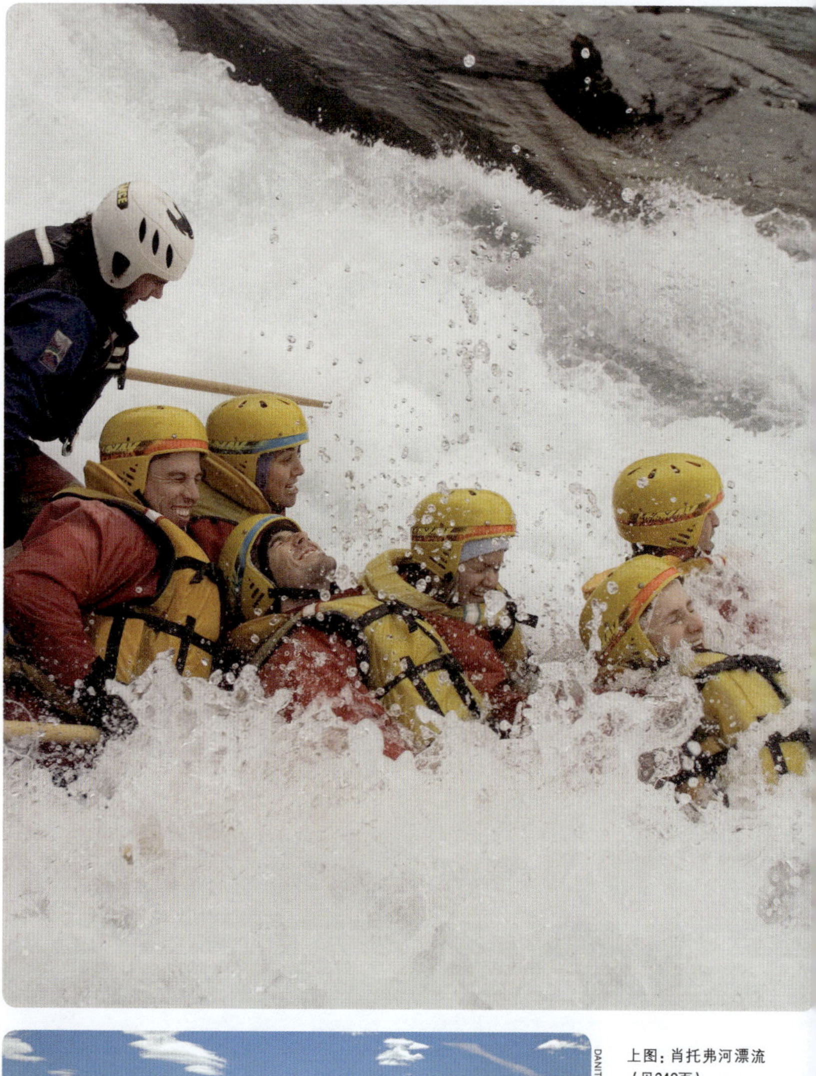

DANITA DELIMONT / GETTY IMAGES ©

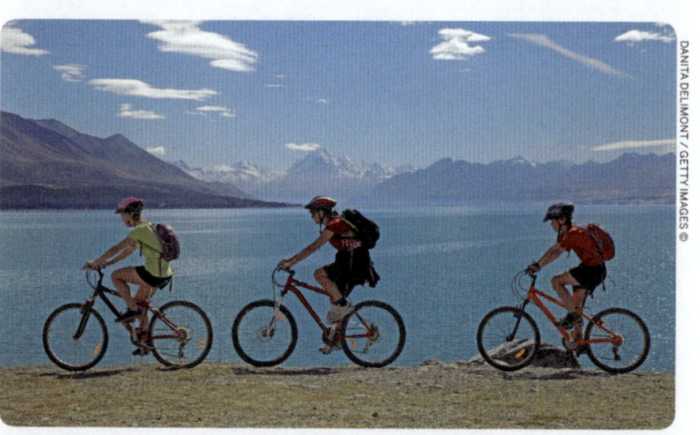

上图：肖托弗河漂流（见240页）

下图：特威泽尔附近的阿尔卑斯山至海洋自行车道（见193页）

paradise-press.co.nz）。

登山

新西兰拥有光荣的登山史——这里毕竟是埃德蒙·希拉里爵士（Sir Edmund Hillary, 1919~2008年）的故乡，他和丹增·诺尔盖（Tenzing Norgay）一起完成了人类首次登顶珠穆朗玛峰的壮举。

南阿尔卑斯山脉分布有很多令人难以置信的攀登点。奥拉基/库克山地区尤其出众，但这一南岛之脊四处延伸，从凯库拉山脉和纳尔逊湖区山峰，直到阿斯帕林山国家公园和峡湾地区的山峦叠嶂，同样具有魅力。不过要留心：山路崎岖，往往地处偏远，登山者不幸遇难的事时有发生。

以基督城为大本营的新西兰高山俱乐部（New Zealand Alpine Club; www.alpineclub.org.nz）提供相关专业信息、新闻以及有用的网站链接。该俱乐部还出版一年一期的《NZAC高山期刊》（*NZAC Alpine Journal*）以及每季度一期的《登山者》（*The Climber*）杂志。此外，俱乐部提供登山课程的详尽信息。

攀岩

是时候往手上涂防滑粉，穿上小巧合脚的橡胶靴了。在南岛，人气极旺的攀岩区包括基督城附近的波特山（Port Hills），通往亚瑟隘口途中的城堡山（Castle Hill）。纳尔逊西部，黄金湾的大理石和石灰岩山脉以及塔卡卡山堪称顶级攀岩地。其他选择还有长滩（Long Beach; 达尼丁北部），奥塔戈半岛的米西瓦卡（Mihiwaka）和情人崖（Lovers Leap）。

下雨了？整个新西兰随处可以找到室内攀岩墙，包括基督城。

新西兰攀岩（Climb New Zealand; www.climb.co.nz）提供这个国家最险峻攀岩地的详尽信息，外加到达方式和指南。

跳伞

新西兰拥有一些世界上景色最迷人的跳伞区。首次尝试跳伞的人想达成心愿，可选双人跳伞，与具备资质的导师绑在一起，在打开降落伞之前体验最多达75秒的自由下落。这种刺激绝对物有所值（9000英尺高度跳伞费用$250起，令人震撼的19,000英尺高度跳伞费用$560起；DVD/照片需另外付费）。想了解更多信息，登录新西兰降落伞联盟官网（New Zealand Parachute Federation; www.nzpf.org）。

南岛冲浪

作为一名冲浪爱好者，我为即将向读者剧透而心怀愧疚——新西兰拥有极好且多变的海浪，是初学者和冲浪老手的完美选择。只要你愿意前往偏僻且人烟稀少的地方，就能找到很多很棒且毫不拥挤的海浪。来自四面八方的海浪翻滚着拍向新西兰的岛屿，因此只要了解一点天气信息，再做下功课，就会发现数不胜数的冲浪选择。浪点、礁石、暗礁和空心沙滩浪都会呈现出来——尽情冲浪吧！

新西兰冲浪（Surfing New Zealand; www.surfingnz.co.nz）在其官网上推荐了一些冲浪学校。新西兰大多数海滩都能找到容易驾驭的海浪。我个人尤其喜欢如下这些南岛冲浪地点：

莫尔伯勒和纳尔逊 凯库拉半岛、芒咖毛努（Mangamaunu）和Meatworks

坎特伯雷 Taylors Mistake和Sumner Bar

奥塔戈 达尼丁非常适合作为南岛冲浪的大本营，从这里出发可以前往一系列极好的冲浪地，例如圣克莱尔海滩

西岸区 普纳凯基和陶朗阿湾

南部区 Porridge和中心岛

新西兰的水温和气候自北向南变化极大。想舒服地冲浪，可以穿一件潜水服。在南岛，夏季可以选择2~3毫米的潜水服；冬季则需要穿3~5毫米的潜水服，并需要全副武装。

乔西·克伦弗尔德（Josh Kronfeld），冲浪者兼全黑队前成员

水上运动

喷气快艇

喷气快艇诞生于新西兰，由费尔利工程师比尔·汉密尔顿(Bill Hamilton)发明，他的初衷是打造一艘能在当地浅水河航行的船只。

新西兰各地都组织喷气快艇游河团队游，虽然多数都能让你体验到惊心动魄的360°旋转飞驰的滋味，浑身湿透，笑得乐开怀，但这些不过是助兴节目罢了。如比尔曾经所感受到的，喷气快艇之旅能带你深入无法企及的原始荒野，是新西兰最令人满足的旅行体验之一。

昂贵的南岛游河之旅——例如顺着皇后镇的肖托弗河、卡瓦劳河和达特河旅行——与广告宣传相符。但相对更安静的河流同样能让你玩得尽兴：例如布勒河、Waiatoto河(哈斯特)和阿斯帕林山国家公园的威尔金河。

帆伞和风筝冲浪

帆伞(悬荡在经过修改的降落伞下，由快艇或水上摩托艇牵引在水上滑行)或许是人类展开辅助飞行的最简单方式。南岛的瓦纳卡和皇后镇有很多组织帆伞运动的经营商。

风筝冲浪是站在迷你冲浪板上，由小型降落伞牵引着踏浪驰骋。你可以在南岛的纳尔逊地区体验这项运动。

你还会发现站立式桨板冲浪者越来越多，不过相比较而言，这项运动的极限色彩要淡些，而且更费力，容易让人筋疲力尽。

海上皮艇

乘坐海上皮艇是欣赏海岸风光的绝佳方法，还能让你与那些从未见过的海洋野生动物近距离接触。这项运动乐趣无穷，还时不时让你体验肾上腺素激增的刺激。这里有个陷阱得留神——双人皮艇……这么说吧，人们之所以称之为“离婚船”，可不是没有原因的!

对于这样一个航海国度，正如你所期待的，新西兰不缺划皮艇的地方。位于南岛的皮艇热门地包括莫尔伯勒峡湾(从皮克顿出发)和阿贝尔·塔斯曼国家公园。凯库拉尤其适合观察野生动物，前往峡湾则能领略到摄人心魄的美景。新西兰海上皮艇协会(Kiwi Association of Sea Kayakers; www.kask.org.nz)提供很有用的信息。

水肺潜水

新西兰有一些会让你觉得不虚此行的水肺潜水胜地，北方来的暖流注入，能看到各种有趣斑斓的海洋生物以及零散的残骸遗迹。在莫尔伯勒峡湾，“米哈伊尔·莱蒙托夫号”(Mikhail Lermontov)是世界上最大的可潜游轮残骸。在峡湾地区，不妨前往达斯奇峡湾、米尔福德峡湾和神奇峡湾，这些地方水质极好，清晰透明。

短期、有引导、以泳池为主的水肺潜水课程费用$180起，而为期4天、获国际专业潜水教练协会(简称PADI)认证的海洋潜水课程费用约$600。一次性出海或近海潜水起价约$170。可从下列网站获取相关信息：

新西兰水下协会(New Zealand Underwater Association; www.nzu.org.nz)

新西兰潜水(Dive New Zealand; www.divenewzealand.com)

激浪漂流、皮划艇和独木舟

绵延壮阔的山峦和充沛的降雨量意味着新西兰不缺适宜漂流的河流，也少不了做好准备带你冲入激流的经营商。这里的河流从Ⅰ到Ⅵ分成6个等级(Ⅵ意味着“不适合漂流”)，经营商往往会设计几条不同的漂流游线路，适合各年龄段和不同水平者(难度较高的漂流河段通常要求参与者至少年满13岁)。

在南岛，皇后镇的肖托弗河和卡瓦劳河很受欢迎，值得体验。而朗伊塔塔河(杰拉尔丁)、布勒河(默奇森)、阿诺德河和怀霍河亦受到热捧。想要体验数天的漂流之旅，可以去兰斯博格(Landsborough)。

皮划艇和独木舟随处可见，尤其是在轻松惬意的湖区。不过仍有很多地方可以让你在湍急的河流中小试身手。相关资源可登录下列网站：

新西兰漂流协会(New Zealand Rafting Association; www.nz-rafting.co.nz)

新西兰激浪漂流(Whitewater NZ; www.rivers.org.nz)

新西兰皮划艇(New Zealand Kayak; www.kayaknz.co.nz)

布莱尼姆的葡萄园(见68页)

计划你的行程

饮 食

行者们,敞开你们的胃口吧!无论行程如何安排,在新西兰南岛享用美食都是一大亮点。如果预算有限,你可以选择经济实惠的美味;或者尽情拥抱新西兰令人眼花缭乱的美食——这里从现捕海鲜、可口汉堡,到农贸市场的新鲜蔬果和精美餐食,一应俱全。炸鱼薯条小店、酒吧、小酒馆、复古风格的咖啡馆和时尚的高档餐厅,这里的餐馆应有尽有。来到这里,别忘了喝上一杯,享受美好惬意的时光,尤其推荐新西兰咖啡、精酿啤酒和葡萄酒。

南岛最佳餐馆

Roots（见165页）新西兰最时尚且最受赞誉的餐馆之一：在小巧的利特尔顿品尝当地时鲜美味。

Arbour（见73页）无疑是新西兰最好的葡萄酒餐馆（一边品长相思葡萄酒，一边围绕这一话题展开争论吧）。

Blue Kanu（见252页）这一令人惊艳的皇后镇小餐馆供应新西兰最棒的毛利、太平洋岛国和亚洲风味的美食。

Twenty Seven Steps（见159页）基督城的楼上餐馆（可能要走27级台阶），风格优雅，供应新派新西兰菜。

Pegasus Bay（见176页）怀帕拉谷必去的葡萄酒餐馆。

Bracken（见218页）这里的品尝套餐堪称达尼丁一流。

La Rumbla（见263页）将大胆的西班牙风味和夜宵引入箭镇。

Riverstone Kitchen（见209页）奥马鲁附近十分质朴的就餐选择，食材都是自家种植的。

新派新西兰菜

10年前，新西兰奉行的是“肉和三种蔬菜”的简单餐食标准。而将周日烤肉大餐所用的食材用慢炖方式烹煮，就已经算是精致美味了。当地人视千层面为舶来品。好在这个国家的烹饪水准已经有了很大的提升：大厨们不再拘泥于传统习俗，而是融合全球各地不同的烹饪文化。随之产生的食物可口诱人，堪称惊艳。

外来移民在提升新西兰食物水准方面功不可没——尤其是第二次世界大战后，大量欧洲、亚洲和中东的移民涌入——他们的到来培养了当地饕客的冒险精神，改善了毛利人和太平洋岛民的口味，为主流餐食增添了新食材。

如今，为了满足食客越来越刁钻的口味，餐馆需要融合截然不同的食材和传统，研发出更具创意的美味，才能成功。“新派新西兰菜”就是专门用来形容这类难以分类的烹饪风格的：东西方、环大西洋和环太平洋融合，再略加点法式和意式风味。

如果这让你觉得有些无所适从，别担心，新西兰传统主食仍然占据主导（羊肉、牛肉、鹿肉、绿唇贻贝），不过菜肴风味别具一格，食材新鲜，而不是匆忙烹制、毫不讲究的大杂烩。辣度从微辣到重辣，分成不同等级。海鲜供应充足，肉类够嫩，美味可口。好好享用吧！

素食和严格素食主义者

大多数具有一定规模的城市中心都至少会有一家专门面向素食主义者的咖啡馆或餐馆。新西兰素食主义者（Vegetarians New Zealand）官网（www.vegetarians.co.nz）列出了相应的餐馆名单。此外，几乎所有餐馆和咖啡馆都提供素食选择（虽然有些地方只供应一两道素菜）。很多小馆还供应无麸质食物和严格素食。别忘了确认餐馆自制的高汤和酱汁是否是素的！

Lonely Planet所推荐的餐馆，如果是非常不错的素食之选，或者是提供全素餐食体验，会用素食标志标记。

农贸市场

新西兰有50多个农贸市场。大多数在周末营业，在当地算是一桩盛事，非常热闹，游客可以与当地供应商攀谈，买到新鲜的地方特产。市场通常会提供移动咖啡，富有事业进取心和创意的摊贩还提供品尝机会。带上手提袋，赶早才能买到最好的东西！登录www.farmersmarkets.org.nz查询南岛农贸市场的地点、营业日期和时间。

当地特色美食

在南岛寻觅美食，别错过这些当地特色：海胆、鲍鱼、库马拉（红薯，通常做成薯条）、银鱼（通常采取油炸或做成蛋饼）以及不起眼的奇异果。

咖啡馆和咖啡

从21世纪初期至今，新西兰的咖啡文化得以蓬勃发展。新西兰全国都开始对咖啡因上瘾：几乎每家咖啡馆都有一台意式浓缩咖啡机，时髦的烘焙机也是必不可少的，在城区，具备资质的咖啡师成为咖啡馆标配。在南岛，基督城以及学生居多的达尼丁已经培养出了几代咖啡狂热爱好者。这里的咖啡文化氛围活跃、多彩，也适合整个家庭参与：加入到优雅的当地人行列，在深夜畅谈后品上一杯咖啡，或者在清晨喝一杯让自己精神抖擞。

小酒馆、酒吧和啤酒

灯光昏暗，空气里烟雾弥漫，地毯因为被啤酒打湿而变得黏糊糊，新西兰酒馆是属于男人的堡垒——这样的日子已经一去不复返了。如今，当地人会带着孩子去酒馆享用早午餐，或者约朋友见面，吃点西班牙小食等美味。感受新西兰酒馆，就一定要品尝那里的美食，还有精酿啤酒——随着新西兰全民饮酒意识的觉醒，精酿啤酒越来越受欢迎。

精酿啤酒是酿酒厂用当地食材单独酿制的口味独特的啤酒，产量少，最近受到了新西兰人的大力追捧。过去几年，新西兰出现了无数小规模酿酒厂，而可以品尝到这种啤酒的小酒吧也如雨后春笋般冒出来，打开龙头，你就可以畅饮啤酒，而热情的酒吧员工无所不知，能将产地、酿造者以及原材料为你娓娓道来。在酒吧欢度一夜不再只是为了喝个畅快，更多是出于多品味几种上等佳酿的目的。

不过除了美食和爽口的啤酒外，新西兰人之所以聚集到酒吧，还有一个共同的目标：在大屏幕上观看他们心爱的全黑队（All Blacks）打橄榄球。所以当你在新西兰旅行时，不妨在酒吧或小酒馆看一场全黑队的比赛——不夸张地说，绝对会是一次喧嚣热闹的体验！

葡萄酒产区

和邻国澳大利亚一样，新西兰的葡萄酒

MARK WATSON / HIGHLUX / GETTY IMAGES ©

制作浓缩咖啡

业之所以能享有如今的声誉和成功，也得感谢欧洲移民——这些远道而来者很有远见，清楚这里的土壤和气候条件优越，种上了第一批葡萄。新西兰历史最悠久的葡萄园——**Mission Estate Winery**（☎06-845 9354；www.missionestate.co.nz；198 Church Rd, Taradale；⏰周一至周六 9:00~17:00，周日 10:00~16:30）位于北岛的霍克湾（Hawke's Bay）——由法国天主教传教士于1851年建成，时至今日仍在酿造顶级葡萄酒。

不过直到20世纪70年代，葡萄酒才真正进入新西兰人的视线，随着传统农产品出口业的萎靡，新西兰人外出旅行次数增加，加上自带酒（BYO，“Bring Your Own”的缩

轮到你请客！

在酒吧，“轮流买单”是一种受推崇的习俗，人们会轮流请大家喝酒。在轮到你之前就开溜可不会为你赢得很多朋友。一旦人人都拿到了酒，一起举杯欢庆是惯例：彼此眼神相对，碰杯。

当地特色美食油炸银鱼饼

写）餐馆许可制的引入，使得当地葡萄酒的需求增加，受到更多人的钟爱。

自那之后，新西兰气候凉爽地区出产的葡萄酒成功征服了世界，大多数佳酿都出自几个主要产区。有组织的一日游——乘坐厢式旅行车或骑自行车——能带你参观几座精心挑选的葡萄酒厂，是很棒的游览方法。

南岛主要的葡萄酒产区包括：

莫尔伯勒 新西兰最大且知名度最高的葡萄酒产区，位于南岛北部，白天温暖舒适，夜晚凉爽宜人，非常适合长相思葡萄的生长。你可以花上数天的时间，游览这里众多的酒窖（为什么不呢？）。（见72页）

奥塔戈中部 从北部的克伦威尔到南部的亚历山德拉和西部皇后镇附近的吉布斯顿，南岛的奥塔戈中部地区出产一流的雷司令和黑皮诺葡萄酒。（见225页）

怀帕拉谷 基督城在附近也拥有自己的葡萄酒产区——怀帕拉谷就位于城市北部——酿造上等的雷司令和灰皮诺葡萄酒。（见176页）

计划你的行程

带孩子旅行

新西兰南岛是个非常适合带孩子旅行的目的地：安全，费用合理，有许多游乐场、围绕孩子展开的各式活动，气候惬意，食物好吃且不辣。并且从A地出发前往B地，无需经历舟车劳顿之苦——这极大解决了孩子们因为失去耐心而吵闹带来的烦恼。

孩子们的南岛

在南岛，妙不可言的野生动物园、海滩、公园、积雪覆盖的山坡、互动式博物馆以及儿童游乐场（有滑梯、秋千、跷跷板等）的数量越来越多。这是个非常适合孩子游玩的地方。

住宿

很多汽车旅馆和度假公园都设有游乐场、游戏室，提供适合孩童观看的DVD，通常还有带围栏的游泳池、蹦床和大片草坪。经济型和中档旅馆并不总是能提供幼儿床和高脚椅，但高端酒店均提供，通常还提供照看孩子的服务。很多民宿不接待带儿童的住客，青年旅舍主要面向背包客。不过当地仍有很多旅舍（包括国际青年旅舍）允许带孩子入住。

如果一起出游的家庭成员较多，想住进同一间客房，就需要提前预订；很多汽车旅馆和酒店有相邻的房间，可以作为家庭套房。

票价和优惠折扣

全家一起出游的游客在住宿、团队游、景点门票以及飞机、公共汽车、火车票方面都可以享受儿童价和家庭套票折扣，相比成人价，折扣最高可达五折。注意，不同地方对于“儿童”的界定不一样，从12岁以下到18岁以下不等。学步儿童（4岁以下）往往无须购票，也可

最佳带孩子出游目的地

昆斯敦（皇后镇）和瓦纳卡

如果你愿意，新西兰的雪上运动可以非常“成人化”，但带孩子玩同样可以很快乐（事实上是更有乐趣）。前往适合孩童的度假胜地，尽情玩雪吧。

克赖斯特彻奇（基督城）和坎特伯雷

大城市里的自然公园、划艇和植物园，以及附近无与伦比的班克斯半岛（有种类丰富的野生动物）。你也可以乘坐火车穿越整个国家！

西岸区

嶙峋的岩层、冰川、原始海滩、如镜般平静的湖泊、油炸银鱼饼和放肆有趣的啄羊鹦鹉：西岸区就是专为充满好奇心的孩子（或者其他任何人）准备的原始奇境。

莫尔伯勒和纳尔逊

划皮艇、在金色海滩旁游泳、近距离观察海洋哺乳动物，也可以步行或者骑自行车探索莫尔伯勒峡湾低难度的小径。

免费乘坐交通工具。

托管服务

想了解专业托管服务相关信息，登录www.rockmybaby.co.nz，或者在新西兰黄页网站（www.yellow.co.nz）查询“临时保姆”（babysitters）以及“儿童托管中心”（child care centres）。

哺乳和换尿布

大多数新西兰人对于在公共场合哺乳和换尿布这一现象持开放包容的态度：将汽车行李箱打开，给孩子换尿片是再寻常不过的了！不过，多数主城镇设立了专门的哺乳室，供父母喂婴儿或更换尿布。随处可以买到婴幼儿配方奶粉和一次性尿布。

带孩子外出就餐

除了相对高端时髦的餐厅，南岛的小餐馆普遍欢迎带孩子的食客。咖啡馆同样对孩子敞开，你会看到人们携家带口赶早来到酒吧的餐厅，享用晚餐。大多数地方都能提供高脚椅。专为孩童设计的菜单很常见，但选择往往很一般（菠萝火腿比萨、炸鱼条、鸡块等）。如果餐馆没有儿童菜单，你可以从常规菜单中点菜，要求厨房减少分量。餐馆通常允许食客自己携带婴儿食物。天气晴朗时，可以去农贸市场采购，然后找个野餐的地方。

儿童游玩亮点

动起来

皇后镇（见244页）从儿童漂流之旅到滑翔伞、蹦极、滑索、滑冰、（当然还有）滑雪，多彩多姿。

夏洛特女王步道（见65页）适合家庭出游者的徒步道。

玛拉豪（见92页）骑上马（或小马），沿海滩转悠。

海滩

圣基尔达海滩（见214页）在达尼丁游泳有点冷，但孩子们似乎不介意。

法拉里基海滩（见100页）沙丘、海豹、小岛和狂野的海浪（就别指望游泳了）。

波哈罗（见99页）如伦敦希思罗机场跑道般宽阔的海滩！

邂逅野生动物

几维鸟和鸟类公园（见237页）在皇后镇与几维鸟近距离接触。

西岸野生动物中心（见130页）在弗朗兹约瑟夫观察rowi——最罕见的一种几维鸟。

费尔韦尔沙嘴（见101页）来到南岛的西北尽头，向塍鹬、燕鸥以及澳大利亚塘鹅打招呼。

一流的博物馆

坎特伯雷博物馆（见147页）位于基督城，收藏有一具木乃伊、恐龙骨骼，还有一个超酷的发现中心。

奥玛卡航空遗产中心（见68页）著名导演彼得·杰克逊（Peter Jackson）私人收藏的“一战”和“二战”期间的战斗机，令人叹为观止。

南部博物馆和美术馆（见293页）去看看115岁的大蜥蜴亨利！

爸爸妈妈，我们饿了

油炸银鱼饼 经典的西海岸小食。

纳尔逊农贸市场（见86页）周三下午，供应各种老少咸宜的美食。

奇异果（见89页）丰收季节来到莫图伊卡，带上包，满载而归。

做计划

Lonely Planet出版的《带孩子旅行》（*Travel with Children*）一书中有大量关于带孩童出行的有用信息。在抵达新西兰后，想要制订更完善的计划，可以在游客信息中心获取*Kidz Go*!（www.kidzgo.co.nz）和*Lets Go Kids*（www.letsgokids.com.au）杂志，都是免费的。面向家庭游客的网站包括：

- www.kidspot.co.nz
- www.kidsnewzealand.com
- www.kidsfriendlytravel.com

地区速览

准备好，去领略这个星球上最变幻莫测同时又最动人心魄的景致吧。从莫尔伯勒峡湾如迷宫般错综复杂的航道，到班克斯半岛险峻的火山遗迹，新西兰南岛拥有无与伦比的风光。旅行途中，品尝当地特色美食，用心感受这个国家日益丰富的饮食文化，别忘了搭配上等的葡萄酒和精酿啤酒，体验刺激的户外冒险活动。划着皮艇穿过烟雾迷蒙的神奇峡湾，也可以在米尔福德或路特本步道进行自我挑战——一路上往往会有新西兰奇特的野生动物与你做伴，最后在达尼丁和奥马鲁的老街重温殖民史。

莫尔伯勒和纳尔逊

荒原
美食和佳酿
野生动物

国家公园

一个国家公园？那可不够。纳尔逊地区有三个国家公园——纳尔逊湖、卡胡朗伊和阿贝尔·塔斯曼。你可以花上一周的时间徒步游览全部三个国家公园。

莫尔伯勒葡萄酒之旅

沉浸在莫尔伯勒的美酒海洋中，长相思、雷司令、黑皮诺葡萄酒以及香槟都是高品质的窖藏佳酿，此外，还能品尝到精致的当地特色美食。

凯库拉

南岛北端是许多生物的家园，包括水生生物和飞行生物。凯库拉是非常棒的一站式景点，可以观鲸，也可以和海豚、海豹一同游泳。

见56页

西岸区

自然奇观
户外活动
历史

鬼斧神工的岩层

别错过奥帕拉拉著名的拱洞、普纳凯基的薄饼岩和让人叹为观止的霍基蒂卡峡谷。

徒步

西海岸有适合不同能力者的步道，从一小时的轻松行程到艰苦的长途跋涉。诸如迷人溪步道和玛希纳普电车线路这样的古老采矿和磨矿线路，吸引着徒步新手和历史迷们。

关于开拓者的故事

西海岸的拓荒史在丹尼斯顿、仙蒂镇、里夫顿和杰克逊湾等地方得以生动展现。

见105页

克赖斯特彻奇（基督城）和坎特伯雷

建筑
户外活动
风景

基督城和阿卡罗阿

虽然地震让基督城的建筑古迹毁于一旦，但坎特伯雷博物馆、植物园和New Regent St仍然展现了让这座城市引以为傲的悠久历史。附近的阿卡罗阿则弥漫着浓郁的法式风情。

徒步和皮划艇

在亚瑟隘口周边的高山峡谷徒步；在保持原始风貌的阿卡罗阿港划皮划艇，与海豚一起前行；或者在奥拉基/库克山国家公园的冰川湖泊间徒步，玩皮划艇。

班克斯半岛和南阿尔卑斯山

顺着班克斯半岛的Summit Rd下坡，探索隐匿的海湾，感受大自然的壮美：河谷、高耸的山峰，以及冰川。

见142页

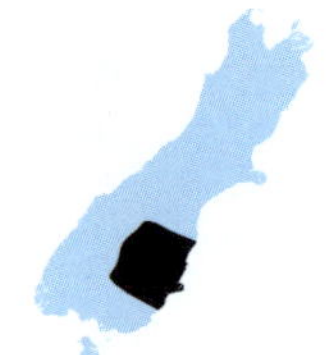

达尼丁和奥塔戈

野生动物
葡萄酒产区
历史

鸟类、海豹和海狮

奥塔戈半岛的野生动物——海豹、海狮和企鹅——沿着崎岖的海岸线巡逻，而布满岩石的泰瓦罗瓦角（Taiaroa Head）是皇家信天翁在这个星球上唯一的大陆繁殖基地，场面蔚为壮观。

班诺克本和怀塔基谷

在班诺克本险峻的山谷中探访葡萄园餐馆，寻觅世界上最好的黑皮诺葡萄酒，或者置身于日益兴盛的怀塔基谷，品尝雷司令和灰皮诺葡萄酒。

维多利亚时代风格

探索达尼丁充满故事、散发艺术气息的街道，也可以徒步或骑前轮大后轮小的古式自行车深入奥马鲁经过修缮的维多利亚风情步行区，感受浓郁的历史氛围。

见200页

昆斯敦（皇后镇）和瓦纳卡

户外活动
风景
葡萄酒产区

皇后镇极限运动

没有任何地方可以像皇后镇这样提供如此多的冒险机会：蹦极、漂流和山地骑行只是让你肾上腺素增加的开胃小菜。可以称这里为这个世界的终极跳伞降落区吗？

山川和湖泊

在皇后镇，瓦卡蒂普湖和高耸如云的卓越山构成了一幅让人赞叹不已的绝美画卷。在格林诺奇和阿斯帕林山国家公园周边探索新西兰的荒野。

奥塔戈中部的葡萄酒庄

在箭镇附近、Amisfield酒庄得过奖的餐厅享用午餐；探索吉布斯顿山谷；最后在利庞一边俯瞰瓦纳卡湖的绝美景色，一边品尝雷司令葡萄酒。

见235页

峡湾地区和南部区

风景
荒野
户外活动

壮丽的景观

壮观的米尔福德峡湾脱颖而出，当仁不让地成为明星景点，但不妨花点时间去探索崎岖的卡特林斯海岸周边独特的地貌，或者前往偏远的斯图尔特岛，感受世界尽头的魅力。

国家公园

峡湾地区国家公园是新西兰重要的西南部世界遗产区的组成部分。再往南，拉基乌拉国家公园将斯图尔特岛的美展现得淋漓尽致。

徒步和海上皮艇

徒步米尔福德或凯普勒这样的顶级步道，实现自我挑战，或者划海上皮艇去领略神奇峡湾的动人魅力。

见276页

在路上

Marlborough & Nelson
莫尔伯勒和纳尔逊 56页

The West Coast
西岸区 105页

Christchurch & Canterbury
克赖斯特彻奇(基督城)和坎特伯雷 142页

Queenstown & Wanaka
昆斯敦(皇后镇)和瓦纳卡 235页

Dunedin & Otago
达尼丁和奥塔戈 200页

Fiordland & Southland
峡湾地区和南部区 276页

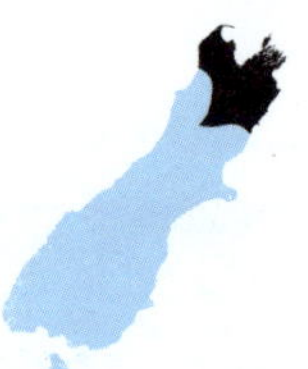

莫尔伯勒和纳尔逊

包括 ➡

最佳餐饮

- Arbour（见73页）
- Hopgood's（见85页）
- Green Dolphin（见79页）
- Sans Souci Inn（见100页）
- DeVille（见84页）

最佳住宿

- Hopewell（见68页）
- Bay of Many Coves Resort（见66页）
- Kaikoura Cottage Motels（见78页）
- Adrift（见99页）
- St Leonards（见70页）

为何去

对很多旅行者而言，莫尔伯勒和纳尔逊是探索这片被南岛人称为"大陆"的土地的第一站。离开多风的惠灵顿，提心吊胆地渡过库克海峡后，人们通常会对这里灿烂的阳光和高10℃的温暖天气感到惊喜不已。

除了宜人的气候外，这两个位于南岛最北端的相邻地区还有很多相似之处：都拥有名声在外的海岸度假胜地，尤其是莫尔伯勒峡湾、阿贝尔·塔斯曼国家公园和凯库拉。这里还有两个国家公园（卡胡朗伊和纳尔逊湖），群山掩映，你可以徒步深入探索。

大自然赋予了这两个地区充沛的物产，从野味和海鲜到夏令水果，一应俱全。最著名的当属葡萄，它们被制成顶级佳酿，呈给世界上最好的餐馆。随身携带小折刀和野餐用具，随时随地都可以享用美景美食。

何时去

- 天气预报带来的是好消息：莫尔伯勒和纳尔逊有着新西兰最晴朗的天气，最暖和的1月和2月，白天平均气温可达22℃。
- 7月最冷，平均气温为12℃。不过，南岛最北端拥有新西兰最美妙的冬季气候，取代结霜的早晨的往往是清澈透亮的天空和只需穿T恤的温度。
- 传言是真的：越靠近西海岸，气候就愈发潮湿，且多风。
- 圣诞节至次年2月中旬，南岛北部随处可见新西兰度假者，因此在这段时间出行一定要提前做计划，并做好与穿着夹脚拖鞋的家庭出游者抢位置的准备。

到达和离开

你可以乘坐从惠灵顿到皮克顿的渡轮，慢慢穿过库克海峡，欣赏沿途美景，然后搭乘飞机前往几个主要的旅游目的地。

InterCity是主要的长途汽车运营商，不过这里也有当地的短途往返班车。从10月至次年5月，KiwiRail运营的太平洋海岸观景（Coastal Pacific）火车往返于皮克顿和基督城之间，途经布莱尼姆和凯库拉。

租车自驾非常方便，皮克顿有很多汽车租赁公司，而且这个地区到处都有车库。

热门的海滨区域，例如莫尔伯勒峡湾和阿贝尔·塔斯曼国家公园，最好是步行或者乘坐皮划艇游览，水上出租服务非常便捷，可以将你送到这些地方。

莫尔伯勒和纳尔逊重要信息

就餐 纳尔逊和莫图伊卡的周末集市（见91页）上能品尝到Doris的德式香肠

饮品 在黄金湾的Mussel Inn（见99页）喝上一品脱的Captain Cooker啤酒

阅读 读一读约翰·萨克尔（John Saker）所写的《如何品一杯葡萄酒》（*How to Drink a Glass of Wine*）

聆听 纳尔逊湖国家公园（见103页）的黎明合唱曲

观看 大海潮起潮落

节日 莫尔伯勒葡萄酒节

绿色之旅 在生态奇迹频现的希菲步道（见115页）徒步

网络资源 www.marlboroughnz.com、www.nelsonnz.com、www.kaikoura.co.nz

电话区号 ☎03

莫尔伯勒地区（MARLBOROUGH REGION）

皮克顿是通往南岛的门户，也是莫尔伯勒峡湾探索之旅的起点。皮克顿南边是布莱尼姆及其享誉世界的葡萄酒庄，再往南则可到达观鲸圣地凯库拉。

历史

早在阿贝尔·塔斯曼（Abel Tasman）于1642年抵达迪维尔岛（D' Urville Island）的东海岸之前（比詹姆斯·库克在1770年发现该岛早100多年），毛利人称莫尔伯勒地区为"毛利独木舟之首"（Te Tau Ihu o Te Waka a Māui）。库克将之命名为女王夏洛特峡湾（Queen Charlotte Sound），他的报告使得这一地区成为南半球最著名的避风锚地。1827年，法国航海家朱利·迪蒙·迪尔维尔（Jules Dumont d' Urville）发现了如今被称为法兰西隘口（French Pass）的狭窄海峡。为了表彰他，法国官方用他的名字为海峡北部的岛屿命名。同年，在托里航道（Tory Channel）的Te Awaiti建成了一个捕鲸站，这也是欧洲在该地区的首个永久定居点。

到达和离开

新西兰航空（Air New Zealand；☎0800 747 000；www.airnewzealand.co.nz）有往返布莱尼姆机场和惠灵顿、奥克兰、基督城的班机，并提供接续航班。**Soundsair**（☎0800 505 005，03-520 3080；www.soundsair.co.nz；3 Auckland St）连接布莱尼姆和惠灵顿、帕拉帕拉乌姆、纳皮尔。

KiwiRail Scenic（☎0800 872 467；www.kiwirailscenic.co.nz）运营太平洋海岸观景线路，（10月至次年5月）每天都有，往返皮克顿和基督城之间，途经布莱尼姆和凯库拉。

长途汽车从皮克顿的**Interislander站**（见62页）或附近的**游客信息中心**发车。

InterCity（☎03-365 1113；www.intercity.co.nz）运营的长途汽车往返皮克顿和基督城之间，途经布莱尼姆和凯库拉，还有车发往达尼丁、皇后镇和因弗卡吉尔。此外，还有车往返纳尔逊和皮克顿之间，连接莫图伊卡和西海岸。这些线路每年至少有一班车与惠灵顿渡船服务衔接。**Naked Bus**（☎0900 625 33；www.nakedbus.com）有南下到达基督城、达尼丁和皇后镇的班车。

皮克顿（Picton）

人口 2950

港口城市皮克顿环绕着夏洛特女王峡湾前端一道幽深的峡谷而建，冬季静谧，夏季则热闹喧嚣（每天有多达8艘满载游客的轮渡

莫尔伯勒和纳尔逊亮点

❶ 在**凯库拉**(见74页)近距离接触野生动物,包括鲸鱼、海豹、海豚和信天翁。

❷ 循着酒香,在**莫尔伯勒葡萄酒产区**(见57页)穿行于酒庄之间。

❸ 在**夏洛特女王步道**(见65页)徒步或骑自行车游览莫尔伯勒峡湾。

❹ 沿着极受欢迎的**美食自行车道**(见87页)骑行,一路吃吃喝喝。

❺ 在拥有如明信片般完美景致的**阿贝尔·塔斯曼国家公园**(见93页)内体验皮划艇,或徒步游玩。

❻ 新西兰最好的博物馆之一**奥玛卡航空遗产中心**(见68页)坐落在**布莱尼姆**,令人震撼不已。

❼ 在**费尔韦尔沙嘴**(见101页)驱车穿过沙地,塘鹅和塍鹬与你做伴。

❽ 从**希菲步道**(见102页)徒步穿过卡胡朗伊国家公园,抵达荒凉原始的西海岸。

抵达这里）。这是南岛主要的旅游港口，也是前往探索莫尔伯勒峡湾和夏洛特女王步道的最佳大本营。过去几年，这座小镇得以繁荣发展。即使游客已经逛完了计划中的所有知名景点，皮克顿也有足够多让他们流连忘返的理由。

景点

埃德温·福克斯海事博物馆 博物馆

（Edwin Fox Maritime Museum；www.edwinfoxsociety.co.nz；Dunbar Wharf；成人/儿童$15/5；9:00~17:00）据说埃德温·福克斯号是世界上现存第九古老的木船，在加尔各答附近建造，于1853年开始首航。它有着跌宕起伏的航海生涯，运载过参加克里米亚战争的军队，送过澳大利亚服刑的罪犯以及前往新西兰的移民。博物馆有海事主题的展览，展品包括这艘古老宝贵的船。

皮克顿博物馆 博物馆

（Picton Museum；London Quay；成人/儿童$5/1；10:00~16:00）如果想深入了解当地历史——捕鲸、航海，还有1964年的轮滑冠军赛——这家博物馆很适合你。照片展很值得一看，要知道票价才$5。

活动

这一地区大多数活动都在莫尔伯勒峡湾周边举办，但"旱鸭子们"仍有很多玩得尽兴的机会。

小镇有一些令人感到非常轻松惬意的**步道**。游客信息中心提供的免费地图详细标注出了这些步道，包括通往**鲍勃湾**（Bob's Bay）的1公里简易步道。**斯瑙特步道**（Snout Track；往返需3小时）沿着山脊延伸，沿途能领略无与伦比的海洋风光。登上小镇后面的山，走完**蒂罗汉阿步道**（Tirohanga Track）需要2小时，足够你伸展身体，活动筋骨，还能欣赏到最美的小镇景观。想深入探索小镇，可以从Wilderness Guides（见63页）那里为全家人租到自行车。

Nine Dives 潜水

（0800 934 837，03-573 7199；www.ninedives.co.nz；潜水之旅$195~350）提供峡湾周边的潜水之旅，能进入海洋保护区，看到不同的残骸，包括"米哈伊尔·莱蒙托夫号"。此外这里还提供潜水课程，也可以进行海洋浮潜（$150）。

团队游

莫尔伯勒团队游公司 团队游

（Marlborough Tour Company；0800 990 800，03-577 9997；www.marlboroughtourcompany.co.nz；Town Wharf；成人/儿童$145/59；13:30出发）时长3小时30分钟的"海味奥德赛"（Seafood Odyssea）出海游，能带游客前往鲑鱼农场，游客还可品尝大量美味海鲜和长相思白葡萄酒。

住宿

★Jugglers Rest 青年旅舍 $

（03-573 5570；www.jugglersrest.com；8 Canterbury St；露营地$20起，铺$33，双$75~85；6月至9月关闭；）幽默风趣的店主用心良苦，经营着这家环保的旅舍，不提供双层床。旅舍安静舒适，距离小镇不过10分钟脚程，如果骑自行车，用时更短。你可以在令人身心愉悦的花园中与其他旅行者友好交谈。花园里偶尔会有马戏表演，此时更适合结交朋友。

Buccaneer Lodge 度假屋 $

（03-573 5002；www.buccaneerlodge.co.nz；314 Waikawa Rd，Waikawa；标单$90，双$99~124；）这一位于怀卡瓦湾（Waikawa Bay）的度假屋提供干净、配备基础设施的套房，很多客房一楼的阳台都能欣赏到开阔的峡湾美景。热心的店主提供小镇接送、自行车租赁、自制面包供应等周到的服务。

Tombstone Backpackers 青年旅舍 $

（03-573 7116；www.tombstonebp.co.nz；16 Gravesend Pl；铺$30~34，双带/不带浴室$87/80；）在小巧的宿舍、双人间或设备齐全的公寓（$118）可以舒适地休息。在这里还能一边享受水疗，一边眺望港口美景。旅舍提供免费早餐，还有光照充足的阅读室、乒乓球、免费网络、渡船接送服务……周到至极。

Picton 皮克顿

Sequoia Lodge Backpackers 青年旅舍 $

(☎0800 222 257, 03-573 8399; www.sequoialodge.co.nz; 3a Nelson Sq; 铺 $29~31, 双带/不带浴室 $84/74; 📶)经营得当的背包客之家，位于一幢色彩绚丽、天花板很高的维多利亚时代建筑内。旅舍位置略偏，但有免费Wi-Fi、吊床、烤肉、热水浴池，每晚供应布丁。5月至10月提供免费早餐。

Picton 皮克顿

景点

1 埃德温·福克斯海事博物馆 B2
2 皮克顿博物馆 B3

活动、课程和团队游

3 Beachcomber Cruises C3
4 Cougar Line C3
5 Marlborough Sounds Adventure Company B3
6 Marlborough Tour Company C3
7 Wilderness Guides B3

住宿

8 Gables B&B B4
9 Harbour View Motel C4
10 Jugglers Rest A6
11 Picton Top 10 Holiday Park D3
12 Sequoia Lodge Backpackers A5

就餐

13 Café Cortado B3
14 Gusto B3
15 Picton Village Bakkerij B3

Picton Top 10 Holiday Park 假日公园 $

（☎0800 277 444，03-573 7212；www.pictontop10.co.nz；70 Waikawa Rd；露营地 $36起，套间 $75~185；@📶🏊）这一布局紧凑、得到妥善维护的公园距离小镇约500米，有大量草坪和野餐长凳，外加让人满意的各种设施，包括游乐场、烧烤区和游泳池。

★ Whatamonga Homestay 家庭寄宿 $$

（☎03-573 7192；www.whsl.co.nz；425 Port Underwood Rd；双 含早餐 $180；@📶）顺着怀卡瓦路（Waikawa Rd）前行，路名会变为Port Underwood Rd，前行8公里，你就会来到这一漂亮的海滨住宿地——两间设施齐全的套房都配备了特大号床，有阳台，能欣赏到绝美风光。主楼的另两间客房共用一个浴室。住地提供免费的皮划艇、橡皮筏和钓鱼工具。至少两天起住。

Harbour View Motel 汽车旅馆 $$

（☎03-573 6259，0800 101 133；www.harbourviewpicton.co.nz；30 Waikawa Rd；双 $145~185；📶）地势高意味着从这家汽车旅馆能欣赏到皮克顿桅杆林立的港口风光，客房时尚，设施齐全，还有木制平台。

Gables B&B 民宿 $$

（☎03-573 6772；www.thegables.co.nz；20 Waikawa Rd；标单 $100，双 $140~170，套间 $155~175；@📶）这家民宿有着悠久的历史（曾是皮克顿市长的居所），主楼拥有3间风格各异的客房，后面则有两套如家般舒适的套房。可爱的主人幽默感十足（问下关于Muffin Club的事），并能就游览当地给出很好的建议。

就餐

Gusto 咖啡馆 $

（33 High St；餐 $11~21；⏰7:30~14:30；✎）这家氛围友善且勤勉努力的咖啡馆供应美味的早餐，包括一流的鲑鱼炒蛋，以及叫做"Morning Glory"的英式早餐，即使卡路里很高，也值得品尝。可供选择的午餐美食包括当地的贻贝和牛排三明治。

Picton Village Bakkerij 面包房 $

（Auckland St和Dublin St交叉路口；各种面包 $2~8；⏰周一至周五 6:00~16:00，周六 至15:30；✎）老板来自荷兰，烘焙各种欧洲美食，包括有趣的面包、带馅料的面包卷、蛋糕和蛋奶沙司，还有各式点心。搭乘轮渡之前或者下船后来这里是很不错的选择，也可以在午间来此填饱肚子。

Café Cortado 咖啡馆 $$

（www.cortado.co.nz；High St和London Quay交叉路口；主菜 $16~34；⏰8:00至深夜）令人愉悦的街角咖啡馆兼酒吧，透过前滩的波胡图卡瓦树和棕榈树，能一窥海港美景。咖啡馆始终保持着稳定的水准，供应各式鱼类菜肴、自制芝士汉堡和美味的比萨。

实用信息

皮克顿游客信息中心（☎03-520 3113；www.marlboroughnz.com；Foreshore；⏰周一至周五 8:00~17:00，周六和周日 至16:00）为旅行者提供所有重要的服务，包括地图、夏洛特女王步道相关信息、寄物柜和交通预订。新西兰环境保护部设有服务点。

到达和离开

飞机

Soundsair（见57页）有往返皮克顿和惠灵顿的航班（成人/儿童 $99/89起）；在机场与克鲁米克（Koromiko）之间有往返班车。

船

有两家公司运营经库克海峡往返皮克顿和惠灵顿之间的渡船，虽然几乎所有船只都从同一个起点出发，但终点不尽相同。Interislander车站是主要的交通枢纽（有汽车租赁点），还设有一家咖啡馆，提供上网服务。

Bluebridge Ferries（☎0800 844 844，04-471 6188；www.bluebridge.co.nz；成人/儿童 $51/26起；📶）渡过海峡需要3小时30分钟，该公司每天至多有4班发往各个方向的渡船。搭载汽车和露营车的费用为$120起，摩托车$51，自行车$10。卧铺船抵达皮克顿的时间为6:00。

Interislander（☎0800 802 802；www.interislander.co.nz；Interislander Ferry Terminal，Auckland St；成人/儿童 $55/28）渡过海峡至少需要3小时10分钟，每天至多有4班发往各个方向的渡船。搭载汽车费用为$121起，露营车$153起（不超过5.5米），摩托车$56，自行车$15。

长途汽车

开往皮克顿的长途汽车从Interislander渡船码头或附近的游客信息中心发车。

InterCity（☎03-365 1113；www.intercity.co.nz；Interislander Ferry Terminal外，Auckland St）每天有2班车南下至基督城（5小时30分钟），途经布莱尼姆（30分钟）和凯库拉（2小时30分钟），还有前往达尼丁、皇后镇和因弗卡吉尔的接驳车。此外，该公司也有班车往返纳尔逊（2小时15分钟），有接驳车前往莫图伊卡和西海岸。每天，跑这些线路的长途汽车至少有一班可前往惠灵顿的渡船服务。

发往基督城和纳尔逊的小型短途往返班车包括**Atomic Shuttles**（☎03-349 0697，0508 108 359；www.atomictravel.co.nz）。

火车

KiwiRail Scenic（见57页）运营太平洋海岸观景线路，（10月至次年5月）每天都有，往返于皮克顿和基督城之间，途经布莱尼姆和凯库拉（经过22个隧道和175座桥梁）。火车于13:15从皮克顿出发，次日7:00抵达基督城。皮克顿至基督城的单程成人票价$79起。火车可与Interislander渡船（见本页）衔接。

当地交通

A1 Picton Shuttles（☎022 018 8472；www.a1pictonshuttles.co.nz）提供皮克顿及周边的短途汽车服务。

在皮克顿租车非常方便，价格极具竞争力（最低可至$40一天）。很多租赁公司都将总部设在Interislander渡船码头，另有不少公司只需步行很短时间即达。**Ace**（☎03-573 8939；www.acerentalcars.co.nz；Interislander Ferry Terminal）和**Omega**（☎03-573 5580；www.omegarentalcars.com；1 Lagoon Rd）是当地值得信赖的汽车租赁公司。大多数公司允许用户在基督城还车。如果你计划自驾前往北岛，大多数公司建议将车留在皮克顿，渡过库克海峡后在惠灵顿另租一辆车。

> **毛利新西兰：莫尔伯勒和纳尔逊**
>
> 在新西兰南岛，毛利文化并不如北岛那样体现得如此明显，但你仍然可以寻觅到其踪迹，尤其是在有着悠久毛利历史的凯库拉周边地区。**凯库拉毛利文化之旅**（Maori Tours Kaikoura；见76页）能带你深入了解毛利文化，从当代视角审视这一少数民族。

莫尔伯勒峡湾（Marlborough Sounds）

莫尔伯勒峡湾如同一个迷宫，由山峰、海湾、海滩和河段构成，是最近一次冰河时代后海水涌入深河谷形成的。这片地区地形复杂多样：以皮鲁斯峡湾（Pelorus Sound）为例，直线长度为42公里，却拥有379公里的海岸线。

可以驱车前往很多景色壮丽的景点。从皮克顿出发，沿着**夏洛特女王车道**（Queen Charlotte Drive）蜿蜒前行35公里，直到哈夫洛克，沿途是极佳的峡湾取景点。不过假如你还有一天时间，可以去**法兰西隘口**［French Pass；甚至是**迪维尔岛**（D' Urville Island）］，欣赏更为壮阔的峡湾风光。这里的道路都很狭窄，偶尔还有未浇筑的土路，因此要留出足够的时间，格外留神。

相比之下，乘船游览峡湾速度更快［例如，从皮克顿出发前往蓬加湾（Punga Cove），驾车需2~3小时，乘船只要45分钟］。好在船只数量充足，可以满足固定班次和按需分配服务，其中多数是从皮克顿到夏洛特女王峡湾，还有些船只从哈夫洛克出发，前往凯内普鲁（Kenepuru）和皮鲁斯峡湾。

峡湾地区有大量徒步、玩皮划艇和骑自行车的机会，此外，在这里潜水也是很棒的体验——最著名的是"米哈伊尔·莱蒙托夫号"（Mikhail Lermontov），1986年，这艘俄罗斯巡航舰在戈尔港（Port Gore）沉没。

景点

摩图阿拉岛 野生动物保护区

（Motuara Island; www.doc.govt.nz; Queen Charlotte Sound）这一由新西兰环境保护部管理的岛屿保护区禁止狩猎，随处可见新西兰珍稀鸟禽，包括奥卡里托褐色几维鸟（又称rowi）、新西兰本土鸽（kereru）、鞍背鸦（tieke）和皇帝鸬鹚。乘坐水上出租可达，也可以找组织皮克顿周边游的旅行公司。

团队游

从皮克顿出发

★Wilderness Guides 团队游

（0800 266 266, 03-573 5432; www.wildernessguidesnz.com; Town Wharf; 带导览一日游 $130起，皮划艇/自行车租赁 每天$60）组织1~3天的"多种运动"组合游（皮划艇/徒步/自行车），很受欢迎，极具灵活性。此外还有很多有导游的单一项目游览活动，有骑自行车、徒步和划皮艇，其中包括前往偏僻的船湾（Ship Cove）的划艇游。这里也提供山地自行车和皮划艇租赁服务。

Cougar Line 团队游

（0800 504 090, 03-573 7925; www.cougarline.co.nz; Town Wharf; 步道往返游 $105，全天游 $85起）提供夏洛特女王步道的交通工具，外加各种半日/全天乘船/徒步之旅，包括特别（且灵活）的摩图阿拉岛生态乘船游，以及从决心湾（Resolution Bay）到Furneaux Lodge的一日步行游。

Beachcomber Cruises 团队游

（0800 624 526, 03-573 6175; www.beachcombercruises.co.nz; Town Wharf, Picton; 邮船 $97，游轮 $69起，步道往返游 $99）2~8小时的乘船冒险，包括经典的"Magic Mail Run"，此外还组织徒步、自行车游，还可选择在度假胜地享用午餐，提供游览往返步道的交通工具。

Marlborough Sounds Adventure Company 团队游

（0800 283 283, 03-573 6078; www.marlboroughsounds.co.nz; Town Wharf; 半日至3日有导游的旅行套餐 $95~595，皮划艇租赁 半日$40起）自行车—徒步—皮划艇之旅，适合不同喜好者，可根据自身时间安排选择。最受好评的一日游是皮划艇和徒步（$175）。提供自行车、皮划艇、桨板冲浪和露营设备。

从阿纳基瓦出发

Sea Kayak Adventures 皮划艇、自行车

（03-574 2765, 0800 262 5492; www.nzseakayaking.com; Queen Charlotte Dr和Anakiwa Rd交叉路口；半日/一日 有导游的划船游 $85/125）女王夏洛特、凯内普鲁和皮鲁斯峡湾周边的有导游的以及"先导游后自助"皮划艇游，外加自行车/徒步选择。并且这家公司还提供皮划艇、山地自行车租赁服务（半日/全天 $40/60）。

从哈夫洛克出发

Pelorus Mail Boat 游轮

（03-574 1088; www.themailboat.co.nz; Jetty 1, Havelock Marina; 成人/儿童 $128/免费；周二、周四和周五 9:30出发）颇受欢迎的一日乘船游览，穿过皮鲁斯峡湾的远处水域，堪称真正的新西兰邮轮体验。需要提前预订，午餐自备。可以在皮克顿和布莱尼姆上下船。

Waterways Boating Safaris 乘船

（03-574 1372; www.waterways.co.nz; 745 Keneperu Rd; 半日/全天 $110/150）奋力划船的同时，跟随导游游览凯内普鲁峡湾。这是一种乐趣无穷的水上体验，不仅能欣赏到美景，还能了解这一地区的生态情况和历史。自备午餐。

Marlborough Sounds 莫尔伯勒峡湾

Marlborough Sounds 莫尔伯勒峡湾

景点

1 摩图阿拉岛 D2

活动、课程和团队游

2 Sea Kayak Adventures A4
3 Waterways Boating Safaris A4

就餐

4 Bay of Many Coves Campsite C3
5 Bay of Many Coves Resort C3
6 Black Rock Campsite C3
Camp Bay Campsite .... (见14)
7 Davies Bay Campsite B4
8 Hopewell B3
9 Lochmara Lodge B3
Mahana Lodge .... (见14)
10 Mistletoe Bay B3
11 Nydia Bay DOC Campsite A3
12 Nydia Lodge A3
13 On the Track Lodge A3
14 Punga Cove Resort C3
15 Schoolhouse Bay Campsite D2
16 Smiths Farm Holiday Park A4
17 Whatamonga Homestay C4

Greenshell Mussel Cruise 游轮

(☎03-577 9997, 0800 990 800; www.marlboroughtourcompany.co.nz; Havelock Marina; 成人/儿童 $125/45; ⏰13:30出发)3小时的游轮游，能品尝到凯内普鲁水产养殖场培育的贻贝。费用包含蒸贻贝以及一杯葡萄酒。

预订很有必要。

住宿

峡湾部分住宿地只能乘船到达，位置相对偏僻，环境清幽，不过大多数受欢迎的住宿地集中在夏洛特女王步道沿途（或附近）。冬季一些旅馆会关闭，最好提前打电话确认。

整个峡湾地区有30多处环境保护部管理的露营地（很多只能乘船到达），提供用水和厕所等基础设施，别无其他。

可以在皮克顿游客信息中心（见61页）询问供出租的当地度假小屋的相关信息，数量很多。

到达和离开

人们通常从皮克顿出发，前去探索莫尔伯勒峡湾，小镇码头位于皮克顿中心，聚集了很多渡船公司。这些公司不仅负责度假屋接送，还组织前往**船湾**和**摩图阿拉岛**鸟类保护区的乘船游，提供往返**夏洛特女王步道**的交通工具，以及让徒步者无需背负太重行李的托运服务。自行车和皮划艇也可以托运。

Arrow Water Taxis（027 444 4689, 03-573 8229; www.arrowwatertaxis.co.nz; Town Wharf, Picton）几乎可以前往任何目的地，只要有需求。团队出游至少4人。

Float Plane（021 704 248, 03-573 9012; www.nz-scenic-flights.co.nz; Ferry Terminal, Picton; 航班$110起）提供住宿地接送以及观光航班，此外还有前往纳尔逊、阿贝尔·塔斯曼国家公园和跨海峡去惠灵顿的航班，组织相应的团队游。

Kenepuru Water Taxi（021 132 3261, 03-573 4344; www.kenepuru.co.nz; 7170 Kenepuru Rd, Raetihi）凯内普鲁峡湾周边的水上出租和观光游，根据需求安排。

Pelorus Sound Water Taxi（0508 4283 5625, 027 444 2852; www.pelorussoundwatertaxis.co.nz; Pier C, Havelock Marina）从哈夫洛克出发，组织皮鲁斯和凯内普鲁峡湾周边的水上出租和观光游，根据需求安排。

Picton Water Taxis（03-573 7853, 027 227 0284; www.pictonwatertaxis.co.nz; The Waterfront、London Quay和Wellington St交叉路口, Picton）夏洛特女王周边的水上出租和观光游，根据需求安排。

夏洛特女王步道（Queen Charlotte Track）

夏洛特女王步道是新西兰的经典步道之一，如今更被归入顶级骑行道行列，它从古老的船湾（Ship Cove）蜿蜒70公里一直延伸到阿纳基瓦，穿过私人领地以及环境保护部管理的保护区，沿途海岸风光无限好。进入私人领地需要获得土地所有者的许可，得爱护他们的财产，使用指定露营地住宿和厕所，并带走垃圾。步道通行证（$10~18）可在游客信息中心和步道相关的运营商处购买，这部分费用可用于维护并提升徒步体验。

活动

夏洛特女王步道是一条线路明确的步道，普通人也可以体验。很多渡船以及旅游公司都提供与步道相关的服务，你可以花3~5天时间完成全程，也可以任选喜欢的地方作为起点或终点，可以步行，也可以划皮艇或骑自行车。这里谈论的是山地骑行，合适的越野车能让你此行充满乐趣。12月1日至次年2月底，部分路段禁止自行车通行，不过在这段时间内，仍有很多不错的骑行机会。

人们通常选择船湾为起点（建议这么做）——主要是因为从皮克顿出发，乘船到船湾很便捷，反之则不然——但你也可以选择以阿纳基瓦为起点。阿纳基瓦设有公用电话，船湾没有。

预计步行时间：

步道路段	距离（公里）	时间（小时）
船湾至决心湾	4.5	1.5~2
决心湾至努力湾	10.5	2.5~3
努力湾至露营湾/蓬加湾	12	3~4
露营湾/蓬加湾至Torea Saddle/Portage	24	6~8
Torea Saddle/Portage至Te Mahia Saddle	7.5	3~4
Te Mahia Saddle至阿纳基瓦	12.5	3~4

住宿

夏洛特女王步道的魅力在于这里有很多出色的可供选择的一日游线路，你可以把皮克顿作为基地开始游览。不过，步道沿途也有不少绝佳的住宿地，很多渡船公司可以沿途为你运输行李。

步道沿途分布有6个新西兰环境保护部管理的可自给自足的露营地：Schoolhouse Bay（www.doc.govt.nz；成人/儿童$6/3）、Camp Bay（www.doc.govt.nz；成人/儿童 $6/3）、Bay of Many Coves（www.doc.govt.nz；成人/儿童 $6/3）、Black Rock（www.doc.govt.nz；成人/儿童 $6/3）、Cowshed Bay（www.doc.govt.nz；成人/儿童 $10/5）和Davies Bay（www.doc.govt.nz；成人/儿童 $6/3）。所有露营地都设有厕所，提供水源，但没有烹饪设备。此外，这里也有不同的度假村、度假屋、适合背包客入住的旅舍和客栈。除非你选择露营，否则要尽可能地提前较长时间预订，尤其是夏季。

Smiths Farm Holiday Park 假日公园 $

（☎03-574 2806；www.smithsfarm.co.nz；1419 Queen Charlotte Dr, Linkwater；露营地 每人$16起，小木屋 $60，套间 $110~130；@ 📶）位于夏洛特女王和皮鲁斯峡湾之间被称为“Linkwater”（意为连接水域，恰如其名）的平地上，友善的Smith一家为游客探索步道以及其他景点提供了露营基地，非常便捷。小木屋维护得当，汽车旅馆式的套房朝向树木葱茏的山坡，可以看到家畜在茂盛的营地草坪上吃草。从这里出发，只需步行，很快就能看到一道瀑布，还有遍布萤火虫的奇妙山谷。

Mistletoe Bay 假日公园 $

（☎03-573 4048；www.mistletoebay.co.nz；Onahau Bay；露营地 成人/儿童 $16/10，铺/双 $30/70，亚麻床单 $7.50；📶）Mistletoe Bay被苍翠的群山环绕，只提供最简单的必要设施，是极具吸引力的露营之选。营地有8个现代化的小木屋（$140），每个木屋最多可睡6人，此外还有1个简易宿舍。环保设施无所不在。你可以跳下堤坝，尝试划皮划艇穿行海湾，也可以在夏洛特女王步道上徒步游览。

★Te Mahia Bay Resort 度假村 $$

（☎03-573 4089；www.temahia.co.nz；63 Te Mahia Rd；双 $160~258；📶）这一可爱低调的度假村毗邻夏洛特女王步道，位于凯内普鲁峡湾一风景如画的海湾。这里提供一系列令人愉悦的海景房，我们推荐性价比极高的老式套房。度假村的商店供应预先烹制好的餐食、比萨、蛋糕、咖啡和露营补给（葡萄酒）。此外，这里还提供皮划艇租赁和按摩服务。

Lochmara Lodge 度假村 $$

（☎0800 562 462, 03-573 4554；www.lochmaralodge.co.nz；Lochmara Bay；套间 $99~300；📶）这一充满艺术气息、注重生态环保的清幽之地可以经夏洛特女王步道或从皮克顿乘坐专门的水上出租（单程 $30）到达。度假村提供设施齐全的双人房、套间和度假小屋，周围有着草木葱郁的环境。此外，还有一家持全套许可证的咖啡馆兼餐馆。你也可以在疗养浴场享受水疗或按摩服务。

Anakiwa 401 青年旅舍 $$

（☎03-574 1388；www.anakiwa401.co.nz；401 Anakiwa Rd；标单/四 $75/180，双 $100~140；📶）位于步道南端，由昔日的校舍改建而成，非常舒适，适合放松和沉思。旅舍有两间双人房（一间带卫浴）、一间双床双人房，还有一间滨海的独立套房。风趣的主人会开玩笑地建议你从堤坝上跳下去，在小巧的绿色房车内品尝浓缩咖啡和冰激凌（夏季午后开放）。旅舍还提供自行车和皮划艇，免费。

★Bay of Many Coves Resort 度假村 $$$

（☎0800 579 9771, 03-579 9771；www.bayofmanycoves.co.nz；Bay of Many Coves；单/双/三卧室公寓 $710/930/1100；📶）这些奢华且与世隔绝的公寓中有着各种现代化的生活设备和可以眺望大海的私人阳台。除了高端美食外，这里还有诸如按摩、水疗和热水浴池等各种让你感到贴心的服务。你也有机会体验由迷人、事必躬亲的老板和员工组织的皮划艇游和丛林漫步，以及峡湾地区的其他冒险活动。

Mahana Lodge 度假屋 $$$

（☎03-579 8373；www.mahanalodge.co.nz；Camp Bay, Endeavour Inlet；双 $210；⏰6月至8月关闭）这一美丽的度假屋拥有漂亮的海滨草坪，有4间带独立卫浴的双人房。度假屋秉承

环保理念，有一个有机蔬菜园，采用了灌木再生、诱捕害虫等措施。事实上，这里方方面面都会让你感觉舒心：免费的皮划艇、自制的烘焙美食以及鲜花盛开的温室——供应预先烹制好的晚餐（三道菜$55）。

Punga Cove Resort 度假村 $$$

（☎03-579 8561；www.pungacove.co.nz；Endeavour Inlet；套间 $275~450；@🛜🏊）质朴迷人的度假村，有自给自足的单间公寓、"A"字形的小屋，外加一间至多可以睡7人的度假屋，多数房间里都能欣赏到气势磅礴的海景。面向背包客的客房设施很简单（单人/双人间$58/116），但这里位置极佳。可以参与各种活动（有游泳池、水疗、游戏和皮划艇）。此外这里有一家餐馆，舢板棚酒吧/咖啡馆供应很爽口的当地啤酒和比萨，售价$26。

实用信息

皮克顿**游客信息中心**（见61页）是获取步道相关信息及建议的最佳地方，这里也提供交通和住宿预订。也可以登录夏洛特女王步道官网（www.qctrack.co.nz）查询。

到达和离开

皮克顿水上出租可以负责步道沿途多个目的地的接送。

凯内普鲁和皮鲁斯峡湾（Kenepuru & Pelorus Sounds）

凯内普鲁和皮尔斯峡湾位于夏洛特女王步道西边，人流相对较少，因此旅游服务设施较少，交通线路也不例外。这里拥有令人叹为观止的美景，时间充裕的人肯定会觉得不虚此行。

哈夫洛克（Havelock）是该地区的枢纽，位于35公里长的夏洛特女王车道的西端（皮克顿位于东端），自称"世界绿壳贻贝之都"。哈夫洛克虽算不上新西兰最炫酷的城镇，但可以提供各种必要设施，包括住宿、汽油和食物。

景点

漫步在哈夫洛克的大街小巷，你或许会觉得这个地方应该还有更多值得探索之处，那就对了——想细细品味这里，没有比**卡伦角瞭望台**（Cullen Point Lookout）更合适的地方了，从哈夫洛克出发，沿夏洛特女王车道驱车10分钟就能到达。在峡角周边转转，俯瞰哈夫洛克及其周边的山谷以及皮鲁斯峡湾。

你可以在哈夫洛克游客信息中心（见68页）获取当地景点及活动相关的信息，该信息中心位于聚焦自然博物馆（Eyes On Nature museum）内，博物馆收藏有各种栩栩如生、真实大小的鸟类、鱼类和其他动物标本。

当然，莫尔伯勒峡湾（见62页）本身就已经有太多令人目不暇接、值得探索的美丽景观。

活动

Pelorus Eco Adventures 皮划艇

（☎0800 252 663，03-574 2212；www.kayak-newzealand.com；Blue Moon Lodge，48 Main Rd，Havelock；每人 $175）乘坐充气皮划艇，在风光旖旎的皮鲁斯河上漂流，电影《霍比特人》中矮人乘木桶漂流的场景就是在这里拍摄的。顺着激流蜿蜒而下，穿过清澈见底的池塘，经过原始森林和飞溅的瀑布。没有经验的人也可以参加。至少两人成行。

尼迪亚步道 徒步

（Nydia Track；www.doc.govt.nz）尼迪亚步道（27公里，10小时）始于凯乌玛湾（Kaiuma Bay），止于邓肯湾（Duncan Bay），也可体验反向徒步。要完成这趟行程，你需要带上水，还得选择相应的交通线路。哈夫洛克的Blue Moon Lodge有往返邓肯湾的班车。

美丽的**尼迪亚湾**（Nydia Bay）位于步道中间，设有**环境保护部管理的露营地**（www.doc.govt.nz；成人/儿童 $6/3）和**Nydia Lodge**（☎03-520 3002；www.doc.govt.nz；Nydia Bay；铺 $15，最低费用 $60），后者是一座拥有50个床位的公共度假屋。**On the Track Lodge**（☎03-579 8411；www.nydiatrack.org.nz；Nydia Bay；铺 $40，标单 $80~100，双 $130~160）🌿同样位于尼迪亚湾，是一处安静、注重环保的住宿地，为住客提供一切服务，包括打包的午餐和晚餐，此外还有一个热水浴池。

住宿

凯内普鲁和皮鲁斯峡湾周边有很多住宿地，多数可以经夏洛特女王步道到达，非常方便。该地区还有一些拥有如画风景的露营地，由新西兰环保部管理（多数露营地在1月时都会爆满），少量地处偏远的度假屋以及非常便捷的Smiths Farm Holiday Park（见66页），公园位于Linkwater，就在夏洛特女王和凯内普鲁峡湾的交叉路口，这里还有一个供应点心的加油站。哈夫洛克也有不错的住宿之选。

★ Hopewell　度假屋 $

（☎03-573 4341；www.hopewell.co.nz；7204 Kenepuru Rd，Double Bay；铺/村舍小屋 $40/195起，双 带/不带浴室 $140/105起；@）虽然位置有些偏僻，但Hopewell靠近海滨，被绿树环绕，深受各地游客喜爱。你可以选择自驾，顺着蜿蜒的道路来到此地，还能欣赏沿途美景，也可以在Te Mahia乘坐水上出租（$20）。两天起住，你可以在这里放松身心，或者参与各式活动：山地骑行、皮划艇、航海、钓鱼、品尝美味比萨、享受户外热水浴，等等。

Blue Moon Lodge　青年旅舍 $

（☎03-574 2212，0800 252 663；www.bluemoonhavelock.co.nz；48 Main Rd，Havelock；铺 $33，房间 带/不带浴室 $96/82起；@）这是一处休闲惬意的度假屋，主楼有让人感觉宾至如归的客房，以及可享用水疗的家庭套房（$160），小屋和宿舍则在庭院里。值得一提的特色包括光照充足的烧烤台，在皮鲁斯河上的充气皮划艇之旅，外加前往尼迪亚步道的交通服务。

Havelock Garden Motels　酒店 $$

（☎03-574 2387；www.gardenmotels.com；71 Main Rd，Havelock；双 $125~160；）位于宽敞优雅的花园内，古树掩映，鲜花怒放，这些20世纪60年代的套房经过翻新，非常雅致，为住客提供如家般舒适的体验。员工很乐意帮你预订当地活动。

实用信息

哈夫洛克游客信息中心（☎03-577 8080；www.pelorusnz.co.nz；61 Main Rd，Havelock；⊙9:00~17:00，仅限夏季）这个很小的游客中心位于聚焦自然博物馆内，能为游客提供很多的帮助，而博物馆收藏有各种栩栩如生、真实大小的鸟类、鱼类和其他动物标本。

到达和离开

InterCity（见57页）每天有班车从皮克顿出发，经布莱尼姆到达哈夫洛克（1小时），还有哈夫洛克到纳尔逊的车（1小时25分钟）。**Atomic Shuttles**（见62页）提供同样线路的班车服务。长途汽车从**哈夫洛克游客信息中心**附近出发。

布莱尼姆（Blenheim）

人口 30,600

布莱尼姆是一座农业小镇，位于皮克顿以南29公里处，威瑟山（Wither Hills）和里士满山脉（Richmond Ranges）之间的怀劳平原（Wairau Plains）上。过去10年左右的时间，随着小镇美化工程的展开，葡萄酒业的日趋成熟，以及一座地标性博物馆的建成，布莱尼姆的魅力得到了极大的提升，吸引了更多游客。

景点

★ 奥玛卡航空遗产中心　博物馆

（Omaka Aviation Heritage Centre；☎03-579 1305；www.omaka.org.nz；79 Aerodrome Rd；成人/儿童 $30/12，家庭 $45起；⊙12月至次年3月 9:00~17:00，4月至11月 10:00~16:00）这家无与伦比的博物馆展出了电影导演彼得·杰克逊（Peter Jackson）的私人珍藏——第一次世界大战的飞机原型和复制品，一系列栩栩如生的仿真模型展现了惊心动魄的战争场面，例如"红色男爵"曼弗雷德·冯·里奇特霍芬之死。新建成的侧楼以第二次世界大战藏品为主，主题为"危险的天空"。你可以体验老式双翼飞机（20分钟，两人$390）。

博物馆内设有咖啡馆和商店，隔壁就是**奥玛卡经典车展**（Omaka Classic Cars；☎03-577 9419；www.omakaclassiccars.co.nz；成人/儿童 $10/免费；⊙10:00~16:00），展出了100多辆20世纪50年代至80年代的老爷车。

波拉德公园　公园

（Pollard Park；Parker St）公园距离小镇10分钟步程，面积25公顷，由美丽、芳香弥漫的

花园、游乐场、网球场、槌球场和九洞高尔夫球场构成。夏季入夜时分，这里更是风景如画，令人流连忘返。**泰勒河保护区**（Taylor River Reserve）就在通往小镇的路上，与公园相距5分钟，是散步的好地方。

莫尔伯勒博物馆 博物馆

（Marlborough Museum；☎03-578 1712；www.marlboroughmuseum.org.nz；26 Arthur Baker Pl，邻近New Renwick Rd；成人/儿童 $10/5；⏲10:00~16:00）除了还原的街景、各种古老的机械装置和精心设计的历史展外，这里还有葡萄酒展览，非常适合那些想参观葡萄酒庄的人。

活动

★漂流生态游 皮划艇、生态游

（Driftwood Eco-Tours；☎03-577 7651；www.driftwoodecotours.co.nz；749 Dillons Point Rd；皮划艇游 $70~180，四轮驱动车之旅 2/3人 $440/550起）与热情的当地人威尔（Will）、罗斯（Rose）一道踏上皮划艇或四轮驱动车之旅，深入了解生态环境优越、历史悠久的怀劳潟湖（Wairau Lagoon）及其周边——距离布莱尼姆只有10分钟车程。你很有可能会看到珍稀鸟类和极受人们喜爱的皇家琵鹭。设备齐全的“隐居所”提供最多可住4人的客房（双/四$190/310；早餐另算 每人$15），房间都毗邻奥帕瓦河（Opawa River）。

威瑟山农场公园（Wither Hills Farm Park） 步行

在一马平川的布莱尼姆，这座面积11平方公里的山地公园是绝佳的放松场所，有超过60公里的步道和山地骑行道，沿途可以领略怀劳山谷壮阔美景，一直到云雾湾（Cloudy Bay）。你可以在游客信息中心领取地图，或者在公园入口处查看信息板，Redwood St和Taylor Pass Rd等很多地点都有设置。

高地骑马之旅 骑马

（High Country Horse Treks；☎03-577 9424；www.high-horse.co.nz；961 Taylor Pass Rd；1~2小时骑行 $60~100）动物爱好者组织的骑马之旅，适合不同能力者，起点就在位于小镇西南11公里处的大本营（具体线路可电话咨询）。

> **不要错过**
>
> ### 皮鲁斯桥
>
> 哈夫洛克以西18公里处，有一片介于平淡无奇牧场之间的翠绿森林，这一迷人的保护区拥有莫尔伯勒地区所剩无几的河积平原森林。而它之所以得以保留，是因为计划于1865年建造的小镇直到1912年才开始动工，躲过树木砍伐热潮，如今变得格外宝贵。游客可以探索很多在森林中穿梭的步道，欣赏古老的桥，在清澈的皮鲁斯河中畅游（这条河是如此有魅力，以至于彼得·杰克逊的《霍比特人》在此取景），还能在咖啡馆享用自制烘焙美味。少数幸运者可以在环境保护部管理的**皮鲁斯桥露营地**（Pelorus Bridge Campground；☎03-571 6019；www.doc.govt.nz；Pelorus Bridge，SH6；有/无电力供应 露营每人 $15/7.50）过夜，这个露营地面积不大，但堪称完美，配备时髦的设施。日落时分可以留意长尾蝙蝠——该保护区是莫尔伯勒仅存的长尾蝙蝠栖息地之一。

团队游

葡萄酒之旅通常是乘坐小型公共汽车游览，持续4~7小时，参观4~7家酒庄，费用$65~95（少数大规模游览费用可高达$200左右，包括在酒庄享用午餐）。

Highlight Wine Tours 团队游

（☎03-577 9046，027 434 6451；www.highlightwinetours.co.nz）还能参观巧克力工厂。也可以量身定制行程。

Bubbly Grape Wine Tours 团队游

（☎027 672 2195，0800 228 2253；www.bubblygrape.co.nz）3条线路，包括美味的午餐。

Sounds Connection 团队游

（☎03-573 8843，0800 742 866；www.soundsconnection.co.nz）这家公司和**Herzog Winery**（☎03-572 8770；www.herzog.co.nz；81 Jefferies Rd；主菜 $24~36；⏲周三至周日

12:00~15:00和18:00~21:00）合作，提供葡萄酒搭配美餐之旅。

Bike2Wine 团队游

（☎03-572 8458，0800 653 262；www.bike2wine.co.nz；9 Wilson St，Renwick；标准/双人每天 $30/60，接送 $10起）除了常见的乘坐小型公共汽车的团队游外，你也可以选择骑两轮车逛葡萄园。这家公司提供自由行项目、全套装备以及其他支持。

节日和活动

莫尔伯勒葡萄酒节 美食、葡萄酒

（Marlborough Wine Festival；www.wine-marlborough-festival.co.nz；门票 $57；⊙2月中旬）这一盛会在Brancott葡萄园（见72页）举行，可以品尝到各种当地葡萄酒、精美的餐食，并欣赏娱乐表演。尽早预订住宿。

住宿

布莱尼姆的经济型宿舍住满了长住的季节性工人；青年旅舍能帮助他们找工作，并提供周租价格。很多中档的汽车旅馆集中在镇中心以西的Middle Renwick Rd以及通往基督城的SH1公路上。

布莱尼姆中部

Grapevine Backpackers 青年旅舍 $

（☎03-578 6062；www.thegrapevine.co.nz；29 Park Tce；铺 $25~26，双 $60~70，三 $84~90；📶）位于昔日的妇产科医院内，距离镇中心10分钟步程，为旅客提供很不错的客房。厨房略小，但旅舍提供免费的独木舟，还有一个能看到奥帕瓦河的安静烧烤台。自行车租赁费用为每天$25。

Blenheim Top 10 Holiday Park 假日公园 $

（☎03-578 3667，0800 268 666；www.blenheimtop10.co.nz；78 Grove Rd；露营地 $45，小屋 $80~92，套间和汽车旅馆 $135~145；@📶🏊）从假日公园出发，只需10分钟，就能走到镇上。公园占据了横跨奥帕瓦河的主路桥梁的周边以及下方的地带。你可以要求住在最安静的位置。小屋和套间干净整洁，但设施一般，周边都是沥青铺设的场地。此外，公园还设有水疗、游泳池、游乐场，并提供自行车租赁服务。

171 on High 汽车旅馆 $$

（☎0800 587 856，03-579 5098；www.171onhighmotel.co.nz；171 High St；铺 $145~185；📶）靠近小镇，服务热情。这些颇为高雅、色彩鲜明的工作室客房和公寓在白天显得格外抢眼，充满活力，到了夜晚则温暖舒适，闪耀无比。设施齐全，服务周到。

Lugano Motorlodge 汽车旅馆 $$

（☎03-577 8808，0800 584 266；www.lugano.co.nz；91 High St；铺 $140~155；📶）位置绝佳，就在漂亮的西摩广场（Seymour Sq）对面，步行2分钟就可以到镇中心。这一时髦高档的米色汽车旅馆提供现代化的便利设施和服务。建议要求入住最靠边、有两个阳台的套房，或者至少选楼上的房间。隔音玻璃能降低主路的交通噪音。

葡萄酒产区

Watson's Way Lodge 度假屋 $

（☎03-572 8228；www.watsonswaylodge.com；56 High St，Renwick；露营车每人 $18，双和标双 $98；⊙8月至9月关闭；@📶）这一面向旅行者的度假屋是由平房改建而成的，风格令人愉悦，提供整洁、带独立卫浴的客房，还有设施齐全的厨房和舒服的休息室。此外，这里还有宽敞、绿树成荫的花园，果树和吊床点缀其间，还有一个爪型支座的户外浴缸，并提供自行车租赁服务（住客/对外 每天$18/28）以及大量关于当地的旅行信息。

★St Leonards 别墅 $$

（☎03-577 8328；www.stleonards.co.nz；18 St Leonards Rd，Blenheim；双 含早餐 $125~320；📶🏊）这5座时髦的农舍小别墅坐落于一处建于1886年、面积达4.5公顷的农庄内，有足够的理由吸引人们来此居住，并且不受外界干扰。别墅风格迥异，都能欣赏到花园和葡萄园美景。我们推荐宽敞且舒适的Woolshed，这里散发着别致的乡村风情。这里的居民——羊、鸡和鹿——正等着你去关心。

Marlborough Wine Region 莫尔伯勒葡萄酒产区

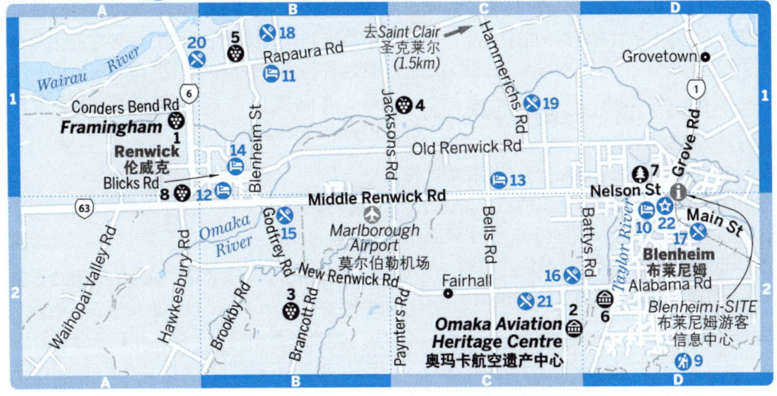

Marlborough Wine Region 莫尔伯勒葡萄酒产区

重要景点
1 Framingham A1
2 奥玛卡航空遗产中心 C2

景点
3 Brancott Estate Heritage Centre B2
4 Cloudy Bay C1
5 Huia B1
6 莫尔伯勒博物馆 D2
7 波拉德公园 D1
8 Te Whare Ra A1

活动、课程和团队游
9 威瑟山农场公园 D2

住宿
10 Lugano Motorlodge D2
11 Marlborough Vintners Hotel B1
12 Olde Mill House B1
13 St Leonards C1
14 Watson's Way Lodge B1

就餐
15 Arbour B2
16 Burleigh C2
17 Gramado's D2
奥玛卡经典车展 .... (见 2)
18 Herzog Winery B1
19 Rock Ferry C1
20 Wairau River Restaurant A1
21 Wither Hills C2

娱乐
22 莫尔伯勒市民剧院 D2

Olde Mill House 民宿 $$

（☎03-572 8458; www.oldemillhouse.co.nz; 9 Wilson St, Renwick; 双 $160; 📶）伦威克（Renwick）绝大部分地方地势平坦，而这一迷人的老宅坐落于地势较高的区域，入住其中是非常棒的体验。土生土长的老板悉心打理氛围友好的民宿，这里装饰优雅，有自家种的水果和自制的早餐。

免费的自行车、户外水疗以及花园使得这里成为葡萄酒产区心脏地带的住宿首选。

Marlborough Vintners Hotel 酒店 $$$

（☎0800 684 190, 03-572 5094; www.mvh.co.nz; 190 Rapaura Rd, Blenheim; 双 $190~325; 📶）🍃16间精心设计的套房都能将几乎整个峡谷的风采收入眼底，拥有干湿分区的浴室，装饰有抽象艺术作品。时尚的接待楼内有一家酒吧兼餐馆，朝向樱桃果园和有机蔬菜花园。

餐饮

★ **Burleigh** 熟食 $

（☎03-579 2531; 72 New Renwick Rd, Burleigh; 馅饼 $6; ⏰周一至周五 7:30~15:00, 周六 9:00~13:00）这是一家妙不可言的熟食店，不起眼的馅饼味道绝佳，推荐品尝香甜的五花肉或者咸味的牛排和蓝奶酪。新鲜出炉的法棍、当地香肠、法式奶酪和浓香的咖啡，都令这家店更显诱人。避开午餐高峰时间前往。

Gramado's 巴西菜

（☎03-579 1192；www.gramadosrestaurant.com；74 Main St, Blenheim；主菜 $26~38；⏰周二至周六 16:00至深夜）Gramado's为布莱尼姆的餐饮业注入了一丝来自拉丁美洲的活力和魅力，这里的菜肴分量充足，例如烤羊、豆子炖熏猪肉（feijoada）以及巴西风味的鱼。当然了，先得来上一杯凯匹林纳鸡尾酒（caipirinha）。

Dodson Street 精酿啤酒

（☎03-577 8348；www.dodsonstreet.co.nz；1 Dodson St, Mayfield；⏰11:00~23:00）酒吧和花园都弥漫着啤酒厅的氛围，供应适合当地口味的德国菜（主菜$17~27），例如猪肘、德式小香肠和炸肉排。而这场美食盛宴的主角当属24种高质量、品种不断更新的桶装精酿啤酒，供应商包括隔壁获过奖的酿酒厂Renaissance。

☆ 娱乐

莫尔伯勒市民剧院 剧院

（Marlborough Civic Theatre；☎03-520 8558；www.mctt.co.nz；42a Alfred St, Blenheim）这一漂亮的新剧院会上演各种音乐会和表演节目。想了解现在以及未来会有哪些演出，登录www.follow-me.co.nz查询。

莫尔伯勒葡萄酒庄

莫尔伯勒是新西兰最重要的葡萄酒产区，该国有3/4的葡萄酒都产自这里。据最新统计，莫尔伯勒地区种有229平方公里的葡萄树——相当于约26,500个橄榄球场！白天阳光灿烂，夜晚凉爽宜人，这样得天独厚的气候条件为凉爽产区葡萄的生长提供了完美的环境，从而酿制出举世闻名的长相思、顶级黑皮诺、霞多丽、雷司令、琼瑶浆、灰皮诺葡萄酒和香槟。在各个品酒室细细品味，在葡萄藤下享用美餐，这些都是经典的南岛体验。

浅尝品酒体验

当地大约有35家葡萄酒庄对公众开放。我们所推荐的酒庄能提供高品质的酒窖体验，大多数开放时间为10:30~16:30（冬季，有些酒窖会缩短开放时间）。酒庄可能会收取少量品酒费用，如果你购买葡萄酒，这笔费用通常会退还。你可以在**布莱尼姆游客信息中心**（见73页）拿一份《莫尔伯勒葡萄酒之路》（*Marlborough Wine Trail*）地图，www.wine-marlborough.co.nz网站也有提供。如果你的时间有限，就去布莱尼姆的**Wino's**（www.winos.co.nz；49 Grove Rd；⏰周日至周四 10:00~19:00，周五和周六 至20:00），这是一家很不错的一站式商店，能找到些莫尔伯勒地区最好的且不常见的葡萄酒。

Auntsfield Estate（☎03-578 0622；www.auntsfield.co.nz；270 Paynters Rd；⏰仅夏季周一至周五 11:00~16:30）

Bladen（www.bladen.co.nz；83 Conders Bend Rd；⏰11:00~16:30）

Brancott Estate Heritage Centre（www.brancottestate.com；180 Brancott Rd；⏰10:00~16:30）

Clos Henri Vineyard（www.clos-henri.com；639 State Hwy 63, RD1；⏰仅夏季周一至周五 10:00~16:00）

Cloudy Bay（www.cloudybay.co.nz；230 Jacksons Rd, Blenheim；⏰10:00~16:00）

Forrest（www.forrest.co.nz；19 Blicks Rd；⏰10:00~16:30）

Framingham（www.framingham.co.nz；19 Conders Bend Rd, Renwick；⏰10:30~16:30）

Huia（www.huia.net.nz；22 Boyces Rd, Blenheim；⏰10月至次年5月 10:00~17:00）

Saint Clair Estate（www.saintclair.co.nz；13 Selmes Rd, Rapaura；⏰9:00~17:00）

Spy Valley Wines（www.spyvalleywine.co.nz；37 Lake Timara Rd, Waihopai Valley；⏰夏季每日

实用信息

布莱尼姆游客信息中心（03-577 8080；www.marlboroughnz.com；8 Sinclair St，Blenheim Railway Station；周一至周五 9:00~17:00，周六 9:00~15:00，周日 10:00~15:00）提供关于莫尔伯勒及周边地区的信息、葡萄酒之路地图，也提供一切可行的预订服务。

怀劳医院（Wairau Hospital；03-520 9999；www.nmdhb.govt.nz；Hospital Rd，Blenheim）

邮局（Scott和Main St交叉路口，Blenheim）

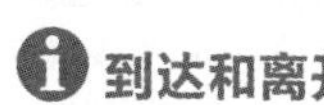

到达和离开

飞机

莫尔伯勒机场（Marlborough Airport；www.marlboroughairport.co.nz；Tancred Cres，Woodbourne）位于小镇以西6公里处，在Middle Renwick Rd上。

新西兰航空（Air New Zealand；见57页）有发往惠灵顿、奥克兰和基督城的直达航班，并提供对接航线。**Soundsair**（见57页）有往返布莱尼姆和惠灵顿、帕拉帕拉乌姆（Paraparaumu）、纳皮尔（Napier）的航班。

长途汽车

InterCity（见57页）每天有长途汽车往返布莱尼姆游客信息中心和皮克顿（30分钟）、纳尔逊（1小时15分钟）。此外还有班车南下基督城（每天2班），途经凯库拉。

Naked Bus（见57页）在部分相同线路上可以享受更优惠的票价，在主要线路上有自营班车。

火车

KiwiRail Scenic（见57页）运营太平洋海岸观景线

10:30~16:30，冬季周一至周五 10:30~16:30）

Te Whare Ra（www.twrwines.co.nz；56 Anglesea St，Renwick；11月至次年3月 周一至周五 11:00~16:30，周六和周日 12:00~16:00）

Vines Village（www.thevinesvillage.co.nz；193 Rapaura Rd；10:00~17:00）

Wairau River（www.wairauriverwines.com；11 Rapaura Rd；10:00~17:00）

Yealands Estate（03-575 7618；www.yealandsestate.co.nz；cnr Seaview & Reserve Rds，Seddon；10:00~16:30）

美酒佳肴

Arbour（03-572 7989；www.arbour.co.nz；36 Godfrey Rd，Renwick；主菜 $31~38；全年周二至周六 15:00至深夜，1月至3月周一 18:00至深夜；）这一优雅的餐馆位于繁茂的伦威克葡萄酒产区，供应莫尔伯勒特色美食，使用当地食材，结合时尚烹饪手法烹制食品，满足大众口味。你可以根据菜单点3/4或多道菜的套餐（$73/85/98），也可以从让人眼花缭乱的葡萄酒单中选择心仪的细细品味，在一天行程即将结束时彻底放松身心。

Wairau River Restaurant（03-572 9800；www.wairauriverwines.com；Rapaura Rd和SH6交叉路口，Renwick；主菜 $21~27；正午至15:00）经过修葺后，这一土砖搭建的小餐馆变得更加时尚，有宽敞的走廊和枝繁叶茂的美丽花园。你可以点贻贝杂烩浓汤，或者经双重烘焙的蓝奶酪舒芙蕾。尽情享用美食，彻底放松。

Rock Ferry（03-579 6431；www.rockferry.co.nz；80 Hammerichs Rd，Blenheim；主菜 $23~27；11:30~15:00）室内外环境都相当令人愉悦，散发出一丝时尚前卫的气息。菜单简洁：胡椒烤鲑鱼、有机牛排单层三明治，附加产自莫尔伯勒和奥塔戈的葡萄酒。

Wither Hills（03-520 8284；www.witherhills.co.nz；211 New Renwick Rd，Blenheim；主菜 $24~33，拼盘 $38~68；11:00~16:00）在时尚的空间内享用简单、精心烹制的美食。在霍克尼式的草坪上找个豆袋坐垫，品尝烟熏羊肉、亚洲五花肉或来份大拼盘，然后攀到“金”字型高塔上，欣赏怀劳绝美的风景。

路，（10月至次年5月）每天都有，中途在布莱尼姆停留，北至皮克顿（$29起），南至基督城（$79起），途经凯库拉（$59起）。

当地交通

Avantiplus（☎03-578 0433; www.bikemarlborough.co.nz; 61 Queen St; 半日/全天租赁费 $25/40起）提供自行车租赁服务，可延长租期，并安排送车服务。

布莱尼姆班车（Blenheim Shuttles; ☎03-577 5277, 0800 577 527; www.blenheimshuttles.co.nz）运营布莱尼姆周边以及莫尔伯勒地区的班车。

莫尔伯勒出租车（Marlborough Taxis; ☎03-577 5511）莫尔伯勒出租车公司提供四轮车救援服务。

凯库拉（Kaikoura）

人口 1971

从布莱尼姆出发，取道SH1公路，往东南方向行驶129公里（或者从基督城出发，往北行驶180公里），就来到了凯库拉，这是一座漂亮的半岛小镇，背靠积雪盖顶的濒海凯库拉山脉。世界上很少有地方如凯库拉这般可以轻松观察到如此多的野生动物：鲸鱼、海豚、新西兰毛皮海豹、企鹅、剪嘴鸥、海燕和几种信天翁，它们都栖息于凯库拉或途经此地。

由于这里的洋流以及大陆架结构，凯库拉有丰富的海洋动物：海床从陆地开始逐渐倾斜向下，接着陡降800米，南方洋流冲击大陆架，从而产生上升洋流，将海底的营养物质带到海面。

景点

基恩角海豹栖息地（Point Kean Seal Colony） 野生动物保护区

半岛尽头，海豹慵懒地躺在在草地和岩石上，成为当仁不让的焦点。与海豹保持足够的距离（10米），千万不要站在它们和大海之间——一旦海豹觉得受困，就会具有攻击性，移动速度快得惊人。

凯库拉博物馆 博物馆

（Kaikoura Museum; www.kaikoura.govt.nz; 14 Ludstone Rd; 成人/儿童 $5/1; ⊙周一至周五 10:00~16:30，周六和周日 14:00~16:00）这一省级博物馆展出了历史照片、毛利及殖民时期的艺术品、巨大的抹香鲸下颌以及蛇颈龙的化石遗骸。

菲弗之家 历史建筑

（Fyffe House; www.heritage.org.nz; 62 Avoca St; 成人/儿童 $10/免费; ⊙10月至次年4月 每日10:00~17:00，5月至9月 周四至周一 至16:00）菲弗之家是凯库拉现存的最古老的建筑，用鲸骨堆建，于1844年动工修建。小巧精致的两层别墅朝向一座色彩斑斓的花园，参观者可以深入了解当时殖民者的生活。带有阐述性的展览展出了具有历史意义的物品，而剥落的墙纸和零星的蜘蛛网为展览更添真实性。商店以海洋为主题，非常可爱。

活动

滨海大道（Esplanade）前有一片可游泳的安全海滩，以及为不喜欢海水的人准备的游泳池Lion's Swimming Pool（191 Esplanade; 成人/儿童 $3/2; ⊙周一至周五 10:00~18:00，周六和周日 11:00~17:00）。

这片地区也非常适合冲浪，尤其是芒阿毛努海滩（Mangamaunu Beach; 镇北15公里处），有长达500米的冲浪区，天气理想时能给冲浪者带来乐趣无穷的体验。Board Silly Surf & SUP Adventures（☎027 418 8900, 0800 787 352; www.boardsilly.co.nz; 1 Kiwa Rd, Mangamaunu; 3小时课程 $80，冲浪板和服装 $40起）和Coastal Sports（☎03-319 5028; www.coastalsports.co.nz; 24 West End; ⊙周一至周六 9:00~17:30，周日 10:00~17:00，夏季营业时间延长）提供水上运动装备出租服务，还能给出相关建议。

★凯库拉半岛步道（Kaikoura Peninsula Walkway） 步行

来到凯库拉，就一定要感受下这条环形步道。这条步道从小镇一直延伸至基恩角，再沿着悬崖到达南湾（South Bay），然后过地峡回到小镇（当然也可以反向体验），走完全程需要3~4小时。沿途你会看到毛皮海豹、红喙海鸥和剪嘴鸥聚集地。此外，还有很多瞭望台和有趣的讲解牌。你可以在游客信息中心拿份地图，或者跟着直觉走。

凯库拉海岸步道 徒步

（Kaikoura Coast Track；☎03-319 2715；www.kaikouratrack.co.nz；356 Conway Flat Rd，Ngaroma；$190）这是一条长26公里、可独自完成的简单步道，完成全程需2天时间，沿途穿过融海滨和高山风景于一体的私人农田。费用包括两天的农场小舍住宿以及往来交通，需自带睡袋和食物。起点在凯库拉以南45公里处。

克拉伦斯河漂流 漂流

（Clarence River Rafting；☎03-319 6993；www.clarenceriverrafting.co.nz；1/3802 SH1，at Clarence Bridge；半日游 成人/儿童 $120/80）在风光旖旎的克拉伦斯河体验二级漂流，你可以参加半日游（水上2小时30分钟），也可以参加时间更长的冒险之旅，其中有为期5天的行程，需在野外露营（成人/儿童 $1400/900）。基地设在SH1公路上，凯库拉以北40公里处，靠近克拉伦斯桥。

团队游

观赏海洋哺乳动物

Whale Watch Kaikoura 生态游

（☎0800 655 121，03-319 6767；www.whalewatch.co.nz；Railway Station；3.5小时团队游 成人/儿童 $150/60）这是凯库拉规模最大的观鲸公司，配备有博学的导游，船上还会播放关于“鲸鱼世界”的动画片，令人入迷。你可以随船出海（班次频繁），见到这些大家伙们。如果看不到鲸鱼，你可以得到80%的退款（看到鲸鱼的几率高达95%）。如果观鲸是你的必修项目，建议留出几天时间，以防遇上坏天气。

Dolphin Encounter 生态游

（☎03-319 6777，0800 733 365；www.encounterkaikoura.co.nz；96 Esplanade；游泳 成人/儿童 $175/160，观赏 $95/50；⏲团队游 全年8:30和12:30，11月至次年4月 增加5:30）无论是观赏海豚，还是和海豚一起游泳，这家公司都宣称成功率是全新西兰最高的（90%），令人愉悦的团队游时长3小时，经常能邂逅大群暗黑斑纹海豚——经典的凯库拉风景。

Seal Swim Kaikoura 生态游

（☎0800 732 579，03-319 6182；www.sealswimkaikoura.co.nz；58 West End；团队游 $70~110，观赏 成人/儿童 $55/35；⏲10月至次年5月）与凯库拉活泼的海豹（包括非常可爱的小海豹）一起穿上保暖的潜水服游泳，这是由钱伯斯家族组织的时长2小时、带导览的（乘船）浮潜之旅。

观鸟

★ Albatross Encounter 观鸟

（☎0800 733 365，03-319 6777；www.encounterkaikoura.co.nz；96 Esplanade；成人/儿童 $125/60；⏲团队游 全年9:00和13:00，11月至次年4月 增加6:00）即使你不是鸟类爱好者，也会爱上这样的体验：与剪嘴鸥、鸬鹚、信天翁和海燕等海鸟如此近距离接触。不过真正吸引人的是不同种类的信天翁，令人叹为观止。

钓鱼

Kaikoura Fishing Charters 钓鱼

（☎03-319 6888；www.kaikourafishing.co.nz）从12米长的“Takapu号”上甩线，然后将去骨的战利品带回家享用。

Fishing at Kaikoura 钓鱼

（☎03-319 3003；gerard.diedrichs@xtra.co.nz）钓鱼、钓小龙虾、欣赏动人美景的团队游，还有滑水运动，这一切都在6米长的“Sophie-Rose号”上进行。

其他团队游

Kaikoura Kayaks 皮划艇

（☎0800 452 456，03-319 7118；www.kaikourakayaks.nz；19 Killarney St；3hr tours 成人/儿童 $95/70；⏲团队游 11月至次年4月 8:30、12:30和16:30，5月至10月 9:00和13:00）非常棒的带导览海上皮艇团队游项目，能看到毛皮海豹，探索半岛的海岸线。适合家庭体验。只要有需要，公司也组织皮划艇钓鱼以及其他团队游，提供自由皮划艇以及桨板租赁服务。

Kaikoura Wilderness Walks 徒步

（☎0800 945 337，03-319 6966；www.kaikourawilderness.co.nz；两晚套餐 成人/儿童

Kaikoura 凯库拉

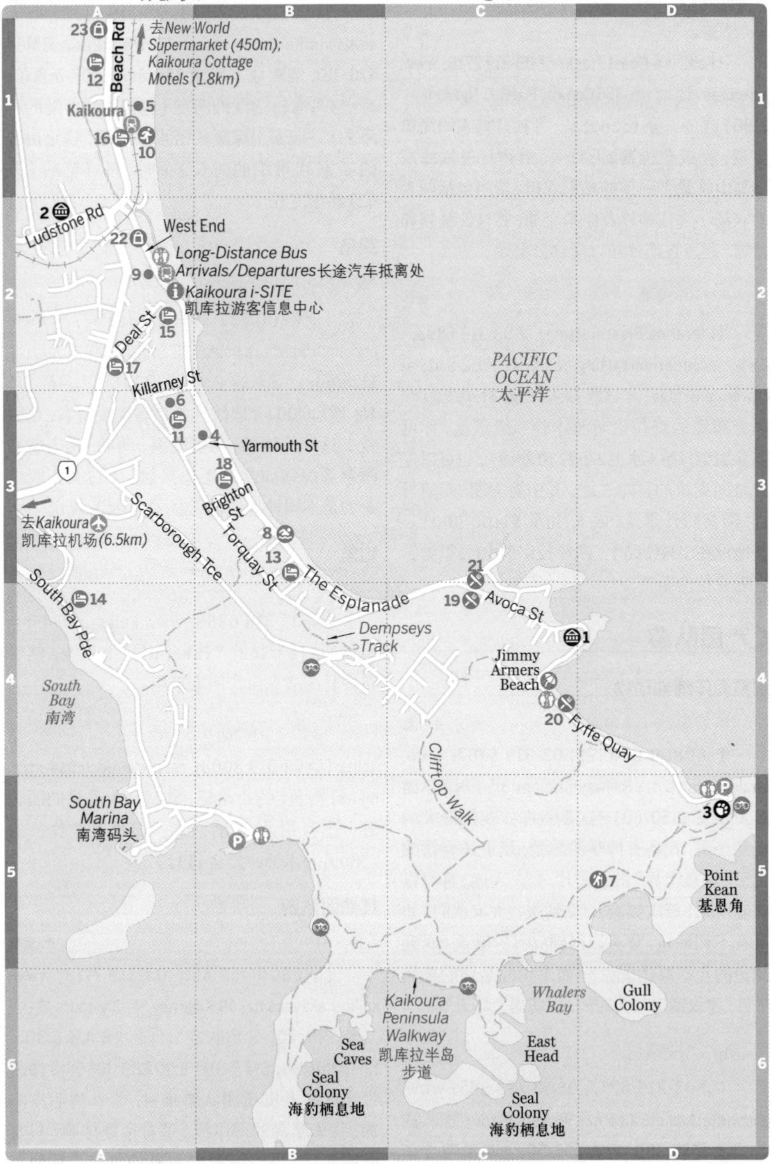

$1895/1595）3天的带导游徒步游，穿过位于滨海凯库拉山脉、私人所有的普希峰自然保护区（Puhi Peaks Nature Reserve）。套餐包括住宿费以及在奢华的Shearwater Lodge享用丰盛大餐的费用。

Maori Tours Kaikoura 文化游

（☎0800 866 267, 03-319 5567; www.maoritours.co.nz; 3.5小时团队游 成人/儿童 $134/74; ⏲团队游 9:00和13:30）令人着迷的半日小规模团队游，能感受毛利人的热情好

Kaikoura 凯库拉

景点

1 菲弗之家 C4
2 凯库拉博物馆 A2
3 基恩角海豹栖息地 D5

活动、课程和团队游

Albatross Encounter （见4）
4 Dolphin Encounter B3
5 Kaikoura Helicopters A1
6 Kaikoura Kayaks A3
7 凯库拉半岛步道 D5
8 Lion's Swimming Pool B3
9 Seal Swim Kaikoura A2
10 Whale Watch Kaikoura A1

住宿

11 Albatross Backpacker Inn A3
12 Alpine Pacific Holiday Park A1
13 Anchor Inn Motel B3
14 Bay Cottages A4
15 Dolphin Lodge A2
16 Kaikoura Top 10 Holiday Park A1
17 Nikau Lodge A2
18 Sails Motel B3

就餐

Cafe Encounter （见4）
19 Green Dolphin C4
20 Kaikoura Seafood BBQ C4
21 Pier Hotel C3
Reserve Hutt （见9）

购物

22 Coastal Sports A2
23 Cods & Crayfish A1

客，还可了解当地传说。你将参观历史古迹，倾听传奇故事，向毛利人学习如何利用树木和其他植物。需要提前预订。

Kaikoura Helicopters 观光飞行

（03-319 6609；www.worldofwhales.co.nz；Railway Station；15~60分钟飞行$100~490）可靠的观鲸飞行（标准游30分钟，3人或以上 每人$220），还能去半岛周边的菲弗山（Mt Fyffe）以及更远山峰的短程游。

Wings over Whales 观光飞行

（03-319 6580，0800 226 629；www.whales.co.nz；30分钟飞行 成人/儿童 $180/75）轻型飞机从位于小镇以南8公里、SH1公路上的凯库拉机场出发。看到鲸鱼的几率：95%。

住宿

Albatross Backpacker Inn 青年旅舍 $

（0800 222 247，03-319 6090；www.albatross-kaikoura.co.nz；1 Torquay St；铺$29~32，标双/双 $69/74；）这一散发艺术气息的背包客之家共有三幢美妙的建筑，其中一幢是邮局改建而成的。旅舍色彩明丽，靠近海滩，但不会受到海风的侵袭。除了氛围悠闲的休息厅（有各种乐器可以助兴），这里还有平台和走廊可以让你休憩放松。

Dolphin Lodge 青年旅舍 $

（03-319 5842；www.dolphinlodge.co.nz；15 Deal St；铺 $29，双 带/不带浴室 $74/66；）这一小巧的旅舍让人感觉宾至如归，有一个芳香扑鼻的花园，能欣赏到迷人海景，老板非常和善。天气晴好时，大多数活动都在极棒的平台

疯狂龙虾

凯库拉拥有丰富的海洋生物资源，其中最不容错过的当属龙虾，肉质鲜美滑嫩，成为当地菜单上最常见的一道佳肴。遗憾的是（有些人则认为没有必要），龙虾价格不菲——在餐馆，半份龙虾售价约$50，整只龙虾则高达$100。你也可以在**Cods & Crayfish**（81 Beach Rd；8:00-18:00）、知名的**Nins Bin**（SH1）和**Cay's Crays**（SH1）购买新鲜烹制或者未加工的龙虾，后两家都设在滨海大篷车内，位于小镇以北，约20分钟车程可达。$50以上可以买到不错的龙虾。你也可以参加钓鱼之旅，或者直接去半岛海豹栖息地附近的**Kaikoura Seafood BBQ**（见78页），在明艳的阳光下，一边欣赏海景，一边品尝龙虾，大快朵颐。

上展开，可以烧烤，也可以在水疗池放松。

Alpine Pacific Holiday Park 假日公园 $

(☎0800 692 322，03-319 6275；www.alpine-pacific.co.nz；69 Beach Rd；露营地 $46起，小屋 $78，套间和汽车旅馆 $137~200；@🛜🏊)这一布局紧凑、经过精心修建的公园能满足众多游客的需求，提供一流的设施，包括游泳池、热水浴池以及烧烤亭。鳞次栉比的小屋和套间较为时尚，很多角度都能欣赏到漂亮的山景。

Kaikoura Top 10 Holiday Park 假日公园 $

(☎0800 363 638，03-319 5362；www.kaikouratop10.co.nz；34 Beach Rd；露营地 $52，小屋 $70~95，套间和汽车旅馆 $110~185；@🛜🏊)这一热闹繁忙、船形的假日公园隐藏于巨大的树篱后，避开了公路，配备适合家庭出游者的设施(加热游泳池、热水浴池、巨大的蹦枕)，小屋和套间的水准都能跻身前十行列。

★Kaikoura Cottage Motels 汽车旅馆 $$

(☎0800 526 882，03-319 5599；www.kaikouracottagemotels.co.nz；Old Beach和Mill Rd交叉路口；双 $140~160；🛜)这片拥有8个套房的为旅行者准备的现代化公寓看上去棒极了，被当地的绿植环绕。整洁、设施齐全的套间能欣赏美丽山景，可容纳4人，有一个开放式客厅和一间私人卧室。可爱自豪的主人更是这家旅馆的加分项。

Bay Cottages 汽车旅馆 $$

(☎03-319 5506；www.baycottages.co.nz；29 South Bay Pde；村舍小屋/汽车旅馆 房间 $120/140；🛜)这是南湾地区极具性价比的住宿选择，位于小镇以南几公里处：5座村舍小屋，带厨房和浴室，至多可入住4人，有两间漂亮的汽车旅馆客房，还有不锈钢长凳，给人以亲切感，提供干净的床单。天气晴好时，乐天派的主人甚至可能带你去钓小龙虾。

Sails Motel 汽车旅馆 $$

(☎03-319 6145；www.sailsmotel.co.nz；134 Esplanade；双/公寓 $125/150；🛜)入住这家汽车旅馆看不到海景(也看不到帆船)，因此可爱的老板只能在服务上下功夫，弥补不足，给住客留下深刻印象。4个与世隔绝、极具品味、设施齐全的套间就位于车道尽头的花园内(有足够大的私人户外活动场)。

Nikau Lodge 民宿 $$$

(☎03-319 6973；www.nikaulodge.com；53 Deal St；双 $190~290；@🛜)这一漂亮的民宿坐落于山上，视野极为开阔，热切欢迎住客的到来。5间带独立卫浴的客房豪华舒适，更能为这里加分的还有可匹配咖啡馆的早餐以及现煮的当地咖啡。工作人员很幽默，提供自制烘焙美食、免费无线网络、免费饮料、热水浴池和繁茂的花园：或许你会想要住进来。

Anchor Inn Motel 汽车旅馆 $$$

(☎03-319 5426；www.anchorinn.co.nz；208 Esplanade；双 $185~255；🛜)澳洲老板是如此钟情这家凯库拉的汽车旅馆，以至于他们掏腰包把旅馆买了下来，并以此为家。风格鲜明且宽敞的套间距离小镇不过15分钟的步程，从海边过来只需大约10秒。

就餐

Reserve Hutt 咖啡馆 $

(72 West End；餐 $10~20；⌚8:30~15:00；✍)这家凯库拉一流的咖啡馆供应镇上最好的咖啡，热情的咖啡师现场烘焙咖啡豆，进行蒸馏。除了我们格外钟情的新西兰复古氛围之外，这里也是品尝几杯白咖啡和巧克力布朗尼、美味火腿羊角包或全套鸡蛋早午餐的好地方。

Cafe Encounter 咖啡馆 $

(96 Esplanade；餐 $8~23；⌚7:00~17:00；🛜✍)这家位于Encounter Kaikoura综合建筑内的咖啡馆不仅为你提供了歇脚的地方，柜台内摆着口味很赞的三明治、油酥点心和蛋糕，还有很棒的每日特色餐点，例如自制汤和手撕猪肉卷。可以在光照充足的露台上欣赏海景。

Kaikoura Seafood BBQ 海鲜 $

(Fyffe Quay；海鲜 $5起；⌚10:30~18:00)这家路边烧烤店已经开了很长时间，就在通往基恩角海豹栖息地的途中，是品尝当地海鲜的绝佳选择，包括龙虾(半只/整只 $25/50起)和扇贝，价格合理。

Pier Hotel 酒吧食物 $$

(☎03-319 5037; www.thepierhotel.co.nz; 1 Avoca St; 午餐 $16~25, 晚餐 $25~38; ⏲11:00至深夜)历史悠久的Pier Hotel地处小镇最好的海滨位置，可欣赏全景，氛围友善，是小酌和品尝酒吧美食的好地方，包括龙虾（半只/整只 $45/90）。此外，这里还有户外就餐区，非常棒，可欣赏日落。

★ Green Dolphin 新派新西兰菜 $$$

(☎03-319 6666; www.greendolphinkaikoura.com; 12 Avoca St; 主菜 $26~39; ⏲17:00至深夜)一直是凯库拉烹饪水准最稳定的顶级餐馆，供应高品质的当地特色美食，包括海鲜、牛肉、羊肉和鹿肉，还有诸如新鲜西红柿汤这样的应季美味。这里自制的意大利面也很不错。别错过令人眼花缭乱的酒单，供应各种让人心动的开胃酒、精酿啤酒、葡萄酒等。建议提前预订，尤其是当你想要坐在靠窗的位置，看着日光逐渐褪去时。

ℹ 实用信息

凯库拉游客信息中心(☎03-319 5641; www.kaikoura.co.nz; West End; ⏲周一至周五 9:00~17:00, 周六和周日 至16:00, 12月至次年3月 营业时间延长)工作人员能提供团队游、住宿和交通等预订服务，并且能处理与新西兰环境保护部相关的事宜。

ℹ 到达和离开

长途汽车

InterCity(见57页)每天有一趟长途汽车往返凯库拉和纳尔逊之间(3小时45分钟)，前往皮克顿(2小时15分钟)和基督城(2小时15分钟)的车次达到每天2班。**长途汽车站**就在游客信息中心旁边(出售车票和提供相关信息)。

Atomic Shuttles(见62页)基督城往返皮克顿的线路也经停凯库拉，最远可达纳尔逊、皇后镇和因弗卡吉尔。

Naked Bus(见57页)自运营的长途汽车，主要线路票价更优惠，其他线路则根据上座率决定。

火车

KiwiRail Scenic(见57页)运营太平洋海岸观景线路，(10月至次年5月)每天都有，途中会在凯库拉停靠，北至皮克顿($59起，2小时15分钟)，南至基督城($59起，2小时45分钟)。往北的火车每天9:59从凯库拉出发，南下的出发时间为15:50。

ℹ 当地交通

Kaikoura Shuttles(☎03-319 6166; www.kaikourashuttles.co.nz)可以载你去当地的景点，同时还有往返机场的班车。想在当地租车，可以联系**Kaikoura Rentals**(☎03-319 3311; www.kaikourarentals.co.nz; 94 Churchill St)。

纳尔逊地区 (NELSON REGION)

纳尔逊地区以塔斯曼湾(Tasman Bay)为中心，往北延伸至黄金湾(Golden Bay)和费尔韦尔沙嘴(Farewell Spit)，南至纳尔逊湖区(Nelson Lakes)。这里之所以成为热门旅行目的地并受到国际游客和新西兰国内的旅行者的热捧，原因显而易见：除了3座国家公园(卡胡朗伊、纳尔逊湖和阿贝尔·塔斯曼)外，纳尔逊地区还能满足几乎所有的心血来潮的念头——从美食、葡萄酒和啤酒、艺术、手工艺品和节日，到这里最为人所津津乐道的消遣方式，那就是在阳光下慵懒地打发时间。

ℹ 到达和离开

纳尔逊是这一地区主要的门户，有通往新西兰国内各地的航班，还有与南岛所有主要城镇相连的长途汽车服务。

Abel Tasman Coachlines(☎03-548 0285; www.abeltasmantravel.co.nz)

Golden Bay Coachlines(☎03-525 8352; www.gbcoachlines.co.nz)

Trek Express(☎027 222 1872, 0800 128 735; www.trekexpress.co.nz)

纳尔逊(Nelson)

人口 46,440

美不胜收的风光、丰富多元的艺术表现、令人垂涎的美食，以及毫不吝啬的阳光，这一切完美结合，使得纳尔逊成为新西兰最“宜居”的城市之一。夏季，这里聚满了当地以及来自世界各地的游客，沉浸在纳尔逊的多彩多姿的生活中。

景点

纳尔逊美术馆众多，在游客信息中心可以获取手册《纳尔逊艺术及工艺品》（*Art & Crafts Nelson City*）（配有步行地图），上面列出了这座城市绝大多数的美术馆。你可以从售卖毛织品的**Fibre Spectrum**（☎03-548 1939; www.fibrespectrum.co.nz; 280 Trafalgar St）开始，然后前往《指环王》珠宝商**Jens Hansen**（☎03-548 0640; www.jenshansen.com; 320 Trafalgar Sq）的商店，再到主打玻璃吹制工艺的**Flamedaisy**（☎03-548 4475; www.flamedaisy.co.nz; 324 Trafalgar Sq），接着前往街角的纳尔逊陶器之家**南大街美术馆**（South Street Gallery; ☎03-548 8117; www.nelsonpottery.co.nz; 10 Nile St W）。此行会让你收获颇丰。周六可以去纳尔逊市场（见86页），能发现更多有趣的当地特色。

★ 塔胡纳海滩（Tahuna Beach） 海滩

纳尔逊首屈一指的游乐场就是这片倚靠沙丘、无与伦比的沙滩（夏季配有救生员），建有游乐设施的草地公园、咖啡车、滑水运动、碰碰船、旱冰场、铁轨模型，外加毗邻的餐饮区。每到周末，这里就变得无比繁忙，热闹非凡！

苏特艺术画廊 美术馆

（Suter Art Gallery; www.thesuter.org.nz; 208 Bridge St; ⏰9:30~16:30）**免费**纳尔逊的公共艺术画廊毗邻皇后花园（Queen's Gardens），会举办各种不同的展览、讲座、音乐和剧场表演，还放映电影。经过长时间的精心修葺后，苏特艺术画廊于2016年重新对公众开放。可登录网站查询开放时间，了解展览内容。

新西兰经典摩托车 博物馆

（NZ Classic Motorcycles; ☎03-546 7699; www.nzclassicmotorcycles.co.nz; 75 Haven Rd; 成人/儿童 $20/10; ⏰周一至周五 9:00~16:00，周六和周日 10:00~15:00）摩托车迷绝不能错过这家一级棒的博物馆，收藏有300多辆经典摩托车，包括一些极为罕见的Brough Superior和几款Indians。精心设计的展览占据了两层楼的空间，你可以下载手机app，非常好用，能从多方面深入了解这个展览。

麦卡欣啤酒厂 啤酒厂

（McCashin's Brewery; ☎03-547 5357; www.mccashins.co.nz; 660 Main Rd, Stoke; ⏰周一和周二 7:00~18:00，周三至周六 7:00~21:30，周日 9:00~18:00）这家啤酒厂可谓新西兰精酿啤酒新纪元（可以追溯到20世纪80年代）的开拓者。你可以前往古老的酒厂品尝佳酿，享用咖啡美餐，或参观酒厂。

纳尔逊地区博物馆 博物馆

（Nelson Provincial Museum; ☎03-548 9588; www.nelsonmuseum.co.nz; Trafalgar St和Hardy St交叉路口; 成人/儿童 $5/3; ⏰周一至周五 10:00~17:00，周六和周日 至16:30）这一现代化的博物馆收藏有各种文化遗产和自然历史藏品，主要针对纳尔逊地区，有定期巡回展（门票价格不等）。博物馆还有一个非常不错的屋顶花园。

基督城大教堂 教堂

（Christ Church Cathedral; www.nelsoncathedral.org; Trafalgar Sq; ⏰9:00~18:00）**免费**装饰派艺术风格的基督城大教堂一直以来就是纳尔逊的标志，矗立在特拉法加街（Trafalgar St）上，俯瞰整座城市。最佳参观时间为周日10:00以及19:00做礼拜时，你可以听到管风琴演奏和唱诗班的歌声。

植物保护区 公园

（Botanical Reserve; Milton St）顺着步道爬上植物山（Botanical Hill），那里有一座尖塔是**新西兰的中心**。新西兰有史以来第一场橄榄球赛就是在这座山的山脚下举行的，时间是1870年5月14日，纳尔逊橄榄球俱乐部以2:0胜纳尔逊大学自乱阵脚的队员们。

创建者遗产公园 博物馆

（Founders Heritage Park; ☎03-548 2649; www.founderspark.co.nz; 87 Atawhai Dr; 成人/儿童/家庭 $7/5/15; ⏰10:00~16:30）这座公园距离市中心2公里，由一座仿古村庄和一座博物馆组

Central Nelson 纳尔逊中心

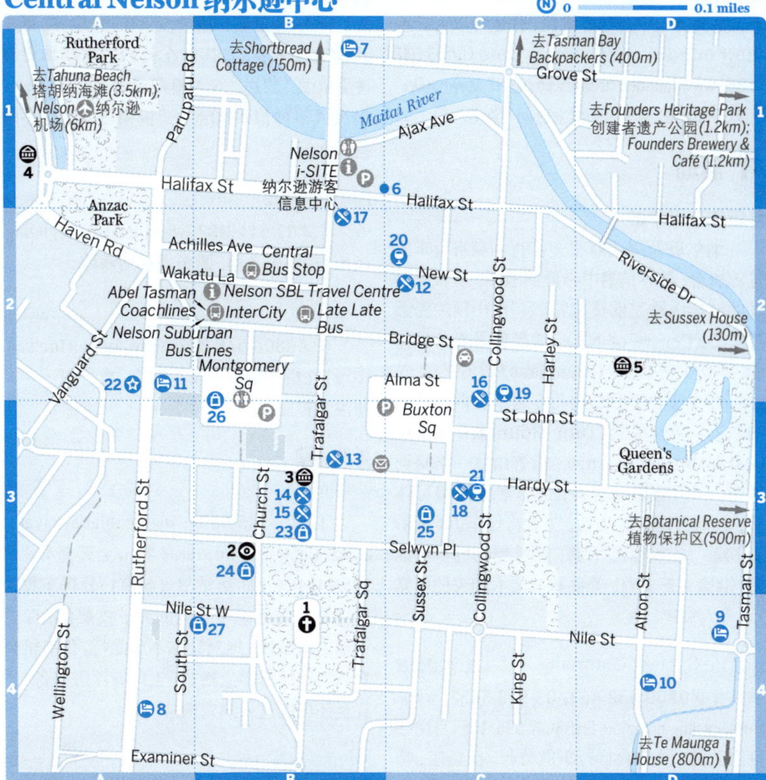

Central Nelson 纳尔逊中心

景点

1 基督城大教堂 B4
2 Jens Hansen B3
3 纳尔逊地区博物馆 B3
4 新西兰经典摩托车 A1
5 苏特艺术画廊 D2

活动、课程和团队游

6 Trail Journeys B1

住宿

7 Cedar Grove Motor Lodge B1
8 Palazzo Motor Lodge A4
9 Prince Albert D4
10 Trampers Rest D4
11 YHA Nelson by Accents A2

就餐

12 DeVille C2
13 Falafel Gourmet B3
14 Ford's B3
15 Hopgood's B3
16 Indian Café C2
17 Stefano's B2
18 Urban Oyster C3

饮品和夜生活

19 Free House C2
20 Rhythm and Brown C2
21 Sprig & Fern C3

娱乐

22 皇家剧院 A2

购物

23 Fibre Spectrum B3
24 Flamedaisy Glass Design B3
25 纳尔逊农贸市场 C3
26 纳尔逊市场 B2
27 南大街美术馆 B4

成，有艺术展览，还出产巧克力和服装等特产。漫步公园令人身心愉悦，你也可以去公园内的Founders Brewery & Café（☎03-548 4638；www.foundersbrewery.co.nz；87 Atawhai Dr；⏰9:00~16:30，夏季延长营业时间）坐坐。

活动

步行和自行车游

纳尔逊及周边有很多步行和骑自行车游览的机会，游客信息中心提供地图。从城镇出发的经典线路是前往植物保护区山顶的新西兰中心（Centre of NZ），如果你喜欢这种体验，不妨去格兰屏（Grampians）看看。

23条新西兰顶级自行车道中有两条位于纳尔逊：墩山车道（Dun Mountain，www.heartofbiking.org.nz），沿着山脉一路骑到城南，一天能完成全程，是非常棒的骑行体验，但相当具有挑战性；美食自行车道（见87页）是一条蜿蜒的平路，穿过美丽的乡村地带，沿途不乏美酒、美食和与艺术相关的停靠点，令人痴迷。

Gentle Cycling Company 自行车团队游

（☎0800 932 453，03-929 5652；www.gentlecycling.co.nz；一日团队游 $95~105）自助导览团队游，沿美食自行车道骑行，在酒庄、啤酒厂、咖啡馆以及偶尔出现的画廊驻足（品味）。提供自行车租赁（每天 $45）以及班车往返服务。

Trail Journeys 自行车团队游

（☎0800 292 538，03-540 3095；www.trailjourneysnelson.co.nz；MD Outdoors，1/37 Halifax St；全天团队游 $89起）这家公司组织一系列纳尔逊周边以及沿美食自行车道的自助导览自行车团队游，在纳尔逊中心、马普瓦码头（Mapua Wharf）和凯特里特里设有三家分店，非常方便。

Nelson Cycle Hire & Tours 自行车团队游

（☎03-539 4193；www.nelsoncyclehire.co.nz；Nelson Airport；自行车租赁 每天$45）为自由骑行者提供舒适的自行车，也组织美食自行车道及周边的带导览团队游。提供覆盖这一地区的接送服务。

滑翔伞、悬挂式滑翔和风筝冲浪

纳尔逊是尝试刺激运动的好地方，夏季活动项目众多，尤其是在美妙的塔胡纳海滩（见80页）周边。双人滑翔伞费用约$180，入门级风筝冲浪$150起，桨板租赁费用每小时约$20。

Nelson Paragliding 滑翔伞

（☎03-544 1182；www.nelsonparagliding.co.nz）在空中飞翔，俯瞰塔胡纳海滩。

Kite Surf Nelson 风筝冲浪

（☎0800 548 363；www.kitesurfnelson.co.nz）在塔胡纳学习风筝冲浪，或者租赁立式冲浪桨板。

其他活动

Cable Bay Kayaks 皮划艇

（☎03-545 0332；www.cablebaykayaks.co.nz；Cable Bay Rd，Hira；半日/全天 带导览游 $85/145）这里距离纳尔逊城有15分钟车程，尼克和珍妮组织带导览的海上皮艇游，探索当地的海岸线，绝对让你不虚此行。你有机会看到当地的海洋生物（艇上配有浮潜装备），甚至还可能进入洞穴探险。

Moana SUP 水上运动

（☎027 656 0268；www.moananzsup.co.nz）和大家一起在Moana学习桨板冲浪，如果你已经入门了，可以租一块桨板。

Happy Valley Adventures 冒险运动

（☎03-545 0304，0800 157 300；www.happyvalleyadventures.co.nz；194 Cable Bay Rd；空中缆车 成人/儿童 $85/55，四轮摩托车团队游 $100起，骑马游 $75）乘坐"空中缆车"（缆椅和空中滑索相结合），在150米的高空俯瞰森林，飞行1.65公里。若你仍觉得意犹未尽，那就参加四轮摩托车团队游，也可以选择不那么刺激的骑马游。位于纳尔逊东北15分钟车程处，沿SH6公路行驶可达，还有一个咖啡馆。

团队游

Nelson Tours & Travel 团队游

（☎027 237 5007，0800 222 373；www.

不要错过

服饰艺术的奇妙世界

纳尔逊是新西兰最具灵感的时装秀——一年一度的世界可穿着艺术大赛(World of Wearable Art Awards Show)——的诞生地。在**世界可穿着艺术和经典汽车博物馆**(World of Wearable Art & Classic Cars Museum,简称WOW; ☎03-547 4573; www.wowcars.co.nz; 1 Cadillac Way; 成人/儿童 $24/10; ⏰10:00~17:00)令人眼花缭乱的展厅中,你能看到约70件当下以及过去的参赛作品,博物馆还设有一间黑暗中的光晕展室。留意"古怪的女式内衣"系列。

更喜欢汽车,而不是女式内衣?在同一个屋顶下,还收藏有100多辆崭新的经典汽车和摩托车。展品经常会有变动,但很可能包括一辆1959年的粉色凯迪拉克、一辆1950年的黄色子弹头斯蒂旁克敞篷车以及一辆宝马微型三轮汽车。

世界可穿着艺术大赛始于1987年,苏西·蒙克里夫(Suzie Moncrieff)举办了一场以可穿着的艺术为主题的另类的活动,在当时,这场秀并没有引起太多关注。不过人们很快就被大赛所展现出来的无限创意(和激烈的竞争)所吸引。任何材料都能被拿来作为衣服料子:木头、金属、贝壳、束线带、干树叶、乒乓球……现在大赛举办地改到惠灵顿。

展厅间设有咖啡馆和艺术商店,只要你愿意,可以多停留几小时。

nelsontoursandtravel.co.nz)CJ和全体员工组织小规模、灵活度高的团队游,带领游客与纳尔逊的葡萄酒、精酿啤酒和亮点景观亲密接触。5小时的"两个世界之最"(Best of Both Worlds)之旅可以最大程度地满足你的兴趣爱好,或者是参观美术馆,或者前往兔岛(Rabbit Island; $105)。这里也有前往莫尔伯勒酒庄的一日游($195)。

节日和活动

纳尔逊爵士音乐节 音乐

(Nelson Jazz Festival; www.nelsonjazzfest.co.nz; ⏰1月)1月举行的音乐节,为期一周,活动丰富多彩,令人目不暇接。除了本土表演外,还有来自世界各地的精彩演出。

纳尔逊艺术节 表演艺术

(Nelson Arts Festival; www.nelsonartsfestival.co.nz; ⏰10月)10月举办,为期两周。活动包括街头狂欢、展览、卡巴莱歌舞表演、作家讲座、话剧和音乐演出。

住宿

Trampers Rest 青年旅舍 $

(☎03-545 7477; 31 Alton St; 铺/标单/双 $30/52/64; ⏰6月至9月关闭; @📶)这家小巧的旅舍只有7张床(没有高低床),却深受住客的喜爱,让人感觉如同回家般温馨。热情的老板是徒步和自行车骑行的忠实爱好者,能给出极为详尽的当地信息建议,还提供免费的自行车。旅舍有个小厨房,有书籍交换处,还有架钢琴,晚上可以助兴。

Shortbread Cottage 青年旅舍 $

(☎03-546 6681; www.shortbreadcottage.co.nz; 33 Trafalgar St; 铺 $29,标单和双 $65; @📶)这一拥有102年历史的别墅已经过修缮,空间只可容纳约12张床,不过氛围友好,服务周到。旅舍提供免费的上网服务、现烤面包和黄油酥饼。这里与市中心只有几步之隔。

Prince Albert 青年旅舍 $

(☎0800 867 3529, 03-548 8477; www.theprincealbert.co.nz; 113 Nile St; 铺 $29,标单/标双/双 $50/75/85; 📶)从市中心出发,只需步行5分钟就能来到这家充满活力、经营得当的背包客之家。这里有宽敞、配备独立卫浴的宿舍,光照充足的庭院。私人客房在主楼的楼上。此外,主楼还设有一间英式酒吧,客人们可以加入当地人的行列,享用一顿高性价比的美餐,补充能量。

Tasman Bay Backpackers 青年旅舍 $

(☎0800 222 572, 03-548 7950; www.tasmanbaybackpackers.co.nz; 10 Weka St; 露营地$19起，铺 $27~30，双 $74~87; @📶)这一设计用心、氛围友好的青年旅舍有通风的公共空间，播放新西兰音乐，客房色彩明丽，有户外平台和吊床。免费服务很不错：无线网络、高档的自行车，冬季供应早餐，全年供应巧克力布丁和冰激凌。

Tahuna Beach Kiwi Holiday Park 假日公园 $

(☎03-548 5159, 0800 500 501; www.tahunabeachholidaypark.co.nz; 70 Beach Rd, Tahunanui; 露营地/小屋/套间 $20/65/120起; @📶)这一规模较大的公园靠近塔胡纳海滩，与纳尔逊相距5公里，夏天的旺季时分，可以容纳数千人住宿。你或许会觉得这里如同地狱一般难以忍受，也可能觉得棒极了，这取决于你自己的心情。淡季期间，你可以在咖啡馆小憩，或者去打迷你高尔夫，不会受到太多干扰。

YHA Nelson by Accents 青年旅舍 $

(☎03-545 9988, 0800 888 335; www.accentshostel.nz; 59 Rutherford St; 铺/标单$30/69, 双 带/不带浴室 $119/89; @📶)经营得当的整洁旅舍，地处中心位置，有宽敞的公共区，包括设施齐全的厨房、阳光明媚的露台、电视厅、自行车储藏间。新管理层提供详尽的当地团队游和活动信息，为这家隶属国家青年旅舍的下榻之所注入了独特个性。

Palazzo Motor Lodge 汽车旅馆 $$

(☎03-545 8171, 0800 472 5293; www.palazzomotorlodge.co.nz; 159 Rutherford St; 单间$130~249, 公寓 $230~390; 📶)这家略带意式风格的现代化汽车旅馆有时尚的单间、一居室以及二居室公寓有令人羡慕的厨房，配备优质烹饪设施、精美的玻璃器皿和洗碗机。虽然装饰的艺术品略显古怪，但舒适的环境加上便捷的地理位置足以成为你在此下榻的理由。

Te Maunga House 民宿 $$

(☎03-548 8605; www.nelsoncityaccommodation.co.nz; 15 Dorothy Annie Way; 标单 $90, 双$125~145; 📶)名副其实（店名意为“山川”），这家具有相当规模的老民宿能让你欣赏到无与伦比的美景，主人旅游经验丰富。两间双人房和一个标准双人间，有舒适的床，都带有独立浴室，给人以家的温暖。享用过丰盛的早餐后，你可以去山上漫步，只要10分钟就能爬到山顶，再走5分钟就可以到城里。5月至10月关闭。

Sussex House 民宿 $$

(☎03-548 9972; www.sussex.co.nz; 238 Bridge St; 双 $170~190, 标三 $175; 📶)这家略显破旧的民宿位于相对安静的河畔，步行5分钟就可以到市区，其历史可以追溯到1880年。5间客房经过精心装修，有高端寝具，具有时代气息的家具，配独立卫浴，只有一间房的私人浴室在走廊尽头。在华丽的餐厅享用早餐，还有当地的水果。

Cedar Grove Motor Lodge 汽车旅馆 $$

(☎03-545 1133; www.cedargrove.co.nz; Trafalgar和Grove St交叉路口; 双 $155~210; 📶)这一漂亮且现代化、拥有宽敞公寓的汽车旅馆距离城市只有3分钟步程，有一棵巨大的古老雪松，是旅馆的标志。一系列单间和双人房设施豪华雅致，配全套烹饪设备。

就餐

Falafel Gourmet 中东菜 $

(☎03-545 6220; 195 Hardy St; 餐 $11~19; ⊙周一至周六 9:30~17:30, 周五至 20:00; 🖉)风格奇特的餐馆，供应方圆几公里范围内最好的土耳其烤肉，这可是健康美食！

Stefano's 比萨 $

(☎03-546 7530; www.pizzeria.co.nz; 91 Trafalgar St; 比萨 $6~29; ⊙正午至14:00和16:30~21:00; 🖉)这家由意大利人经营的餐馆位于State Cinema楼上，制作的比萨是全城最好的。薄、脆，味道正宗，非常好吃，有不同的口味，很划算。你可以搭配啤酒，餐后再来一份奶油甜点。

★ DeVille 咖啡馆 $$

(☎03-545 6911; www.devillecafe.co.nz; 22 New St; 餐 $12~21; ⊙周一至周六 8:00~16:00, 周日 8:30~14:30; 🖉)DeVille大多数餐桌摆在带

围墙的可爱的庭院内，堪称市内一方隐匿的波西米亚风情绿洲，是享用美食或早茶的完美地方。这里供应的食物味道佳，具有当地特色——从新鲜出炉的烘焙美味到香肠卷饼早午餐、凯撒沙拉和分量适中的汉堡，应有尽有，可搭配纳尔逊地区产的葡萄酒和啤酒。夏季每周五晚会有现场音乐表演，营业时间也相应延长。

Urban Oyster 新派新西兰菜 $$$

（☎03-546 7861；www.urbaneatery.co.nz；278 Hardy St；菜肴 $13~27；⊙周一 16:00至深夜，周二至周六 11:00至深夜）津津有味地吸牡蛎，或者用生鱼片和酸橘汁腌鱼恢复元气，然后大快朵颐地品味韩国炸鸡、爆米花炸虾玉米饼和令人欲罢不能的肉汁乳酪薯条，最大程度地满足自己。黑色肃杀的瓷砖、先锋艺术品以及味道一流的酒水饮料能为这次都市体验加分。

Ford's 新派新西兰菜 $$

（☎03-546 9400；www.fordsnelson.co.nz；276 Trafalgar St；午餐 $17~22；⊙周一至周五 8:00至深夜，周六和周日 9:00至深夜）特拉法加街上极受欢迎的午餐选择，餐桌摆在人行道上，沐浴在灿烂阳光下，还供应美味海鲜杂烩浓汤、牛排三明治、烟熏鲑鱼尼斯沙拉等新派菜肴。你可以点一杯咖啡，外加一份烤饼，或慢慢品尝晚餐，价格要贵上$10左右。

Indian Café 印度菜 $$

（☎03-548 4089；www.theindiancafe.com；94 Collingwood St；主菜 $13~23；⊙周一至周五 12:00~14:00，每日 17:00至深夜；✎）橘色、爱德华七世风格的别墅内有一家印度餐馆，除了印式炸菜饼（bhaji）外，还供应英印风味融合的菜肴，例如唐杜里鸡、咖喱羊肉和马德拉斯牛肉，令人难忘。从品尝拼盘杂烩开始，然后从10种不同的面包中选一种，将主菜盘抹得一干二净。

★ **Hopgood's** 新派新西兰菜 $$$

（☎03-545 7191；www.hopgoods.co.nz；284 Trafalgar St；主菜 $27~40；⊙周一至周六 17:30至深夜）简洁紧凑的Hopgood's是享用浪漫晚餐或节假日请客的完美之选。这里的菜肴都是精心准备的，却不花哨，食客能真正品味当地的优质食材。可以品尝酸樱桃配油封鸭，或者五花肉配松子黄油。餐馆还有诱人的新西兰葡萄酒。建议提前预订。

饮品和夜生活

★ **Free House** 精酿啤酒

（☎03-548 9391；www.freehouse.co.nz；95 Collingwood St；⊙周一至周五 15:00至深夜，周六正午至深夜，周日 10:30至深夜）来这家啤酒圣殿开怀畅饮吧。最初肃穆的教堂经过精心改建后，如今供应各种醇厚、爽口的新西兰精酿啤酒。你可以在室内、室外，甚至在圆顶帐篷里喝酒，这里还定期举办娱乐表演。哈利路亚。

Rhythm and Brown 酒吧

（☎03-546 56319；www.facebook.com/rhythmandbrown；19 New St；⊙周二至周六 16:00至深夜）纳尔逊最具吸引力的深夜酒吧，供应经典鸡尾酒、上等葡萄酒和精酿啤酒，黑胶唱片的曼妙曲调从扬声器里传出。周六晚上，在紧凑但很酷的空间内会定期举办小型演奏会。

Sprig & Fern 精酿啤酒

（☎03-548 1154；www.sprigandfern.co.nz；280 Hardy St；⊙11:00至深夜）这一里士满Sprig & Fern啤酒厂的分店供应18种桶装啤酒，从拉格（lager）到杜特勃克（doppelbock）和浆果酒，应有尽有。店里没有老虎机、电视，只有口感一流的啤酒、不定期的现场音乐表演以及令人愉悦的户外区。可以点比萨。Milton St街143号有第二家分店，靠近造物者公园（Founders Park）。

娱乐

皇家剧院 剧院

（Theatre Royal；☎03-548 3840；www.theatreroyalnelson.co.nz；78 Rutherford St）这家堪称一流的剧院位于一幢经过修葺的迷人古建筑内。“纳尔逊的高贵老妇”（近140岁）上演本土以及巡回戏剧、舞蹈和音乐作品。登录官网可了解正在上演的节目以及预订相关信息，或者去售票处（周一至周五 10:00~16:00）询问。也可以上其他网（www.itson.co.nz）查询，在www.ticketdirect.co.nz在线订票，或去剧院门厅。

购物

纳尔逊农贸市场 市场

（Nelson Farmers' Market；☎022 010 2776；www.nelsonfarmersmarket.org.nz；Morrison Sq，Morrison和Hardy St交叉路口；⏰周三 11:00~16:00）每周举办的农贸集市，可以买到各种当地食材，足够装满你的野餐篮。

纳尔逊市场 市场

（Nelson Market；☎03-546 6454；www.nelsonmarket.co.nz；Montgomery Sq；⏰周六 8:00~13:00）别错过纳尔逊市场。在这一规模盛大、繁忙的每周集市上，你能找到新鲜农产品、美食摊档、时装、本土艺术、手工制品，还有街头艺人表演。

实用信息

After Hours & Duty Doctors（☎03-546 8881；96 Waimea Rd；⏰8:00~22:00）

纳尔逊医院（Nelson Hospital；☎03-546 1800；www.nmdhb.govt.nz；Waimea Rd）

纳尔逊游客信息中心（☎03-548 2304；www.nelsonnz.com；Trafalgar和Halifax St交叉路口；⏰周一至周五 8:30~17:00，周六和周日 9:00~16:00）散发时尚气息的游客中心，新西兰环境保护部设有专门的服务台，提供国家公园和步行游览相关信息（包括阿贝尔·塔斯曼和希菲步道）。可在这里取一份《纳尔逊塔斯曼游客指南》（*Nelson Tasman Visitor Guide*）。

邮局（www.nzpost.co.nz；209 Hardy St）

追寻啤酒之旅

纳尔逊地区自称新西兰精酿啤酒之都。自19世纪40年代起，这里就开始种植世界级的啤酒花。如今在纳尔逊和黄金湾之间分布着12家啤酒厂。

在游客信息中心或其他门店里取一份《纳尔逊精酿啤酒步道》（*Nelson Craft Beer Trail*）地图，或登录www.craftbrewingcapital.co.nz了解情况，在啤酒厂和各式酒吧之间徘徊。想喝上一杯，可以选择Free House、McCashin's（见80页）、Moutere Inn（见89页）、Golden Bear（见88页）和Mussel Inn（见99页）。

到达和离开

在**纳尔逊SBL旅游中心**（Nelson SBL Travel Centre；☎03-548 1539；www.nelsoncoachlines.co.nz；27 Bridge St）或游客信息中心预订Abel Tasman Coachlines、InterCity、KiwiRail Scenic的车票和Interisland的渡船服务。

飞机

近些年来，各航空公司的竞争愈发激烈，前往纳尔逊变得前所未有的方便。

纳尔逊机场位于城市西南5公里处，靠近塔胡纳海滩。从机场乘坐出租车到市区费用约$25，或者也可乘坐**Super Shuttle**（☎03-547 5782，0800 748 885；www.supershuttle.co.nz），提供机场到预订目的地的服务，费用约$20。

新西兰航空（☎0800 737 000；www.airnewzealand.co.nz）往返惠灵顿、奥克兰和基督城的直达航班。

Air2There（☎04-904 5133，0800 777 000；www.air2there.com）往返帕拉帕拉乌姆的航班。

Jetstar（☎09-975 9426，0800 800 995；www.jetstar.com）往返奥克兰和惠灵顿的航班。

Kiwi Regional Airlines（☎07-444 5020；www.flykiwiair.co.nz）往返达尼丁和汉密尔顿的航班。

Originair（☎0800 380 380；www.originair.co.nz）总部设在纳尔逊，提供往返惠灵顿和北帕默斯顿（Palmerston North）的航班。

Soundsair（☎03-520 3080，0800 505 005；www.soundsair.com）成立已久的可靠航空公司，有往返惠灵顿和帕拉帕拉乌姆的航班。

长途汽车

Abel Tasman Coachlines（☎03-548 0285；www.abeltasmantravel.co.nz）运营前往莫图伊卡（Motueka；1小时）、塔卡卡（Takaka；2小时）、凯特里特里（Kaiteriteri）和玛拉豪（Marahau；均需2小时）的班车。同时，这些班车还与**Golden Bay Coachlines**（见79页）衔接，提供至塔卡卡及周边的服务。**Trek Express**（见79页）负责往返3个国家公园的交通。

Atomic Shuttles（☎0508 108 359，03-349 0697；

值得一游

美食自行车道

宜人的气候、平坦的地形，灵感就这样迸发，塔斯曼地区开发出了新西兰最受欢迎的自行车道之一。这条车道为什么如此受追捧？因为没有一条车道像这条车道一样，沿途有如此多可以享用美食、葡萄酒、精酿啤酒，以及欣赏艺术的机会。车道穿过田园，经过河谷木板栈道。

174公里长的美食自行车道（Great Taste Trail; www.heartofbiking.org.nz）从纳尔逊一直延伸到凯特里特里，目前官方正在计划延长步道，深入内陆地区。你当然可以在几天内骑完全程，在沿途的住宿点休整，但更轻松的方式是一日游，选取不同路段体验。马普瓦（Mapua）非常适合作为起点，你可以在码头的Wheelie Fantastic（见88页）和Trail Journeys（见82页）租自行车，也可以从这里乘坐渡船前往兔岛的步道。美食自行车道还经过刺激的凯特里特里山地骑行公园（Kaiteriteri Mountain Bike Park; 见91页）。

纳尔逊很多其他组织自行车团队游、提供自行车租赁的公司提供沿途的自行车租赁、送还服务，你可以随时结束行程。

www.atomictravel.co.nz）运营从纳尔逊到布莱尼姆（2小时）、皮克顿（2小时15分钟）和基督城（7小时45分钟）的班车，从基督城出发也有车前往格雷茅斯还有皇后镇、达尼丁和因弗卡吉尔等其他南部目的地。可以在纳尔逊游客信息中心预订（同时也是发车站）。

InterCity（☎03-548 1538; www.intercity.co.nz; Bridge St, SLB Travel Centre发车）运营从纳尔逊到南岛多数主要目的地的班车，包括皮克顿（2小时）、凯库拉（3小时30分钟）、基督城（7小时）和格雷茅斯（6小时）。

当地交通

自行车

Nelson Cycle Hire & Tours（见82页）以及很多自行车团队游公司都提供自行车租赁服务。

公共汽车

Nelson Suburban Bus Lines（简称SBL; ☎03-548 3290; www.nbus.co.nz; 27 Bridge St）运营NBUS，工作日19:00，周末16:30之前有经塔胡纳和Stoke，往返纳尔逊和里士满的班车。该公司还经营**Late Late Bus**（www.nbus.co.nz; ⏲周五和周六 22:00至次日3:00 每小时1班），从纳尔逊经塔胡纳到达里士满，从特拉法尔街的西太平洋银行（Westpac Bank）出发。最高票价$4。

出租车

Nelson City Taxis（☎03-548 8225; www.nelsontaxis.co.nz）

Sun City Taxis（☎03-548 2666; www.suncitytaxis.co.nz）

鲁比海岸和莫特雷山（Ruby Coast & Moutere Hills）

从纳尔逊南部的里士满出发，有两条线路可以到达莫图伊卡：沿鲁比海岸的这条线路更快、更热闹，另一条则是穿过莫特雷山的内陆线路。如果你打算从纳尔逊走环线，可以选择出发时走一条线路，回来时则走另一条。

鲁比海岸线从SH60公路开始，绕着怀梅阿河口（Waimea Inlet）的边缘前行，然后驶上有清晰路标的鲁比海岸观光线路（Ruby Coast Scenic Route）。虽然这是从纳尔逊到莫图伊卡的最快线路（约45分钟车程），但沿途有不少观光点吸引你放慢速度。主要景点包括兔岛（见88页）休闲区，以及靠近怀梅阿河口的马普瓦，那里有很多艺术商店和小餐馆。

内陆的莫特雷公路（Moutere Highway; SH60公路Appleby处有路标）穿行在坐落着农场、果园、生活区、起伏平缓的田园乡村之间，令人感到身心愉悦。沿途景点较少，且更为偏远，但景色依然秀美，尤其是在夏日旺季期间，公路两旁的摊位上摆满了刚采摘的新鲜水果。上莫特雷（Upper Moutere）是途中最主要的定居点，最初是由德国移民建立的，名叫Sarau，如今是一座宁静的小村庄，有几处不错的歇脚点。你可以参考《莫特雷工匠》(*Moutere Artisans*)步道指南(www.moutereartisans.co.nz)。

两条公路相距并不太远，你也可以骑自行车沿美食自行车道(见87页)游览，探索这片区域。这条步道因沿途众多酒庄和其他美食(以及艺术)聚集地而得名。手册《纳尔逊葡萄酒指南》(*Nelson Wine Guide*; www.winenelson.co.nz)能帮助你找到它们。其他与这一地区相关的有用信息来源还有《纳尔逊艺术指南》(*Nelson Art Guide*)和《纳尔逊创意之路》(*Nelson's Creative Pathways*)。

景点

金熊酿酒公司 啤酒厂

(Golden Bear Brewing Company; www.goldenbearbrewing.com; Mapua Wharf, Mapua; 餐$10~16)在马普瓦小村，只要跟着嗅觉走，就能找到金熊——这是一家小型啤酒厂，后面摆放有很多不锈钢酿酒桶，前面则陈列了十几桶啤酒。供应正宗的墨西哥美食(玉米煎饼、烤饼和墨西哥式煎蛋；餐 $10~16)，有助你解乏，愉悦心情。每周五晚以及每周日下午有定期音乐表演。

★ 怀梅阿 葡萄酒厂

(Waimea; ☎03-544 6385; www.waimeaestates.co.nz; 59 Appleby Hwy, Richmond; ⊙周一至周三 10:00~17:00，周四至周日 至21:00)从里士满出发，前行2公里的路程就能来到怀梅阿葡萄酒厂，你可以品到不同的佳酿。同处一地的**Cellar Door**(www.thecellardoor.net.nz; 主菜 $18~30; ⊙周一至周三 10:00~17:00，周四至周日 至21:00)值得一游。

兔岛/莫图罗阿(Rabbit Island/Moturoa) 海滩、森林

从里士满出发，沿SH60公路行驶约9公里，能看到前往兔岛/莫图罗阿的岔道路标，这个休闲区能从多角度欣赏河口美景，还有沙滩，安静的松林小径是美食自行车道(见87页)的一部分。通往小岛的桥梁在日落时分关闭，不允许在岛上过夜。

霍格伦德艺术玻璃 美术馆

(Höglund Art Glass; ☎03-544 6500; www.hoglundartglass.com; 52 Lansdowne Rd, Appleby; ⊙10:00~17:00)噢耶，在玛丽和助手们的努力下，这里成为出产享誉国际的玻璃艺术的熔炉。观看玻璃艺术品的制作过程极为美妙，最终的成品陈列在美术馆内，精美无比。如果觉得招牌的玻璃花瓶太重，那么珠宝和企鹅同样可以成为非常有意义的纪念品。

活动

Wheelie Fantastic 自行车团队游

(☎03-543 2245; www.wheeliefantastic.co.nz; Mapua Wharf, Mapua; 自助导览游 $95起，自行车租赁每天 $30起)这家公司位置很便捷，就在马普瓦码头，提供不同的自助导览和导览一日游，集中在美食自行车道周边，有班车接送。

餐饮

★Jester House 咖啡馆 $

(☎03-526 6742; www.jesterhouse.co.nz; 320 Aporo Rd, Tasman; 餐 $15~22; ⊙9:00~17:00)这是家开业已久的餐馆，单是它就足以成为你绕道海滨的理由，周到的服务和安静的雕塑公园都"怂恿"你慢慢享用午餐。菜单简单，内容不多，主食有创意(鹿肉汉堡、薰衣草黄油酥饼)，此外还有当地酿制的啤酒和葡萄酒。这里与马普瓦或莫图伊卡相距8公里。

Smokehouse 炸鱼和薯条 $

(www.smokehouse.co.nz; Mapua Wharf, Mapua; 炸鱼和薯条 $8~12; ⊙11:00~20:00)来这家马普瓦小店点上一份炸鱼和薯条，然后在码头边享用美味，海鸥在一旁对如此香脆的美味虎视眈眈。打包一些可口的木头烟熏鱼和鱼饼吧。

Jellyfish 新派新西兰菜 $$

(☎03-540 2028; www.jellyfishmapua.co.nz; Mapua Wharf, Mapua; 午餐 $16~24，晚餐 $24~34; ⊙9:00至深夜; ✎)滨海、阳光灿烂的露台，融合东西方风味的菜单，这是一家你能待上一整天的顶级咖啡馆。菜肴以当地的鱼

类和其他食材为主，还有不错的葡萄酒和精酿啤酒。

Moutere Inn 酒吧

（☎03-543 2759；www.moutereinn.co.nz；1406 Moutere Hwy, Upper Moutere）据说这是新西兰最古老的酒吧，内部装修有着纯正的复古风格，洋溢着热情迎客的氛围，供应精心烹制的美餐（$13~20；自制汉堡、沙拉三明治），酒水以当地产的精酿啤酒为主。你可以坐在灿烂阳光下，细细品尝不同的啤酒，也可以在夜晚时来此，聆听音乐，感受淳朴民风。如果需要休息，这里还提供客房。

到达和离开

InterCity（见87页）运营到纳尔逊和莫图伊卡的班车，但若要去鲁比海岸和莫特雷山，则需要自驾。沿**美食自行车道**（见87页）骑行是不错的选择。

莫图伊卡（Motueka）

人口 7600

莫图伊卡（发音mott-oo-ecka，意为“黑秧鸡之岛”）是繁忙的农业中心，非常适合作为探索这一地区的大本营。这里拥有必不可少的便利设施，大量的住宿之选、咖啡馆和路边水果摊，美丽的河流缓缓流淌。若前往黄金湾或阿贝尔·塔斯曼和卡胡朗伊国家公园，途经此地时，可以补充所需物品。

景点

莫图伊卡大多数景点都在镇外，但镇上仍有些地方值得一游，其中最热闹的当属小型飞机场，这里可以进行多种空中活动。莫图伊卡是个晒太阳、欣赏美景、坐看人来人往的好地方。

走在主干道上可能察觉不到，但莫图伊卡距离大海只有一箭之遥。你可以沿着**河口步道**（estuary walkway）漫步，欣赏海景（鸟类和海水浴场），也可以骑自行车游览，从**Bike Shed**（☎03-929 8607；www.motuekabikeshed.co.nz；145b High St；半日/全天租赁费 $25/40起）可以租车。你可以跟着感觉闲逛，也可以在游客信息中心（见91页）拿一份小镇地图，以及手册《莫图伊卡艺术漫步》（*Motueka Art Walk*），里面详尽介绍了莫图伊卡及周边的雕塑、壁画以及其他一些偶尔会出现的古怪事物。

啤酒花同盟 酿酒厂

（Hop Federation；☎03-528 0486；www.hopfederation.co.nz；483 Main Rd, Riwaka；⏲11:00~18:00）这家规模极小却堪称一流的精酿啤酒厂距离莫图伊卡5公里，你可以来这里喝一杯（$3），再带走一大瓶。我们推荐Red IPA（别忘了留意路对面的樱桃摊）。

莫图伊卡区博物馆 博物馆

（Motueka District Museum；☎03-528 7660；www.motuekadistrictmuseum.org.nz；140 High St；捐赠入内；⏲12月至次年3月 周一至周五 10:00~16:00，4月至11月 周二至周五 至15:00）展品颇具看点，收藏着这一地区的艺术品，位于一幢老校舍内。

活动

★ **Skydive Abel Tasman** 冒险运动

（☎03-528 4091，0800 422 899；www.skydive.co.nz；Motueka Aerodrome, 60 College St；跳伞 13,000/16,500英尺 $299/399）陶波（Taupo）应该让位了：我们在这两个地方都体验过跳伞，莫图伊卡更胜一筹。大概众多跳伞爱好者更喜爱这片着陆区吧，你或许能看到一些人迅速地从飞机上跳下的瞬间。如需拍摄照片和视频，需要另外付费。前面的草坪是很棒的观看点。

U-fly Extreme 冒险运动

（☎03-528 8290，0800 360 180；www.uflyextreme.co.nz；Motueka Aerodrome, 60 College St；15分钟 $395，20分钟 $495，外加飞行课程 $200）在毕氏特制双翼飞机的敞开式机舱内，亲自动手操作。不需要有经验，只要你能适应在空中的翻滚绕圈就可以了。收到，照办！

Tasman Sky Adventures 观光飞行

（☎0800 114 386，027 223 3513；www.skyadventures.co.nz；Motueka Aerodrome, 60 College St；15/30分钟飞行 $105/205）难得一见的微型飞机飞行体验。睁开双眼，在阿贝

Motueka 莫图伊卡

Motueka 莫图伊卡

景点

1 莫图伊卡区博物馆 A2

活动、课程和团队游

2 Bike Shed B2

住宿

3 Equestrian Lodge Motel B3
4 Laughing Kiwi A3
5 Motueka Top 10 Holiday Park B1

就餐

6 Motueka Sunday Market B2
7 Patisserie Royale A2

饮品和夜生活

8 Sprig & Fern B2

娱乐

9 Gecko Theatre B2

尔·塔斯曼国家公园上空飞行，美景令人心醉神迷。勇敢者还可以尝试双人悬挂式滑翔（15/30分钟，2500/5280英尺 $195/330）。

住宿

★ Motueka Top 10 Holiday Par 假日公园 $

（☎03-528 7189；www.motuekatop10.co.nz；10 Fearon St；露营地 $48起，小屋 $69~160，套间和汽车旅馆 $113~457；）这座公园靠近小镇和美食自行车道，放眼望去，郁郁葱葱——看那些高耸的白松！船形的公共区域配备有游泳池、水疗池和蹦床，从漂亮全新的小屋到至多可容纳11人的公寓，有各种住宿场所可供选择。公园提供自行车租赁服务，还提供当地游览相关建议以及免费预订服务。

Eden's Edge Lodge 青年旅舍 $

（☎03-528 4242；www.edensedge.co.nz；137 Lodder Lane, Riwaka；露营地 $18起，铺 $31，双/标三带浴室 $99/86；）这一专门建造的旅舍被农田环绕，与喧嚣的莫图伊卡相距4公里，堪称背包客的天堂。精心配备的设施包括铮亮的厨房、迷人的公共区域、绿草如茵的花园。你可以租赁自行车，深入探索美食自行车道。同时，啤酒、冰激凌和咖啡距离旅舍只有很短的步程。

Laughing Kiwi 青年旅舍 $

（☎03-528 9229；www.laughingkiwi.co.nz；310 High St；铺 $29，双 带/不带浴室 $76/68；）这是一家布局紧凑且低调的国际青年旅舍，客房位于一座老式别墅以及专门为背包客建造的小屋内，后者配备有整洁的厨房/休息厅。如果团队出游，设施齐全的小屋是不错的选择，最多可以睡4人（$180）。

★ Equestrian Lodge Motel 汽车旅馆 $$

（☎0800 668 782, 03-528 9369；www.equestrianlodge.co.nz；Avalon Ct；双 $125~158，四 $175~215；）没有马，没有度假屋，但没有关系。这家很棒的汽车旅馆靠近小镇［紧邻都铎街（Tudor St）］，有宽敞的草坪、玫瑰花园、加热泳池和水疗池，边上则是一系列能让人重新焕发活力的套间。诚恳热情的主人会邀请你参加当地各种活动。

Resurgence 度假屋 $$$

（☎03-528 4664；www.resurgence.co.nz；

574 Riwaka Valley Rd；双人度假屋 $695起，小屋 $575起；@ 📶 ✖）🍃在这一满眼绿色的幽静住所，选一间奢华的度假套房或设施齐全的小木屋。这里与阿贝尔·塔斯曼国家公园相距15分钟车程，从风景如画的里瓦卡河（Riwaka River）源头出发，步行30分钟可达。度假屋费用包含开胃酒、四道菜晚餐和早餐；小木屋费用包含早餐，晚餐需另付$120。

就餐

Patisserie Royale 面包房 $

（152 High St；烘焙产品 $2~8；⏲周一至周五 5:00~17:00，周六和周日 至15:00；✎）莫图伊卡最好的面包房，味道绝佳，值得品尝。供应很多法式点心、可口的馅饼和面包。

★ Toad Hall 咖啡馆 $$

（☎03-528 6456；www.toadhallmotueka.co.nz；502 High St；早餐 $10~20，午餐 $10~23；⏲8:00~18:00，夏季至21:00）这家美妙的咖啡馆供应极好的早餐，例如烟熏鲑鱼土豆丝煎饼，还有分量十足且健康的午餐，包括五花肉汉堡。到了夏日，充满乐趣的户外空间每周五和周六晚上会有现场音乐演出，还供应比萨。进入咖啡馆，你会发现一系列令人眼花缭乱的水果奶昔、果汁、烘焙美味、馅饼和精选食品。

莫图伊卡周日市场 市场

（Motueka Sunday Market；Wallace St；⏲周日 8:00~13:00）每到周日，游客信息中心后面的停车场就会摆满桌子，莫图伊卡周日市场开市：农产品、珠宝、街头卖艺、艺术品、手工艺品和Doris的美味德式小香肠。

饮品和夜生活

Sprig & Fern 精酿啤酒

（☎03-528 4684；www.sprigandfern.co.nz；Wallace St；⏲14:00至深夜）这一地处僻静的酒馆是Sprig & Fern啤酒厂在当地的分店。来到莫图伊卡想饮酒的话，这里是首选。面积不大，但氛围令人愉悦，有两个庭院，供应20种手工啤酒，还有简单的食物（比萨、拼盘和味道很好的汉堡；餐 $15~23），偶尔会有现场音乐演出。

娱乐

Gecko Theatre 电影院

（☎03-528 9996；www.geckotheatre.co.nz；23b Wallace St；门票 $9~13）在这一独立小剧院选一个舒适惬意的位置，观看有趣的艺术电影。

实用信息

莫图伊卡游客信息中心（☎03-528 6543；www.motuekaisite.co.nz；20 Wallace St；⏲周一至周五 8:30~17:00，周六和周日 9:00~16:00）这个信息中心一直很忙碌，员工热心助人，提供从凯塔亚（Kaitaia）到布拉夫（Bluff）的预订服务，并提供当地国家公园相关的专业建议和必需品。

到达和离开

长途汽车从莫图伊卡游客信息中心发车。

Abel Tasman Coachlines（☎03-548 0285；www.abeltasmantravel.co.nz）每天都有从纳尔逊［你可以乘坐**InterCity**（见57页）的车前往南岛其他目的地］到莫图伊卡（1小时）、凯特里特里（25分钟）和玛拉豪（30分钟）的班车。到达这些地方后，你还可以搭乘**Golden Bay Coachlines**（见79页）的班车，前往塔卡卡（1小时15分钟）以及其他黄金湾地区目的地，包括阿贝尔·塔斯曼国家公园内的塔拉努伊（Totaranui）、科灵伍德（Collingwood），以及希菲步道的登山口。注意，5月至9月，所有长途汽车的班次都会减少。

凯特里特里（Kaiteriteri）

人口 790

凯特里特里，简称为“凯特里”，是一座滨海小村庄，距离莫图伊卡13公里，是这一地区最受欢迎的度假胜地。夏季假日期间，这里的金色游泳海滩让人感觉更像是西南太平洋新喀里多尼亚的首府努美阿，而不是新西兰。这里人满为患，夸张点说，毛巾数量甚至超过了沙子。别说我们没告诫过你。凯特里也是前往阿贝尔·塔斯曼国家公园的主要出发地，虽然玛拉豪才是主要的基地。

活动

凯特里特里山地骑行公园 山地骑行

（Kaiteriteri Mountain Bike Park；www.

kaiteriterimtbpark.org.nz）面积广阔的山地骑行公园，有适合所有能力者的车道。

食宿

Kaiteri Lodge 度假屋 $

（☎03-527 8281；www.kaiterilodge.co.nz；Inlet Rd；铺 $35，双 $80~160；@📶）专门建造的现代化度假屋，宿舍陈设简单，面积不大，还有带独立卫浴的双人房。航海风格的装饰为略显慵懒的公共区域增添了一丝活力。此外，这里还有一家酒吧，**Beached Whale**（晚餐 $18~28；⏲16:00至深夜，冬季 营业时间缩短）适合结交新朋友。

Torlesse Coastal Motels 汽车旅馆 $$

（☎03-527 8063；www.torlessemotels.co.nz；8 Kotare Pl, Little Kaiteriteri Beach；双 $190~210，四 $300~350；📶）这家汽车旅馆距离小凯特里特里海滩（Little Kaiteriteri Beach）只有200米（就在主海滩的拐角处），宽敞的套间位于山坡上，有倾斜的天花板、设施齐全的厨房和洗衣间。在大多数客房里都能欣赏到海景。旅馆还有绿植环绕的烧烤区和水疗设备。

Bellbird Lodge 民宿 $$$

（☎03-527 8555；www.bellbirdlodge.co.nz；160 Kaiteriteri-Sandy Bay Rd；双 $275~350；@📶）这是一家高端民宿，从凯特里特里海滩出发，往山上走1.5公里可达，提供两间配备独立卫浴的客房，能欣赏到绿植和海景，有宽敞的花园和味道一级棒的早餐（自制麦片和水果蜜饯），主人亲切热情。冬季，当地餐馆营业时间不固定，可在这里预约晚餐。

Shoreline 餐馆 $$

（☎03-527 8507；www.shorelinekaiteriteri.co.nz；Inlet和Sandy Bay Rd交叉路口；餐 $18~22；⏲7:30~21:00，4月至11月 营业时间缩短）这一现代化的米色咖啡馆/酒吧/餐馆就在海滩上。顾客们在阳光明媚的平台上放松，细细品尝三明治、比萨、汉堡以及其他常见的食物，也可以来这里享用咖啡和蛋糕。冬季营业时间不固定，餐馆后面设有专门出售汉堡的摊位。

到达和离开

Abel Tasman Coachlines（☎03-548 0285；www.abeltasmantravel.co.nz）有到达凯特里特里的班车。

玛拉豪（Marahau）

人口 120

玛拉豪是通往阿贝尔·塔斯曼国家公园的主要门户，从凯特里特里出发，沿海岸前行，位于莫图伊卡以北18公里处。就规模而言，玛拉豪算不上小镇，更像是度假村和游客聚集地。

活动

Marahau Horse Treks 骑马

（☎03-527 8425；Marahau-Sandy Bay Rd；儿童骑小马 $35，2小时骑马游 $90）如果你想骑马，这家公司让你有机会骑马游览海滩，体验头发被海风吹拂飘起的感觉。

住宿

Barn 青年旅舍 $

（☎03-527 8043；www.barn.co.nz；14 Harvey Rd；无/有电力供应 露营地 每人$20/22，铺 $32，双 $68~85；@📶）这一背包客聚集地可谓用心良苦，提供舒适的新宿舍、厕所区和草坪露营地，还有一系列小木屋、户外厨房以及烧烤区。谷仓就是旅舍的中心——有公共厨房和休息区，适合社交，中间的平台还有一个壁炉。提供活动预订服务以及安全的停车场。

Abel Tasman Marahau Lodge 汽车旅馆 $$

（☎03-527 8250；www.abeltasmanlodge.co.nz；295 Sandy Bay-Marahau Rd；双 $145~175，四 $200~260；@📶）🍃在这里度过美妙幸福的时光吧，旅馆有15个单间以及设施齐全的套间，有令人愉悦的大教堂风格天花板，面向美丽的景观花园。旅馆还为愿意自己下厨的住客准备了带有全套设备的公共厨房，外加水疗和桑拿服务。周围灌木丛生，郁郁葱葱，能听到杜鹃、蜜雀、铃鸟的啼鸣声。

Ocean View Chalets 度假屋 $$

（☎03-527 8232；www.accommodationabeltasman.co.nz；305 Sandy Bay-Marahau Rd；双

$145~235，四 $290；📶）这些令人愉悦、四周柏树林立的度假屋位于苍翠的山坡上，距离海岸步道只有300米，能看到渔夫岛（Fisherman Island）。除了最便宜的单间外，其余房间都设施齐全。提供早餐和盒装午餐。

就餐

Fat Tui

汉堡 $

（Marahau-Sandy Bay和Marahau Valley Rd交叉路口；汉堡 $13~18；⌚夏季 每日，冬季 周三至周日 正午至20:00）人人都听说过这只住在速度不快的大篷车里的"鸟"（tui意为蜜雀）。谢天谢地。这里有超级好吃的汉堡，例如Cowpat（牛肉）、Ewe Beaut（羊肉）和Roots, Shoots & Leave（素食）。还供应炸鱼和薯条、咖啡。

Hooked

咖啡馆 $$

（☎03-527 8576；www.hookedonmarahau.co.nz；229 Marahau-Sandy Bay Rd；午餐 $11~20，晚餐 $26~32；⌚12月至次年3月 8:00~22:00，10月至11月和4月 8:00~11:00和15:00~22:00）这家极受欢迎的咖啡馆吸粉无数，因此建议提前预订晚餐。内部装饰颇具艺术性，面朝户外露台，能欣赏到无与伦比的美景。午餐以沙拉和海鲜为主，晚餐菜单更丰富，有当日新鲜捕捞的鱼、绿壳贻贝和新西兰羊腿。

Park Cafe

咖啡馆 $$

（☎03-527 8270；www.parkcafe.co.nz；Harvey Rd；午餐 $10~22，晚餐 $17~36；⌚9月中旬至次年5月 8:00至深夜；🍷）这家海风轻拂的咖啡馆位于海岸步道尽头，是补充能量或放宽皮带的完美选择。高热量的食物包括丰盛的早餐、汉堡和蛋糕。不过这里也供应海鲜和沙拉，周四至周六晚上还有木烤比萨。在能看到风景的房间或光照充足的庭院花园享受好时光。时不时还会有现场音乐演出。

到达和离开

Abel Tasman Coachlines（☎03-548 0285；www.abeltasmantravel.co.nz）有到达玛拉豪的班车。

阿贝尔·塔斯曼国家公园（Abel Tasman National Park）

滨海的阿贝尔·塔斯曼国家公园覆盖了从卡胡朗伊国家公园开始绵延起伏的大理石和石灰岩山的北麓。公园内有很多不同的步道，包括一条内陆线路，不过人们都是为了海岸步道而来的——它是新西兰最受欢迎的顶级步道。

活动

阿贝尔·塔斯曼海岸步道（Abel Tasman Coast Track）

毋庸置疑，这是新西兰最美丽的顶级步道——长60公里，沿途经过波光粼粼的大海、金色沙滩和典型的海岸森林，以及诸如克莉奥佩特拉池（Cleopatra's Pool）这样隐藏着的惊喜之地。这些景点吸引了每年约3万来此过夜的徒步爱好者和皮划艇爱好者，他们都至少在公园里住上一晚。地形是吸引人们的一大原因：路况好、等级划分明确、有清晰的路标。在这里几乎不可能迷路，完全可以穿运动鞋徒步。

不过，你可能弄湿双脚，因为步道沿途有长长的海滩，会遇上疯狂的潮汐。事实上，这座公园内的潮高差可跻身新西兰前列，达到惊人的6米。在激流湾（Torrent Bay）和巴克湾（Bark Bay），脱掉鞋子，穿过湿软的沙滩，比涨潮时的线路要更为轻松，也更有乐趣。在阿瓦罗瓦湾（Awaroa Bay），你别无选择，只能在退潮时抓紧时间穿过。步道沿途、新西兰环境保护部官网以及地区游客信息中心都会发布潮汐时刻表。

人们普遍认为海岸步道终于托塔拉努伊（Totaranui），其实步道进一步延伸至怀努伊湾（Wainui Bay）附近的停车场。走完全程只需要3~5天。不过有了水上出租，你也可以将这条步道划分成无数不同的行程，尤其是搭配皮划艇游。如果你只有两天时间，绕公园北部走一趟环线是不错的选择，从托塔拉努伊出发，经过阿纳派湾（Anapai Bay）和马顿湾（Mutton Cove），在Whariwharangi Hut住一晚，然后经吉布斯山步道（Gibbs Hill Track）返回托塔拉努伊，你会觉得不虚此

Abel Tasman National Park
阿贝尔·塔斯曼国家公园

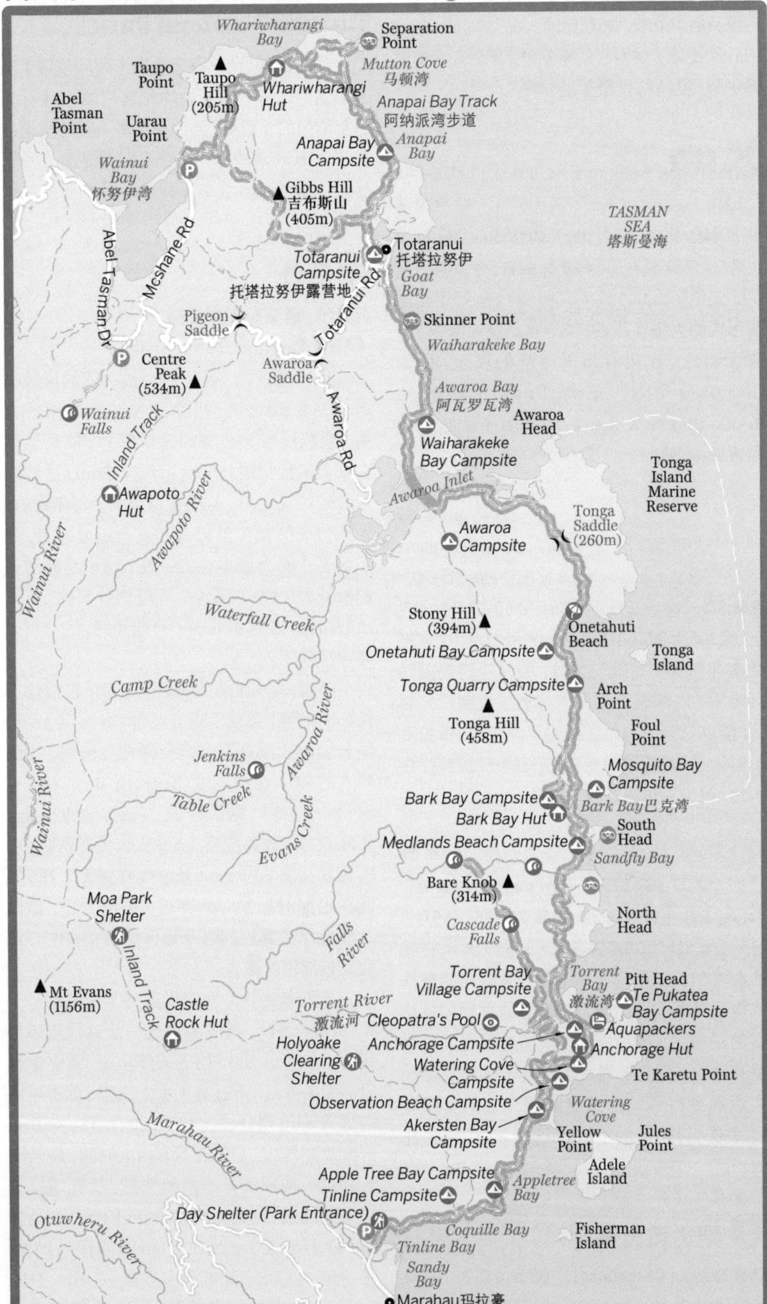

行，能领略到公园最美的景致（海滩、海豹、海滨风光），同时这条线路也远不如其他路段那么拥挤繁忙。

你需要持新西兰环境保护部颁发的顶级步道通行证（Great Walks Pass）。你可以在网上（www.doc.govt.nz）预订，找纳尔逊莫尔伯勒预订服务台（Nelson Marlborough Bookings Helpdesk; ☎03-546 8210），或者在纳尔逊、莫图伊卡、塔卡卡的游客信息中心或环境保护部办事处预订，工作人员可以根据你的需求提供相关建议，并安排起点和终点的交通服务。尽可能提前较长时间预订，12月和3月的小屋住宿尤其需要提早预订。

这条步道已经被众多徒步者踏平，你并不需要地形图来导航。环境保护部出版的手册《阿贝尔·塔斯曼海岸步道》（*Abel Tasman Coast Track*）里有地图，提供详尽的信息，你也可以在当地的游客中心购买更细致的地图，很方便。

在阿贝尔·塔斯曼划船

长期以来，阿贝尔·塔斯曼海岸步道都是徒步胜地，但海滨美景使得这里同时成为开展海上皮划艇运动的诱人之地，你可以将皮划艇与徒步、露营相结合，非常便捷。

想体验海上皮艇，这里提供很多专业设备，你拥有多种选择，可以自由组合带导览游或自由行。皮划艇体验可以是半天，至多长达3天，晚上可以露营，或住在新西兰环境保护部管理的小屋内，甚至能选择海上漂浮背包客之家，既有包吃住的，也有可以自己动手做饭的。你可以尝试一天的皮划艇游，在露营地过夜，然后走回来，或者徒步深入公园，再乘坐水上出租返程。

大多数公司组织的游览项目都是类似的，且价格相差无几。玛拉豪是主要的基地，但也有从凯特里特里出发的行程。一日游选择令人眼花缭乱，带导览游通常从玛拉豪出发，前往鸟类聚集的阿黛尔岛（Adele Island; 约$200）。为期数天的带导览游也有多种选择，最常见的行程是3天，根据住宿水准以及其他项目，费用$260~750。

自由租赁（双人皮划艇和设备租借），1天/2天费用每人约$70/110。除了位于黄金湾塔塔海滩（Tata Beach）的Golden Bay Kayaks（见100页）外，所有行程都从玛拉豪出发。

所有参与者都将接受指导，大多数旅行公司设有最低年龄限制，根据行程安排，参与者至少要满8岁或14岁。不允许单独租赁皮划艇。过夜之旅通常会提供露营设备。如果你打算在公园中停留几天，多数公司可以提供免费的停车场。

11月至次年复活节期间是最为忙碌的，12月至次年2月更是客流高峰期。不过，这里全年都适合皮划艇游，冬季照样值得一览。天气温和得出人意料，海豹更活泼，还能看到更多的鸟类，少些阴霾。

在激烈的市场竞争中，以下公司知名度较高（货比三家）：

Abel Tasman Kayaks（☎0800 732 529, 03-527 8022; www.abeltasmankayaks.co.nz; Main Rd, Marahau）

Kahu Kayaks（☎0800 300 101, 03-527 8300; www.kahukayaks.co.nz; 11 Marahau Valley Rd）

Kaiteriteri Kayaks（☎0800 252 925, 03-527 8383; www.seakayak.co.nz; Kaiteriteri Beach）

Marahau Sea Kayaks（☎0800 529 257, 03-527 8176; www.msk.co.nz; Abel Tasman Centre, Franklin St, Marahau）

R&R Kayaks（☎0508 223 224; www.rrkayaks.co.nz; 279 Sandy Bay-Marahau Rd）

Sea Kayak Company（☎0508 252 925, 03-528 7251; www.seakayaknz.co.nz; 506 High St, Motueka）

Wilsons Abel Tasman（☎03-528 2027, 0800 223 582; www.abeltasman.co.nz; 409 High St, Motueka）见96页。

其他活动

★Abel Tasman Canyons 冒险运动

(☎0800 863 472, 03-528 9800; www.abeltasmancanyons.co.nz; 一日游 $259)来到阿贝尔·塔斯曼的游客中，鲜少有人领略过激流河(Torrent River)的风采。这家公司让你有机会目睹其令人叹为观止的花岗岩河谷，进行游泳、滑水、绕绳下降，或跳入如宝石般闪亮的水池，绝对乐趣无穷。

团队游

旅游公司通常提供莫图伊卡的免费接送服务，只要支付一定费用，也可以提供纳尔逊的接送服务。

★Wilsons Abel Tasman 团队游

(☎03-528 2027, 0800 223 582; www.abeltasman.co.nz; 409 High St, Motueka)这家成立已久、由家族经营的公司组织一系列令人难忘的乘船、步行、皮划艇以及组合团队游项目，包括$36的特价一日步行游。参加导览游的游客可以在美丽的阿瓦罗瓦湾和激流湾过夜，住在Wilsons' lodges。

这里还提供Explorer Pass，可以参加3~7天的不受限制的乘船游（成人/儿童$150/75）。

Abel Tasman Eco Tours 团队游

(☎0800 223 538, 03-528 0946; www.abeltasmanecotours.co.nz; 一日游 成人/儿童$159/99)和海洋科学家斯图·罗伯特森(Stew Robertson)一起体验生态一日游，或者乘船沿海岸游览，或在怀努伊谷尝试5小时的徒步。

Abel Tasman Tours & Guided Walks 步行团队游

(☎03-528 9602; www.abeltasmantours.co.nz; 团队游 $245起)小团队，一日步行游（最少两人成团），包括外带午餐和水上出租。

Abel Tasman Charters 乘船团队游

(☎027 441 8588, 0800 223 522; www.abeltasmancharters.com; 6小时团队游 $265)组织6小时的团队游，包括步行、皮划艇、游泳和从斯蒂芬湾(Stephen's Bay; 凯特里特里附近)乘船进入公园游览。

Abel Tasman Sailing Adventures 帆船

(☎0800 467 245, 03-527 8375; www.sailingadventures.co.nz; Kaiteriteri; 一日游 $185)有固定时间表的双体船游，也可根据游客需要临时安排，有帆船/步行/皮划艇游组合可选。最受欢迎的一日游包括在安克雷奇海滩(Anchorage Beach)享用午餐。

住宿

阿贝尔·塔斯曼海岸步道沿途有4座顶级步道小屋($32)，提供双层床、取暖设备、抽水马桶和有限的照明设备，但没有厨具。此外，步道设有19个指定的顶级步道露营地($14)。由于海岸步道属于顶级步道，所有小屋和露营地都必须提前预订，全年都是如此。可以通过**Great Walks Bookings**(☎0800 694 732; www.doc.govt.nz)在线预订，或者在新西兰境内的环境保护部游客中心预订。小屋票和全年通票在这条步道上不通用，每个小屋或露营地最多只能住两晚，托塔拉努伊露营地除外，只能住一晚。如果没有有效的预订进入步道，就得缴纳罚款，还可能被要求离开公园。

Aquapackers 青年旅舍

(☎0800 430 744; www.aquapackers.co.nz; Anchorage; 铺/双 含早餐 $75/225; ⊗5月至9月 关闭)这一经过特殊改造的长13米的双体船长期停泊在安克雷奇海滩，为背包客提供了22间与众不同的漂浮客房。虽然只有基础设施，但大方得体，价格包括寝具、晚餐和早餐。务必提前预订。

Totaranui Campsite 露营地

(☎03-528 8083; www.doc.govt.nz; 夏季/冬季 $15/10)这个营地广受欢迎，可容纳数量惊人的露营者(850位)，倚靠海滩，还拥有公园最好的绿植背景。环境保护部办事处除了能帮忙的工作人员外，还有带注解的展览、抽水马桶、冷水淋浴和公用电话。

到达和离开

离阿贝尔·塔斯曼最近的大城镇是莫图伊卡，附近的玛拉豪则是南部的门户。虽然怀努伊是官方的步道北部终点，但人们普遍在托塔拉努伊结束行程，或跳过最北部的区域，或经吉布斯山步道绕回托塔拉努伊。**Abel Tasman Coachlines**（见79页）和**Golden Bay Coachlines**（见79页）都有班车发往所有步道入口。

当地交通

一旦抵达公园，众多旅游公司以及水上出租公司都可以提供从凯特里特里或玛拉豪到步道沿途任何地方的往返服务，既有固定班次，也可以按需安排。通常从玛拉豪或凯特里特里出发的单程票价为：安克雷奇湾和激流湾（$35）、巴克湾（$40）、阿瓦罗瓦湾（$45）和托塔拉努伊（$47）。

阿贝尔·塔斯曼水上出租（Abel Tasman Aqua Taxi；☎0800 278 282，03-527 8083；www.aquataxi.co.nz；Marahau-Sandy Bay Rd，Marahau）固定班次的服务，也可按照游客需求安排，有乘船/步行游选择。

玛拉豪水上出租（Marahau Water Taxis；☎0800 808 018，03-527 8176；www.marahauwatertaxis.co.nz；Abel Tasman Centre，Franklin St，Marahau）固定班次的服务，外加乘船/步行游选择。

黄金湾（Golden Bay）

从莫图伊卡出发，SH60公路蜿蜒起伏，翻过塔卡卡山，来到黄金湾。这个弹丸之地融田园风光、艺术创意、非传统的生活方式于一体，吸引了不少人来此，享受世外桃源的宁静安逸。

对于游客而言，黄金湾主要的吸引力在于可以从这里进入阿贝尔·塔斯曼和卡胡朗伊国家公园，以及包括费尔韦尔沙嘴和一长条迷人海滩在内的其他自然奇观。可以自取（或下载）一份环境保护部出版的手册《漫步黄金湾》（*Walks in Golden Bay*），开启你的冒险征程。

到达和离开

Golden Bay Coachlines（☎03-525 8352；www.gbcoachlines.co.nz）运营通往黄金湾的班车，每天经莫图伊卡和塔卡卡，往返于纳尔逊和希菲步道之间。不过若想去游人更少、更安静的地方，你需要另想办法，或自驾前往。

塔卡卡山（Takaka Hill）

塔卡卡山（海拔791米）坐落于塔斯曼湾和黄金湾之间。整座山郁郁葱葱，不过如果近距离观察，就可以看到大自然的鬼斧神工——经数百万年风化形成的大理石地貌。1小时的山路（SH60）行车，塔卡卡山的美景将在你眼前徐徐展开。这条陡峭、蜿蜒的线路沿途分布着极为理想的瞭望台和其他有趣的停靠点。

在登顶之前，有一个岔道通往迦南丘陵风景保护区（Canaan Downs Scenic Reserve），沿着石子路驾驶11公里，保护区就在路的尽头。这里曾是《指环王》和《霍比特人》系列电影的取景地，不过最著名的景点当属哈伍德斯穴（Harwoods Hole）。这是新西兰最大的洞穴之一，深357米，宽70米，垂直高度为176米。从停车场步行到洞穴需要30分钟。在这里，允许我们说一下显而易见的情况：除了经验最为丰富的探洞高手外，其他人禁止入内。

中等水平的山地自行车手可以沿几条环形线路冒险，或者经极具吸引力的拉梅卡车道（Rameka Track）一路前行，到达塔卡卡。这里还有一个新西兰环境保护部设立的露营地（成人/儿童 $6/3），设施简单。

塔卡卡山步道（Takaka Hill Walkway）靠近山顶，是一条环线，穿过惊人的喀斯特岩石、原始森林和农田，走完全程需3小时。继续沿着哈德伍德瞭望台（Harwood Lookout）前进，你能欣赏到从塔卡卡河谷到塔卡卡和黄金湾的绚丽美景。想了解更多在塔卡卡山向阳面步行的信息，可查询环境保护部的手册《漫步黄金湾》。

景点

纳罗瓦洞穴 洞穴

（Ngarua Caves；SH60；成人/儿童 $17/7；⏲9月至次年5月 10:00~16:00 每隔1小时 45分钟团队游，6月至8月 仅周六和周日开放）塔卡卡山山顶下方就是纳罗瓦洞穴，以喀斯特地貌为主，你可以欣赏到无数地下景观，包括恐鸟的骨头。只限团队游客进入——不允许独自入洞探险。

塔卡卡 (Takaka)

人口 1240

在塔卡卡的主干道上，可以看到众多穿着瑜伽裤、留着长发绺、赤脚的人，密度堪称新西兰之最。这是一座可爱的小镇，同时也是公路往西到达费尔韦尔沙嘴之前最后的"大"中心。这里能买到你所需要的大多数物品以及少量非必需品。但谁家衣柜里没有一两件从来不穿的扎染背心呢?

景点

塔卡卡很多景点都可以骑自行车前往，非常方便。让人觉得时光错位的**Quiet Revolution Cycle Shop**（☎03-525 9555; www.quietrevolution.co.nz; 11 Commercial St; 自行车租赁 每天 $25~65）提供自行车租赁服务和地图，这家店就在主街上。如果你喜欢别致的节日装扮、朴实的艺术和手工艺品，那么购物也是塔卡卡的一大亮点。想进一步了解这里的艺术趋势，可以拿一本免费的手册《黄金湾艺术》(*Arts in Golden Bay*)和《艺术的踪迹》(*Arts Trail*)。

拉怀蒂洞穴 洞穴

(Rawhiti Cave; www.doc.govt.nz) 这一地区最抢眼的地质景观当属拉怀蒂洞穴（经Motupipi，在Glenview Rd右转，然后在Packard Rd左转，顺着路标可达）。两小时的回程徒步线路崎岖不平（有些地方很陡峭，潮湿处很危险），沿途所看到的景色会让你惊讶得说不出话来（一路上，我们遇到了"怪兽""獠牙"，甚至还有《星球大战》里的生物"沙拉克"）。

小树林风景保护区 观景台

(Grove Scenic Reserve; www.doc.govt.nz) 从塔卡卡出发，驱车约10分钟（沿Clifton Rd，根据路标走），就会发现这个令人疯狂的石灰岩迷宫，古根盘结的拉塔树点缀其间。走完步道需大约10分钟，经过一个令人难忘的瞭望台。

蒂怀科鲁普普泉 泉水

(Te Waikoropupū Springs; www.doc.govt.nz) 这是南半球最大的淡水泉，也是世界上最清澈的泉水之一。"普普泉"是个五彩斑斓的小湖，每秒有约14,000升水从地下涌出，使得湖中始终保持着活水。从塔卡卡出发，沿SH60公路往西北方向行驶4公里，从怀塔普桥（Waitapu Bridge）顺着路标往内陆开3公里可达。停车场有说明信息板，沿30分钟的森林环线行驶可以达到普普泉。泉水是神圣的，因此禁止入内。

活动

Pupu Hydro Walkway 徒步

(www.doc.govt.nz; Pupu Valley Rd) 这趟两小时的环线步行游令人愉悦，顺着水流穿过山毛榉森林，经过昔日的土木工程和金矿遗址，就来到了重新修建（并仍在使用）的普普水力发电站（Pupu Hydro Powerhouse），这座发电站建于1929年。这里距离塔卡卡9公里，位于Pupu Valley Rd尽头。在与蒂怀科鲁普普泉的交汇处跟着路标可达。

团队游

Golden Bay Air 观光飞行

(☎0800 588 885, 03-525 8725; www.goldenbayair.co.nz; Takaka Airfield, SH60) 黄金湾及周边的观光飞行和包机游览：$35起。

住宿

Kiwiana 青年旅舍 $

(☎0800 805 494, 03-525 7676; www.kiwianabackpackers.co.nz; 73 Motupipi St; 露营帐篷 每人 $18，铺 $29~31，标单/双 $54/68; @📶) 掩映在漂亮花园后面的是一幢可爱的村舍小屋，客房都是用经典的新西兰物品（夹脚拖鞋、"嗡嗡蜂"玩具……）命名。车库被改建成氛围友好惬意的休息室，有烧木炉、乒乓球桌、台球桌、音乐、书籍和游乐设施。住客可免费使用自行车。

Takaka Campground 露营地 $

(☎03-525 7300; www.takakacampingandcabins.co.nz; 53 Motupipi St; 露营地 每人 $18，小屋/标单/双/三 $35/65/75; 📶) 这一低调且便捷的露营地距离塔卡卡主街只有很短的步程，能欣赏到田园诗般的风光。

Golden Bay Kiwi Holiday Park 假日公园 $

（☎03-525 9742；www.goldenbayholidaypark.co.nz；99 Tukurua Rd, Tukurua；无/有电力供应$43/47，小屋 双 $85；@📶）这一难能可贵的公园位于塔卡卡以北18公里处，面朝一片安宁的海滩，有成片的草坪，优雅的遮阴树和灌木篱墙，这些弥补了公共设施有限的不足。这里有为经济型旅客准备的适合家庭入住的干净小屋，还有至多可以睡4人的奢华海滩房（$180~270）。

★ Adrift 别墅 $$$

（☎03-525 8353；www.adrift.co.nz；53 Tukurua Rd, Tukurua；双 $250~540；📶）Adrift位于一片如天堂般美丽的海滩上，你可以在5间别墅中选出自己心仪的。你还可以对着早餐篮大快朵颐，接着在设施齐全的厨房里亲自动手做饭，在洒满阳光的平台上享用美餐，或者泡个水疗浴。

餐饮

Dangerous Kitchen 咖啡馆 $$

（☎03-525 8686；46a Commercial St；餐$13~28；⏲周一至周六 9:00~20:00；🖉）这家向美国音乐人弗兰克·扎帕（Frank Zappa）致敬的餐馆供应分量十足、健康、高性价比的美食，例如沙拉、比萨、玉米粉卷豆饼、意大利面、好吃的烘焙点心和果汁，此外还有当地葡萄酒和精酿啤酒。氛围温馨，音乐动听，后面有一个阳光庭院，前面可以坐看人来人往。

★ Mussel Inn 酒吧

（☎03-525 9241；www.musselinn.co.nz；1259 SH60, Onekaka；全天点心 $5~17，晚餐$13~30；⏲11:00至深夜，7月至8月关闭）你会发现这一位于塔卡卡和科灵伍德正中间的啤酒厂兼酒馆是新西兰最受热捧的畅饮地之一。Mussel Inn弥漫着质朴、纯真的新西兰氛围，有着吱嘎作响的木头、摆放着火盆、看似凌乱的啤酒花园，定期举办音乐演出和其他活动，还有分量十足的自制美食。尝一下招牌的Captain Cooker啤酒，一种用麦卢卡蜂蜜酿制的天然棕啤。

☆ 娱乐

Village Theatre 电影院

（☎03-525 8453；www.villagetheatre.org.nz；32 Commercial St；成人/儿童 $14/8）这家影院再次证明了新西兰人对好电影的喜爱。

ℹ 实用信息

黄金湾游客中心（Golden Bay Visitor Centre；☎03-525 9136；www.goldenbaynz.co.nz；Willow St；⏲周一至周五 9:00~16:00，周六 至13:00）这是一个很小的游客中心，但工作人员非常友善，提供所有必需的信息，包括不可或缺的官方旅行地图。提供预订服务和环境保护部通行证。

黄金湾地区环境保护部办事处（Golden Bay Area DOC Office；☎03-525 8026；www.doc.govt.nz；62 Commercial St；⏲周一至周五 13:00~15:00）提供关于阿贝尔·塔斯曼和卡胡朗伊国家公园、希菲步道、费尔韦尔沙嘴和科布谷（Cobb Valley）的相关信息。出售小屋通票。

ℹ 到达和离开

黄金湾航空（Golden Bay Air；见116页）每天至少有1趟航班往返惠灵顿和塔卡卡之间，最多4班。

Golden Bay Coachlines（见79页）从黄金湾的塔卡卡出发，经过科灵伍德（25分钟）、希菲步道（1小时）、托塔拉努伊（1小时），翻山前往莫图伊卡（1小时15分钟）和纳尔逊（2小时15分钟）。

波哈罗（Pohara）

人口 550

小巧的波哈罗位于塔卡卡东北约10公里处，是一座海滩村庄，夏季时分，这里的人口数量是平时的4倍。相比黄金湾其他地方，波哈罗有更多漂亮时髦的度假屋。尽管如此，这里始终洋溢着亲切友善的氛围，美食和度假屋为之加分，还有一片海滩，在潮落时，如同希思罗机场的跑道般宽阔。

波哈罗靠近阿贝尔·塔斯曼国家公园的北部入口。进入公园的公路绝大部分路段尚未浇筑完成，途经**Tarakohe港**（Tarakohe Harbour；波哈罗的港口），沿利加湾（Ligar Bay）前行。顺道可以爬上阿贝尔·塔斯曼瞭望台看看，非常值得。

下一站就是**塔塔海滩**（Tata Beach），

Golden Bay Kayaks（☎03-525 9095；www.goldenbaykayaks.co.nz；Tata Beach；半日带导览团队游 成人/儿童 $85/40起，自由租赁 半日/全天 $90/120）提供皮划艇和立式桨板租赁服务，还组织进入阿贝尔·塔斯曼国家公园的带导览团队游（包括数天行程）。

食宿

Pohara Beach Top 10 Holiday Park 假日公园 $

（☎0800 764 272，03-525 9500；www.poharabeach.com；809 Abel Tasman Dr；露营地 每人 $22起，小屋和套间 $65~169；@📶）沙丘和主路之间的一片绿地，位置绝佳，能享受海滩时光。露营地非常不错，还有很棒的小屋。不过注意了——这里深受新西兰当地度假者的欢迎，因此到了夏天旺季时节，这里会有些疯狂。公园内有杂货店和外卖店。

★ **Sans Souci Inn** 度假屋 $$

（☎03-525 8663；www.sanssouciinn.co.nz；11 Richmond Rd；标单/双 $95/120，套间 $160起；⏲7月至9月中旬 关闭；📶）Sans Souci在法语中的意思是"不用担心"。这里有7间地中海风情的泥砖房，待上一晚你就会觉得名副其实。住客共用种满植物、马赛克铺就的浴室和简易的蹲坑式厕所。休息室清新通风，厨房朝向亚热带庭院。强烈推荐在附属的餐馆用餐（需要预订；主菜$35~37），早餐根据住客要求提供。

Ratanui 度假屋 $$$

（☎03-525 7998；www.ratanuilodge.com；818 Abel Tasman Dr；双 $155~359；@📶🏊）这一精品度假屋靠近海滩，是浪漫的避风港，散发着维多利亚风情。随处可见动人的元素，例如芬芳的玫瑰园、游泳池、水疗池、按摩服务、鸡尾酒和烛光摇曳的餐馆，供应当地特色美味（对公众开放，需预订）。还有免费的自行车。

Penguin Café & Bar 酒吧美食 $$

（☎03-525 6126；www.penguincafe.co.nz；822 Abel Tasman Dr；酒吧点心 $6~15，餐 $16~31；⏲11月至次年4月 11:00至深夜，5月至10月 周一至周三 16:00至深夜和周四至周日 11:00至深夜）当地人钟情的聚会地，经营得当，有大片花园，能欣赏日落美景，天气晴朗时也可以在这里喝上一杯。室内有开放式的壁炉，是为恶劣天气时准备的。用酒吧小食填饱肚子，晚餐的时候可以品尝当地的特色海鲜。

到达和离开

Golden Bay Coachlines（☎03-525 8352；www.gbcoachlines.co.nz）运营每天从塔卡卡到托塔拉努伊的班车，途经波哈罗（15分钟）。

科灵伍德及周边 (Collingwood & Around)

人口 240

偏远的科灵伍德是黄金湾最后的小镇，确实让人感觉来到了尽头。每到夏季，这里就变得很热闹，不过大多数人只是将这里作为前往希菲步道或费尔韦尔沙嘴的起点。

景点

法拉里基海滩（Wharariki Beach） 海滩

驶过一段未浇筑的土路，从停车场步行20分钟，穿过农田（属于环境保护部管理的普彭加农场公园），就来到了偏僻、荒芜的法拉里基海滩。在这里，你能领略到西海岸狂野的一面，巨大的沙丘、近海若隐若现的岩石小岛，东部尽头是海豹栖息地（散步时留意海豹的身影）。虽然这里看上去很适合游泳，但逆流很猛——大海从来都是予取予求……

科灵伍德博物馆 博物馆

（Collingwood Museum；Tasman St，Collingwood；捐赠入内；⏲9:00~18:00）博物馆无人看管的狭窄走廊内展出了一系列奇特的展品，马具、毛利工艺品、恐鸟骨头、贝壳和老式打字机。

隔壁的**Aorere中心**（Aorere Centre）有宣传幻灯片秀，展示了杰出先锋摄影师弗莱德·泰里（Fred Tyree）的作品。

食宿

★ **Innlet Backpackers & Cottages** 青年旅舍 $

（☎03-524 8040，027 970 8397；www.theinnlet.co.nz；839 Collingwood-Puponga Rd，Pakawau；铺/双 $34/80，小屋 $90起；⏲6月至8月关闭；📶）这一满是鲜花的迷人住宿地距

不要错过

费尔韦尔沙嘴（FAREWELL SPIT）

荒凉、空旷、科幻感，费尔韦尔沙嘴是世界重点保护湿地，也是举世闻名的鸟类保护区——夏季，有成千上万涉禽候鸟迁徙到这里，其实是从北极冻原一路飞到这里的塍鹬、里海燕鸥和澳大拉西亚塘鹅。徒步爱好者可以通过纵横交错的步道（详见环境保护部手册）探索沙嘴的前4公里［详见环境保护部出版的手册《费尔韦尔沙嘴和普彭加农场公园》（*Farewell Spit & Puponga Farm Park*），售价$2，或者从www.doc.govt.nz下载］。想要继续深入，只能参加费尔韦尔沙嘴生态团队游，这是非常棒的体验，具体根据潮汐时间安排。

沙嘴35公里长的海滩上有巨大的新月形沙丘，可以欣赏到无与伦比的全境风光，越过黄金湾，可以看到退潮时期的大片盐沼。

沙嘴一端是位于山顶的游客中心兼咖啡馆——你可以在这里喝杯咖啡，写张明信片，尤其是天气糟糕的时候，是非常方便的歇脚点。

费尔韦尔沙嘴生态游（Farewell Spit Eco Tours；☎0800 808 257，03-524 8257；www.farewellspit.com；6 Tasman St，Collingwood；团队游 $125~165）已经有70余年的历史了。在独一无二的Paddy及其专家导游的带领下，这家公司组织的团队游令人难忘，时间从2小时到6小时30分钟不等。团队游从科灵伍德出发，可参观沙嘴、灯塔，还能看到20种鸟类，可能包括塘鹅和塍鹬。等待着各种奇妙的历险吧。

此外，在这样的荒蛮之地，骑马是再合适不过的选择：**Cape Farewell Horse Treks**（☎03-524 8031；www.horsetreksnz.com；McGowan St，Puponga；骑马游 $80起）组织的游览项目可以到达法拉里基海滩。在这片被风吹拂的地带，骑马游时间从1小时30分钟［到皮勒角（Pillar Point）］到3小时（到法拉里基海滩）不等。如果想体验更长的行程（包括过夜），可预约安排。

离科灵伍德10公里，就在通往费尔韦尔沙嘴的路上。主楼有适合背包客居住的优雅客房，还有可以容纳6人入住的村舍小屋，设施齐全。露营者可以住露营地。享受花园美景，骑自行车或划皮划艇探索这片区域，或者体验徒步冒险。

Somerset House 青年旅舍 $

（☎03-524 8624；www.backpackerscollingwood.co.nz；10 Gibbs Rd，Collingwood；铺/标单 含早餐 $32/50/78；⏲5月至10月关闭；@📶）这是一家小巧低调的旅舍，位于山坡上一幢明丽的历史建筑内，在平台上可以欣赏周边美景。老板颇具个人魅力，可以给出徒步相关建议，还提供相应的交通工具，免费的自行车和皮划艇，早餐有新鲜出炉的面包，住的第四晚可免费。

Old School Cafe 咖啡馆 $$

（1115 Collingwood-Puponga Rd，Pakawau；主菜 $14~31；⏲周四和周五 16:00至深夜，周六和周日 11:00至深夜）这家店为来往过客提供实惠美味，广受好评。虽然都是寻常菜式（牛排、比萨，还有开胃菜鲜虾盅），但浓郁的艺术气息，花园酒吧和热情周到的服务都弥补了这一不足。

ℹ 到达和离开

Golden Bay Coachlines（☎03-525 8352；www.gbcoachlines.co.nz）每天有两趟从塔卡卡前往科灵伍德的班车（25分钟）。

卡胡朗伊国家公园（Kahurangi National Park）

卡胡朗伊，可译为“蓝色天空”，是新西兰第二大国家公园，也是具有显著的多样化特色的公园之一。这里最吸引人眼球的当属多样的地貌，从海风劲吹的海滩和海崖到地震形成的山坡和冰碛堰塞湖，还有内陆高原平缓、奇特的喀斯特地形，令人目不暇接。

公园面积达4520平方公里，其中大约

85%为森林所覆盖，除了常见的山毛榉外，还有芮木泪柏和其他罗汉松。总而言之，新西兰超过五成的植物都可以在这座公园内找到，包括超过80%的高山植物。公园内栖息着60种鸟类，有常见的鹬鸵、啄羊鹦鹉、卡卡鹦鹉和蓝鸭。这里还有令人毛骨悚然的穴居沙螽、古怪的甲虫和巨大的长腿蜘蛛。不过公园里也有一种被称为Powelliphanta的大型史前蜗牛——在这样一个动物王国中，它成了（慢）旗手。如果你希望体验一次新奇的旅程，卡胡朗伊国家公园肯定能满足你的要求。

活动

希菲步道是卡胡朗伊最著名的步道。难度更高的**Wangapeka**步道知名度不如希菲步道，但很多人认为这条步道更有意思。走完全程需要5天左右的时间，步道始于卡拉米亚（Karamea）以南25公里处的小旺加努伊（Little Wanganui），往东延伸52公里，至塔帕韦拉（Tapawera）附近的Rolling河。步道沿途有若干小屋。

不过，希菲步道和Wangapeka步道都是长达650公里的步道网的一部分。该步道网还包括在**科布谷**（Cobb Valley）和**亚瑟山/台地**（Mt Arthur/Tablelands）的一日和过夜徒步游，都是非常棒的体验。想了解卡胡朗伊所有步道的详细信息，可登录www.doc.govt.nz。

希菲步道（Heaphy Track）

希菲步道是新西兰最受欢迎的步道之一。从方方面面衡量，这都是一条顶级步道，穿过多种多样的地形——茂密的原始森林，神秘的高兰丘陵地带（Gouland Downs），与世隔绝的河谷，烟雾笼罩、尼考棕榈树所环绕的海滩。

尽管希菲步道很长，但路段分布合理，难度比卡胡朗伊国家公园其他长步道低。但部分路段依然会比较艰苦，尤其是天气恶劣时。

从东往西走，第一天就能走完绝大多数爬坡路段，风光旖旎的海滩步行会被留到最后，令人身心愉悦，为这次徒步游画上圆满的句号。

5月至10月，步道向山地骑行爱好者开放。考虑到距离、偏僻程度和可能出现的糟糕天气，这一史诗般的旅程只适合骑行技能出众、装备齐全的骑行者。塔卡卡的Quiet Revolution Cycle Shop（见98页）是可以获取更多骑行相关信息的好地方。

体能出色的徒步者可以在3天内走完希菲步道，不过大多数人需要4~5天。关于步道的详尽介绍，可以参考环境保护部出版的手册《希菲步道》（*Heaphy Track*）。徒步预估时间：

线路	时间（小时）
Brown Hut 至 Perry Saddle Hut	5
Perry Saddle Hut 至 Gouland Downs Hut	2
Gouland Downs Hut 至 Saxon Hut	1.5
Saxon Hut 至 James Mackay Hut	3
James Mackay Hut 至 Lewis Hut	3.5
Lewis Hut 至 Heaphy Hut	2.5
Heaphy Hut 至 Kohaihai River	5

团队游

Kahurangi Guided Walks 徒步

（☎03-391 4120；www.kahurangiwalks.co.nz）组织为期一周的希菲徒步游（$1750），费用包括了一切，此外还有1~5天的阿贝尔·塔斯曼国家公园游（$250~1400）。

Bush & Beyond 徒步

（☎03-543 3742；www.bushandbeyond.co.nz）组织卡胡朗伊的徒步游，游览注重自然和历史观光，既有亚瑟山都科布谷的一日游（$250），也有带导览的希菲步道6日游套餐（$1795）。

住宿

希菲步道沿途有7个指定的顶级步道小屋（$32），提供高低床和厨房区、取暖设备、抽水马桶和冷水盥洗池。多数小屋有煤气炉，两间有照明设备。此外这条步道还有9个顶级步道露营地（$14），外加位于步道西海岸尽头的**Kohaihai Campsite露营地**（www.doc.govt.nz；$6）。两天的露营如上所说，但私自在此处过夜是不允许的。

由于希菲步道属于顶级步道，所有小屋和露营地都必须提前预订，全年都是如此。你可以通过**Great Walks Bookings**（☎0800 694 732；www.doc.govt.nz）在线预订，或者前往新西兰境内的环境保护部游客中心。

到达和离开

通往希菲步道两端的两条路相距十分遥远：确切地说，距离达到463公里。从塔卡卡出发，你可以乘坐**Golden Bay Coachlines**（见79页）的班车前往希菲步道（$35，1小时），途经科灵伍德。

而小镇卡拉米亚与步道的Kohaihai尽头相距15公里。10月至次年4月底，每天13:00~14:00，**Karamea Express**（☎03-782 6757；info@karamea-express.co.nz）有班车从露营地发车，前往卡拉米亚（$15）。**Karamea Connections**（☎03-782 6767；www.karameaconnections.co.nz）可根据需求安排接送。

Heaphy Bus（☎0272 221 872，0800 128 735；www.theheaphybus.co.nz）提供往返班车服务——在Brown Hut下客，在Kohaihai接客（$150）。还可根据需求安排当地其他交通服务。

Heaphy Track Help（☎03-525 9576；www.heaphytrackhelp.co.nz）提供汽车运输（约$300，具体根据方向和时间定）、食物空投、往返班车服务，还可给出相关建议。

Adventure Flights Golden Bay（☎03-525 6167，0800 150 338；www.adventureflightsgoldenbay.co.nz；Takaka Airfield，SH60）提供往返卡拉米亚和塔卡卡的航班服务，每人$185~200（至多可以乘坐5人）。**Golden Bay Air**（☎0800 588 885；www.goldenbayair.co.nz）和**Helicopter Charter Karamea**（见116页）提供相同线路的航班服务，前者每人费用$149~169，后者3/6人的费用为$750/1350。

纳尔逊湖国家公园（Nelson Lakes National Park）

纳尔逊湖国家公园内有两个湖泊——罗托伊蒂湖（Rotoiti）和罗托鲁阿湖（Rotoroa）——被散发芬芳气息的山毛榉森林环绕，倚靠杂砂岩山脉。公园位于南阿尔卑斯山北端，有着鬼斧神工般的冰川地貌，是个令人生畏的高地景点。

罗托伊蒂湖东面的公园被称为“大陆岛”，这一保护区旨在消灭外来有害物种（老鼠、负鼠和短尾鼬），促进本土动植物的繁荣。这里有一流的徒步线路，包括短途步行游，除了能欣赏湖光山色外，可能还会遇到一两只白蛉。公园里随处可见啼鸣的鸟儿，并且以钓褐鳟鱼出名。

低调不起眼的小村**圣阿诺德**（St Arnaud）是纳尔逊湖区的人群聚集地。

活动

要领略这片崎岖起伏的土地的魅力，很多一流的徒步线路都能满足你的要求。不过在开启行程之前，先前往环境保护部管理的纳尔逊湖游客中心（见104页）获取地图、最新的步道/天气信息，支付沿途住宿小屋或露营的费用。

有两条不错的一日徒步游线路可选。5小时的**罗伯特山环形步道**（Mt Robert Circuit Track）从罗伯特山停车场（与圣阿诺德相距很短的车程，Nelson Lakes Shuttles有班车，见104页）出发，绕山一圈。你可以顺道沿着罗伯特山脊往上攀登，能欣赏到动人心魄的国家公园中心地带美景。另一个选择是**圣阿诺德山脊步道**（St Arnaud Range Track；往返5小时），这条线路位于湖东面，慢慢顺着与跳伞岩（Parachute Rocks）相邻的山脊攀登。两条步道都具有一定难度，但回报你的是不可思议的壮丽景观，被冰川覆盖的山谷、高耸的山峰和罗托伊蒂湖。徒步游只能在天气晴好时进行，否则就是徒劳（看不到美景），且很危险。

从罗托伊蒂湖的克尔湾（Kerr Bay）和罗托鲁阿湖道路尽头出发，还有很多短程（且更为平缓的）步行线路。新西兰环境保护部编辑的手册《纳尔逊湖国家公园徒步》（*Walks in Nelson Lakes National Park*；$2）有关于这些线路以及行程更长的一日徒步游的介绍。

装备精良、身体素质出众者可以尝试更长的徒步游线路，例如**安吉勒斯湖步道**（Lake Angelus Track）。走完这条美丽的步道需要2~3天的时间，沿着罗伯特山脊前行，一直前往安吉勒斯湖，你可以在不错的安吉勒斯小屋（Angelus Hut；成人/儿童 $20/10，11月下至次年4月需要预订；山区通行证/门票一年有效期）住一两晚，然后选择3条线路中的1条，返回圣阿诺德。你可以自取或者下载一份环境保护部出版的手册《安吉勒斯小屋步道和线路》（*Angelus Hut Tracks & Route*；$2），了解更多相关信息。如果你听说过**蓝湖**（Blue Lake），那么在做决定之前先向游客中心咨询相关建议。

Rainbow 滑雪、单板滑雪

（☎03-521 1861，snow-phone 0832 226 05；www.skirainbow.co.nz；每日升降梯通票 成人/儿童 $75/35）阳光明媚的纳尔逊地区有一块滑雪区，就在100公里外（布莱尼姆与此地相隔同样距离）。Rainbow毗邻纳尔逊湖国家公园，有不同的地形，游人极少，还有一流的越野滑雪场地。通常要求带上防滑链。距离最近的城镇是圣阿诺德。

住宿

Kerr Bay DOC Campsite 露营地 $

（www.doc.govt.nz；无/有电力供应 露营地每人 $10/15）占地极广的克尔湾露营地靠近罗托伊蒂湖湖岸，提供有电力供应的营地、厕所、热水淋浴、洗衣房和厨房。这里非常适合作为冒险之旅的大本营，不过务必提前预订。环境保护部的**West Bay Campsite**（☎03-521 1806；www.doc.govt.nz；$6；⏲夏季）提供漂浮露营场地，设施更为简单。

Travers-Sabine Lodge 青年旅舍 $

（☎03-521 1887；www.nelsonlakes.co.nz；Main Rd；铺/双 $28/65；📶）这家旅舍很适合作为户外冒险的基地，距离罗托伊蒂湖只有很短的步程，费用合理，干净舒适。尤其值得一提的是，宿舍、双人房和家庭房都提供让人心情愉悦、色彩明丽的日用织品。老板是经验丰富的冒险家，他们能给出专业的旅行建议。旅舍还提供徒步装备租赁服务。

★**Alpine Lodge** 度假屋 $$

（☎03-521 1869；www.alpinelodge.co.nz；Main Rd，St Arnaud；双 $155~210；@📶）这一大规模的度假屋群由家族经营，一直以来颇受好评，提供不同的住宿选择，其中最受欢迎的是错层式双人房，有夹层卧室和水疗。如果没什么事，就去诱人的内部餐厅——温暖舒适，有开放式壁炉，能眺望山景，供应美味可口的菜肴（餐 $10~32，外带比萨$20）和当地啤酒。

11月至次年4月，餐厅供应午餐和晚餐，5月、7月至10月只供应晚餐；6月关闭。

毗邻的背包客度假屋（宿舍/双人房 $29/69）十分简朴，但暖和整洁。这里还提供自行车租赁服务。

Nelson Lakes Motels 汽车旅馆 $$

（☎03-521 1887；www.nelsonlakes.co.nz；Main Rd，St Arnaud；双 $125~140，四 $135~180；📶）这些度假小屋和更新的薄厚板镶接而成的套间舒适无比，有厨房区和有线电视。更大的套间有单独厨房，最多可睡6人。

实用信息

纳尔逊湖游客中心（DOC Nelson Lakes Visitor Centre；☎03-521 1806；www.doc.govt.nz；View Rd；⏲8:00~16:30，夏季 至17:00）提供公园相关信息（天气、活动）和小屋通票，此外还设有以公园生态和历史为主的展览。

到达和当地交通

Nelson Lakes Shuttles（☎027 547 6896，03-547 6896；www.nelsonlakesshuttles.co.nz）在12月至次年4月每周提供3趟往返纳尔逊和国家公园的班车（周一、周三和周五；$45），其余时间则根据需求安排。班车也会在SH63公路的Kawatiri交叉口停靠，从那里可以乘坐往返纳尔逊和西海岸的其他班车。如果有需求，也会安排从圣阿诺德到皮克顿、凯库拉、汉默斯普林斯和其他南岛北部目的地的车次。你也可以搭乘Trek Express（见79页）的长途汽车，该公司提供上述线路的固定班车服务。

罗托伊蒂水上出租（Rotoiti Water Taxis；☎021 702 278；www.rotoitiwatertaxis.co.nz）运营克尔湾和西湾（West Bay）到罗托伊蒂湖南端的水上出租（3/4人 $100/120）。还提供皮划艇、独木舟和筏子出租服务，半天费用$50起。可以预约钓鱼游和湖上观光乘船游。

西岸区

包括 ➡

最佳短途步道

- 斯科茨海滩（见114页）
- 迷人溪步道（见112页）
- 马瑟森湖（见135页）
- 船溪（见139页）

最佳住宿

- Old Slaughterhouse（见112页）
- Breakers（见119页）
- Drifting Sands（见126页）
- Okarito Campground（见130页）

为何去

被狂野的塔斯曼海和南阿尔卑斯山环绕的西岸区在新西兰是与其他地方迥异的独一无二的存在。

海岸向远处无限延伸，给人一种与世隔绝、世界尽头的感觉，从被农田包围、毗邻卡胡朗伊国家公园的宁静卡拉米亚直到通往新西兰世界遗产区的Hwy 6国道的最南端。荒芜的海岸线、绵延的原野和丰富的历史遗迹充斥其间。

关于海岸殖民者的故事与黄金、煤矿和木材这些飘忽不定的财富有着千丝万缕的联系，总让人毛骨悚然。他们勇敢坚毅，虽然在新西兰总人口中所占的比例不足1%，却分散在这个国家近9%的地域上。

旅行者通常会去普纳凯基、弗朗兹约瑟夫和福克斯冰川这些“必去”景点，但诸如奥帕拉拉盆地、奥卡里托潟湖和沿海分布的众多湖泊同样值得一游，它们会让你叹为观止。

何时去

- 12月至次年2月是旅游旺季，选择这段时间出行，需要提前预订住宿。
- 10月、11月和3月、4月的淡季也越来越繁忙，尤其是普纳凯基、霍基蒂卡和冰川。
- 5月至9月，天气温暖晴朗，人流相对较少，住宿更便宜。
- 西岸区降雨量较大（年均约5000毫米），但和基督城一样经常见得到阳光。
- 无论一年中的什么时候，前往偏远地区的徒步者都需要向当地环境保护部工作人员了解天气情况。河流情况变化莫测。

西岸区亮点

❶ 在**奥帕拉拉盆地**（见115页）探索石灰岩地貌和森林。

❷ 在壮阔的**布勒河**（见107页）的河水中玩得尽情尽兴。

❸ 去**里夫顿**（见109页）探索西岸区辉煌的过去。

❹ 在**普纳凯基**（见117页）的"薄饼岩"惊叹于大自然的鬼斧神工。

❺ 在**西岸区荒野自行车道**（见121页）骑行或步行，重返大自然的怀抱。

❻ 在**霍基蒂卡**（见124页）的作坊寻觅正宗的当地绿玉。

❼ 从**霍基蒂卡峡谷**（见124页）的空中铁索桥上俯瞰令人难以置信的绿色海水。

❽ 在**奥卡里托**（见129页）划皮艇穿过鸟类聚集、雨林遮蔽的航道。

❾ 从空中俯瞰奇迹般的**福克斯冰川**（见135页）和**弗朗兹约瑟夫冰川**（见130页），再进入南阿尔卑斯山。

❿ 乘坐**Waiatoto河**（见141页）上的喷气快艇，深入哈斯特的世界遗产荒原。

到达和离开

新西兰航空（☎0800 737 000；www.airnz.co.nz）有往返霍基蒂卡和基督城的航班；**Sounds Air**（☎03-520 3080，0800 505 005；www.soundsair.com）提供往返韦斯特波特和惠灵顿的航班。

长途汽车和班车虽然车次不是特别的频繁，但至少是可靠的选择，几乎可以到达你想去的任何地方，包括纳尔逊、基督城和皇后镇。主要汽车运营商有**Atomic Travel**（见122页）、**InterCity**（☎03-365 1113；www.intercity.co.nz）和**Naked Bus**（www.nakedbus.com），而**West Coast Shuttle**（见122页）运营每天往返格雷茅斯和基督城的班车。当地的班车运营商也运营很多线路的班车。

高山观景火车（TranzAlpine；见120页）是世界上最棒的火车线路之一，连接格雷茅斯和基督城。

西岸区重要信息

就餐 日落时分，在海滩上吃炸鱼和薯条

饮品 西岸区唯一一家烘焙咖啡馆Kawatiri Coffee，供应价格公道的有机咖啡

阅读 埃莉诺·卡顿（Eleanor Catton）的小说《发光体》（*The Luminaries*），以霍基蒂卡为背景，赢得了2013年布克奖

聆听 卡拉米亚悠闲轻松的社区电台FM107.5，你甚至可以打造属于自己的频道

观看 在YouTube上看《丹尼斯顿斜轨》（*Denniston Incline*），想象自己坐在铁路货车上往下俯冲的情景

节日 在霍基蒂卡野味美食节（见126页）品尝丛林美味，让你大快朵颐

绿色之旅 西岸野生动物中心（见130页）——毛茸茸的几维鸟宝宝太可爱了

网络资源 www.westcoastnz.com，www.buller.co.nz，www.glaciercountry.co.nz

电话区号 ☎03

布勒地区（BULLER REGION）

从东边过来，默奇森是进入布勒地区的门户。抵达伊南阿瓦（Inangahua）岔口时，你得决定选择走哪条线路。沿着SH6公路继续往西，穿过下布勒峡谷（Lower Buller Gorge），可以到达韦斯特波特。这里是通往遥远北方的门户，也是通往普纳凯基方向的海岸大道（Great Coast Road）的北端。从伊南阿瓦沿SH69公路往前行，你将越过普纳凯基，来到里夫顿，在那里你可以往西到格雷茅斯的海岸，或者往东过刘易斯隘口（Lewis Pass）抵达汉默斯普林斯。你也可以走默奇森以西10公里处的SH65公路，直接穿过刘易斯隘口。

默奇森和布勒峡谷（Murchison & Buller Gorge）

人口 492

默奇森位于纳尔逊西南125公里、韦斯特波特东95公里处，地处“四河平原”。事实上，这里的河流数量众多，远不止4条，气势最雄伟的当属沿着城镇流淌的布勒河。白水漂流和鳟鱼垂钓在这里很受欢迎，周围被森林覆盖的群山则为勇敢的冒险爱好者提供了探险的机会。

从默奇森出发，SH6公路蜿蜒穿过布勒峡谷，抵达韦斯特波特的海岸线，这趟行程只需1~2天就能完成，到时候你可以漂流或乘坐喷气快艇，在海岸沿线其他有趣的景点停留。

景点

默奇森博物馆 博物馆

（Murchison Museum；60 Fairfax St；捐赠入内；⏲10:00~16:00）博物馆展出了各种当地纪念品，最有看点的是与1929年和1968年地震相关的物品。

活动

在默奇森信息中心（Murchison Information Centre；见108页）取一份《默奇森地区地图》（*Murchison District Map*），里面介绍了包括天际线（Skyline）、六英里（Six Mile）和约翰逊溪（Johnson Creek）在内的当地步道，还有山地车骑行道。工作人员

可为你联系鳟鱼垂钓向导。

★ Wild Rivers Rafting 漂流

（☎050 846 7238；www.wildriversrafting.co.nz；2小时漂流 成人/儿童 $160/85）和布鲁斯（Bruce）、马蒂（Marty）一起在漂亮的布勒河地震激流（Earthquake Rapids）河段体验激浪漂流的刺激（在"gunslinger"和"pop-up toaster"这两个激流处，祝你好运）。

Buller Canyon Jet 喷气快艇

（☎03-523 9883；www.bullercanyonjet.co.nz；SH6；成人/儿童 $105/60；⏲9月至次年4月）从布勒峡谷铁索桥出发，开启新西兰最美且最具性价比的喷气快艇之旅——40分钟的行程将带你感受布勒峡谷的迷人魅力，船长幽默感十足。

Ultimate Descents 漂流

（☎0800 748 377，03-523 9899；www.rivers.co.nz；38 Waller St）组织布勒峡谷的激浪漂流和皮划艇游，包括经典的3~4级峡谷之旅（$160），还有不太剧烈的适合家庭出游的项目（成人/儿童 $130/100）。此外，根据需求可以安排直升机漂流之旅。总部设在默奇森。

布勒峡谷铁索桥 冒险运动

（Buller Gorge Swingbridge；☎0800 285 537；www.bullergorge.co.nz；SH6；过桥费 成人/儿童 $10/5；⏲12月至次年4月 8:00~19:00，5月至11月 9:00~17:30）新西兰最长的铁索桥（110米）位于默奇森以西约15公里处，过桥后，步行较短一段路就能到达白溪断层（White Creek Faultline），这里是1929年地震的中心。原路返回，可以乘坐160米长的高空滑索Cometline Flying Fox，可选座位（成人/儿童 $30/15），也可以体验一下"超人"（Supaman）的感觉（$60）。

团队游

Natural Flames Experience 团队游

（☎0800 687 244；www.naturalflames.co.nz；成人/儿童 $85/65）令人愉悦、能增长见识的四驱车和丛林徒步半日游，穿过偏远的山谷和山毛榉森林，来到掩映在绿树和蕨类之间的热源地，自1922年以来，这里地下渗出来的天然气就在不间断地燃烧。你可以拿出铁罐，在火上做个薄饼尝尝，然后再回到文明社会。

食宿

Kiwi Park Motels & Holiday Park 汽车旅馆、度假公园 $

（☎0800 228 080，03-523 9248；www.kiwipark.co.nz；170 Fairfax St；露营地 无/有电力供应 $20/25起，小屋 $65~85，汽车旅馆 $140~225；@📶）这一郁郁葱葱的公园位于城镇边缘，从被绿树环绕的露营车和帐篷区，到简单的小屋和为鲜花簇拥的宽敞汽车旅馆套间，有各式住宿场所可供选择。热情的主人和友好的农场动物使得这里成为一个幸福快乐的大家庭。

Lazy Cow 青年旅舍 $

（☎03-523 9451；www.lazycow.co.nz；37 Waller St；铺 $30~32，双 $84~96；📶）在这家如家般舒适的旅舍中，你很容易变得慵懒，卧室舒适惬意，后院阳光灿烂。住客可享用免费的松饼或蛋糕。有时候，当主人不忙着打理旅舍内很受欢迎的Cow Shed餐馆时，你有机会品尝新鲜出炉的晚餐。

Murchison Lodge 民宿 $$

（☎0800 523 9196，03-523 9196；www.murchisonlodge.co.nz；15 Grey St；标单 $150~210，双 $175~235；📶）这家优质民宿周围是美丽的大花园和围场，与布勒河只有很短的步程。木头是这里的一大特色，具有个人魅力的老板使得住客感觉更加舒服。丰盛的早餐、自制烘焙美味，还有大量的当地相关信息，这些都为这家民宿大大加分。

Cow Shed 比萨

（⏲周三至周六 17:00~21:00）这家可爱的餐馆属于背包客之家Lazy Cow，环境清幽，供应性价比很高的家常菜，让人觉得物有所值。如果客满，也可以选择将比萨打包。

实用信息

默奇森没有自动柜员机，邮局位于Fairfax St上。

默奇森信息中心（Murchison Information Centre；☎03-523 9350；www.nelsonnz.com；47 Waller

St；⏲11月至次年3月 10:00~18:00，4月和10月 至16:00，5月至9月关闭）提供当地活动和交通相关信息。

到达和离开

InterCity（☎03-365 1113；www.intercity.co.nz）和**Naked Bus**（www.nakedbus.com）往返西岸区和纳尔逊/皮克顿的长途汽车都经过默奇森，车站设在Waller St的Beechwoods Cafe，这里也是**Trek Express**（见114页）的班车站点，在徒步旺季，该公司往返纳尔逊和Wangapeka/希菲步道的班车车次频繁。

里夫顿（Reefton）

人口 1026

一直以来，里夫顿以采矿业和电力网与路灯照明的早期应用而闻名，也曾因此有了"光明之城"的美誉。如今这里发展成了截然不同的样子，难以置信的是，里夫顿拥有一座世界级的轮滑公园（Roller Park），吸引了来自新西兰各地的极限运动爱好者。这里引用一位当地人的话，"我们真不配得到那么多"。可我们并不认同。既然那么多志愿者和赞助商愿意在这样一座看起来仍然像电视剧《伯南扎的牛仔》（*Bonanza*）取景地的小镇建造如此前卫的市政建筑，那么疯狂小镇里夫顿肯定有其过人之处。

景点

里夫顿是个适合漫步的迷人小镇，大量坚固的老旧建筑都集中在方圆200米内。想了解有哪些人曾经以及为何居住在那些建筑内，可以根据《里夫顿历史》（*Historic Reefton*）列出的短途**遗产步道**（Heritage Walk）参观，从里夫顿游客信息中心（见110页）获取这本小册子。

怀乌塔 古迹

（Waiuta；www.waiuta.org.nz；紧邻SH7）这个一度飞速发展的黄金小镇在1951年被遗弃，起因是矿井崩塌。偏远的怀乌塔是西岸区最出名的鬼镇之一，有一个巨大、锈迹斑斑的老锅炉，一个杂草蔓生的游泳池，残存的砖砌烟囱和一座保持原样的奇特村舍——这座村子面对着大自然，长满了菟丝子。怀乌塔是占地面积约1平方公里的高地，四周被低地森林环绕，可以眺望南阿尔卑斯山。这是个散步的好地方，令人心满意足。

打算前往怀乌塔，从里夫顿出发往南沿SH7公路行驶23公里，来到有路标的岔路口，再行驶17公里，后半段是土路，蜿蜒狭窄。在当地信息中心了解更多信息，获取地图。

> **毛利新西兰：西岸区**
>
> 早期毛利人为了寻找极为珍贵的绿玉，翻过阿尔卑斯山脉，穿过河谷，费尽周折来到西岸区。他们将绿玉雕刻成工具、武器和饰物。前往**霍基蒂卡博物馆**（见124页）参观绿玉展，深入了解这一宝贵的岩石。接着再去欣赏镇上艺术家创作的经典绿玉雕刻作品。

布莱克斯角博物馆 博物馆

（Blacks Point Museum；☎03-732 8391；blksptmus@hotmail.co.nz；Franklyn St，Blacks Point，SH7；成人/儿童/家庭 $5/3/15；⏲10月至次年4月以及冬季假期 周三至周五和周日 9:00至正午和13:00~16:00，周六 13:00~16:00）博物馆位于里夫顿以东2公里处的一座老教堂内，就在Christchurch路上，展出各种勘探装备。车道尽头是仍在使用的**Golden Fleece Battery**（☎03-732 8391；blksptmus@hotmail.co.nz；Franklyn St，Blacks Point，SH7；成人/儿童 $1/免费；⏲10月至次年4月 周三和周日 13:00~16:00），用来粉碎含有黄金的石英石。此外，这里也是布莱克斯角步道的起点。

胡须采矿公司 历史建筑

（Bearded Mining Company；☎03-732 8377；Broadway；捐赠入内；⏲9:00~14:00）这家采矿屋位于主街，聚集着一群如同ZZ Top摇滚乐队的家伙，他们说着各种真实离奇的故事，将人逗得乐不可支。幸运的话，你还能喝一杯茶。

活动

记得拿一份免费的里夫顿宣传册，里面有关于短途步道的详细介绍，包括**Bottled Lightning Powerhouse步道**（40分钟），这条步道还有专门的app。

里夫顿为206,000公顷的维多利亚森林公园(Victoria Forest Park;新西兰最大的森林公园)所环绕。公园里除了多样的动植物外,还隐匿着历史遗迹,例如布莱克斯角周边的老金矿区。默里溪步道(Murray Creek Track)往返需5小时,是让人非常愉悦的体验。

森林公园内其他徒步线路还有需时3天的Kirwans或为期两天的大河步道(Big River Track),这两条步道都允许骑山地自行车。拿一份免费的手册《里夫顿山地骑行》(*Reefton Mountain Biking*;"史上最好的骑行"),了解更多信息。你可以在里夫顿运动中心(Reefton Sports Centre;☎03-732 8593;56 Broadway;自行车租赁 每天$30;⏲周一至周六 9:00~17:00)租自行车,同时也可以咨询富有传奇色彩的鳟鱼垂钓的相关事宜。

Inland Adventures 漂流

(☎0508 723 846;www.inlandadventures.co.nz)组织在3级的上格雷河(Upper Grey River)漂流一日游(成人/儿童 $190/160),还有在阿诺德河(Arnold River)的半日游,后者更为平缓,也更适合年龄小的孩子参与(成人/儿童 $130/100)。总部设在里夫顿。

食宿

Old Nurses Home Guesthouse 客栈 $

(☎03-732 8881;www.reeftonaccommodation.co.nz;104 Shiel St;标单/双 $60/80;📶)这一雅致的老建筑温馨舒适,有引人注目的公共区域,包括漂亮的花园和露台。客房(共用浴室)很干净,床铺舒服,通风。

Reef Cottage B&B 民宿 $$

(☎03-732 8440;www.reefcottage.co.nz;51-55 Broadway;双 $135~170;📶)这家民宿是由1887年的律师办事处改建而成的,有布局紧凑的客房,家具颇有复古风格又不失时尚气息,包括华丽的浴室,还有客用厨房和休息厅。隔壁咖啡馆供应全套早餐,已经包含在房费内。

Broadway Tearooms & Bakery 面包房 $$

(☎03-732 8497;31 Broadway;点心 $3~8,餐 $13~20;⏲8:00~17:00)白天,这家店可谓人满为患,是人们享用午餐、买一块新鲜出炉的面包或一袋黄油酥饼的好地方。大众餐食包括鸡蛋早餐和银鱼午餐。选择前面的餐桌,可以静看里夫顿主街上的人来人往。

☆ 娱乐

里夫顿电影院 电影院

(Reefton Cinema;☎03-732 8391;www.reefton.co.nz;Smith和Shiels St交叉路口;成人/儿童 $13.50/8.50)里夫顿的这家电影院能放映数字和3D电影!购票以及咨询请去游客信息中心。

ℹ 实用信息

里夫顿游客信息中心(☎03-732 8391;www.reefton.co.nz;67 Broadway;⏲周一至周五 9:00~16:30,周六 9:30~14:00,周日 9:30~13:00)工作人员乐于助人,还有关于Quartzopolis Mine矿区(金币之门)的微缩模型。图书馆同时也是邮局所在地,能上网。

ℹ 到达和离开

East West Coaches(☎03-789 6251;www.eastwestcoaches.co.nz)除周六外,这家公司运营的往返韦斯特波特(1小时15分钟)和基督城(4小时)的长途汽车每天都会在里夫顿停靠。

韦斯特波特及周边(Westport & Around)

人口 4035

韦斯特波特是西岸区北部"首府"。采矿业令这座小镇几经沉浮,一度辉煌之后陷入衰退,而在如今的大环境下,韦斯特波特默默支持着不同的产业,包括乳品业以及日益繁荣的旅游业。这里的人们热情好客,有周全的游客服务,非常适合作为深入探索迷人西岸区北部——前往丹尼斯顿、迷人溪、卡拉米亚和希菲步道的大本营。

景点

最具吸引力的景点都在韦斯特波特城外,尤其是沿SH67公路往北前行,将经过格拉尼蒂(Granity)、纳卡瓦乌(Ngakawau;迷人溪所在地)和赫克托(Hector),那里有一座为新西兰最小的海豚——贺氏矮海豚设立的纪念碑，不过要想看到它们并非易事，除非时机正好。**塞登维尔**（Seddonville）也很值得一逛，这是一座位于Mokihinui河畔的葱郁小镇。**塞登维尔假日公园**（Seddonville Holiday Park；☎03-782 1314；108 Gladstone St；露营地 每人 $10）提供不错的露营场所，就在一所老学校的操场上。这个在地图上不起眼的小点其实很重要，是引人入胜的崭新的元灵路（见本页）的北端。

丹尼斯顿高原 古迹

（Denniston Plateau；www.doc.govt.nz）丹尼斯顿高于海平面600米，曾经是新西兰最大的煤城，1911年有1500位居民，到了1981年只剩8人。令这座城镇出名的是陡峭的丹尼斯顿斜轨（Denniston Incline），装满煤矿的货车从45度倾斜的山坡上直冲下来。

一流的讲解展示使得这一高原的历史栩栩如生地得以还原。**Denniston Experience**（☎0800 881 880；www.denniston.co.nz；Denniston）组织带导览团队游，在2小时的冒险历程（成人/儿童 $99/40）中，游客可以乘坐“峡谷特快”火车进入班伯里矿井（Banbury mine）。也有1小时的行程可选（成人/儿童 $45/20），火车可到达矿井入口处。

《丹尼斯顿玫瑰步行游》（*Denniston Rose Walking Tour*；新西兰环境保护部和韦斯特波特图书馆有售，$2；也可下载app）可能会吸引热心的游客去阅读珍妮·帕特里克（Jenny Pattrick）以这一地区为背景的怀旧小说。通往丹尼斯顿的岔道位于韦斯特波特以北16公里，就在怀芒阿罗阿（Waimangaroa），那里有家店值得停留，可以买一份自制的馅饼和冰激凌。继续往内陆蜿蜒前进9公里，可以到达丹尼斯顿。

煤城博物馆 博物馆

（Coaltown Museum；www.coaltown.co.nz；123 Palmerston St；成人/儿童 $10/2；⏲周一至周五 9:00~17:00，周六和周日 10:00~16:00）这家现代化的博物馆再现了艰苦时期发生的离奇事件，配备有说明详尽的展示板、精心挑选的照片、当地产业和曾经流行一时的物品。关于丹尼斯顿的展览是一大亮点。

活动

韦斯特波特非常适合漫步游览——游客信息中心（见114页）可以引领你前往**千禧年步道**（Millennium Walkway）和**北海滩保护区**（North Beach Reserve）。这一地区最惊心动魄的冒险是Underworld Adventures（见112页）组织的洞穴漂流，不过山地骑行越来越受欢迎，成为当地人和前往偏远地区的探险者所钟爱的消遣项目。Habitat Sports（见114页）提供自行车租赁、地图和相关建议。

元灵路 徒步、自行车

（Old Ghost Road；www.oldghostroad.org.nz）新西兰难度最大的新自行车道之一，长85公里的元灵路顺着始建于19世纪70年代的矿工之路向前延伸，不过由于淘金热潮退去，当初的那条路并未完工。后来经过艰苦卓绝的努力后，这条壮观的步道终于修成，它穿过森林、草丛、冲积平原和山谷。

元灵路南端位于莱伊尔（Lyell），从韦斯特波特出发，沿着美丽的布勒峡谷（SH6公路）往东行驶50分钟（62公里）可达。一直以来，环境保护部管理的露营地以及组织的一日步行游很受欢迎，游客们被很容易即可到达的历史遗迹所吸引，包括隐藏于灌木丛中的一块墓地。道路北端位于塞登维尔，从韦斯特波特出发顺SH67公路往北行驶45分钟（50公里）可达。从塞登维尔启程，元灵路沿着奔腾不息的Mokihinui河延伸，陡峭起伏。连接南北两端的是壮观的高山区，从日出至日落，这里的风景美不胜收。

元灵路有两种方式可以体验，不过徒步爱好者更喜欢这里（留出5天时间）。但对于经验丰富的山地骑行高手而言，这条线路相当于圣杯，2~4天可完成，最好是从莱伊尔到塞登维尔。沿途4间小屋需通过元灵路官网提前预订，网站还详细介绍了其他体验这条路的方法。从任意一头出发的一日游很灵活，值得参加，尤其是从西岸区这边经过独特的Rough & Tumble Lodge（见113页）的线路。

由于元灵路很长且地处偏远，途经荒凉原始的地区，路况可能瞬息万变，所以要登录官网了解最新情况。韦斯特波特的Buller Adventure Tours、Habitat Sports（见114页）和**Hike n Bike Shuttle**（☎027 446 7876；

www.hikenbikeshuttle.co.nz）提供自行车及装备租赁、班车和其他相关服务。

逆风角步道 步行

（Cape Foulwind Walkway；www.doc.govt.nz）天气晴好的时候，沿逆风角步道（往返1小时30分钟）散步是美妙的体验，这条步道穿过Omau和韦斯特波特以南的陶朗加湾（Tauranga Bay）之间的沿海群山。步道南端是**海豹栖息地**——根据季节，最多能看到200头新西兰毛皮海豹慵懒地躺在岩石上。沿着步道往北行进，途中经过一个星盘复制品（有助辨识方向）和灯塔。

1642年，阿贝尔·塔斯曼成为第一个看到逆风角的欧洲人，将之命名为"Clyppygen Hoek"（岩石角）。不过，1770年，比塔斯曼更有名的詹姆斯·库克来到此地，发现这里并不那么令人愉悦。

从韦斯特波特出发，逆风角步道有清晰的路标，伸展13公里后到达Omau的灯塔路（Lighthouse Rd），可以看到步道北端热情好客的Star Tavern（见113页）的标志。南端的陶朗加湾与小镇相距16公里，受到冲浪爱好者的欢迎，可以看到他们在崎岖海浪上驰骋的矫健身影。

迷人溪步道 步行

（Charming Creek Walkway；www.doc.govt.nz）从纳卡瓦乌（韦斯特波特以北30公里）或塞登维尔附近出发，走上几公里——这是海岸最棒的一日步行游线路之一，往返大约需要6小时。顺着老煤矿路穿过纳卡瓦乌河谷，沿途可以看到大量生锈的遗迹、隧道、一座吊桥、瀑布，还有很多有趣的植物和地质风光。

如果不打算徒步往返全程，可以找当地人打听交通情况。

Underworld Adventures 洞穴

（☎03-788 8168，0800 116 686；www.caverafting.com；SH6，Charleston）从位于韦斯特波特以南26公里、查尔斯顿（Charleston）新建的大本营出发，这一友好的公司组织令人难忘的"地下"洞穴漂流游（$175，4小时），进入满是萤火虫的尼罗河洞穴（Nile River Caves）游览。仅仅是看萤火虫，不参加漂流，费用为每人$110。团队游一开始是体验有趣的雨林火车，可以单独乘坐（成人/儿童$20/15，1小时30分钟）。大本营的咖啡馆白天供应简单的食物。

洞穴冒险之旅（$340，5小时）包括40米的绕绳下降，进入Te Tahi洞穴，能欣赏到狭窄的岩石缝隙、瀑布、史前化石和神奇的洞穴结构。

Buller Adventure Tours 喷气快艇、骑马

（☎03-789 7286，0800 697 286；www.adventuretours.co.nz；SH6）这家公司距离韦斯特波特5公里，巴里（Barry）和他的员工组织穿过下布勒峡谷的喷气快艇游（成人/儿童$89/69），以及2小时的河畔骑马游（成人/少年 $89/69），还提供适合元灵路骑行的自行车以及交通套餐。

住宿

★Bazil's Hostel 青年旅舍 $

（☎03-789 6410；www.bazils.com；54 Russell St，Westport；铺 $30，双 $100，不带浴室 $72；📶）壁画装饰的Bazil's由一群善于处世、热爱运动的人们管理，他们还有自己的冲浪学校（3小时课程 $70；冲浪板和服装租赁 每天$40）。该旅舍可以组织雨林的桨板冲浪之旅，提供山地自行车租赁、免费皮划艇服务，并且能帮助联系其他活动。管理方还周到地为乘坐观光巴士的游客设立了单独的区域，这样独立出行的游客就不会受到过多干扰。

★Old Slaughterhouse 青年旅舍 $

（☎027 529 7640，03-782 8333；www.oldslaughterhouse.co.nz；SH67，Hector；铺$34~38，双 $84；⏰6月至10月有时关闭）🍃这家与众不同的旅舍位于赫克托以北约1公里处的山中，为当地灌木所环绕，能欣赏到塔斯曼海的壮美风光。旅舍主要是用回收木头建成的，装点了有趣的艺术品和折中主义风格的家具。这里有个安静的公共区域，适合沉思。需步行10分钟的陡峭山路是值得走的，这为旅舍增添了一丝隐世的魅力。

Carters Beach Top 10 Holiday Park 假日公园、汽车旅馆 $

（☎03-789 8002，050 893 7876；www.

top10westport.co.nz; 57 Marine Pde, Carters Beach; 露营地 $38起，套间 $70~205; @) 这一整洁的住宿地就在卡特斯海滩（Carters Beach）上，距离韦斯特波特4公里，与陶朗加湾相隔12公里，地理位置很便捷。提供令人愉悦的露营场所和舒适的小屋、汽车旅馆套间。想寻找安静的休息地（甚至还能游泳），这里是不错的选择。

Trip Inn 青年旅舍 $

（03-789 7367, 0800 737 773; www.tripinn.co.nz; 72 Queen St, Westport; 铺 $29~34，双和标双 $96，不带浴室 $75; ）这是个优雅的住宿之选，位于一幢华丽、有150年历史的别墅内，有花木繁茂的花园。这里有许多干净的客房，附楼有更多选择，还设有宽敞的公共区。

★ Rough & Tumble Lodge 度假屋 $$

（03-782 1337; www.roughandtumble.co.nz; Mokihinui Rd, Seddonville; 双 含欧式早餐 $160，额外住客 $20; ）这块隐匿的珍宝就位于元灵路西岸区端，Mokihinui河转弯处，最近刚刚躲过附近修建水电大坝引发的“灭顶之灾”。度假屋散发着活力，提供5间氛围浓郁的四人房，周围环境保持了原貌，餐厅供应实惠的美食（晚餐 $60），给人宾至如归的温馨感觉。

在更为安静的淡季入住，可以询问自己动手做饭的相关事宜。

Archer House 民宿 $$

（0800 789 877, 03-789 8778; www.archerhouse.co.nz; 75 Queen St, Westport; 双 含早餐 $190; @ ）这一建于1890年的美丽老宅有3间带独立浴室的客房，至多可以睡8人。住客可共享3间休息室，还有安宁的花园。可爱的主人、令人称道的雪利酒、丰盛的欧式早餐，都使得这里成为韦斯特波特的最佳住宿选择。

Omau Settlers Lodge 度假屋 $$

（03-789 5200; www.omausettlerslodge.co.nz; 1054 Cape Rd, Cape Foulwind; 房间 含早餐 $165; ）这一现代化、时尚的住宿地靠近逆风角，就在相当棒的Star Tavern对面，是给住客提供休息的好地方，还供应令人满意的欧式早餐。客房有厨房区，公用厨房和餐厅为住客提供了社交的机会。被葱郁灌木围绕的热水浴缸能让人彻底放松身心。

Charming Creek 民宿 $$

（03-782 8007; www.bullerbeachstay.co.nz; Ngakawau; 双 含早餐 $149~179; ）这一可爱小巧的民宿提供简朴的客房、浮木加热的滨海热水浴缸，设施齐全的“海滩小巢”度假屋可以睡3~4人（$100~149，两日起住）。可以咨询两晚步行套餐相关信息，包含晚餐和一顿野外午餐。

就餐

Whanake Gallery & Espresso 咖啡馆 $

（03-789 5076; www.whanake.co.nz; 173 Palmerston St, Westport; 点心 $3~8; 周一至周五 7:30~17:30，周六和周日 8:30~16:30）这家干净的小咖啡馆供应镇上最好的浓缩咖啡，还有美味的饼干。我们最近一次去的时候，咖啡馆正致力于拓展供应的美食的品种。你可以来这里喝上一杯咖啡，欣赏主人具有启发性的摄影作品以及有当地特色的纪念品。

PR's Cafe 咖啡馆 $

（03-789 7779; 124 Palmerston St, Westport; 餐 $10~20; 周一至周五 7:00~16:30，周六和周日 7:00~15:00; ）韦斯特波特最先锋的咖啡馆，橱柜里摆满了三明治和点心，还有一个柜台放满各式蛋糕（荷兰苹果、香蕉太妃派）和饼干。全天候供应精心烹制的美餐，例如鲑鱼煎蛋卷配莳萝蒜泥蛋黄酱、传统希腊式馅饼、炸鱼和薯条。

Star Tavern 酒馆食物 $$

（03-789 6923; 6 Lighthouse Rd, Omau; 餐 $9~30; 周一至周五 16:00至深夜，周六和周日 正午至深夜）这家乡村小酒馆就在逆风角附近，信奉“来时是客，去时是友”的座右铭。复古风格的餐厅供应分量十足的美食，其貌不扬的公共酒吧有台球桌、自动点唱机，还可以在花园休息。服务周到，这点很重要。

实用信息

环境保护部韦斯特波特办事处（DOC Westport Office; 03-788 8008; www.doc.govt.nz; 72 Russell St,

Westport；⏲周一至周五 8:00~11:00和14:00~16:30）游客信息中心提供环境保护部相关预订服务和信息。其他问题可以向该办事处咨询。

韦斯特波特游客信息中心（Westport i-SITE；☎03-789 6658；www.buller.co.nz；123 Palmerston St, Westport；⏲周一至周五 9:00~17:00，周六和周日10:00~16:00；📶）有关于当地步道、步行游览、团队游、住宿和交通的相关信息。可利用自助终端机查询环境保护部信息、小屋和步道预订信息。也可登录www.westcoastnz.com查询。

到达和离开

飞机

Sounds Air（见107页）每天有2~3趟航班往返惠灵顿。

长途汽车

InterCity（☎03-365 1113；www.intercity.co.nz）每日往返纳尔逊和福克斯冰川的班车在韦斯特波特停靠。前往纳尔逊需要3小时30分钟，前往格雷茅斯需2小时15分钟，前往弗朗兹约瑟夫冰川需6小时。**Naked Bus**（www.nakedbus.com）运营相同的线路，每周3趟。长途汽车从游客信息中心发车。

East West Coaches（见110页）※运营去往基督城的线路，途经里夫顿和刘易斯隘口。除周六外，每天都有。从加德士加油站出发。

Karamea Express（☎03-782 6757；info@karamea-express.co.nz）5月至9月周一至周五、10月至次年4月每周六，有班车连接韦斯特波特和卡拉米亚（2小时），都从游客信息中心发车。

Trek Express（☎0800 128 735, 027 221 872；www.trekexpress.co.nz）徒步旺季期间，有班车往返纳尔逊和Wangapeka/希菲步道，途经韦斯特波特，班次频繁。

当地交通

自行车

Habitat Sports（☎03-788 8002；www.habitatsports.co.nz；234 Palmerston St, Westport；自行车租赁 $35起；⏲周一至周五 9:00~17:00，周六9:00~13:00）提供自行车租赁服务，还能给予相关建议。

小汽车

可以在**Westport Hire**（☎03-789 5038；wesporthire@xtra.co.nz；294 Palmerston St, Westport）租车。

出租车

Buller Taxis（☎03-789 6900）可以承接机场接送服务（约$25）。

卡拉米亚及周边（Karamea & Around）

人口 375

SH67公路从韦斯特波特开始，沿海岸向北蜿蜒延伸，经过景色优美的卡拉米亚峭壁（Karamea Bluff），通往卡拉米亚和北海岸。如果选择自驾，在韦斯特波特加满油，因为下一个加油站还在98公里之外。在前往峭壁的途中，不妨在靠卡拉米亚一侧的山上停留，漫步哈隆湖（Lake Hanlon），往返30分钟，会让你觉得不虚此行。

悠闲小镇卡拉米亚自称“西岸区保存最好的秘密”，来过这里的人都毫不吝惜溢美之词。这个位于道路尽头的小镇其实在一定程度上扮演着“枢纽”的角色，是希菲步道、Wangapeka步道，以及神奇的奥帕拉拉盆地的终点（或起点）。卡拉米亚气候宜人，当地氛围与外来风情相融合，轻松惬意，适合逃离人流众多的步道，是享受几天慵懒时光的好地方。

景点

★ **斯科茨海滩（Scotts Beach）** 海滩

从Kohaihai翻山到斯科茨海滩，步行需要45分钟——这是一段荒凉空旷的海岸线，被雾气笼罩，被泡沫海浪冲刷，浮木随处可见，海滩后面就是一片尼考棕榈树森林。漫步欣赏这一自然奇观，但千万不要动下水的念头——危险的洋流正虎视眈眈。

活动

我们要向卡拉米亚社区脱帽致敬！正是他们建造了令人身心愉悦的卡拉米亚海口步道（Karamea Estuary Walkway），这条线路从入海口一直延伸到卡拉米亚河，你可以随意选择一段悠闲漫步。从小镇北部的Flagstaff Rd可以到达毗邻步道的海滩。无论

不要错过

奥帕拉拉盆地

一位当地人说过这么一句话："如果在其他地方，肯定会有成群结队的人蜂拥而至。"说得太对了。位于卡胡朗伊国家公园内的奥帕拉拉盆地（Oparara Basin）堪称顶级自然奇观——隐匿的山谷里藏着石灰岩拱门、奇特洞穴、被苔藓覆盖的参天巨树组成的茂密森林，以及你能想象到的各种繁盛灌木丛。主要的停车场和野餐区都提供详尽的信息说明板。

山谷招牌景点当属长200米、高37米的**奥帕拉拉拱门**（Oparara Arch），横跨风景如画的奥帕拉拉河——栖息着超级可爱、罕见的蓝鸭（whio）——这条河沿着一条简单的步道（往返45分钟）蜿蜒流淌。**摩瑞亚拱门**（Moria Gate Arch; 长43米，高19米）要小一些，但壮观程度并不逊色，可以沿一条轻松美丽的森林环道前往（1小时30分钟），途经**镜湖**（Mirror Tarn）。

从第二个停车场出发，只需步行10分钟就来到了**乱石拼铺和箱型峡谷洞穴**（Crazy Paving and Box Canyon Caves）。带上手电筒，进入奇特的地下世界，领略怪异地貌和罕见的长腿蜘蛛。蜘蛛、洞穴、黑暗……听起来还是挺有趣的吧？

更远处则是壮丽的**蜂巢山洞穴**和**拱门**（Honeycomb Hill Caves and Arch），需参加**卡拉米亚信息和资源中心**（见116页）组织的带导览团队游（3/5/8小时 团队游 $95/150/240）才能进入。你也可以询问这一地区其他带导览团队游的情况，以及前往**奥帕拉拉山谷步道**（Oparara Valley Track）的交通状况，这是一条需5小时完成的独立步道，穿过原始森林，沿着河走，最终抵**达芬尼安步道**的停车场，会让你觉得不虚此行。

自驾游从卡拉米亚出发，沿着主北路往北行驶10公里，然后转至McCallum's Mill Rd，跟随路标继续行驶14公里，就能进入山谷，这条石子路蜿蜒曲折，凹凸不平，有些路段很陡峭。

是步道沿途，还是这片海滩，都聚集着大量鸟类，日落时分是最理想的观光时间。卡拉米亚信息和资源中心（见116页）提供多种地图，包括免费的宣传手册《卡拉米亚》（*Karamea*），里面详细介绍了**Big Rimu**（往返45分钟）、**Flagstaff**（往返1小时）和**Zig Zag**（往返1小时）等其他步道。

卡拉米亚周边更长的徒步线路包括**芬尼安步道**（Fenian Track; 往返4小时），这条线路通往**大洞溪洞穴**（Cavern Creek Caves）和**亚当斯弗拉特**（Adams Flat），那里有仿建的淘金者小屋，以及通往贝尔敦小屋（Belltown Hut）的**Wangapeka步道**第一段路。Wangapeka步道是一条偏僻的荒原线路，走完全程需要4~6天，只适合经验丰富的徒步爱好者。

当地其他可以参与的活动包括游泳、钓鱼、银鱼垂钓、皮划艇和山地骑行。想获取相关建议，最好的选择是问当地人，记住要根据常识判断情况——尤其是参与水上运动时。

Karamea Outdoor Adventures（☎03-782 6181; www.karameaadventures.co.nz; Bridge St; 带导览皮划艇/漂流游 $80起，皮划艇/自行车租赁 每2小时 $40/30）是一家运作灵活且友善的公司，组织导览游和自由行的皮划艇、漂流游，还提供山地自行车租赁服务，并能就包括骑马在内的其他冒险活动给出相关建议。

希菲步道（Heaphy Track）

西岸路于距离卡拉米亚14公里的**Kohaihai**结束，即希菲步道（见102页）的西端（通常也是终点），这里还有一个**环境保护部管理的露营地**（www.doc.govt.nz; 露营地 每人 成人/儿童 $6）。从Kohaihai出发可以尝试一日游或者过夜游。你可以步行至斯科茨海滩（见114页; 往返1小时30分钟），或者走到新建的**希菲小屋**（Heaphy Hut; www.doc.govt.nz; 小屋/露营地 $32/14）住上一两晚，然后返回，那里条件很不错。

这片区域也可以骑山地自行车，5月至9

月，整条步道允许山地骑行（骑完全程2~3天）。可以在韦斯特波特的Habitat Sports租赁自行车，了解详细信息。

Helicopter Charter Karamea（见116页）组织进入步道北端黄金湾的飞行观光之旅，可以乘坐3/6人，费用$750/1350。如果带上山地自行车，3/6人费用为$900/1550。

住宿

Rongo Backpackers 青年旅舍 $

（☎03-782 6667；www.rongobackpackers.com；130 Waverley St，Karamea；露营地 $20起，铺 $32~35，标单/标双/双 $75/80/90；@🛜）这家彩虹色调、注重环保的旅舍不仅是新嬉皮艺术家的聚集地，还拥有一个有机蔬菜花园。旅舍还负责管理社区广播电台（FM107.5；www.karamearadio.com）。这里很受长期住客的欢迎，到最后，他们往往会负责打理花园、打造新的广播频道。每住4天，第4晚住宿免费。

Karamea Farm Baches 小屋 $

（☎03-782 6838；www.karameafarmbaches.com；17 Wharf Rd，Karamea；双/标三/四 $95/120/145；🛜）这7座建于20世纪60年代、设施齐全的小屋将环保回收理念发挥到了极致，有复古的墙纸和祖母的地毯。如果你喜欢有机花园、友好的狗和有趣的主人，这个地方肯定能赢得你的好感。

Karamea Holiday Park 假日公园 $

（☎03-782 6758；www.karamea.com；Maori Point Rd，Karamea；露营地 双 有/无电力供应 $33/30，套间 标单 $30~45，双 $40~95；@🛜）简单的老式露营地，就位于入海口，卡拉米亚以南3公里处，被灌木丛环绕。复古的装有封檐板的小屋很干净，维护精心。

Last Resort 度假屋 $$

（☎03-782 6617，0800 505 042；www.lastresort.co.nz；71 Waverley St，Karamea；标单 $50，双 $97~155，四 $195；🛜）这一标志性的质朴度假胜地布局略显凌乱，但如今进入新的发展时期，服务热情友好，管理得当，还经过了彻底的大扫除。你可以在咖啡馆点一杯浓缩咖啡，来块蛋糕，或者在酒吧（餐 $11~30）点瓶啤酒，然后选择客房，简单的双人房和家庭套间全都使用当地的木材建造。

Karamea River Motels 汽车旅馆 $$

（☎03-782 6955；www.karameamotels.co.nz；31 Bridge St，Karamea；房间 $125~169；🛜）这家舒适的汽车旅馆距离Market Cross只有5分钟步程，提供漂亮的客房，既有单间，也有双卧室套间。这里的特色包括令人放松的蓝色调、开阔的视野、烧烤设施以及枝繁叶茂的花园。

就餐

Karamea Village Hotel 酒馆食物 $$

（☎03-782 6800；www.karameahotel.co.nz；Waverley和Wharf St交叉路口，Karamea；餐 $11~34；⏰11:00~23:00）在这里能感受到简单的快乐和热情的服务：打一局台球，喝一品脱啤酒，吃一顿可口的烤肉餐，然后来一份老式布丁。

实用信息

卡拉米亚信息和资源中心（Karamea Information & Resource Centre；☎03-782 6652；www.karameainfo.co.nz；Market Cross；⏰周一至周五 9:00~17:00，周六和周日 10:00~13:00，5月至12月 开放时间缩短）这一社区中心很棒，提供当地信息、地图、新西兰环境保护部小屋门票，能上网。这里还有个加油站。

到达和离开

Karamea Express（见114页）有连接卡拉米亚和韦斯特波特的班车（5月至9月周一至周五，外加10月至次年4月每周六，$35，2小时）。夏日旺季期间，每天还有两趟前往Kohaihai的班车，其余时候则根据需求安排。该公司还有前往Wangapeka的车次。

Heaphy Bus（☎0800 128 735，03-540 2042；www.theheaphybus.co.nz）总部设在纳尔逊，提供希菲步道两端以及Wangapeka的班车。

Helicopter Charter Karamea（☎03-782 6111；www.karameahelicharter.co.nz；79 Waverley St，Karamea）、**黄金湾航空**（Golden Bay Air；☎0800 588 885；www.goldenbayair.co.nz）或**Adventure Flights Golden Bay**（☎0800 150 338，03-525 6167；www.adventu

reflightsgoldenbay.co.nz)有从卡拉米亚前往塔卡卡的航班，机票每人$150起，抵达目的地后你可以步行体验希菲步道。如需获取具体信息，可联系卡拉米亚信息和资源中心。

Karamea Connections (☎03-782 6767; www.karameaconnections.co.nz)总部设在Rongo Backpackers，提供前往步道和城镇的交通服务，包括希菲步道、Wangapeka、奥帕拉拉盆地和韦斯特波特，根据需求安排。

海岸大道
(THE GREAT COAST ROAD)

美丽的SH6公路沿途，景色无限好，不过最著名的景点是普纳凯基的地质奇观薄饼岩(Pancake Rocks)。在韦斯特波特加满油，取上足够的现金——在92公里外的鲁南格(Runanga)之前没有加油站，而下一个自动柜员机在格雷茅斯。

韦斯特波特至普纳凯基

安静清幽的**Beaconstone Eco Lodge** (☎027 431 0491; www.beaconstoneecolodge.co.nz; Birds Ferry Rd; 铺 $34，双/标双 $80~88; ⊙10月至次年5月; 📶)位于韦斯特波特以南17公里处，占地面积达到42公顷，使用太阳能，高效节能，周边郁郁葱葱，体现出一种美式酷劲。度假屋内有舒适的床铺、悠闲放松的公共区。门外则是灌木步道，通往平静的河流深水潭。这里最多可容纳14名住客，建议提前预订。

Jack's Gasthof (☎03-789 6501; www.jacksgasthof.co.nz; SH6; 主菜 $12~28; ⊙10月至次年4月 11:00起)位于韦斯特波特以南21公里处，小托托拉河(Little Totara River)河畔，来自柏林的杰克(Jack)和佩特拉(Petra)用心经营着他们的比萨店以及毗连的酒吧。这家店一直受到食客的热捧，酒吧还设有迪斯科舞池，锦上添花。如果想住一晚，这里还有露营地($8起)和一间简单的客房($50)。

想真正感受这一地区往昔的淘金岁月(还有活板门蛛)，那就去**米切尔隧谷金矿**(Mitchell's Gully Gold Mine; ☎03-789 6257; SH6; 成人/儿童 $10/免费; ⊙9:00~17:00)。金矿位于韦斯特波特以南22公里处，你能见到当年淘金先驱者的后人，并深入其中探索家族矿藏。在这里能听到有趣的传说，看到隧道、铁轨、水车和村中最后仍在运转的捣矿机。

下一站是韦斯特波特以南26公里处的**查尔斯顿**(Charleston)。现在很难相信，但在19世纪60年代的淘金热期间，这个地方十分繁荣，有80家旅馆、3家酿酒厂，成百上千饥渴的淘金者在尼罗河边立桩标界。这番景象如今一去不复返，只留下一家汽车旅馆、露营地、几处当地屋宅，还有精彩的Underworld Adventures(见112页)，能让你探索绝妙的隐匿宝藏。

从这里到普纳凯基，沿途风光令人叹为观止——低地沼泽灌木、绿意盎然的森林，还有被海水长时间持续冲刷而形成的地貌奇特的海湾。在不影响后面车辆的情况下，尽可能放慢速度。

普纳凯基和帕帕罗瓦国家公园 (Punakaiki & Paparoa National Park)

人口 70

普纳凯基地处韦斯特波特和格雷茅斯中间，是个小规模定居点，倚靠占地38,000公顷、地形粗犷的帕帕罗瓦国家公园。大多数游客来这里只为看一眼薄饼岩，那就太遗憾了，因为普纳凯基有一流的徒步线路以及其他野外探险机会，还有大量住宿地可选。

👁 景点

帕帕罗瓦国家公园有高耸险峻的悬崖、空旷的海滩、层峦叠嶂巧夺天工的石灰岩河谷、多样的植物，以及大量鸟类——包括新西兰南秧鸡和韦斯特兰海燕，后者是一种罕见的海鸟，只在这里筑巢。

★ 薄饼岩 自然景观

(Pancake Rocks; www.doc.govt.nz)普纳凯基以白云石岬(Dolomite Point)闻名，在被称为"stylobedding"的沉积和风化过程的作用下，这里的石灰岩就如同一摞摞厚饼。建议在涨潮时(镇上张贴有潮汐时间表；希望能与日落时间吻合）去，海水涌入大洞穴，从小孔中喷出，发出可怕的声响。若在天气恶劣的时候来此，你会明白大自然才是真正的主宰。从公路到岩石和喷水孔只需要步行15分钟，很轻松。

活动

围绕普纳凯基展开的徒步线路包括**楚门步道**（Truman Track；往返30分钟）和**普纳凯基-波拉里环线**（Punakaiki-Porari Loop；3小时30分钟），后者深入壮观的石灰岩普纳凯基河谷，翻过一座山后，来到巨砾林立的普纳凯基河，接着返回公路。

如果想体验平稳的线路，可以选择**福克斯河洞穴步道**（Fox River Cave Walk；往返3小时），它位于普纳凯基以北12公里处，对业余冒险家开放。自备手电筒和结实的鞋子。

环境保护部出版的手册《帕帕罗瓦国家公园》（*Paparoa National Park*；*$1*）有公园其他步道的详细介绍。注意，帕帕罗瓦很多内陆步道容易受河水泛滥的影响，因此在启程前，向帕帕罗瓦国家公园游客中心（见本页）了解最新情况至关重要。

Punakaiki Horse Treks 骑马

（03-731 1839；www.pancake-rocks.co.nz；SH6；2小时30分钟骑行 $170；11月至次年5月）总部设在Hydrangea Cottages，组织在美丽的普纳凯基谷骑马游，有骑马渡河项目，终点在海滩。

Punakaiki Canoes 皮划艇

（03-731 1870；www.riverkayaking.co.nz；SH6；独木舟租赁 2小时/全天 $40/60，有家庭价）这家公司位于Pororari河桥附近，提供独木舟租赁服务，组织适合不同水平者参与的划船游，一路风景秀美。

食宿

★ Punakaiki Beach Hostel 青年旅舍 $

（03-731 1852；www.punakaikibeachhostel.co.nz；4 Webb St；露营地 每人 $21，铺/标单/双 $29/65/77；）氛围休闲的旅舍，有能看到海景的走廊，距离薄饼岩只有很短的步行路程。精明能干的老板知道如何经营一家好的旅舍：舒服的床铺、周到的公共设施、员工发自内心的微笑。讨喜的日落小屋（Sunset Cottage；$130）以及配备独立卫浴的家庭房车（$115）都物有所值。

Te Nikau Retreat 青年旅舍 $

（03-731 1111；www.tenikauretreat.co.nz；19 Hartmount Pl；铺 $28，双 $75~90，小屋 $96起；）这家被雨林掩映的旅舍能让你尽情放松，恢复体力，距离海滩只有很短的步行路程。客房在主楼，还有几处可爱的小屋，更大的Nikau和Rata度假屋分别最多可容纳5人和10人。

Punakaiki Beach Camp 假日公园 $

（03-731 1894；www.punakaikibeachcamp.co.nz；5 Owen St；露营地每人 有/无电力供应 $20/17，双 $68~98；）这一带着海腥味、靠近海滩的假日公园以悬崖峭壁为背景，有漂亮的草坪，点缀着干净的老式小屋和便利设施。这是典型的新西兰海滨露营地，只需步行5~10分钟就可以到达薄饼岩。

Hydrangea Cottages 小屋 $$

（03-731 1839；www.pancake-rocks.co.nz；SH6；双 $165~320；）这6间独立的山坡小屋（最多可以睡6人）俯瞰塔斯曼，绝大多数设施齐全。小屋是用废旧木材和石头回收建造的。这里风格独具，氛围轻松惬意，铺有亮丽的马赛克瓷砖，有些小屋提供户外浴室，还有漂亮的小屋花园。老板同时也经营Punakaiki Horse Treks公司。

Punakaiki Tavern 酒馆食物 $$

（03-731 1188；www.punakaikitavern.co.nz；SH6；主菜 $20~40；8:00至深夜；）无论是早餐、午餐，还是晚餐，这家酒吧都确保分量足够，几乎所有的菜都搭配薯条。环境舒适，有台球桌和走调的钢琴。饮品亮点包括Benger油桃果汁。

实用信息

帕帕罗瓦国家公园游客中心（Paparoa National Park Visitor Centre；03-731 1895；www.doc.govt.nz；SH6；10月至11月 9:00~17:00，12月至次年3月 至18:00，4月至9月 至16:30）提供关于公园和步道状况的相关信息，同时提供部分当地景点和

住宿的预订服务，包括小屋票。

到达和离开

InterCity（☎03-365 1113；www.intercity.co.nz）每天有班车北至韦斯特波特（45分钟），南至格雷茅斯（45分钟）以及福克斯冰川（5小时）。**Naked Bus**（www.nakedbus.com）运营同样的线路，一周3天。两家公司的班车都会停靠足够长的时间，以便让乘客能领略薄饼岩的风采。

普纳凯基至格雷茅斯

普纳凯基和格雷茅斯之间的公路，一侧是汹涌翻腾的海浪和布满岩石的海湾，另一侧则是陡峭、灌木丛生的帕帕罗瓦山脉（Paparoa Ranges）。

在位于普纳凯基以南17公里处的巴里敦（Barrytown），史蒂夫和罗宾经营着Barrytown Knifemaking（☎0800 256 433，03-731 1053；www.barrytownknifemaking.com；2662 SH6，Barrytown；课程 $150；⊙周一关闭），你能学做专属自己的刀具——手工锻造刀刃，用当地芮木泪柏木材制作刀柄。一天的课程包括午餐、射箭、扔斧头，还可以听一听史蒂夫一连串搞笑的冷笑话。预订很重要，可以安排普纳凯基的接送服务。

Ti Kouka House（☎03-731 1460；www.tikoukahouse.co.nz；2522 SH6，Barrytown；双含早餐 $295；📶）坐拥雨林，能欣赏到海滨风光，有华美的建筑设计元素，使用回收的建筑材料，内外都能看到雕塑艺术作品。你会想要长住于此，不过只能在3间豪华的客房中做出选择，切身感受一下这家民宿。

Breakers（☎03-762 7743；www.breakers.co.nz；1367 SH6，Nine Mile Creek；双含早餐 $255~385；📶）位于格雷茅斯以北14公里处，是这片海岸保存最好的秘密之地之一。美丽的海景房设施齐全，如果你勇敢无畏，也可以尝试冲浪，非常方便。主人本身就是运动爱好者，为人友善，还养了一条很友好的狗。

再往南2公里就来到拉帕霍伊（Rapahoe），此地距离格雷茅斯还有12公里。这一小巧的海滨定居点是伊丽莎白角步道（见121页）的北部终点，这是一条令人愉悦的线路。若行前或完成全程后想找个地方恢复体力，可以去Rapahoe Hotel（☎03-762 7701；1 Beach Rd，Rapahoe；主菜 $14~30），这家简单的乡村酒吧服务热情，供应味道很不错的炸鱼和薯条，环境美如画。

格雷茅斯地区（GREYMOUTH REGION）

格雷茅斯地区差不多位于西岸公路的中间，是新西兰最著名的高山公路——亚瑟隘口——的尽头之一。从这里出发，前往北部或南部景点都非常便捷，而它本身也有少量值得一探的不错景观。

格雷茅斯（Greymouth）

人口 10,000

欢迎来到“大烟”（Big Smoke），它就位于名字别出心裁的格雷河（Grey River，字面意思为灰河）的河口处。这座西岸区规模最大的城镇被毛利人称为“Mawhera”，黄金就流淌在其矿脉中，时至今日，采矿业的起伏发展依然决定了格雷茅斯的财富命运。不过，旅游业和乳品业在格雷茅斯的经济中扮演越来越重要的角色。这座城镇为迎接游客做好了周全的准备，提供所有必需的服务，也不缺旅游景点，最著名的当属仙蒂镇。

景点

★ 左岸美术馆　　美术馆

（Left Bank Art Gallery；www.leftbankarts.org.nz；1 Tainui St；捐赠入内；⊙周二至周五 11:00~16:30，周六 11:00~14:00）这座拥有95年历史的昔日银行大楼收藏有新西兰当代绿玉雕刻、版画、油画、照片和陶瓷。美术馆还培养并资助了很多西岸区艺术家。

Monteith's Brewing Co　　酿酒厂

（☎03-768 4149；www.monteiths.co.nz；Turumaha和Herbert St交叉路口；带导览团队游 $22；⊙11:00~20:00）最初的Monteith's酿酒厂如今发展成为品牌总部，出产的主流产品绝大多数都是在其他地方酿制的，但参与性价比极高的带导览团队游（25分钟，包括慷慨

Greymouth 格雷茅斯

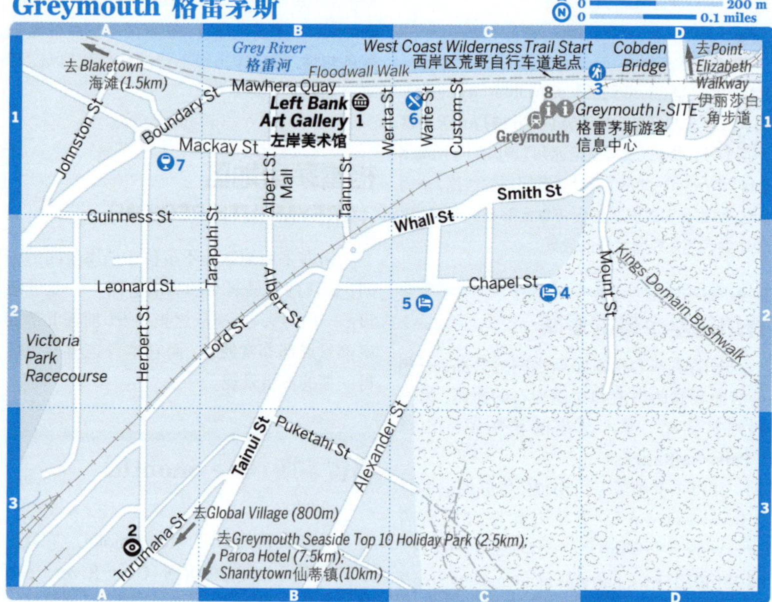

Greymouth 格雷茅斯

重要景点

1 左岸美术馆 B1

景点

2 Monteith's Brewing Co A3

活动、课程和团队游

3 Floodwall Walk D1

TranzAlpine ...... （见8）

住宿

4 Ardwyn House C2

5 Noah's Ark Backpackers C2

就餐

6 DP1 Cafe C1

饮品和夜生活

7 Ferrari's A1

实用信息

8 西岸旅行中心 C1

大方的品尝活动；一天4次），你仍然能感受到这里所传承的酿酒文化。时尚的品酒屋兼酒吧是眼下格雷茅斯最令人兴奋的饮酒场所（美味可口的小食$9~22）——可惜关门时间太早。

仙蒂镇

博物馆

（Shantytown；www.shantytown.co.nz；Rutherglen Rd，Paroa；成人/儿童/家庭$33/16/78；⏲8:30~17:00）格雷茅斯以南8公里，沿SH6公路往内陆方向前进2公里，就来到了仙蒂镇。通过还原一座19世纪60年代的淘金小镇，仙蒂镇将当地历史完整呈现：你可以乘坐蒸汽火车，感受小酒馆和臭名昭著的Rosie之家。这里还有淘金处、锯木厂、沾满血污的医院，王子剧院（Princess Theatre）还会播放全息短片。

活动

高山观景火车

火车团队游

（TranzAlpine；☎0800 872 467，03-341 2588；www.kiwirailscenic.co.nz；单程 成人/儿童$99/69起；⏲基督城出发 8:15，格雷茅斯出发13:45）乘坐高山观景火车是世界上最棒的火车体验之一，穿过基督城和格雷茅斯之间的南阿尔卑斯山川，从太平洋到塔斯曼海，经过亚瑟隘口国家公园。沿途能欣赏到变幻多姿的

值得一游

西岸区荒野自行车道

长136公里的**西岸区荒野自行车道**（West Coast Wilderness Trail；www.westcoastwildernesstrail.co.nz）是23条新西兰自行车道（www.nzcycletrail.com）之一。车道从格雷茅斯到罗斯（Ross），绝大多数路段都很平缓，沿着淘金热小径、水道、伐木电车轨道和旧铁路线路前行，还开辟出了新的越野线路。沿途风景美不胜收，有繁茂的雨林、冰川河流、湖泊和湿地，从积雪盖顶的南阿尔卑斯山脉到狂野的塔斯曼海，令人目不暇接。置身于如此与众不同的地方，实在是很棒的体验。

骑完全程需要4天时间，但这条车道也可以分成不同长度的路段，适合不同能力者或者对不同区域感兴趣的骑行爱好者。你可以进一步了解从卡哇卡瓦（Kawhaka）到卡尼里（Kaniere）的"大日子"（Big Day Out）骑行游，参与其中能领略车道主要亮点的风采，也可以骑行前往帕罗瓦（Paroa）、库马拉（Kumara）和罗斯历史悠久的小酒馆。

沿途几个主要的出发点都可以租到自行车，获得相关建议。在霍基蒂卡，可以联系**Wilderness Trail Shuttle**（☎03-755 5042，021 263 3299；www.wildernesstrailshuttle.co.nz），在格雷茅斯，则可以找**Trail Transport**（☎03-768 6618；www.trailtransport.co.nz）。

风景：从平缓的坎特伯雷冲积平原开始，穿越狭窄的高山峡谷、8.5公里长的隧道、山毛榉森林覆盖的河谷，之后顺着被甘蓝树环绕的湖泊边缘前行。

即使天气不理想，这趟4小时30分钟的旅程依然会令人难以忘怀（这边海岸下雨，另一边海岸可能阳光灿烂）。

伊丽莎白角步道　步行

（Point Elizabeth Walkway；www.doc.govt.nz）从格雷茅斯以北6公里处的科布登（Cobden）的Dommett滨海大道（Dommett Esplanade）能进入这条让人愉悦的步道（往返3小时）。步道绕过被茂密森林覆盖着的岬角，进入拉帕霍伊山脉（Rapahoe Range），来到一座令人印象深刻的海洋瞭望台，然后继续往北通往终点拉帕霍伊（距离格雷茅斯11公里）——这是一座小镇，有大片海滩，当地酒吧氛围友好。

防汛墙步道（Floodwall Walk）　步行

沿着河畔的Mawhera码头［西岸区荒野自行车道（见本页）的起点］漫步10分钟，或者继续走上1小时左右，一路能看到渔船停泊的港口、布雷克敦海滩（Blaketown Beach）和防波堤——感受大海的力量，还可欣赏著名的西岸区日落美景。

住宿

★Global Village　青年旅舍 $

（☎03-768 7272；www.globalvillagebackpackers.co.nz；42 Cowper St；露营地 每人 $18，铺/双/标三 $30/76/102；@📶）这里堪称亚非艺术大杂烩，洋溢着热情的旅行氛围。提供免费的皮划艇——Karoro湖湿地保护区就在几米之外——还可以随时借用山地自行车，体验水疗、桑拿、烧烤和篝火，让你放松身心。

Ardwyn House　民宿 $

（☎03-768 6107；ardwynhouse@hotmail.com；48 Chapel St；标单/双 含早餐 $65/100起；📶）这一如家般舒适的老式民宿坐落于陡峭的花园内，就在一条安静街道的尽头。旅行经验丰富的女主人玛丽（Mary）烹饪的早餐味道好极了。

Greymouth Seaside Top 10 Holiday Park　假日公园、汽车旅馆 $

（☎03-768 6618，0800 867 104；www.top10greymouth.co.nz；2 Chesterfield St；露营地 $40~46，小屋 $60~125，汽车旅馆 房间 $110~374；@📶）这一面积颇大的公园地理位置绝佳，位于镇中心以南2.5公里处，日落时分可以在毗邻的海滩漫步。提供不同的帐篷和露营车场地，还有从简单小屋到豪华海景汽车旅馆等不同的住宿选择，后者无疑是镇上最时尚的套间。无论你的预算如何，这一整洁的住地都是上佳之选。

Noah's Ark Backpackers 青年旅舍 $

（☎0800 662 472，03-768 4868；www.noahs.co.nz；16 Chapel St；露营地 每人 $18，铺/标单/双 $30/74/74；@📶）这里曾经是修道院，现在改建成色彩明丽的旅舍，提供以动物为主题的奇特客房、能欣赏日落美景的阳台、漂亮的后花园，还有个水疗池。免费提供自行车和钓鱼竿。

Paroa Hotel 酒店 $$

（☎0800 762 6860，03-762 6860；www.paroa.co.nz；508 Main South Rd，Paroa；双 $128~140；📶）这家家族经营的酒店（62年历史，并且还在继续）位于仙蒂镇岔口对面，有宽敞的套间，共用一个有大草坪、毗邻海滩的花园。名声颇响的酒吧兼餐馆（主菜$18~35）服务热情周到，供应烤肉、银鱼、奶油水果蛋白饼和啤酒，很受当地人的喜爱。

餐饮

DP1 Cafe 咖啡馆 $

（104 Mawhera Quay；餐 $7~23；⏲周一至周五 8:00~17:00，周六和周日 9:00~17:00；📶）这家时尚的咖啡馆是格雷茅斯咖啡界的中坚力量，供应绝佳的浓缩咖啡，还有性价比很高的食物。有令人愉快的音乐、无线网络、当地艺术品以及靠近码头的餐桌，热情的服务吸引着人们来此停留。推荐品尝$6的早餐松饼和特制咖啡。

Ferrari's 酒吧

（☎03-768 4008；www.ferraris.co.nz；6 Mackay St；⏲周四至周六 17:00至深夜，周日 12:00~18:00）这家位于Regent电影院内的酒吧敢想敢做，试图在古色古香的格雷茅斯重现好莱坞黄金时代的风情和魅力，氛围浓郁，舒适惬意。不妨坐在皮质沙发上，喝上一两杯。

实用信息

格雷基地医院（Grey Base Hospital；☎03-768 0499；High St）

格雷茅斯游客信息中心（☎03-768 5101，0800 473 966；www.westcoasttravel.co.nz；164 Mackay St，格雷茅斯火车站；⏲周一至周五 9:00~17:00，周六和周日 9:30~16:00；📶）火车站内乐于助人的工作人员可以提供预订服务，并接受各种各样的意见或建议，提供环境保护部小屋和步道的相关信息。可以登录www.westcoastnz.com查询。

到达和离开

西岸区旅行中心（West Coast Travel Centre；☎03-768 7080；www.westcoasttravel.co.nz；164 Mackay St，Greymouth Train Station；⏲周一至周五 9:00~17:00，周六和周日 10:00~16:00；📶）与游客信息中心合并，设在火车站内，提供当地和全新西兰的交通预订以及行李寄存服务。

长途汽车

所有长途汽车都停在火车站外。

InterCity（见107页）每天有班车北至韦斯特波特（2小时）和纳尔逊（6小时），南至弗朗兹约瑟夫冰川（3小时30分钟）。

Naked Bus（见107页）运营相同线路的班车，每周3天。两家公司都提供接驳更远的目的地的服务。

Atomic Travel（☎03-349 0697，0508 108 359；www.atomictravel.co.nz）和**West Coast Shuttle**（☎03-768 0028，0274 927 000；www.westcoastshuttle.co.nz）每天都有班车往返格雷茅斯和基督城。

火车

KiwiRail Scenic（☎0800 872 467；www.kiwirailscenic.co.nz）

当地交通

数家汽车租赁公司都在火车站设有服务台。当地公司包括**Alpine West**（☎0800 257 736，03-768 4002；www.alpinerentals.co.nz；11 Shelley St）和**NZ Rent-a-Car**（☎03-768 0379；www.nzrentacar.co.nz；170 Tainui St）。

格雷茅斯出租车（Greymouth Taxis；☎03-768 7078）

布莱克鲍尔（Blackball）

人口 291

破败小镇布莱克鲍尔坐落于格雷茅斯上游约25公里处——小镇建于1866年，最初是为

了服务于淘金者，1890~1964年，这里又开发了采矿业。1908年和1931年的两次极具影响力的罢工最终使得全国劳工联盟（National Federation of Labour；工会）在布莱克鲍尔成立。位于主路上的历史展讲述了这段历史。

沿途你会找到小镇的中心**Formerly the Blackball Hilton**（☎03-732 4705，0800 425 225；www.blackballhilton.co.nz；26 Hart St；标单/双含早餐 $55/110；📶），在这里你可以取一份“历史上的布莱克鲍尔”（Historic Blackbal）地图，非常有用。这个官方指定的历史古迹有大量有纪念意义的元素，供应热餐（$15~34）、冰镇啤酒，有着充足的午后阳光，还有散发出往昔岁月的魅力的客房。之所以得此名是因为某全球连锁酒店颇有微词，才增加了“前”（Formerly）这个前缀。

可与Hilton相媲美的是**Blackball Salami Co**（☎03-732 4111；www.blackballsalami.co.nz；11 Hilton St；⏲周一至周五 8:00~16:00，周六 9:00~14:00），它生产美味的意大利腊肠和香肠，从辣肠到黑布丁，应有尽有。

布莱克鲍尔之所以出名，还因为这里是**克罗伊斯步道**（Croesus Track；www.doc.govt.nz）的南部终点，走完（或骑行）这条历史步道需要一两天时间，沿途要经过一段攀爬，到达巴里敦。再过几年，这条步道就将成为新的**派克河顶级步道**（Pike River Great Walk）的一部分。不妨留意一下。

到达和离开

从西岸公路开始，驱车只需约半小时就能到达布莱克鲍尔，你需要自备汽车。

布伦纳湖（Lake Brunner）

人口 270

布伦纳湖（www.golakebrunner.co.nz）位于内陆地区，从格雷茅斯出发，沿SH7公路前行，在斯蒂尔沃特（Stillwater）转弯，共39公里。你也可以从南面经库马拉枢纽抵达这里。

布伦纳湖很平静，是该地区诸多湖泊之一，在这里适合开展丛林漫步、观鸟以及水上运动，包括划船和钓鱼。当地人称这个湖泊和阿诺德河是“鳟鱼终老的地方”，言下之意是当地的鱼特别聪明，或者说钓鱼的人不能指望在这里成功。格雷茅斯游客信息中心可以帮你找导游。从小船坞开始，有几条风光秀美的短程步道，可以选择其中一条或者全部都走一遍。

摩瓦纳（Moana）是当地主要的定居点，有很多住宿地点可以选择，其中最好的是**Lake Brunner Country Motel**（☎03-738 0144；www.lakebrunnermotel.co.nz；2014 Arnold Valley Rd；露营地 $34起，小屋 $62~72，村舍小屋 双 $135~150；📶），距离布伦纳湖2公里。这里提供小屋、村舍小屋和露营车场地，开阔的公园场地上种满了本土绿植，露营者可以尽情享受在葱郁草坪上过夜的美妙感觉。环境安静清幽，除非你将鸟鸣和水疗池冒泡的声音算作噪音。

摩瓦纳还有几个地方可以用餐，包括火车站对面的咖啡馆，高山观景火车会在车站停靠。当地酒馆也会供应食物，生意越来越好。此外，加油站也有食品杂货店。

到达和离开

每天，往返于基督城和格雷茅斯的高山观景火车会在摩瓦纳火车站停靠两次。**Atomic Travel**（见122页）也有沿相同线路行驶的班车。

库马拉（Kumara）

人口 309

库马拉位于格雷茅斯以南30公里处，靠近亚瑟隘口（SH73公路）西端，是一座曾经无比繁忙的淘金小镇，后来日渐衰退，只留下少数坚毅的居民。近些年来，库马拉凭借对新西兰最著名的多项全能竞赛“海岸到海岸”（Coast to Coast；www.coasttocoast.co.nz）的鼎力支持而名声在外。这项赛事于每年2月举行，强壮、勇敢的参赛选手将展开令人筋疲力尽的跑步、骑自行车和皮划艇竞赛，线路总长达243公里，穿过群山一直到基督城。最优秀的参赛者只需要11小时就能完赛。

如今，库马拉人将他们的热情奉献给了公路旅行者，以及越来越多的西岸区荒野自行车道（见121页）的骑行爱好者，这条车道经过库马拉。令人赞叹的**Theatre Royal Hotel**（☎03-736 9277；www.theatreroyalhotel.co.nz；81 Seddon St，SH73，Kumara；双 $100~290；⏲10:00至深夜；📶）期待着这些远方来客。这家经过彻底修葺的美丽酒店将库马拉带入了21世纪，有时髦的餐馆和奢华且散发着浓郁历史气息的住宿场地，家具和文化遗产展注重细节，值得称道。不妨在这里稍作停留，享用海岸沿线最棒的食物（炸鱼和薯条、野味、比萨和蛋糕），也可以坐下来喝一杯，与当地人一起侃大山。

如果你打算前往亚瑟隘口，或从那里来，可以考虑在Jacksons Retreat（☎03-738 0474; www.jacksonsretreat.co.nz; Jacksons, SH73, Kumara; 露营地 $40起; @📶）过夜，这里位于亚瑟隘口村以西33公里处，拥有15英亩的坡地，能俯瞰塔拉马考河（Taramakau River）的壮美风光，为开露营车和搭帐篷的住客提供极棒的设施。

到达和离开

West Coast Shuttle（见122页）每天有班车往返格雷茅斯和基督城，途经库马拉（不要与靠近海岸的库马拉枢纽混淆）。

西部（WESTLAND）

西岸区倒数第三站是西部，背靠陡峭到令人脖子抽筋的南阿尔卑斯山，农田和雨林在这里交织在一起。这片地区以冰川闻名，可如今冰川正在消融，幸运的是，西部周围还有不少同样壮观的景点，做好了抢镜的准备。

霍基蒂卡（Hokitika）

人口 3078

历史迷对霍基蒂卡情有独钟。新西兰的很多小说，包括2013年埃莉诺·卡顿（Eleanor Catton）所著的赢得了布克奖的《发光体》（*The Luminaries*），都是以霍基蒂卡为故事背景。总而言之，它的迷人之处展现在方方面面。这座因淘金热而建造的小镇如今因为新西兰本土绿玉（pounamu）而出名，绿玉夺走了很多其他艺术及手工艺品的风头，吸引了大量游客。

景点

★霍基蒂卡博物馆 博物馆

（Hokitika Museum; www.hokitikamuseum.co.nz; 17 Hamilton St; 成人/儿童 $6/3; ⏲11月至次年3月 10:00~17:00, 4月至10月 10:00~14:00）这一堪称典范的省级博物馆位于雄伟的卡内基大楼（Carnegie Building; 建于1908年）内，智能化展览让人一目了然，简洁且现代化。亮点包括迷人的银鱼展，还有绿玉室——在去美术馆寻找绿玉珍宝之前，不妨先来看看顶级的绿玉艺术品。

★卡尼里湖 湖泊

（Lake Kaniere; www.doc.govt.nz）风景优美的卡尼里湖位于7000公顷的风景保护区中心，长8公里，宽2公里，深195米，如果下水游泳，你会发现湖水冰凉。不过你可能更喜欢在Hans Bay DOC Campground（见126页）露营或野餐，也可以选择周边诸多步行线路之一，既有15分钟的独木舟湾步道（Canoe Cove Walk），也有往返需7小时的攀登Tuhua山之旅。历史悠久的卡尼里水道步道（Kaniere Water Race Walkway; 单程3小时30分钟）是西岸区荒野自行车道（见121页）的组成部分之一。

霍基蒂卡峡谷 峡谷

（Hokitika Gorge; www.doc.govt.nz）驶向霍基蒂卡峡谷的35公里路程，沿途风光美不胜收。这是一条迷人的沟壑，有着令人难以置信的蓝绿色水流，而冰川“粉末”的沉积使得它呈现乳白色。体验短途森林步道和铁索桥，从各个角度拍摄下这里的美景。从斯坦福街（Stafford St; 穿过乳品厂）开始，有清晰的路标指向峡谷。途中，你会经过Kowhitirangi，新西兰最灭绝人性的大屠杀之一就发生在此地［1982年上映的经典电影《丑血》（*Bad Blood*）将这一骇人听闻的事件记录了下来］。过了废石充填井，你会看到农庄路边立有一座令人倍感沉痛的纪念碑。

日落角 观景台

（Sunset Point; Gibson Quay）在一天中的任何时候，这里都是最理想的观景点。不过正如名字所描述的，这个地方最适合欣赏日落西山红霞飞的美景。冲浪者、海鸥、翻涌的波涛、炸鱼和薯条：这就是新西兰。

萤火虫谷（Glowworm Dell） 自然景观

萤火虫谷位于小镇北部，沿SH6公路走

Hokitika 霍基蒂卡

Hokitika 霍基蒂卡

重要景点

1 霍基蒂卡博物馆......C2

景点

2 霍基蒂卡工艺美术馆......C2
3 霍基蒂卡玻璃工作室......C1
4 日落角......A2
5 瓦伊瓦伊绿玉......C2

活动、课程和团队游

6 Bonz 'N' Stonz......C2
7 Hokitika Cycles & Sports World......C1
8 Hokitika Heritage Walk......B2

住宿

9 Teichelmann's B&B......C2

就餐

10 Dulcie's Takeaways......B2
11 Fat Pipi Pizza......C1
12 Ramble + Ritual......C1

饮品和夜生活

13 West Coast Wine Bar......C1

一会儿就到了。这里很容易看到新西兰本土蕈蚊幼虫（压根就算不上虫子）。入口处的信息板能为你指路。

美术馆

展出艺术品及工艺品的美术馆是霍基蒂卡的一大亮点，你完全可以花一整天来参观，而对时间的流逝浑然不觉。在美术馆，你有很多机会遇见艺术家，在一些工作室，你还能看到他们工作的情形。注意，部分美术馆出售从欧洲和亚洲引进的绿玉，因为新西兰本土绿玉可遇不可求。

霍基蒂卡工艺美术馆 美术馆

（Hokitika Craft Gallery; www.hokitikacraftgallery.co.nz; 25 Tancred St; ⌚8:30~17:00）这是镇上最好的一站式商店，展出大量的当地艺术品，包括绿玉、珠宝、纺织品、陶瓷和木制品。

瓦伊瓦伊绿玉 美术馆

（Waewae Pounamu; www.waewaepounamu.co.nz; 39 Weld St; ⌚8:00~17:00）这家美术馆的展品以新西兰绿玉为主，位于主路的画廊内展出了传统和当代的绿玉设计作品。

银鱼热

即使在西岸区走马观花，匆匆一览，你也肯定会遇到一两条小银鱼，或是在哈里哈里某家店的后门出售，或是在当地咖啡馆或餐馆的菜单中。

这种透明的小鱼是新西兰最珍贵的原生鱼类的幼鱼——包括南乳鱼（inanga）、kokopu、胡瓜鱼（smelt），甚至是鳗鱼。西岸地区，每公斤银鱼售价约$80（其他地方要贵得多）。8月至11月期间，捕捞银鱼的竞争非常激烈，从卡拉米亚到哈斯特的河岸随处可见撒饵捕鱼者。不过自然环保主义者表示不应该将银鱼捕捞殆尽，对照数据，此话似乎不假。不然以后我们就只能吃培根三明治了。

想深入了解这一争论话题，可以去参观霍基蒂卡博物馆（见124页）的银鱼展（Whitebait）。

霍基蒂卡玻璃工作室 美术馆

（Hokitika Glass Studio；www.hokitikaglass.co.nz；9 Weld St；⊙8:30~17:00）这里展出了从俗艳到雅致的玻璃艺术品，多种多样。工作日可以看到熔炉内的鼓风机。

活动

霍基蒂卡非常适合作为步行和自行车骑行的基地。可以下载或者拿一份环境保护部出版的手册《霍基蒂卡地区步行游》（*Walks in the Hokitika Area*；$1）。要租自行车可以前往**Hokitika Cycles & Sports World**（☎03-755 8662；www.hokitikasportsworld.co.nz；33 Tancred St；自行车租赁 每天 $55），这里还提供包括西岸区荒野自行车道（见121页）在内的步道骑行体验的相关建议。

Bonz 'N' Stonz 雕刻

（www.bonz-n-stonz.co.nz；16 Hamilton St；全天 工作坊 $85~180）在史蒂夫（Steve）的指导下，设计、雕刻、打磨你自己的绿玉、骨头或贝壳杰作。根据材料和设计复杂度不同，价格有所不同。建议提前预订。

霍基蒂卡遗产步道（Hokitika Heritage Walk） 步行

在游客信息中心花50c买一份宣传手册，然后在历史悠久的码头区漫步，或者向那里的工作人员询问维洛尔先生（Mr. Verrall）的导览步行游的相关事宜。另一张地图详细介绍了**霍基蒂卡遗产小径**（Hokitika Heritage Trai），这是一条11公里的环线（2~3小时），沿途经过历史建筑，能看到有趣的城市风景。

Wilderness Wings 观光飞行

（☎0800 755 8118；www.wildernesswings.co.nz；hokitika Airport；飞行 $285起）这家广受好评的公司组织霍基蒂卡的观光飞行，还有前往更远的奥拉基/库克山国家公园和冰川的飞行项目。

节日和活动

浮木与沙 艺术节

（Driftwood & Sand；www.driftwoodandsand.co.nz；⊙1月）1月的这3天之内，在霍基蒂卡的海滩上，船只残骸变成了一系列令人惊叹的艺术品、工艺品和朴拙的雕刻。

野味美食节 美食节

（Wildfoods Festival；www.wildfoods.co.nz；⊙3月）这个有趣的美食节在每年3月初举办，吸引了大批好奇且勇敢的食客，他们会吞下平时见到撒腿就跑或让人头皮发麻的东西。提前预订。

住宿

★Drifting Sands 青年旅舍 $

（☎03-755 7654；www.driftingsands.co.nz；197 Revell St；铺 $36，双和标三 $109；📶）真希望所有青年旅舍都如这家一样时尚。浑然天成的色调和韵味、回收再利用的家具、精美的装饰、热闹的氛围、舒适的床铺、悠闲的休息室和新鲜出炉的热面包——这一切使得这一海滨旅舍成了当之无愧的赢家。

Hans Bay DOC Campground 露营地 $

（www.doc.govt.nz；露营地 每人 成人/儿童 $6/3）这一由环境保护部管理的基础露营地环境优美，绿草如茵，能欣赏到湖泊和周围葱郁山峦构成的美丽画卷。

Birdsong 青年旅舍 $

（☎03-755 7179；www.birdsong.co.nz；SH6；铺/标单 $34/67，双 $119，不带浴室 $85；📶）这一以鸟类为主题的旅舍位于小镇以北2.5公里处，可观览无敌海景，给人以宾至如归的感觉。有免费的自行车，去海滩非常方便，还有其他秘密惊喜，让你情不自禁想多住几天。

Shining Star 假日公园，汽车旅馆 $$

（☎03-755 8921；16 Richards Dr；露营地 无/有电力供应 $32/40，双 $115~199；📶）这一海滨住宿之选很吸引人，设施齐全，从露营地到经典的海景套间，能满足各种需求。孩子会爱上这里的动物们，有怪医杜立德（Dr Doolittle，美国儿童故事中能和动物说话的兽医）就医册上会出现的猪和羊驼。家长们可能更喜爱这里的水疗或桑拿服务。

Stations Inn 汽车旅馆 $$

（☎03-755 5499；www.stationsinnhokitika.co.nz；Blue Spur Rd；双 $170~300；📶）从小镇出发，沿着起伏的山路驾驶5分钟就能到达这一小巧、现代化的汽车旅馆，能俯瞰远方的大海，有豪华的套间，配备特大号床和水疗浴池。旅馆前面有露台、池塘和水车。餐馆（主菜 $30~45；周二至周六 17:00起营业）擅长烹制肉类菜肴。

Teichelmann's 民宿 $$$

（☎03-755 8232；www.teichelmanns.co.nz；20 Hamilton St；双 $235~260；📶）这里曾是外科医生、登山运动员、留胡子专家Ebenezer Teichelmann的家，如今改建成迷人的民宿，主人十分友好。所有客房通风良好，能让人重新焕发活力，配备独立卫浴。花园中有一栋私密性更好的Teichy's小屋。

餐饮

Dulcie's Takeaways 炸鱼和薯条 $

（Gibson Quay和Wharf St交叉路口；炸鱼和薯条 $6~12；⏲周二至周日 11:00~21:00）点上些美味的炸鱼和薯条（可以尝试大菱鲆或蓝鳕鱼），撒上点海盐，然后在日落角的路边大快朵颐。

★ Fat Pipi Pizza 比萨 $$

（89 Revell St；比萨 $20~30；⏲周三至周日 12:00~14:30，每日 17:00~21:00；🖉）无论是素食主义者，还是肉食爱好者，又或者介于两者之间的食客，都会对在眼前亲手制作的比萨（包括银鱼比萨）垂涎欲滴。这家店还供应可爱的蛋糕、蜂蜜面包和Benger果汁。最好是在花园酒吧享用美餐——这是镇上（事实上是整个西岸区）最好的就餐地点。

Ramble + Ritual 咖啡馆

（☎03-755 6347；51 Sewell St；点心 $3~8，餐 $8~15；⏲周一至周五 8:00~16:00，周六 9:00~13:00；🖉）这一画廊兼咖啡馆就隐藏在钟塔（Clock Tower）附近，小巧时尚，供应香浓的浓缩咖啡、新鲜出炉的烘焙美味、简单健康的定制沙拉。姜汁燕麦饼可能是这一地区最好的。

West Coast Wine Bar 葡萄酒吧

（www.westcoastwine.co.nz；108 Revell St；⏲周二至周六 8:00至深夜，周一 8:00~14:00）这家带有可爱花园的小酒吧提升了霍基蒂卡的品位，冰柜里装满了上等的葡萄酒和精酿啤酒，还可以从同在一条路上的Fat Pipi Pizza点比萨。

ℹ 实用信息

霍基蒂卡游客信息中心（☎03-755 6166；www.hokitika.org；36 Weld St；⏲周一至周五 8:30~18:00，周六和周日 9:00~17:00）这是新西兰最好的游客信息中心之一，提供范围极广的预订服务，包括各种长途汽车预订。此外这里也提供新西兰环境保护部相关信息，不过你需要在网上或环境保护部游客中心进一步预订。可登录www.westcoastnz.com了解。

西部医疗中心（Westland Medical Centre；☎03-755 8180；54a Sewell St；⏲周一至周五 8:00~16:45）下班后请拨打电话。

ℹ 到达和离开

飞机

霍基蒂卡机场（Hokitika Airport；www.hokitikaairport.co.nz；Airport Dr，紧邻Tudor St）位于镇中心以东1.5公里处。新西兰航空（见107页）每天至多

有3趟航班往返于霍基蒂卡和基督城之间。

长途汽车

InterCity（☎03-365 1113；www.intercity.co.nz）的班车从Tancred St的Kiwi Centre出发，接着停靠游客信息中心，每天有发往格雷茅斯（45分钟）、纳尔逊（7小时）和弗朗兹约瑟夫冰川（2小时）的车次。**Naked Bus**（www.nakedbus.com）运营相同的线路，一周3趟。两家公司都提供前往更远目的地的接驳服务。

当地交通

在镇上，**NZ Rent A Car**（☎027 294 8986，03-755 6353；www.nzrentacar.co.nz）提供小汽车租赁服务。霍基蒂卡机场还有一些别的汽车出租公司。

霍基蒂卡出租车（Hokitika Taxis；☎03-755 5075）

霍基蒂卡至西部泰普提尼国家公园

从霍基蒂卡出发，往南前进140公里就来到弗朗兹约瑟夫冰川。大多数旅行者只是匆匆而过，不会驻足停留，但沿途有不少值得一看的景观。InterCity和Naked Bus的长途汽车在SH6公路沿线设有停靠站。

玛希纳普湖（Lake Mahinapua）

玛希纳普步道（Mahinapua Walkwa）顺着一条昔日伐木用的电车轨道伸展，沿途有历史遗迹和树木多样的森林。往返需要4小时，是令人愉悦的体验，如今是西岸区荒野自行车道（见121页）的一部分。步道停车场位于霍基蒂卡以南8公里处，紧邻SH6公路。

玛希纳普步道停车场以南2公里是宁静的**玛希纳普湖风景保护区**（Lake Mahinapua Scenic Reserve）的入口处，保护区内有一片野餐区域、环境保护部管理的露营地以及几条短途步行线路。

继续前进5公里，就来到设有路标的岔路口，再走2公里可以到达**西岸树冠步道**（West Coast Treetops Walkway；☎03-755 5052，050 887 3386；www.treetopsnz.com；1128 Woodstock-Rimu Rd；成人/儿童 $38/15；⏲9:00~17:00）。这是一条陡峭的线路——长450米，比地面高出20米——提供了非同寻常的观景视角，能看到雨林树冠，有很多古老的芮木泪柏和卡玛希树。亮点是高40米的塔，从那里可以一路远眺，将玛希纳普湖、南阿尔卑斯山和塔斯曼海的风采尽收眼底。信息中心设有咖啡馆和纪念品商店。

罗斯（Ross）

人口 297

罗斯位于霍基蒂卡以南30公里处，1907年，这里挖掘出了新西兰最大的金块（重达2.772公斤的"Honourable Roddy"），轰动一时。**罗斯金矿区遗产中心**（Ross Goldfields Heritage Centre；www.ross.org.nz；4 Aylmer St；⏲12月至次年3月 9:00~16:00，4月至11月 至14:00）展出了Roddy的复制品，以及呈现小镇辉煌岁月的比例模型（$2）。如今，罗斯是新建成的西岸区荒野自行车道（见121页）的尽头之一。

水道步道（Water Race Walk；往返1小时）的起点位于博物馆附近，经过曾经的金矿区、洞穴、隧道和墓地。想体验**淘金**，你可以在信息中心租赁一个淘盘（$10），然后前往琼斯溪（Jones Creek），去寻找Roddy的祖先们。

Empire Hotel（☎03-755 4005；19 Aylmer St）建于1866年，是西岸区隐匿的瑰宝之一，酒吧（以及其众多顾客）是逝去时代的见证者。来这里可以感受最纯正的当地氛围，闻着木材烟熏的味道，喝一品脱啤酒，享用一顿实惠的美餐。

哈里哈里（Hari Hari）

人口 330

哈里哈里位于爱恩斯湖（Lake Ianthe）以南约22公里处，1931年，澳大利亚传奇飞行员盖伊·孟席斯（Guy Menzies）在成为完成从悉尼开始的独自穿越塔斯曼的飞行壮举的历史第一人之后，将他那架双翼飞机紧急迫降在哈里哈里的一片沼泽中。你可以在小镇南端的纪念公园了解这个故事，并看到孟席斯那架飞机的复制品。

需要2小时45分钟走完的**哈里哈里海滨步道**（Hari Hari Coastal Walk；www.doc.govt.nz）

是一条退潮时出现的环形线路，沿着Poerua河和旺加努伊河（Wanganui River）河畔延伸，穿过泥塘、入海口和一片沼泽森林。步道起点距离SH6公路20公里，最后8公里是未浇筑的土路，从Wanganui Flats Rd开始，跟着路标走。Pukeko Store内张贴有潮汐时间表，这家店供应茶点和咖啡。

如果你打算过夜，**Flaxbush Motels**（☎03-753 3116；www.flaxbushmotels.co.nz；SH6；双 $65~120；📶）有个性化的小屋和套间，适合不同预算的住客。这家旅馆对鸟类很友善（尤其是鸭子和孔雀）。如果住的时间长，还可以和主人商讨优惠房价。记得问一下萤火虫的事情。

怀塔罗瓦（Whataroa）

人口 288

沿SH6公路铺展开的怀塔罗瓦小镇是通往**白苍鹭保护区**（Kotuku Sanctuary）的起点，后者是新西兰仅有的白苍鹭筑巢地，每年11月至次年2月，它们都会飞到这里。而造访保护区的唯一方法就是参加**White Heron Sanctuary Tours**（☎0800 523 456，03-753 4120；www.whiteherontours.co.nz；SH6，Whataroa；成人/儿童 $120/55；⏲8月下至次年3月 每天 4趟团队游）组织的团队游，这是一段令人愉快的行程，持续2小时30分钟，包括乘坐平缓的喷气快艇游览和短途木板路步行，以及观察隐藏起来的苍鹭。看到成群结队的鸟儿栖居在灌木丛中，是一种神奇的体验。此外，雨林观光团队游全年都有，不包含看白苍鹭，价格相同。

White Heron Sanctuary Tours还经营着**Sanctuary Tours Motel**（☎0800 523 456，03-753 4120；www.whiteherontours.co.nz；SH6；小屋 $65~75，双 $110~135），提供配备基础设施、带共用浴室的小屋（床单和枕套需额外付$10），以及带有热情绘画作品的汽车旅馆套间。

Glacier Country Scenic Flights（☎03-753 4096，0800 423 463；www.glacieradventures.co.nz；SH6，Whataroa；飞行 $195~435）组织一系列观光飞行和直升机徒步游，从怀塔罗瓦山谷起飞。相比冰川小镇的观光飞行公司，这家公司性价比更高，能让你欣赏到更多震撼的美景。

如果路边的**Peter Hlavacek Gallery**（☎03-753 4199；www.nzicescapes.com；SH6，Whataroa；⏲周一至周五 9:00~17:00）开着，不妨去看下。很多人认为彼得·赫拉瓦瑟克是新西兰最好的风景摄影师之一。

奥卡里托（Okarito）

人口 30

神奇的海滨小村奥卡里托位于**奥卡里托潟湖**（Okarito Lagoon）旁，后者是新西兰最大的未经开发的湿地，同时也是观鸟胜地，能看到罕见的几维鸟和漂亮的白苍鹭。奥卡里托没有商店，游客配套设施很有限，所以在来之前先储备好所需的物资，提前预订。如果选择自驾，从怀塔罗瓦出发往南行驶15公里，然后在岔路口转向Forks方向，继续往西走13公里，就来到了奥卡里托。

活动

从海滨的停车场出发，你可以体验比较轻松的**湿地步道**（Wetland Walk；20分钟），或者是更长的**三英里步道**（Three Mile Pack Track；3小时，回程的海滨线路视潮汐情况而定，建议向当地人了解潮汐时间），还能尝试攀登至**奥卡里托三角**（Okarito Trig，往返1小时30分钟），你得到的回报是可以观赏壮丽的南阿尔卑斯山和奥卡里托潟湖美景（在天气好的情况下）。

★Okarito Nature Tours 皮划艇

（☎03-753 4014，0800 652 748；www.okarito.co.nz；皮划艇 半日/全天 $65/75）租艘皮划艇，划着穿过潟湖，进入繁茂的雨林水道，那里栖息着各种鸟类。这家公司也组织带导览的团队游（$100起），过夜租赁服务（$100）使得经验丰富的皮划艇高手能去更远的地方探索。办事处休息厅供应浓缩咖啡、水果奶昔、点心小食和无线网络。

Okarito Boat Tours 野生动物游

（☎03-753 4223；www.okaritoboattours.co.nz）组织潟湖观鸟游，收获最丰富的要属“早鸟游”（early bird；$80，1小时30分钟，

7:30）。颇受欢迎的两小时“生态游”能带领游客深入了解这片自然区域（$90，9:00和11:30），令人难忘。长期住在奥卡里托的宝拉（Paula）和斯韦德（Swade）活泼热情，他们还能帮助你解决村中住宿的问题。

Okarito Kiwi Tours 野生动物游

（☎03-753 4330；www.okaritokiwitours.co.nz；3小时团队游 $75）组织夜间游，观看珍稀鸟类（成功率95%）非常有趣，并且能了解到更多知识。最多参与人数限制在8人，建议提前预订。

住宿

Okarito Campground 露营地 $

（紧邻Russell St；露营地 成人/儿童 $12.50/免费）这一绿植繁茂的露营地由社区经营，微风轻拂，有厨房、烧烤区和热水淋浴（$1）。可以从海滩上捡浮木，在太阳落山后点燃火炉，或者在海滩上燃起篝火。不需要提前预订。

Okarito Beach House 度假屋 $

（☎03-753 4080；www.okaritobeachhouse.com；The Strand；双和标双 $85~105；📶）这个度假屋有着大量的房间可供游人住宿。饱经风霜、设施齐全的“Hutel”（$120，可睡两人）绝对物有所值。Summit Lodge能欣赏到绝佳美景，还有你所见过的最精美的餐桌。

到达和离开

要前往奥卡里托，必须自驾。

西部泰普提尼国家公园（WESTLAND TAI POUTINI NATIONAL PARK）

西部泰普提尼国家公园的最大亮点当属弗朗兹约瑟夫和福克斯冰川。在这一纬度上，没有其他地方的冰川能如此接近大海。冰川的存在，在很大程度上得益于西岸区充沛的降雨，雪落在冰川开阔的堆积区，融合成剔透的20米冰层，然后涌入陡峭的山谷。

在最后一次冰河时期（15,000~20,000年前），西部的双子冰川渗入大海。在随后的解冻期中，冰川回缩，甚至可能比现在所处的位置更靠近内陆。但在14世纪，一次迷你冰河期的降临使得它们的覆盖面积进一步扩展，于1750年达到了当代之最。时至今日，你仍能看到当时的冰川末端的冰碛。

然而，近些年来，气候变化导致冰川一直在消融。步行欣赏这些奇观的机会越来越少。两座冰川的末端都用绳子隔离起来，防止人们被冰崩和河流上涨所伤，近距离接触冰川或者安全踏上冰川的唯一方法就是参加导览团队游。可以向新西兰环境保护部或者当地人打听关于最佳观景地的最新信息。

除冰川外，公园地势较低处延伸至荒凉的塔斯曼海滩，与茂盛的罗汉松森林接壤，连接新西兰的最高山峰。在这一生态体系中，栖居着各种往往是独一无二的生物，它们彼此依赖。海豹在浪花中嬉戏，鹿在森林中出没。栖息在这里的濒危鸟类包括kakariki鹦鹉、卡卡鹦鹉、rowi（奥卡里托褐色几维鸟），还有南岛本土特有的啄羊鹦鹉——这种鸟类好奇心强，讨人喜爱，但随意喂食可能会害死它们。

弗朗兹和福克斯这两个相距23公里的双子镇总是人满为患。弗朗兹开展的活动更多，相较而言，福克斯则显示出更为柔和的高山魅力。11月至次年3月，造访这两座小镇的游客数量会有些吓人，不妨考虑在4月或10月来访。

弗朗兹约瑟夫冰川（Franz Josef Glacier）

人口 444

早期毛利人称弗朗兹约瑟夫冰川为“Ka Roimata o Hine Hukatere”（意为“雪崩女孩之泪”）。传说有个女孩的爱人不幸从当地山峰上跌落而亡，伤心的女孩泪如泉涌，泪水冻成了冰川。1865年，欧洲人首次探索这座冰川，奥地利人尤利乌斯·哈斯特（Julius Haast）用奥地利皇帝的名字为冰川命名。停车场距离弗朗兹约瑟夫村5公里，从这里出发，有多条冰川步行线路。

景点

西岸野生动物中心 野生动物

（West Coast Wildlife Centre；www.wildkiwi.co.nz；Cron和Cowan St交叉路口；一日通票 成人/儿

冰川术语

在社交媒体上引用下面这些专业术语，会让你看起来像是个地质极客。

消融区（Ablation zone）冰川融化的区域。

堆积区（Accumulation zone）冰雪堆积的地方。

冰川上端的裂缝（Bergschrund）冰川最初开始形成地附近出现的大裂隙。

纯洁冰（Blue ice）堆积区的积雪受到后下的雪的积压，先变成粒雪，接着成为纯洁冰。

裂冰（Calving）冰从冰川末端表面脱离的过程。

裂隙（Crevasse）冰川在形成时遇到障碍而产生的开裂现象，向下愈合。

粒雪（Firn）在变成纯洁冰之前，部分受到积压的雪的状态。

冰川粉（Glacial flour）流经冰川的浑浊河流中含有的被研磨成细粉砂状的碎石。

冰崩（Icefall）冰川因为变暖融化而移动，急剧下降，上面的冰裂开成一堆冰块，坠落下来。

锅穴湖（Kettle lake）一片独立的死冰区域融化形成的湖。

冰碛（Moraine）冰川两侧或底部形成的碎屑堆积物，分别是侧碛和底碛。

永久雪（Névé）形成粒雪的雪原区域。

冰塔（Serac）冰川撞上障碍物后形成的冰尖峰，类似裂隙。

冰川末端（Terminal）冰川底部最后的冰面。

童/家庭 $35/20/85，含 后台通票 $55/35/145）这一让人愉悦的景点是世界上最珍稀的两种几维鸟的繁殖地——rowi和Haastt tokoeka。收费门票物有所值，你能参观保护区、冰川和遗产展览，还能在长满蕨类植物的围场内与活的几维鸟亲密接触。额外收费的后台通票能让你进入孵育区，了解拯救濒危物种的过程，这样的机会实属难得。

中心内还有咖啡馆和商店。

活动

独立徒步

以冰川停车场为起点，有多条步行线路可以选择，全都会让你觉得不虚此行，欣赏冰川奇观不过是其中一项收获罢了。**哨兵岩**（Sentinel Rock；往返20分钟）是不错的短途选择，而**雪崩女孩之泪步道**（Ka Roimata o Hine Hukatere Track；往返1小时30分钟）是主要的冰川山谷步道，能引领你领略在允许抵达的范围内最美的冰川景色。

其他线路包括**道格拉斯步道**（Douglas Walk；往返1小时），紧邻Glacier Access Rd，途经1750年前形成的冰碛和小小的锅穴湖**彼得池**（Peter's Pool）。**露台步道**（Terrace Trac；往返30分钟）非常轻松，你可以悠闲走过村庄后面葱郁的露台，欣赏怀霍河（Waiho River）的景色。**Tatare隧道**（Tatare Tunnels）和**鹿谷步道**（Callery Gorge Walk）是两条不错的雨林徒步线路，起点位于Cowan St（两条线路往返均需约1小时30分钟）。

新西兰环境保护部出版的手册《徒步冰川地区》（*Glacier Region Walks*；$2）有关于更具挑战性的步道的详细介绍，例如5小时的**罗伯茨角步道**（Roberts Point Track）和8小时的**亚历克斯·诺伯步道**（Alex Knob Track）。手册提供地图以及相关的背景，可深入阅读。

你也可以沿着Te Ara a Waiau步道/自行车道前往冰川停车场，这条线路被繁茂的雨林遮蔽，起点就在小镇南端的消防站。步行单程1小时，也可以骑自行车，需半小时。可以在**Across Country Quad Bikes**（☎0800 234 288，03-752 0123；www.acrosscountryquadbikes.co.nz；Air Safaris Bldg，Main Rd）或YHA（见134页）租自行车。将自行车停在停车场——冰川步道禁止骑车。

导览徒步和直升机徒步

Franz Josef Glacier Guides（☎0800 484 337，03-752 0763；www.franzjosefglacier.com；63 Cron St）组织小团队步行游，由经验丰

Franz Josef Glacier & Village
弗朗兹约瑟夫冰川和村庄

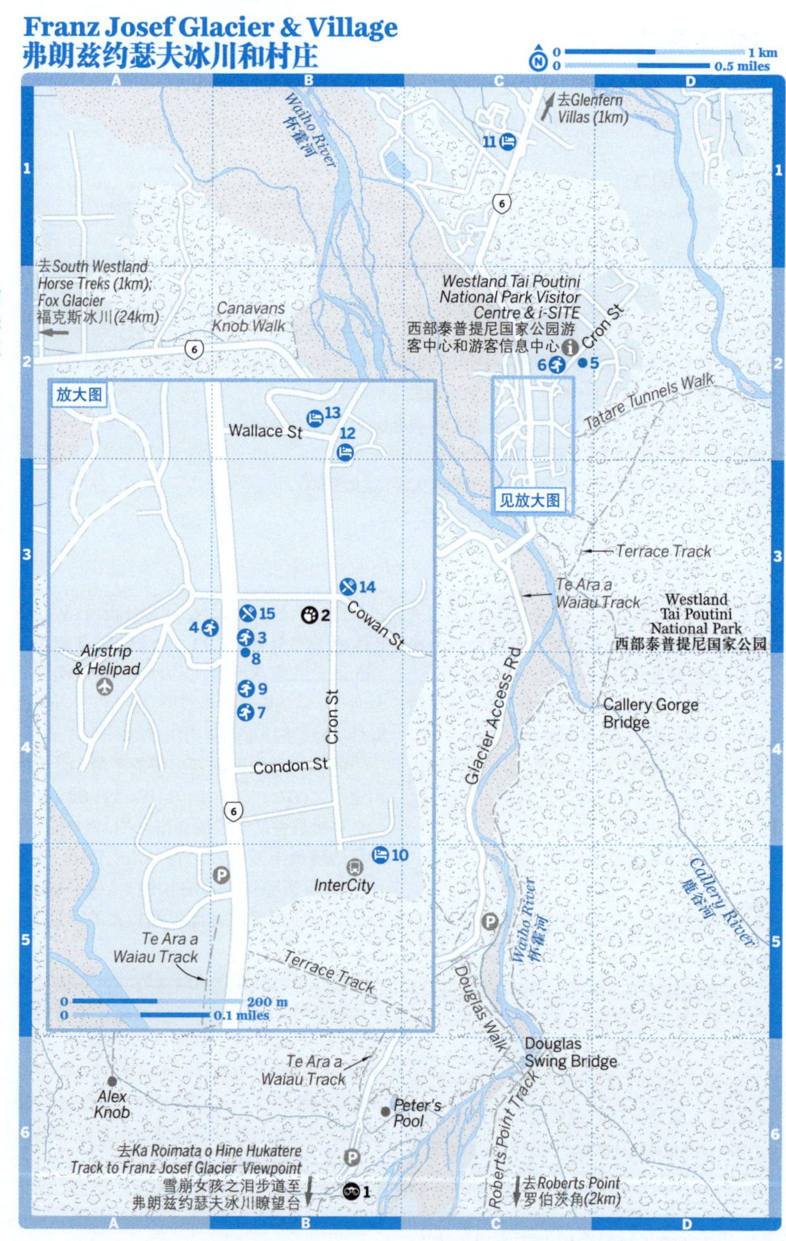

富的导游带领（提供靴子、夹克和其他设备）。两种标准团队游都需要直升机将参与者送到冰川："Ice Explorer"（$339）行程开始和结束都需要经历4分钟的飞行，中间是约3小时的冰上步行游。相对简单的"Heli Hike"（$435）将带领游客探索更高的冰川，需要飞行10分钟，在冰上时间大约2小时。参与"Glacier Valley Walk"（$75）的游客则沿

Franz Josef Glacier & Village 弗朗兹约瑟夫冰川和村庄

景点

1 哨兵岩 B6
2 西岸野生动物中心 B3

活动、课程和团队游

Across Country Quad Bikes .... （见3）
3 Air Safaris B3
4 Fox & Franz Josef Heliservices A3
Franz Josef Glacier Guides .... （见6）
5 Glacier Country Kayaks C2
Glacier Helicopters .... （见3）
6 Glacier Hot Pools C2
7 Helicopter Line B4
8 Mountain Helicopters B4
9 Skydive Franz B4

住宿

10 Franz Josef Glacier YHA B5
11 Franz Josef Top 10 Holiday Park C1
12 Rainforest Retreat B2
13 Te Waonui Forest Retreat B2

就餐

14 Alice May B3
15 Landing Bar & Restaurant B3

着怀霍河往上走到冰碛，还有机会跳过设立的公共障碍，近距离欣赏冰川。所有团队游行程，若是有孩子一起出游，其费用会降低$10~30。

Glacier Valley Eco Tours 带导览团队游

（☎0800 999 739, 03-752 0699; www.glaciervalley.co.nz）组织休闲的3~8小时团队游游览当地景点（$75~170），有详尽的讲解，还提供往返冰川停车场的班车服务，时间是固定的（往返$12.50）。

跳伞和空中观光

忘掉白蛉和蚊子吧，你所听到的嗡嗡声来自飞翔在冰川周围以及奥拉基/库克山空中的飞机。普通的直升机观光飞行（$220~240）长20分钟，能到达弗朗兹约瑟夫冰川被白雪覆盖的顶部。“双子冰川”飞行——大约在30分钟内游览福克斯和弗朗兹两座冰川，在冰川地区内的费用为$300，40分钟的行程（围绕奥拉基/库克山）的费用为$420起。12岁以下儿童费用为成人的50%~70%。货比三家：大多数飞行观光公司都在弗朗兹约瑟夫村主路上。

Skydive Franz 跳伞

（☎03-752 0714, 0800 458 677; www.skydivefranz.co.nz; Main Rd）这家公司自称所组织的跳伞项目高度为新西兰之最（19,000英尺，80~90秒的自由落体体验；$559）。除此之外，还有16,000英尺和13,000英尺的跳伞项目，费用分别是$419和$319。将奥拉基/库克山尽收眼底，这肯定会是你所经历过的跳伞之旅中所观赏的景色最好的一次。

Air Safaris 观光飞行

（☎0800 723 274, 03-752 0716; www.airsafaris.co.nz; Main Rd）弗朗兹仅有的固定翼飞机公司，组织30分钟的“双子冰川”（$270）和50分钟的“大横贯”（grand traverse）飞行游。

Fox & Franz Josef Heliservices 观光飞行

（☎03-752 0793, 0800 800 793; www.scenic-flights.co.nz; Main Rd; 20~40分钟飞行 $210~420）这家公司已经在弗朗兹约瑟夫经营超过30年，能让观光客在空中欣赏冰川奇观，更长的行程将带人绕奥拉基/库克山飞行。公司在福克斯冰川设有办事处（见137页）。

Glacier Country Helicopters 观光飞行

（☎0800 359 37269, 03-752 0203; www.glaciercountryhelicopters.co.nz; 25~45分钟飞行 $235~440）这一家族经营的公司总部设在弗朗兹约瑟夫，组织5种不同的观光飞行项目，包括价格适中的12分钟飞行（$165）。

Glacier Helicopters 观光飞行

（☎0800 800 732, 03-752 0755; www.glacierhelicopters.co.nz; 20~40分钟飞行 $235~450）组织环绕冰川和奥拉基/库克山的观光飞行，包含雪上降落。直升机徒步游（$399）能带你来到冰川上，在这里可以徒步游览至少几个小时。

Helicopter Line 观光飞行

(☎03-752 0767, 0800 807 767; www.helicopter.co.nz; Main Rd; 20~40分钟飞行$235~450)这家公司成立已久,组织多种观光飞行游项目,包括无与伦比的40分钟行程项目,能进入奥拉基/库克山和新西兰最长的冰川——塔斯曼冰川。

Mountain Helicopters 观光飞行

(☎0800 369 423, 03-751 0045; www.mountainhelicopters.co.nz; Main Rd; 20~40分钟飞行 $220~420)这家私营公司组织福克斯和弗朗兹约瑟夫冰川的观光飞行,行程10分钟($99~119),虽然时间短,但价格适中。

其他活动

 Glacier Hot Pools 温泉

(☎03-752 0099; www.glacierhotpools.co.nz; 63 Cron St; 成人/儿童 $26/22; ⊙13:00~21:00, 最后进入 20:00)这一时尚、维护良好的温泉池建筑群就在小镇边缘,位置绝佳,被周围漂亮的雨林环境所环绕。非常适合徒步后放松,或者在下雨天来此休整。这里还提供按摩服务和私人浴池。

Glacier Country Kayaks 皮划艇

(☎0800 423 262, 03-752 0230; www.glacierkayaks.com; 64 Cron St; 3小时皮划艇$115)参加在梅普里卡湖(Lake Mapourika; 弗朗兹以北7公里处)开展的带导览皮划艇游,沿安宁的航道前行,有动人的讲解,沿途能观鸟、欣赏山景,还可以参加附带的丛林徒步。早上去更理想。可询问家庭游和新推出的小船游览项目相关事宜。

Eco-Rafting 漂流

(☎03-755 4254, 021 523 426; www.ecorafting.co.nz; 家庭游 成人/儿童 $135/110, 7小时游览 $450)组织海岸冒险漂流,既有不太剧烈的家庭游项目,也有在两岸花岗岩林立的怀塔罗瓦河上进行的7小时的"大峡谷"(Grand Canyon)游,后者包括15分钟的直升机飞行。

South Westland Horse Treks 骑马

(☎0800 187 357, 03-752 0223; www.horsetreknz.com; Waiho Flats Rd; 1/2/3小时骑马$70/110/165)这家公司位于小镇以西5公里处,组织穿过农田和偏远海滩的骑马游,沿途壮观美景让你目不暇接。

住宿

Franz Josef Top 10 Holiday Park 假日公园 $

(☎0800 467 8975, 03-752 073; www.franzjoseftop10.co.nz; 2902 Franz Josef Hwy; 露营地 $42~48, 双 $65~165; @📶)这一开阔的假日公园与小镇相距1.5公里,有各种住宿场所可供选择。帐篷露营者可以在阳光明媚、排水便利、远离公路的绿草营地上安顿下来,在这里可以眺望农场围场。

Franz Josef Glacier YHA 青年旅舍 $

(☎03-752 0754; www.yha.co.nz; 2-4 Cron St; 铺 $26~33, 标单 $85, 双 $107~135; 📶)这家干净整洁的旅舍设有宽敞温馨的公共区、家庭房、免费桑拿、自行车租赁,还提供交通和活动预订服务。这里有87张床位,但你仍然需要提前预订。

Rainforest Retreat 青年旅舍、假日公园 $$

(☎0800 873 346, 03-752 0220; www.rainforestretreat.co.nz; 46 Cron St; 露营地$39~44, 铺 $30~34, 双 $69~220; @📶)这一开阔的住地被森林环绕,有大量住宿场所可供选择。值得推荐的是灌木掩映的树屋和其他设施齐全的选择。露营车同样不受干扰,不过配套设施有限,且较脏。而面向背包客的小屋里住满了乘坐旅行大巴而来的游客。这里还有一家Monsoon Bar,有低矮的货架,供应不错的食物($20~32),氛围活跃。

★ Glenfern Villas 公寓 $$$

(☎0800 453 633, 03-752 0054; www.glenfern.co.nz; SH6; 双 $217~239; 📶)位置理想,与游人如织的闹市区相隔3公里。这些令人愉悦的有一或两间卧室的别墅周边环境整洁雅致,有能欣赏迷人山景的私人露台。一流的床、设施齐全的厨房、自行车租赁服务、面向家庭游客的设备——这些都营造了"度假"的氛围,而不仅仅是"短暂停留"。

Te Waonui Forest Retreat 酒店 $$$

（☎0800 696 963，03-752 0555；www.tewaonui.co.nz；3 Wallace St；标单/双 $579/699起；@📶）🍃 这家弗朗兹顶级酒店看似朴实无华，里面的套间却散发出自然淳朴的韵味，铺设有大胆、充满活力的地毯，让人眼前一亮。酒店提供周到的行李搬运服务、试吃套餐（和早餐一起包含在房费中），还有一家时髦的酒吧。在华丽的客房里，你会美美睡上一觉。所有房间都有朝向森林的露台。

就餐

Alice May 新派新西兰菜 $$

（☎03-752 0740；www.alicemay.co.nz；Cowan和Cron St交叉路口；主菜 $20~32；⏲16:00至深夜）这家都铎风格的角落酒吧散发着田园气息，柔和惬意，适合家庭出游者。这里供应丰盛的餐食，有$20的选择，有当日烤肉、意大利面、鹿肉汉堡，更高级的选择有里脊牛排和鱼类菜肴。诱人的太妃布丁是这里的特色。有欢乐时光（happy hour）。户外餐桌可以欣赏山景。

Landing Bar & Restaurant 酒馆食物 $$

（☎03-752 0229；www.thelandingbar.co.nz；Main Rd；主菜 $20~42；⏲7:30至深夜；📶）这家繁忙但经营得当的酒馆有让人眼花缭乱的菜单，食物美味可口，有汉堡、牛排和比萨。在冰川上待一天后，有阳光和煤气炉的露台是暖身的好地方。

实用信息

弗朗兹约瑟夫健康中心（Franz Josef Health Centre；☎03-752 0700，0800 7943 2584；97 Cron St；⏲周一至周五 9:00~16:00）西部南边主要的医疗中心。

弗朗兹约瑟夫游客信息中心（Franz Josef i-SITE；www.glaciercountry.co.nz；63 Cron St）很有帮助的游客中心，提供建议，当地以及周边地区活动、住宿和交通的预订服务。

西部泰普提尼国家公园游客中心（Westland Tai Poutini National Park Visitor Centre；☎03-752 0360；www.doc.govt.nz；69 Cron St；⏲夏季 8:30~18:00，冬季至17:00）这一国家公园游客中心位于全新的时尚基地，设立了丰富的展览，提供天气信息、地图以及至关重要的步道路况最新消息和天气预报。

到达和离开

长途汽车站就在Fern Grove Four Square超市对面。

InterCity（☎03-365 1113；www.intercity.co.nz）每天有班车南至福克斯冰川（35分钟）和皇后镇（8小时），北至纳尔逊（10小时）。在环境保护部办事处或YHA预订。**Naked Bus**（www.nakedbus.com）运营相同线路上的车次，每周3趟。两家公司都提供前往更远目的地的交通接驳服务。

当地交通

Glacier Valley Eco Tours（见133页）提供前往冰川停车场的班车服务，时间固定（返程 $12.50）。

福克斯冰川（Fox Glacier）

人口 306

福克斯冰川的规模相对较小，但更安静、开阔且具有田园风情。美丽的马瑟森湖以及通往吉莱斯皮海滩、带有海水咸味的下坡步道是这里的亮点。

景点

福克斯冰川瞭望台（Fox Glacier Lookout） 瞭望台

这是陆地上欣赏福克斯冰川的最佳地点之一，不过位置过于隐蔽，这意味着你可能只能欣赏到冰川一角。

活动

独立徒步

★ **马瑟森湖** 徒步

（Lake Matheson；www.doc.govt.nz）沿着Cook Flat Rd前进约6公里，就能找到著名的"镜湖"。放慢速度，悠闲散步（就应该如此），绕湖一周需要1小时30分钟。清晨是游湖的最佳时间，也可以选择下午太阳低沉的时候游览。不过Matheson Cafe（见138页）的存在意味着一天中任何时候造访都没问题。

天气晴朗的时候，走到环湖线路的最远端，你可能（注意只是可能）会欣赏到最美的

Fox Glacier & Village 福克斯冰川和村庄

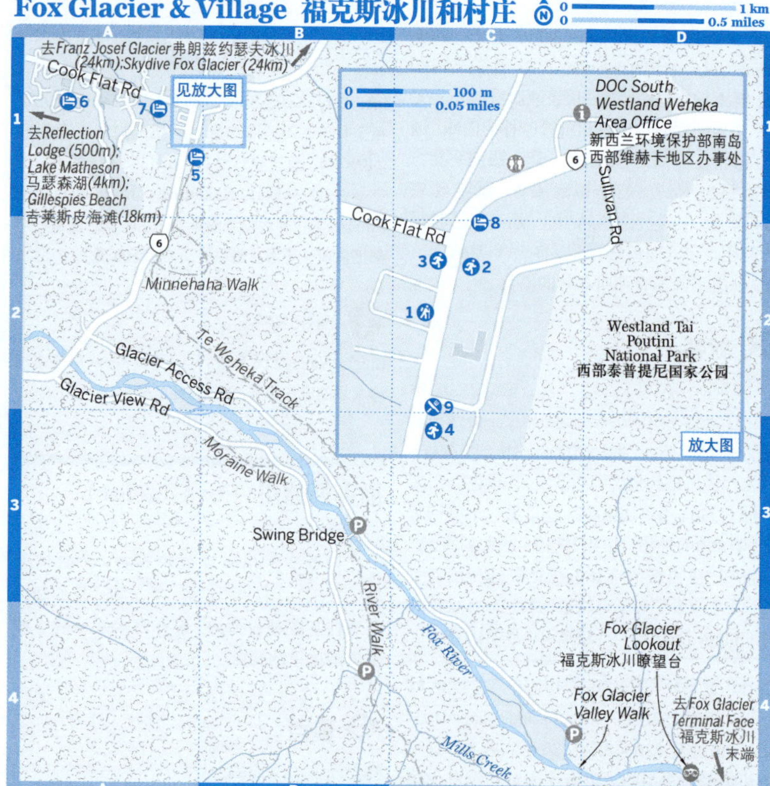

Fox Glacier & Village 福克斯冰川和村庄

活动、课程和团队游

Fox & Franz Josef Heliservices ......（见1）
1 Fox Glacier Guiding C2
2 Glacier Helicopters C2
3 Helicopter Line C2
4 Mountain Helicopters C3

住宿

5 Fox Glacier Lodge A1
6 Fox Glacier Top 10 Holiday Park A1
7 Rainforest Motel A1
8 Westhaven C2

就餐

9 Last Kitchen C2

景致。若没有如愿，你也可以在停车场那家精美的礼品店买一张明信片。

科普兰步道 徒步

（Copland Track; www.doc.govt.nz）福克斯冰川以南约26公里处，SH6公路附近是科普兰步道的起点，这条需要6至7小时完成的步道通往赫赫有名的Welcome Flat。汩汩冒泡的温泉就在环境保护部管理的**Welcome Flat Hut**（www.doc.govt.nz; 成人/儿童$15/7.50）旁边。因此，小屋和毗邻的露营地格外受欢迎也在意料之中。这里没有管理员，需要提前预订，可以在线预订，也可以亲自去环境保护部游客中心。

吉莱斯皮海滩 徒步

（Gillespies Beach; www.doc.govt.nz）顺着Cook Flat Rd前行，完成全部21公里（最后12

公里是未浇筑的土路）后就来到偏远的黑沙滩——吉莱斯皮海滩。这里曾经是矿区聚集地（如今有一个配备基本设施的露营地）。从这里出发有不少有趣的步行线路，包括5分钟的老矿工墓地之旅，还有往返海豹栖息地**戈尔韦海滩**（Galway Beach）的行程，需3小时30分钟。可别打扰它们。

通往吉莱斯皮海滩的公路沿途设有**山峰观景野餐区**（Peak View Picnic Area），能远远地领略福克斯冰川的风采，视野很不错。你也可以拿出指南针，来判断所看到的是哪座山。

冰川徒步和直升机徒步

登上冰川的唯一方法就是参加Fox Glacier Guiding（见本页）组织的直升机徒步游。不过独立徒步能让你有机会探索山谷（即便鲜少被冰雪覆盖的低地也拥有惊人的原生态美），在保证安全的前提下尽可能接近冰川末端。

福克斯村与前往冰川的岔路相距1.5公里，从路口继续前进2公里就能到达停车场，你也可以经**Te Weheka步道/自行车道**（Te Weheka Walkway/Cycleway）步行到停车场。这是一条舒服的雨林小径，起点就在Bella Vista汽车旅馆南边。单程只需1小时，骑车30分钟（将自行车留在停车场，冰川步道禁止自行车骑行）。可以在Westhaven（见138页）租自行车。

从停车场出发，走到冰川末端的冰面需要大约40分钟（视情况而定）。遵守所有指示牌：此地随时可能有危险。

冰川附近的短途步行线路包括**冰碛步道**（Moraine Walk；翻过一道18世纪前形成的冰坡）和**明尼哈哈步道**（Minnehaha Walk）。全程轻松的**河滨步行瞭望台步道**（River Walk Lookout Track；单程20分钟）从Glacier View Rd的停车场出发，所有游客都有机会一睹冰川奇观。

拿一份环境保护部出版的手册《徒步冰川地区》（$2），有地图，还有相关的背景介绍，可以深入阅读。

Fox Glacier Guiding 带导览徒步

（☎03-751 0825，0800 111 600；www.foxguides.co.nz；44 Main Rd）该公司组织带导览的直升机徒步游（提供装备）。标准行程（冰上至多可停留3小时）费用为成人/儿童每人$450/425。也有其他选择，包括轻松的两小时步行至冰川，有讲解（$65）。注意，不同行程对年龄的限制也有所不同。

跳伞和空中观光

普通的直升机飞行观光（$220~240）长20分钟，能抵达福克斯冰川白雪覆盖的顶部。“双子冰川”飞行——大约30分钟内游览福克斯和弗朗兹两座冰川——在冰川地区内的费用为$300，40分钟的行程（围绕奥拉基/库克山）的费用为$420起。12岁以下儿童费用为成人的50%~70%。货比三家：大多数飞行观光公司都在福克斯冰川村主路上。

Skydive Fox Glacier 跳伞

（☎0800 751 0080，03-751 0080；www.skydivefox.co.nz；Fox Glacier Airfield，SH6）从16,500英尺（$399）或13,000英尺（$299）的高空一跃而下，景色美不胜收。起飞地距离村中心只有3分钟步程，非常便捷。

Fox & Franz Josef Heliservices 观光飞行

（☎03-751 0866，0800 800 793；www.scenic-flights.co.nz；44 Main Rd；20~40分钟飞行$210~420）这家公司有超过30年的组织观光飞行经验，能让观光客在空中欣赏冰川奇观，更长的行程能绕奥拉基/库克山飞行。公司在弗朗兹约瑟夫冰川设有办事处（见本页）。

Glacier Helicopters 观光飞行

（☎0800 800 732，03-751 0803；www.glacierhelicopters.co.nz；SH6；20~40分钟飞行$235~450）组织环绕冰川和奥拉基/库克山的观光飞行，包含雪上降落。直升机徒步游（$399）能让你在冰川上徒步至少几个小时。

Helicopter Line 观光飞行

（☎0800 807 767，03-752 0767；www.helicopter.co.nz；SH6；20~40分钟飞行$235~450）这家公司成立已久，组织多种观光飞行游项目，包括无与伦比的40分钟行程项目，能进入奥拉基/库克山和新西兰最长的冰川——塔斯曼冰川。

Mountain Helicopters 观光飞行

（☎03-751 0045，0800 369 423；www.mountainhelicopters.co.nz；43 Main Rd；20~40分钟飞行 $220~420）这家私营公司组织福克斯和弗朗兹约瑟夫冰川的观光飞行，行程10分钟（$99~119），虽然时间短，但价格适中。

住宿

★Fox Glacier Top 10 Holiday Park 假日公园 $

（☎0800 154 366，03-751 0821；www.fghp.co.nz；Kerrs Rd；露营地 $42~45，小屋和套间 $73~255；@📶）这座公园有适合不同预算者的住宿选择，既有绿草如茵的露营地以及硬路面的房车营地，也有度假屋和高端的汽车旅馆。配备设施很不错，包括现代化的公用厨房和餐厅、游乐场、水疗池。不过为它加分的还要属壮丽的山景。

Westhaven 汽车旅馆 $$

（☎0800 369 452，03-751 0084；www.thewesthaven.co.nz；SH6；双 $145~185；📶）这里漂亮的套间堪称经典，由波纹钢材和当地石材建造，墙面则是以火红和象牙色调为主。豪华大床房配备有水疗浴池。此外，旅馆还为精力充沛的住客提供自行车租赁服务（半日/全天 $20/40）。

Rainforest Motel 汽车旅馆 $$

（☎0800 724 636，03-751 0140；www.rainforestmotel.co.nz；15 Cook Flat Rd；双 $125~160；📶）外观质朴的度假小屋，里面的装饰风格素净。漂亮的大草坪适合嬉闹跑步，或者静静地欣赏迷人的山景。旅馆很干净，性价比不错。

Reflection Lodge 民宿 $$$

（☎03-751 0707；www.reflectionlodge.co.nz；141 Cook Flat Rd；双 $210；📶）这是一家滑雪小屋风格的民宿，活泼外向的主人会令你难以忘怀在这里停留的时光。在鲜花盛放的花园里能欣赏高山美景，这里还有一个如莫奈画中景致一般的池塘。

Fox Glacier Lodge 民宿、汽车旅馆 $$$

（☎0800 369 800，03-751 0888；www.foxglacierlodge.com；41 Sullivan Rd；双 $175~225；📶）这是一处迷人的住地，散发出山间小屋的气息，内外都用漂亮的原木装饰。同样以木材建造、设施齐全的夹层套间配备有水疗浴池和燃气炉。

就餐

★Matheson Cafe 新派新西兰菜 $$

（☎03-751 0878；www.lakematheson.com；Lake Matheson Rd；早餐和午餐 $10~21，晚餐 $17~33；⏲11月至次年3月 8:00至深夜，4月至10月至16:00）这家咖啡馆毗邻马瑟森湖，无可挑剔：在前卫的建筑中能最大程度地欣赏壮观的山景，馆内提供浓香的咖啡、精酿啤酒，以及一流的美食——烟熏鲑鱼早餐面包圈、慢炖羊肉，还有浆果布丁。隔壁是ReflectioNZ画廊，收藏有新西兰出产的高端艺术品和纪念品。

Last Kitchen 咖啡馆 $$

（☎03-751 0058；Sullivan Rd和SH6交叉路口；午餐 $10~20，晚餐 $24~32；⏲11:30至深夜）Last Kitchen充分利用了光照充足的街角位置，设有户外餐桌，供应当代食物，例如哈罗米芝士沙拉、开心果面包碎裹羊肉和味美多汁的汉堡。这里还供应咖啡，晚些时候还有葡萄酒。

实用信息

组织各种活动的公司以及住宿地都能提供当地相关服务信息（通常还提供预订服务），不过你也可以登录www.glaciercountry.co.nz了解更多信息。注意，福克斯没有自动柜员机（意味着南下到瓦纳卡之前都无法提取现金），而**Fox Glacier Motors**（☎03-751 0823；SH6）是启程前往120公里之外的哈斯特之前，你能找到的最后一个加油站。

新西兰环境保护部南岛西部维赫卡地区办事处（DOC South Westland Weheka Area Office；☎03-751 0807；SH6；⏲周一至周五 10:00~14:00）不再是普通的游客信息中心，但提供环境保护部常用信息、小屋票、天气预报和步道最新状况。

福克斯冰川健康中心（Fox Glacier Health Centre；☎0800 7943 2584，03-751 0836；SH6）列出了诊所营业时间，也可拨打0800，向**弗朗兹约瑟夫健康中心**（见135页）求助。

到达和离开

大多数长途汽车停靠在Fox Glacier Guiding门口。

InterCity（☎03-365 1113；www.intercity.co.nz）每天有两趟班车北至弗朗兹约瑟夫（40分钟），早上的班车还会继续驶往纳尔逊（11小时）。每日往南行驶的班车终点在皇后镇（7小时30分钟）。

Naked Bus（www.nakedbus.com）每周有3趟班车沿着海湾线往北到达纳尔逊，往南至皇后镇。

当地交通

Fox Glacier Shuttles拥有一位与众不同的员工穆雷（Murray），他会驱车带你从弗朗兹约瑟夫到科普兰山谷，沿途经过马瑟森湖、吉莱斯皮海滩和冰川。你可以在**Fox Glacier Motors**（见138页）对面找到他的车。

哈斯特地区（HAAST REGION）

福克斯冰川与哈斯特相距120公里，驾车需要2小时。沿着美丽的公路前行，穿过低地森林和零星散布在附近的牧场，将内陆风光、陡峭山谷和断断续续出现的壮观的海景一网打尽。这段公路于1965年建成，莫埃拉基湖以南5公里处的骑士角（见本页）的路边有一座专门的纪念碑。如果可以，不妨在那里驻足——这是个绝佳的观景台。

哈斯特地区是西岸公路的终点。这片开阔的区域有丰富多样的野生物种，泪柏罗汉松和拉塔树组成了繁茂的森林，还有湿地、沙丘、海豹和企鹅栖息地、各种鸟类以及一望无垠的海滩。正因如此，哈斯特地区被归入了蒂瓦希波乌纳穆新西兰西南部世界遗产区。

哈斯特（Haast）

人口 240

哈斯特坐落于宽阔的哈斯特河河口，由3个不同的区域组成：哈斯特枢纽（Haast Junction）、哈斯特村（Haast Village）和哈斯特海滩（Haast Beach）。除了是加油和填饱肚子的便捷之地外，哈斯特也是通向壮丽美景的门户：从这里出发直到杰克逊湾，沿途景色美到令人窒息。你可以取一份免费的哈斯特游客地图（www.haastnz.com）或者环境保护部出版的手册《哈斯特地区步道和活动》（*Walks and Activities in the Haast Area*；$2，或者网上下载）。不过你也可以考虑参加Waiatoto River Safaris（见141页）组织的游览项目——这家公司提供新西兰最棒的喷气快艇冒险游。

如果你打算继续往北，务必检查下汽油表，因为在抵达福克斯冰川之前，哈斯特加油站是最后一个加油站。

景点和活动

骑士角（Knights Point） 瞭望台

这一壮观的路边瞭望台立有一座纪念碑，以纪念这段海岸公路在1965年落成。瞭望台位于莫埃拉基湖以南5公里处，停车稍作停留非常方便。

莫埃拉基湖（Lake Moeraki） 湖泊

莫埃拉基湖紧邻公路，位于被划入世界遗产区内的荒原上，是一个未被开发的宁静之地，周围层峦叠嶂，森林茂密，适合沉思。湖东南端有一个停车场。

★ **船溪** 步行

（Ship Creek；www.doc.govt.nz）船溪位于哈斯特以北15公里处，是个伸展腿脚的好地方。这里有两条很棒的迷人步道，设有有意思的解说板：沙丘湖步道（Dune Lake Walk；往返30分钟）沿途都是沙丘和低矮的森林，终点有惊人美景；而泪柏罗汉松沼泽森林步道（Kahikatea Swamp Forest Walk；往返20分钟）名副其实，是一条泥泞的步行线路。

食宿

Haast Beach Holiday Park 假日公园 $

（☎0800 843 226，03-750 0860；www.haastpark.com；1348 Jackson Bay Rd, Haast Beach；露营地 $34起，铺 $25，双 $50~110）这一迷人的老旧假日公园位于哈斯特岔口以南14

公里处，驱车来此是值得的。这里设施干净整洁，从基础小屋到配备齐全的套间，还有宜人的露营区，各种选择都有。休息室很舒服，还有露台能欣赏周围美景。Hapuka河口步道（Hapuka Estuary Walk）就在马路对面，只需20分钟就能走到一片绝美的海滩。

Haast Lodge 度假屋 $

（☎03-750 0703，0800 500 703；www.haastlodge.com；Marks Rd，Haast Village；露营地$16起，铺 $25，双和标双 $55~65，套间 双$98~130；📶）这里包含了各式各样的可供选择的住宿场所，提供干净、维护良好的设施，包括为小屋住客以及露营车住宿者准备的公共区，氛围令人愉快。隔壁的Aspiring Court有整洁的汽车旅馆套间。

Collyer House 民宿 $$

（☎03-750 0022；www.collyerhouse.co.nz；Cuttance Rd，Okuru；双 $180~250；@📶）这一难能可贵的民宿提供温暖的浴袍、优质的床品，在这里还能欣赏到海滩风光。睿智的主人会烹制美味的早餐。这一切都使得Collyer House成为舒适的高端之选。顺着路标驶离SH6公路，然后沿杰克逊湾路行驶12公里可达。

Wilderness Lodge Lake Moeraki 度假屋 $$$

（☎03-750 0881；www.wildernesslodge.co.nz；SH6；双 含早餐和晚餐 $790~1150；📶）在莫埃拉基湖南端，哈斯特以北31公里处，你会发现这处新西兰最棒的自然度假屋之一。它坐拥莫埃拉基河畔葱郁的环境，提供舒适的客房和4道菜晚间套餐，但真正吸引人的是它提供的户外活动，例如皮划艇游和海滨步行游，由具有环保理念的人当导游。

Hard Antler 酒馆食物 $$

（☎03-750 0034；Marks Rd，Haast Village；晚餐 主菜 $20~30；⌚11:00至深夜，晚餐17:00~21:00）这是一家热情周到、经营良好的酒吧，鹿角展现出了其主人的男子气概。供应简单、分量十足的食物，现场烹饪。

ℹ 实用信息

新西兰环境保护部哈斯特游客中心（DOC Haast Visitor Centre；☎03-750 0809；www.doc.govt.nz；SH6和Jackson Bay Rd交叉路口；⌚11月至次年3月 9:00~18:00，4月至10月 至16:30）位于哈斯特岔口附近，提供详尽的地区信息，还播放关于哈斯特风光的电影《荒野边缘》（*Edge of Wilderness*），虽然有些短，但是免费的。

Haast Promotions（www.haastnz.com）

交通

InterCity（☎03-365 1113；www.intercity.co.nz）运营的班车在Marks Rd（Wilderness Backpackers对面）停靠，每天往返西岸区和皇后镇。**Naked Bus**（www.nakedbus.com）运营相同线路，每周3次。

哈斯特隘口公路（Haast Pass Highway）

早期毛利人为了寻找绿玉，往返于奥塔戈中部和西岸区的这条线路上，他们将之命名为"Tioripatea"，意为"干净的小路"。第一位穿越这里的欧洲人很可能是德国地质学家尤利乌斯·冯·哈斯特（Julius von Haast）——因此用他的名字来命名隘口、河流和小镇，但有证据表明，苏格兰勘探者查尔斯·卡梅隆（Charles Cameron）恐怕比哈斯特更早一步。这在当时绝非易事，因为此处地形复杂，哈斯特隘口公路直到1965年才建成通车。

从哈斯特到内陆的瓦纳卡（145公里，2小时30分钟），公路（SH6）沿着哈斯特河蜿蜒伸展，穿过边界。挂上四挡，很快就能进入阿斯帕林山国家公园。走得越远，河谷就越狭窄，直至公路攀过布满瀑布、有岩石滑落的峡谷峭壁。为了确保公路清晰可见，有关方面投入了巨额资金，可即便如此，对于粗心的司机而言，这一路仍然充满陷阱。

你可以停下来欣赏美景，公路沿途有很多带路标指示的瞭望台和短途步行线路，例如前往**扇尾瀑布**（Fantail Falls）和**雷溪瀑布**（Thunder Creek Falls）的线路。环境保护部出版的《哈斯特公路沿途步道》（*Walks along the Haast Highway*；$2）有关于这些线路的较为详细的介绍，不过步道起始点有更为全面的讲解。

值得一游

杰克逊湾路

从哈斯特隘口开始，人流最多的公路当属SH6，或是前行，或是路过。但你还有另一个选择，那就是往南走，沿着安静且风景更好的杰克逊湾路（Jackson Bay Road）一直到尽头。

一旁的南阿尔卑斯山高高耸立，平原上的农场以及点缀其中的定居点展现出了那些最初尝试在新西兰定居的人的坚毅精神。在20世纪50年代之前，唯一的从陆路进入哈斯特的方法是通过霍基蒂卡和瓦纳卡的丛林小径。而物资补给则是每两个月经海运送达。

昔日辉煌的痕迹依然随处可见，除此之外，杰克逊湾还有很多值得一探的地方。

奥库鲁（Okuru）附近的**Hapuka河口步道**（Hapuka Estuary Walk；www.doc.govt.nz；往返20分钟）是一条蜿蜒的环形木板人行道，穿过宁静的鸟类保护区，沿途设有很不错的讲解板。

再往南5公里（哈斯特岔口以南19公里处），你会找到**Waiatoto River Safaris**（☎03-750 0780，0800 538 723；www.riversafaris.co.nz；1975 Haast-Jackson Bay Rd，Hannahs Clearing；成人/儿童 $199/139；⌚游览 10:00、13:00和16:00）的总部，这家公司组织令人难忘的2小时喷气快艇游，从深山中的世界遗产森林到烟雾弥漫的河口，沿途能欣赏到多样的景致。负责人韦恩（Wayne）和鲁斯（Ruth），以及Waiatoto河的荒野氛围使其成为新西兰最好的乘船游览线路之一。

杰克逊湾路继续往西延伸至**阿拉瓦特桥**（Arawhata Bridge），这里有岔路通往**埃勒里湖步道**（Lake Ellery Track；www.doc.govt.nz），继续行驶3.5公里可达。这是一条让人身心舒畅的漫步线路，穿过苔藓覆盖的山毛榉森林（往返1小时30分钟），最终来到**埃勒里湖**，那里有一片可以野餐的海滩，用餐之后甚至可以裸泳放松。

从哈斯特小镇驱车，不到1小时就能抵达渔村**杰克逊湾**，这是西岸区仅存的天然港。在定居计划的驱使下，移民于1875年来到此地。但无尽的雨水和缺少码头的事实将他们发展农业和伐木业的梦想彻底粉碎，码头直到1938年才建成。留下来的家庭只能勉强维持生计。

如果时机刚好，你可能正赶上**Cray Pot**（炸鱼和薯条 $17~29；⌚12:00~16:00，营业时间不固定）营业。餐厅（大篷车）和地理位置（朝向海湾），还有实惠的海鲜，包括好吃的炸鱼和薯条、小龙虾、海鲜杂烩浓汤和银鱼，就是这家店最大的亮点。可以向当地人打听现在的营业时间。

带上薯条，去体验**Wharekai Te Kou步道**（www.doc.govt.nz），往返需要40分钟，能到达海洋海滩（Ocean Beach），这是一个很小的海湾，有汹涌的浪涛以及一些有意思的岩石。你也可以尝试附近的**Smoothwater Bay步道**，需要3~4小时。

公路最高点在海拔563米的隘口标志处，从那里开始，用不了多久，你就能抵达玛卡罗拉（Makarora），那里有加油站，也可以填饱肚子。你好，奥塔戈！

 到达和离开

InterCity（见135页；每天）和**Naked Bus**（一周3趟）往返于西岸区和瓦纳卡/皇后镇的班车经过哈斯特隘口。

克赖斯特彻奇（基督城）和坎特伯雷

包括 ➡

最佳餐饮

- Pegasus Bay（见176页）
- Twenty Seven Steps（见159页）
- Supreme Supreme（见159页）
- Bodhi Tree（见160页）
- Oxford（见186页）

最佳住宿

- Onuku Farm Hostel（见167页）
- Halfmoon Cottage（见167页）
- Peel Forest Horse Trekking（见183页）
- Lake Ohau Lodge（见193页）
- Lake Tekapo Lodge（见191页）

为何去

自2016年的地震以后，克赖斯特彻奇（基督城）成为新西兰变化发展最快的地方。该国第二大城市历经了重建和重生，在这里游玩不仅不失趣味，而且鼓舞人心。

从涅槃重生的基督城驾车不消一会儿就会来到班克斯半岛，这里藏着隐匿的海湾和沙滩，还有映衬着夕阳驶回阿卡罗阿景区的野生动物游船。北边坐落着遍布葡萄酒庄的怀帕拉谷，以及家庭度假氛围浓厚的汉默斯普林斯。往西去，眼前坎特伯雷平原星罗棋布的牧场很快就会化作南阿尔卑斯山脉的崎岖与荒芜。

坎特伯雷的夏日活动包括沿着高山深谷徒步，并翻越亚瑟隘口周围的山坳。冬季，活动区域则会转向滑雪场。然而无论哪个季节，新西兰的最高峰奥拉基/库克山都如哨兵一般守卫着这片多样的土地。

何时去

- 坎特伯雷是新西兰最干旱的地区之一，因为从塔斯曼海吹来的湿润西风在抵达南岛东侧之前就已经浇灌了西岸区。1月至3月是最佳游览季节，夏季天气炎热，气候稳定，能够在该地区壮丽的风景之中参与多项户外活动。
- 10月至11月和3月至5月是旅游平季，天气凉爽干燥，而且好在游人也不太多。
- 在7月至10月的冬季，可前往哈特山或坎特伯雷较小的滑雪俱乐部滑雪。

到达和离开

飞机

基督城国际机场是南岛主要的交通枢纽。新西兰航空(Air New Zealand)从这里飞往国内15个目的地;而捷星航空(Jetstar)的航班分别往返惠灵顿和奥克兰。新西兰航空还有航班在蒂马鲁和惠灵顿之间往返。

巴士

基督城也是长途汽车和公交车的枢纽,从这里出发的班次沿着海岸向北到皮克顿,向南到达尼丁(可以继续前往蒂阿瑙),还能翻越南阿尔卑斯山脉到达格雷茅斯,或深入内陆到达皇后镇。

火车

高山观景火车(TranzAlpine)运营往返基督城和格雷茅斯的列车。太平洋沿海铁路(Coastal Pacific)运营的列车向北缓缓驶向皮克顿,通过渡船越过库克海峡与北岛相连。

克赖斯特彻奇(基督城, CHRISTCHURCH)

人口 342,000

欢迎来到这座蓬勃发展的城市,遭遇新西兰史上第二严重的自然灾害之后,它正处于积极转型中。基督城在过去是新西兰最具英伦风情的城市,但随着2010年和2011年两次地震的接连打击,主要的建筑遗产已被破坏殆尽,186人也因此失去了生命。

今天的基督城拥有非常多施工路障和集装箱,并且处于中央商务区(CBD)施工重建的重要节点;因此,这里的确会存在烟尘、噪音和交通拥堵的问题。不过千万不要被这些吓退了脚步,知名的艺术场所、漂亮的植物园和哈格利公园为市中心增色不少,残余的石头建筑和闪耀的新大楼交相辉映,构成了布局松散的市区风貌,艺术设施和街心花园隐藏在街道间。

好奇的旅行者一定会醉心于此地的喧嚣、疯狂和多姿多彩,心中涌起的惊喜和灵感也令人始料未及。尽管当地人有着伤心的往事,同时还需要辛勤工作,但他们仍旧欢迎你的到来。

历史

第一批居住在现今基督城所在地的都是恐鸟猎人,他们在1250年左右抵达这里。就在被殖民前不久,纳塔胡部落(Ngāi Tahu)在埃文河(Avon)岸边建造了一座季节性的小村庄,叫作Otautahi。

1880年,当英国殖民者到达时,这里奉命成立了英国教会。“第一批四艘船”(First Four Ships)的乘客因此被英国媒体称为“坎特伯雷清教徒”(Canterbury Pilgrims)。基督城原本是要被建成南太平洋阶级结构完善的英格兰,而不是破旧的殖民前哨。因此,教堂取代了酒馆,肥沃的农田郑重地交到乡绅的手中,而羊毛也让基督城的精英阶层富裕起来。

1856年,基督城正式成为新西兰的第一座城市,而且十分具有英伦特色。城市规划和建筑都和“祖国”十分相似,而英式花园也为它赢得了“花园城市”(Garden City)的美名。时至今日,春天的基督城依然繁花似锦。

克赖斯特彻奇(基督城)和坎特伯雷重要信息

就餐 在新西兰最高峰脚下繁育的三文鱼

饮品 产自怀帕拉谷的新西兰最佳黑皮诺和雷司令葡萄酒

阅读 基督城的记者简·鲍伦(Jane Bowron)的作品*Old Bucky & Me*对2011年的地震进行了深刻的解读

聆听 基督城的Ladi6的歌曲有着深情的曲调和振奋的节奏

观赏 在基督城地震之城展览馆(见147页)感受市民的勇敢与自强不息

绿色之旅 住在位于班克斯半岛环保型的Okuti Garden(见168页)

网络资源 www.christchurchnz.com, www.mtcooknz.com, www.midcanterburynz.com, www.visithurunui.co.nz

电话区号 ☎03

克赖斯特彻奇（基督城）和坎特伯雷亮点

❶ 体验**克赖斯特彻奇**（基督城；见143页）震后的大兴土木和凤凰涅槃。

❷ 漫步穿越城市的绿色心脏**基督城植物园**（见146页）。

❸ 在**约翰山**（见190页）山顶赞叹麦肯齐地区脱俗的景色和特卡波湖超然的湛蓝。

❹ 在著名的温泉**汉默斯普林斯浴池**（见173页）里静心享受。

❺ 在Summit Rd上赞叹被海浪侵蚀的**班克斯半岛**（见165页）海岸，然后下坡抵达古朴的法式村庄**阿卡罗阿**（见168页）。

⑥ 凝视冲破云霄的新西兰最高峰**奥拉基/库克山**（见194页）的轮廓。

⑦ 从原始的特威泽尔骑行在**阿尔卑斯山至海洋自行车道**（见193页）的最佳部分路段。

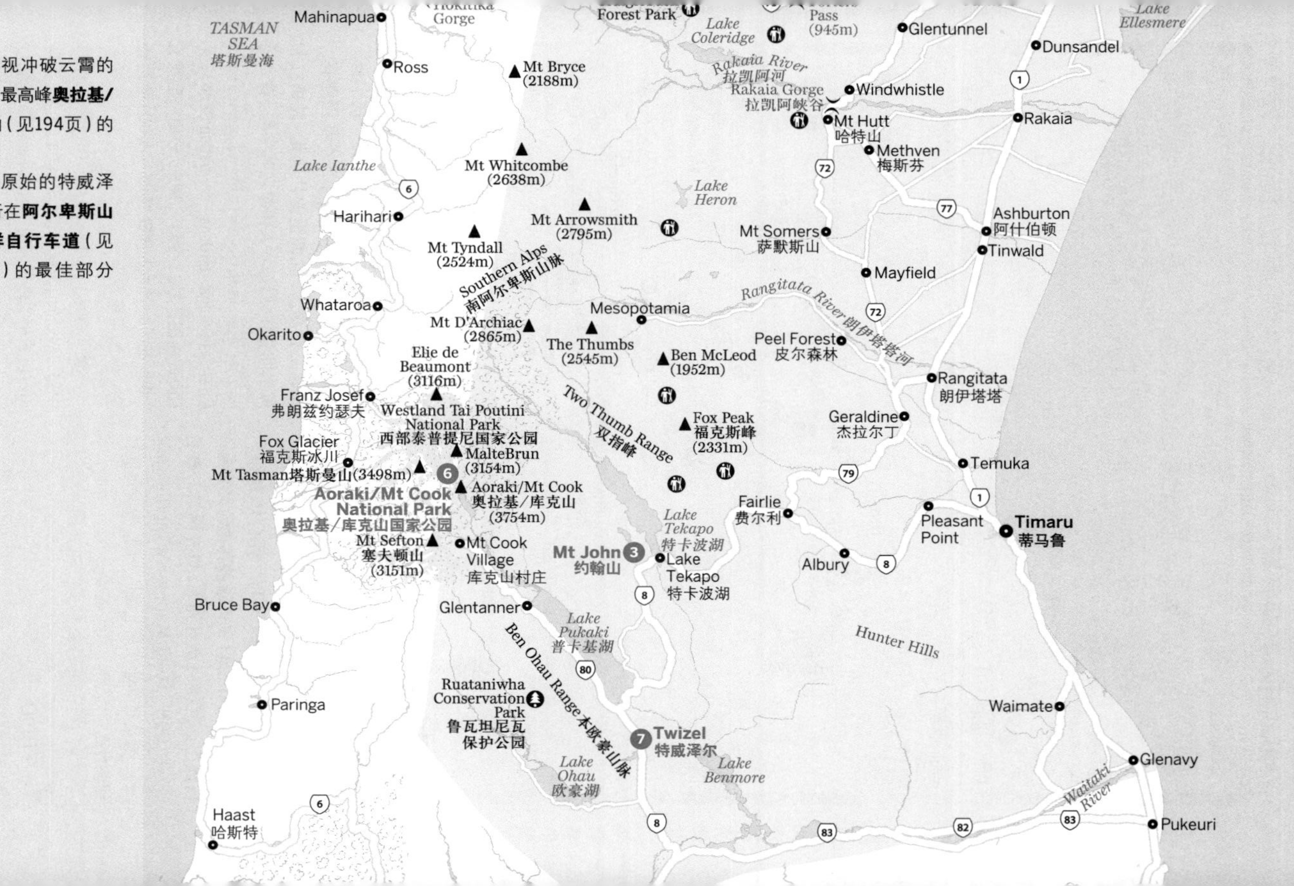

Christchurch 克赖斯特彻奇(基督城)

景点

大地震后从零开始，Gap Filler项目成员运用创意和色彩，把市内的建筑空隙统统装扮起来。施工项目多种多样，有临时艺术装置、表演空间和花园，也有穿插在建筑之间的迷你高尔夫球场和“看台体育馆”(Grandstandium)——这种移动的大看台妙趣横生。“空隙”从有到无，可在网站上查看“空隙地图”(Gap Map; www.gapfiller.org.nz)，或是简单地在街上溜达一圈，看看你能找到些什么。

市中心

★ **基督城植物园** 花园

(Christchurch Botanic Gardens; 见138页地图; www.ccc.govt.nz; Rolleston Ave; ⏱10月至次年3月 7:00~20:30，4月至9月 至18:30) **免费** 在30公顷的花海和树林间穿梭，是一次十全十美的基督城体验。这里一年四季都很漂亮，尤其是在春天，花园里的杜鹃花、映山红和黄水仙竞相绽放，令人印象尤其深刻。游客还能够探索主题花园，躺在草坪上；**植物园信息中心**(Botanic Gardens Information Centre; 见150页地图; ☎03-941 8999; ⏱周一至周五 9:00~16:00，周六和周日 10:15~16:00)旁边还有一座游乐场。

徒步导览($10)13:30(9月中旬至次年3月中旬)从坎特伯雷博物馆(见147页)出发。游客也可以乘坐**卡特彼勒火车**(Caterpillar; ☎0800 88 2223; www.welcomeaboard.co.nz; 成人/儿童 $20/9; ⏱11:00~15:00)绕花园游览。

Christchurch 克赖斯特彻奇（基督城）

景点
1 贡多拉 C4
2 里卡顿庄园和树林 A2

活动、课程和团队游
3 Bone Dude B1

住宿
4 Christchurch Top 10 .... A1
5 Fendalton House A2
6 Haka Lodge C2
7 Le Petit Hotel D3
8 Merivale Manor A1
9 Old Countryhouse B2

就餐
10 Bodhi Tree A1
Christchurch Farmers Market ..（见2）
Cornershop Bistro ....（见7）
Freemans ....（见12）
11 Kinji A1
Lyttelton Coffee Company ....（见12）
12 Lyttelton Farmers' Market D4
Roots ....（见12）
13 Under the Red Verandah B2

饮品和夜生活
Civil and Naval ....（见12）
The Brewery ....（见14）
Wunderbar ....（见12）

娱乐
Hollywood Cinema ....（见7）

购物
14 Tannery C3

实用信息
利特尔顿游客信息中心 ....（见12）

交通
Black Cat ....（见12）

★ 基督城美术馆　美术馆

（Christchurch Art Gallery；见150页地图；☎03-941 7300；www.christchurchartgallery.org.nz；Montreal St和Worcester Blvd交叉路口；⊙周四至周二 10:00~17:00，周三 至21:00）**免费** 基督城精美的美术馆虽在地震中遭到破坏，但重新开放后更加漂亮和前卫，主要展出各种激动人心的新西兰展品。

哈格利公园　公园

（Hagley Park；见150页地图；Riccarton Ave）哈格利公园环绕着植物园，是基督城面积最大的绿地，占地165公顷。Riccarton Ave将其一分为二，埃文河在北半区蜿蜒流淌。无论是雾霭缭绕的初秋清晨，还是樱花盛开的春日时分，Harper Ave 都很适合散步。一年四季，这些林荫道都是慢跑者的天下。

坎特伯雷博物馆　博物馆

（Canterbury Museum；见150页地图；☎03-366 5000；www.canterburymuseum.com；Rolleston Ave；⊙9:00~17:00）**免费**没错，这里有一具木乃伊和恐龙骨架，但博物馆的亮点在于它更具当地特色，展品年代也更近。毛利展览馆珍藏着一些漂亮的绿石（pounamu）物件，“基督城街”（Christchurch Street）展示了殖民时代的历史。Fred & Myrtle的鲍鱼贝壳小屋工艺品虽然很俗气，却是新西兰最佳的旅行纪念品。孩子们会喜欢探索中心（Discovery Centre；$2）的互动展览。时长1小时的团队游于周二和周四的15:30出发。

地震之城展览馆　博物馆

（Quake City；见150页地图；www.quakecity.co.nz；99 Cashel St；成人/儿童 $20/免费；⊙10:00~17:00）只要你对坎特伯雷的地震感兴趣，这里就不容错过。展览馆位于Re:START Mall，交通方便，通过照片、视频和各类实物，包括从大教堂掉落的碎片，为参观者展示当时的场面。当地人描述自己亲身经历的电影最能打动人心。

过渡教堂　教堂

（Transitional Cathedral；见150页地图；www.cardboardcathedral.org.nz；234 Hereford St；乐捐

坎特伯雷大地震

基督城的地震噩梦开始于2010年9月4日凌晨4点35分。一场震中位于城市以西40公里处、持续40秒的7.1级地震将坎特伯雷人从睡梦中摇醒。市中心的老建筑普遍受到破坏。在靠近震中的乡村地区达菲尔德（Darfield），绿草如茵的牧场上裂开巨大的地缝，南岛主要铁路的轨道发生弯折。由于这次地震发生在凌晨，大多数人都在家睡觉，没有人死亡，许多基督城居民都认为这座城市逃过了一劫。

时间快进到2011年2月22日中午12点51分，基督城市中心的购物者往来不绝，办公室职员和购物者们正在享受午餐休闲时光。这次的6.3级地震距离基督城更近，震中位于城市东南仅10公里处，震源深度只有5公里。此次地震破坏的剧烈程度大大增强，许多当地人报告自己被暴力地甚至几乎是垂直地甩向空中。此次地震的地面峰值加速度（PGA）超过1.8，几乎是重力加速度的2倍。

当历时24秒的灾难尘埃落定时，新西兰第二大城市被彻底地改变了。标志性建筑基督城大教堂高耸的尖塔颓然倾倒在一片废墟之中；墙壁和游廊轰然倒塌于城市中心的商业街；两幢多层建筑被夷为平地，造成大量人员伤亡。在185名遇难人员（来自20个不同国家）之中，大约有一半在六层楼的坎特伯雷电视大楼遇难；其中，很多人是来自语言学校的留学生。在城市周边，历史悠久的港都利特尔顿损失惨重；道路和桥梁扭曲坍塌，土壤液化导致数以吨计的淤泥涌出地面，淹没了东部的城郊住宅区。

之后数月发生了几百次的余震持续伤害着居民（并又夺去1人的性命），但坎特伯雷人很快恢复了正常的生活，继续勇敢地生活着。“农场军团”（Farmy Army）带着铁铲和饭盒从乡村腹地涌向城市。社交媒体动员了1万名学生，学生志愿军团（Student Volunteer Army）成为城市东部城郊住宅区域艰难的清理工作的中坚力量。全新西兰人紧密团结，提供真诚的帮助和支持，此外还有7个国家派遣了专业的城市搜救队。

2011年那个温暖夏日留下的创伤需要几代人来抚平。基督城东部城郊的整个街区都将废弃，基督城的老建筑也遭到了不可挽回的重创。城市一些地区的居民被迫迁至不合格的房子里，等待保险理赔。市中心著名的四大街道的建筑中，大约有80%需要拆除。有的人惨遭灭顶之灾，有的人幸免于难，在废墟之中到处都是重新施工的建筑工地。

基督城20年的重建计划方案包括一个与绿色空间为邻的紧凑市中心，没有高层建筑，埃文河畔建有公园和自行车道。估计重建和修复的总费用将达到400亿（甚至500亿）新西兰元。

入内；⏲9:00~17:00，夏季至19:00）因为施工用了98根纸板管子而被人们称之为“纸板大教堂”（Cardboard Cathedral），这座有趣的建筑既是城市临时的英国国教教堂，也承担着音乐厅的任务。由日本“灾难建筑师”坂茂（Shigeru Ban）设计，整座建筑仅用了11个月就搭建完成。

贡多拉 缆车

（Gondola；见146页地图；www.gondola.co.nz；10 Bridle Path Rd；往返 成人/儿童 $28/12；⏲10:00~17:00）乘坐缆车经过长达945米的轨道，直达卡文迪许山（Mt Cavendish）的顶端，然后纵览市区、利特尔顿港、班克斯半岛和坎特伯雷平原的全景。山顶有间咖啡馆，还有针对儿童设计的“时间隧道”（Time Tunnel），它可以使参观者身处历史场景之中。你还可以步行前往卡文迪许峭壁观景台（Cavendish Bluff Lookout；往返30分钟）或是**女性先驱纪念碑**（Pioneer Women's Memorial；见146页地图），往返需1小时。

艺术中心 历史建筑

（Arts Centre；见150页地图；www.artscentre.org.nz；2 Worcester Blvd）这片哥特复兴式建筑群始建于1877年，原先属于坎特伯雷学院，也就是坎特伯雷大学的前身。学院最著名的学生就是核物理学之父卢瑟福（Lord

Ernest Rutherford），这位新西兰物理学家在1917年首次分解了原子（100新西兰元纸币上就是他的肖像）。

因为这些建筑在地震中受到重创，你只能在街边欣赏。有几栋楼已经在2016年重新开放，但项目整体完工预计要到2019年。

大教堂广场 广场

（Cathedral Square；见150页地图）因为基督城大教堂的倾塌，基督城的城市广场被废墟环绕，显得荒芜苍凉。63米高的尖塔在2011年2月的地震中倒塌，而珍贵的彩绘玻璃玫瑰花窗也毁于2011年6月和12月的地震之中。广场周围的其他古迹建筑也遭到重创，但有一座现代的地标毫发无损，那就是18米高的圣餐杯（Chalice）金属雕像，由尼尔·道森（Neil Dawson）设计。它建于2001年，当时为了庆祝新千年而建成。

这座受人喜爱的哥特式基督城大教堂处于一场口水战的风口浪尖，有些人愿意维持基督城古迹残骸的原貌，他们被称为"财政实用主义者"，而还有些思想开放的市民愿意修建一些新楼。尽管残存的正厅基本没有受损，但2012年3月，英国国教教区还是宣布拆除大教堂。古迹支持者向法院提出诉讼，试图阻止拆除进程，而政府任命了独立顾问介入双方的争执，结果他的报告结论为"替代大教堂的施工从工程角度而言难度不高"。这句话更是火上浇油，直至本书撰写期间，关于大教堂何去何从，是重建、拆除、替换还是"改造"，依然没有定论。大量的反对声音意味着这场争执还要持续好几年。

其他郊区

里卡顿庄园和树林 历史建筑

（Riccarton House & Bush；见146页地图；www.riccartonhouse.co.nz；16 Kahu Rd，Riccarton）免费 历史悠久的里卡顿庄园（1856年）傲然坐落于12公顷漂亮的绿地和树林间，就在埃文河的旁边，周六备受欢迎的基督城农夫市场（见160页）就在这里举办。团队游每周日至周五从14:00开始（成人/儿童 $18/5）。

屋后的灌木丛更为古老，没有野兽出没。而被防畜栅栏围着的是坎特伯雷仅存的泪柏罗汉松松林冲积平原。

泪柏罗汉松（Kahikatea）是新西兰最高的原生树种，最高可以长到60米；这里最高的仅为30米，并且树龄在300~600年。一条环形步道穿越树林的中心。

> **WELCOME ABOARD 组合套票**
>
> **Welcome Aboard**（☎03-366 7830；www.welcomeaboard.co.nz）旅行社经营撑船（见153页）、有轨电车（见154页）、贡多拉缆车（见148页）和植物园花园卡特彼勒火车（见146页）等项目，还会前往汉默斯普林斯参与Thrillseekers Adventures（见174页）的探险活动。组合套票令人眼花缭乱，不过如果你打算参与多个活动，它就能为你省下一些钱。这里还经营6小时的"大旅行"（Grand Tour；成人/儿童 $129/69），包括在基督城进行的4项活动，还会前往桑莫纳。

奥拉纳野生动物园 动物园

（Orana Wildlife Park；☎03-359 7109；www.oranawildlifepark.co.nz；McLeans Island Rd，McLeans Island；成人/儿童 $34.50/9.50；⏲10:00~17:00）奥拉纳自诩"野生动物园"，当你选择跳入笼中"与狮子相遇"，就能明白野生动物园的意义了（另外收取$45）。这里还有一座很棒的步入式本地鸟鸟舍、夜间几维鸟之家和一处爬行动物展区，那里能看见大蜥蜴（tuatara）。园区超过80公顷的面积属于非洲动物区，包括犀牛、长颈鹿、斑马和猎豹，甚至还有大猩猩。

柳岸野生动物保护区 动物园

（Willowbank Wildlife Reserve；☎03-359 6226；www.willowbank.co.nz；60 Hussey Rd，Northwood；成人/儿童 $28/11；⏲10月至次年4月 9:30~19:00，5月至9月 至17:00）位于市中心以北大约10公里处，柳岸生活着新西兰当地动物（包括几维鸟）、传统农庄的动物，以及能够与之亲密接触的沙袋鼠、小鹿和狐猴。这里还重建了一座毛利村庄，晚上用来举办Ko Tane（见155页）。

Central Christchurch 克赖斯特彻奇(基督城)市中心

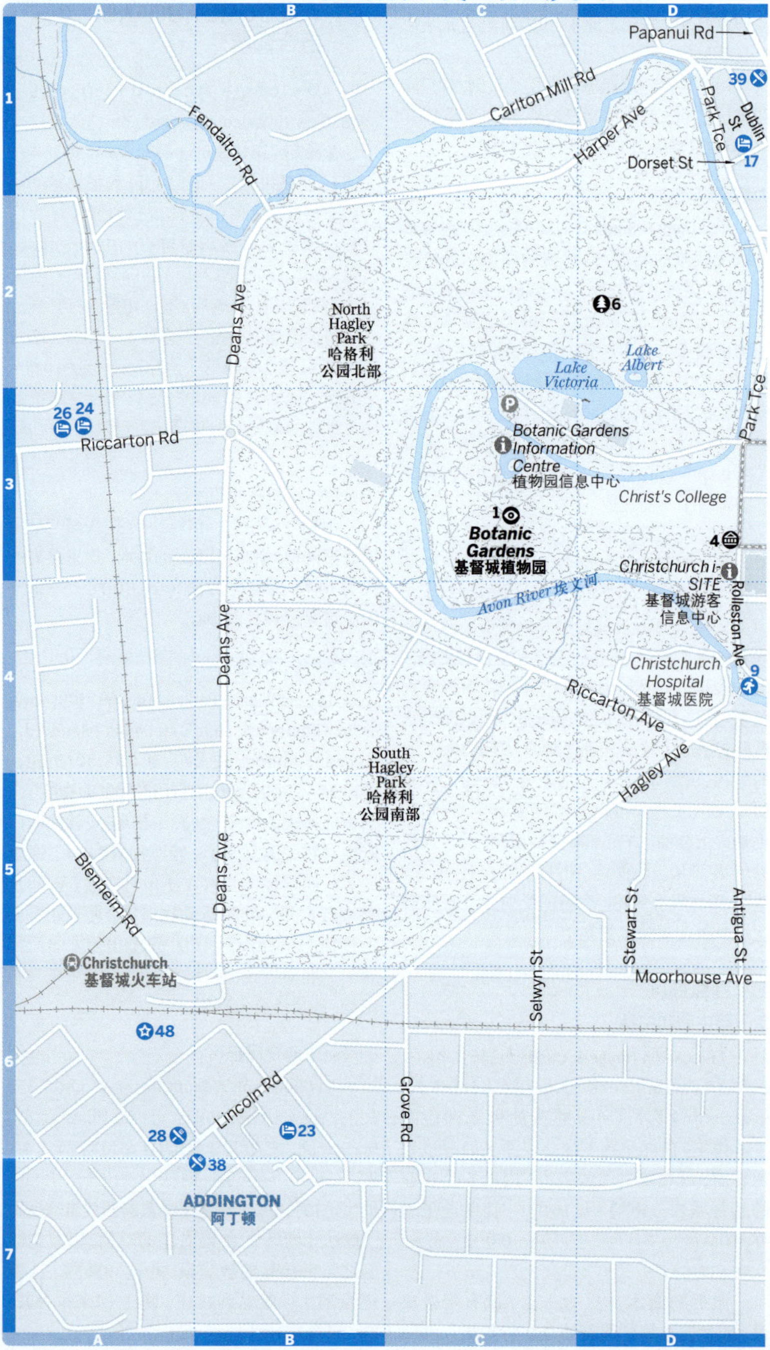

Papanui Rd
Carlton Mill Rd
39
Fendalton Rd
Harper Ave
Park Tce
Dublin St
Dorset St
17
Deans Ave
North Hagley Park
哈格利公园北部
6
Lake Albert
Lake Victoria
26 24
Riccarton Rd
Botanic Gardens Information Centre
植物园信息中心
Park Tce
Christ's College
1
Botanic Gardens
基督城植物园
4
Christchurch i-SITE
基督城游客信息中心
Rolleston Ave
Avon River 埃文河
Deans Ave
Christchurch Hospital
基督城医院
9
Riccarton Ave
South Hagley Park
哈格利公园南部
Hagley Ave
Blenheim Rd
Deans Ave
Stewart St
Antigua St
Selwyn St
Christchurch
基督城火车站
Moorhouse Ave
48
Lincoln Rd
Grove Rd
28
23
38
ADDINGTON
阿丁顿

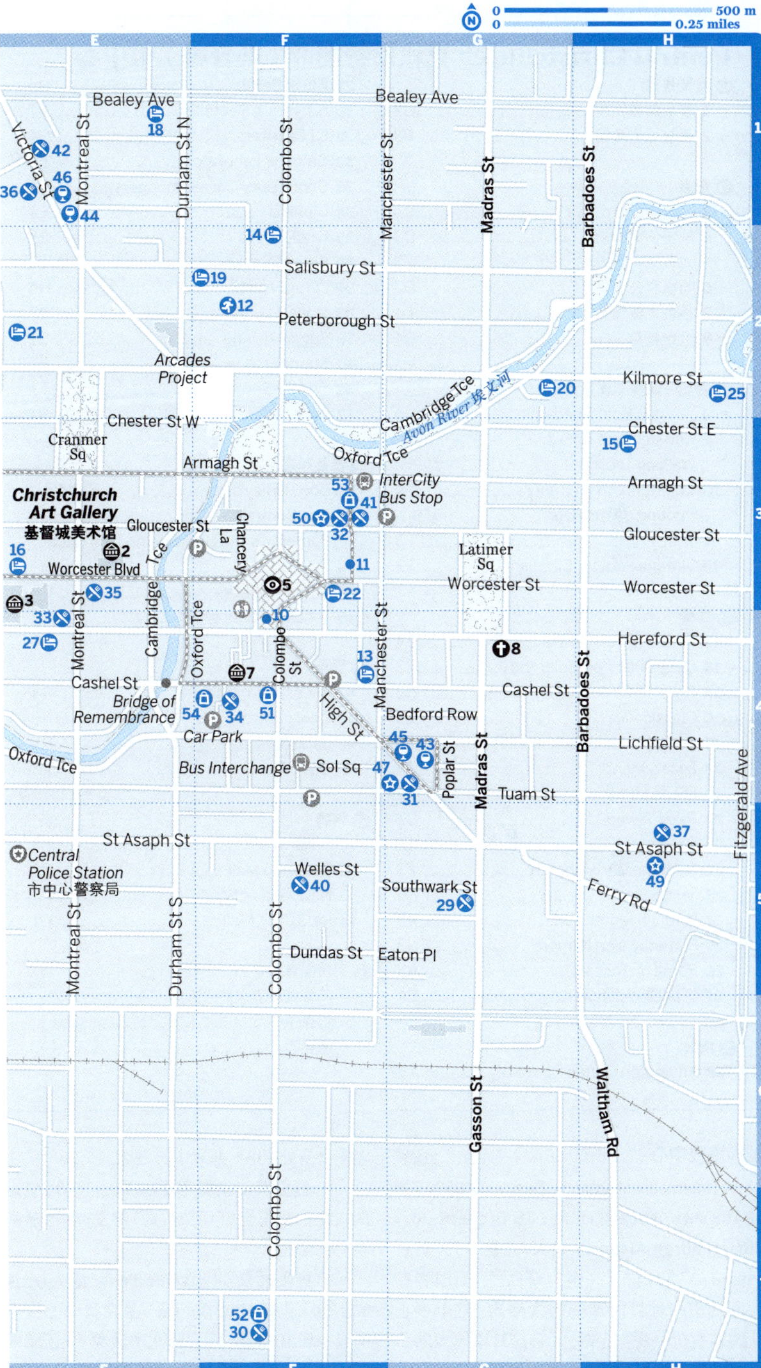

克赖斯特彻奇（基督城）和坎特伯雷 克赖斯特彻奇（基督城）

Central Christchurch 克赖斯特彻奇（基督城）市中心

◎ 重要景点

1 基督城植物园 C3
2 基督城美术馆 E3

◎ 景点

3 艺术中心 E3
4 坎特伯雷博物馆 D3
5 大教堂广场 F3
6 哈格利公园 D2
7 地震之城展览馆 F4
8 过渡教堂 G4

活动、课程和团队游

9 Antigua Boat Sheds D4
Christchurch Bike & Walking Tours .... （见9）
10 Christchurch Free Tours F4
Punting on the Avon .... （见9）
11 Tram F3
12 Vintage Peddler Bike Hire Co F2

住宿

13 BreakFree on Cashel F4
14 CentrePoint on Colombo F2
15 Chester Street Backpackers H3
16 Classic Villa E3
17 Dorset House Backpackers D1
18 Eliza's Manor E1
19 Focus Motel F2
20 Foley Towers G2
21 George E2
22 Heritage Christchurch F3
23 Jailhouse B6
24 Lorenzo Motor Inn A3
25 Pomeroy's on Kilmore H2
26 Roma on Riccarton A3
27 YHA Christchurch E4

就餐

28 Addington Coffee Co-op A6
29 Black Betty G5
30 Burgers & Beers Inc F7
31 C1 Espresso G4
32 Caffeine Laboratory F3
33 Canterbury Cheesemongers E4
34 Dimitris F4
35 Fiddlesticks E3
36 King of Snake E1
37 Lotus Heart H5
38 Mosaic by Simo B7
39 Saggio di Vino D1
40 Supreme Supreme F5
41 Twenty Seven Steps F3
42 Vic's Cafe E1

饮品和夜生活

Boo Radley's .... （见46）
43 Dux Central G4
Pomeroy's Old Brewery Inn .... （见25）
44 Revival E1
45 Smash Palace G4
46 Tequila Mockingbird E1

娱乐

47 Alice Cinematheque G4
48 Court Theatre A6
49 darkroom H5
50 Isaac Theatre Royal F3

购物

51 Ballantynes F4
52 Colombo Mall F7
53 New Regent St F3
54 Re:START Mall F4

实用信息

基督城环境保护部游客信息中心 .... （见54）
游客亭 .... （见54）

国际南极中心 博物馆

（International Antarctic Centre; ☎0508 736 4846; www.iceberg.co.nz; 38 Orchard Rd, Christchurch Airport; 成人/儿童 $39/19; ⏲9:00~17:30）位于一座为新西兰、美国和意大利的南极项目而建造的大楼内，这个中心让游客有机会观赏企鹅，了解这片冰原大陆。亮点包括南极风暴馆（Antarctic Storm），可以体会身处-18℃寒风中的滋味。

一趟免费的接驳车于10:00~16:00整点从坎特伯雷博物馆（见147页）出发，半点从南极中心发车。

“极限通票”（Xtreme Pass; 成人/儿童 $59/29）包括4D影院门票（坐在移动座椅上观看一场3D电影，还有喷水的效果），还能乘坐Hägglund全地形水陆两栖南极船。另一种票是“企鹅幕后通票”（Penguin Backstage Pass；成人/儿童 $25/15），你可以了解“遇见企鹅”（Penguin Encounter）的幕后故事。

活动

划船

Antigua Boat Sheds 划船游、皮划艇

（见150页地图；☎03-366 6768；www.boatsheds.co.nz；2 Cambridge Tce；⏰9:00~17:00）建立于1882年、绿白相间的Antigua Boat Sheds十分上镜，出租手摇船（$35）、皮划艇（$12）、加拿大式独木舟（$35）和自行车（成人/儿童 $10/5）；所有价格都以小时收费。这里还有一家不错的咖啡馆。

在埃文河上撑船游览 划船游

（见150页地图；www.punting.co.nz；2 Cambridge Tce；成人/儿童 $28/20；⏰10月至次年3月 9:00~18:00，4月至9月 10:00~16:00）你还可以从Antigua Boat Sheds出发，进行半小时的撑船游览，穿过植物园。你可以在平底船上放松休憩，因为身着爱德华时代服装的壮小伙用一根竹篙就能搞定了。还有一条路线从Worcester St Bridge出发，经过基督城重振旗鼓的市中心。

游泳和冲浪

虽然海滩不同的部分有着不同的名字，但其实就是一片从埃文河和希思科特河（Heathcote River）的河口向北延伸的沙滩。**新布莱顿**（New Brighton）距离市中心最近，一座造型别致的码头向海面伸出300米。在另一侧，**南新布莱顿**（South New Brighton）和**北滩**（North Beach）则是较为安静的选择。**Waimairi**在北面更远一些，但我们推荐那里。

桑莫纳（Sumner）的地位无人能及，距离市中心12公里，位于河口的南岸。它有着海滨城市风情，还有餐馆和艺术片放映厅，一日游选择这儿不会令你失望。

沿着海岬再往东去，偏远的**Taylors Mistake**有基督城海滩最干净的海水和不错的海浪。初学者还是乖乖选择桑莫纳或新布莱顿吧。

徒步

游客信息中心提供徒步游览的信息和各个独立村镇的游玩项目，包括精彩的**埃文河徒步游**（Avon River Walk），可欣赏几座主要城市的景观。在本书撰写时期，一幅涵盖**海港山**（Port Hills）徒步路线的详尽地图刚刚出版；你也可以在www.ccc.govt.nz 搜寻关键

在基督城的……

两日

在**Supreme Supreme**（见159页）吃过早餐后，花些时间在百废待兴、大兴土木的市中心走走，访问**地震之城展览馆**（见147页）并穿过**大教堂广场**（见149页）。前往**基督城美术馆**（见147页），然后在**Canterbury Cheesemongers**（见159页）买些野餐食品。午餐过后，访问精彩的**坎特伯雷博物馆**（见147页），再步行穿过迷人的**植物园**（见146页）。当晚，探索餐饮街Victoria St，或是径直前往**Smash Palace**（见161页）和大伙儿一起喝杯啤酒，吃汉堡包。

第二天从**Addington Coffee Co-op**（见160页）开始，乘贡多拉缆车登顶卡文迪许山观景，并在山顶走走。然后继续前往利特尔顿，吃完午餐穿越隧道返回，前往桑莫纳，在傍晚游泳或散步；然后吃顿晚餐，并到**Hollywood Cinema**（见146页地图；www.hollywoodcinema.co.nz；28 Marriner St；成人/儿童 $17/12）看场电影。

四日

在完成上述两日游的线路之后，前往阿卡罗阿探索有着丰富野生动物的港湾，并且漫步于漂亮的街道之中，享受沿途令人赞叹不已的美景，然后再回来。第四天，访问**奥拉纳野生动物园**（见149页），并且在Woolston的**Tannery**（见162页）用购物、啤酒和比萨结束这一天。

词“Port Hills”。

若要远眺城市美景，选择从位于Dyers Pass Rd的**短翅水鸡招牌**（Sign of the Takahe）出发的步道。该地区有不同的招牌（“Sign of the……”），它们修建于经济大萧条时期，原本作为休息停车点的旅馆。这条步道径直通过维多利亚公园（Victoria Park）前往**几维鸟招牌**（Sign of the Kiwi），再沿着一路美景的Summit Rd前往Scotts Reserve。

你可以从希思科特谷（Heathcote Valley）出发（乘坐28路公共汽车），沿着**跑马道**（Bridle Path；1小时30分钟）步行前往利特尔顿。**Godley Head Walkway**（往返2小时）从 Taylors Mistake出发，来回两次穿过Summit Rd，晴朗的日子风景秀美。

你还可以在www.christchurchnz.com查看基督城和坎特伯雷全境的徒步路线。

骑自行车

地形大多平坦，且拥有超过300公里的自行车道，基督城非常适合自行车骑行。不信的话，那就翻翻看免费的《基督城市区骑行指南》（*Christchurch City Cycle Guide*）或市议会的网站（www.ccc.govt.nz）。游客信息中心还提供自行车租赁和团队导览的建议。

海港山的周围都非常适合越野骑行；请留意新的骑行小道地图。前往班克斯半岛，你会找到小河自行车道（Little River Trail；见166页）最美的一段路，也是新西兰“大自行车道”（Great Rides）的一部分。

Vintage Peddler Bike Hire Co 自行车租赁

（见150页地图；☎03-365 6530；www.thevintagepeddler.co.nz；7/75 Peterborough St；每小时/每天$15/30起）可以选择这些复古时尚的自行车。提供头盔、车锁和当地信息。

City Cycle Hire 自行车租赁

（☎03-377 5952；www.cyclehire-tours.co.nz；自行车租赁半天/全天 $25/35）提供普通和越野自行车的送货上门服务。如果你喜欢下坡骑行16公里，他们还可以带着一辆车在缆车终点站等你（$70 包含贡多拉缆车；1小时30分钟）。

课程

Bone Dude 课程

（见146页地图；☎03-385 4509；www.thebonedude.co.nz；153 Marshland Rd，Shirley；$60起；⏲周五 13:00~16:00，周六 10:00~13:00）富有创意的人可以考虑预订一节Bone Dude的课程，课上会教你如何雕刻自己的骨雕吊坠（总共3个小时）。课程仅允许8名体验者参与，预订从速。

团队游

★ **有轨电车** 有轨电车

（Tram；见150页地图；☎03-377 4790；www.tram.co.nz；成人/儿童 $20/免费；⏲10月至次年3月 9:00~18:00，4月至9月 10:00~17:00）精彩的司机讲解让这趟电车之旅有趣极了。复古精美的列车缓缓地沿着17个站点行驶一圈，带你前往大多数市区主要景点，包括大教堂广场和New Regent St。电车每15分钟1班，全程不到1小时，而且你可以全天随时上下车。

孩子们的基督城

基督城并不缺少适合孩子游玩的景点和活动。如果你看重家庭同乐，可以考虑每年7月新西兰最盛大的儿童节日**KidsFest**（见156页）期间安排全家出游，届时各种各样的表演、手工作坊和派对令人目不暇接。一年一度的**世界街头艺人节**（见156页）也很受欢迎。

如果要野餐和户外玩乐，可去往**植物园**（见146页）；那里的咖啡馆旁边有一座游乐场，孩子们也一定会喜欢乘坐那里的小火车。要亲近大自然，可以在**奥拉纳野生动物园**（见149页）或**柳岸野生动物保护区**（见149页）与野生动物们来一次邂逅。从**Antigua Boat Sheds**（见153页）租一艘划艇或皮划艇，也可以让精力旺盛的孩子们玩个痛快。**国际南极中心**（见152页）和**坎特伯雷博物馆**（见147页）的探索中心也能做到寓教于乐。

如果天气不错，那么就在桑莫纳或新布莱顿逐浪撒欢吧。

毛利新西兰：克赖斯特彻奇（基督城）和坎特伯雷

只有14%的新西兰毛利人居住在南岛，其中一半住在坎特伯雷。第一个驻扎于此的大型部落是Waitaha部落，后来在16世纪被纳塔胡部落（起源于北岛的东海岸）征服并同化。在17世纪，其余的毛利人陆续被纳塔胡部落（www.ngaitahu.iwi.nz）征服并归顺。

1848年，坎特伯雷的大部分疆域根据协议卖给了英国皇室，其中规定按每人10英亩的土地划拨给部落使用；而这在当时连一半的面积都不到。由于手上的土地资源稀少，纳塔胡部落根本不能自给自足，因而长期陷入经济困境。直到1997年，这起不公正的案件才得到处理；部落收到了来自皇室的道歉，并得到了1.7亿新西兰元的协议赔款。协议的另一部分还包括官方收录部落祖先土地上的一些具有重大宗教意义的毛利语名字，比如奥拉基/库克山。

如今，纳塔胡被认为是毛利王国最成功典范之一，经济良好，文化也得到传承，并且广泛参与到地产、林业、渔业和众多旅游业的项目之中。

在坎特伯雷，有多种体验毛利文化的途径。如果要观赏文物，可以前往**坎特伯雷博物馆**（见147页）、**阿卡罗阿博物馆**（见169页）、**奥肯斯湾毛利及殖民博物馆**（见166页）和**南坎特伯雷博物馆**（见184页）。**柳岸野生动物保护区**（见149页）有一座毛利村庄的复制品，还有晚间文化演出。在更南边的蒂马鲁，**蒂安娜毛利岩石艺术中心**（见184页）有互动展示，还可以安排团队游，实地参观历史长达数世纪的摩崖石刻。

高山观景火车 火车游

（TranzAlpine；☎0800 872 467，03-341 2588；www.kiwirailscenic.co.nz）高山观景火车是世界上最棒的火车旅行路线之一，穿越基督城和格雷茅斯之间的南阿尔卑斯山脉，从太平洋一直到达塔斯曼海，经过亚瑟隘口国家公园。沿途是一系列波澜壮阔的美景，从平坦的坎特伯雷冲积平原，到狭长的高山沟壑，还有8.5公里长的隧道，山毛榉森林河谷，以及一座周围生长着朱蕉的湖泊。

就算天气不佳（如果一侧海岸在下雨，很有可能另一侧天气晴朗），这段4小时30分钟的旅途也能令人难以忘怀。8:15从基督城出发，13:45到达格雷茅斯。

基督城免费游览 步行游览

（Christchurch Free Tours；见150页地图；www.freetours.co.nz；Cathedral Sq；⏲11:00）免费是的，这是免费游览。只要来到大教堂广场的圣餐杯（Chalice）的雕像，找到穿红衣服的工作人员就可以了。如果你喜欢这2小时的漫步行程，可以给你的导游付一笔小费。不要错过！

Red Bus Rebuild Tour 巴士游

（☎0800 500 929；www.redbus.co.nz；成人/儿童 $35/17）讲解涵盖市中心被地震摧毁遗迹的过去、现在和将来。团队游需要90分钟，并且包括观看往昔街景的录像片段。

Hassle Free Tours 巴士游

（☎03-385 5775；www.hasslefree.co.nz）乘坐敞篷双层巴士探索基督城（成人/儿童$35/19）。Regional options 包括四轮驱动车高山游猎之旅、凯库拉赏鲸之旅以及参观《指环王》三部曲中埃多拉斯（Edoras）的取景地。

Christchurch Bike & Walking Tours 自行车游、徒步游

（见150页地图；☎0800 733 257；www.chchbiketours.co.nz；2 Cambridge Tce）通过2小时的自行车导览（成人/儿童 $50/30）或2小时的徒步导览（成人/儿童 $35/20），能够详尽地了解这些市区的主要景点。团队游10:00和14:00从Antigua Boat Sheds出发；务必预订。

Ko Tane 文化游

（www.kotane.co.nz；60 Hussey Rd，Northwood；成人/儿童 $135/68；⏲17:30）由纳塔胡部落成员举行的毛利文化表演令人心潮澎湃，包括欢迎仪式（powhiri）、著名的哈卡舞（haka）、自助式的泥炉（hangi）菜肴以及

丰富多采的歌舞（*waiata ā ringa*）。位于柳岸野生动物保护区（见149页）。

基督城观光游 巴士游

（☎03-377 5300；www.christchurchtours.co.nz；团队游 $75起）市区观光游览，还能选择更远的阿卡罗阿、汉默斯普林斯和怀帕拉葡萄酒产区。

Garden City Helicopters 观光飞行

（☎03-358 4360；www.helicopters.net.nz；515 Memorial Ave；20分钟 $199）飞越基督城和利特尔顿的城市上空，让你能够了解地震的威力以及重建工作的艰辛努力。

发现之旅 巴士游

（☎0800 372 879；www.discoverytravel.co.nz；团队游 $155起）短途游前往阿卡罗阿、奥拉基/库克山、汉默斯普林斯、凯库拉和怀帕拉谷葡萄酒产区。亚瑟隘口国家公园的团队游（$315）包含高山观景铁路、喷射艇以及农场观光等丰富活动。

节日和活动

世界街头艺人节 表演艺术

（World Buskers Festival；www.worldbuskersfestival.com；1月）全国和国际级的街头艺人在1月中旬齐聚10天。登录网站查询表演地点，也不要忘记往他们的帽子里扔一些钱。

鲜花节 鲜花节

（Festival of Flowers；www.festivalofflowers.co.nz；2月）为期3周，基督城的遗址花园周围一片姹紫嫣红。

KidsFest 儿童节

（www.kidsfest.org.nz；7月）如果你十分注重家庭欢乐，那就考虑在新西兰最大的儿童节KidsFest期间造访。届时各类演出、讲习班和派对活动应有尽有。

基督城艺术节 表演艺术

（Christchurch Arts Festival；www.artsfestival.co.nz；8月中旬至9月中旬）为期一个月的双年展（2017年、2019年举行，以此类推）是一场艺术盛事，包含音乐、戏剧和舞蹈演出。

NZ Cup & Show Week 体育活动

（www.nzcupandshow.co.nz；11月）各类赛马、时尚演出、烟火和重中之重的农牧博览会（A & P Show），到时候整片乡村都会热闹非凡。持续一周的时间。

Garden City Summer Times 音乐节

（www.summertimes.co.nz；12月至次年3月）和丰富精彩的户外活动道一声“你好”（g’day）吧！

住宿

市中心

Chester Street Backpackers 青年旅舍 $

（见150页地图；☎03-377 1897；www.chesterst.co.nz；148 Chester St E；铺/双 $34/74；@🛜）这间惬意的木屋粉刷着明亮的颜色，你可以在洒满阳光的起居室读一本书。宁静的小花园会举行烧烤活动，旅舍的猫咪薇妮（Vinnie）可是老朋友了。

YHA Christchurch 青年旅舍 $

（见150页地图；☎03-379 9536；www.yha.co.nz；36 Hereford St；铺/双 $40/100起；@🛜）这家时尚的旅舍经营完善，有100多张床位，位于博物馆和植物园附近，十分方便。多数多人间和双人间提供配套卫生间。如果这里住满的话，基督城另一家YHA青年旅舍就在一街之遥（5 Worcester Blvd）。

Dorset House Backpackers 青年旅舍 $

（见150页地图；☎03-366 8268；www.dorset.co.nz；1 Dorset St；铺 $38，双 $99~119；P@🛜）🍃建于1871年，这间静谧的木屋有阳光露台，富丽堂皇的大堂十分宽敞，还配了一张桌球台。这里没有上下铺，只有大床。走一会儿就能到达哈格利公园。

Foley Towers 青年旅舍 $

（见150页地图；☎03-366 9720；www.backpack.co.nz/foley.html；208 Kilmore St；铺 $31~34，双 含/不含浴室 $80/74；P@🛜）被树

荫遮蔽的Foley Towers，提供选择丰富、维护良好的客房和宿舍，经常修剪的安静花园被环绕中间。友好的员工乐意提供最新的当地信息。

Pomeroy's on Kilmore 民宿 $$

（见150页地图；☎03-374 3532；www.pomeroysonkilmore.co.nz；282 Kilmore St；房间$145~195；P📶）即使这间可爱的小木屋算不上基督城最佳的精酿啤酒屋，它仍然是我们的最爱之一。5个房间里有3间装修典雅，套房面向阳光明媚的花园。费用包含Little Pom's（见161页）咖啡馆的早餐。

Focus Motel 汽车旅馆 $$

（见150页地图；☎03-943 0800；www.focusmotel.com；344 Durham St N；房间$160~250；P📶）这家友好的时髦旅馆地处市中心，提供单间公寓和一居室客房，时尚的装潢搭配大屏幕电视、iPod底座和迷你厨房。这里还有客用的烧烤和洗衣设施，放在枕头上的巧克力更为这里加了不少分。

BreakFree on Cashel 酒店 $$

（见150页地图；☎03-360 1064；www.breakfreeoncashel.co.nz；165 Cashel St；双$90~220；P📶）这家崭新的大酒店位于市区重振旗鼓的中央商务区（CBD），而且迎合各类低预算旅行者的需求。房间简约，但不失设计感，还提供包括智能电视和科幻淋浴房在内的高科技设备。

CentrePoint on Colombo 汽车旅馆 $$

（见150页地图；☎03-377 0859；www.centrepointoncolombo.co.nz；859 Colombo St；房间/公寓 $165/195起；P📶）这家旅馆位于市中心，由新西兰和日本联合经营，时尚而舒适。立体声音响、不透光窗帘和spa浴室（仅在奢华间提供）等细节巧思将它推到新高度。

★George 酒店 $$$

（见150页地图；☎03-379 4560；www.thegeorge.com；50 Park Tce；房间 $356~379，套$574~761；P@📶）George位于哈格利公园的周边，拥有53个装修漂亮的房间，和20世纪70年代的建筑外貌多有不同。细致周到的员工很乐意满足住客的奇思妙想。奢华的细节包括大屏幕电视、奢华卫浴用品、铜版纸杂志以及两家评价很高的餐厅——Pescatore和50 Bistro。

Classic Villa 民宿 $$$

（见150页地图；☎03-377 7905；www.theclassicvilla.co.nz；17 Worcester Blvd；标单$199，双 $299~409，套 $499；P📶）这座漂亮的粉红色别墅建于1897年，是基督城最优雅的住宿选择。房间内装饰着古董和土耳其地毯，享用地中海风格的早餐时还能让你借机结交好友。

Eliza's Manor 酒店 $$$

（见150页地图；☎03-366 8584，0800 366 859；www.elizas.co.nz；82 Bealey Ave；房间$245~345；P📶）再多泰迪熊也不会让这幢建于1861年的宅邸遗产显得空洞肤浅。紫藤花萦绕着遮雨板蔓延，室内十分华丽宽敞。

Heritage Christchurch 酒店 $$$

（见150页地图；☎03-983 4800；www.heritagehotels.co.nz；28-30 Cathedral Sq；套$235~440；📶）这座庄严的政府大楼建于1909年，坐落在周围近乎毁于地震的大教堂广场上，它之所以能够幸存下来，多亏了20世纪90年代酒店改造时的加固工程。经过历时3年的震后修复，它宽敞的套房显得更加优雅。所有房间都提供全套厨房设施。

梅里维尔（Merivale）

Merivale Manor 汽车旅馆 $$

（见146页地图；☎03-355 7731；www.merivalemanor.co.nz；122 Papanui Rd；双$165~229；P📶）这座19世纪恢宏的维多利亚时期宅邸如今是一座优雅的汽车旅馆，不仅在主楼里设有房间，行车道旁更像汽车旅馆的楼里也有。房型从单间公寓到双卧室公寓，各种各样，还附赠免费的欧陆式早餐。

芬德尔顿（Fendalton）

Fendalton House 民宿 $$

（见146页地图；☎03-343 1661；www.fendaltonhouse.co.nz；28a Kotare St；房间 $185；

P)这家友好的民宿位于芬德尔顿林木成荫的街道旁，只提供一间客房。费用包含熟食早餐和免费Wi-Fi。

里卡顿（Riccarton）

Amber Kiwi Holiday Park 假日公园 $

（03-348 3327，0800 348 308；www.amberpark.co.nz；308 Blenheim Rd，Riccarton；营地 $42~50，套间 $82~200；@）这处鲜花盛开的花园距离市中心很近，因此这座都市假日公园成了房车和帐篷露营者的好选择。这里也提供整洁的小屋和宽敞的汽车旅馆客房。

Lorenzo Motor Inn 汽车旅馆 $$

（见150页地图；03-348 8074；www.lorenzomotorlodge.co.nz；36 Riccarton Rd；套间 $169~239；P）这家整洁的汽车旅馆是繁忙的Riccarton Rd上的最佳选择之一，有两层楼，洋溢着地中海风情。套间从单人间到两居室公寓都有；有的客房还提供水疗浴缸和小阳台。

Roma on Riccarton 汽车旅馆 $$

（见150页地图；03-341 2100；www.romaonriccarton.co.nz；38 Riccarton Rd；双 $158~235；P）看起来好似旁边Lorenzo Motor Inn的翻版，但它们的经营者毫不相干。像它的“双胞胎”一样，这里的套间也非常现代，既有单人间，也有两居室公寓。

阿丁顿（Addington）

★Jailhouse 青年旅舍 $

（见150页地图；03-982 7777，0800 524 546；www.jail.co.nz；338 Lincoln Rd，Addington；铺 $35~38，标双/双 $90/95；@）从1874年到1999年，这里曾是阿丁顿监狱，而现在已然成为基督城最迷人友好的青年旅舍之一。客房可能有一些局促，要不然也就浪费了“牢房”的名号。提供自行车租赁（半天/全天 $10/15）。

桑莫纳（Sumner）

Le Petit Hotel 民宿 $$

（见146页地图；03-326 6675；www.lepetithotel.co.nz；16 Marriner St，Sumner；双 $159~175；P@）悠闲的羊角面包配咖啡早餐、热情友好的主人、法式风情的装修以及紧邻桑莫纳海滩的位置，这一切绝对会让你不由自主地用法语“oui”大加称赞。早些入住并要求住楼上的观景房。

其他郊区

Haka Lodge 青年旅舍 $

（见146页地图；03-980 4252；www.hakalodge.com；518 Linwood Ave，Woolston；铺/双/公寓 $33/84/170；）Haka Lodge占据着一幢现代郊区寓所的三层楼，是基督城最新的青年旅舍之一。多人间不用上下铺，客房也明亮干净。加分项还有舒适的大堂以及鸟语花香的庭院，可以用来烧烤。

Old Countryhouse 青年旅舍 $

（见146页地图；03-381 5504；www.oldcountryhousenz.com；437 Gloucester St，Linwood；铺 $42~45，双 带/不带浴室 $145/120；P@）这家惬意的旅舍位于大教堂广场以东2公里处3座不同的别墅中，有手工木家具、阅览室和迷人的花园，生长着原生蕨类和薰衣草。水疗池和桑拿房暖意十足。

Christchurch Top 10 假日公园 $

（见146页地图；03-352 9176；www.christchurchtop10.co.nz；39 Meadow St，Papanui；营地 $35~52，套间 带/不带浴室 $94/76起；P@）这座大型假日公园已经由一户家庭经营了近50年，提供各类住宿选择，还有露营房车停靠处和草坪帐篷露营地。这里提供各种设施以及自行车租赁服务。热情的工作人员能够提供旅行建议并协助预订，这一点特别棒。

Airport Gateway 汽车旅馆 $$

（03-358 7093；www.airportgateway.co.nz；45 Roydvale Ave，Burnside；双 $140~199；P@）对于要赶早班飞机的旅客来说，这家大型汽车旅店再方便不过了，提供丰富的房型，设施齐备。全天24小时提供机场接送服务，不另收取费用。较新的楼更加舒适，性价比也更高。

就餐

许多咖啡馆和餐馆地震后被迫搬至郊区，主要在阿丁顿、里卡顿、梅里维尔和桑莫纳周围；中央商务区经过重建已经有不少新餐馆开张，郊区也有很多选择。准备好去丰富优质的就餐地点吧，它们甚至会给你带来意外之喜。

市中心

★Supreme Supreme 咖啡馆 $

（见150页地图；☎03-365 0445；www.supremesupreme.co.nz；10 Welles St；早餐$7~18，午餐 $10~20；⊙周一至周五7:00~16:00，周六和周日 8:00~16:00；☑）那么多美味，到底从哪道菜开始呢？是尝尝泡菜血腥玛丽鸡尾酒、巧克力鱼肉奶昔，还是来一杯上好的浓缩咖啡配上古老的果蔬燕麦片，或是手撕牛肉玉米饼（pulled corn-beef hash）。这里还有新西兰本土最佳的咖啡烘焙大师现场助阵。

Caffeine Laboratory 咖啡馆 $

（见150页地图；www.caffeinelab.co.nz；1 New Regent St；小吃 $4~12，餐 $14~26；⊙周三至周六 8:00至深夜，周二和周日 至16:00；☑）这家小规模的街角咖啡馆不仅是"咖啡实验室"，还烹饪令人垂涎上瘾的美味，例如火烤三文鱼、蚕豆酥和自制肉饼汉堡。晚上就别喝咖啡了，来份精酿啤酒和西班牙小吃吧。

Dimitris 希腊菜 $

（见150页地图；☎03-377 7110；Re:START Mall，Cashel St；肉串 $11~16；⊙11:00~16:00；☑）在Re:START Mall商场的一众餐车之中，Dimitris 独树一帜。肉串（souvlaki）分量十足，可以选择美味的鸡肉、羊肉或炸豆丸子（falafel），还能搭配新鲜出炉、轻盈蓬松的面包。实在是太棒了。

Vic's Cafe 咖啡馆 $

（见150页地图；www.vics.co.nz；132 Victoria St；主菜 $10~22；⊙7:30~16:30；☑）在公用大餐桌上享用丰盛的早餐，或是在屋前的露台吃顿午餐。不想在室内吃的话，那就拿一些烤好的糕点和还热着的手工面包，到河边野餐吧。

Black Betty 咖啡馆 $

（见150页地图；☎03-365 8522；www.blackbetty.co.nz；165 Madras St；主菜 $9~20；⊙8:00~16:00；☜）Black Betty洋溢着浓缩咖啡的芬芳，其工业时尚风格的仓库建筑深受附近大学生的喜爱。这里的亮点包括全日早餐菜单上的牛油果泥、美味的柜台食物和精酿啤酒。

C1 Espresso 咖啡馆 $

（见150页地图；www.c1espresso.co.nz；185 High St；主菜 $10~21；⊙7:00~22:00；☜）🌿C1坐落在一座漂亮的建筑里，过去是个邮局，很幸运地躲过了地震。内饰有许多二手建材（维多利亚橡木镶板和20世纪70年代的灯泡），不大的面积里摆着很多张餐桌。全天提供鸡蛋和贝果早餐，下午或傍晚则会提供三明治。

Canterbury Cheesemongers 熟食 $

（见150页地图；☎03-379 0075；www.cheesemongers.co.nz；301 Montreal St的后面；⊙周二至周五 9:00~17:00，周六 至16:00）来这里尝尝手工奶酪、面包和诸如泡菜、烟熏三文鱼等小菜，然后外带一杯浓缩咖啡，沿着马路前往植物园野餐吧。

Fiddlesticks 新派新西兰菜 $$

（见150页地图；☎03-365 0533；www.fiddlesticksbar.co.nz；48 Worcester Blvd；午餐$25~40，晚餐 $24~48；⊙周一至周五 8:00至深夜，周六和周日 9:00至深夜）来到时尚的Fiddlesticks，可以选择坐在正式的餐厅里，也可以坐在连通曲线造型的鸡尾酒吧的玻璃露台里。食物包括热汤、摆盘精美的沙拉、松软的意面团子（gnocchi）和安格斯牛排。

Lotus Heart 素食 $$

（见150页地图；☎03-377 2727；www.thelotusheart.co.nz；363 St Asaph St；主菜$13~25；⊙周二至周日 7:30~15:00，周五和周六17:00~21:00；☑）🌿由Sri Chinmoy的学生们经营，这家素食餐馆提供咖喱、比萨、卷饼、汉堡包和现榨果汁。有大量的有机、素食和无麸质选择，而且这里有家有趣的礼品和音乐店。

★Twenty Seven Steps 新派新西兰菜 $$$

（见150页地图；☎03-366 2727；www.twentysevensteps.co.nz；16 New Regent St；主菜

$30~40；⌚周二至周六 17:00至深夜）这家餐馆位于爱德华时期风格的New Regent St的街边二层，虽有华丽的外表，但餐厅的内饰却简单很多，并坚定地主推当地农产品。招牌菜包括现代烹饪手段制作的羊肉、牛肉、鹿肉和海鲜，但这里也有出众的烩饭（risotto）和诸如焦糖柠檬挞（caramelised lemon tart）等甜点。

Saggio di Vino
欧洲菜 $$$

（见150页地图；☎03-379 4006；www.saggiodivino.co.nz；179 Victoria St；主菜$40~43；⌚17:00至深夜）这家优雅的法意风情餐厅体现了基督城的最佳水准。准备迎接新派美味佳肴吧：羊排和巴黎咖啡馆的牛排（Café de Paris），吃完前再来一份分量十足的"奶酪车"。酒水单很长，看着也不乏味。

King of Snake
亚洲菜 $$$

（见150页地图；☎03-365 7363；www.kingofsnake.co.nz；145 Victoria St；主菜$27~43；⌚周一至周五 11:00至深夜，周六和周日 16:00至深夜）深色木家具、金色瓷砖和紫色骷髅图案墙纸充斥着这家时髦的餐厅和鸡尾酒吧，华丽得充满罪恶感。菜单囊括了各类亚洲餐饮，包括印度菜、韩国菜等，味道很棒，不过价格也很高。

里卡顿

基督城农夫市场
市场 $

（Christchurch Farmers Market；见146页地图；www.christchurchfarmersmarket.co.nz；16 Kahu Rd, Riccarton；⌚周六 9:00~13:00）这处绝佳的农夫市场位于里卡顿庄园（见本页）漂亮的庭院里，供应大量美味的蔬菜水果、南岛的奶酪、三文鱼以及当地的精酿啤酒和各国佳肴。

阿丁顿

Addington Coffee Co-op
咖啡馆 $

（见150页地图；☎03-943 1662；www.addingtoncoffee.org.nz；297 Lincoln Rd；餐$8~21；⌚周一至周五 7:30~16:00，周六和周日 9:00~16:00；📶✍）这是基督城最大、最好的一家咖啡馆，不过多数日子你会发现这里都被顾客挤爆了。出售价格公道的礼品的小店，也吸引着你关注咖啡馆里的美味蛋糕、馅饼和不容错过的招牌早餐（至14:00）。这里还有投币式洗衣店，对于行程满满的旅行者来说实在是太好了。

Mosaic by Simo
摩洛哥菜 $

（见150页地图；www.mosaicbysimo.co.nz；300 Lincoln Rd, Addington；西班牙小吃和主菜$8~20；⌚周一至周六 9:00~21:00；✍）这家熟食咖啡馆因外带的bocadillos（烤卷饼，配上选择丰富的中东和非洲美食馅料、酱汁和配料）而深受欢迎。其他美味选择还包括分量十足的拼盘菜肴、辣香肠（merguez）和塔吉锅炖菜（tagine）。

桑莫纳

Cornershop Bistro
法国菜 $$

（见146页地图；☎03-326 6720；www.cornershopbistro.co.nz；32 Nayland St, Sumner；午餐 $17~35，晚餐 $29~38；⌚周五至周日 10:00~15:00，周三至周日 17:30~22:00）这家高档的法国餐馆永远不会忘记自己位于惬意的海边。诸如红酒炖鸡（coq au vin）等高档菜肴都出自大厨之手。过来吃早午餐的话，要留出更多的时间。

其他郊区

★Bodhi Tree
缅甸菜 $$

（见146页地图；☎03-377 6808；www.bodhitree.co.nz；399 Ilam Rd, Bryndwr；菜肴$13~21；⌚周二至周六 18:00~22:00；✍）十几年来，Bodhi Tree凭借缅甸菜肴的独特口味吸引着当地人。食物分量很大，适合多人共用，而且辛香十足。拿手菜包括腌茶叶沙拉（le pet thoke）和慢炖牛肉咖喱（ameyda nut）。

Kinji
日本菜 $$

（きんじ；见146页地图；☎03-359 4697；www.kinjirestaurant.com；279b Greers Rd, Bishopdale；主菜 $16~24；⌚周一至周六 17:30~22:00）这家饱受赞誉的日本餐馆虽然藏在郊区，但它有着忠实的粉丝，所以最好提前预订。大口品尝诸如刺身、烤姜味鱿鱼和半熟鹿肉（venison tataki）等美味吧，不过记得

给抹茶提拉米苏留些肚子，这确实是意外的惊喜。

Under the Red Verandah 咖啡馆 $$

（见146页地图；www.utrv.co.nz；29 Tancred St, Linwood；主菜 $14~25；⏲周一至周五7:30~16:00，周六和周日 8:30~16:00；✎）能够拥有这家咖啡馆是这条郊区小巷的幸运，它深受当地人和旅行者的喜爱。你可以坐在游廊上，大口享用糕点、燕麦饼、自制馅饼和各类鸡蛋美食。

Burgers & Beers Inc 汉堡包 $$

（见150页地图；www.burgersandbeersinc.co.nz；355 Colombo St, Sydenham；汉堡包 $14~18；⏲11:00至深夜）汉堡的名字都很古怪，试试看“羊毛撒哈拉沙蚤”（Woolly Sahara Sand Hopper，摩洛哥风味羊肉汉堡配柠檬酸奶）或是“疲惫不堪的雄鹿”（树番茄鹿肉汉堡配酸辣梅子酱），这里还有不停变化的新西兰精酿啤酒选择，光是这个理由就能说服你到这里来。

饮品和夜生活

市中心

★Smash Palace 酒吧

（见150页地图；☎03-366 5369；www.thesmashpalace.co.nz；172 High St；⏲周一至周五16:00至深夜，周六和周日 12:00至深夜）这里代表着转瞬即逝、坚持到底和“8号铁丝”（坚韧不拔）的精神，是基督城最著名的酒吧。故意做旧的啤酒花园混合着机械车库、拖车营地和潮流前线的风格，十分迷人。这里还摆放着一辆色彩炫目的校车，厨房花园里玫瑰盛开。提供精酿啤酒、薯片、谷物以及手工制作的汉堡包（$11~15）。

★Pomeroy's Old Brewery Inn 小酒馆

（见150页地图；☎03-365 1523；www.pomspub.co.nz；292 Kilmore St；⏲周二至周四15:00~23:00，周五至周日 正午至23:00）对于爱好啤酒的人来说，Pomeroy's是喝上一两杯再吃一盘炸猪排最合适不过的地方了。这家英伦酒馆有诸多可爱的特色，包括定期的现场音乐、阳光明媚的舒适庭院以及供应抚慰人心的酒馆美食（主菜 $24~30）的Victoria's Kitchen。最新添建的Little Pom's咖啡馆非常吸引人，下午之前提供很棒的餐食（餐$14~22）。

Dux Central 酒吧

（见150页地图；☎03-943 7830；www.duxcentral.co.nz；6 Poplar St；⏲11:00至深夜）这家酒吧在High St平淡的街区吸引着一群躁动的灵魂。它包括供应自酿和其他精酿啤酒的啤酒屋、Emerald Room葡萄酒吧、Upper Dux餐厅以及 Poplar Social Club鸡尾酒吧，它们都位于一幢精心修复的老建筑之内。

Boo Radley's 酒吧

（见150页地图；☎03-366 9906；www.booradleys.co.nz；98 Victoria St；⏲16:00至深夜）这家兄弟酒吧就在Tequila Mockingbird的楼上，装饰非常时髦，南部风格配上大量波旁威士忌酒和聚餐美食，例如三明治、炸鸡和奶酪通心粉炸丸子（小吃 $8~20），亲切随和的氛围让这里成为深夜玩乐的聚会之所。

Tequila Mockingbird 酒吧

（见150页地图；www.tequilamockingbird.co.nz；98 Victoria St；共用菜肴 $8~30；⏲周一至周五 17:00至深夜，周六和周日 9:30至深夜）要是这么酷的名字都不能吸引你来这家拉丁风格的高端餐吧的话，那么你再想想加勒比风格的鸡尾酒、入流的装潢和深夜助阵的DJ吧。食物也很美味。

Revival 酒吧

（见150页地图；☎03-379 9559；www.revivalbar.co.nz；92-96 Victoria St；⏲周一至周四15:00至深夜，周五至周日 12:00至深夜）Revival是基督城最时髦的集装箱酒吧。这里定期有DJ助兴，时髦的大厅装点着古怪的汽车尾部收藏品和复古的行李皮箱。

其他郊区

The Brewery 精酿啤酒

（见146页地图；www.casselsbrewery.co.nz；3 Garlands Rd, Woolston；⏲7:00至深夜）Cassels和Sons的这家啤酒屋是啤酒发烧友绝对不容错过的一站，这里使用烧柴火的酿造锅酿造大杯浓郁的艾尔啤酒。如果你犹豫不决，或是好奇心旺盛，可以试试"试喝托盘"（tasting tray），定期会有现场乐队表演，食物（包括火烤比萨，$20~24）也十分可口。

☆ 娱乐

登录www.undertheradar.co.nz、www.mukuna.co.nz和www.christchurchmusic.org.nz了解现场音乐和夜店名录。另外可以在咖啡馆留意*Groove Guide*杂志。

Isaac Theatre Royal 剧院

（见150页地图；☎03-366 6326；www.isaactheatreroyal.co.nz；145 Gloucester St）这家百年剧院历经了地震的考验，并在2014年经过修复重新恢复往日光彩。适合喜欢歌剧、芭蕾和音乐会的人，但它的历史底蕴绝对是让你做出决定的关键因素。

Alice Cinematheque 电影院

（见150页地图；☎03-365 0615；www.aliceinvideoland.co.nz；209 Tuam St；成人/儿童$17/12）这座埃及主题的小型文艺片电影院位于经久不衰且服务优质的Alice In Videoland录像和DVD店里。

darkroom 现场音乐

（见150页地图；www.darkroom.bar；336 St Asaph St；🕒周三至周日 19:00至深夜）darkroom结合了现场音乐场馆和酒吧，很时尚。这里还提供许多新西兰啤酒和不错的鸡尾酒，经常举办现场音乐，而且常常免费。

Court Theatre 剧院

（见150页地图；☎03-963 0870；www.courttheatre.org.nz；Bernard St, Addington）基督城最早的Court Theatre是该市艺术中心的重要组成部分，不过地震后被迫搬迁到了这座仓房里。新址更加宽敞，场地很棒，可以欣赏到深受欢迎的国内外剧目和由新西兰剧作家创作的作品。

购物

★ Tannery 购物中心

（见146页地图；www.thetannery.co.nz；3 Garlands Rd, Woolston；🕒周一至周三、周五和周六 10:00~17:00，周四 至20:00）在全城哀悼建筑遗产受损的当下，震后改造的一座19世纪皮革厂成了最受欢迎的地方。这座维多利亚建筑充分保持了当时的风格，里面的精品店销售琳琅满目的商品，包括书籍、时装和冲浪板。不要错过这里的羊毛帽。如果不购物，可以直奔The Brewery（见161页），或者到全新的电影院看场电影。

Re:START Mall 商场

（见150页地图；www.restart.org.nz；Cashel St；🕒10:00~17:00；📶）这座集装箱组成的迷宫是CBD震后第一座恢复营业的零售"商场"。这里有咖啡馆、餐车和商店，还有机会打望路人。在晴朗的日子里，这里很适合随便逛逛。在本书撰写期间，Re:START还没有关闭的计划。

New Regent St 商场

（见150页地图；www.newregentstreet.co.nz）作为现代商场的先驱，这一小片西班牙传教团风格的商店十分漂亮素雅，在1932年建成的时候被誉为新西兰最漂亮的街道。地震后经过修复，这里再一次成为闲逛的好地方，可以看看精致的美术馆、礼品店和咖啡馆。

Ballantynes 百货商店

（见150页地图；www.ballantynes.com；Colombo St和Cashel St交叉路口；🕒9:00~17:00）这家基督城的百货商场很受欢迎，销售男女时装、化妆品、旅行用品和新西兰特产。时尚弄潮儿不妨看看楼上的Contemporary Lounge。

Colombo Mall 商场

（见150页地图；www.thecolombo.co.nz；363 Colombo St；🕒周一至周六 9:00~17:30，周日 10:00~17:00）从CBD可以步行前往这处整洁的商场，独立小店华丽而富有趣味，美味的美食店提供饺子和法式美食，可以填满你的野餐篮。

ℹ 实用信息

紧急信息和重要号码

急救、火警和报警（☎111）

CERA（www.cera.govt.nz）坎特伯雷地震重建机构

提供重建计划和最新进展。

基督城市议会(Christchurch City Council; www.ccc.govt.nz)市议会的官方网站。

医疗服务

24-Hour Surgery(☎03-365 7777; www.24hoursurgery.co.nz; Bealey Ave和Colombo St交叉路口)不需要预约。

基督城医院(Christchurch Hospital, ☎03-364 0640, 急诊 03-364 0270; www.cdhb.govt.nz; 2 Riccarton Ave)有24小时的急诊。

紧急药店(☎03-366 4439; Bealey Ave和Colombo St交叉路口; ⊙周一至周五 18:00~23:00, 周六和周日 9:00~23:00)就在24-Hour Surgery的旁边。

旅游信息

基督城机场游客信息中心(☎03-353 7774; www.christchurchnz.com; ⊙8:00~18:00)

基督城环境保护部游客信息中心(见150页地图; ☎03-379 4082; www.doc.govt.nz; Cashel St, Re:START Mall; ⊙10:00~17:00)提供全国范围内的信息和顶级步道的预订信息。

基督城游客信息中心(见150页地图; ☎03-379 9629; www.christchurchnz.com; Botanic Gardens, Rolleston Ave; ⊙8:30~17:00, 夏季营业时间延长)这处游客信息中心虽然很繁忙,但服务质量毫不打折,现在还在Re:START Mall设有服务台。11月至次年3月每天上班。

游客亭(见150页地图; ☎03-379 9629; www.christchurchnz.com; Cashel Mall, Re:START Mall; ⊙11月至次年4月 8:30~17:00)这处友好且繁忙的游客信息中心(见本页)位于植物园内。

到达和离开

飞机

基督城机场(CHC; ☎03-358 5029; www.christchurchairport.co.nz; 30 Durey Rd)是南岛主要的国际门户,设施完善,提供行李寄存服务、汽车租赁服务,设有自动柜员机、外币兑换处和一家游客信息中心。

新西兰航空(Air New Zealand; ☎0800 737 000; www.airnewzealand.co.nz)航班往返于奥克兰、惠灵顿、达尼丁和皇后镇。与小地方航空公司共享代码的航班往返于布莱尼姆、哈密尔顿、霍基蒂卡、因弗卡吉尔、内皮尔、纳尔逊、新普利茅斯、北帕默斯顿、帕拉帕拉乌姆、罗托鲁阿和陶朗加。

捷星航空(Jetstar; ☎0800 800 995; www.jetstar.com)航班往返于奥克兰和惠灵顿。

长途汽车

除非额外说明,下列的巴士都停靠在Rolleston Ave的坎特伯雷博物馆。向游客信息中心查询滑雪接驳巴士的运营信息。

Akaroa French Connection(☎0800 800 575; www.akaroabus.co.nz; 单程/往返 $25/45)每天1班前往阿卡罗阿。

Akaroa Shuttle(☎0800 500 929; www.akaroashuttle.co.nz; 单程/往返 $35/50)每天1班前往阿卡罗阿,11月至次年4月增至每天2班。

Atomic Shuttles(☎03-349 0697; www.atomictravel.co.nz)目的地包括皮克顿($35, 5小时15分钟)、格雷茅斯($45, 3小时45分钟)、蒂马鲁($25, 2小时30分钟)、达尼丁($30~35, 5小时45分钟)和皇后镇($50, 7小时)。

Budget Buses & Shuttles(☎03-615 5119; www.budgetshuttles.co.nz; ⊙周一至周六)提供前往杰拉尔丁($57)和蒂马鲁($50)上门接送的服务,另外还有更便宜的定期班次($27起)。

Hanmer Connection(☎0800 242 663; www.hanmerconnection.co.nz; 单程/往返 $30/50)每天1班往返汉默斯普林斯,途经安伯利(Amberley)和怀帕拉。

InterCity(☎03-365 1113; www.intercity.co.nz)新西兰覆盖面积最大且最可靠的长途汽车运营网络。**汽车总站**(见150页地图; www.intercity.co.nz)位于Armagh St上,就在New Regent St和Manchester St之间。长途汽车前往皮克顿($26起, 5小时15分钟)、蒂马鲁($28起, 2小时30分钟)、达尼丁($40起, 6小时)和皇后镇($55起, 8~11小时),每天2班;另有每天1班前往蒂阿瑙($61起, 10小时45分钟)的班次。

Naked Bus(www.nakedbus.com)目的地包括皮克顿(4小时30分钟至5小时45分钟)、凯库拉(1小时30分钟)、达尼丁(6小时)、瓦纳卡(7小时30分钟)和皇后镇(8小时)。

West Coast Shuttle(☎03-768 0028; www.westcoastshuttle.co.nz)汽车站位于Lichfield St的**Bus Interchange**(见150页地图),往返于斯普林菲尔德($32, 1小时15分钟)、亚瑟隘口($42, 2小时45分

钟)和格雷茅斯($55, 4小时)。

火车

基督城火车站(Christchurch Railway Station; www.kiwirailscenic.co.nz; Troup Dr, Addington; ⏲售票处 6:30~15:00)是两条景观列车线路的起点，其中一条就属于**高山观景火车**(TranzAlpine; 见155页)。另一条是太平洋沿海铁路(Coastal Pacific)，9月至次年4月每天运营1班，7:00从基督城出发，12:20到达皮克顿($79~179)。其他的站点包括怀帕拉($59, 56分钟)、凯库拉($49~69, 3小时)和布莱尼姆($79~159, 4小时45分钟)。然后13:15从皮克顿出发，18:23返回基督城。

当地交通

抵离机场

基督城机场距离市中心仅10公里，但**出租车**单程费用却高达$45~65。不过，也可以乘坐**公共汽车**(www.metroinfo.co.nz)到达机场。紫线公共汽车经过里卡顿(25分钟)，到达市中心的汽车站(35分钟)，还能继续前往达桑莫纳(80分钟)。29路公共汽车经过芬德尔顿(10分钟)抵达汽车站(30分钟)。两条线路收费均为$8, 7:00~23:00大约每半小时1班车。

接驳车的运营班次包括如下:

Steve's Shuttle(☎0800 101 021; www.steveshuttle.co.nz; 市中心收费 $23, 每多一名乘客 $5; ⏲3:30~18:00)

Super Shuttle(☎0800 748 885; www.supershuttle.co.nz; 市中心收费 $24, 每多一名乘客 $5; ⏲24小时)

汽车和摩托车

和数不胜数的小型当地公司一样，多数主要的汽车和房车租赁公司在基督城设有办事处。网络遍布全国的租车公司往往希望顾客能够在基督城取车，并在奥克兰还车，因为多数租车者的旅行方向是相反的，所以往北走的话费用会更低。

当地的选择包括:

Ace Rental Cars(☎03-360 3270; www.acerentalcars.co.nz; 20 Abros Pl, Burnside)

First Choice(www.firstchoice.co.nz)

New Zealand Motorcycle Rentals & Tours(☎09-486 2472; www.nzbike.com)

Omega Rental Cars(☎03-377 4558; www.omegarentalcars.com; 252 Lichfield St)

Pegasus Rental Cars(☎03-358 5890; www.rentalcars.co.nz; 34b Sheffield Cres, Burnside)

公共交通

基督城的**Metro**(☎03-366 8855; www.metroinfo.co.nz)公交网络便宜高效。多数公共汽车从**Bus Interchange**(见163页)出发。在游客信息中心或车站的问询台询问时间表。车票(成人/儿童 $3.50/1.80)可以在车上购买，并且2小时内能够免费换乘一次。使用Metrocards(公交卡)乘坐基督城的公交，可以享受$2.50在2小时内无限转乘，或是$5单日内无限次乘车；公交卡的费用为$10，必须至少额外存入$10。

出租车

Blue Star(☎03-379 9799; www.bluestartaxis.org.nz)

First Direct(☎03-377 5555; www.firstdirect.net.nz)

Gold Band(☎03-379 5795; www.goldbandtaxis.co.nz)

克赖斯特彻奇(基督城)周边(AROUND CHRISTCHURCH)

利特尔顿(Lyttelton)

人口 2859

海港山高耸在基督城的西南方，沿着山坡往下走就能抵达港口——利特尔顿港。1850年，基督城第一批欧洲殖民者在此登陆，翻越山峦，踏上了历史的征程。现在一条2公里的隧道让旅程大大缩短了。

利特尔顿在2010年和2011年的两次地震中损失惨重，沿着London St的众多历史遗产建筑相继被摧毁。然而，利特尔顿又容光焕发地成为基督城最有趣味的社区之一。这里迸发出更浓郁的独立艺术气息和另类情调，而且众多不错的酒吧、咖啡馆和餐厅又齐聚在此。建议从基督城搭乘公共汽车前往(尤其是周六早晨，市场熙熙攘攘)，然后融入当地生活中。

就餐

利特尔顿农夫市场 市场 $

(Lyttelton Farmers' Market; 见146页地图; www.lyttelton.net.nz; London St; ⏲周六 10:00~13:00)每周六的早晨，利特尔顿街道上

的汽车就会被美食摊位取代。在这里你除了可以购买当地农产品，还可以品尝大量美味的烘烤点心和热食。

Lyttelton Coffee Company 咖啡馆 $$

（见146页地图；☎03-328 8096；www.lytteltoncoffee.co.nz；29 London St；餐 $11~23；⏲周一至周五 7:00~16:00，周六和周日 8:00~16:00；）在当地家喻户晓的“利特尔顿咖啡公司”经过恢复重建，从震后废墟变为一家对家庭顾客友好的咖啡馆，供应健康的食物，包括美味的沙拉和沁人心脾的冰沙。摆放的艺术品、播放的音乐以及后屋平台坐拥的港湾美景都为它增添了魅力。

Freemans 意大利菜 $$

（见146页地图；☎03-328 7517；www.freemansdiningroom.co.nz；47 London St；早餐 $16~18，午餐 $20~27，晚餐 $22~38；⏲周三和周四 15:00至深夜，周五 11:30至深夜，周六和周日 10:00至深夜；）Freemans不断用新鲜出炉的意面、顶级比萨和基督城Three Boys的精酿啤酒来取悦顾客。在露台上可以看见很棒的海港景色，周日下午的爵士乐表演15:00开始。

★ Roots 新派新西兰菜 $$$

（见146页地图；☎03-328 7658；www.rootsrestaurant.co.nz；8 London St；5/8/12道菜的品鉴套餐不包括葡萄酒 $90/125/185；⏲周五和周六 11:30~14:00，周二至周六 17:30至深夜）让老板兼主厨Giulio Sturla带你踏上一段奇幻的旅程吧，品鉴套餐包含各类当地时令佳肴。还能另外点一些菜肴，烹饪方法和菜单描述完全一致；如果你的选择再奢侈一点的话，还能搭配葡萄酒。

饮品和夜生活

Wunderbar 酒吧

（见146页地图；☎03-328 8818；www.wunderbar.co.nz；19 London St；⏲周一至周五 17:00至深夜，周六和周日 13:00至深夜）Wunderbar是享受惬意的最佳选择，定期的现场音乐风格各异，顾客也要穿着得体。光是诡谲的装饰和被砍头的娃娃就值得你来一趟利特尔顿了。需要经过屋后的停车场才能进入。

Civil and Naval 酒吧

（见146页地图；☎03-328 7206；www.civilandnaval.co.nz；16 London St；⏲周一至周四和周日 10:00~23:00，周五和周六 至次日1:00）这家小巧玲珑的酒吧有认真负责的员工，供应精选鸡尾酒、上好的葡萄酒以及精酿手工啤酒，而后厨也给老主顾们提供了中规中矩的西班牙小吃（$6~18）。

Governors Bay Hotel 酒馆

（☎03-329 9433；www.governorsbayhotel.co.nz；52 Main Rd，Governors Bay；⏲11:00至深夜；）沿着一条9公里长的景观车道从利特尔顿来到这家新西兰历史最久的酒馆（1870年）。下午来喝一杯的时候，你一定会非常喜欢这里诱人的露台和花园美景。食物也很美味，包含了各类经典的酒馆美食（主菜 $23~35）。

楼上的客房（双人间 $119~169）装修时尚，提供公共浴室。

实用信息

利特尔顿游客信息中心（见146页地图；☎03-328 9093；www.lytteltonharbour.info；20 Oxford St；⏲10:00~16:00）

到达和离开

28路和535路公共汽车从基督城驶往利特尔顿（成人/儿童 $3.50/1.80，25分钟）。在本书撰写期间，基督城至利特尔顿（途经桑莫纳）的Summit Rd依然封闭着。

从利特尔顿出发，乘坐**Black Cat**（见146页地图；☎03-328 9078；www.blackcat.co.nz；5 Norwich Quay）的渡船可以抵达能够遮风避雨的鹌鹑岛（Quail Island；成人/儿童 往返 $30/15，仅10月至次年4月运营），以及沉寂安逸的钻石港（Diamond Harbour，成人/儿童 单程 $6.20/3.10）。

班克斯半岛（Banks Peninsula）

人口 3050

漂亮夺目的班克斯半岛（Horomaka）由大约800万年前的两次剧烈火山爆发而形成的。港口和海湾沿着半岛的中心辐射而出，好像一枚与众不同的齿轮。阿卡罗阿（Akaroa）距离基督城80公里，沿着火山口最初边缘的

Summit Rd一路开车驶来，风景美不胜收，这座历史小镇因此尤为出众。另外，点缀于半岛周围的小海湾也值得你探索一番。

班克斯半岛周围的海域生活着赫氏海豚（Hector's dolphin），它们不仅是最小的海豚，也是最罕见的海豚种类之一，仅出没于新西兰海域。一系列团队游从阿卡罗阿出发，游客可以寻觅动物的踪迹，还能看到白鳍企鹅、逆戟鲸和海豹。

历史

詹姆斯·库克在1770年发现了班克斯半岛。他以为这是一座岛屿，便以自然学家约瑟夫·班克斯爵士（Sir Joseph Banks）的名字命名它。

1831年，Onawe pa（军事要塞村）被Ngāti Toa部落的首领Te Rauparaha袭击，并发生了大屠杀，致使当地纳塔胡部落的人口锐减。7年之后，捕鲸船长让·朗格卢瓦（Jean Langlois）就购买班克斯半岛的问题，与幸存的部落成员进行协商，并返回法国成立了一家贸易公司。在法国政府的支持下，63名法国定居者在1840年前往班克斯半岛；不过就在他们到达的几天前，按捺不住的英国官员派出了自己的战舰，并在阿卡罗阿升起了米字旗，宣称英国在此的主权受到《怀唐伊条约》（*Treaty of Waitangi*）的保护。如果法国定居者能够早来两年，整个南岛可能已经成为法国的殖民地，而新西兰的今天也许就会是另一番模样了。

不过，法国人还是在阿卡罗阿定居了下来，但是1849年，他们的土地权被卖给了新西兰公司（New Zealand Company）。在随后的1850年，大批英国移民来到这里，大片森林被夷为平地，农业很快成了半岛的支柱产业。

景点

西奈瓦保护区 森林

（Hinewai Reserve; Long Bay Rd）免费 这处私人拥有的自然保护区占地1050公顷，重新栽种了原生森林，游客在这里能够一睹半岛往昔的光彩。可以在游客中心领取一份标注了步道的地图。

奥肯斯湾毛利及殖民博物馆 博物馆

（Okains Bay Māori & Colonial Museum; www.okainsbaymuseum.co.nz; 1146 Okains Bay Rd; 成人/儿童 $10/2; ⌚10:00~17:00）这家博物馆位于阿卡罗阿东北处，收藏了大量英国探险者的文物，令人佩服，不过这里不容错过的还是全国著名的毛利文物收藏品，包括会堂（wharenui）复制品、独木舟（waka）、石器和个人装饰品。留意一下路边可爱的小店。

活动

徒步

班克斯半岛步道 徒步

（Banks Peninsula Track; ☎06-304 7612; www.bankstrack.co.nz; 2/4天 $185/295起; ⌚10月至次年4月）这条私营步道全长35公里，修缮良好，沿着阿卡罗阿以东的海岸线，穿越牧场和森林。费用包含从阿卡罗阿来此的交通费和小屋住宿费。两天的徒步游则意味着你要用两倍的步伐加速完成。

骑行

作为新西兰新的"大自行车道"（Great Rides）的一部分，这条难度较低的自行车道（www.littleriverrailtrail.co.nz）全长49公里，从基督城郊外的Hornby出发，直抵位于班克斯半岛南部的小河（Little River）。道路沿途穿过乡野平原、饱经风霜的山峰、埃尔斯米尔湖（Lake Ellesmere）湖岸（这座湖泊栖息着新西兰种类最多的鸟群）以及其面积较小的"孪生兄弟"福塞斯湖（Lake Forsyth）。自行车道最精华的部分可以从小河骑行往返，那儿有一家咖啡馆和自行车租赁点。

团队游

Pohatu Plunge 野生动物游

（☎03-304 8542; www.pohatu.co.nz）每天傍晚从阿卡罗阿出发，前往普哈图（Pohatu）白鳍企鹅群落（成人/儿童 $75/55），还能选择自驾游（成人/儿童 $25/12）。8月至次年1月是观赏动物繁殖的最佳季节，不过全年都有可能看到它们。另外提供海上泛舟和四驱车自然之旅，还可以在避世村舍里过夜。

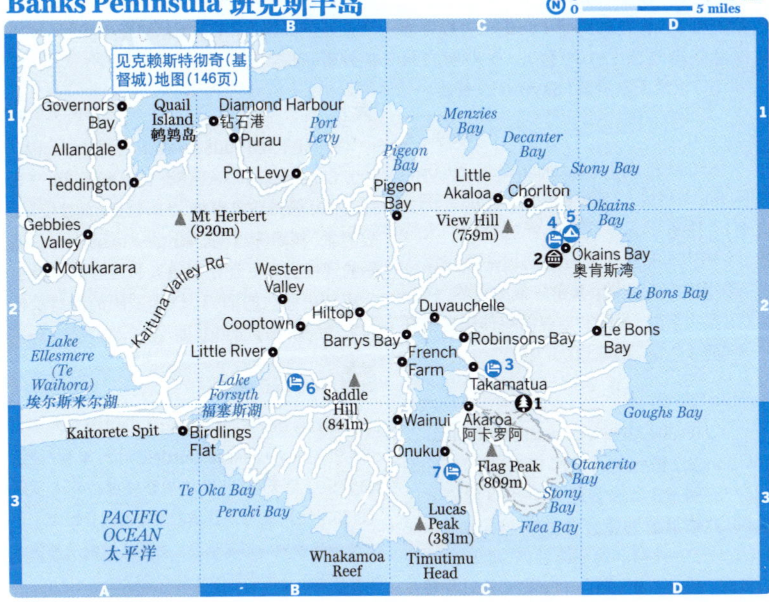

Akaroa Farm Tours 团队游

(☎03-304 8511; www.akaroafarmtours.com; 成人/儿童 $80/50)团队游从阿卡罗阿的游客信息中心出发，前往鲍鱼湾(Paua Bay)附近的农场，观赏剪羊毛和牧羊犬的小把戏，然后可以在花园里闲逛，并能品尝自制的司康饼；需要2小时45分钟。

Tuatara Tours 徒步游

(☎03-962 3280; www.tuataratours.co.nz; 每人 $1695; ⏰11月至次年4月)手捧《阿卡罗阿徒步》(*Akaroa Walk*)指南，你只需背个包就可以上路了。这条39公里长的步道可以在3天内轻松完成，全程有向导陪同，从基督城出发前往阿卡罗阿，途中翻越壮观的Summit Ridge。费用还包含不错的住宿和美味的食物。

住宿

★ Halfmoon Cottage 青年旅舍 $

(☎03-304 5050; www.halfmoon.co.nz; SH75, Barrys Bay; 铺/标单/双 $33/55/80; ⏰7月至8月关闭; @📶)这家漂亮的乡舍建于1896年，距离阿卡罗阿12公里，非常适合来此待上

Banks Peninsula 班克斯半岛

景点

1 西奈瓦保护区 C3
2 奥肯斯湾毛利及殖民博物馆 C2

住宿

3 Coombe Farm C2
4 Double Dutch C2
5 Okains Bay Camping Ground C2
6 Okuti Garden B2
7 Onuku Farm Hostel C3

几天，在宽敞的游廊悠闲地躺着，或是在遍布花园的吊床上睡一天。这里很时尚，有家一般的舒适感。你还可以尝试骑自行车或划皮划艇，去周边探索一下。

★ Onuku Farm Hostel 青年旅舍 $

(☎03-304 7066; www.onuku.co.nz; Hamiltons Rd, Onuku; 营地 $15起，铺/双 $29/68起; ⏰10月至次年4月; @📶)青旅所在的农场位于阿卡罗阿以南6公里处，这处偏僻的背包客旅舍独享一片野营草坪，农舍有简洁的房间，还提供"观星"小屋(双人间$40，自备床

单）。“汤加小屋”（Tonga Hut）提供更多隐私保护和令人惊艳的海景（$80）。可以咨询与海豚畅游之旅（$100起）、皮划艇之旅（$50起）以及天空步道（Skytrack）徒步。

Okuti Garden
青年旅舍 $

（☎03-325 1913；www.okuti.co.nz；216 Okuti Valley Rd；每位成人/儿童 $50/25；⏰5月至9月；@📶）注重生态是这处古怪旅舍的一大特征，一辆房车和几顶浪漫的圆顶帐篷点缀着色彩斑斓的厨房花园。新鲜采摘的香草、烤炉比萨、柴火浴缸、吊床和放养的鸡都让这里有一丝“健康生活”的味道。

Double Dutch
青年旅舍 $

（☎03-304 7229；www.doubledutch.co.nz；32 Chorlton Rd；铺/标单 $32/64，双 带/不带浴室 $86/78；@📶）虽然看起来奢华得像一家民宿，但这家惬意的旅舍在价格上还是很亲民的，它位于一片偏僻的河湾处，占地20公顷。附近有一家杂货店（和一片海滩），不过要想在华丽的厨房一试身手，还是要自己带些食材。

Okains Bay Camping Ground
露营地 $

（☎03-304 8789；www.okainsbaycamp.co.nz；1357 Okains Bay Rd；营地 成人/儿童 $12/6）这家崭露头角的露营地倚靠在一片迷人的海滩和河湾旁，坐落在一块遍布松树的地上。这里的设施整洁但很有限，仅提供厨房、厕所和投币热水淋浴，不过环境胜过一切。

Coombe Farm
民宿 $$

（☎03-304 7239；www.coombefarm.co.nz；18 Old Le Bons Track，Takamatua Valley；双 $170~190；📶）可以选择客房或浪漫的牧羊人小屋（Shepherd's Hut，提供户外淋浴），年代久远的农舍被打造成“罗兰爱思”（Laura Ashley）品牌的英伦风格。早餐后，你还可以和友好的看门狗Ned一同散步去瀑布。

就餐

Little River Cafe & Gallery
咖啡馆 $

（www.littlerivergallery.com；SH75，Little River；主菜 $9~20；⏰9:00~17:00）咖啡馆地处小河一座欣欣向荣的居住区内，位于基督城和阿卡罗阿之间的SH75 上。这里集合了当代美术馆、商店和咖啡馆等多种功能。从各方面来说这里都很出色，自制糕点格外美味，你还能外带一些熟食。

★ Hilltop Tavern
酒馆美食 $$

（☎03-325 1005；www.thehilltop.co.nz；5207 Christchurch-Akaroa Rd；比萨 $24~26，主食 $23~30；⏰10:00至深夜，冬季营业时间缩短）无敌美景、精酿啤酒、火烤比萨和桌球台……偶尔的现场音乐更是让当地人和游客深深爱上这座历史悠久的酒馆。阿卡罗阿的港口景色在半岛的映衬下分外壮丽。

到达和离开

从11月到次年4月，**Akaroa Shuttle**（☎0800 500 929；www.akaroashuttle.co.nz；单程/往返 $35/50）每天有1班车从基督城前往阿卡罗阿（8:30出发），返回基督城的发车时间是15:45。上网查询基督城的搭车信息。另外还组织从基督城出发探索班克斯半岛的观景游览项目。

French Connection（☎0800 800 575；www.akaroabus.co.nz；往返 $45）全年每天运营1班，9:00从基督城出发，16:00从阿卡罗阿返程。

阿卡罗阿（Akaroa）

人口 624

阿卡罗阿（在毛利语里意为“长长的港湾”）是新西兰首个法国人定居点，而那些先民的后代依然居住于此。这座迷人的小镇试图重新营造出法国村庄的感觉，这些都能够通过街道的名字和房屋的模样体现出来。这里通常十分安逸，不过宁静的气氛有时也会被抵达的巨型游轮打破。游轮原本停靠在利特尔顿港，不过地震之后阿卡罗阿就成了替代的地方。尽管利特尔顿已经恢复了港口的功能，但这些船只依然舍不得离开这里。

景点

★ 巨人之家
花园

（Giant's House；www.thegiantshouse.co.nz；68 Rue Balguerie；成人/儿童 $20/10；⏰1月至4月 12:00~17:00，5月至12月 14:00~16:00）这里的作品体现了本地艺术家乔茜·马丁（Josie Martin）对于艺术创作无休止的热

爱。这些既有趣又古怪的雕塑和马赛克作品，沿着山势摆放在一座俯瞰阿卡罗阿的花园中。在错综复杂的镜面拼贴画、瓷砖和破碎的瓷片之间，你兴许会发现高迪和米罗的影子。许多出人意料的隐蔽角落和缝隙，值得你前去探索和发现。这里还有一座建于19世纪80年代的房屋，它曾是阿卡罗阿首任银行经理的寓所，马丁也将她的画作和雕塑作品展示于此。

★ 阿卡罗阿博物馆 博物馆

（Akaroa Museum; www.akaroamuseum.org.nz; Rue Lavaud和Rue Balguerie交叉路口; ⏲10:30~16:30）免费 这片经过震后修缮的建筑成了阿卡罗阿一家最棒的地区博物馆。在这里可以了解半岛的殖民往事、迷人的自然和工业历史，再听听关于企鹅庞贝（Pompey）等老角色的故事。一部时长20分钟的电影可以填补展览的空白，周围的历史建筑修复如初。留意捐款箱。

圣彼得英国国教教堂 教堂

（St Peter's Anglican Church; 46 Rue Balguerie）这座1864年的英国国教瑰宝于2015年经历了精心修缮，特点是拥有大量裸露的木材、彩绘玻璃和一架历史悠久的管风琴，在这里还能了解到一些故事。就算你没有宗教信仰，也值得前来一探究竟。

Old French Cemetery 公墓

这片山坡上的墓地是坎特伯雷第一片被圣化的墓地，参观这里会引出辛酸的回忆。沿着从Rue Brittan岔出的小径走可抵。

活动

Akaroa Guided Sea Kayaking Safari 皮划艇

（☎021 156 4591; www.akaroakayaks.com; 3小时/半天 $125/159）7:30出发，参与3小时的"日出自然游猎之旅"（Sunrise Nature Safari），泛舟而行。如果觉得时间太早，那就试试11:30的"海湾和自然划桨游"（Bays & Nature Paddle）。历时半天的"海上皮划艇体验"（Try Sea Kayaking Experience）更具挑战性。

Akaroa Sailing Cruises 帆船

（☎0800 724 528; www.aclasssailing.co.nz; Main Wharf; 成人/儿童 $75/37.50）漂亮的A级游艇建于1946年，乘上这艘船开始2小时30分钟的航程吧。

Akaroa Adventure Centre 户外运动

（☎03-304 7784; www.akaroa.com; 74a Rue Lavaud; ⏲9:00~18:00）可以在这里租赁海上皮划艇和直立式桨板（每小时/每天 $20/60）、明轮船（每小时$30）、自行车（每小时/每天 $15/65）和钓鱼竿（每天 $10）。它位于游客信息中心。

团队游

Black Cat Cruises 乘船游

（☎03-304 7641; www.blackcat.co.nz; Main Wharf; 自然游轮 成人/儿童 $74/30，海豚共游 成人/儿童 $155/120）除了2小时的自然游轮（nature cruise）以外，Black Cat还提供3小时的"海豚共游"体验项目（swimming with dolphins）。提供潜水服和浮潜装备，以及回到岸上的热水淋浴设施。但是，每次只允许12人游泳，其他人只能一同观看（成人/儿童 $80/40），所以要提前预订。

乘坐游轮看见海豚的几率是98%，而真正能够和它们共游的几率是81%（如果未能成功游泳则会退款$50）。

Akaroa Dolphins 乘船游

（☎03-304 7866; www.akaroadolphins.co.nz; 65 Beach Rd; 成人/儿童 $75/35; ⏲全年12:45，另外10月至次年4月 10:15和15:15）乘坐舒适的15米双体船进行2小时野生动物巡游，附赠饮料和手工烘焙点心；最重要的是，全程有表现神勇的嗅探犬悉尼（Sydney）相伴。

Coast Up Close 乘船游

（☎0800 126 278; www.coastupclose.co.nz; Main Wharf; 成人/儿童 $75/25起; ⏲出发时间 10月至次年4月 10:15和13:45）这条景观游轮路线以观察野生动物为亮点。还能够安排钓鱼行程。

Eastern Bays Scenic Mail Run 自驾游

（☎03-304 8526; 团队游 $80; ⏲周一至周

Akaroa 阿卡罗阿

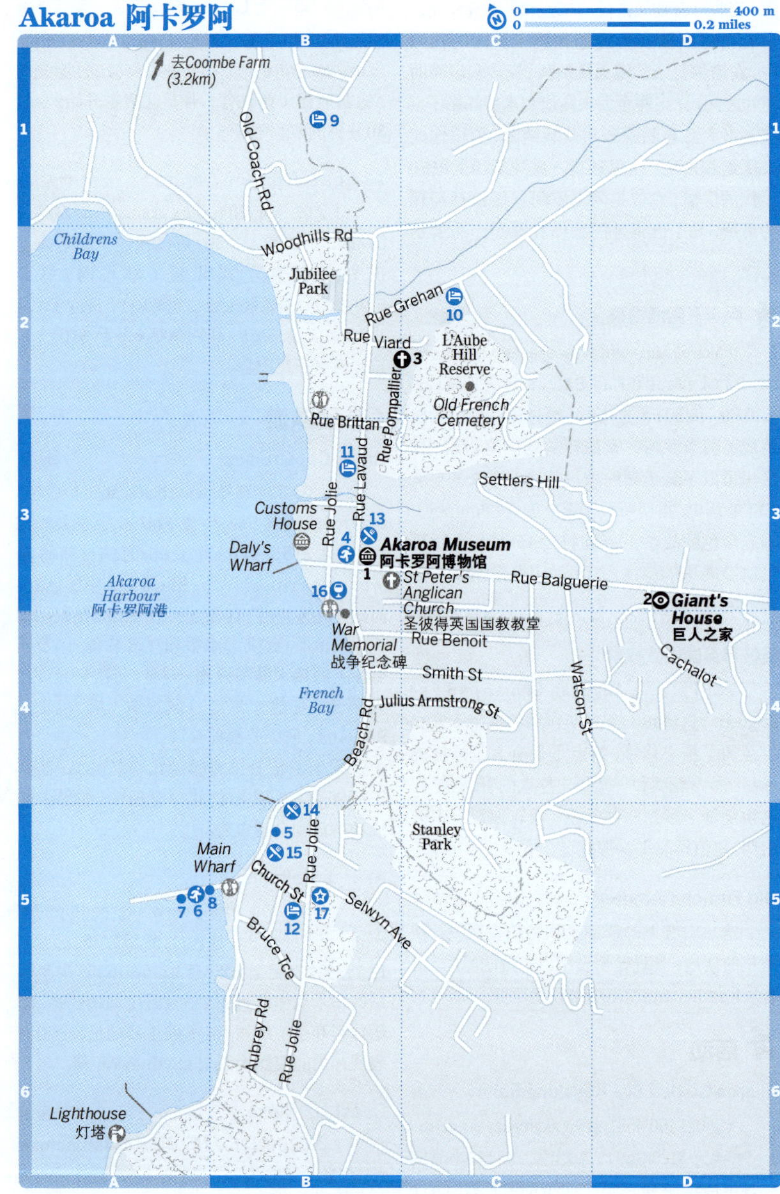

五 9:00）与这艘退役的巡逻邮轮一起，开始这趟120公里的邮件递送之旅，5个小时中能够探访偏僻的村落和海湾。从游客信息中心（见172页）出发；因为只能搭载8人，所以务必早些预订。

节日和活动

法式嘉年华

美食节

（French Fest；www.ccc.govt.nz；10月）这一受到高卢文化影响的两日大派对结合了美

Akaroa 阿卡罗阿

食、美酒、音乐和艺术表演。不要错过（或是踩到）"蜗牛比赛"（Le Race D'Escargots），看看这些经过训练的油亮蜗牛是如何完成这短短的跑道比赛的。比赛每两年（奇数年）举行一次。

住宿

Chez la Mer 青年旅舍 $

（☎03-304 7024；www.chezlamer.co.nz；50 Rue Lavaud；铺 $30，双 带/不带浴室 $86/76；📶）这幢历史建筑一身漂亮的粉红色，凭借其精于打理的房间和林木成荫的花园受到背包客的青睐。这里还有鱼塘、吊床和烧烤活动。没有电视，不过提供免费的自行车和钓鱼竿。

Akaroa Top 10 Holiday Park 假日公园 $

（☎0800 727 525，03-304 7471；www.akaroa-holidaypark.co.nz；96 Morgans Rd；营地 $40~44起，套间 $72~135；@📶🏊）港湾和半岛山峦壮丽的景色是这处假日公园的最大卖点。小屋和汽车旅馆设施简易，但十分整洁，不过要是能够更新换代一下就更好了。

Tresori Motor Lodge 汽车旅馆 $$

（☎03-304 7500；www.tresori.co.nz；Rue Jolie和Church St交叉路口；双 $160~205；📶）这家现代的汽车旅馆有着12间干净漂亮的套间，都配备了迷你厨房，不过鉴于距离阿卡罗阿滨海的咖啡馆和餐饮区那么近，想必也不需有劳你亲自下厨。盛开的花架是一处巧妙的细节设计。

★ Beaufort House 民宿 $$$

（☎03-304 7517；www.beauforthouse.co.nz；42 Rue Grehan；房间 $375；⏰6月至8月 关闭；📶）藏在一条安静的街道旁，躲在一座美丽的花园里，这栋迷人的屋子建于1878年，内部装饰着令人艳羡的艺术品和古董，它甚至还有着自己的酒庄。5个房间只有一个不包含配套卫浴设施，不过你只要走到大厅对面，就能独享宽敞的浴室和脚爪式浴缸了。

餐饮

Akaroa Butchery & Deli 熟食 $

（67 Rue Lavaud；⏰周一至周五 10:00~17:30，周六 9:00~16:00）野餐和自炊者的梦想之地，这家肉店提供各式美味的当地土特产，包括面包、三文鱼、奶酪和酱菜，准备烧烤则适合采购一些馅饼和生、熟肉类。

Bully Hayes 咖啡馆 $$

（www.bullyhayes.co.nz；57 Beach Rd；早餐 $14~23，午餐 $11~30，晚餐 $22~43；⏰8:00~21:00；📶）Bully Hayes以一位走遍四

海的美国冒险家的名字命名，绝对是阿卡罗阿的最佳早餐去处。阳光下坐拥港湾美景，吸引了大批顾客前来品尝蛋类、汉堡和新鲜海鲜，而酒吧的氛围也让食客们惦记着来这里喝上一杯冰酒。

Trading Rooms 法国菜 $$$

（☎03-304 7656；www.thetradingrooms.co.nz；71 Beach Rd；午餐 $18~35，晚餐 $28~43；⊙周四至周一 10:00~15:00，周五至周一 17:00~22:00）餐馆位于阿卡罗阿最漂亮的海滨购物街边，使用了复古的酒红色木料打造。在这里吃上一顿精致的佳肴别有一番情调。蜗牛、豆焖肉砂锅（cassoulet）等法国菜肴是这里的主打，午餐则可以选择汉堡包和美味的俱乐部三明治（club sandwiches）。

Harbar 酒吧

（83 Rue Jolie；⊙17:00~21:30）营业时间本来就很短，还会受到天气和需求的限制，不过这些都不能阻挡你来到阿卡罗阿最受欢迎的水边酒吧，伴着夕阳小酌一杯。这里可能会有些拥挤，你还有可能赶上吉他演出。

☆ 娱乐

Akaroa Cinema & Café 电影院

（☎03-304 8898；www.cinecafe.co.nz；Rue Jolie和Selwyn Ave交叉路口；成人/儿童 $15/13；📶）拿杯啤酒然后就座，欣赏一部艺术片、经典片或是外国电影，音效和投影效果俱佳。

ℹ 实用信息

阿卡罗阿游客信息中心和探险中心（Akaroa i-SITE & Adventure Centre；☎03-304 8600；www.akaroa.com；74a Rue Lavaud；⊙9:00~17:00）这处服务友好的小型办事处提供当地活动和交通等信息和预订服务。在邮局还有另一家办事处。

坎特伯雷北部（NORTH CANTERBURY）

从凯库拉往南，SH1穿越亨达利山脉（Hundalee Hills）后进入胡鲁努伊区（Hurunui District），这里因葡萄酒和地热温泉度假村汉默斯普林斯（Hanmer Springs）而闻名。此处也是坎特伯雷平原（Canterbury Plains）的起点，广袤平坦的土地农业发达，被几条涓涓细流分割成了若干区域。这片地区的西边是南阿尔卑斯山脉。如果你从韦斯特波特（Westport）或纳尔逊（Nelson）进入坎特伯雷，最直接的路径是沿着壮丽的Lewis Pass Hwy（SH7）穿过南阿尔卑斯山脉。

刘易斯隘口（Lewis Pass）

在3座主要的山隘之中，最北边的刘易斯隘口连接着西海岸和东海岸，海拔864米，虽不及其他的两座（亚瑟隘口和哈斯特隘口），且森林覆盖率也不是很高，但自驾沿途的景色十分秀美。植被主要包含沿着河岸坡地生长的山毛榉（红色和银色）和四翅槐树（kowhai）。

从刘易斯隘口出发，公路蜿蜒向东前行62公里，沿着岔路即可抵达汉默斯普林斯。

活动

这片地区有一些很有趣的**徒步路线**，经过山毛榉森林，白雪皑皑的山峰、湖泊、高山小湖与河流是它们的背景。一些步道受人欢迎，比如**圣詹姆斯步道**（St James Walkway；66公里，4~5天）以及经过**桑莫纳湖森林公园**（Lake Sumner Forest Park）的路线。可以查看环境保护部（DOC）的手册《桑莫纳湖和刘易斯隘口》（*Lake Sumner & Lewis Pass*；$2）。需要遵守高山的规定，务必在小屋里的意向书上签字。

马鲁亚温泉 温泉、水疗

（Maruia Springs；☎03-523 8840；www.maruiasprings.co.nz；SH7；成人/儿童 $22/12，客人免费；⊙游泳池 8:00~19:30）马鲁亚温泉是位于马鲁亚河畔的一座小型日式温泉度假村，在刘易斯隘口以西6公里处。房间相当简易（双人间 $159~199），有餐吧和日式餐厅（仅提供晚餐）。黑色矿物质泉水被称为“温泉之花”（hot spring flowers），被灌入户外的岩石潭中。冬季降雪时的景致美轮美奂，夏季则要当心白蛉。

在本书撰写期间，新的业主即将接管这里。设施正在改造中（希望可以更新换代），不过热水依然被源源不断地引入。

交通

East West Coaches（03-789 6251；www.eastwestcoaches.co.nz）East West Coaches行驶于韦斯特波特和基督城之间，停靠马鲁亚温泉和圣詹姆斯步道，返程也是如此。

汉默斯普林斯（Hanmer Springs）

人口 843

汉默斯普林斯被群山环绕，是南岛主要的温泉胜地。在这个低调且令人愉快的地方，你可以泡在热水池子里，还可以在水疗设施之中尽情享受。如果这听起来太乏味了，不要担心，这里有大量不错的餐馆和适合家庭游玩的项目，包括一些能够让你肾上腺素飙升的极限运动。

景点

汉默斯普林斯动物园　农场

（Hanmer Springs Animal Park；03-315 7772；www.hanmer-animal-park.nz；108 Rippingale Rd；成人/儿童/家庭 $12/6/35；周三至周日以及学校假日每天运营 10:00~17:00；）这里的动物比怪医杜立德（Dr Dolittle）Facebook页面上的还要多，并且非常适合孩子们玩耍。美洲羊驼、西藏牦牛、鹿、山羊、天竺鼠和绒鼠都是这里的特色，而且多数动物都可以亲手喂食；孩子们还可以骑小马。老爸老妈可以喝喝咖啡，看看手工艺品展览。

活动

★汉默斯普林斯浴池　温泉

（Hanmer Springs Thermal Pools；03-315 0000；www.hanmersprings.co.nz；42 Amuri Ave；成人/儿童 $22/11，锁柜 $2；10:00~21:00；）在毛利人的传说中，这个地热温泉是北岛瑙鲁赫伊山（Mt Ngauruhoe）喷发后产生的。主建筑由一系列水温不同的大池子组成，还配有景观岩石潭（只允许成人进入）、25米长的淡水泳道、私人温泉池（每30分钟$30）和一家咖啡馆。

各个年龄的孩子们都会喜爱这里的滑水道以及在急流中旋转的“超级碗”（Superbowl，$10）。附近还有一处水疗馆（见本页）。

汉默森林公园　徒步、山地自行车

（Hanmer Forest Park；www.visithurunui.co.nz）徒步者和山地自行车手能够在这片小镇周围130平方公里的广袤森林里大展身手。你可以从简单的林地步道（Woodland Walk）出发，沿着Jollies Pass Rd向上前行1公里，穿越黄杉、杨树和红杉林树丛，然后走上Majuba Walk，前往圆锥山瞭望台（Conical Hill Lookout），再返回镇上（1小时30分钟）。瀑布步道（Waterfall Track）则能提供一次精彩的半日徒步游，从McIntyre Rd的末端出发。游客信息中心（见176页）提供一本《森林公园徒步》（*Forest Park Walks*）手册和一张山地自行车的地图（均收取$3）。

汉默斯普林斯水疗　水疗

（Hanmer Springs Spa；03-315 0029，0800 873 529；www.hanmersprings.co.nz；42 Amuri Ave；10:00~19:00）汉默斯普林斯水疗提供美容和按摩服务，价格$85起。最近的一次装修已经把水疗设施提升至国际水准。

如果你使用了汉默斯普林斯水疗的设施，那么进入旁边汉默斯普林斯浴池（见本页）的门票就可以享受$15的折扣价。

利福德山高山度假村　滑雪

（Mt Lyford Alpine Resort；0274 710 717，滑雪电话03-366 1220；www.mtlyford.co.nz；日票 成人/儿童 $75/35）度假村距离汉默斯普林斯和凯库拉都是60公里远，距离利福德山村（Mt Lyford Village）4公里。比起新西兰其他滑雪场，这里更像是一个“度假村”，提供食宿。这里有多种滑雪道和一座地质公园。

汉默斯普林斯滑雪场　滑雪

（Hanmer Springs Ski Area；027 434 1806；www.skihanmer.co.nz；日票 成人/儿童/家庭 $60/30/130）从镇上沿着土路行驶17公里即可抵达这座小型滑雪场，适合各个水平的游客。**探险中心**（Adventure Centre；0800 368 7386，03-315 7233；www.hanmeradventure.co.nz；20 Conical Hill Rd；8:30~17:00）在滑雪季节期间提供接驳车服务。

Hanmer Springs 汉默斯普林斯

Hanmer Springs 汉默斯普林斯

活动、课程和团队游

1 Hanmer Springs Adventure Centre A2
汉默斯普林斯水疗 ......（见2）
2 汉默斯普林斯浴池 A2
3 Thrillseekers Adventures 售票处 A2

住宿

4 Chalets Motel A2
5 Cheltenham House B2
6 Hanmer Springs Top 10 ......A3
7 Kakapo Lodge A3
8 Rosie's A2
9 Scenic Views A3
10 St James A2

就餐

11 Coriander's A2
12 Hanmer Springs Bakery A2
13 No. 31 ......A3
14 Powerhouse Cafe A2

饮品和夜生活

15 Monteith's Brewery Bar A2

Thrillseekers Adventures 探险运动

（☎03-315 7046，0800 661 538；www.thrillseekers.co.nz；839 Hanmer Springs Rd）这家公司可以组织从35米高的大桥上蹦极跳（$169），乘坐喷射艇穿越怀奥河谷（Waiau Gorge；成人/儿童 $115/60），坐着筏子（成人/儿童 $149/79）或充气艇（5小时，成人/儿童 $299/189）在Ⅱ级的怀奥河（Waiau River）上探险，或是骑四轮摩托车扬起漫天尘土（成人/儿童 $149/99）。Thrillseekers Adventure的总部位于SH7的一条岔道上，就在桥旁边；镇上还有一家**售票处**（☎03-315 7346，0800 661 538；www.thrillseekers.co.nz；Conical Hill Rd；⏲9:00~17:00）。

住宿

Jack in the Green 青年旅舍 $

（☎03-315 5111；www.jackinthegreen.co.nz；3 Devon St；营地每人 $20，铺 $32，双 带/不带浴室 $92/76；@📶）从这间迷人的老房子步行10分钟即可达到镇中央，它经过改造，提供宽敞的房间（不是上下铺），让人放松身心的花园和迷人的休息区是主要的卖点。如果追求更多独立性，可以预订花园“度假屋”（chalet）。

Kakapo Lodge 青年旅舍 $

（☎03-315 7472；www.kakapolodge.co.nz；14 Amuri Ave；铺 $28，双 带/不带浴室 $90/66；📶）YHA联盟的Kakapo有一位乐观向上的业主，厨房和休息室都很宽敞，地暖让寒意一扫而光，一楼还有一处露台。多人间不是上下铺（有的还配有浴室），另提供两间汽车旅馆风格的套间（$95~100）。

Hanmer Springs Top 10 假日公园 $

（☎0800 904 545，03-315 7113；www.hanmerspringstop10.co.nz；5 Hanmer Springs Rd；营地 $34~50，套间 带/不带浴室 $95/78；@📶）这家假日公园对家庭游客十分友好，前往镇上同名的浴池仅需步行几分钟。孩子们会很喜欢这里的游乐场和跳枕。还可以选择简易小屋（所有物品自备）和迷人的汽车旅馆（配套设施完善）。

★ **Woodbank Park Cottages** 小屋 $$

（☎03-315 5075；www.woodbankcottages.

另辟蹊径

摩斯沃斯牧场

汉默斯普林斯和布莱尼姆之间有着1807平方公里的山地，摩斯沃斯牧场(Molesworth Station)就坐落其中，是新西兰最大的牧场，拥有该国数量最多的牲畜(多达1万头)。这片地区还有很重要的生态意义，整个农场现在都由**环境保护部**(DOC；☎03-572 9100；www.doc.govt.nz)管理。

穿越牧场的Acheron Rd在11月至次年4月初开放，所以只能在此期间参观(依天气情况开放，向环境保护部或汉默斯普林斯游客信息中心核实)。沿着这条狭窄的乡间土路，从汉默斯普林斯向北前往布莱尼姆需要6个小时。注意，大门在7:00~19:00开放，仅允许在指定区域过夜露营(成人/儿童 $6/3，不允许使用篝火)。在游客信息中心(见176页)领取或从网络下载环境保护部的《摩斯沃斯牧场》(*Molesworth Station*)手册。

Molesworth Heritage Tours(☎027 201 4536，03-315 7401；www.molesworth.co.nz；团队游 $198~750；⊙10月至次年5月)组织四驱长途汽车旅行，从汉默斯普林斯前往牧场。一日游包括一顿午餐野餐，但也提供5小时的"简单"行程。从布莱尼姆出发的话，**Molesworth Tours**(☎03-572 8025；www.molesworthtours.co.nz)提供1~4天一价全包的遗产和四驱车之旅($220~1487)，另外还有4天食宿全包的山地自行车探险之旅($1460)。

co.nz；381 Woodbank Rd；双 $190~210)这两家豪华的度假屋位于森林之中，从汉默斯普林斯出发虽然开车只要6分钟，但却让人觉得仿佛已经开到几百万英里外。装饰清爽现代，浴室和厨房功能完好，木结构露台还配备了煤气烧烤器具，郊外景色优美，再加上柴火、鲜榨果汁赠饮和奶酪拼盘，赶快下定决心吧！

Chalets Motel 汽车旅馆 $$

(☎03-315 7097；www.chaletsmotel.co.nz；56 Jacks Pass Rd；双 $140~180；📶)这些独立结构的度假木屋整洁干净且收费合理，坐落于镇中央后的山坡上，住在其中可以让你完全沉浸于山景之中。所有度假屋提供全套厨房，有一个套间还有水疗浴缸。

Scenic Views 汽车旅馆 $$

(☎03-315 7419，0800 843 974；www.hanmerscenicviews.co.nz；2 Amuri Ave；双 $140~240；📶)🍃这座迷人的石木结构房屋提供现代的单间公寓(配备户外的水疗泳池)、双卧及三卧的公寓。都是山景房，且提供免费Wi-Fi和咖啡机。

Rosie's 民宿 $$

(☎03-315 7095；www.rosiesbandbhanmer.co.nz；9 Cheltenham St；双 $95~145；📶)虽然Rosie已经不在这幢楼里了，但热情好客的传统依然在这家温馨的民宿中延续。一半房间都有配套设施，房费包含一顿欧陆式早餐和美味的羊角面包，性价比很高。

St James 公寓 $$$

(☎03-315 5225；www.thestjames.co.nz；20 Chisholm Cres；公寓 $190~365；📶)这家时尚的现代公寓设施齐全，提供iPod基座和一应俱全的厨房，住在里面十分惬意。房型包括单人套间和双卧室公寓，带有阳台和露台。多数是山景房。

Cheltenham House 民宿 $$$

(☎03-315 7545；www.cheltenham.co.nz；13 Cheltenham St；房间 $235~280；📶)这幢大房子建于20世纪30年代，摆放着桌球台和大钢琴。主楼有4间充满艺术气息的套间，而在舒适温馨的花园别墅里有两间房。热气腾腾的美味早餐送入房间，晚间还供应葡萄酒。

就餐

Hanmer Springs Bakery 面包房 $

(☎03-315 7714；www.hanmerbakery.co.nz；16 Conical Hill Rd；⊙6:00~16:00)这家供应肉馅饼和三文鱼贝果的面包房看起来虽不起眼，

但旺季时队伍可以一直排到门外。

Coriander's 印度菜 $$

(☎03-315 7616; www.corianders.co.nz; Chisholm Cres; 主菜$14~22; ⏲周一至周五11:30~14:00, 每天17:00~22:00; ☑)这家北印度餐馆用鲜艳的色彩和彭戈拉民族歌舞使你眼前一亮。这里没有牛肉，不过可以尝试种类丰富的羊肉、鸡肉和海鲜，另有素食选择，都十分美味。

Powerhouse Cafe 咖啡馆 $$

(☎03-315 5252; www.powerhousecafe.co.nz; 8 Jacks Pass Rd; 早午餐 $15~24; ⏲7:30~15:00; 📶)用丰盛的"高地"(High Country)早餐补充能量，或是来一份"苏格兰高地舞"(Highland Fling)——焦糖威士忌粥。午餐再回来尝尝汉堡包、叻沙(laksa)或三文鱼沙拉，最后点一份费南雪冰蛋糕(friand)犒赏一下自己。

No. 31 新派新西兰菜 $$$

(☎03-315 7031; www.restaurant-no31.nz; 31 Amuri Ave; 主菜 $36~39; ⏲周二至周日17:30~23:00)这间漂亮的木屋供应的餐食分量很大而且十分好吃，不过创意略显保守。高端的氛围也让价格水涨船高；但纸巾和厚重的玻璃杯看着有些掉价。啤酒单不错，葡萄酒选择也丰富。

饮品和夜生活

Monteith's Brewery Bar 酒馆

(☎03-315 5133; www.mbbh.co.nz; 47 Amuri Ave; ⏲9:00~23:00)这家亮堂的招牌酒馆很大，看起来有些陈旧，但是是镇上最热闹的地方。全天供应食物(早餐 $15~21, 酒吧小吃 $9~16, 晚餐 $24~35)。现场音乐于周日16:00开始。

实用信息

汉默斯普林斯游客信息中心(☎03-315 0020, 0800 442 663; www.visithanmersprings.co.nz; 40 Amuri Ave; ⏲10:00~17:00)预订交通、住宿和活动。

到达和离开

汽车总站位于Amuri Ave和Jacks Pass Rd的路口。

Hanmer Connection(☎03-382 2952, 0800 242 663; www.hanmerconnection.co.nz; 单程/往返 $30/50)每天一辆长途汽车往返基督城，途经怀帕拉和安伯利。

Hanmer Tours & Shuttle(☎03-315 7418; www.hanmertours.co.nz)每天有长途汽车往返怀帕拉($20)、安伯利($20)、基督城市中心($30)和基督城机场($40)。

怀帕拉谷(Waipara Valley)

这片郊野地区从汉默斯普林斯的岔路开始，沿着SH1延伸，绝对是前往基督城途中一处秀色可餐的休息站。山谷夏季干燥温热，秋季凉爽宜人，这为葡萄、橄榄、榛子和薰衣草的种植奠定良好的基础。虽然仅占新西兰葡萄生产总量的3%，这里却能酿造出该国最美味的低温葡萄酒，包括雷司令、黑皮诺和琼瑶浆。

在该地区30家左右的葡萄庄园中，约有12家开放了地窖参观，4家提供餐厅。若要充分探索谷地的宝藏，领取一份《怀帕拉谷地图》(*Waipara Valley Map*；或者可以在www.waiparavalleynz.com下载获取)。不想那么大费周章的话，公路沿途就能找到几家知名的酒庄。这片地区有两座主要的城镇，怀帕拉(Waipara)小一些，安伯利(Amberley)略微大一些，而且就位于主要的葡萄酒产区外围。

景点

★ Pegasus Bay 葡萄酒庄

(☎03-314 6869; www.pegasusbay.com; Stockgrove Rd; ⏲品尝10:00~17:00)怀帕拉谷的首席葡萄庄园就是应该有最漂亮的陈设，以及坎特伯雷的最佳餐厅之一(主菜 $36~44, 周四至周一的正午至16:00供应)。可以在美丽的花园里用餐，但当代新西兰菜肴和赏心悦目的美酒才是主角。还提供Pétanque游戏，想玩的话跟服务员咨询。

Black Estate 葡萄酒庄

(☎03-314 6085; www.blackestate.co.nz; 614 Omihi Rd/SH1; ⏲周三至周日和12月至次年1月每天10:00~17:00)🍃作为怀帕拉最时髦的酒庄建筑，这座黑色的谷仓俯瞰着山谷，十分显

眼，而且酿造了十分美味的葡萄酒，食物也都使用当地金牌的食材（主菜 $25~40）。除了该地区常见的低温葡萄酒，留意这里有趣的皮诺/玫瑰霞多丽（pinot/chardonnay rosé）以及充满诱惑的白诗南（chenin blanc）。

Brew Moon 自酿酒吧

（03-314 8036；www.brewmoon.co.nz；12 Markham St, Amberley；周三至周五 15:00至深夜，周六和周日 正午至深夜）在这家小酒吧，你能够品尝到的精酿啤酒种类一直在增加。来到这里灌满一大壶（rigger）带走，或是尝尝这里的拼盘和比萨（食物15:00开始供应），顺便据一口艾尔啤酒。

食宿

Old Glenmark Vicarage 民宿 $$$

（03-314 6775；www.glenmarkvicarage.co.nz；161 Church Rd, Waipara；双 $230，谷仓 双 $210；）这片经过修复的百年牧师寓所，提供两种非常棒的住宿选择：在主楼享受温馨的民宿早餐，或是在与众不同的谷仓改造的屋里休憩（最多容纳5人）。漂亮的花园和游泳池是不小的加分项。

★Little Vintage Espresso 咖啡馆 $

（20 Markham St, Amberley；早午餐 $8~18；周一至周六 7:30~16:30）这家袖珍的咖啡馆紧邻SH1，供应镇上最美味的咖啡，以及与之匹配的食物。现代口味的三明治质量很高，当地人和游客都很喜欢。这里还有切片面包和蛋糕。

Pukeko Junction 咖啡馆、熟食 $$

（03-314 8834；www.pukekojunction.co.nz；458 Ashworths Rd/SH1, Leithfield；主菜 $15~21；9:00~16:30；）这处深受欢迎的路边休息站很值得你停下脚步。这家位于Leithfield（安伯利以南）的咖啡馆供应美味的糕点，包括香肠卷和小羊排馅饼。除了手工艺品，隔壁的商店还供应选择多样的精美红酒。

Waipara Springs 咖啡馆 $$

（www.waiparasprings.co.nz；SH1；主菜 $24~28；11:00~17:00；）这座怀帕拉谷历史最悠久的酒庄之一位于怀帕拉镇稍北之处，酿造非常可口的雷司令。咖啡馆在迷人的花园里，提供拼盘和基本美食，适宜全家人一起享受。

到达和离开

太平洋沿海铁路（Coastal Pacific）列车10月至次年5月从基督城前往皮克顿，途中经停怀帕拉。葡萄酒团队游由一些基督城的旅行社组织。

Hanmer Connection（0800 242 663；www.hanmerconnection.co.nz）前往汉默斯普林斯（$20，50分钟）和基督城（$20，1小时15分钟）。

Hanmer Tours & Shuttle（03-315 7418；www.hanmertours.co.nz）往返于汉默斯普林斯（$20）、基督城市中心（$15）和基督城机场（$25）。

InterCity（03-365 1113；www.intercity.co.nz）长途汽车往返于皮克顿（$29起，4小时30分钟）、布莱尼姆（$27起，4小时）、凯库拉（$16起，1小时45分钟）和基督城（$12起，1小时），每天至少2班。

坎特伯雷中部（CENTRAL CANTERBURY）

尽管一马平川的坎特伯雷平原覆盖了大部分地区，西边还是有不少旅行者能够造访的景点，被积雪覆盖的南阿尔卑斯山脉就耸立在那里。你能够在这里找到数不胜数的滑雪场以及几条十分精彩的野外步道。

不过和新西兰别的地方不同的是，这里最美的景观路线并不是沿海公路，而是能够通往多数景点的大高山公路（Great Alpine Highway, SH73；从坎特伯雷平原出发，深入并翻越山地，直至西海岸）和内陆景观路线（Inland Scenic Route, SH72；环绕山脚，向南伸向特卡波）。

塞尔温地区（Selwyn District）

这片广袤的乡村地区以新西兰首位英国国教主教的名字命名，宜人的绿野之间时不时地机械重复着“林肯”“达菲尔德”和“谢菲尔德”等地名。然而，“来到英国”的错觉还是会因为白雪皑皑、若隐若现的南阿尔卑斯山脉而烟消云散，毕竟这般景色与“英伦绿山”相去甚远。

塞尔温的滑雪场可能不是新西兰最漂亮的，但还是为滑雪好手提供了非常多惊险刺激的挑战。博特斯（Porters; ☎03-318 4002，滑雪电话03-379 9931; www.skiporters.co.nz; 每日滑雪缆车通票成人/儿童 $84/44）是主要的商业滑雪场；滑雪俱乐部包括奥林匹斯山（Mt Olympus; ☎03-318 5840; www.mtolympus.co.nz; 每日滑雪缆车通票成人/儿童 $70/35）、奇斯曼（Cheeseman; ☎03-344 3247，滑雪电话 03-318 8794; www.mtcheeseman.co.nz; 每日滑雪缆车通票 成人/儿童 $79/39）、布鲁肯河（Broken River; ☎03-318 8713; www.brokenriver.co.nz; 每日滑雪缆车通票 成人/儿童 $75/35）、克雷格本山谷（Craigieburn Valley; ☎03-318 8711; www.craigieburn.co.nz; 每日滑雪缆车通票 成人/儿童 $75/35）和圣殿盆地（Temple Basin; ☎03-377 7788; www.templebasin.co.nz; 每日滑雪缆车通票成人/儿童 $70/39）。

大高山公路的景致十分壮丽，一路穿越基督城到西海岸。在离开坎特伯雷平原之前，经过小镇斯普林菲尔德（Springfield; 人口300），一尊致敬当地著名人士路易·艾黎（Rewi Alley, 1897~1987年）的纪念碑分外显眼。他对中国感情深厚，通过路旁的信息板可以重温他的生平。

镇上其他主要纪念碑还有一个巨大的粉红糖霜甜甜圈，最初是为了宣传电影《辛普森一家》（*The Simpsons Movie*）而设立的，但现在被永久地保留了下来。是不是有一种要发合影到朋友圈的冲动呢？

沿着SH73过了斯普林菲尔德，随着距离亚瑟隘口越来越近，南阿尔卑斯山脉的身影也越发清晰。

活动

Rubicon Horse Treks 骑马

（☎03-318 8886; www.rubiconvalley.co.nz; 534 Rubicon Rd）在距离斯普林菲尔德6公里的绵羊牧场，Rubicon提供1小时的农村骑马之旅（$55）、2小时的河谷骑马之旅（$98）、2小时的夕阳骑马之旅（$120）以及6小时的山径骑行之旅（$285）。

食宿

Smylies Accommodation 青年旅舍 $

（☎03-318 4740; www.smylies.co.nz; 5653 West Coast Rd, Springfield; 铺/标单/双 $30/50/80; 📶）🍃这家青年旅舍热情友好，妙趣横生，有一架钢琴和一个DVD借阅处，提供大量日本漫画。还有设施齐全的汽车旅馆套间（$85~160）和一幢三居室的村舍（$220）。冬日住宿套餐还包括滑雪装备租赁以及前往滑雪场的交通。

Famous Sheffield Pie Shop 面包房 $

（www.sheffieldpieshop.co.nz; 51 Main West Rd, Sheffield; 馅饼 $5~6; ⊙7:30~16:00）老天禁止你眨眼睛，因为这样会错过这家路旁的面包房，供应的肉馅饼种类超过20种。如果你到了那里，记得"顺"上几包经典的阿富汗饼干（afghan biscuits），撒上脆玉米片和巧克力，十分美味。

到达和离开

塞尔温地区的公共交通有限，所以最好能够自备交通工具。

亚瑟隘口（Arthur's Pass）

人口 300

在斯普林菲尔德离开坎特伯雷平原，大高山公路翻越博特斯隘口（Porter's Pass），进入托雷斯（Torlesse）和克雷格本山脉（Craigieburn Ranges），直抵亚瑟隘口。

在1864年被亚瑟·杜布森（Arthur Dobson）"发现"之前，毛利人就经这座隘口翻越南阿尔卑斯山脉。当年西部的淘金热吸引人们出发寻找从基督城翻越南阿尔卑斯山脉的通道。一条车马道在一年之内就开通了；后来，煤矿和木材的贸易需求则促成了这条铁路于1923年按期完工。

时至今日，这依然是一条精彩的旅行路线。连绵不绝的山谷展示着各自的魅力，也有着与众不同的景点，更不用说壮观的怀马卡里里河谷（Waimakariri River Valley）了，一进入亚瑟隘口国家公园（Arthur's Pass National Park）即可到达。

亚瑟隘口的村庄（人口 62）距离亚瑟隘口4公里。海拔900米，这是新西兰海拔最高的定居点，而且很适合作为徒步、攀岩和滑雪的大本营。不过天气让人捉摸不透，做好迎接一场雨的准备吧。

景点

★ 城堡山 地标

（Castle Hill/Kura Tawhiti）散落于距离斯普林菲尔德大约33公里的茂盛围场之中，这些岩石造型十分诡异，因此被早期的毛利人冠以"从遥远地方而来的宝藏"。从停车场（有厕所）可以方便地步行到这片"石林"，这里很受攀岩者和摄影者的欢迎。

亚瑟隘口国家公园 国家公园

（Arthur's Pass National Park；www.doc.govt.nz）这片广袤的高山荒地横跨南阿尔卑斯山脉，被毛利人称为Ka Tiriti o Te Moana（陡峭的白色山峰）。1923年这里成为南岛第一座国家公园。占地1148平方公里，三分之二的面积被山脉划分在坎特伯雷的一边，其余部分位于西部地区。崎岖的山地凿出深邃的山谷，海拔从塔拉玛考河（Taramakau River）的245米起伏至默奇森山（Mt Murchison）的2408米。有许多标志清晰的一日游步道，大多分布在亚瑟隘口的村庄周围。

领取一本环境保护部的《发现亚瑟隘口》（*Discover Arthur's Pass*）手册，了解受欢迎的徒步路线，包括：Arthur's Pass Walkway，一条相对简单的步道，从村庄前往隘口顶峰的杜布森纪念碑（往返2小时）；前往Devils Punchbowl瀑布的1小时往返步行；以及沿着陡峭山路去欣赏圣殿盆地的美丽风景（往返3小时）。全天的行程包括Bealey Spur步道以及经典的Avalanche Peak登顶徒步线路，是更具挑战的选择。

公园内众多多日徒步路线主要是山谷路线，中间需要攀爬山鞍，例如Goat Pass Track和Cass-Lagoon Saddles Track，两条路线都需要2天时间。这些路线以及园内较长的徒步路线都需要参与者具备相应的徒步经验，因为天气让人捉摸不透，洪水会使溪流充满危险。出发前，务必要向环境保护部咨询。

洞穴溪流风景保护区 洞穴

（Cave Stream Scenic Reserve；www.doc.govt.nz）位于城堡山东北2公里处的布鲁肯河大桥（Broken River Bridge）附近，经过一座停车场能够前往这座深达594米的洞穴。正如信息板上所写的，步行穿越洞穴对于菜鸟来说也不是什么难事，只要带上质量牢靠的手电筒，穿上保暖的衣服就可以了。另外，绝对不要踩入水深没腰的地方，那里会有标志标出。留意所有的注意事项，做好一切准备，然后就享受恐怖阴森的乐趣吧！如果你不敢的话，那就沿着环形步道溜达10分钟，看看周围的环境。

住宿

可以在简易的Avalanche Creek Shelter（成人/儿童 $6/3）附近露营，就在环境保护部（DOC）中心的对面，那里提供自来水、洗水槽、桌子和厕所。你还可以在Klondyke Corner或Hawdon Shelter免费露营，它们分别位于亚瑟隘口以南8公里和24公里处，设施只有厕所和用来煮沸的溪水。

Mountain House 青年旅舍 $

（☎03-318 9258；www.trampers.co.nz；83 Main Rd；铺 $31~34，标单/双/套 $74/86/155；📶）这一系列绝佳的住宿处围绕着村庄分布，包括一家井井有条的旅舍、2间高端的汽车旅馆套间以及带烧柴壁炉的2间有3个卧室的小屋（$340，最多容纳8人）。热情的经理管理有方，能够提供大量当地的徒步信息。

Arthur's Pass Village 民宿 $$

（☎021 394 776；www.arthurspass.org.nz；72 School Tce；双 $140~160；📶）这间迷人的铁路小屋经过修复，现在已是一间温馨的民宿，提供2间客卧（公共浴室），早餐有草鸡蛋和散养猪肉培根，以及新鲜烘烤的面包，还有主人有趣的相伴。晚餐有家常菜（$35）。不妨问问焦黑的地板条的来历。

Arthur's Pass Alpine Motel 汽车旅馆 $$

（☎03-318 9233；www.apam.co.nz；52 Main Rd；双 $125~150；📶）位于南侧进入村庄的路上，这家木屋风格的汽车旅馆建筑凸显了往日风韵，这里有漂亮的双层玻璃，热情积极的主人还会提供不少建议。

Wilderness Lodge 度假屋 $$$

（☎03-318 9246；www.wildernesslodge.co.nz；Cora Lynn Rd，Bealey；标单 $499~749，双 $778~1178；📶）🍃这处中型高山度假屋在自然

环境的衬托下安静又庄重，其山毛榉森林中的位置无人能敌，紧邻公路。在这里，你可以投身于自然体验之中，这实在是太棒了。费用包括早餐、晚餐和每天2次的导览活动（包括徒步和划皮划艇）。

就餐

Arthur's Pass Store & Cafe 咖啡馆 $

（85 Main Rd；早餐和午餐 $7~24；⏲8:00~17:00；📶）这是你在这里的最佳就餐去处，提供蛋类三明治、热腾腾的薯条、可口的咖啡，还能给汽车加油并出售简易杂货。

实用信息

环境保护部亚瑟隘口游客中心（DOC Arthur's Pass Visitor Centre；☎03-318 9211；www.doc.govt.nz；80 Main Rd；⏲8:30~16:30）展示亚瑟隘口的生态信息和历史。友善的员工为徒步路线提供合理的建议以及非常重要的天气预报信息。详细的路线向导和地形图还能够更进一步地保障你的安全。这里可以租赁无线电信标，并通过游客中心的电脑在AdventureSmart（www.adventuresmart.org.nz）录入你的行程细节。

到达和离开

离开斯普林菲尔德（如果从其他方向前来，那就是霍基蒂卡或格雷茅斯）之前记得加满你的油箱。在Arthur's Pass Store有一处油泵，不过价格很贵，而且营业时间仅为8:00~17:00。

Atomic Shuttles（☎03-349 0697；www.atomictravel.co.nz）从亚瑟隘口出发的长途汽车往返基督城（$35，2小时30分钟）、斯普林菲尔德（$35，1小时）、布伦纳湖（Lake Brunner；$30，50分钟）和格雷茅斯（$35，1小时15分钟）。

高山观景火车（TranzAlpine；☎04-495 0775，0800 872 467；www.kiwirailscenic.co.nz；车费 $89）每天有一辆火车往返都停靠亚瑟隘口，它可以往返斯普林菲尔德（1小时30分钟）和基督城（2小时30分钟），或布伦纳湖（1小时）和格雷茅斯（2小时）。

West Coast Shuttle（☎03-768 0028；www.westcoastshuttle.co.nz）长途汽车停靠亚瑟隘口，可以往返基督城（$42，2小时45分钟）和格雷茅斯（$32，1小时45分钟）。

梅思文（Methven）

人口 1707

梅思文在冬季最热闹，到处都是去附近的哈特山（Mt Hutt）滑雪的运动爱好者。在其他季节，来这里参加十月牛仔竞技赛的快枪手们可能会因没看到风滚草随风遍布主街的景象而大失所望。夏季的梅思文低调安逸，适合放松，而且对于钓鱼爱好者来说物价也更便宜，那时，徒步者和山地自行车手则跃跃欲试，准备进入壮观的山间步道中。

活动

向游客信息中心（见182页）询问了解当地的徒步信息（包括镇上的遗产步道和梅思文步道与自行车道），以及骑马、山地自行车、垂钓、飞碟射击、射箭、高尔夫、直升机观景和喷射艇等活动项目，还提供附近的拉凯阿峡谷（Rakaia Gorge）的情况。

Black Diamond Safaris 滑雪

（☎027 450 8283；www.blackdiamondsafaris.co.nz）乘坐四驱车前往人不多的俱乐部滑雪场。费用$150起，包含交通、安全装备和适应训练，而$275则包括了滑雪缆车通票、向导和午餐的费用。

Methven Heliski 滑雪

（☎03-302 8108；www.methvenheli.co.nz；Main St；5条滑雪道一日游 $1045）向导很棒，一价全包，这处乡村滑雪之旅包含5条滑雪道，垂直落差750~1000米。

Aoraki Balloon Safaris 热气球

（☎03-302 8172；www.nzballooning.com；飞行 $385）清晨一睹白雪皑皑的群峰，还能举着香槟吃早餐。

Skydiving Kiwis 跳伞

（☎0800 359 549；www.skydivingkiwis.com；Ashburton Airport，Seafield Rd）从1800多米（$235）、2700多米（$285）和3600多米（$335）的上空双人前后跳伞。从阿什伯顿（Ashburton）的机场前往。

住宿

一些住宿地点在夏季停业，其他的则全年开放。在滑雪季节期间，提前预订总是值得的，尤其是便宜的住所。我们列出的价格是夏季的房价，冬季应该会涨价。

Alpenhorn Chalet 青年旅舍 $

（☎03-302 8779；www.alpenhorn.co.nz；44 Allen St；铺 $30，双 $65~85；@📶）这座小巧迷人的旅舍有一处树木成荫的暖房，包含室内水疗池、篝火和附赠的浓缩咖啡。卧室宽敞，而且色泽明亮，还装饰着许多暖色的天然木家具，有一间双人房提供配套浴室。

Rakaia Gorge Camping Ground 露营地 $

（☎03-302 9353；6686 Arundel-Rakaia Gorge Rd；营地 每位成人/12岁以下儿童 $8.50/免费）露营地不提供电力，仅有厕所、淋浴和一间很小的厨房，但不要被这些吓退了脚步。这是方圆数公里之内最佳的露营地，就在碧蓝的拉凯阿河河畔；这处漂亮的地方很适合作为你去探索周围区域的大本营。5月至10月设施停止开放。

Mt Hutt Bunkhouse 青年旅舍 $

（☎03-302 8894；www.mthuttbunkhouse.co.nz；8 Lampard St；铺 $31，双 $68~80，小屋 $280~350；📶）热情的老板经营着这家简单的青年旅舍，这里设施齐全，明亮又通风。休息室很舒适，宽敞的花园还放着烧烤设施，还有一座排球场。小屋（最多可以睡18个人）对于团体游客来说经济实惠。

Big Tree Lodge 青年旅舍 $

（☎03-302 9575；www.bigtreelodge.co.nz；25 South Belt；铺 $35~40，双 $75~80，公寓 $110~160；📶）作为曾经郊区牧师的寓所，这家青年旅舍十分惬意，多人间没有上下铺，有木制浴室。设施齐全的套间藏在Little Tree Studio后头，最多可以睡4个人。

Redwood Lodge 青年旅舍、度假屋 $$

（☎03-302 8964；www.redwoodlodge.co.nz；3 Wayne Pl；标单 $55~65，双 $104~149；@📶）这处热情随和的度假屋欢迎家庭游客，没有多人间。多数房间提供配套设施，较大的房间还能够安排全家入住。滑雪劳累了一天之后，来公共休息区“葛优瘫”吧。

Whitestone Cottages 出租屋 $$$

（☎03-928 8050；www.whitestonecottages.co.nz；3016 Methven Hwy；小屋 $175~255）如果你想躺着，烧顿饭，洗洗衣服，还能有自己的隐私，那么这4间宽敞的独立小屋一定正中你的下怀。它位于一片树林之中，每间房都有两个设施配套的卧房，可以睡6个人。基准房价是双人的价格，每多增加一人需要收取$35。

就餐

Cafe 131 咖啡馆 $

（131 Main St；餐 $10~20；⏲7:30~17:00；📶）这家咖啡馆中规中矩，是当地人心目中的最爱，抛光的木材和彩绘玻璃窗增添了一份情调。招牌美食包括可口的咖啡、美味的全日早餐以及令人垂涎三尺的烘焙点心，要是想喝上一杯，这里也能满足你。免费Wi-Fi让这里成了名副其实的“网吧”。

不要错过

哈特山

哈特山（Mt Hutt；☎03-302 8811；www.nzski.com；登山缆车通票 成人/儿童 $98/56；⏲9:00~16:00）跻身于南半球海拔最高的滑雪场之列，也算是新西兰最佳的几座滑雪场之一，拥有国内滑雪面积最大的商业滑雪场（365公顷）。滑雪场距离梅思文仅26公里，但冬季的路况驾车需要大约40分钟；从基督城前往需预留2小时。道路陡峭，天气不佳的时候会变得非常危险。**Methven Travel**（见182页）在旺季运营从梅思文和基督城前往（$20）哈特山的接驳巴士。

一半的地形适合中级滑雪者，另各有四分之一的部分适合初学者和高级滑雪者。最长的滑雪道长达2公里。其他的特色项目包括登山椅、直升机滑雪和宽阔的地面，适合学习滑雪板运动。旺季从6月中旬持续到10月中旬。

★ Dubliner
餐厅 $$

（www.dubliner.co.nz; 116 Main St; 餐 $26~34; ⏲16:00至深夜）这家经过修复的原汁原味的爱尔兰酒吧和餐厅位于梅思文的老邮局里。这里美味的食物包括比萨、爱尔兰炖菜和其他丰盛的佳肴，适合伴着一大杯精酿啤酒一起下肚。

Aqua
日本菜 $$

（☎03-302 8335; 112 Main St; 主菜 $13~21; ⏲17:00~21:00）这家小餐馆在滑雪季节里卖力营业，不过夏季的营业时间不固定（所以要提前致电），女服务员身着和服，提供传统的日本料理，例如炒荞麦面（yakisoba）、拉面（ramen）和居酒屋风格的下酒菜，可以配上冰镇啤酒或暖胃的清酒（sake）。

☆ 娱乐

Cinema Paradiso
电影院

（☎03-302 1975; www.cinemaparadiso.co.nz; Main St; 成人/儿童 $17/12; ⏲周三至周一）这家古怪的电影院喜欢放映文艺片。

ℹ 实用信息

梅思文游客信息中心（☎03-302 8955; www.methvenmthutt.co.nz; 160 Main St; ⏲7月至9月 每天 9:30~17:00, 10月至次年6月 周一至周五 9:00~17:00, 周六和周日 10:00~15:00; 📶）向这里的员工询问当地的徒步路线和其他活动信息，然后可以免费参观美术馆，并能亲身参与"新西兰高山和农业体验"活动（NZ Alpine & Agriculture Encounter; 成人/儿童 $12.70/7.50）。

医疗中心（☎03-302 8105; The Square, Main St; ⏲8:30~17:30）

ℹ 到达和离开

Methven Travel（☎0800 684 888, 03-302 8106; www.methventravel.co.nz; 160 Main St）运营的接驳巴士往返于梅思文和基督城机场之间（$45），10月至次年6月每周运营3~4次，滑雪季节期间增至每天3次。另外，冬季还运营前往哈特山滑雪场的接驳车（往返 $20）。

萨默斯山（Mt Somers）

萨默斯小镇位于同名的萨默斯山的山脚下，就在南阿尔卑斯山脉的边缘。**萨默斯山步道**（26公里）是一条徒步转山的路线，需要2天完成，连接了人气颇旺的野餐点Sharplin Falls和Woolshed Creek，是该地区最大的卖点。全程步道的亮点包括火山岩层、毛利人的摩崖石刻、深邃的河谷和多样的植物。路线易受天气变化的影响，所以请做好一切准备措施。

一路上有两个环境保护部的小屋：**Pinnacles Hut**和**Woolshed Creek Hut**（成人/儿童 $15/7.50）。小屋的住宿券和信息都可以在Mt Somers General Store和Staveley Store这两家店里获取。

🛏 食宿

Mt Somers Holiday Park
假日公园 $

（☎03-303 9719; www.mountsomers.co.nz; 87 Hoods Rd; 营地 $18~32, 小屋 带/不带浴室 $80/55）这个服务友好的小公园在林间有一片舒适宜人的露营地，提供配套设施齐全完好的小屋。入住标准小屋（standard cabins）你需要自带床单（也可以租赁）。马路对面的客栈提供Wi-Fi。

Stronechrubie
汽车旅馆 $$

（☎03-303 9814; www.stronechrubie.co.nz; Hoods Rd和SH72 交叉路口; 双 $120~160; 📶）这些舒适的度假屋俯瞰着鸟语花香的园地，房型从单人套间到双卧室公寓，多种多样。不过美食才是把我们吸引到这里的原因。这里有一家经久不衰的餐厅，一直备受称赞，可以在这里享受一顿非常正式的晚宴（主菜 $34~$38; 周三至周日提供晚餐，周日还提供午餐）。也可以前往崭新的法式小酒吧（周四至周六 17:30至深夜），除了迷人的葡萄酒和精酿啤酒，还能尝到现代的西班牙风味小吃。

Staveley Store
咖啡馆

（☎03-303 0859; 2 Burgess Rd, Staveley; ⏲9:00~16:30）造访这家可爱的乡村小店，来一份奶酪卷、香肠卷、沙拉卷、冰激凌或是买些简单的杂货。另外这里还出售萨默斯山步道的小屋住宿券。

实用信息

Mt Somers General Store（☎03-303 9831; 61 Pattons

Rd; ⌚8:00~18:00)贩售萨默斯山步道的小屋住宿券，提供信息咨询服务。

坎特伯雷南部（SOUTH CANTERBURY）

穿过朗伊塔塔河(Rangitata River)，就来到了坎特伯雷南部。在古朴的小镇杰拉尔丁(Geraldine)，SH1和内陆景观路线(SH72)的间距收窄到8公里。你可以在这里选择繁忙的沿海公路穿过港口城市蒂马鲁(Timaru)，并继续前往奥马鲁(Oamaru)和达尼丁；也可以继续沿着内陆的SH79到麦肯齐地区(Mackenzie Country)，新西兰最高的山峰就从这片宽广的高地耸立起来，那里还有浅蓝色的湖泊。多数旅行者会选择走后者。

麦肯齐盆地由古代的冰川蚀刻而成，就坐落在南阿尔卑斯山脉脚下，一片荒芜，杂草丛生。它的名字来源于传奇人物 James 'Jock' McKenzie。19世纪40年代，他赶着偷来的羊群进入了这片无人之境。当他最终被捕时，其他定居者才发现了这片看似不毛之地的潜力，纷纷跟着他的脚步，来此放牧。

导演彼得·杰克逊在拍摄《指环王》系列电影的时候，就选用了这片最崎岖和原始的景色：库克山村(Mt Cook Village)成了刚铎首都米那斯提力斯的取景地，而特威泽尔(Twizel)附近的牧羊场成为刚铎的帕兰诺平原(Pelennor Fields)。

到达和离开

Atomic Shuttles (☎03-349 0697; www.atomictravel.co.nz)和**InterCity** (☎03-548 1538; www.intercity.co.nz)是坎特伯雷南部主要的交通运输公司；而**Cook Connection** (☎0800 266 526; www.cookconnect.co.nz)能带你一探新西兰的最高山峰。

皮尔森林(Peel Forest)

人口 180

皮尔森林藏在南阿尔卑斯山脉的山脚和朗伊塔塔河的中间（可以按SH72清晰的路牌指示前往），虽然不大，但保存了原生针叶树森林，具有重要的意义。大多数霍氏罗汉松、鸡毛松和黑松都已有上百年的树龄，这里还栖息着大量的鸟类，包括刺鹩、新西兰鸽、钟雀、扇尾鸽和灰莺。

皮尔森林牧羊场附近有一条路通往“美索不达米亚”(Mesopotamia)，英国作家塞缪尔·巴特勒(Samuel Butler)曾于19世纪60年代到访过这里。他在这里的经历赋予他灵感，创作了讽刺文学作品《乌有之乡》(*Erewhon*, 1872年)。

景点

圣斯蒂芬教堂 教堂

(St Stephen's Church; 1200 Peel Forest Rd)这座漂亮的英国国教小教堂（建于1885年）有温暖的木结构内饰和一些有趣的彩绘玻璃，就在杂货店旁的一处林间空地上。留意被新西兰动植物包围的圣方济各(St Francis of Assisi)，可以和孩子们比比谁先找到蜥蜴。

活动

这片壮丽的针叶林生长着大量霍氏罗汉松、鸡毛松和黑松。沿着Big Tree Walk（往返30分钟）前进能够看到一棵高达31米的霍氏罗汉松，直径9米，已经有1000多岁。还有一些步道前往Emily Falls（往返1小时30分钟）、Rata Falls（往返2小时）和Acland Falls（往返1小时）。可在Peel Forest Store领取《皮尔森林地区》手册，或者可以从环境保护部网站下载(www.doc.govt.nz)。

★Rangitata Rafts 漂流

(☎0800 251 251; www.rafts.co.nz; Rangitata Gorge Rd; ⌚9月至次年5月)3小时的旅程以一次V级峡谷激流勇进（$210，需要年满15岁）开始，十分惊险刺激；再沿着朗伊塔塔河谷的涓涓细流，欣赏超乎想象的美景。2小时的顺流行程更加平稳，只会遇上Ⅱ级的激流（$170，需要年满6岁）。

Peel Forest Horse Trekking 骑马

(☎03-696 3703; www.peelforesthorsetrekking.co.nz; 1小时/2小时/半天/全天 $55/110/180/360)骑马穿过茂密的森林，度过几小时或是跋涉好几天（$950~1600，最少4人）。住宿套餐还可以选择入住Peel Forest Lodge。

食宿

★ Peel Forest DOC Campsite 露营地 $

（☎03-696 3567; www.peelforest.co.nz; 营地 每位成人/儿童 $17/7.50，小屋 $50~80）这处迷人的露营靠近朗伊塔塔河，从Peel Forest Store再往里3公里即可到达。它配备了简易的双床位到四床位的小屋（自备睡袋）、热水淋浴和厨房。在Peel Forest Store登记入住。

Peel Forest Lodge 度假屋 $$$

（☎03-696 3703; www.peelforestlodge.co.nz; 96 Brake Rd; 双 $380，每增加一位成人/儿童 $40/20; 📶）这幢美丽的小木屋藏在森林之中，有4个房间，可以睡8个人。不过这里只接受一个订单，所以你和你的伙伴能够独自拥有这片天地。设施自给自足，但可以安排膳食，还可以在这片迷人的地区安排骑马跋涉、漂流之旅和其他探险活动。

Peel Forest Store 咖啡馆 $$

（☎03-696 3567; www.peelforest.co.nz; 1202 Peel Forest Rd; 午餐 $13~19，晚餐 $20~29; ⊙周日至周四 9:30~17:30，周五和周六 至21:00; 📶）你可以在这里一站式搞定杂货、小屋住宿券、上网、Peel Forest DOC Campsite（见本页）预订等各项服务。旗下的咖啡馆兼酒吧提供浓缩咖啡和外卖，也可以堂食汉堡包和比萨之类的美食。

到达和离开

Atomic Shuttles（见188页）和**InterCity**（见188页）只能把你带到杰拉尔丁，如何前往皮尔森林还是要靠你自己想办法。

蒂马鲁（Timaru）

人口 31,000

沿着SH1可以穿过蒂马鲁，旅行者要是把这座港口小城视为基督城和达尼丁之间食物和燃料的补给站也不为过。但不过各位，还是停下来看一看吧！逛逛中央商务区（CBD），那里整个爱德华时代的街区保存得异常完好，还有一些高档餐厅和有趣的商店，更不用提一系列文化景点和迷人的公园了，这些都值得你花上一天的时间。

城镇的名字来源于毛利语Te Maru，意为“避难所”。1839年，来自悉尼的惠勒兄弟（Weller）在这里建立了一个捕鲸站，而在此之前这里无人定居。“卡洛琳号”（Caroline）是当年运送鲸油的帆船，后来这个风景如画的海湾也因此得名。

景点

★ 艾甘蒂赫美术馆 美术馆

（Aigantighe Art Gallery; www.timaru.govt.nz/art-gallery; 49 Wai-iti Rd; ⊙周二至周五 10:00~16:00，周六和周日 正午至16:00）免费 南岛上最大的公共画廊之一，这幢建于1908年的寓所拥有不同时期丰富的新西兰和欧洲艺术收藏，另外还有不停更换的临时展览。美术馆的名字来自盖尔语，意思是“在家”，读作“egg-and-tie”。如果内部关闭的话，那就在雕塑花园里走一圈吧。

卡洛琳湾公园 公园、海滩

（Caroline Bay Park; Marine Pde）这片宽广的公园位于城镇的前沿、海湾山（Bay Hill）的悬崖下方，有一片爱德华时期的花园，公园包括宽广的草坪，小路通往低矮的沙丘和海滩。这里有游乐场、滑板公园、贝壳舞台、冰激凌售卖处以及其他数不胜数的配套设施，人人都能各得其所。不要错过特雷弗·格里菲思玫瑰园（Trevor Griffiths Rose Garden），这里成功培育出了不同品种的玫瑰，夕阳西下时分，很适合作为野餐的地点。如果你足够幸运的话，还有机会看见海豹或企鹅，不过记住不要离它们太近。

蒂安娜毛利岩石艺术中心 博物馆

（Te Ana Māori Rock Art Centre; ☎03-684 9141; www.teana.co.nz; 2 George St; 成人/儿童 门票 $22/11，团队游 $130/65; ⊙10:00~15:00）来自纳塔胡部落的向导十分热情地通过创意多媒体展示介绍了毛利人的岩石壁画，使游客身临其境。你还可以参加3小时的短途旅行（11月至次年4月 14:00出发），实景参观偏僻的摩崖石刻。务必提前预约。

南坎特伯雷博物馆 博物馆

（South Canterbury Museum; www.timaru.

Timaru 蒂马鲁

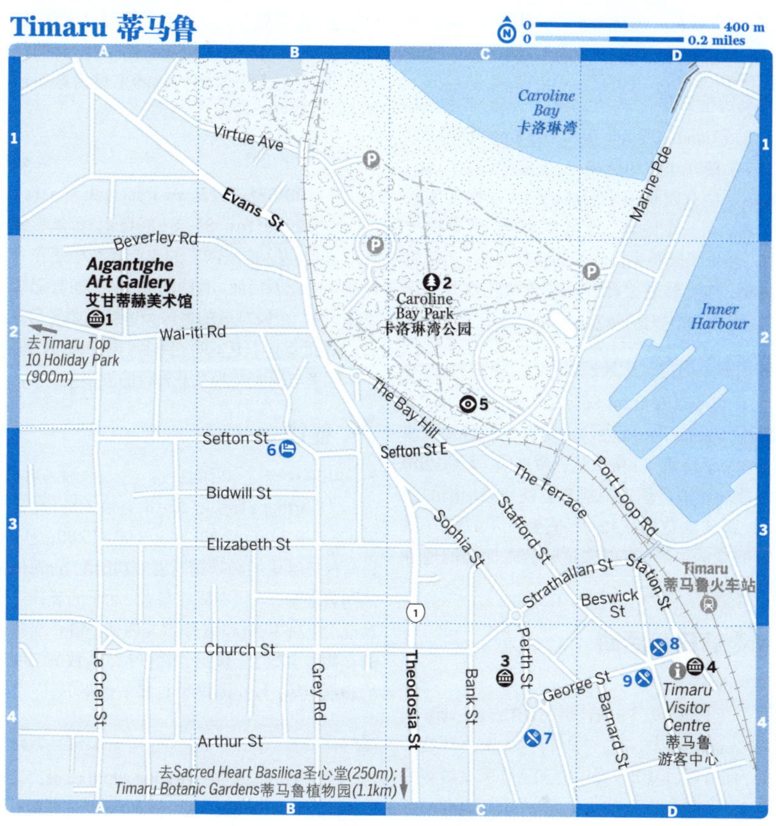

govt.nz/museum; Perth St; 乐捐入内; ⊙周二至周五 10:00~16:30，周六和周日 13:30~16:30）这里展示了该地区的历史和自然文物。亮点是毛利展示区以及一架飞机的复制品，这架飞机由当地飞行家先驱和发明家理查德·皮尔斯（Richard Pearse）驾驶和设计。很多人认为，他几近成功的飞行尝试早于1903年莱特兄弟的首次飞行。

圣心堂

教堂

（Sacred Heart Basilica; 7 Craigie Ave, Parkside）罗马天主教堂当然以罗马式建筑风格为主，这座美丽的新古典风格建筑的教堂（建于1911年）拥有多座穹顶、爱奥尼亚式圆柱和色彩鲜艳的彩绘玻璃，令人印象深刻。其建筑设计师弗朗西斯·佩特雷（Francis Petre）还设计了基督城（现已成废墟）和奥马鲁的大教堂。在教堂内部，石膏装饰有一种新艺术的风

Timaru 蒂马鲁

重要景点

1 艾甘蒂赫美术馆 A2

景点

2 卡洛琳湾公园 C2
3 南坎特伯雷博物馆 C4
4 蒂安娜毛利岩石艺术中心 D4
5 特雷弗·格里菲斯玫瑰园 C2

住宿

6 Sefton Homestay B3

就餐

7 Arthur Street Kitchen C4
8 Koji D4
9 Oxford D4

饮品和夜生活

Speight's Ale House ......（见4）

格，包含着花卉缠绕着圣心的装饰图案。这里没有固定的开放时间，可以试试侧门。

蒂马鲁植物园 花园

（Timaru Botanic Gardens；King St和Queen St交叉路口；⌚8:00至黄昏）免费 成立于1864年，这些花园是用来消磨一两个小时的安逸之所，有一个池塘、茂盛的草坪、成荫的树木、游乐场以及生机勃勃的植物展览。运气好的话，你能够赶上杜鹃花或玫瑰花盛开的季节。从市中心以南的Queen St进入。

特雷弗·格里菲思玫瑰园 花园

（Trevor Griffiths Rose Garden；Caroline Bay Park，Marine Pde）免费 玫瑰花的爱好者应该参观一下特雷弗·格里菲思玫瑰园，大约1200株玫瑰花浪漫地在凉棚和庭院水景周围绽放着。最佳展览期从12月一直到次年2月。在温暖惬意的午后，可以来这片芳香四溢的地方坐着冥想。

节日和活动

蒂马鲁玫瑰节 文化节

（Timaru Festival of Roses；www.festivalofroses.co.nz；⌚11月）这一庆典持续一周，届时举办集市、音乐会和适合家庭游客的活动，一切均以玫瑰为主题。节日于每年11月底庆祝，为期一周。

住宿

Timaru Top 10 Holiday Park 假日公园 $

（☎03-684 7690；www.timaruholidaypark.co.nz；154a Selwyn St，Marchwiel；营地 $39~44，套间 带/不带浴室 $97/65起；📶）🍃这一绝佳的假日公园藏在郊区之中，在茂密的林地间提供鲜艳洁净的设施以及各类住宿选择。友好的员工愿意倾尽全力协助你获取当地信息和处理预订事宜。

Glendeer Lodge 民宿 $$

（☎03-686 9274；www.glendeer.co.nz；51 Scarborough Rd，Scarborough；双 $170~260；📶）🍃距离市中心4公里，这处特意修建的度假屋占地2公顷，远离繁忙的SH1，是十分安逸的选择。走路可以前往灯塔，也可以在花园里休憩，看看鹿儿们在休耕的田野里啄食，然后回到豪华的自炊度假屋（有3间配套的卧室）。民宿主人用假蝇钓鱼的生意为这里增添了一份野外的趣味。

Sefton Homestay 民宿 $$

（☎03-688 0017；www.seftonhomestay.co.nz；32 Sefton St，Seaview；标单和双 $130~140；📶）这座恢宏的遗产建筑坐落在一片漂亮的花园后面，有两间客房：一间有配套设施，另一个较宽敞的客房旁边就是阳光房，大厅对面就有个卫生间。倒上一杯葡萄酒，坐在客厅里与别人交换一下旅行的故事吧。

餐饮

Arthur Street Kitchen 咖啡馆 $

（8 Arthur St；小吃 $2~8，主食 $9~19；⌚周一至周五 7:00~17:30，周六 9:00~15:00；📝）蒂马鲁最时髦的咖啡馆有着成功的配方：可口的同名咖啡、当代咖啡馆餐食、动听的旋律以及混合艺术风格和室外阳光座椅。精心准备的食物极具魅力，包括谷物沙拉、精致的三明治和糕点等，另外提供早餐和午餐菜单。

★Oxford 新派新西兰菜 $$

（☎03-688 3297；www.theoxford.co.nz；152 Stafford St；主菜 $26~32；⌚周一和周三至周五 11:00至深夜，周六和周日 9:30至深夜）这家精致的街角餐馆让这幢建于1925年的建筑增添了一份魅力，单色装潢十分时尚，还有一面装饰墙纪念蒂马鲁曾经经济崩溃的日子。食物都是高端的家常菜，运用大量当地食材，例如鹿肉、牛肉和三文鱼，诱人的酒水单让你忍不住点上一份葡萄酒和奶酪，或是一杯甜酒（sticky）配上金黄的糖浆布丁。

Koji 日本菜 $$

（☎03-686 9166；7 George St；小吃 $5~15，主食 $23~36；⌚周二至周五 11:00~14:00和17:00~21:00，周六和周日 17:00~22:00）外表虽然看起来毫不起眼，但这家错层式的餐馆在营造日式氛围上做得很不错。坐在楼下的餐室或迷人的吧台——最好是前往楼上，可以看着铁板烧的火苗窜上来。美味的菜肴包括生鱼片、天妇罗、煎饺和章鱼烧，搭配着翻飞的木鱼花。

Speight's Ale House 酒馆

（www.timarualehouse.co.nz；2 George St；⏲11:30至深夜；📶）虽然装修看起来不是那么可靠，还过分宣传这里有一处阳光庭院，但在这幢建于19世纪70年代的仓库石屋里，一切都是很好的。这家小酒馆会让你晚上流连于此。

实用信息

蒂马鲁游客中心（☎03-687 9997；www.southcanterbury.org.nz；2 George St；⏲10:00~15:00；📶）位于火车站对面（该地区行驶的火车仅为货车，没有客车），游客中心与蒂安娜毛利岩石艺术中心在一幢楼里。蒂马鲁整个CBD和卡洛琳湾公园都能连上免费Wi-Fi。

到达和离开

飞机

新西兰航空（☎0800 737 000；www.airnewzealand.co.nz）从蒂马鲁的理查德·皮尔斯机场（Richard Pearse Airport）往返惠灵顿和奥克兰，每天2班。

长途汽车

Atomic Shuttles（☎03-349 0697；www.atomictravel.co.nz）每天两次停靠在游客中心旁，沿途经过基督城（$25，2小时30分钟）、奥马鲁（$20，1小时15分钟）和达尼丁（$25，2小时45分钟）。

Budget Buses & Shuttles（☎03-615 5119；www.budgetshuttles.co.nz；⏲周一至周六）提供前往基督城上门接送服务（$47），另外提供定班运营服务（$27）。

InterCity（☎03-365 1113；www.intercity.co.nz）停靠在火车站旁，长途汽车前往基督城（$28起，2小时30分钟，每天2班）、奥马鲁（$14起，1小时，每天2班）、达尼丁（$32起，3小时，每天2班）、戈尔（$47起，6小时，每天1班）和蒂阿瑙（$51起，8小时，每天1班）。

杰拉尔丁（Geraldine）

人口 2420

坎特伯雷是个能够很好地掌控英式园艺的地方，也使得漂亮的杰拉尔丁拥有乡村风情和活跃的艺术气息。春天，可以前往River Garden Walk，它在Talbot St上的战争纪念碑后面。在那里，热爱园艺的当地人对杜鹃花和映山红的栽种已经走火入魔了。询问游客中心的员工，了解小镇边上Talbot Forest的小径信息。

景点和活动

杰拉尔丁博物馆 博物馆

（Geraldine Museum；5 Cox St；⏲周一至周六 10:00~15:00，周日 12:30~15:00）免费 这家小巧玲珑的博物馆位于十分上相的镇委员会办事处（Town Board Office，建于1885年）的一幢新建副楼里，通过各类展品讲述了小镇的历史，其中有丰富的照片。

老爷车和机械博物馆 博物馆

（Vintage Car & Machinery Museum；☎03-693 8756；178 Talbot St；成人/儿童 $10/免费；⏲10月至次年5月 9:30~16:00，6月至9月 周六和周日 10:00~16:00）要想欣赏这些古董车的收藏，你不必成为一名“机械通”：展览包含一辆1907年产的De Dion-Bouton和一辆锃亮的1926年产的宾利。另外还有一辆特意为1954年皇家之旅而建造的戴姆勒、几辆很不错的美洲豹、20世纪70年代的肌肉车和各类农具。

Big Rock Canyons 探险运动

（☎0800 244 762；www.bigrockcanyons.co.nz；⏲10月至次年4月）提供在杰拉尔丁附近的Kaumira Canyon（$360）“湿身滑行”一日探险之旅，另外还有5处难度不同的峡谷可供选择。

住宿

Rawhiti Backpackers 青年旅舍 $

（☎03-693 8252；www.rawhitibackpackers.co.nz；27 Hewlings St；铺/标单/双 $34/50/78；📶）位于小镇旁的山丘上，这里以前是一家妇产科医院，现在成为一家宽敞的青年旅舍，阳光充足，还有不错的公共区域；客房也很舒适，院内有一棵柠檬树和两只可爱的猫咪。提供自行车租赁。

Geraldine Kiwi Holiday Park 假日公园、汽车旅馆 $

（☎03-693 8147；www.geraldineholidaypark.

co.nz; 39 Hislop St; 营地 $34~39, 双 $52~135; @ ☎)这家一流的假日公园位于一座设施完好的公园内，步行2分钟即可抵达主干道。整洁的住宿房型从廉价小屋到奢华的汽车旅馆套间，应有尽有。另外还有电视室和游乐场。

Scenic Route Motor Lodge 汽车旅馆 $$

(☎03-693 9700; www.motelscenicroute.co.nz; 28 Waihi Tce; 双 $135~155; ☎)这家石木结构的汽车旅馆有一种说不清的古典气氛，但现代的套间却配备了双层玻璃和平板电视，甚至还有时髦的墙纸。更大的套间提供水疗浴缸。

就餐

杰拉尔丁很早就被誉为“新西兰奶酪和泡菜之都”，非常适合自炊者。Four Peaks Plaza有一家很棒的肉店和几家食品手工作坊；可以寻找一下Heartland薯片，它们就是在附近生产的。夏季的周六，整座城镇在**农夫市场**(St Mary's Church停车场; ⊙10月至次年4月 周六 9:00~12:30)的影响下变身饕餮盛宴现场。

★ Talbot Forest Cheese 熟食 $

(www.talbotforestcheese.co.nz; Four Peaks Plaza, Talbot Rd; 奶酪 $5~10; ⊙9:00~17:00;)这家小店不仅实地展示了奶酪的制作工艺(包括精美的帕尔马和格吕耶尔奶酪)，还是一家熟食店，提供你野餐的一日所需。

Verde 咖啡馆 $

(☎03-693 9616; 45 Talbot St; 主菜 $11~18; ⊙9:00~16:00;)这家很棒的咖啡馆就在老邮局旁的小巷子里，被漂亮的花园围绕，轻而易举地成为杰拉尔丁的最佳餐馆。但是这里不经营晚餐，实在是太遗憾了。

麦肯齐地区

从基督城前往皇后镇和南部的湖泊需要从SH1选择拐进SH79后抵达，这条景观路线伸向高地和奥拉基/库克山国家公园的东部山脚下。公路穿过杰拉尔丁和费尔利之后与SH8交会，越过伯克斯隘口后抵达湛蓝的特卡波湖。

而耸立着奥拉基/库克山国家公园壮美群峰的这片广袤的高地就是麦肯齐地区。名字来源于传奇人物James 'Jock' McKenzie。19世纪40年代，他赶着偷来的羊群进入这里。当他最终被捕时，其他定居者才发现了这片看似不毛之地的潜力，纷纷来此放牧。而毛利人才是第一批穿越麦肯齐地区的人，他们几百年前从班克斯半岛一路跋涉，抵达奥塔戈。

娱乐

杰拉尔丁电影院 电影院

(Geraldine Cinema; ☎03-693 8118; www.geraldinecinema.co.nz; Talbot St; 成人/儿童 $12/8)窝在旧沙发里，看一部好莱坞大片或是带给你意外惊喜的文艺片。这里偶尔还会有现场音乐，风格通常是民谣、蓝调或乡村乐。

实用信息

杰尔丁游客信息中心(☎03-693 1101; www.southcanterbury.org.nz; 38 Waihi Tce; ⊙8:00~17:30)这座信息中心位于Kiwi Country游客大楼里面。还可以登录www.gogeraldine.co.nz。

到达和离开

Atomic Shuttles(☎03-349 0697; www.atomictravel.co.nz)每天1班车往返基督城($30, 2小时)、特卡波湖($20起, 1小时15分钟)、特威泽尔($30, 2小时)、克伦威尔(Cromwell; $30起, 4小时15分钟)和皇后镇($35, 5小时)。

Budget Buses & Shuttles(☎03-615 5119; www.budgetshuttles.co.nz; ⊙周一至周六)提供前往基督城挨家挨户的接驳服务($57)，另外提供较便宜的定班运营服务($47)。

InterCity(☎03-365 1113; www.intercity.co.nz)每天有长途汽车往返基督城($32起, 2小时15分钟)、特卡波湖($21起, 1小时15分钟)、克伦威尔($40起, 4小时45分钟)和皇后镇($42起, 5小时45分钟)。

费尔利(Fairlie)

人口 693

费尔利把自己称为“通往麦肯齐地区的门

户”，不过事实上这座绿色小镇与西边伯克斯隘口（Burkes Pass）另一侧的杂草丛生的麦肯齐地区之间，似乎隔着一个世界。费尔利的面包店和野餐区值得你在午餐时分停留片刻。

景点

费尔利遗产博物馆 博物馆

（Fairlie Heritage Museum；www.fairlieheritagemuseum.co.nz；49 Mt Cook Rd；成人/儿童 $6/免费；⏲9:30~17:00）积灰的橱窗反映了新西兰乡村的过往，这家博物馆展示着农场器具、飞机模型、以假乱真的模型和一些奇特的小物件，很讨游客欢喜。亮点包括一架简单的旋翼机、历史悠久的村舍和完好无损的拖拉机部件。咖啡馆很小，烘烤的饼干很美味。

活动

信息中心可以提供邻近**徒步和山地自行车**小径的信息。主要的滑雪度假村**杜布森山**（Mt Dobson；☎03-685 8039；www.mtdobson.co.nz；登山缆车日票 成人/儿童 $78/44）位于费尔利西北26公里处，3公里长的盆地没有一棵树。西北29公里处还有一座俱乐部滑雪场**福克斯峰**（Fox Peak；☎03-685 8539，滑雪电话03-688 0044；www.foxpeak.co.nz；登山缆车日票 成人/儿童 $60/10），位于双指峰（Two Thumb Range）。

食宿

Musterer's 汽车旅馆 $$

（☎03-685 8284；www.musterers.co.nz；9 Gordon St；双 $150，每增加一名成人/儿童 $25/15；📶）时尚的自炊村舍位于费尔利的西侧，提供各类现代设施，还有公共的烧烤区域以及“剪羊毛房”休息室，另外还有驴子、山羊和一匹小马。浴室奢华，铺有瓷砖；3间家庭套间（最多可以睡6人）和1间双人单居室套间都有自己的烧木柴加热的热水浴缸（另收$40），洗澡的时候能够仰望星空。

★ Fairlie Bakehouse 面包房 $

（www.liebers.co.nz；74 Main St；馅饼 $5~7；⏲7:30~16:30；🖉）这家非常棒的小面包房在数英里的范围内非常知名，而且应该是你在费尔利停留最主要的原因了。这里烘烤十分美味的馅饼，馅料包括鼎鼎大名的三文鱼和培根。美式甜甜圈和树莓芝士蛋糕与诸如蛋奶冻方块（custard square）和奶油小面包（cream bun）的新西兰经典互相争宠，美味极了。

实用信息

费尔利腹地资源和信息中心（Fairlie Heartland Resource & Information Centre；☎03-685 8496；www.fairlienz.com；67 Main St；⏲周一至周五 10:00~16:00）这家友好的服务中心提供《费尔利》（*Fairlie*；免费）手册，内容翔实。

到达和离开

Atomic Shuttles（☎03-349 0697；www.atomictravel.co.nz）每天有1班车往返基督城（$30，2小时30分钟）、杰拉尔丁（$20，35 分钟）、特卡波湖（$20，40分钟）、克伦威尔（$35，3小时45分钟）和皇后镇（$35，4小时30分钟）。

InterCity（☎03-365 1113；www.intercity.co.nz）每天有1班长途汽车往返基督城（$34起，3小时15分钟）、特卡波湖（$13起，35分钟）、库克山（$30起，2小时30分钟）、克伦威尔（$39起，4小时）和皇后镇（$40起，5小时）。

特卡波湖（Lake Tekapo）

人口 369

特卡波湖因水力发电建设项目于1953年问世，如今它在度假屋和旅游业蓬勃发展的带动下欣欣向荣，这里长期以来就是团队旅游车往来基督城和皇后镇喜爱停靠的一站。它受欢迎的程度也是不言而喻的：在白雪皑皑的群山映衬下，整个小镇都面朝碧绿的湖水。

麦肯齐地区和南阿尔卑斯山脉的景色值得你停下脚步，但如果愿意等到天黑以后，你绝对能够看到更多东西。2012年，奥拉基麦肯齐地区成立了国际黑暗天空保护区（International Dark Sky Reserve；世界上共有10处），而特卡波约翰山的天空更是没有受到任何污染，是该地区欣赏夜空的最佳地点。

景点

好牧羊人教堂 教堂

（Church of the Good Shepherd；Pioneer Dr；

⏲9:00~17:00）这家各教派共同拥有的湖畔教堂于1935年用石块和橡木建成，前面总是停靠着很多辆旅游大巴。圣坛后的一面大观景窗使去教堂做礼拜的人能够看见宏伟壮丽的湖光山色；不用多说，这里是举行婚礼的热门地点。若要避开打破宁静的旅行团，尽量选择早晨或傍晚时分前往。

边上有一尊牧羊犬的雕像，纪念那些帮助麦肯齐地区发展的牧羊犬功臣。

活动

当冰川冲刷形成了麦肯齐盆地之后，约翰山（Mt John；海拔1029米）就在广袤的冰河之中成了一座孤岛。一条公路通往山顶，你也可以沿着环形步道登顶（往返2小时30分钟）。如果要来一场一整天的徒步，那还可以继续前往亚历山大利娜湖（Alexandrina Lake）和麦克格雷戈湖（McGregor Lake）。

免费的城镇地图详细地标注了这条以及该地区的其他步道，还有一些自行车道，包括Cowan's Hill以及特卡波湖地区公园（Lake Tekapo Regional Park）的车道。可以租赁山地自行车（每小时/半天 $10/25）和皮划艇（每小时 $25）。

在冬天，特卡波湖是前往杜布森山（见189页）和圆山（Roundhill；☎021 680 694，滑雪电话03-680 6977；www.roundhill.co.nz；登山缆车日票成人/儿童 $78/39）高山滑雪的大本营，双指峰（Two Thumb Range）还可以越野滑雪。

不要错过

普卡基湖瞭望台

作为麦肯齐地区三座高山湖泊中面积最大的一座，普卡基湖（Lake Pukaki）是一枚色泽超然脱俗的硕大宝石。湖岸边有一座标记醒目的观景台，紧邻特威泽尔和特卡波湖之间的SH8，常年游人如织，风景如画，湖水一路伸向奥拉基/库克山及其周围的山峰。

普卡基湖游客中心（Lake Pukaki Visitor Centre；www.mtcookalpinesalmon.com；SH8；⏲8:30~18:00）就在瞭望台的旁边，实际上是一处库克山高山三文鱼的偏远基地，也是地球上海拔最高的三文鱼养殖基地，运用水力运河系统维持运转。游客中心提供三文鱼刺身（$10）或烟熏鱼柳，可作晚餐。

Mackenzie Alpine Horse Trekking 骑马

（☎0800 628 269；www.maht.co.nz；Godley Peaks Rd；1小时/2小时/每天 $70/110/310）它位于前往约翰山的路上，这些当地人在该地区醉人的风景里经营不同的骑马之旅。

特卡波温泉 水疗

（Tekapo Springs；☎03-680 6550；www.tekaposprings.co.nz；6 Lakeside Dr；成人/儿童浴池 $22/13，溜冰 $16/12；⏲10:00~21:00）加热浴池36℃的水温，升至38℃和40℃，在湖光山色中汲取地热温泉的营养。这里还有一个蒸汽室和桑拿房（另收$6），另外还有日间水疗，提供各类舒适的项目，包括按摩（$80起）。我们上次造访的时候，冷水池和“水上乐园”正在修建。

这里还有一座冬季的溜冰场和轮胎滑雪道，夏季则是世界上最大的充气滑道和轮胎斜坡滑道。

团队游

Earth & Sky 团队游

（☎03-680 6960；www.earthandsky.co.nz；SH8）如果你想前往天文台观测夜空，那么就选择这里吧。每晚的旅行团前往坎特伯雷大学位于约翰山顶的天文台（成人/儿童 $145/80）。冬季按需要提供团队游项目，不过夏季天文台通常在中午至15:00会有一位导游（成人/儿童 $20/10）服务。

如果预算吃紧，或者带着小孩（参与约翰山旅行团的最低年龄要求是8岁），还可以前往较小的Cowan Observatory（成人/儿童 $90/50），夜间的团队游时长1小时。

Air Safaris 观光飞行

（☎03-680 6880；www.airsafaris.co.nz；SH8）奥拉基/库克山国家公园的群峰与冰川景色令人赞叹不已，你能够通过“大穿越”（Grand Traverse）固定翼飞行项目（成人/儿童 $360/230）一览全景，还有其他旅行选择，包括乘坐直升机进行类似的旅程。

Tekapo Helicopters
观光飞行

(☎03-680 6229; www.tekapohelicopters.co.nz; SH8)提供5种选择，从20分钟的飞行($199)到1小时的飞行旅程，多种多样，能够观赏到奥拉基/库克山以及福克斯和弗朗兹约瑟夫冰川($500)。所有的行程都包括一次高山着陆。

住宿

Tailor-Made-Tekapo Backpackers
青年旅舍 $

(☎03-680 6700; www.tailor-made-backpackers.co.nz; 11 Aorangi Cres; 铺/标单 $32/62，双 带/不带浴室 $95/85; 📶)这家适合社交的青年旅舍更偏爱大床，而不是上下铺，3间精心维护的房屋位于距离城镇300米的一条安静的街道上。还有一座大型的花园，配备了烧烤、吊床和饲养的小鸡和小兔子，如果你精力旺盛，隔壁还有网球场和篮球场。

Tekapo Motels & Holiday Park
假日公园、汽车旅馆 $

(☎03-680 6825; www.laketekapo-accommodation.co.nz; 2 Lakeside Dr; 营地 $34~44，铺 $30~32，双 $90~110; 📶)位置很好，就在湖边的空地上，适合各类人居住。背包客可以住在温馨舒适的木屋，其他人则能够享受迷人可爱的新西兰"度假屋"(bach)、简易的小屋以及时尚的套间，能够看见特别棒的风景。房车露营者也会因多种选择而不知所措，而且也能享用全新的便利设施。

YHA Lake Tekapo
青年旅舍 $

(☎03-680 6857; www.yha.co.nz; 3 Simpson Lane; 营地每人 $20，铺 $33~38，双 $99~104; @📶)🍃这家复古的旅舍整洁干净，管理有条不紊，还能看见特卡波湖价值百万美元的景色。冬天依偎在炉火旁，夏天还能够在湖水里凉快一下。提供自行车租赁，可以沿当地多数自行车道骑行。

★Lake Tekapo Lodge
民宿 $$$

(☎03-680 6566; www.laketekapolodge.co.nz; 24 Aorangi Cres; 房间 $300~450; 📶)这家设计精美的奢华民宿在各处都装饰了各种令人羡慕的当代新西兰艺术品，富丽堂皇的房间和休息室还能够欣赏如画般的湖景。这里还准备了高档的晚餐。

Chalet Boutique Motel
公寓 $$$

(☎03-680 6774; www.thechalet.co.nz; 14 Pioneer Dr; 套间 $190~310; 📶)湖畔相邻的三幢楼宇提供各类住宿房型，"精品汽车旅馆"的标签并不足以形容此地。私密性极高的Henkel小屋很适合时尚的情侣们。主人魅力十足，很乐意向你提供所有需要的当地信息。

餐饮

★Astro Café
咖啡馆 $

(Mt John University Observatory; 主菜 $7~12; ⏲9:00~17:00)这家位于约翰山山顶的玻璃幕墙建筑能够360°俯瞰麦肯齐盆地的壮观全景，大概是这个星球上最佳的位置的咖啡馆了。吃一些贝果配当地的三文鱼，或是新鲜的无骨火腿三明治；咖啡和蛋糕也很不错。

Kohan
日本菜 $$

(☎03-680 6688; www.kohannz.com; SH8; 菜肴 $8~20，主菜 $19~30; ⏲每天 11:00~14:00，周一至周六 18:00~21:00)虽然看起来像极了一家漂亮的办公室咖啡馆，但这里依然是特卡波湖最佳的用餐去处之一，原因有二：一是这里醉人的湖景，二是原汁原味的日本料理，包括新鲜饱满的三文鱼刺身。给手工抹茶冰激凌留点肚子吧。

Mackenzie's Bar & Grill
酒吧

(SH8; ⏲周一至周五 11:30至深夜，周六和周日 10:00至深夜)我们虽然不建议只点菜单前几页的正餐，但这家整洁的酒馆供应的一些冷盘和酒吧美食质量还是过得去的。景色壮观，尤其适合从露台和屋前的花园欣赏。

实用信息

Kiwi Treasures & Information Centre (☎03-680 6686; SH8; ⏲周一至周五 8:00~17:30，周六和周日 至18:00)这处小型的礼品店还承担着邮局和信息中心的功能，能够提供当地的地图和意见咨询，另外还能够预订当地活动和国内长途汽车票。登录www.tekapotourism.co.nz。

到达和离开

Atomic Shuttles（☎03-349 0697; www.atomictravel.co.nz）每天有一班汽车往返基督城（$30，3小时15分钟）、杰拉尔丁（$20，1小时15分钟）、特威泽尔（$20，40分钟）、克伦威尔（$30，3小时）和皇后镇（$30，3小时45分钟）。

Cook Connection（☎0800 266 526; www.cookconnect.co.nz）提供前往库克山的接驳服务（$35，1小时30分钟）。

InterCity（☎03-365 1113; www.intercity.co.nz）每天1班长途汽车往返基督城（$36起，3小时45分钟）、杰拉尔丁（$21起，1小时15分钟）、库克山（$30起，1小时30分钟）、克伦威尔（$36起，2小时45分钟）和皇后镇（$36起，4小时45分钟）。

特威泽尔（Twizel）

人口 1300

正确发音为"twy-zel"，但外地人常常会开玩笑地读作"Twizzel"（搅拌），甚至是"Twizzelsticks"（搅拌棒），不过"Twizel"的拼写最后取得了胜利。小镇建立于1968年，当时是为了服务附近水力发电站施工而建；1984年项目完工，似乎也到了和这个小镇说再见的时候。不过，当地人怎么会放弃轻松的山村生活节奏，离开他们心爱的"搅拌棒"呢？

如今，小镇的度假屋带来了一定的繁荣，越来越多旅行者也了解了这里的简单与朴实，位于各景点中间的地理位置能够满足任何人的（合理的）需求。

活动

特威泽尔位于该地区的中间，提供各类探险活动。鲁瓦坦尼瓦湖（Lake Ruataniwha）位于小镇边缘，适合划船、赛艇或进行风帆运动。获取一份精美的小镇地图就能够找到这里，这里有一些步道和自行车道，其中一条环绕在河边。特威泽尔还是阿尔卑斯山至海洋自行车道（Alps 2 Ocean Cycle Trail）一日骑行的最佳大本营。

当地河流、运河以及湖畔垂钓也是个大生意；在信息中心询问当地向导；如果你想游泳，还可以问问在卡梅伦湖（Loch Cameron）下水的情况（但不要告诉他们是我们透露的风声）。

欧豪 滑雪、雪上运动

（Ohau; ☎03-438 9885; www.ohau.co.nz; 滑雪缆车通票 成人/儿童 $83/34）这处商业滑雪场位于萨顿山（Mt Sutton）的一侧，距离特威泽尔42公里。准备好享受这里众多中级和高级滑雪道。这里有非常适合滑雪的地形以及两座地质公园，滑雪后还可以在Lake Ohau Lodge休息。

团队游

Helicopter Line 观光飞行

（☎03-435 0370; www.helicopter.co.nz; Pukaki Airport, Harry Wigley Dr）飞行选择包括1小时的奥拉基/库克山探索之旅（Aoraki/Mt Cook Discovery; $750）、45分钟的南阿尔卑斯山脉体验之旅（Southern Alps Experience; $540）、35分钟的高山观光飞行之旅（Alpine Scenic Flight; $355）和25分钟的高山特快之旅（Alpine Express; $295）。所有行程（除了最短的）都保证有一次雪地降落。

OneRing Tours 团队游

（☎03-435 0073, 0800 213 868; www.lordoftheringstour.com; Ostler St和Wairepo St交叉路口）平时你怎么可能会有机会挥舞着《指环王》中武器装备的复制品，像个疯子一样冲锋陷阵呢？可以参与团队游到用于拍摄帕兰诺平原战役（Battle of the Pelennor Fields）的取景地去。选择2小时的行程（成人/儿童 $84/45）或是精简的1小时行程（成人/儿童 $64/35）。

还有仅接受成人报名的黄昏之旅；一边享受着啤酒、红酒和点心，一边看着夕阳沉没在刚铎大地上（$115）。

住宿

Twizel Holiday Park 假日公园 $

（☎03-435 0507; www.twizelholidaypark.co.nz; 122 Mackenzie Dr; 营地 $36起，铺 $32，套间 $95~215; 📶）它在一片鲜花盛开的绿地之中，由翻新的妇产科医院改建。这里有一些配套小屋和上下铺的多人间，提供草坪营地和紧凑的公共设施。现代的自炊小屋性价比很高。自行车出租价格为每天$35。

不要错过

阿尔卑斯山至海洋自行车道

作为新西兰自行车道（www.nzcycletrail.com）最佳的"大自行车道"之一，简称为A2O的阿尔卑斯山至海洋自行车道（Alps 2 Ocean Cycle Trail）有着壮观的风景，从南阿尔卑斯山脉一路直达奥马鲁的太平洋。

新西兰的最高峰奥拉基/库克山仅是沿途壮丽风景之一。其他的景点还包括涓涓流水、冰川山谷、碧蓝湖水、杂草高原和茂盛农田。越野自行车活动包括葡萄酒品尝、观察企鹅、滑翔机飞行和室外温泉。乡村的热情慷慨体现在美食和住宿上，还有交通接送以及其他服务都使得整个旅程井井有条，充满乐趣。

车道分成九个中低级难度的路段，穿越的地形从运河小道、安静的乡村公路、老旧的铁轨支线和别具匠心的越野车道，到一些高山崎岖的路段，后者适合更有胆识的车手。全程大约需要4~6天，如果只选择简短的路段的话，那还是可以轻松完成的。

特威泽尔非常适合进行一日游骑行。可以选择乘坐接驳车前往特卡波湖，然后沿着天际线骑回特威泽尔，需要5~6个小时；或者从特威泽尔出发，前往Lake Ohau Lodge吃顿午餐或晚餐。两条路段都属于阿尔卑斯山至海洋自行车道，湖光山色十分壮观，堪比麦肯齐地区。

参与旅行社组织的团队游可以很好地游玩这条车道，提供自行车租赁、接驳车、行李转运和住宿服务。旅行社都位于特威泽尔：**Cycle Journeys**（☎03-435 0578，0800 224 475；www.cyclejourneys.co.nz；2a Wairepo Rd）和**Jollie Biker**（☎027 223 1761，03-435 0517；www.thejolliebiker.co.nz；193 Glen Lyon Rd）。阿尔卑斯山至海洋自行车道的网站（www.alps2ocean.com）有着全面详细的信息。

★ Lake Ohau Lodge 度假屋 $$

（☎03-438 9885；www.ohau.co.nz；Lake Ohau Rd；标单 $144~200，双 $159~220）田园诗般的度假屋坐落在偏僻的欧豪湖（Lake Ohau）西岸，位于特威泽尔以西42公里处。住宿房型一应俱全，从使用公共设施的低价房到带有露台和山景的高端套房，应有尽有。

从这个度假屋前往欧豪滑雪场（Ohau Ski Field）很方便，冬天很热闹，夏天则会安静很多。另外提供早餐和晚餐的半食宿套餐。

Omahau Downs 度假屋、小屋 $$

（☎03-435 0199；www.omahau.co.nz；SH8；标单 $115，双 $135~165，小屋 $125~225；⏲6月至8月 关闭；📶）这处农庄位于特威泽尔以北2公里处，有着两间温馨的自炊小屋（每间最多能够容纳6人），还有一个度假屋配以现代崭新的客房，露台可以眺望本欧豪山脉（Ben Ohau Range）。

Heartland Lodge 民宿、公寓 $$$

（☎03-435 0008；www.heartland-lodge.co.nz；19 North West Arch；公寓 $170，标单 $240~280，双 $280~320；📶）这家优雅的现代寓所建在绿意盎然的市郊，楼上有宽敞的配套客房，而舒适欢乐的公共空间位于底楼。友好的主人准备的热腾腾的早餐，都尽可能地选用了当地有机农作物。附近"隐居的"公寓（最多可以睡6人）有自己的迷你厨房，但不提供早餐。

就餐

★ Shawty's 咖啡馆 $$

（☎03-435 3155；www.shawtys.co.nz；4 Market Pl；早午餐 $12~20，晚餐 $29~34；⏲4月至10月 周一和周二 8:30~15:00，周三至周日 至深夜；11月至次年3月 每天至深夜；📶）小镇中心的社交枢纽。美味的佳肴包括丰盛的早餐和可口的比萨（$18~20），日落之后还可以点份奢华的羊排。体贴的儿童套餐、鸡尾酒、室外用餐区和现场音乐让一切变得更加怡人。

High Country Salmon 鱼 $$

（☎0800 400 385；www.highcountrysalmonfarm.co.nz；SH8；⏲8:30~18:00）这片冰川水域的浮动渔

另辟蹊径

鲁瓦坦尼瓦保护公园

占地368平方公里的**鲁瓦坦尼瓦保护公园**（Ruataniwha Conservation Park；www.doc.govt.nz）位于普卡基湖和欧豪湖间广袤无垠的土地之上，包括山势崎岖的本欧豪山脉以及Dobson、Hopkins、Huxley、Temple和Maitland山谷。这里提供大量徒步和山地骑行机会，还有几条邻近特威泽尔的一日游徒步线路，具体信息都在环境保护部的《鲁瓦坦尼瓦保护公园》（*Ruataniwha Conservation Park*）手册上详细标示了（可以在网上获取）。

环境保护部小屋和露营区域散布在公园内，如果想住得更加舒适，可以选择Lake Ohau Lodge（见193页）。阿尔卑斯山至海洋自行车道（见193页）穿越公园，顺着它可以很好地探索壮丽的周边地区。

场距离特威泽尔3公里，繁育着肉多鲜美的大鱼，还有去骨鱼片和烟熏鱼肉可供选择。我们选的是热烟熏鱼配意大利面，可能再加一点奶油。这道美食收录在了《孤独星球食谱》（*Lonely Planet Cookbook*）之中。

实用信息

特威泽尔信息中心（☎03-435 3124；www.twizel.info；Market Pl；⏲周一至周五 8:30~17:00，周六和周日 11:00~15:00）

到达和离开

Atomic Shuttles（☎03-349 0697；www.atomictravel.co.nz）每天有1班汽车前往以下目的地：

目的地	车费	时长
基督城	$35	3.75小时
克伦威尔	$30	2.25小时
杰拉尔丁	$25	2小时
特卡波湖	$20	40分钟
皇后镇	$30	3.25小时

Cook Connection（☎0800 266 526；www.cookconnect.co.nz）每天运营1班接驳汽车前往库克山村庄（单程/往返 $27/49，1小时）。

InterCity（☎03-365 1113；www.intercity.co.nz）每天有1班汽车前往以下目的地：

目的地	车费（起）	时长
基督城	$40	5.25小时
克伦威尔	$29	2小时
特卡波湖	$13	50分钟
库克山村	$32	1小时
皇后镇	$35	3小时

Naked Bus（www.nakedbus.com）运营前往基督城和皇后镇/瓦纳卡的班次。

奥拉基/库克山国家公园（Aoraki/Mt Cook National Park）

人口 120

占地700平方公里的奥拉基/库克山国家公园景色蔚为壮观，加上峡湾国家公园、阿斯帕林山国家公园和西部国家公园，共同组成了蒂瓦希波乌纳穆新西兰西南部世界遗产区。这片地区从西部的库克河延伸到峡湾。由于南阿尔卑斯山脉、双指峰、李比希峰（Liebig Range）和本欧豪山脉的阻隔，公园内超过三分之一的地区常年覆盖着积雪或冰川。

新西兰全境海拔超过3000米的高峰共有23座，其中19座位于这座公园内。最高峰当然要数壮观的奥拉基/库克山，其海拔高达3754米，是整个新西兰的最高峰。该地区其他高峰分别为塞夫顿（Sefton）、塔斯曼（Tasman）、希尔伯（Silberhorn）、马尔特·布朗（Malte Brun）、拉贝鲁兹（La Perouse）、希克斯（Hicks）、德拉贝歇（De la Beche）、道格拉斯（Douglas）和尖塔（the Minarets）。多数山峰可以从西部国家公园登顶，山岭两侧都有登山者小屋。

如果没有云层阻挡，奥拉基/库克山的景色十分壮美。大部分游客都乘坐旅游巴士到达，在Hermitage酒店前下车照照相，然后再沿着SH80下山。在这里多待一会儿，仔细欣赏巨大山峰及其周围的风景，还可以尝试一些精彩的短途步道，留心途中遇到的塔尔羊（thar，一种喜马拉雅山羊）、岩羚羊（chamois，比塔尔羊体型稍小些，源自欧洲）和马鹿（red deer，也源自欧洲）。夏季，库克山百合、雏菊、龙胆草和雪绒花相继盛开。

历史

在毛利语中，这座山被称为"奥拉基"（穿云之山），这是毛利神话中一位神灵的名字。1851年，为了纪念探险家詹姆斯·库克船长（Captain James Cook），这座山有了英文名字。

库克山一直是新西兰登山运动的中心。1882年3月2日，威廉·斯波茨伍德·格林（William Spotswood Green）和两位瑞士籍登山家经过62小时的攀登壮举后未能登顶。2年后，3位本地登山爱好者——汤姆·法伊夫（Tom Fyfe）、乔治·格雷厄姆（George Graham）和杰克·克拉克（Jack Clarke）一听说著名的欧洲登山者要来尝试攀登库克山，就马上赶在他们之前迅速行动起来。终于，在1894年圣诞节那天，他们成功登上胡克冰川（Hooker Glacier）和北麓，并站上山顶；这在当时是一场了不起的攀登。

1913年，澳大利亚登山者弗雷达·杜·福尔（Freda du Faur）成为第一位成功登顶的女性。1948年，埃德蒙·希拉里（Edmund Hillary）的团队一起从南麓登顶；希拉里后来还成为首位征服珠穆朗玛峰的登山者。从那以后，大部分让人望而生畏的路线陆续都被人攀登过了。

景点

★ 奥拉基 / 库克山国家公园游客中心 博物馆

（Aoraki/Mt Cook National Park Visitor Centre；☎03-435 1186；www.doc.govt.nz；1 Larch Grove；⏲8:30~16:30，10月至次年4月 至17:00）免费可以说是新西兰最佳的环境保护部游客中心。不仅提供徒步路线和天气情况相关的所有信息，还精彩地展示了公园的自然和人类活动历史。就算下雨，这里也是能够与这片荒野之地沟通的好去处。可以预订大多数活动项目。

埃德蒙·希拉里爵士高山中心 博物馆

（Sir Edmund Hillary Alpine Centre；www.hermitage.co.nz；The Hermitage，Terrace Rd；成人/儿童 $20/10；⏲10月至次年3月 7:00~20:30，4月至9月 8:00~19:00）这座新的多媒体博物馆就在埃德蒙·希拉里爵士（被认为是最伟大的新西兰人）2008年1月去世前3个星期开始运营。除了关于登山的文物展示，这里还有一座数字球幕天文馆（进行不同的数码展示）和一家电影院，放映4部纪录片，包括《神奇库克山》（*Mt Cook Magic*）3D电影，以及一部讲述埃德蒙爵士征服珠穆朗玛峰的75分钟电影，十分精彩。

活动

徒步和攀登

《徒步和自行车道》手册（*Walking & Cycling Tracks*）列出了多条从Hermitage一带出发的比较容易的徒步路线，可以在游客中心和网上获取。更长的徒步路线只推荐给有登山经验的旅行者，因为高海拔地区的条件更为恶劣，这些小路都会变得十分危险。这里天气多变，奥拉基/库克山距离海岸线仅44公里，因此塔斯曼海的天气变化使库克山随时笼罩在暴雨威胁之下。

对于那些有经验的登山者来说，这里提供多种选择；但没有经验的菜鸟必须和向导一起登山。不过无论你的能力如何，都千万要小心——已经有超过200人在这个公园中因为登山事故而丧生。游客中心那本阴森凄惨的《缅怀录》（*In Memoriam*）记录了1907年库克山第一例山难以来的死亡事故；从那时起，已有超过80位登山者在山峰上失去了他们的性命。

开始攀登前，请先与公园巡逻队联系，认真听取他们的意见。如果你要进行登山或长距离徒步活动，出发前请填写意向卡，这样以便巡逻队员确认你是否安全归来。返回后也需要消掉记录。游客中心还租赁无线电信标（每3天/每周 $30/40）。

如果你想住在公园内的小屋里，务必在游客中心登记你的意向，并支付小屋的住宿费用。徒步者可以使用库克山村的公共庇护所，提供自来水、厕所和投币淋浴。注意庇护所不能用来过夜。

★ 西莉池步道（Sealy Tarns Track） 徒步

西莉池步道（往返3~4小时）从啄羊鹦鹉角步道岔出，继续沿着山脊抵达Mueller Hut

Aoraki/Mt Cook National Park 奥拉基/库克山国家公园

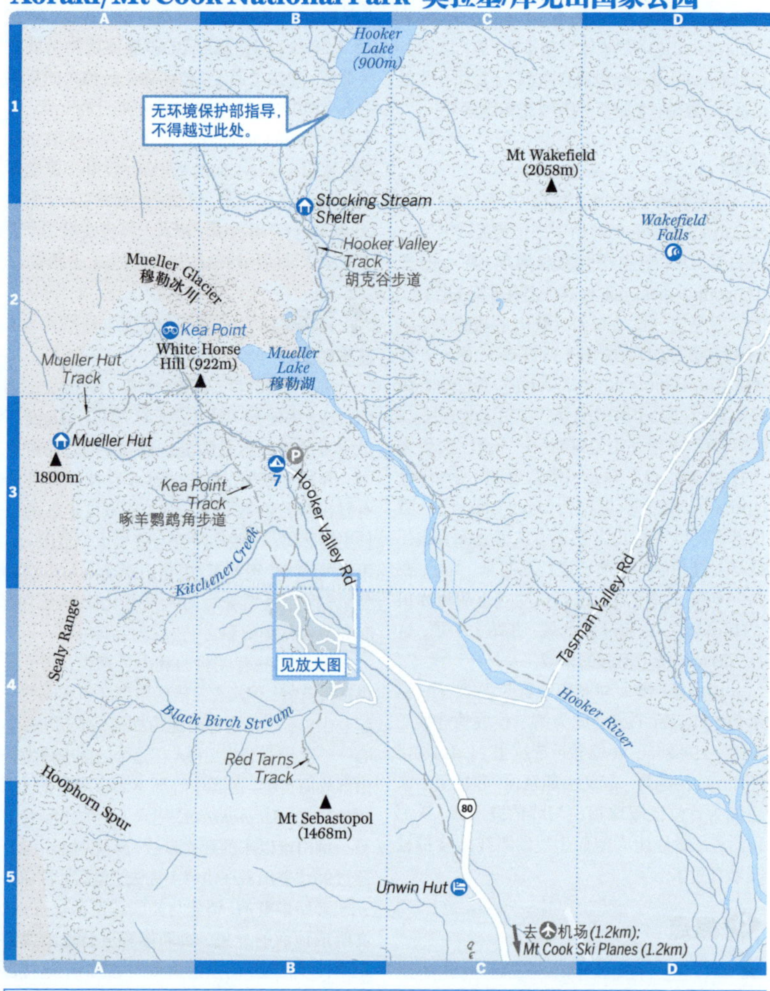

Aoraki / Mt Cook National Park 奥拉基/库克山国家公园

景点

1 奥拉基/库克山国家公园游客中心........E4
2 公共庇护所........E5
3 埃德蒙·希拉里爵士高山中心........E4

活动、课程和团队游

4 Alpine Guides........E4
Big Sky........（见8）
Glacier Explorers........（见8）
Glacier Kayaking........（见10）
Southern Alps Guiding........（见10）

住宿

5 Aoraki Court Motel........F5
6 Aoraki/Mt Cook Alpine Lodge........E5
7 DOC White Horse Hill Campground...B3
8 Hermitage........E4
9 Mt Cook YHA........F5

就餐

10 Old Mountaineers' Cafe........E4

饮品和夜生活

11 Chamois Bar & Grill........F5

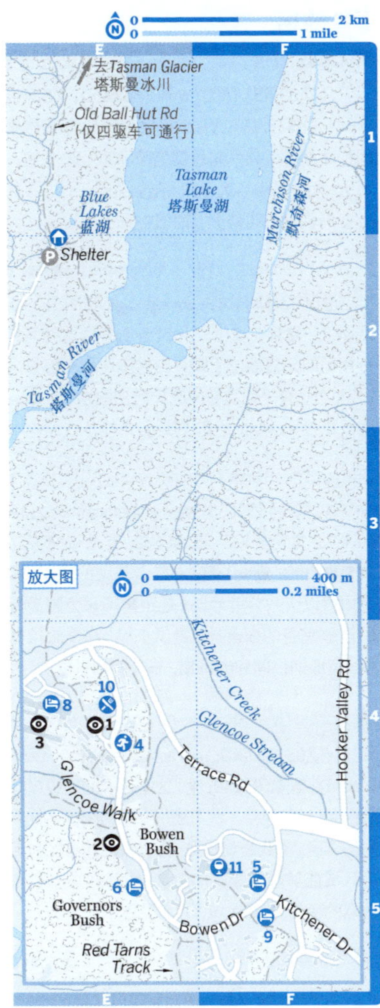

(多人间 $36),这间舒适的山间小屋有28个床位,提供燃气、厨房设施和旱厕。

胡克谷步道(Hooker Valley Track) 徒步

可能是该地区最佳的一日游步道,这条路线(从库克山村庄往返3小时)从胡克谷出发,穿过3座吊桥经过Stocking Stream,抵达终点的胡克冰川。过第二座吊桥之后,奥拉基/库克山就耸立于山谷之上,你可能会看见漂流在胡克湖面上的冰山。

啄羊鹦鹉角步道(Kea Point Track) 徒步

前往啄羊鹦鹉角(从库克山村庄往返2小时)的一路上都是原生植物,终点的一处平台能够眺望奥拉基/库克山、胡克谷以及塞夫顿和Footstool山被冰雪覆盖的美景。虽然名字叫"啄羊鹦鹉",但这里并不意味着能够比公园其他地方有更高的几率看到它们,如果你看到了,也请不要喂食。

雪上运动

Southern Alps Guiding 攀岩、雪上运动

(☎03-435 1890; www.mtcook.com; Old Mountaineers' Cafe, 3 Larch Grove Rd)提供登山课程和向导,另外全年都有3~4小时乘坐直升机前往塔斯曼冰川的徒步活动($495)。从6月到10月,滑雪者可以乘坐直升机前往塔斯曼冰川,然后进行一次10~12公里的高山滑雪(3次滑雪,$895起)。还有雪上飞机项目(两次滑雪,$895起)。

Alpine Guides 攀岩

(☎03-435 1834; www.alpineguides.co.nz; 98 Bowen Dr, Mt Cook Village)提供攀岩和登山课程以及滑雪观光游,包括乘坐直升机的选择。位于Hermitage的商店提供户外运动服和登山装备,另外出租冰镐、冰爪、背包和睡袋。

其他活动

Glacier Kayaking 皮划艇

(☎03-435 1890; www.mtcook.com; Old Mountaineers' Cafe, Bowen Dr; 每人 $155; ⏲10月至次年4月)适合只有一点点经验的初级划船者,游客可以参加团队游,前往塔斯曼冰川或穆勒冰川(Mueller Glacier)的终点湖上泛舟。运气好的话,还能够穿过一些冰山,但不管怎么样,你都能上一场很酷的地质学课程。水上预计会待上2个小时,在Old Mountaineers' Cafe(见199页)预订。

Big Sky 观星

(☎0800 686 800; www.hermitage.co.nz; The Hermitage, Terrace Rd; 成人/儿童 $65/32.50; ⏲10月至次年4月 21:30, 5月至9月 20:30)在高山中心的数字天文馆里,通过45分钟的展示了解新西兰南部的夜空。之后,参与者可以和天文学向

导一起用各种望远镜来实践一下。

Glentanner Horse Trekking 骑马

（☎03-435 1855；www.glentanner.co.nz；Glentanner Park Centre，SH80；1/2/3小时骑马$70/90/150；⏲11月至次年4月）在向导的带领下，到一处高地的牧羊站骑行、跋涉，有各种难度可以选择。

团队游

Mount Cook Ski Planes 观光飞行

（☎03-430 8026；www.mtcookskiplanes.com；Mt Cook Airport）这个公司位于库克山机场，提供45分钟（成人/儿童 $425/310）和55分钟（成人/儿童 $560/425）的飞行项目，都包含雪地着陆。不包含着陆的观光飞行更便宜，可以尝试25分钟的"迷你塔斯曼"（Mini Tasman；成人/儿童$245/200）或45分钟的"高山仙境"（Alpine Wonderland；成人/儿童 $310/250）。

Glacier Explorers 乘船游

（☎03-435 1641；www.glacierexplorers.com；The Hermitage，Terrace Rd；成人/儿童$155/77.50；⏲9月至次年5月）前往塔斯曼冰川的终点湖，乘坐小船进行团队游，你能够与这些古老的冰山和疯狂的冰碛来一次亲密接触。行程包含一次短程徒步。在Hermitage的活动处预订。

Tasman Valley 4WD & Argo Tours 团队游

（☎0800 686 800；www.mountcooktours.co.nz；成人/儿童 $79/39.50）全年提供90分钟的Argo（八轮驱动全地形车）团队游，前往塔斯曼冰川及其终点湖，能够看见高山植被，一路还有有趣的解说相伴。可以网上预订，或是在Hermitage的活动处预订。

Helicopter Line 观光飞行

（☎03-435 1801；www.helicopter.co.nz；Glentanner Park，Mt Cook Rd）从Glentanner Park出发，Helicopter Line提供20分钟的"高空景观"飞行（Alpine Vista；$235）；35分钟飞越本欧豪山脉的航程（$355）；还有40分钟的"山脉高空"飞越塔斯曼冰川及其周围的奥拉基/库克山（Mountains High；$450）。所有的飞行都包含雪地着陆。

住宿

Mt Cook YHA 青年旅舍 $

（☎03-435 1820；www.yha.co.nz；4 Bowen Dr；铺/双 $38/137；📶）🍃这家很棒的青年旅舍用松木装修，有一间免费的桑拿间、晾衣室、篝火，可出租DVD。房间洁净温暖，不过布局有些局促（尤其是上下铺的标间）。

DOC White Horse Hill Campground 露营地 $

（☎03-435 1186；www.doc.govt.nz；Hooker Valley Rd；露营地 每位成人/儿童 $10/5）这处需自行登记的露营地位于库克山村庄往胡克谷方向2公里处，有一处简易的庇护所，提供冷水槽、桌子和厕所，风景优美，邻近各条徒步线路。

Glentanner Park Centre 假日公园 $

（☎03-435 1855；www.glentanner.co.nz；Mt Cook Rd；露营地 $22~25，铺 $32，套间 带/不带浴室 $180/100；@📶）🍃位于普卡基湖的北岸，库克山村以南22公里处，这是距离国家公园最近的设施完备的露营地。提供小屋、汽车旅馆套房、高低铺位间和咖啡馆，放养着几只兔子。

★Aoraki/Mt Cook Alpine Lodge 度假屋 $$

（☎03-435 1860；www.aorakialpinelodge.co.nz；Bowen Dr；双 $169~240；📶）这座迷人的度假屋有着配套房间，包括一些家庭房和两间配备迷你厨房的客房，多数是观景房。在宽敞的休息区和厨房区域能够眺望漂亮的山景，倘若你想念滋滋作响的晚餐，烧烤区域可以满足你。

Hermitage 酒店 $$$

（☎03-435 1809；www.hermitage.co.nz；Terrace Rd；房间 $215~510；@📶）这家著名的酒店绝对是库克山村的主宰，在这里能够欣赏到令人叹为观止的山景。尽管旧楼的走廊看起来有些像医院，但所有房间都经过装修，达到标准水准。除了这里的商店和埃德蒙·希拉里爵士高山中心，还有3处中低端的餐饮选择。

Aoraki Court Motel 汽车旅馆 $$$

（☎03-435 1111；www.aorakicourt.co.nz；26 Bowen Dr；双 $185~265）尽管在别的地方这个价格的确不怎么划算，但这幢酒店大楼有着美丽的风

不要错过

塔斯曼冰川

塔斯曼冰川（Tasman Glacier; www.doc.govt.nz）长29公里、宽4公里，是新西兰最大的冰川，但它的融化速度也很快，每年冰山后退的速度达到数百米。而且冰山内部也在融化，自从1891年第一次勘测以后，冰川的深度锐减了大约150米。在海拔较低的区域，冰川融化导致岩石裸露，这看起来的确不是那么赏心悦目。虽然冰川的融化是不争的事实，但最厚的地方可能依然超过600米深。

塔斯曼湖位于冰川山脚，虽然从20世纪70年代初才开始成形，现在也已经有了4公里长的规模。预计接下来的20年，气候变暖的效应会使它延伸至8公里。不断从冰川横截面剥落的冰块在湖面上形成了一片错综复杂的冰山。2011年2月22日，基督城的地震导致一块长1.3公里、高300米、重达3000万吨的冰川折断，并且卷起了3.5米高的巨浪涌向湖面的旅游船（所幸没有人受伤）。你可以与Glacier Kayaking（见197页）一起在塔斯曼湖上划皮划艇。

在上次冰川的大推进期间（1.7万年前），冰川一路向南推进，甚至侵蚀形成了普卡基湖。之后的一次推进并没有超出山谷的范围，所以山谷的外壁和后一次推进的冰碛之间存在峡谷。库克山村以南800米处岔出Mt Cook Rd，这条土路会经过峡谷。从蓝湖（Blue Lakes）庇护所出发，沿着**塔斯曼冰川景色步道**（Tasman Glacier View Track; 往返30分钟）没完没了的台阶，抵达冰碛墙的观景台，那里的景色绝对令人惊叹。这里还有一条小路通往蓝湖。

景。装饰墙和瓷砖浴室增添了一份设计感。一些套间甚至还有水疗浴缸。这里出租自行车。

餐饮

Old Mountaineers' Cafe 咖啡馆 $$

（www.mtcook.com; Bowen Dr; 早餐 $10~15，午餐 $14~26，晚餐 $18~35; ⏲11月至次年4月 每天，5月和7月至10月 周二至周日 10:00~21:00; 📶）这里有许多书本和小玩意，可以透过观景窗欣赏山色。作为村庄最佳的餐馆，这里还提供当地有机的原材料，菜品包括三文鱼和培根馅饼，以及热食早餐、汉堡包和比萨。

Chamois Bar & Grill 酒馆

（www.mountcookbackpackers.co.nz; Bowen Dr; ⏲16:00至深夜）这座大型酒吧就在Mt Cook Backpacker Lodge的楼上，提供酒馆美味（餐$15~30），摆放着桌球台和宽屏电视，偶尔还有现场演出，但景色才是最大的亮点。

实用信息

环境保护部游客中心（见195页）是提供当地信息的最佳场所。最近的自动柜员机和超市位于特威泽尔。

到达和离开

库克山村庄的小型机场只停靠观光飞行公司的飞机。有的公司可能愿意提供西海岸的接送（如弗朗兹约瑟夫冰川），但能否起飞取决于天气。

如果你自驾前来，在特卡波湖或特威泽尔加满油。库克山虽然有汽油，但价格昂贵，还要从Hermitage叫一下服务员（需要收费）。

Cook Connection（☎0800 266 526; www.cookconnect.co.nz）运营的班次前往特卡波湖（$38，1小时30分钟）和特威泽尔（$27，1小时）。

InterCity的长途汽车每天运营1班（见以下表格），停靠在YHA和Hermitage，两个地方都可以预订车票。

目的地	车费	时长
基督城	$67起	5.25小时
克伦威尔	$59起	2.75小时
杰拉尔丁	$38起	3小时
特卡波湖	$30起	1.5小时
皇后镇	$64起	4小时

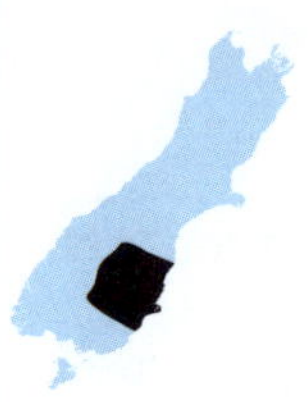

达尼丁和奥塔戈

包括 ➡

最佳餐饮

- Riverstone Kitchen（见209页）
- Fleur's Place（见210页）
- No 7 Balmac（见218页）
- Bracken（见218页）
- Otago Farmers Market（见216页）

最佳住宿

- Pen-y-bryn Lodge（见208页）
- Oliver's（见231页）
- Pitches Store（见228页）
- Old Bones Backpackers（见208页）
- Kiwi's Nest（见215页）

为何去

奥塔戈既有都市景点，又有乡村风光，包括古怪的城镇、世界级的葡萄酒庄和新西兰最易亲近的野生动物保护区。达尼丁是这里的历史中心，拥有热闹的学生文化和艺术场所。从城镇庄严的爱德华时期的火车站出发，可以搭乘在著名的泰伊里峡谷铁路上运行的列车前往内陆，然后在崎岖的奥塔戈中央铁路自行车道上骑车驰骋。

那些寻觅新西兰殖民地时期遗迹的游客可以充分感受淘金小镇（如克莱德、圣巴森斯、内斯比和袖珍的欧菲尔）的边境情怀。如果要观察野生动物，就前往奥塔戈半岛，在那里常常能看到企鹅、信天翁、海狮和海豹。海边的奥马鲁有一片很棒的历史老城区，还有企鹅栖息地和浓厚的蒸汽朋克文化氛围。

奥塔戈节奏缓慢，景色如画，对前来休闲度假的游客来说，这里绝对能够奉上一份丰厚的大礼。

何时去

- 2月和3月的天气通常很晴朗，新鲜的杏、桃子和樱桃也在吸引着你。
- 在复活节的米德尔马契单身舞会，寻觅一位单身的“南方人”，或是在克莱德葡萄酒美食节让自己的忧愁随着美酒消散。
- 在安静的9月，骑上脚踏车，穿行于奥塔戈中央铁路自行车道。
- 在11月，围观专业人士在高地赛车运动公园的竞技比赛，然后优雅地骑着古董自行车，参加奥马鲁维多利亚遗产庆典。

到达和离开

新西兰航空（Air New Zealand；☎0800 737 000；www.airnewzealand.co.nz）的航班从达尼丁飞往基督城、惠灵顿和奥克兰。**捷星航空**（Jetstar；☎0800 800 995；www.jetstar.com）的航班飞往惠灵顿和奥克兰。

仅有的火车班次是从达尼丁到米德尔马契和达尼丁到帕默斯顿的**遗产之旅**（见215页）。

主要的长途汽车沿着SH1或SH8行驶。

怀塔基地区（WAITAKI DISTRICT）

宽阔的网状怀塔基河在该地区的北境划清了奥塔戈与坎特伯雷的界限。怀塔基谷从南阿尔卑斯山脉直达大海，拥有造型独特的石灰岩结构、毛利岩画和古代化石，但游人不多。该地区还有新兴的葡萄酒产区，并且是新建的阿尔卑斯山至海洋自行车道（Alps 2 Ocean Cycle Trail；见193页）的重要组成部分，这条车道连接了奥拉基/库克山国家公园和海边的奥马鲁。奥马鲁是该地区的主要城镇，在那里能看见企鹅和漂亮的建筑遗产。

到达和离开

长途汽车在从基督城驶往达尼丁和蒂阿瑙的途中，停靠奥马鲁和莫埃拉基。其他班次在往返皇后镇/瓦纳卡和基督城之际，会经过奥玛拉玛。没有长途汽车经过怀塔基谷。

唯一的火车是往返于达尼丁和奥马鲁的Seasider旅游列车。

奥玛拉玛（Omarama）

人口 267

在怀塔基谷的起点，奥玛拉玛被壮美的山脉包围。平日里安逸的小镇会在牛仔竞技会（12月28日）和牧羊犬竞赛（3月）这两个时段变得热闹非凡。

景点和活动

帕里提悬崖 地标

（Clay Cliffs Paritea；Henburn Rd；车辆 $5）泥沙和碎石裸露在活跃的奥斯特勒断层沿线，经过200万年的风化作用，形成了诡异的月球地貌。由于悬崖位于私人土地上，出发前要向Omarama Hot Tubs支付车辆驶入费。若要前往这里，从奥玛拉玛向北沿着SH8行驶3公里，然后左转进入Quailburn Rd，3公里后向左驶入土路Henburn Rd。

> **达尼丁和奥塔戈重要信息**
>
> **就餐** 奥马鲁的Whitestone Cheese Factory（见208页）的奶酪
>
> **饮品** 奥塔戈中部的黑皮诺
>
> **阅读** 奥马鲁作家珍妮特·弗雷姆（Janet Frame）的*Owls Do Cry*
>
> **聆听** *Tally Ho! Flying Nun's Greatest Bits*，一张新西兰顶级唱片公司于2011年推出的30周年纪念专辑
>
> **观看**《在我父亲的洞穴里》（*In My Father's Den*，2004年）在奥塔戈中部取景
>
> **节日** 11月底的奥马鲁维多利亚遗产庆典（见207页）
>
> **绿色之旅** 到奥塔戈半岛的海滩（见222页）静静寻觅黄眼企鹅的踪迹
>
> **网络资源** www.dunedinnz.com，www.centralotagonz.com
>
> **电话区号** ☎03

Wrinkly Rams 农场

（☎03-438 9751；www.thewrinklyrams.co.nz；24-30 Omarama Ave/SH8；成人/儿童 $20/10）Wrinkly Rams作为团队游巴士必经的一站，会上演30分钟的剪羊毛和牧羊犬表演，旺季时还可以给小羊羔喂食。你可以致电预约团队游，或是预订专属于你的独特表演。这里的**咖啡馆**（主菜 $10~25；⏲7:00~16:30；📶）的水准在奥玛拉玛算是不错的。

Omarama Hot Tubs 水疗

（☎03-438 9703；www.hottubsomarama.co.nz；29 Omarama Ave/SH8；每1/2/3/4人 浴缸 $52/90/114/136，舱$75/140/180/200；⏲11:00至深夜）如果经历了山地骑行或徒步后双腿疲乏，或是想和你重要的另一半依偎在一起，那么这些私密的温泉浴缸就一定是你想要的了。

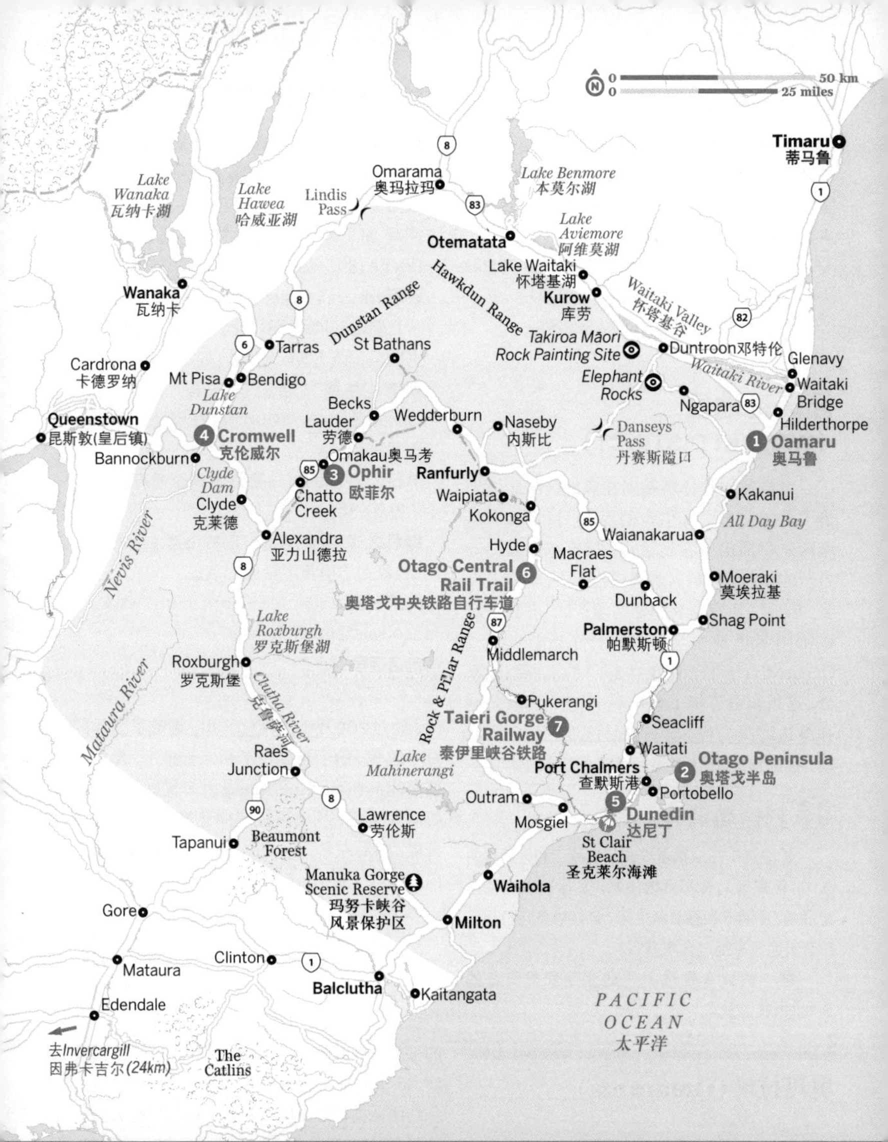

达尼丁和奥塔戈亮点

❶ 在**奥马鲁**（见204页）欣赏遗产和未来风格的蒸汽朋克文化。

❷ 去**奥塔戈半岛**（见222页）窥探企鹅，赞美信天翁，再与海豹对视。

❸ 在**欧菲尔**（见228页）古朴的偏远乡村探索新西兰的金矿遗存。

❹ 南岛的**克伦威尔**（见232页）果园里散落着多家葡萄酒庄，可品尝全球最佳黑皮诺。

❺ 在**达尼丁**（见210页）市区的酒吧和咖啡馆品尝当地啤酒，欣赏当地乐团演奏。

❻ 在废旧的火车线路**奥塔戈中央铁路自行车道**（见230页）上骑行，穿越棕色和金黄色相间的孤寂景致。

❼ 蛇行的**泰伊里峡谷铁路**（见215页）蜿蜒经过峡谷和高耸的铁路桥。

你可以选择在浴池里泡90分钟（每个浴池都有自己的更衣室），或是在“健康舱”（wellness pod）里享受2小时（包括一次桑拿）。

不含化学物质的冰川和融雪水每次都会更换，使用过的水则会回收用于灌溉。

虽然是日式泡汤的理念，但周围群山环绕的湖景和晴朗纯粹的夜空是只有新西兰南岛才能给你带来的。另外，提供诊疗按摩（30/60分钟$60/100）。

Glide Omarama　滑翔

（☎03-438 9555; www.glideomarama.com）该地区的西风和温暖的夏季上升热气流使得人们可以在这里进行世界级的滑翔伞运动，飞越壮观的南阿尔卑斯山脉及周围群山；12月或1月会进行全国滑翔伞比赛。这里还提供课程和观光飞行项目，从30分钟（$345）到2小时30分钟（$745）的都有。

食宿

Buscot Station　农场住宿、青年旅舍 $

（☎027 222 1754; SH8; 营地/铺/标单/双$10/25/40/60）如果想要一场截然不同的新西兰体验，在这处巨大的养牛场和养羊场式的家庭农场寄宿订个房间吧，也可以睡在后面多人间的床位上。日落景色美极了，在宽敞的农场还能够静悄悄地进行各类探索活动。它位于奥玛拉玛以北10公里处的SH8上。

Omarama Top 10 Holiday Park　假日公园 $

[☎03-438 9875; www.omaramatop10.co.nz; 1 Omarama Ave (SH8); 营地 $35~40, 套间带/不带浴室 $115/58; @🛜]这处假日公园的设施良好，就在公路和溪流之间。小屋标准间面积不大，但也提供更宽敞的小屋套间和自炊汽车旅馆套间。

Ladybird Hill　新派新西兰菜 $$

（☎03-438 9550; www.ladybirdhill.co.nz; 1 Pinot Noir Ct; 午餐主菜 $16~24, 晚餐 $28~33; ⏲8月至次年5月 周三10:00~16:00, 周四至周日10:00~22:00）是的，你可以悠闲地从菜单上点一份简单的午餐。你也可以拿起钓竿，从储备丰富的池子里钓一条三文鱼（大约$49），然后就可以等着它被端上桌了，可以选择烟熏或刺身切片（$55，够好几个人吃）。其他亮点包括儿童游乐场和穿梭于葡萄酒庄的徒步小径。

毛利新西兰：达尼丁和奥塔戈

奥塔戈的毛利早期历史与坎特伯雷类似（见155页），在英国人到来前，纳塔胡部落是这里的主宰者。在纳塔胡部落第一批出售的土地中，就有一片是奥塔戈的土地，占地1618平方公里，后来在1844年易手时价值£2400。奥塔戈的名字取自纳塔胡部落“Ōtākou”一词的发音，这个小村庄位于奥塔戈半岛的最远端，至今还保留了一座会堂（*marae*）。

达尼丁的奥塔戈博物馆（见213页）拥有南岛最精致的毛利文化展览，包括雕刻华丽的战舰（*waka taua*）和精工细作的绿玉（*pounamu*）。在怀塔基山谷至今可以看见毛利人的岩画艺术。

实用信息

Omarama Hot Tubs（见201页）还承担着信息中心的职责，能够帮助旅行者提供住宿和交通信息。登录www.discoveromarama.co.nz了解更多信息。

到达和离开

Atomic Shuttles（☎03-349 0697; www.atomictravel.co.nz）运营的各班次都会在奥玛拉玛休息一下，然后继续前往基督城（$35，4小时）、特卡波湖（$20，1小时）、特威泽尔（$20，20分钟）、克伦威尔（$25，1小时30分钟）和皇后镇（$30，2小时15分钟）。

InterCity（☎03-471 7143; www.intercity.co.nz）每天有2班长途汽车往返基督城（$42起，5小时45分钟）、特威泽尔（$13起，19分钟）、克伦威尔（$23起，1小时30分钟）和皇后镇（$32起，2小时30分钟），另有一班往返库克山村庄（$70，1小时15分钟）。

Naked Bus（www.nakedbus.com; 价格不同）每天有2班车往返基督城（5小时45分钟）、特卡波湖（1小时30分钟）和克伦威尔（2小时30分钟），还有一班开往皇后镇（3小时15分钟），另一班开往瓦纳卡（1小时45分钟）。

怀塔基谷(Waitaki Valley)

这条路线人迹罕至,美酒、滑水和钓三文鱼只是其中几个有趣的活动。SH83从奥玛拉玛出发,经过一系列与水力发电站相邻的湛蓝湖泊。如果要绕行北岸,在Otematata离开公路,然后翻越巨大的本莫尔坝(Benmore Dam),然后再跨过阿维莫尔坝(Aviemore Dam)与公路会合。

公路沿线接连着几座安逸的腹地小镇,那里布满老旧的银行大楼和酒馆。其中最诱人的要数世外桃源般的小镇**库劳**(Kurow,人口302),它是荣获世界杯的全黑队退役队长里奇·麦考(Richie McCaw)的家乡。从一样很迷人的**邓特伦**(Duntroon,人口90)出发,有胆识的司机还可以沿着土路翻越丹赛斯隘口(Danseys Pass)抵达内斯比(Naseby)。

虽然这里要想获得与山那边的奥塔戈中部一样的全球声誉,还有很长的路要走,但怀塔基谷的一些葡萄酒酿酒商先驱确实已经引起了一些国际专家的注意。

景点

库劳

库劳遗产与信息中心 博物馆

(Kurow Heritage & Information Centre; ☎03-436 0950; www.kurow.org.nz; 57 Bledisloe St; ⏲周一至周五 9:30~16:00) 免费 虽然里奇·麦考可能在这些年吸引了所有的注意力,但库劳还有一位著名人物——阿诺德·诺德迈耶(Arnold Nordmeyer, 1901~1989年),这位劳工党领袖是新西兰福利和公共健康系统的重要建立者。这座有趣的社区博物馆就是为了纪念他而建,因此也戏称自己为"国家社会保障博物馆"。

Pasquale Kurow Winery 葡萄酒庄

(☎03-436 0443; www.pasquale.co.nz; 5292 Kurow-Duntroon Rd/SH83; ⏲11月至次年3月 10:00~16:00) Pasquale是怀塔基谷最出色的葡萄酒庄,酿造品质极佳的黑皮诺、灰皮诺和雷司令,以及更少见的品种,诸如琼瑶浆、阿内斯和维欧尼。可以参观品尝($10,买酒可返款),还可以试试前菜和奶酪拼盘。

邓特伦及周边

塔基罗阿毛利岩画遗址 考古遗址

(Takiroa Māori Rock Painting Site) 免费 这处标志清晰的遗址隐藏于公路旁边的蜂巢悬崖里,位于邓特伦以西3公里处,绘着有数世纪历史的神秘生物和动物,甚至还有一艘帆船的图案。

Maerewhenua毛利岩画遗址 考古遗址

(Livingstone-Duntroon Rd) 免费 这处遗址被一处壮观的石灰悬岩保护着,焦炭和赭石画作能够追溯到欧洲人来到新西兰之前。从邓特伦往东,越过Maerewhenua河之后选择第一个右转弯;遗址就在400米处的左侧。

消失的世界中心 博物馆

(Vanished World Centre; www.vanishedworld.co.nz; 7 Campbell St, Duntroon; 成人/儿童 $10/免费; ⏲11月至次年3月 每天10:00~16:30, 4月至10月 周五至周一 10:30~16:00) 这家不大但很有趣的中心由志愿者运营,如果有更多人来邓特伦参观的话,可能就不会有那么多粗糙的海豚文身及跳跃的企鹅电影出现了。这是因为当你看到2500万年前有着鲨鱼牙齿般的海豚和巨型的企鹅化石的时候,会发现它们远不像你想象的那样可爱。

领取一份《消失的世界小径》地图(*Vanished World Trail*; $6.50),它大致介绍了怀塔基谷和北奥塔戈周围20处不同的地质景点。

活动

阿瓦基诺滑雪场 滑雪

(Awakino Skifield; ☎021 890 584; www.skiawakino.com; Awakino Skifield Rd; 一日游登山缆车通票 成人/儿童 $50/25) 阿瓦基诺位于库劳的山上,在新西兰的滑雪场中,它的面积不算大,但对于喜欢安静的中级滑雪者来说值得一游。提供周末的滑雪住宿套餐。

奥马鲁(Oamaru)

人口 12,900

在奥马鲁,无论什么节奏都很缓慢——游客们闲庭信步,本地人消磨时光,企鹅则在慵懒摇摆，就连新近恢复的著名传统交通工具前轮大后轮小的脚踏车（penny farthing）和蒸汽火车也都突显了这里的慢节奏。对于旅行者来说，奥马鲁的亮点只是企鹅，但溜达一圈之后，你会发现古怪的事源源不断地涌现。简单说，这里是新西兰最酷的城镇。

一座由维多利亚时代建筑构成的街区位于海边，曾经被人遗忘，现在却挤满了各类怪咖、古董商和另类人士，他们经营着标新立异的美术馆、美轮美奂的商店、潮流前沿场所和一家“都市酒庄”。“蒸汽朋克”是最显眼的风格，其追随者的审美大胆地结合了过去和未来，相信“明日依旧”（朋克文化俗语）。

奥马鲁的过去可以用“富有”和“壮志”来形容。在19世纪80年代的鼎盛时期，它的规模可以与当时的洛杉矶比肩。冷冻肉的运输业起源于附近，而这座小镇当时富得流油，因此也奠定了如今Thames St的雍容华贵。然而，小镇过度发展，在19世纪末濒临破产。

20世纪的经济衰退意味着这里不像新西兰其他的市中心，并未胡乱地推倒摧毁遗产建筑。仅仅在最近的几十年里，精明谨慎的创意人士开始明白奥马鲁仅存的维多利亚街边风貌的重要意义，并且开始释放这座小镇的潜能，由原本的默默无闻，变得精灵古怪。

景点

★ 蓝企鹅栖息地　鸟类保护区

（Blue Penguin Colony；☎03-433 1195；www.penguins.co.nz；2 Waterfront Rd；⊙10:00至日落后2小时）每天傍晚，这些可爱的小淘气从奥马鲁冲浪上岸，来到企鹅栖息地，在海边一座老旧的采石场进行孵育。游客看台设在企鹅蹒跚行走路线的两侧。一般门票（成人/儿童 $28/14）足以看见精彩的场面，但贵宾席（$40/20）可以从木板路穿越孵化区，能够让你更近距离地观赏。

在11月和12月，你能够看见最多的企鹅（多达250只）。3月至8月可能只有10~50只企鹅。它们成群地在天黑之前赶来（隆冬大约17:30，盛夏大约21:30），全部上岸需要大约1小时的时间；游客信息中心标注了夜间观测的时间。严禁使用照相机，记得多穿保暖服装。

若想要了解该中心的保护工作是如何成功地确保企鹅数量增加的，那就在白天参与“幕后”团队游吧（成人/儿童 自助游 $10/5或导览游 $16/8）。另外还提供日间团队游和夜间观赏的组合项目。

不管如何，晚上绝对不要在海边漫步于岩石间寻找企鹅的踪迹，这会破坏企鹅的生态环境，并影响人类对于鸟类影响的研究。

★ 维多利亚时代街区（Victorian Precinct）　街区

这处别有情调的地方以Harbour St和Tyre St为中心，仅由几个街区组成，拥有新西兰保存得最好的维多利亚时代的商业建筑。如果在一个雾夜前往，绝对能看到狄更斯笔下描绘的场景。这里也是奥马鲁“时髦、炫酷和怪异风格”的原点，并且是整个南岛最欢乐的橱窗购物去处。

白天在此散步，你会发现古籍书店、古董店、美术馆、精品服饰店、古怪的礼品店、艺术家工作室、复古的糖果店以及手工装订店。晚上则有一些迷人的小酒吧，你甚至还有可能看见企鹅在街上大摇大摆地晃荡——没错，我们就看到了！

街区在周日最为热闹，届时奥马鲁农民市场人声鼎沸。注意，一些商店和景点在周一关闭。这里还有正在施工的全新的遗产中心；可在游客信息中心询问施工进度。

黄眼企鹅栖息地　鸟类保护区

（Yellow-Eyed Penguin Colony；Bushy Beach Rd）免费 黄眼企鹅比蓝企鹅体型更大，且更为稀有。每天黄昏，它们会在Bushy Beach上岸来喂食自己的幼鸟。为了保护这些濒危鸟类，海滩在15:00停止对外开放，但在悬崖上设置了游客藏身处（你需要用双筒望远镜进行观察）。最佳的观测时间是日落前的两个小时。

虽然这种企鹅的毛利名字hoiho有着“惊声尖叫者”的意思，但它们生性都十分胆怯；如果它们看见你或听见你的声音，就会调头回到海里，而它们的宝宝就要挨饿了。

Thames St　街区

奥马鲁的主干道之所以那么宽，是因为牛车转弯时对半径有最低要求。一系列恢宏的建筑用当地奶白色的石灰岩（称为“奥马鲁石”或“白粒岩”）建成，线条结构反映着当时的风尚，奥马鲁的矫揉造作也发展到了顶

Oamaru 奥马鲁

峰。这里还有一些以新古典主义风格为主的建筑。

令人印象深刻的建筑包括福里斯特画廊(9号，建于1883年)、澳新银行大楼(11号，建于1871年)、怀塔基地区议会大楼(20号，建于1883年)、北奥塔戈博物馆(60号，建于1882年)、法院大楼(88号，建于1883年)和歌剧院(92号，建于1907年)。

蒸汽朋克总部 美术馆

(Steampunk HQ; ☎027 778 6547; www.steampunkoamaru.co.nz; 1 Itchen St; 成人/儿童$10/2; ⊙10:00~17:00)在这里发现过去——说不定发现的也是一个诡异的未来。在这个展示蒸汽朋克文化的美术馆里，古老的机器轰轰作响，20世纪的工业遗产被赋予新的意义和想象。投上一枚$2的硬币，可以给太空时代的火车头点火。

圣帕特里克大教堂 教堂

(St Patrick's Basilica; ☎03-434 8543; www.cdd.org.nz/st-patrick-oamaru; 64 Reed St)如果你曾幻想穿越到古罗马，那么就穿梭于科林斯风格的柱子间，进入这座华丽的天主

Oamaru 奥马鲁

重要景点

1 蓝企鹅栖息地 D4
2 维多利亚时代街区 A5

景点

3 福里斯特画廊 A4
4 Friendly Bay Playground B5
5 北奥塔戈博物馆 C2
6 奥马鲁公共花园 B2
7 圣帕特里克大教堂 C1
蒸汽朋克总部 （见10）
8 Thames St C2
9 黄眼企鹅栖息地 D5

活动、课程和团队游

10 Oamaru Steam & Rail A4
Penguins Crossing （见11）
11 Vertical Ventures A5

住宿

12 Highfield Mews C1
13 Oamaru Top 10 A2
14 Pen-y-bryn Lodge A3

就餐

15 Harbour St Bakery B5
16 Midori C2
17 Steam A4
18 Whitestone Cheese Factory C1

饮品和夜生活

19 Birdlands A5
20 Criterion Hotel A4
21 Scott's Brewing Co. A5

娱乐

22 Penguin Club B5

教堂（建于1873年）吧。久负盛名的建筑师弗朗西斯·佩特雷（Francis Petre）将毕生的精力都投入到了教堂的建设上，从方格天花板到祭坛上的圆顶都可以看到他的心血。

福里斯特画廊 美术馆

（Forrester Gallery；☎03-433 0853；www.culturewaitaki.org.nz；9 Thames St；⏰10:30~16:30）免费 福里斯特画廊位于一座圣殿般的老银行大楼里，收藏着精美的新西兰艺术品。这里是欣赏柯林·麦克卡洪（Colin McCahon）作品的好去处，他是新西兰最伟大的现代艺术家之一。

奥马鲁公共花园 花园

（Oamaru Public Gardens；Severn St；⏰清晨至黄昏）这些漂亮的花园建于1876年，有着宽阔的草坪、水域、桥梁和一处儿童游乐场，适合在大热天纳凉休息。

北奥塔戈博物馆 博物馆

（North Otago Museum；☎03-433 0852；www.culturewaitaki.org.nz；58-60 Thames St；⏰周一至周五 10:30~16:30，周六和周日 13:00~16:30）免费 北奥塔戈博物馆在其古典外表下，展览的文物反映了毛利人和新西兰白人（Pākehā）的历史，还介绍了当地作家珍妮特·弗雷姆（Janet Frame）以及建筑和地质学。

活动

Vertical Ventures 骑自行车、攀岩

（☎03-434 5010；www.alps2oceancycletours.co.nz；4 Wansbeck St）租一辆山地自行车（每天$45起），或是加入山地自行车团队游，行程包括阿尔卑斯至海洋自行车道（7天包括交通和食宿，$2695）以及一日直升机—骑行（$415起）。"垂直挑战"项目指的是攀岩（每人 $140起）。

Oamaru Steam & Rail 旅游火车

（www.oamaru-steam.org.nz；成人/儿童/家庭 单程 $5/2/12，往返 $8/3/20；⏰10月至次年4月 周日 11:00~16:30，5月至9月 周日 至15:00）周日，搭乘这辆复古蒸汽火车从维多利亚时期的街区驶向海边，行程需要半小时。

团队游

Penguins Crossing 野生动物观测

（☎03-477 9083；www.travelheadfirst.com；4 Wansbeck St；成人/儿童 $65/25起）参观蓝企鹅和黄眼企鹅的栖息地。价格包括进入蓝企鹅栖息地的门票。

节日和活动

奥马鲁维多利亚遗产庆典 文化节

（Victorian Heritage Celebrations；www.vhc.

co.nz; ⊙11月中旬)穿着古典服装狂欢作乐5天，享受庆典的高潮。

住宿

★Old Bones Backpackers 青年旅舍 $

(☎03-434 8115; www.oldbones.co.nz; Beach Rd; 房间 $95，房车露营每人 $20; @📶)这家高端的青年旅舍位于奥马鲁以南5公里处，沿着海岸公路可以到达，这里没有多人间，房间整洁，紧邻一片阳光明媚的宽敞空地。在偏僻的环境里放松，听着海浪拍打岸边的声音，你也可以预订这里的温泉浴缸($50起)，一边陶醉其中，一边仰望星空。

Chillawhile Backpackers 青年旅舍 $

(☎03-437 0168; www.chillawhile.co.nz; 1 Frome St; 铺 $28~32，标单/双 不带浴室 $56/72; 📶)在这家五彩斑斓的两层维多利亚风格的时髦旅舍里释放天性、寻找灵感。宾客可以在这里涂鸦，或是运用旅舍各种乐器创作直入人心的乐曲。

Oamaru Top 10 Holiday Park 假日公园 $

(☎03-434 7666; www.oamarutop10.co.nz; 30 Chelmer St; 营地 $36~44，套间 带/不带浴室 $105/73起; @📶)这处Top 10的假日公园绿意盎然，井井有条，屋后有片树林，隔壁还有一座公共花园。标准小屋很简易，其他的套间(舒适度各有不同)更好。

Highfield Mews 汽车旅馆 $$

(☎03-434 3437; www.highfieldmews.co.nz; 244 Thames St; 套间 $170起; @📶)🍃这座新楼证实了汽车旅馆早已摆脱20世纪60和70年代混凝土建筑灰暗的色调。套间公寓简易但很时尚，提供厨房、书桌、立体声音响、瓷砖浴室和户外家具。

★Pen-y-bryn Lodge 民宿 $$$

(☎03-434 7939; www.penybryn.co.nz; 41 Towey St; 房间 $625~750; 📶)云游四方的吃货老板已经将全新的生命赋予了这幢建于1889年的漂亮寓所。主楼有两个房间，但我们更喜欢后面副楼的三间新近翻修的奢华客房。在满是古董的会客厅可以享用餐前饮料和小食，你还可以在华丽的餐厅里享用丰盛的四道菜晚餐(每人$125)。

就餐

Steam 咖啡馆 $

(www.facebook.com/steamoamaru; 7 Thames St; 主菜 $10~13; ⊙周一至周五 7:30~16:30，周六和周日 8:00~15:00; 📶)Steam专营咖啡和果汁，这里是旅途中囤积现磨咖啡豆的好地方。除了可丽饼以外，柜台的食物就已经是所有能够提供的东西了，包括新鲜烘烤的松饼和羊角面包之类的糕点。

Whitestone Cheese Factory 熟食、咖啡馆 $

(☎03-434 8098; www.whitestonecheese.com; 3 Torridge St; 拼盘 $7.50~15; ⊙9:00~17:00) Whitestone拥有获奖的手工奶酪，这家当地人尽皆知的熟食店和咖啡馆用胆固醇丰富的食物向动脉的健康发起了挑战。食物只有奶酪司康饼、纯奶酪拼盘和更大的奶酪拼盘，配饼干和榅桲酱。

Harbour St Bakery 面包房 $

(☎03-434 0444; www.harbourstreetbakery.com; 4 Harbour St; 馅饼 $5.50; ⊙周二至周日 10:00~16:00)这家荷兰的面包房销售欧洲风味的面包、糕点以及新西兰肉馅饼。找个户外餐位，看着奥马鲁街边遗产的卷轴徐徐展开，宛如老电影上映。

Midori 日本菜 $$

(☎03-434 9045; www.facebook.com/MidoriJapaneseSushiBarAndRestaurant; 1 Ribble St; 寿司 $5~11，主菜 $13~20; ⊙周一至周六 10:30~20:30，周日正午至20:30)Midori位于一幢老石屋里，供应的生鱼片和寿司充分利用了当地的新鲜海鲜。其他精心烹饪的菜肴包括三文鱼铁板烧(teriyaki salmon)和蓝鳕鱼、乌冬面和各种便当。如果你就想外带的话，隔壁就有Sushi Espresso外卖店。

Northstar 新西兰新派菜 $$

(☎03-437 1190; www.northstarmotel.co.nz; 495a Thames Hwy; 午餐主菜 $19~23，晚餐 $30~34; ⊙正午至15:00和18:00~21:00)对于SH1的汽车旅馆旗下的餐厅来说，它有些出乎意料得"高大上"了; 如果奥马鲁人有什么事情要庆祝的话，Northstar绝对是第一选择。准备好迎接丰盛的当下时兴口味的酒馆佳肴吧。酒吧也很受欢迎。

值得一游

里弗斯通

从奥马鲁行驶14公里到这里绝对不虚此行，这片独特的建筑藏在SH1的一段路上，毫不起眼，就在怀塔基河辫状的入海口和SH83的岔路口之间。

这里最知名的要数第一座建筑**Riverstone Kitchen**（☎03-431 3505; www.riverstonekitchen.co.nz; 1431 SH1, Waitaki Bridge; 早餐 $16~18，午餐 $20~32，晚餐 $32~35; ⏲周四至周一 9:00~17:00，周四至周日 18:00至深夜），这是一家精致的咖啡馆餐厅，就连奥马鲁的餐饮业整体水平也因此得到了提升。河石壁炉和锃亮的地板为餐厅奠定了简约现代的基调。多数食材取自当地的花园厨房（你可以看一眼，令人印象深刻），并且搭配当地出产的鹿肉、猪肉、三文鱼和牛肉。这里还有很棒的早午餐，包括可口的咖啡和传奇的松露炒蛋。

在隔壁一系列复刻的古朴商店背后坐落着**Riverstone Country**（☎03-431 3872; 1431 SH1, Waitaki Bridge; ⏲9:00~17:00），这里的商品琳琅满目，堆到了房梁上，包括礼品、工艺品、家用品、假花、花园和圣诞装饰。户外的笼子里住着金丝雀、吸蜜鹦鹉和豚鼠。

如果你想要瞧瞧最稀奇古怪的玩意儿，就看看建筑后方正在修造的有护城河的城堡吧。一旦完工，这6座塔楼、护城河以及吊桥就是主人居住的地方。

如果你想在附近找个住处，可以考虑**Waitaki Waters**（☎03-431 3880; www.campingoamaru.co.nz; 305 Kaik Rd, Waitaki Bridge; 营地/小屋 $15/40起; 📶），这是一家有着崭新设备的假日公园，装饰着修剪的篱笆。老板年轻有为，热情友好。小屋距离SH1约3公里远，虽然简单，但井井有条；需要自备床单。

饮品和娱乐

Criterion Hotel 酒馆

（☎03-434 6247; www.criterionhotel.co.nz; 3 Tyne St; ⏲周二至周日 11:30至深夜）这是维多利亚时代街区中最具维多利亚风情的一家酒馆，位于街角，提供可口的啤酒和丰富的当地葡萄酒。周五通常会有现场音乐表演。

Scott's Brewing Co 自酿啤酒

（☎03-434 2244; www.scottsbrewing.co.nz; 1 Wansbeck St; ⏲11:00~19:30）来到这家海边的老旧仓房，品尝奥马鲁高级精酿啤酒作坊的美味。懒散地靠在柜台旁品鉴，或是来到阳光明媚的露台品尝一品脱啤酒和一份比萨。

★ **Penguin Club** 现场音乐

（www.thepenguinclub.co.nz; Emulsion Lane，紧邻Harbour St; 门票不同）Penguin藏在19世纪街道旁的一条别有风情的小巷里；它的演出也和与众不同的位置相得益彰：种类繁多，从新西兰乐队巡演，到当地朋克、垃圾摇滚乐、摇滚乐、乡村乐，多种多样。

实用信息

奥马鲁游客信息中心（☎03-434 1656; www.visitoamaru.co.nz; 1 Thames St; ⏲9:00~17:00; 📶）提供丰富详尽的实用信息，包括当地徒步和野生动物的信息，每天企鹅观察的时间也贴在这里。这里还提供自行车租赁（半天/全天 $28/40），10分钟的视频介绍了小镇的历史。

奥马鲁白石市民信托（Oamaru Whitestone Civic Trust; ☎03-434 5385; www.victorianoamaru.co.nz; 2 Harbour St; ⏲10:00~16:00）奥马鲁遗产的复古黑白照片、实用信息以及介绍历史街区的徒步导览手册。

邮局（☎03-433 1190; www.nzpost.co.nz; 2 Severn St; ⏲周一至周五 9:00~17:00，周六至13:00）

到达和离开

多数长途汽车和接驳巴士从**Lagonda Tearooms**（☎03-434 8716; www.facebook.com/LagondaTeaRooms; 191 Thames St; ⏲9:00~16:30; 📶）出发。茶室和游客信息中心均可预订。

Atomic Shuttles（☎03-349 0697; www.ato

mictravel.co.nz）长途汽车往返基督城（$30，4小时）、蒂马鲁（$20,1小时30分钟）和达尼丁（$20，1小时30分钟），每天2班。

Coast Line Tours（☎03-434 7744；www.coastlinetours.co.nz；单程/往返 $30/55）接驳巴士往返达尼丁；也可以安排绕路前往莫埃拉基和达尼丁机场的行程。

InterCity（☎03-471 7143；www.intercity.co.nz）长途汽车每天2次往返基督城（$33起，4小时）、蒂马鲁（$22起，1小时）、莫埃拉基的岔路口（$17起，28 分钟）和达尼丁（$22起，1小时30分钟）；每天还有1班前往蒂阿瑙（$45起，6小时30分钟）。

Naked Bus（www.nakedbus.com；价格不同）每天1班长途汽车往返基督城（3小时45分钟）、蒂马鲁（1小时15分钟）、莫埃拉基（35分钟）和达尼丁（1小时45分钟）。

Seasider旅游火车由**达尼丁铁路局**（Dunedin Railways；见215页）运营，是一条通往达尼丁的景观路线。

莫埃拉基（Moeraki）

莫埃拉基的名字意为“一个白天睡觉的地方”，所以你也能领会到这座小渔村安逸的生活节奏。当你得知这里是欧洲移民在新西兰的第一批落脚点之一，应该会相当惊讶：1836年，这里建立了一座捕鲸站。自此以后，莫埃拉基孕育了多项国家宝藏：Frances Hodgkins的画作、作家Keri Hulme的*The Bone People*，以及Fleur Sullivan的厨艺。

除了Fleur的同名餐厅，主要景点包括散落在一片美丽海滩上的巨大石球，它们好似被巨人娃娃丢弃的玻璃球。著名的**莫埃拉基巨石**（Moeraki Boulders，Te Kaihinaki）紧邻SH1，就在莫埃拉基岔路口以北1公里处。尝试在落潮的时候来访。

从村庄沿着海滩步行45分钟就能到达巨石，旅程十分舒服。朝另一个方向，沿着Kaiks Wildlife Trail，可以抵达一座可爱的老旧木灯塔，你甚至还可能看见黄眼企鹅和海狗（记得保持距离）。

食宿

Riverside Haven Lodge & Holiday Park 青年旅舍 $

（☎03-439 5830；www.riversidehaven.nz；2328 Herbert Hampden Rd/SH1，Waianakarua；营地/铺 $12/31，标单/双 不带浴室 $50/75，双 带浴室 $85；📶）这家漂亮的牧场坐落在怀纳卡鲁阿河的转弯处，距离莫埃拉基岔路口以北12公里。它提供乡村风情的露营地和色彩斑斓的度假屋（配有阳光明媚的公共休息室）。孩子们会喜爱这里的游乐场和高原牛，家长也会喜爱这里的水疗以及宁静的氛围。

Moeraki Beach Motel 汽车旅馆 $

（☎03-439 4862；www.moerakibeachmotels.co.nz；Cleddy St & Haven St交叉路口；套间 $115起；📶）这处被树木包围的汽车旅馆有4个错层套间，宽敞舒适。每间房都有2个卧室、设施齐备的厨房和阳台。

★ **Fleur's Place** 海鲜 $$$

（☎03-439 4480；www.fleursplace.com；Old Jetty，169 Haven St；主菜 $35~44；⏲周三至周日 10:30至深夜）虽然看起来有些杂乱，但这座满是涂鸦的木屋里坐落着南岛最佳的海鲜餐厅。选择楼上的露台，品尝新鲜的贝类、柔嫩的短尾鹱（muttonbird）以及其他最近捕获的海鲜。强烈建议预约。

到达和离开

所有奥马鲁—达尼丁路线的长途汽车都停靠在SH1的莫埃拉基岔路口。从这里步行2公里即可抵达村庄和巨石。

达尼丁（DUNEDIN）

人口 121,000

当新西兰人想到他们的第七大城市时，两个词会很快从他们的脑海里蹦出来，那就是“苏格兰”和“学生”。“南岛爱丁堡”拥有引以为傲的苏格兰遗产，并且在举办城市活动时，它总不浪费机会来推销自己的肉馅羊肚（haggis）和风笛。

事实上，达尼丁的名字也来自于苏格兰盖尔语的“爱丁堡”（Dùn Èideann）。第一批

来自欧洲的永久定居者是两船勤奋虔诚的苏格兰人，他们于1848年抵达查莫斯港（Port Chalmers），这些人当中包括苏格兰最受爱戴的子民罗比·彭斯（Robbie Burns）的侄子。这位诗人的雕像依然俯瞰着市中心的八边形广场（Octagon），而这座城市甚至还有其自己的苏格兰花纹图案。

如果要说苏格兰人和学期中主宰达尼丁的学生们有什么最基本的联系的话，那一定就是威士忌了。该国最古老的大学为学生提供充分的能量，以此延续当地酒馆的生命。20世纪80年代，这里还诞生了自己的独立音乐，享誉全球，例如Flying Nun Records和Dunedin sound。

在达尼丁可以轻松地消磨数日。破旧的风雨板房屋遍布郊外山区，青石建造的维多利亚时代的房屋穿插于紧凑的市中心。若想去位于市郊的奥塔戈半岛观察丰富的野生动物，这里也是不错的大本营。

景点

市中心

★ 奥塔戈移民博物馆 博物馆

（Toitū Otago Settlers Museum；见212页地图；☎03-477 5052；www.toituosm.com；31 Queens Gardens；⏲10:00~17:00）免费 讲故事是这处精彩的互动博物馆的拿手好戏。这里有令人眼花缭乱的毛利藏品，巨大展厅的落地柜里摆放着维多利亚时期定居者的蜡像，它们有逼真的胡须，穿着蕾丝衣服，眼睛栩栩如生。可以在电子解说机上了解每个吸引你注意的人物。其他的展品包括一间客轮客舱的复制品、一些很棒的汽车藏品，还有一个房间展示关于Flying Nun Records地下巨星的展品。

达尼丁火车站 历史建筑

（Dunedin Railway Station；见212页地图；22 Anzac Ave）达尼丁的火车站用引人注目的青石建造（建于1903~1906年），被誉为新西兰最上镜的建筑。楼上是新西兰体育名人堂（New Zealand Sports Hall of Fame；见212页地图；☎03-477 7775；www.nzhalloffame.co.nz；Dunedin Railway Station；成人/儿童 $6/2；⏲10:00~16:00），这座小型博物馆向全国的万人迷们致以敬意；还有Art Station（见212页地图；☎03-477 9465；www.otagoartsociety.co.nz；⏲10:00~16:00）免费，它是当地艺术社团的画廊和商店。

达尼丁公共美术馆 美术馆

（Dunedin Public Art Gallery；见212页地图；☎03-474 3240；www.dunedin.art.museum；30 The Octagon；⏲10:00~17:00）免费 在这家通风宽敞的美术馆探索新西兰艺术。这里只会展示一小部分展品，因为多数空间通常用于举办新颖的临时展览。

圣保罗大教堂 教堂

（St Paul's Cathedral；见212页地图；www.stpauls.net.nz；Moray Pl；⏲10:00~15:00）就算在信奉长老会的达尼丁，国教（即英国国教）教堂依然在八边形广场占据黄金位置。这处教堂十分漂亮，罗马式的入口通往哥特风格的内部，高耸洁白的奥马鲁石柱撑起拱顶。这座教堂的主要部分始建于1919年，不过圣堂直到1971年才完工，因此有刺眼的现代痕迹。巨大的管风琴（3500根管子）据说是南半球最佳的管风琴之一。

达尼丁中国花园 花园

（Dunedin Chinese Garden；见212页地图；☎03-477 3248；www.dunedinchinesegarden.com；Rattray St和Cumberland St交叉路口；成人/儿童 $9/免费；⏲10:00~17:00）这座花园被围墙环绕，它在这里组装之前，曾在上海预先组建，以此纪念早期华人对达尼丁做出的贡献。这里非常安静，涵盖古典中国园林的所有组成要素，包括池塘、亭台、假山、石梁和茶室。这里还有一处小型的展览，介绍了当地华人社区的历史。

Speight's 酿酒厂 酿酒厂

（见212页地图；☎03-477 7697；www.speights.co.nz；200 Rattray St；成人/儿童 $28/12；⏲团队游 6月至9月 正午、14:00、16:00和18:00，10月至次年5月另有17:00和19:00）自19世纪末建立于此，Speight's酿酒厂就一直出产啤酒。90分钟的团队游可以品尝6种不同口味的啤酒，还可以选择团队游加在隔壁的Ale House用餐（午餐/晚餐 $58/65）的套餐行程。

Central Dunedin 达尼丁市中心

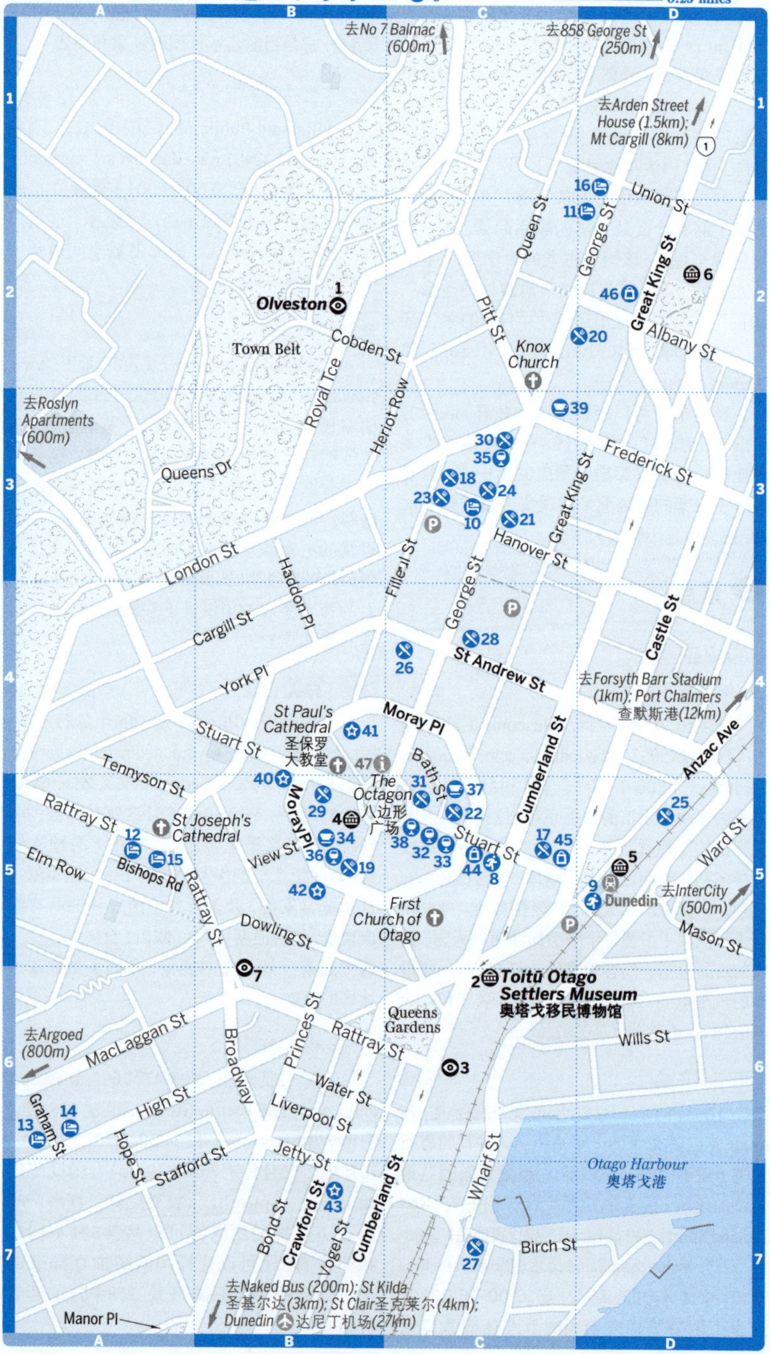

0 500 m
0 0.25 miles

A B C D
1 2 3 4 5 6 7

去No 7 Balmac (600m)
去858 George St (250m)
去Arden Street House (1.5km); Mt Cargill (8km)
1
16
11
Union St
Queen St
George St
Great King St
6
46
Pitt St
Albany St
20
1 Olveston
Town Belt
Cobden St
Royal Tce
Heriot Row
Knox Church
39
去Roslyn Apartments (600m)
30
35
Frederick St
Queens Dr
18
24
23
10
21
Great King St
Hanover St
London St
Haddon Pl
Filleul St
George St
Castle St
Cargill St
28
26
St Andrew St
York Pl
去Forsyth Barr Stadium (1km); Port Chalmers 查默斯港(12km)
St Paul's Cathedral 圣保罗大教堂
41
Moray Pl
Stuart St
Cumberland St
Anzac Ave
47
Bath St
Tennyson St
40
The Octagon 八边形广场
31
37
29
22
25
Rattray St
St Joseph's Cathedral
4
Moray Pl
12
34
38
32
33
Stuart St
17
45
Elm Row
15
Bishops Rd
View St
36
19
44
8
5
Ward St
Rattray St
42
9
Dunedin
去InterCity (500m)
First Church of Otago
Dowling St
Mason St
7
2 Toitū Otago Settlers Museum 奥塔戈移民博物馆
去Argoed (800m)
MacLaggan St
Broadway
Princes St
Queens Gardens
Rattray St
Wills St
3
Water St
High St
Liverpool St
14
13
Graham St
Hope St
Stafford St
Jetty St
Wharf St
Otago Harbour 奥塔戈港
43
Bond St
Crawford St
Vogel St
Cumberland St
27
Birch St
去Naked Bus (200m); St Kilda 圣基尔达(3km); St Clair圣克莱尔(4km); Dunedin 达尼丁机场(27km)
Manor Pl

达尼丁北部

奥塔戈博物馆 博物馆

（Otago Museum；见212页地图；☎03-474 7474；www.otagomuseum.nz；419 Great King St；⏲10:00~17:00）免费 这座庄严的建筑以"南方的土地，南方的人民"为主题，展示了奥塔戈过去和现在的文化和样貌（从地质学，到恐龙，再到现代生活）。Tāngata Whenua毛利展厅展示着令人印象深刻的战舰（waka taua）、饱经风霜的古老雕刻以及一些迷人的绿石（pounamu）武器、工具和首饰。其他主要的展厅包括太平洋文化（Pacific Cultures）、世界人民（People of the World，包括必不可少的木乃伊）、自然（Nature）、航海（Maritime）和动物进化史（Animal Attic）。

探索世界（Discovery World）科学中心（成人/儿童 $10/5）注重亲身实践，主要面对儿童；邻近的热带森林飞舞着缤纷的蝴蝶，适合任何年龄段的游客游玩。

亮点团队游每天14:00出发（金币展厅入口处）。

Knox Church 教堂

（见212页地图；www.knoxchurch.net；449 George St）达尼丁第二大的长老会教堂建于

Central Dunedin 达尼丁市中心

重要景点
1 Olveston B2
2 奥塔戈移民博物馆 C6

景点
Art Station .... （见5）
3 达尼丁中国花园 C6
4 达尼丁公共美术馆 B5
5 达尼丁火车站 D5
新西兰体育名人堂 .... （见5）
6 奥塔戈博物馆 D2
7 Speight's 酿酒厂 B6

活动、课程和团队游
8 Cycle World C5
9 达尼丁铁路局 D5

住宿
10 315 Euro C3
11 Bluestone on George D2
12 Brothers Boutique Hotel A5
13 Chalet Backpackers A6
14 Fletcher Lodge A6
15 Hogwartz A5
16 Kiwi's Nest D1

就餐
17 Best Cafe C5
18 Bracken C3
19 Etrusco at the Savoy B5
20 Everyday Gourmet D2
21 Good Oil C3
22 Izakaya Yuki C5
23 Miga C3
24 Modaks Espresso C3
25 Otago Farmers Market D5
26 Paasha C4
27 Plato C7
28 Saigon Van C4
29 Scotia B5
30 Velvet Burger C3
31 Velvet Burger C5

饮品和夜生活
32 Albar C5
Carousel .... （见32）
33 Di Lusso C5
34 Mazagran Espresso Bar B5
35 Mou Very C3
36 Pequeno B5
Speight's Ale House .... （见7）
37 Strictly Coffee Company C5
38 Stuart St Brew Bar C5
39 The Fix C3

娱乐
40 Fortune Theatre B5
41 Metro Cinema B4
42 Rialto Cinemas B5
43 Sammy's B7

购物
44 Gallery De Novo C5
45 Stuart Street Potters Cooperative C5
46 University Book Shop D2

实用信息
47 环境保护部游客中心 B4
达尼丁游客信息中心 .... （见47）

1876年，仅比同样壮观的First Church晚3年建成，并很快成为城市的象征。这座哥特式复兴风格的建筑取材青石并由洁白的奥马鲁石镶边，还有高达50米的尖塔。里面美丽的木结构天花板确保教堂里的音效良好，因此这里定期用于举行音乐会和其他活动。

达尼丁植物园 花园

（Dunedin Botanic Garden；见224页地图；www.dunedinbotanicgarden.co.nz；Great King St和Opoho Rd 交叉路口；⌚清晨至黄昏）免费 这座花园创建于1863年，占地22公顷，宁静悠闲，有大片的草坪和树木，包括玫瑰园、稀有的原生植物、4公顷的杜鹃谷、温室、游乐场和咖啡馆。孩子们会很喜欢乘坐社区的特快“列车”（成人/儿童 $3/1）。

其他郊区

★Olveston 房屋

（见212页地图；☎03-477 3320；www.olveston.co.nz；42 Royal Tce，Roslyn；成人/儿童 $20/11；⌚团队游 9:30、10:45、12:00、13:30、14:45和16:00）虽然从欧洲的标准来看，这座建于1906年的壮观寓所算是个小个子，但它却能很好地展示达尼丁的过往。可以参加团队导览游进入；建议提前预约。这里还有一座值得探索的小花园。

直到1966年，Olveston都是富庶的西奥明（Theomin）的家族宅邸，这位知名的艺术家赞助人积极捐助该市公共美术馆的建设。室内装潢别具匠心，包含了查尔斯·高迪（Charles Goldie）和弗朗西斯·霍奇金斯（Frances Hodgkins，一位家族朋友）的作品。这里有很多日本艺术元素，到处摆放着精致的和风作品。这户人家是犹太人，餐桌上摆放的物品就像安息日的晚餐一样。

Baldwin St 地标

（见224页地图；North East Valley）世界最陡峭的居民区街道（《吉尼斯世界纪录大全》大概也会这么说），Baldwin St的坡度最高达到了19°。从市中心出发，向北沿着Great King St爬上2公里，然后岔路向左急转至蒂马鲁。选择右车道继续向前。这条路变成了North Rd之后，Baldwin St就在1公里后的右侧。

活动

游泳和冲浪

圣克莱尔（St Clair）和圣基尔达（St Kilda）都是很受欢迎的游泳海滩（不过你需要注意圣克莱尔海滩的激流）。两处海滩都有很不错的左手浪，而且你能够在更南边的Blackhead，以及奥塔戈港北岸的Aramoana找到不错的冲浪地。

St Clair Hot Salt Water Pool 游泳

（见224页地图；www.dunedin.govt.nz；Esplanade，St Clair；成人/儿童 $6.20/3.10；⌚10月至次年4月 每天8:30~18:00，5月至9月 周三至周一 9:00~17:00）这处恒温的室外游泳池位于圣克莱尔海滩西侧的海岬上。

Esplanade Surf School 冲浪

（见224页；☎0800 484 141；www.espsurfschool.co.nz；1 Esplanade，St Clair；90分钟团课$60，私教 $120）夏季有一辆面包车停靠在圣克莱尔海滩上（其他时候电话联系），学校里经验丰富的员工能够提供设备和课程。

徒步

Otago Tramping & Mountaineering Club（www.otmc.co.nz）周末组织徒步一日游和过夜游活动项目，经常会前往达尼丁以北的银峰保护区（Silver Peaks Reserve）。接受非会员报名，但需要事先联系导游。

隧道海滩步道 徒步

（Tunnel Beach Walkway；Tunnel Beach Rd，Blackhead）这条步道很短，但十分陡峭（下坡15分钟，回程上坡30分钟），经过一片波澜壮阔的海岸线，狂野的太平洋雕琢着层层岩柱、石拱和石灰岩构成的特殊岩石。强劲的洋流使在这里游泳十分危险。

它的名字来源于步道终点一处手工凿刻的石头隧道，当地人约翰·卡吉尔（John Cargill）为了全家人能够在僻静的海滨野餐而修建了隧道。

这条步道位于达尼丁市中心西南7公里处。沿着Princes St往南，然后从高速公路和一座铁路桥下面穿过。在下一个交通信号灯处向右转，驶入Hillside Rd，然后走到头，接着向左转再向右转进入Easther Cres。沿着这条路行驶3.5公里（期间路名会更改几次），留意左手边的Tunnel Beach Rd。

卡吉尔山—比松峡谷步道 徒步

（Mt Cargill-Bethunes Gully Walkway；见224页地图；Norwood St, Normanby）是的，你可以驱车驶上海拔676米高的卡吉尔山，但这可不是目的地所在。步道（往返3小时30分钟）从Norwood St出发，可以通过North Rd到达。一条步道从卡吉尔山继续攀上熔岩形成的Organ Pipes（有着1000万年的历史），然后再行驶半小时，抵达卡吉尔山另一侧的Mt Cargill Rd。

其他活动

达尼丁铁路局 观光列车

（见212页地图；☎03-477 4449；www.dunedinrailways.co.nz；Dunedin Railway Station；⏲售票处 周一至周五8:00~17:00，周六和周日8:30~15:00）两条有趣的火车线路从达尼丁火车站延伸出来。最棒的一条路线是景色怡人的**泰伊里峡谷铁路**（Taieri Gorge Railway），沿途有着狭长的隧道、深邃的峡谷、蜿蜒的轨道、崎岖的沟壑以及高架桥通道。乘坐20世纪20年代的经典车厢，经过4个小时抵达58公里之外的普基朗伊（Pukerangi；单程/往返 $63/91）。一些列车还会继续前往米德尔马契（Middlemarch；$75/113，往返6小时），方便前往奥塔戈中央铁路自行车道。

Seasider向北行驶，有一段沿着海岸，最远抵达奥马鲁（$72/109，往返7小时），不过在返程之前，能够在莫埃拉基（$66/99）逗留2个小时。更短的路线还能前往帕默斯顿（$59/89，往返4小时）。选择列车右边的座位，可以欣赏更漂亮的海景。

Cycle World 自行车出租

（见212页地图；☎03-477 7473；www.cycleworld.co.nz；67 Stuart St；每天 $40；⏲周一至周五8:30~18:00，周六和周日 10:00~15:00）出租自行车，提供修车服务以及山地自行车信息。

住宿

市中心

Hogwartz 青年旅舍 $

（见212页地图；☎03-474 1487；www.hogwartz.co.nz；277 Rattray St；铺 $31，带/不带浴室标单 $82/65，双 $90/74，公寓 $106起；P@📶）这幢美丽的房子自1872年至1999年都是天主教主教的寓所，现在则提供了大量舒适温暖的房间，其中很多还享有港湾景色。老旧的车房和马厩经过翻新，变成了时尚的客房和公寓套房。

Chalet Backpackers 青年旅舍 $

（见212页地图；☎03-479 2075；www.chaletbackpackers.co.nz；296 High St；铺/标单/双 $31/50/68；P@📶）这幢老房子布局零乱，厨房很大，充满阳光和花香，还有一处小花园、桌球台、钢琴以及鬼魂出没的传言。虽然没有配套浴室，但有的房间提供洗手池。

315 Euro 汽车旅馆 $$

（见212页地图；☎03-477 9929；www.eurodunedin.co.nz；315 George St；公寓 $175起；P📶）沿着达尼丁零售商业街旁边一条不起眼的小巷，就可以走到这栋时髦的建筑里。可以选择现代的单人套间，或是更宽敞的一居室公寓，配备了全套厨房和洗衣设施。双层玻璃让你免受George St的喧嚣烦扰。

Brothers Boutique Hotel 酒店 $$$

（见212页地图；☎03-477 0043；www.brothershotel.co.nz；295 Rattray St；房间 $170~395；P📶）这幢基督教兄弟会的寓所建于20世纪20年代，虽然装修成僧侣都不认识的样子，但依然保留了许多与众不同的特征。礼拜室甚至还保留着原先的彩绘玻璃拱窗。屋顶套间的景色优美。费用还包括一顿欧式早餐和晚间饮料。

Fletcher Lodge 民宿 $$$

（见212页地图；☎03-477 5552；www.fletcherlodge.co.nz；276 High St；标单/双/公寓 $295/355/650起；P@📶）🍃 这幢气派的红砖楼宇最早是新西兰最富有的工业家寓所，距离市中心虽然仅仅几分钟的步行距离，但僻静的花园仿佛令人置身世外桃源。房间装修雅致，还有古董家具和华丽的石膏天花板。

达尼丁北部

★ Kiwi's Nest 青年旅舍 $

（见212页地图；☎03-471 9540；www.kiwisn

est.co.nz; 597 George St; 铺 $28, 带/不带浴室 标单 $68/48, 双 $88/68, 公寓 $105; P@令)这幢温馨的房屋有两层楼，中央供暖的房间干净整洁，有些还提供配套浴室、冰箱和水壶。另外走去八角形广场的路十分平坦，这是达尼丁的青年旅舍很难拥有的优势。

★ 858 George St 汽车旅馆 $$

(☎03-474 0047; www.858georgestreetmotel.co.nz; 858 George St; 套间 $150; P令)这家质量顶级的汽车旅馆有很巧妙的设计，与周围相邻的维多利亚风格两层洋房搭配得相得益彰，它提供的房型从单人套间到两卧居室，一应俱全。套间还配备了微波炉、电冰箱、烤面包机和水壶，大一些的房间还有炉灶或烤箱。

★ Bluestone on George 公寓 $$$

(见212页地图; ☎03-477 9201; www.bluestonedunedin.co.nz; 571 George St; 公寓 $225起; P@令)看见这个名字，如果你觉得是要住进一幢壮观的青石老楼里，那可能要失望了：这幢四层楼的建筑非常现代。优雅的套间主色为素色，配备迷你厨房、洗衣设施和露台或小阳台。这里还有一处小型健身房和客用休息室。

圣克莱尔

Majestic Mansions 公寓 $$

(见224页地图; ☎03-456 5000; www.st-clair.co.nz; 15 Bedford St; 公寓 $140起; P令)这座20世纪20年代的老房子与圣克莱尔海滩隔街相望，已经全面翻新，保留了原本小公寓的布局，但添置了个性壁纸和时尚装潢。每间都有厨房和洗衣设施。

Hotel St Clair 酒店 $$$

(见224页地图; ☎03-456 0555; www.hotelstclair.com; 24 Esplanade; 房间 $205~255, 套间 $370; P令)在阳台上，沉浸在圣克莱尔冲浪的氛围里吧。这家当代中档酒店有时尚的房间，除了最便宜的客房外，都拥有海景，而海滩距离前门只有区区几米。

其他郊区

Leith Valley Touring Park 假日公园 $

(见224页地图; ☎03-467 9936; www.leithvalleytouringpark.co.nz; 103 Malvern St, Woodhaugh; 营地每人 $19, 套间 带/不带浴室 $92/59起; P@令)这家假日公园被原生灌木环绕，有大量步道和萤火虫洞穴，还有一条小溪。自炊式现代汽车旅馆套间十分宽敞，而游客公寓虽然小，但更有一种纯朴的质感(需要自备床单)。

Argoed 民宿 $$

(☎03-474 1639; www.argoed.co.nz; 504 Queens Dr, Belleknowes; 标单/双 $150/190起; P令)玫瑰和杜鹃花环绕着这幢宽敞的双层木屋，它建于19世纪80年代。复古装饰的3间卧室都有自己的浴室，但只有一间是套间。住客可以在温室休息，或者在休息室轻敲大钢琴的象牙琴键。

Arden Street House 民宿 $$

(见224页地图; ☎03-473 8860; www.ardenstreethouse.co.nz; 36 Arden St, North East Valley; 标单 $75, 双 带/不带浴室 $130/120; P@令)这幢山顶小屋建于20世纪30年代，有着疯狂的艺术品和有机花园等各种稀奇古怪的东西；此外，这里的主人很有魅力，整个民宿仿佛家一般。一些客房风景很好，而用车库改造的房间配备了迷你厨房。如果要从市区前往，沿着North Rd向北行驶，往右拐入Glendining Ave，再向左进入Arden St。

Roslyn Apartments 公寓 $$$

(☎03-477 6777; www.roslynapartments.co.nz; 23 City Rd, Roslyn; 公寓 $215起; P令)在这些公寓里，现代的装潢、漂亮的城市和港湾的风光一应俱全，步行片刻即可到达Roslyn的餐饮区。每个房间都提供全套厨房和洗衣设施。

就餐

咖啡馆和便宜的亚洲餐馆分布于George St周围。从八边形广场上坡，Roslyn有不错的餐馆和咖啡馆，而拥有海滩风情的圣克莱尔是吃一顿慵懒午餐的好地方。

市中心

★ Otago Farmers Market 市场 $

(见212页地图; www.otagofarmersmarket.org.nz; Dunedin Railway Station; ⊙周六 8:00~12:30)

这家人声鼎沸的市场出售的都是当地食物（或饮料），而且多数是有机食品。来一份炸豆丸子或浓缩咖啡，补充你一日游览消耗的能量，还可以为旅途囤积新鲜肉类、海鲜和奶酪。这里的一切都井井有条。

Good Oil 咖啡馆 $

（见212页地图；☎03-479 9900；www.thegoodoilcafe.com；314 George St；主菜 $9~18；⏲7:30~16:00）来这家时髦的小型咖啡馆可以品尝咖啡、蛋糕或新鲜的沙拉。如果你起得早，那就用创意十足的早午餐，例如红薯饼（kumara hash）配热腾腾的烟熏三文鱼，来开启新的一天吧。

Modaks Espresso 咖啡馆 $

（见212页地图；☎03-477 6563；337-339 George St；主菜 $9~17；⏲7:30~15:30；✎）这处时髦的小地方拥有砖墙、塑料贴板拼凑图案的餐桌、塑料动物头以及能够躺下的懒人沙发，学生以及独立流行音乐爱好者们很喜欢在这里喝上一壶好茶。蓬松的烤贝果能够在冬日里温暖你。

Best Cafe 炸鱼薯条 $

（见212页地图；www.facebook.com/bestcafedunedin；30 Stuart St；外卖 $6~10，主菜 $10~23；⏲周一至周六 11:00~14:30和17:00~20:00）这家当地老字号从1932年就开始经营炸鱼薯条了，有完美的食谱。树脂桌布、手工薯条，加上白面包上的黄油，实在是完美。

Velvet Burger 汉堡包 $

（见212页地图；☎03-477 7089；www.velvetburger.co.nz；150 Stuart St；主菜 $9~16；⏲11:30至深夜）Velvet Burger的顾客定位是酒后还想要吃一顿的人，因此这里有种类丰富的一流啤酒套餐，尤其是大分量的Goneburger（牛肉、鸡肉还有培根）。还有一家分店，地址是**375 George St**（见212页地图；☎03-477 0124；主菜 $9~16；⏲11:30至深夜）。

Miga 韩国菜 $$

（见212页地图；☎03-477 4770；www.migadunedin.co.nz；4 Hanover St；午餐主菜 $9.50~13，晚餐 $16~39；⏲周一至周六 11:30~14:00和17:00~22:00）餐馆坐落在一座砖垒的房子里，提供种类丰富的美食，可以选择石锅饭或汤面。日本菜肴包括天妇罗、炸猪排和美味的拉面，都是特别制作的。如果不怕荷包出血的话，点一份韩国烤肉吧。

Etrusco at the Savoy 意大利菜 $$

（见212页地图；☎03-477 3737；www.etrusco.co.nz；8a Moray Pl；主菜 $17~21；⏲17:30至深夜）新西兰能够与优雅的Savoy媲美的餐厅不多。Savoy爱德华时期的装潢包括吊顶、彩绘玻璃橱柜、黄铜枝形吊灯、碧绿的爱奥尼亚廊柱以及夸张奢华的台灯。比萨和意大利面虽然是一种奇怪的搭配，但Etrusco美味的质朴菜肴绝对让你不虚此行。

Paasha 土耳其菜 $$

（见212页地图；☎03-477 7181；www.paasha.co.nz；31 St Andrew St；午餐主菜 $12~21，晚餐 $21~36；⏲周一至周三 11:30~15:00和17:00~21:00，周四至周日 11:30至深夜；👪）这家经营多

给我一杯咖啡，我就放过你们所有人！

达尼丁有一些很棒的咖啡馆，可以在这儿给身体充电，恢复活力。

The Fix（见212页地图；www.thefixcoffee.co.nz；15 Frederick St；⏲周一至周五 7:00~16:00，周六 8:00至正午）每天早上，上班族都在人行道的外卖窗口前排着长长的队伍，学生和其他时间充裕的人则在小院子里悠然自得地喝咖啡。

Mazagran Espresso Bar（见212页地图；36 Moray Pl；⏲周一至周五 8:00~18:00，周六 10:00~14:00）这家砖木结构的小咖啡馆是达尼丁咖啡业的教父，城里很多餐厅和咖啡馆里的神奇咖啡豆都来自这里。

Strictly Coffee Company（见212页地图；☎03-479 0017；www.strictlycoffee.co.nz；23 Bath St；⏲周一至周五 7:30~16:00）这家时髦的复古咖啡馆酒吧藏身于破旧的Bath St深处。在小呷或畅饮的同时，还可以在不同房间欣赏不同的风景和艺术品。

年的餐厅是达尼丁人的最爱，供应原汁原味的土耳其烤肉串、蘸酱和沙拉。这里还提供外带。屋内宽敞温暖的环境会吸引成群的人品尝Efes啤酒，分享大份奥斯曼美味拼盘。

Saigon Van
越南菜 $$

(见212页地图; ☎03-474 1445; 66a St Andrew St; 主菜 $11~23; ⊙周二至周日 11:30~14:00和17:00~21:00; ✍)虽然这里的装潢看起来在亚洲餐馆里属于高端行列，但价格比你想象中要亲民得多。试试春卷加一瓶越南啤酒的套餐，你会感觉仿佛置身于西贡慵懒的夜晚。满是豆芽的汤米粉(*pho*)和沙拉都很可口。

Izakaya Yuki
日本菜 $$

(见212页地图; ☎03-477 9539; 29 Bath St; 菜肴 $4~12; ⊙周一至周五 正午至14:00，每天17:00至深夜; 📶)Yuki温馨迷人，有种类丰富的小菜值得品尝，来这里吃晚饭或享受一顿日式筵席料理都很值得。晚上可以来尝尝清酒或朝日啤酒、生鱼片、铁板烧和几串串烧(kushiyaki)。

★ Bracken
新派新西兰菜 $$$

(见212页地图; ☎03-477 9779; www.brackenrestaurant.co.nz; 95 Filleul St; 5/7/9道菜的套餐 $79/99/120; ⊙周二至周六 17:00~23:00)Bracken的品鉴菜单提供一系列精致的小盘，香味四溢。尽管食物相当精致，但并不花哨，而老旧木屋的用餐环境十分典雅又不会太过于庄重。

Plato
新派新西兰菜 $$$

(见212页地图; ☎03-477 4235; www.platocafe.co.nz; 2 Birch St; 午餐主菜 $19~24，晚餐 $34~36; ⊙周三至周日 正午至14:00，每天 18:00至深夜)古怪的装潢(包括玩具和啤酒杯收藏)并不能代表海湾旁的这家餐馆供应的可口食物。丰富的菜单里有鲜鱼和贝类，有各国风味和精妙的烟熏风味可以选择。菜肴的分量很大。

Scotia
苏格兰菜 $$$

(见212页地图; ☎03-477 7704; www.scotiadunedin.co.nz; 199 Stuart St; 主菜 $32~38; ⊙周二至周六 17:00至深夜)Scotia坐落在一幢温馨的排屋遗址里，充满了苏格兰的元素，包括满满一墙的麦芽威士忌，以及烟熏三文鱼和奥塔戈野兔等丰盛菜肴。两个苏格兰伙计Burns和Coltrane对菜单上包含杂碎酱(haggis)和威士忌肉酱(whisky-laced pâté)等苏格兰菜肴十分满意。

✕达尼丁北部

Everyday Gourmet
咖啡馆、熟食 $

(见212页地图; www.everydaygourmet.net.nz; 466 George St; 主菜 $9~19; ⊙周一至周六 8:00~16:00)在这家烘烤风格的咖啡馆兼熟食店里，除了早餐和意大利面之外，多数美食可以在柜台直接点选。这里简约明快，深受欢迎，还提供多种杂志和报纸以供浏览。

✕圣克莱尔

Starfish
咖啡馆 $$

(见224页地图; ☎03-455 5940; www.starfishcafe.co.nz; 7/240 Forbury Rd; 早午餐 主菜 $14~20，晚餐 $20~30; ⊙周日至周二 7:00~17:00，周三至周六 至深夜)Starfish是圣克莱尔海滩欣欣向荣的餐饮业中最时尚的一处。工作日可以选择一个户外餐桌，大口品尝美味的比萨和葡萄酒。晚间的菜肴十分丰盛(牛排、炸鱼薯条和手撕猪肉三明治)，这里还有丰富的精酿啤酒。

✕其他郊区

★ No 7 Balmac
咖啡馆 $$

(☎03-464 0064; www.no7balmac.co.nz; 7 Balmacewen Rd, Maori Hill; 早午餐主菜 $14~25，晚餐 $29~37; ⊙周一至周五 7:00至深夜，周六 8:30至深夜，周日 8:30~17:00; 📶)我们不推荐你步行前往这处位于毛利山(Maori Hill)山顶的精致咖啡馆，但乘坐出租车前往这里还是值得的。精美的咖啡馆佳肴包含鹿腰肉和风干牛肉等。如果你在减肥，那可不要看这里的甜品橱。

🍷 饮品和夜生活

★ Mou Very
酒吧

(见212页地图; ☎03-477 2180; www.facebook.com/MouVeryBar; 357 George St; ⊙周一和周二 7:00~17:00，周三至周五 7:00~12:30，周六 9:00~12:30，周日 9:00~17:00)欢迎光临，这是世界上最小的酒吧之一——只有1.8米宽，但

也足够容纳定期的DJ表演、现场乐队和读诗会活动。这里只有6把酒吧凳子，所以顾客们会填满邻近的巷弄。白天，这里还可以喝咖啡。

Carousel 鸡尾酒吧

(见212页地图；☎03-477 4141；www.carouselbar.co.nz；upstairs，141 Stuart St；⊙周二至周六 17:00至深夜）花格图案的墙纸、屋顶露台和上好的鸡尾酒令穿着考究的宾客们十分愉悦，他们会觉得这里非常时尚。DJ打碟的深屋音乐从周四到周六一直萦绕耳畔，周五20:30还会有现场的爵士乐表演。

Inch Bar 酒吧

(见224页地图；☎03-473 6496；8 Bank St，North East Valley；⊙15:00~11:30）从城里步行一段路就能来到这家像洞穴一样的小酒吧，可以选择种类丰富的新西兰精酿啤酒和美味的西班牙小吃，还能光临迷人小巧的室内室外啤酒花园。虽然空间很小，但也经常主办现场音乐表演。

Albar 酒吧

(见212页地图；135 Stuart St；⊙11:00至深夜）这家过去的肉店如今摇身一变，成为另类小酒吧，吸引的顾客群年龄段可能是达尼丁最多元的。多数主顾会被众多的单一麦芽威士忌、有趣的桶装啤酒和便宜的薯片（$6~9）吸引。

Pequeno 鸡尾酒吧

(见212页地图；☎03-477 7830；www.pequeno.co.nz；12 Moray Pl后面；⊙周一至周五 17:00至深夜，周六 19:00至深夜）Pequeno就在小路深处的Rialto Cinema电影院对面，吸引各类人群来到皮革沙发和温暖壁炉的旁边，品尝葡萄酒和小吃。音乐通常都很舒缓惬意，还会有定期现场演出。

Di Lusso 鸡尾酒吧

(见212页地图；☎03-477 3885；www.dilusso.co.nz；117 Stuart St；⊙周一至周六 15:00至次日3:00）这里高端且充满设计感，有着木镶板、枝形吊灯和一处泛光的饮料架。Di Lusso还提供质量非常好的鸡尾酒。从周四到周六有DJ表演。

Stuart St Brew Bar 酒吧

(见212页地图；☎03-477 3776；www.stuartst.co.nz；12 The Octagon；⊙11:00至深夜）纳尔逊的Mac’s啤酒厂已经深入了Speight’s的领域，它在八边形广场以这家时髦酒吧的形式出现。你可以在午后来这里喝一杯，或者太阳落下以后再来，届时有现场音乐或DJ表演。

Speight’s Ale House 酒吧

(见212页地图；☎03-471 9050；www.thealehouse.co.nz；200 Rattray St；⊙11:30至深夜）这里就算在大学没有开学的几个月里也十分热闹，是穿着衬衫、身材健美的小伙子最喜欢光顾的地方，也是观看橄榄球电视转播和尝试各类Speight’s 啤酒的好地方。

☆ 娱乐

Metro Cinema 电影院

(见212页地图；☎03-471 9635；www.metrocinema.co.nz；Moray Pl）就在市政厅内，Metro放映艺术片和外国电影。

Rialto Cinemas 电影院

(见212页地图；☎03-474 2200；www.rialto.co.nz；11 Moray Pl）放映票房大片和艺术电影。周二票价优惠。

Fortune Theatre 剧院

(见212页地图；☎03-477 8323；www.fortunetheatre.co.nz；231 Stuart St）世界最南端的专业剧团已经在此表演戏剧、喜剧、哑剧、经典作品以及当代新西兰的作品超过40个年头。戏剧都在哥特式的卫斯理教堂（估计由剧院魅影看守）上演。

Sammy’s 现场音乐

(见212页地图；☎03-477 2185；65 Crawford St）这处达尼丁首屈一指的现场音乐场所吸引了各类音乐表演者，从吵闹的朋克，到放松惬意的雷鬼以及灵动的电音，多种多样。你可以在这里看见巡演的新西兰乐队以及知名的国际演出团体。

购物

Gallery De Novo 艺术品

(见212页地图；☎03-474 9200；www.gallery

denovo.co.nz; 101 Stuart St; ⏲周一至周五 9:30~17:30，周六和周日 10:00~15:00）不管你是否想要花重金买一件正宗的新西兰艺术品，这家有趣的当代美术馆都值得一看。

University Book Shop 书籍

（见212页地图；☎03-477 6976; www.unibooks.co.nz; 378 Great King St, North Dunedin; ⏲周一至周五 8:30~17:30，周六和周日 11:00~15:00）达尼丁最佳书店，有很多介绍毛利人、太平洋和新西兰地区的书籍。

Stuart Street Potters Cooperative 工艺品

（见212页地图；☎03-471 8484; 14 Stuart St; ⏲周一至周五 10:00~17:00，周六 9:00~15:00）在当地设计且制作的陶艺和瓷器。

实用信息

环境保护部游客中心（DOC Visitor Centre; 见212页地图；☎03-474 3300; www.doc.govt.nz; 50 The Octagon; ⏲周一至周五 8:30~17:00）这处办事处位于达尼丁游客信息中心里面，提供地区徒步路线的实用信息和地图，可以预订著名的徒步路线和小屋住宿票。如果环境保护部办事处没有人，游客信息中心的工作人员就会填补空缺。

达尼丁医院（Dunedin Hospital; ☎03-474 0999; www.southerndhb.govt.nz; 201 Great King St）

达尼丁游客信息中心（见212页地图；☎03-474 3300; www.isitedunedin.co.nz; 50 The Octagon; ⏲8:30~17:00）达尼丁旅游局与环境保护部游客中心一起合作。

紧急医生（Urgent Doctors; ☎03-479 2900; www.dunedinurgentdoctors.com; 95 Hanover St; ⏲8:00~22:00）隔壁还有一家深夜营业的药房。

到达和离开

飞机

新西兰航空（Air New Zealand; ☎0800 737 000; www.airnewzealand.co.nz）航班往返奥克兰、惠灵顿和基督城。

捷星航空（Jetstar; ☎0800 800 995; www.jetstar.com）航班往返奥克兰和惠灵顿。

新西兰地区航空（Kiwi Regional Airlines; ☎07-444 5020; www.flykiwiair.co.nz）航班从达尼丁飞往纳尔逊，还能转机至陶朗阿和哈密尔顿。

维珍澳洲航空（Virgin Australia; ☎0800 670 000; www.virginaustralia.com）航班往返布里斯班。

长途汽车

除非我们另外标注，长途汽车和接驳巴士都从达尼丁火车站出发。

Alpine Connexions（☎03-443 9120; www.alpineconnexions.co.nz）接驳巴士往返亚历山德拉（$40, 2小时30分钟）、克莱德（$40, 3小时）、克伦威尔（$45, 3小时15分钟）、瓦纳卡（$45, 4小时）和皇后镇（$45, 4小时30分钟），还会停靠奥塔戈中央铁路自行车道的一些主要地点。

Atomic Shuttles（☎03-349 0697; www.atomictravel.co.nz）长途汽车往返基督城（$35, 5小时45分钟）、蒂马鲁（$25,1小时45分钟）和奥马鲁（$20, 1小时30分钟），每天2班。

Catch-a-Bus（☎03-449-2024; www.trailjourneys.co.nz）接驳巴士往返中央铁路自行车道的一些主要地点（欢迎自行车上车），包括米德尔马契（$45, 1小时）、兰弗利（$49, 2小时）、亚历山德拉（$56, 3小时15分钟）、克莱德（$56, 3小时30分钟）和克伦威尔（$60, 3小时45分钟）。

Coast Line Tours（☎03-434 7744; www.coastline-tours.co.nz）接驳巴士前往奥马鲁，从八边形广场发车；可以安排绕路前往达尼丁机场和莫埃拉基。

InterCity（见224页地图；☎03-471 7143; www.intercity.co.nz; 7 Halsey St出发）长途汽车每天2班往返基督城（$40起，6小时）和奥马鲁（$22起，1小时30分钟）；每天往返克伦威尔（$22起，3小时45分钟）、皇后镇（$36起，4小时15分钟）和蒂阿瑙（$37起，4小时30分钟）。

Naked Bus（www.nakedbus.com; 630 Princes St出发；价格不同）长途汽车每天往返基督城（6小时）、蒂马鲁（3小时30分钟）、达尼丁机场（45分钟）、戈尔（2小时30分钟）和因弗卡吉尔（3小时15分钟）。

火车

达尼丁铁路局（212页）运营的观光火车也能够用于交通出行。泰伊里峡谷铁路的火车每周2班前往米德尔马契，Seasider的火车也前往莫埃拉基和奥马鲁。

当地交通

抵离机场

达尼丁机场（DUD；☎03-486 2879；www.dnairport.co.nz；25 Miller Rd，Momona）位于市区西南27公里处。出租车单程从市区到机场的费用大约为$90。如果要乘坐上门服务的接驳车，试试**Kiwi Shuttles**（☎03-487 9790；www.kiwishuttles.co.nz；每1/2/3/4位乘客 $20/36/48/60）或**Super Shuttle**（☎0800 748 885；www.supershuttle.co.nz；每1/2/3/4位乘客 $30/40/50/60）。

公共汽车

达尼丁的**GoBus**（☎03-474 0287；www.orc.govt.nz；成人票价 $2.20~6.70）网络遍布全市。而且可以十分便利地前往圣克莱尔、圣基尔达、查莫斯港以及奥塔戈半岛的波托贝洛（Portobello）。公共汽车全天定期运营，但班次会在周末和节假日大幅减少（甚至取消）。

自驾车

大型租车公司都在达尼丁设立办事处，便宜的当地机构包括**Mainland Rental Vehicles**（☎0800 284 284；www.mainlandcarrentals.co.nz）和**Hanson Rental Vehicles**（☎03-453 6576；www.hanson.net.nz）。

出租车

Dunedin Taxis（☎03-477 7777；www.dunedintaxis.co.nz）

Southern Taxis（☎03-476 6300；www.southerntaxis.co.nz）

达尼丁周边（AROUND DUNEDIN）

查莫斯港（Port Chalmers）

人口 1370

虽然小小的查莫斯港距离达尼丁市中心仅仅13公里，但让人感觉仿佛世外之地。查莫斯港的风格介于工人阶级和波希米亚之间，有着悠久的历史，长期吸引着达尼丁的艺术爱好者。达尼丁最佳摇滚酒吧**Chick's Hotel**（见224页地图；☎022 672 4578；www.facebook.com/ChicksHotel；2 Mount St；⌚周三至周日16:00~1:00）是入夜后不可错过的去处，白天的景点包括一些艳俗的咖啡馆、设计小店和美术馆。

景点

奥罗科努依生态保护区 野生动物保护区

（Orokonui Ecosanctuary；见224页地图；☎03-482 1755；www.orokonui.org.nz；600 Blueskin Rd；成人/儿童 $16/8；⌚9:30~16:30）在令人印象深刻的游客中心，能够一睹307公顷的自然保护区。森林从查莫斯港上方的山脊一路延伸至另一边的河口，十分壮观，而且这里没有任何会构成威胁的食肉动物。保护区的任务是为逃离到近岸岛屿的物种提供一个能够栖身的陆地避难所。游览项目包括自助导览探险、1小时的团队游（成人/儿童 $30/15；每天11:00和13:30）以及2小时的团队游（成人/儿童 $45/22；每天11:00）。

在保护区能够找到的珍稀鸟类品种包括几维鸟、南秧鸟和卡卡鹦鹉，而爬行动物包括大蜥蜴和奥塔戈蜥蜴。

可以从查莫斯港前往奥罗科努依，沿着主路行驶6公里即可到达，一路标志清晰。

活动

在长滩（Long Beach）和Mihiwaka的悬崖，传统的攀岩（不用螺栓）活动很受欢迎，这两个地方都可以经查莫斯港以北的Blueskin Rd前往。

Hare Hill 骑马

（见224页地图；☎03-472 8496；www.horseriding-dunedin.co.nz；207 Aramoana Rd，Deborah Bay；跋涉 $85~160）骑马项目包括令人兴奋的海滩骑行和农场游览。

住宿

Billy Brown's 青年旅舍 $

（见224页地图；☎03-472 8323；www.billybrowns.co.nz；423 Aramoana Rd，Hamilton Bay；铺/双 $30/75；⌚9月至次年5月）从查莫斯港沿着公路行驶5公里，就能到达这座位于农场的旅舍，从这里能够看见港湾和半岛的美景。公共休息室有迷人的质朴气息，还能欣赏很多张复古黑胶唱片。

如果你害怕大型犬，就不要预订这里。

到达和离开

在工作日，每天有17班长途汽车往返于达尼丁和查莫斯港之间，周五晚上还有2趟加班车（成人/儿童 $5.20/3）。周六减至11班，周日只有3班。

奥塔戈半岛（Otago Peninsula）

人口 4220

奥塔戈半岛是南岛最容易亲近野生动物的地方，信天翁、企鹅、海狗和海狮都是亮点。另外崎岖的乡野、野外步道、海滩以及有趣的历史景点都不容错过。虽然有许多团队游客，但这里依旧保持着乡村风情。

景点

★ 自然奇观 野生动物保护区

（Nature's Wonders Naturally；见224页地图；☎03-478 1150；www.natureswonders.co.nz；Taiaroa Head；成人/儿童 $59/45；⏲团队游 10:15开始）在这处看似不真实的美丽海滩上，有一片沿海的绵羊牧场，与其他动物栖息地与众不同的（除了没有虫害）是，这里真的与世隔绝。许多片私人海滩已经多年没有人类涉足。全天都能够发现黄眼企鹅（需要通过双筒望远镜），而新西兰的海狗也会慵懒地躺在水潭边的岩石上，喜滋滋地看着团队游客经过。

在某些月份，你还可能看见鲸鱼和幼年企鹅。

团队游游客乘坐"无所不行"的Argo交通工具前行，由一群热情的向导陪伴，他们不少人都是老实的新西兰农民。如果你不信的话，可以问问他们剪羊毛的经历（也能问问游览报价）。

皇家信天翁中心和泰瓦罗瓦堡 鸟类栖息地

（Royal Albatross Centre & Fort Taiaroa；见224页地图；☎03-478 0499；www.albatross.org.nz；Taiaroa Head；⏲10月至次年4月 11:30至黄昏，5月至9月 10:15至黄昏）泰瓦罗瓦角（Taiaroa Head）位于半岛的最北边，那里栖息着世界上仅存的大陆皇家信天翁种群，还有一座19世纪晚期的军事堡垒。只能参加团队游前往。1小时的经典游（Classictour；成人/儿童 $50/15）以观察信天翁为主，还有30分钟的堡垒团队游（$25/10）；两个行程还能够合二为一，成为"别致"团队游（Uniquetour；$55/20）。至于其他活动，你可以进入游客中心看看展览，然后在咖啡馆吃些东西。

全年都能在泰瓦罗瓦角见到信天翁，但最佳的季节是12月至次年3月，一部分大鸟在白天出去觅食，另一部分大鸟则会始终如一地守卫雏鸟。下午起风的时候更容易看见它们，风平浪静的时候则不会看见太多翱翔的鸟儿。

黄昏时分，在Pilots Beach（就在停车场下方）能够看见游泳后上岸的小企鹅前往沙丘巢穴。出于保护的原因，海滩每天晚上向公众封闭，但还是可以在特别建造的木制平台上观赏（成人/儿童 $30/10）。根据不同时间，可能会看到50~300只企鹅摇摇摆摆地经过。

泰瓦罗瓦堡建于1885年，以抵御当时俄国人的入侵。其隐显炮可以在地下装弹并瞄准，然后就像世界上最慢的玩偶匣一样开炮发射。

拉纳克城堡 城堡

（Larnach Castle；见224页地图；☎03-476 1616；www.larnachcastle.co.nz；145 Camp Rd；成人/儿童 城堡和庭院 $30/10，仅参观庭院 $15/4；⏲10月至次年3月 9:00~19:00，4月至9月 9:00~17:00）这座宏伟的哥特复兴式建筑傲然屹立于山顶，1871年由达尼丁的银行家、商人和议会议员威廉·拉纳克（William Larnach）为取悦他法国贵族出身的妻子而建。这里到处都是精致的木雕和古董装饰，而在城垛上的塔楼还能纵览半岛景色。买票时能够得到一份自助导览手册，不过你也可以下载iPhone的应用程序（$5），通过手机里复古装扮的讲解员了解内部陈设。

城堡并没有为拉纳克带来多少幸福，两任妻子都相继亡故后，他的第三任妻子据说还和他的儿子有染。1898年，他在议会的会议室内饮弹自尽。他的儿子后来也以同样的方式自杀。

在城堡里参观之后，来到漂亮的花园转转，或者在舞厅咖啡馆里品尝下午茶。

企鹅保护区

鸟类保护区

（Penguin Place；见224页地图；☎03-478 0286；www.penguinplace.co.nz；45 Pakihau Rd，Harington Point；成人/儿童 $52/15）这片保护区位于私人农场上，旨在保护黄眼企鹅的栖息地。90分钟的团队游聚焦在保护企鹅和近距离观察其藏身之地上。2小时30分钟的“终极套餐”（Ultimate Combo）包含观察企鹅、穿越森林和湿地的徒步，务必预订。

格伦法洛赫林园

花园

（Glenfalloch Woodland Garden；见224页；☎03-476 1006；www.glenfalloch.co.nz；430 Portobello Rd，Macandrew Bay；⊙8:00至黄昏）免费 在这片12公顷的花园里准备迎接壮丽的港湾景色吧。这里到处花朵盛开，还有步道和摇曳的参天大树，其中包括一棵千年树龄的穗花罗汉松（matai）。这里还有一家不错的餐馆。波托贝洛的公共汽车站就在门口。

活动

半岛的沿海和农场步道提供醉人的景色以及观察一些野生动物的机会；可以获取或下载一份环境保护部《达尼丁徒步路线》（*Dunedin Walks*）手册。其中一处受人欢迎的徒步目的地是景色优美的白蛉湾（Sandfly Bay），能够从Seal Point Rd前往（难度适中，往返1小时）。你还可以沿着从Sandymount Rd路尽头起始的步道，前往Sandymount峰顶并继续走到令人印象深刻的深坑（Chasm）和情人崖（Lovers Leap），整个行程往返需要1小时。注意这条步道在9月至10月中旬的产羔期封闭。

Wild Earth Adventures

皮划艇

（☎03-489 1951；www.wildearth.co.nz；行程 $115~235）提供双人海上皮划艇行程，沿途通常都能够看见野生动物。行程从3小时到一整天都有，还提供达尼丁八边形广场的接送。

团队游

Back to Nature Tours

巴士游

（☎0800 286 000；www.backtonaturetours.co.nz）全天的皇家半岛游（Royal Peninsula；成人/儿童 $189/125）游览达尼丁周围的景点后，来到奥塔戈半岛。停靠点包括拉纳克城堡的花园（进入城堡额外收费）、企鹅保护区和皇家信天翁中心。这里还提供半日游选择，可以前往各大海湾和海滩（$79/55），抑或是情人崖和深坑的步道（$89/55）。

Elm Wildlife Tours

野生动物观测

（☎03-454 4121；www.elmwildlifetours.co.nz；团队游 $99起）这些久负盛名的小型团队游以野生动物观测为主，还可以增加前往皇家信天翁中心或乘坐Monarch Cruise游轮的项目。价格包含往返达尼丁的接送服务。

Monarch Wildlife Cruises & Tours

乘船游

（见204页地图；☎03-477 4276；www.wildlife.co.nz）1小时的乘船游从Wellers Rock（成人/儿童 $52/22）出发，而半天（$90/33）和全天（$240/124）的团队游就从达尼丁的港口出发。你可能会看见海狮、企鹅、信天翁和海豹。一日游的费用还包含皇家信天翁中心和企鹅保护区的门票。

食宿

McFarmers Backpackers

青年旅舍 $

（见224页地图；☎03-478 0389；mcfarmers@xtra.co.nz；774 Portobello Rd，Broad Bay；标单/双 不含浴室 $55/66，小屋 $120~150）这家纯朴的小木屋及自炊村舍就在一处尚在运作的养羊场上，一进来就有回到家里的感觉。这里坐拥海港景观，波托贝洛的公共汽车就从门口经过。

★Portobello Motel

汽车旅馆 $$

（见224页地图；☎03-478 0155；www.portobellomotels.com；10 Harington Point Rd，Portobello；套间 $160起；Wi-Fi）这些阳光明媚的现代自炊套间紧邻波托贝洛的主路。单人套间有俯瞰海湾的小阳台；也有宽敞的单卧室和双卧室套间，但在那里就看不到风景了。

Larnach Castle

民宿 $$$

（见224页地图；☎03-476 1616；www.larnachcastle.co.nz；145 Camp Rd；房间 马厩/小屋/庄园 $160/290/460；@Wi-Fi）拉纳克城堡价格昂贵的后院小屋有12间装修各异的景观房间。有140年历史的马房装修并不轻浮，但也很气

Dunedin & the Otago Peninsula 达尼丁和奥塔戈半岛

Dunedin & the Otago Peninsula 达尼丁和奥塔戈半岛

重要景点

1 自然奇观 F1

景点

2 Baldwin St B3
3 达尼丁植物园 B3
4 格伦法洛赫林园 C3
5 拉纳克城堡 D3
6 奥罗科努依生态保护区 C1
7 企鹅保护区 F1
8 皇家信天翁中心和泰瓦罗瓦堡 F1

活动、课程和团队游

9 Esplanade Surf School A4
10 Hare Hill D1
11 Monarch Wildlife Cruises & Tours E1
12 卡吉尔山-比松峡谷步道 B2
St Clair Hot Salt Water Pool .... （见15）

住宿

13 Arden Street House B3
14 Billy Brown's D1
15 Hotel St Clair A4
Larnach Castle .... （见5）
16 Leith Valley Touring Park A3
Majestic Mansions .... （见15）
17 McFarmers Backpackers D3
18 Portobello Motel D2

就餐

1908 Cafe .... （见18）
Portobello Hotel & Bistro .... （见18）
Starfish .... （见15）

饮品和夜生活

19 Inch Bar B3

娱乐

20 Chick's Hotel D2

派（浴室需要公用）。“营地庄园”（Camp Estate）距离城堡几百米远，提供奢华浪漫的套间。房费都包含早餐和城堡门票；在城堡使用晚餐另外计费（$70）。

1908 Cafe 咖啡馆、法式小馆 $$

（见224页地图；☎03-478 0801；www.1908cafe.co.nz；7 Harington Point Rd, Portobello；午餐主菜 $13~24，晚餐主菜 $31~34；⏰正午至14:00和18:00~22:00，4月至10月 周一和周二关闭）这家休闲友好的餐馆提供三文鱼、鹿肉和牛排，以及黑板上的特色菜。午餐供应热汤和烤三明治等咖啡馆简餐。室内明快，装饰着当地艺术品。

Portobello Hotel & Bistro 酒馆美食 $$

（见224页地图；www.portobellohotelandbistro.co.nz；2 Harington Point Rd, Portobello；午餐主菜$15~17，晚餐 $25~29；⏰11:30~23:30）这家波托贝洛的酒馆自1874年经营至今，一直是游客们满足酒欲的重要一站。在充满阳光的餐桌旁就坐，品尝海鲜奶油浓汤、汉堡包或羊肉馅饼。

ℹ 当地交通

工作日的时候，有13班公共汽车（成人/儿童$6/3.60）往返于达尼丁的Cumberland St和波托贝洛村庄，从这两个地方可以继续前往奥塔戈半岛的Harrington Point。周六的班次减少到10班，而周日只有4班。在半岛上，如果没有自己的交通工具，简直寸步难行。多数团队游机构会提供达尼丁住处的接送服务。

半岛上没有汽油供应。

奥塔戈中部（CENTRAL OTAGO）

起伏的山脉在炽热的夏日从碧绿转为金黄，淘金城镇接二连三地出现，你会在复古的酒馆里见到谈吐简单、打扮粗犷的“南方人”。这里除了是该国重要的葡萄酒产区之外，还为骑行者提供大量精彩的探险机会，旅行者可以沿着老旧淘金小径骑行山地自行车，也可以骑完整条奥塔戈中央铁路自行车道（Otago Central Rail Trail）。

米德尔马契（Middlemarch）

人口 156

雄伟的岩柱山脉（Rock & Pillar Range）映衬着米德尔马契小镇，它是泰伊里峡谷铁路和奥塔戈中央铁路自行车道的终点。这里也以米德尔马契单身舞会（Middlemarch Singles Ball；奇数年份的复活节期间举行）而蜚声全国，届时南方男士们都试图引诱城市淑女过一辈子乡村生活。

活动

Cycle Surgery 自行车租赁

（☎03-464 3630；www.cyclesurgery.co.nz；Swansea St；租车每天 $35起；⏰车库 9月中旬至次年5月中旬）这家机构位于米德尔马契的主要办事处提供自行车租赁，并供应咖啡。另外它在克莱德的车道起点设有还车的车库。

Trail Journeys 自行车租赁

(☎03-464 3213; www.trailjourneys.co.nz; Swansea St; 租车每天 $42起; ⏲车库 10月至次年4月)它为奥塔戈中央铁路自行车道的骑行者提供自行车租赁和后勤保障服务，包括接送巴士、行李转运和住宿预订。在车道的另一起点克莱德也设有一处车库。

食宿

Otago Central Hotel 酒店 $$

(☎03-444 4800; www.hydehotel.co.nz; SH87, Hyde; 带/不带浴室 标单 $120/100, 双 $170/120)这家很酷的悠久的酒店位于距离米德尔马契27公里处的小径边上，多数房间都很整洁，提供私人浴室，但只有一些房间提供配套设施。这里的酒馆已经停业，而阳光露台那家有售酒执照的咖啡馆在16:00就关门了，因此数英里之内你只能选择$40的晚餐套餐了。

Kissing Gate Cafe 咖啡馆 $

(☎03-464 3224; 2 Swansea St; 主菜 $/~18; ⏲8:30~16:00; 📶)在这家迷人的小木屋里，你可以坐在漂亮花园的果树下，品尝美味的早餐、肉馅饼、香气扑鼻的沙拉或一些家常点心。复古的就是经典。

到达和离开

两家主要的自行车公司都提供前往达尼丁、普基朗伊(Pukerangi)和各大铁路自行车道的接送服务。在气候温暖的时候，Trail Journey的**Catch-a-Bus**(☎03-449 2150; www.trailjourneys.co.nz)每天都有班车往返达尼丁($45, 1小时)、兰弗利($27, 1小时)、亚历山德拉($55, 2小时)、克莱德($55, 2小时30分钟)和克伦威尔($59, 2小时45分钟)。

泰伊里峡谷铁路(Taieri Gorge Railway; ☎03-477 4449; www.dunedinrailways.co.nz; ⏲5月至9月 周日，10月至次日4月 周五和周日)景观列车提供达尼丁至米德尔马契的运营服务($75, 2小时30分钟); 多数的班次终点位于20公里外的普基朗伊。

兰弗利(Ranfurly)

人口 663

历经了20世纪30年代的几场火灾，兰弗利的建筑经过重建后保留至今，一些迷人的装饰艺术派建筑安逸地伫立在主干道两侧。这座小镇正在极力维护它的遗产，自称“南岛的装饰艺术派之都”。在主街很有名的Centennial Milk Bar建筑里，甚至还有一家装饰艺术派博物馆(Art Deco Museum)。

镇上有几家咖啡馆，还有一家悠久的酒馆提供食宿。

活动

Maniototo 4WD Safaris 自驾游

(☎03-444 9703; www.maniototo4wdsafaris.co.nz; 半日游/全天游 $130/190)探索这片因奥塔戈中部著名的风景画家格雷厄姆·西德尼(Grahame Sydney)而闻名的崎岖地形。

住宿

Peter's Farm Lodge 度假屋 $

(☎03 444 9811; www.petersfarm.co.nz; 113 Tregonning Rd, Waipiata; 每人 $55)这座纯朴的农舍建于1882年，位于兰弗利以南13公里处的一座养羊场上，提供舒适的床铺、丰盛的烧烤晚餐($25)和免费的铁路自行车道接站。另外它还提供皮划艇、钓鱼竿和淘金盘，所以在这里住上几个夜晚很值得。邻近的Tregonnings Cottage(1882年)还提供更多床铺。

Hawkdun Lodge 汽车旅馆 $$

(☎03-444 9750; www.hawkdunlodge.co.nz; 1 Bute St; 标单/双 $113/150起; 📶)🌿这家漂亮的精品汽车旅馆绝对是镇上最佳的住宿选择。每个套间都配有迷你厨房和微波炉，主厨在客用厨房和烧烤处施展自己的厨艺。房费还包含一顿欧式早餐。

Kokonga Lodge 民宿 $$$

(☎03-444 9774; www.kokongalodge.co.nz; 33 Kokonga-Waipiata Rd; 标单/双 $235/285; @📶)这家高端乡村民宿紧邻兰弗利和海德(Hyde)之间的SH87，提供6间当代套间，其中一间曾经是彼得·杰克逊拍摄《霍比特人》在该地区取景时入住的地方。铁路自行车道从附近经过。

实用信息

兰弗利游客信息中心（03-444 1005；www.centralotagonz.com；3 Charlemont St；9:00~17:00；）位于老火车站内部。领取一份《乡村装饰艺术——兰弗利》（*Rural Art Deco–Ranfurly*）开始自助导览吧。

到达和离开

在温暖的月份，Trail Journey的**Catch-a-Bus**（03-449 2150；www.trailjourneys.co.nz；11月至次年4月）在往返克伦威尔（$52，1小时45分钟）和达尼丁（$49，2小时）的路上经过兰弗利。

内斯比（Naseby）

人口 120

袖珍迷你的内斯比被森林包围，点缀着19世纪的石砖建筑，生活节奏十分悠闲。小镇上的人们痴迷于冰壶运动，而这在新西兰并不普及——这也说明了这里的确没有什么事情可以做。慵懒的小镇氛围、穿越周围森林的山地自行车道和徒步小径，使内斯比值得住上好几天。

活动

Maniototo Curling International 雪上运动

（03-444 9878；www.curling.co.nz；1057 Channel Rd；每90分钟 成人/儿童 $30/12；5月至10月 10:00~17:00，11月至次年4月 9:00~19:30）你可以全年在室内溜冰场上优雅地进行冰壶运动。冬季还开放户外溜冰场。

住宿

Royal Hotel 酒馆 $

（03-444 9990；www.naseby.co.nz；1 Earne St；铺 $40，房间 带/不带浴室 $110/80；）这家1863年的Royal Hotel是镇上两家历史酒馆中较好的一家，装饰着皇家盾徽，应该算是新西兰最淳朴的花园酒吧了。这里的房间很简单，但一尘不染。

Naseby Lodge 公寓 $$

（03-444 8222；www.nasebylodge.co.nz；Derwent St和Oughter St交叉路口；1/2卧室公寓 $170/260）这些独立现代公寓由环保的干草墙和铸铁搭建而成，十分时尚宽敞，配有全套厨房，浴室还有地暖。这里有不错的餐厅。

Old Doctor's Residence 民宿 $$$

（03-444 9775；www.olddoctorsresidence.co.nz；58 Derwent St；房间/套间 $295/345；）“老医生”可要留意了：这才是真正的住宅！这幢气派的房子建于19世纪70年代，坐落在漂亮的花园后面，富丽堂皇的客房晚间还会提供葡萄酒和简餐。套房配有客厅和浴室（还有个华丽的梳妆台）。小房间的浴室能够从走廊前往。

实用信息

Ernslaw One Forestry Office（03-444 9995；www.ernslaw.co.nz/naseby-recreational-area；16 Oughter St；周一至周五 9:00~16:00）管理着位于私人内斯比森林里的500公顷的休闲保护区，并提供徒步路线和山地自行车车道地图。

内斯比信息中心（Naseby Information Centre；03-444 9961；www.nasebyinfo.org.nz；Old Post Office, Derwent St；周二至周四 9:00~13:00，周五至周一 10:00~16:00，冬季营业时间减少）

到达和离开

兰弗利到内斯比的公路在兰弗利以北4公里处离开SH85。这里没有公共交通，驾车者可以考虑一下从铁路自行车道绕路12公里。从内斯比出发，你可以沿着蜿蜒的土路向东北一路穿越壮观的景致，翻越丹赛斯隘口（Danseys Pass），直抵怀塔基山谷的邓特伦。

圣巴森斯（St Bathans）

人口 6

从SH85出发，驱车绕行17公里来到壮观的邓斯坦山脉（Dunstan Mountains）的山脚下，然后继续驶往小镇圣巴森斯——这一趟一定不虚此行。这座一度辉煌的淘金小镇曾经居住着2000多人，但现在只有6个常住居民住在一群迷你的19世纪建筑中（几乎每幢楼都挂着“待售”的牌子）。

蓝湖（Blue Lake）是个令人意外的景点：一座巨大的山坑里是从被遗弃的金矿里流出

的蓝色湖水。沿着蚀刻悬崖前往瞭望台，在那里可以欣赏到外星般的景色（往返1小时）。

住宿

Vulcan Hotel 小酒馆 $$

（☎03-447 3629；stbathans.vulcanhotel@xtra.co.nz；Main St；房间 每人 $60）尽管前台的服务态度不太友好，但Vulcan Hotel仍是一处喝酒、吃饭、住宿的好去处（也是有名的凶宅）。鉴于圣巴森斯就那么点儿人，你会觉得这里的酒吧在周五晚上热闹无比，想要喝酒的农夫从山谷各地齐聚而来。

St Bathans Jail & Constable's Cottage 出租屋 $$

（☎0800 555 016；www.stbathansnz.co.nz；1648 Loop Rd；房屋 $145~340）这些邻近的出租屋建于1884年，也是住宿的好选择。小屋有3间卧室（可以容纳6人），而且都提供自炊设备，花园还配有烧烤设施。门口监狱被改造成了带有浴室的卧房，入口大厅里还有一个厨房。

劳德、奥马考和欧菲尔（Lauder, Omakau & Ophir）

较小的劳德（人口12）和较大的奥马考（人口250）由SH85相连，相距8公里，如果你沿着铁路自行车道骑行，想必已经是饥肠辘辘，而且屁股酸痛了吧，那么这些地方都能够解你的燃眉之急。然而，该地区真正的瑰宝还要数欧菲尔（人口58），它距离奥马考2公里，就在玛努海里奇亚河（Manuherikia River）的对面。

1863年，欧菲尔首次发现了黄金，小镇也飞快地建立，并采用了《圣经》中所罗门国王获得黄金之地的名字来命名。1875年，这里的人口数量超过了1000，但随着黄金耗竭，人也作鸟兽散。欧菲尔的命运最终因为1904年绕行的铁路而急转直下，主街已经无人打理，不过倒是完全保留了往昔的模样。

在欧菲尔众多遗产建筑中，最为上镜的还要数1886年的邮局（www.historic.org.nz；53 Swindon St；⏲周一至周五 9:00至正午）。柏油路伸向城镇的末端，19世纪70年代由木板搭建的丹·奥康奈尔大桥（Dan O'Connell Bridge）是它的终点，这一路颠簸但景致优美。最后可以经由碎石路回到SH85。

欧菲尔自称是该国温差最大的地方：从-21.6℃到35℃。

食宿

Muddy Creek Cutting 民宿 $$

（☎03-447 3682；www.muddycreekcutting.co.nz；SH85, Lauder；每人 $80）这座泥砖农舍建于20世纪30年代，艺术品挂满了墙壁，有5间卧室，需要共用2间浴室。另外提供当地食材制作的晚餐（每人$60），当地风味浓郁。

Chatto Creek Tavern 遗产酒店 $$

（☎03-447 3710；www.chattocreektavern.co.nz；1544 SH85, Chatto Creek；铺/标单/双 不带浴室 $60/100/130；📶）这座迷人的石屋酒店始建于1886年，就坐落在铁路自行车道和公路的旁边，位于奥马考西南10公里处。来一份炸鲱鱼饼（whitebait fritter；按季节供应）或羊排，还可以在多人宿舍或双人间里放松你酸胀疲惫的小腿肌肉。费用包含早餐。另外还提供免费随意的露营活动。淋浴收取$5。

★ Pitches Store 民宿 $$$

（☎03-447 3240；www.pitches-store.co.nz；45 Swindon St, Ophir；房间 $280；⏲餐厅 11月至次年4月 每天10:00至深夜，5月和8月至10月 周一、周日和周四 10:00~15:00，周五和周六 10:00至深夜）这幢遗产建筑过去是家杂货店和肉店，现在已经改造成为有6间雅致客房的民宿，以及上佳的咖啡馆餐吧（早午餐主菜 $13~19，晚餐主菜 $33~37）。裸露的墙砖或许能够道出过往的历史，但菜品还是主打当代乡村美食。

Muddy Creek Cafe 咖啡馆 $

（2 Harvey St, Omakau；主菜 $8~16；⏲周一至周六 8:30~19:00，周日 10:00~19:00）离开铁路自行车道，来到这家友好的咖啡馆休憩一下，这里装饰着大量古董收音机。咖啡馆菜肴包括全日供应的早餐、帕尼尼、馅饼和冰激凌，或者你可以在外卖柜台要一份汉堡包或炸鱼薯条。

Stationside Cafe 咖啡馆 $

（Lauder-Matakanui Rd, Lauder；主菜 $8~18；⏲10月至次年4月 8:00~17:00）这家车道旁的小餐馆很棒，魅力十足的女主人提供家庭烘焙和乡村美食。可以选择健康的沙拉、三明治、热汤和意大利面。不过咖啡差点意思。

亚历山德拉（Alexandra）

人口 4800

除非专门来参加复活节兔子大搜索（Easter Bunny Hunt）、春天的鲜花节（Blossom Festival）和新西兰剪羊毛锦标赛（NZ Merino Shearing Championships），否则来亚历山德拉最充分的理由就是山地骑行。这里是奥塔戈中央铁路自行车道线上最大的城镇，与沿途不起眼的城镇相比，有着更多食宿选择。这里还是全新的罗克斯堡峡谷车道（Roxburgh Gorge Trail）的起点。

当地人称这里为“亚历克斯”（Alex），它是奥塔戈中部葡萄酒产区的东南重镇。邻近有6家葡萄酒庄园，不过开放葡萄酒品尝的并不多。这些都在《奥塔戈中部葡萄酒地图》（*Central Otago Wine Map*）上详细标注了，地图可以在游客信息中心（见231页）领取。

景点

Central Stories 博物馆

（☎03-448 6230；www.centralstories.com；21 Centennial Ave；乐捐入内；⏲10:00~16:00）奥塔戈中部的淘金、酿酒、果园和牧羊的历史都能在这家精美的博物馆和美术馆里获取，博物馆和游客信息中心在同一幢楼里。

值得一游

罗克斯堡

SH8从亚历山德拉向南蜿蜒行进，经过岩石嶙峋的陡峭山脉和奥塔戈中部的著名果园，克鲁萨河在山下流淌而过。旺季的时候，路边的水果摊都会贩卖刚刚采摘的核果、樱桃和莓果。沿途分布着一些小镇，其历史许多都能追溯到淘金热时期。

在亚历山德拉以南13公里处，历史悠久的**Speargrass Inn**（☎03-449 2192；www.speargrassinn.co.nz；1300 Fruitlands-Roxburgh Rd/SH8, Fruitlands；房间 $180；⏲咖啡馆 周一至周四 8:30~16:00，周五至周日 8:30~21:00，5月至9月周二和周三关闭；📶）在花园里设有3间漂亮的房间。这幢1869年的房子还有一座迷人的咖啡馆（主菜 $18~26）。这里适合休息喝杯咖啡，来份蛋糕，或饱餐一顿。

继续往南，克鲁萨河变成宽阔的**罗克斯堡湖**（Lake Roxburgh），流经罗克斯堡（Roxburgh，人口522）以后，在终点有一座巨大的水力发电站。前往服务友好的**游客信息中心**（☎03-446 8920；www.centralotagonz.com；120 Scotland St；⏲11月至次年3月 每天 9:00~17:00，4月至10月 周一至周五 9:00~17:00）了解山地骑行、水上运动和在周围果园采摘时令水果的详细信息。

如果要了解水果采摘工作，可以联系**Villa Rose Backpackers**（☎03-446 8761；www.villarose.co.nz；79 Scotland St；铺 $35，双 带/不带浴室 $120/100起；📶）。这座漂亮的老旧棚屋有宽敞的多人间、舒适的自炊套间以及一个巨大的现代厨房。

离开罗克斯堡之前，一定要记得光顾**Jimmy's Pies**（☎03-446 9012；www.jimmyspies.co.nz；143 Scotland St；馅饼 $4~6.50；⏲周一至周五 7:30~17:00），这家馅饼店在整个南岛都很有名，从1959年就开始营业了。如果你不知道选择哪一种口味，试试杏子鸡肉（apricot chicken）吧，毕竟在果园嘛。

继续从罗克斯堡向南，公路经过劳伦斯（Lawrence）和玛努卡峡谷风景保护区（Manuka Gorge Scenic Reserve），这条风景秀丽的路线穿越山林和深谷。SH8 在Milton附近并入SH1。

活动

徒步者和山地自行车手会喜爱这片纵横山野的古老淘金小径；在游客信息中心可以领取地图。**亚历山德拉—克莱德150周年步道**（Alexandra-Clyde 150th Anniversary Walk；12.8公里，单程3小时）是一条相当平坦的河畔小径，有着充足的休息站和遮阴处。

罗克斯堡峡谷自行车道 山地自行车

（Roxburgh Gorge Trail；www.cluthagold.co.nz）这条维护良好的自行车和徒步小径于2013年声势浩大地开通，计划连通亚历山德拉和罗克斯堡大坝（Roxburgh Dam）。因为无法成功地通过中段的牧场，因此骑行"整条车道"还需要预先安排13公里的喷射艇行程（成人/儿童 $95/55），可以通过当地的信息中心或直接通过Clutha River Cruises（见本页）预订。

然而，一旦你算上非强制的车道维护捐款费用（每人/每个家庭 $25/50），价格还是很高昂的。

你还可以选择不完成全程的往返之行：亚历山德拉至Doctors Point（往返20公里）或罗克斯堡至Shingle Creek（往返22公里）。

从罗克斯堡出发，你还可以继续完成克鲁萨淘金自行车道（Clutha Gold Trail），这条73公里的车道较为简单，沿着同名的克鲁萨河穿过罗克斯堡和Beaumont，再前往劳伦斯（Lawrence）。维护费用包含两条车道。

Clutha River Cruises 乘船游

（☎0800 258 842；www.clutharivercruises.co.nz；boat ramp, Dunorling St；成人/儿童 $95/45；⊙10月至次年5月 14:00）乘坐2小时30分钟的遗产游轮探索该地区的景色和历史。这里还提供罗克斯堡峡谷自行车道的喷射艇转运服务。

Altitude Bikes 自行车租赁

（☎03-448 8917；www.altitudeadventures.co.nz；88 Centennial Ave；每天 $25起；⊙周一至周五 8:30~17:30，周六 9:00~13:00）与Henderson Cycles共同经营自行车租赁服务，并为在奥塔戈中部、克鲁萨淘金自行车道和罗克斯堡峡谷自行车道的骑手们提供后勤保障。

食宿

Marj's Place 青年旅舍 $

（☎03-448 7098；www.marjsplace.co.nz；5 Theyers St；铺/标单/双 不带浴室 $30/40/80；📶）这3间相邻的屋子标准差异很大，其中有占地很大的"place"。"Homestay"提供私人客房、芬兰式桑拿和水疗浴缸。"Backpackers"的水准最低，主要出租给季节性临时工。

奥塔戈中央铁路自行车道

奥塔戈中央铁路自行车道从达尼丁一直延伸到克莱德，连接内陆小金矿城镇和大城市，从20世纪初一直到20世纪90年代都起着重要作用。在从米德尔马契到克莱德的150公里长的铁路永久停用后，铁轨被拆除，路面重新铺设成一条全年通行的线路。这是一条充满历史感的线路，坐拥老铁路桥、高架桥和隧道，适合骑自行车、徒步和骑马。

沿途提供很棒的设施（厕所、休息点和信息中心），没有陡峭的山，只有绝美的景色和强烈的荒凉感。这条步道每年吸引的游客超过25,000人。3月是旅游旺季，许多来自城市的人们都要在咖啡馆为了一个帕尼尼排队等候超过30分钟时间。9月的时候人会少一些。

这条步道的旅程可以从任意一个方向开始。骑完全程需要4~5天（步行需要1周）；当然，你也可以根据自己的情况决定骑行的长短。沿途可以方便绕行去往附近的城镇，例如内斯比和圣巴森斯。

在达尼丁、米德尔马契、亚历山德拉和克莱德都可以租到自行车。以上地区的每家游客信息中心都能提供详细信息。登录www.otagocentralrailtrail.co.nz和www.otagorailtrail.co.nz了解步道信息、推荐的时间安排、住宿选择以及团队游公司。

因为车道深受欢迎，沿途就连一些偏僻的村落也涌现出大量的食宿选择，不过有些停靠站的服务真的很糟糕。

★ **Courthouse Cafe & Larder** 咖啡馆 $

（☎03-448 7818；www.packingshedcompany.com；8 Centennial Ave；主菜 $10~20；⏲8:00~16:00）这幢石砌的法院建筑始建于1878年，周围有一片草坪，鲜花图案的壁纸和明亮的树脂桌布将其仅存的朴素气息也给弄得烟消云散了。货架上放满了各种各样的烘焙糕点（澳大利亚坚果蛋奶羊角面包、黏糊糊的甜甜圈、切片面包和蛋糕），菜单上也都是各类充满趣味的菜肴（牛颊肉汉堡、手撕猪肉三明治和全蛋早餐）。

实用信息

亚历山德拉游客信息中心（☎03-262 7999；www.centralotagonz.com；21 Centennial Ave；⏲9:00~17:00；📶）领取一份免费的地图，了解这座发展中的城镇。

到达和离开

Atomic Shuttles（☎03-349 0697；www.atomictravel.co.nz）每天有一辆长途汽车往返达尼丁（$30，2小时30分钟）、罗克斯堡（$15，30分钟）、克伦威尔（$15，30 分钟）和瓦纳卡（$25，1小时45分钟）。

Catch-a-Bus（☎03-449 2024；www.trailjourneys.co.nz）接驳巴士前往克伦威尔（$25，30分钟）、克莱德（$15，10分钟）、兰弗利（$43，1小时）、米德尔马契（$55，2小时）和达尼丁（$56，3小时45分钟）。

InterCity（☎03-471 7143；www.intercity.co.nz）每天有长途汽车往返达尼丁（$21起，3小时）、罗克斯堡（$14起，34分钟）、克莱德（$10起，9分钟）、克伦威尔（$12起，24分钟）和皇后镇（$15起，1小时30分钟）。

克莱德（Clyde）

人口 1020

比起相邻8公里的同伴“亚历克斯”，克莱德看起来更有魅力；它更像一个反映19世纪淘金热的可爱的电影布景，而不是一个真实存在的小镇。克莱德坐落在叠翠荫翳的克鲁萨河畔，依然保留了小镇的友好氛围，即使夏日有大量假日游客，仍不失为一个休闲好去处。同时，克莱德也是奥塔戈中央铁路自行车道的终点。

景点

克莱德历史博物馆 博物馆

（Clyde Historical Museums；5 Blyth St；捐款入内；⏲11月至次年4月 周二至周日 15:00~17:00）这里展示了毛利人和维多利亚时期的展品，另外提供了介绍克莱德大坝的信息。更大的展品（机械设备、马车等）都展示在12 Fraser St的药草工厂（Herb Factory）里。

活动

在亚历山德拉游客信息中心（见本页）可以领取一份《克莱德历史徒步路线》（*Walk Around Historic Clyde*）。**亚历山德拉—克莱德150周年步道**（单程3小时）是一条相当平坦的河畔小径，有充足的休息站和遮阴处。

Trail Journeys 自行车租赁

（☎03-449 2150；www.trailjourneys.co.nz；16 Springvale Rd；⏲9月至次年4月 团队游）🍃 Trail Journeys就在车道的起点（每天 $42起），可以安排骑车团队游、行李转运和接送服务。另外在米德尔马契提供还车点。

节日和活动

克莱德葡萄酒及美食节 葡萄酒、美食

（Clyde Wine & Food Festival；www.promotedunstan.org.nz；⏲复活节周日 10:30~16:30）展示了该地区的农产品和葡萄酒。

食宿

Dunstan House 民宿 $$

（☎03-449 2295；www.dunstanhouse.co.nz；29 Sunderland St；标单/双 不带浴室 $110/130起，双/套 带浴室 $170/240起；⏲10月至次年4月；📶）这家客栈有维多利亚时代晚期的复古阳台，还有迷人的酒吧和休息区域，房间装饰是复古风格。不太贵的房间需要共用浴室，但一样舒适气派。

★ **Oliver's** 民宿 $$$

（☎03-449 2600；www.oliverscentralotago.co.nz；Holloway Rd；房间/套 $225/495起；📶）🍃 Oliver's将这处建于19世纪60年代的商人宅邸和马厩石屋变成了奢华的民宿，所有房间

都配上了老地图、古典家具和爪式支座浴缸。多数房间都面向一处僻静的庭院花园。

Bank Cafe

咖啡馆 $

（www.bankcafe.co.nz; 31 Sunderland St; 主菜 $10~15; ⌚9:00~16:00）找一张室内的餐桌，然后品尝蛋糕、华夫饼和美味的汉堡。分量十足的三明治非常适合作为骑行午餐。

★Oliver's

新派新西兰菜 $$

（☎03-449 2805; www.oliverscentralotago.co.nz; 34 Sunderland St; 午餐主菜 $18~26，晚餐 $30~39; ⌚11:30~14:30和17:30~21:30）这座美妙的餐馆在淘金热时期是一家杂货店，现在斑驳的石墙内还有一家啤酒坊（Victoria Store Brewery）、酒吧和熟食咖啡厅。中午的时候，餐厅成了潮流前沿的咖啡馆（提供金枪鱼三明治和手撕猪五花），到晚上就会变为提供当地季节时令菜的法式小馆（精鹿肉、羊尾和三文鱼等）。

购物

Central Gourmet Galleria

美食

（☎03-449 3331; www.centralgourmetgalleria.co.nz; 27 Sunderland St; ⌚周二至周日 10:00~16:00）这里过去是肉店，现在提供各类获奖的本地葡萄酒，许多品种你只能在这里见到。另外还有许多奥塔戈中部的美食，例如果酱和酸辣酱。

到达和离开

Alpine Connexions（☎03-443 9120; www.alpineconnexions.co.nz）接驳车往返达尼丁（$40，3小时）、亚历山德拉（$15，15分钟）、克伦威尔（$24，20 分钟）、皇后镇（$35，1小时30分钟）和瓦纳卡（$35，1小时），以及奥塔戈中央铁路自行车道的主要站点。

Catch-a-Bus（☎03-449 2024; www.trailjourneys.co.nz; ⌚11月至次年4月）在骑行旺季期间，接驳车前往克伦威尔（$25，20分钟）、亚历山德拉（$15，10分钟）、兰弗利（$43，1小时30分钟）、米德尔马契（$55，2小时30分钟）和达尼丁（$56，3小时30分钟）。

InterCity（☎03-471 7143; www.intercity.co.nz）每天有一辆长途汽车往返达尼丁（$32起，3小时30分钟）、罗克斯堡（$21起，44分钟）、亚历山德拉（$10起，9分钟）、克伦威尔（$16起，14分钟）和皇后镇（$22起，1小时30分钟）。

克伦威尔（Cromwell）

人口 4150

克伦威尔有一片迷人的湖岸历史街区，每周举办一次农贸市集，还有应该是南岛最值得称赞的“大家伙”——公路旁各类巨型水果。

这里还是享有盛誉的奥塔戈中部葡萄酒产区（www.cowa.org.nz）的核心地带，以其质量绝佳的黑皮诺闻名，当然这里还有很不错的雷司令、灰皮诺和霞多丽。克伦威尔盆地（Cromwell Basin）从克伦威尔西南5公里处的班诺克本（Bannockburn）开始延伸，一直通往邓斯坦湖（Lake Dunstan）的北面——这里出产的葡萄酒总共占到了奥塔戈中部葡萄酒总产量的70%以上。领取《奥塔戈中部葡萄酒地图》（*Central Otago Wine Map*），了解50多家当地葡萄酒庄的详细信息。

景点

克伦威尔老城

历史建筑

（Cromwell Heritage Precinct; www.cromwellheritageprecinct.co.nz; Melmore Tce）当克莱德大坝于1992年建成的时候，克伦威尔古老的城镇中心以及280户家庭、6个农场和17座果园也被淹没了。很多历史建筑在被淹没之前就被拆除，之后再复原就成了今天的克伦威尔老城。已改建成步行街区的老城位于邓斯坦湖边，有很多不错的咖啡馆、画廊和商店。夏天，每周还有很棒的农贸集市（⌚11月至次年2月 周日 9:00~13:00）。

活动

高地赛车运动公园

探险运动

（Highlands Motorsport Park; ☎03-445 4052; www.highlands.co.nz; SH6和Sandflat Rd交叉路口; ⌚10:00~17:00）这片4公里的顶级赛道仅用了18个月就由一片围场改造而成，这处极限运动爱好者的天堂在2013年第一次举办大型赛事。不过，这些运动项目不仅允许专业人士参与，你也可以选择各类激情十足的赛车

项目，还可以参观这里精美的博物馆。

想要体验速度与激情的游客，可以先试试卡丁车（go-karts；每10分钟 $39），然后再尝试时速为200公里的高地出租车（双人/四人 $75/120），然后以乘客身份体验保时捷GT3（$295），在赛道上完成3圈，或是驾驶V8 肌肉车（$395）。

如果你不喜欢那么刺激，国家赛车博物馆（National Motorsport Museum；成人/儿童 $25/10）展示了赛车以及新西兰传奇赛车手的展览，包括布鲁斯·麦克拉伦、Possum Bourne、艾玛·基勒摩尔和斯科特·迪克逊。家庭游客可以选择侏罗纪游猎探险（Jurassic Safari Adventure），乘坐游猎面包车穿越恐龙森林（$79包含博物馆门票）。另外这里还有免费的迷你高尔夫，停车场对面的Nose Cafe提供葡萄酒品尝。

团队游

Central Otago Motorcycle Hire 团队游

（03-445 4487；www.comotorcyclehire.co.nz；271 Bannockburn Rd；每天 $165起）奥塔戈险恶多山的公路非常适合用两个轮子征服。这里提供自行车和摩托车的出租，另外还提供景观路线建议。这里组织自行车道团队游（$195起），以及延伸公路团队游（$575起）。

Goldfields Jet 探险游

（03-445 1038；www.goldfieldsjet.co.nz；SH6；成人/儿童 $109/49）乘坐40分钟的喷射艇呼啸驰骋穿越卡瓦劳峡谷。

节日和活动

Highlands 101 运动

（11月）为期3天的赛车节在高地公园举行，澳大利亚GT锦标赛的最后一轮也在这里举行。

住宿

Cromwell Top 10 Holiday Park 假日公园 $

（03-445 0164；www.cromwellholidaypark.co.nz；1 Alpha St；营地 $40~44，套间 带/不带浴室 $110/75起；）这里的面积有如一个小型欧洲国家那么大，树林中有着种类各异的小屋和自炊套间。

Carrick Lodge 汽车旅馆 $$

（03-445 4519；www.carricklodge.co.nz；10 Barry Ave；套间 $140~180；）作为克伦威尔时尚的汽车旅馆之一，Carrick的套间现代且宽敞，距离主要的购物中心仅仅几步之遥。行政套房提供水疗浴缸，而且可以一览整个高尔夫球场。

★Burn Cottage Retreat 民宿、小屋 $$$

（03-445 3050；www.burncottageretreat.co.nz；168 Burn Cottage Rd；房间/小屋 $200/225；）这处宁静的隐居处位于克伦威尔西北3公里处的核桃树林和花园之中，提供3座奢华的自炊小屋，都拥有经典的装潢、宽敞的厨房和现代的浴室。主楼提供民宿房型。

就餐

★Armando's Kitchen 咖啡馆 $$

（03-445 0303；71 Melmore Tce；主菜 $10~22；周六至周四 10:00~15:00，周五至21:00，夏季营业时间延长）在Armando's Kitchen的游廊，你可以手握浓缩咖啡或美味的冰激凌，从最佳角度欣赏克伦威尔老城。自制的意大利面、比萨和蛋糕都非常可口，而早餐更是了不起。周五晚上营业到更晚，提供比萨和酒水。

Mt Difficulty 新派新西兰菜 $$

（03-445 3445；www.mtdifficulty.co.nz；73 Felton Rd，Bannockburn；主菜 $30~35；品尝10:30~16:30，餐厅 正午至16:00）除了酿造我们最喜爱的新西兰黑皮诺之外，Mt Difficulty还是俯瞰着整片山谷的休闲午餐之所。提供大份的分享拼盘，可以当做下酒菜，不过还要给一些"罪恶的"甜点留点地方。扔上一枚铜板，就能品尝到葡萄酒了。

Bannockburn Hotel 酒馆美食 $$

（03-445 0615；www.bannockburnhotel.com；420 Bannockburn Rd，Bannockburn；主菜 $24~30；11:00~21:00）前往这家历史悠久的酒馆，品尝分量十足的酒馆美食（肋排、牛排和炸鱼薯条），站在屋前露台还能仰望整片天空。距离城镇有5公里远，这里提供免费的接送巴士。

实用信息

克伦威尔游客信息中心（☎03-445 0212; www.centralotagonz.com; 2d The Mall; ⊙1月至3月 9:00~19:00，4月至12月 至17:00）获取《克伦威尔徒步》（*Walk Cromwell*）手册，其内容涵盖了当地山地自行车和徒步小径的路线，包括附近淘金鬼城Bendigo。

到达和离开

Alpine Connexions（☎03-443 9120; www.alpineconnexions.co.nz）定期的接驳车往返达尼丁（$45，3小时15分钟）、亚历山德拉（$24，25分钟）、克莱德（$24，20分钟）、瓦纳卡（$25，45分钟）和皇后镇（$25，1小时）。

Atomic Shuttles（☎03-349 0697; www.atomictravel.co.nz）每天有长途汽车往返皇后镇（$15，55分钟）、亚历山德拉（$15，50分钟）、罗克斯堡（$25，1小时15分钟）、达尼丁（$30，3小时45分钟）和基督城（$40，5小时15分钟）。

Catch-a-Bus（☎03-449 2024; www.trailjourneys.co.nz; ⊙11月至次年4月）接驳车欢迎自行车上车，前往克莱德（$25，20分钟）、亚历山德拉（$25，30分钟）、兰弗利（$52，1小时45分钟）、米德尔马契（$59，2小时45分钟）和达尼丁（$60，3小时45分钟）。

InterCity（☎03-471 7143; www.intercity.co.nz）每天有4趟长途汽车前往皇后镇（$11起，1小时），还有1班前往福克斯冰川（$44起，6小时30分钟）、基督城（$51起，7小时15分钟）、亚历山德拉（$12起，24分钟）和达尼丁（$22起，3小时45分钟）。

Naked Bus（www.nakedbus.com; 价格不同）每天有1辆车从皇后镇（1小时）出发，还有1辆车从瓦纳卡（55分钟）出发，在克伦威尔停靠后，继续前往奥玛拉玛（2小时30分钟）、特卡波湖（3小时45分钟）和基督城（8小时15分钟）。

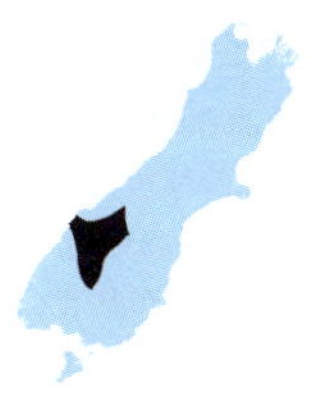

昆斯敦（皇后镇）和瓦纳卡

包括 ➡

最佳餐饮

- Blue Kanu（见252页）
- Chop Shop（见263页）
- La Rumbla（见263页）
- Fergbaker（见251页）
- Saffron（见264页）

最佳住宿

- Adventure Queenstown（见249页）
- The Dairy（见250页）
- Wanaka Bakpaka（见268页）
- Lakeside（见270页）
- Criffel Peak View（见269页）

为何去

昆斯敦（皇后镇）风景如画，有种类繁多、令人应接不暇的冒险活动，不愧为众多游客的首选目的地。

而近邻瓦纳卡稍显逊色，节奏较慢，但同样拥有出众的餐厅、酒吧和诸多户外探险活动项目。阿斯帕林山国家公园就在附近，只需短途驾车，你便可以进入新西兰真正的荒野之地。

格林诺奇的生活节奏更慢，自然风光却精美绝伦，让人想起了皇后镇和瓦纳卡在户外探险团队进驻前的模样。不妨选择绿石步道和路特本步道，享受长时间的户外活动乐趣，你也可以在瓦卡蒂普湖的上游划皮划艇。

穿过历史气息浓郁的箭镇，坐在温暖的法式酒馆中，一边享用冰镇葡萄酒或晚餐，一边回顾小镇的淘金史。次日，你还有足够的机会沉浸于皇后镇丰富的活动之中。

何时去

- 1月至3月，平静美好的夏季为皇后镇诸多极限运动和户外探险活动提供了完美的舞台。3月，吉布斯顿葡萄酒及美食节会在皇后镇花园举办。
- 3月中旬至下旬，山地自行车手蜂拥而至，前来参加皇后镇自行车节。
- 6月下旬，皇后镇冬季嘉年华将会庆祝滑雪季的到来。6月至8月，皇后镇和瓦纳卡周边的山坡上聚集着大量来自全球各地的滑雪爱好者。
- 10月，瓦纳卡节预示着冰雪消融的春天即将到来。

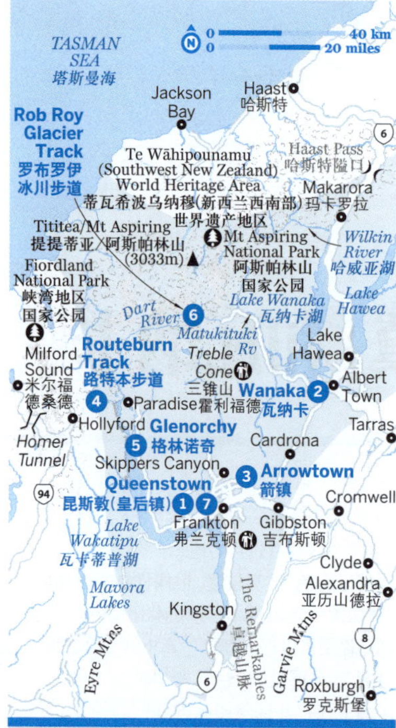

昆斯敦（皇后镇）和瓦纳卡亮点

❶ 在新西兰的冒险之都**昆斯敦（皇后镇**；见236页）尝试你只曾梦见过的冒险。

❷ 沉浸在**瓦纳卡**（见264页）精致的小镇风情和壮美的湖泊景色之中。

❸ 经历了一天的山地自行车骑行和淘金之后，在**箭镇**（见260页）放松与就餐。

❹ 在宁静而又多变的**路特本步道**（见257页）上徒步，它可能是新西兰顶级步道中最好的一条。

❺ 你可以在**格林诺奇**（见256页）骑马、划皮艇或者搭乘喷气快艇探索瓦卡蒂普湖的上游。

❻ 当你走在**罗布罗伊冰川步道**（见269页）上穿过雄伟的马图基图基谷开始攀登冰川前，请控制一下想要引吭高歌的冲动。

❼ 在国际化的**昆斯敦（皇后镇）泡吧**（见253页），各种口音的人们欢聚于此，狂欢直至凌晨。

到达和离开

飞往皇后镇的国内航班从奥克兰、惠灵顿和基督城起飞，而小一些的飞机则会前往达尼丁、纳尔逊和哈密尔顿。包括布里斯班（Brisbane）、黄金海岸（Gold Coast）、悉尼（Sydney）和墨尔本（Melbourne）在内的澳大利亚旅游目的地均有国际航班飞往皇后镇。皇后镇是该地区主要的长途汽车枢纽站，运营开往西岸区（途经哈斯特隘口和瓦纳卡）、基督城、达尼丁（途经奥塔戈中部）、因弗卡吉尔和蒂阿瑙的长途汽车。瓦纳卡也有长途汽车前往基督城和达尼丁。

昆斯敦（皇后镇，QUEENSTOWN）

人口 12,500

高耸入云的青色卓越山（Remarkables）环绕在皇后镇四周，蜿蜒的瓦卡蒂普湖衬托着她的旖旎，她无时无刻不在展示着自己的美丽。虽然看上去像是一座小镇，皇后镇却拥有一座小城的活力，并且荣获了“世界冒险之都”（Global Adventure Capital）的称号，大多数游客来到这里，都会体验从未做过的疯狂事情。从来没有人来此一游后，还会发出“太无聊了”的感慨。

皇后镇还有另一面。这里有国际化的餐厅和艺术场馆、无与伦比的葡萄酒庄园和五星级国际高尔夫球场。你可以在这里从大桥或飞机上一跃而下，但也请放慢你的节奏，花点时间感受无需肾上腺素激增的皇后镇。至少，你应该在黄昏的余晖中，找一张湖畔长椅，沉浸于新西兰最美的景色。

皇后镇已经适应了不同口音的国际旅客，因此你可以在这里发现极好的旅游设施，但也要做好应对拥挤的准备，特别是在夏季和冬季。秋季（3月至5月）和春季（10月至11月）稍显安静，不过皇后镇一年四季都是受人追捧的旅游目的地。

小镇的酒吧里时常挤满了懂得享受假期的年轻人。如果你更需要私密空间，不妨先顺路进去看看，然后走出酒吧，前往格林诺奇，继续探索湖泊及其周边旷古的荒凉之景。

历史

尽管有证据表明，这里曾是毛利人（Māori）

的定居点，但在19世纪50年代中期，当第一批英国人来到这里时，该地区仍是一片荒凉。牧羊人是此处最早的拓荒者，而当两位剪羊毛的牧民于1862年在肖托弗河（Shotover River）的岸边发现黄金后，大批采矿人紧随而至。

在不到1年的时间里，这里成了一座拥有街道、永久性建筑和数千人口的矿业小镇。新西兰政府宣称，这里非常“适合皇后”，皇后镇由此得名。瓦卡蒂普湖曾是这里最主要的交通渠道，高峰时期，有4艘明轮船和30艘其他船舶涉水往返。

20世纪初，金矿逐渐减少，小镇人口也不过190人。直到20世纪50年代，皇后镇才成为受人欢迎的度假目的地。

景点

瓦卡蒂普湖

湖泊

（Lake Wakatipu；见242页地图）这座美轮美奂的湖泊形同一道动画中的完美闪电，拥有长达212公里的湖岸线，湖深可达379米（平均深度超过320米）。5条河流汇入其中，但仅有1条卡瓦劳河（Kawarau）由此流出，时不时会形成迅猛的洪水。

湖水颇为清澈，科学家认为其纯净度达到了99.9%，是世界上纯净度排名第二的湖泊。事实上，与其购买瓶装水，不如在湖中舀一杯水。瓦卡蒂普湖还极为寒冷。天气炎热时，海滨大道（Marine Parade）附近的沙滩可能看上去很诱人，但相信我们，你不会喜欢在终年水温为10℃上下的湖水中嬉戏的感觉，因为寒冷的湖水会增加溺水的风险，而当地的法规要求，所有在该地区湖泊上，乘坐长度不足6米的船舶（包括皮划艇）的游客必须穿上救生衣。

毛利人传统上将瓦卡蒂普湖的形状视为邪恶巨人玛托（Matau）蜷膝酣睡时被烧焦的痕迹。当地人马塔卡瑞（Matakauri）为了营救其心爱的马纳塔（Manata）——被巨人绑架的酋长女儿，在巨人熟睡的蕨本植物床铺上放了一把火。玛托身上的脂肪使火焰越烧越旺，以至于地面都被烧出了一个深坑。

皇后镇花园

公园

（Queenstown Gardens；见242页地图；Park St）这座迷人的公园坐落在形成皇后镇海湾（Queenstown Bay）的小块土地上，是散步的好去处，于1876年由喜爱花园的维多利亚人（Victorian）建成。如今，人们的服饰早已改变（肯定不再华服隆重，而是越穿越短），但人们还是蜂拥来到这座枝繁叶茂的半岛上漫步、野餐并放松身心，而对上流社会各种教条满不在乎的人群则会径直前往可以投掷飞盘的飞碟高尔夫球场（见244页）。

其他景点包括滑冰场、滑板公园、草地保龄球俱乐部、网球场、散发着异域风情的高大树林（包括高耸的红杉树和位于圆形大厅附近绝妙的南美杉树）以及一座玫瑰花园。此外，这里还有一座罗伯特·斯科特船长（Captain Robert Scott，1868~1912年）的纪念碑，他是在南极罹难的探险队的队长，碑上刻有他感人的最后话语。

几维鸟和鸟类公园

动物园

（Kiwi Birdlife Park；见242页地图；☎03-442 8059；www.kiwibird.co.nz；Brecon St；成人/儿童$45/23；⏲9:00~17:00，表演11:00和15:00）这片5英亩的土地是10,000种本土植物、大蜥蜴和大量鸟类的家园，包括几维鸟、食肉鹦鹉、莫勒波克蛙嘴夜鹰、长尾小鹦鹉和极为稀有的黑长脚

昆斯敦（皇后镇）和瓦纳卡重要信息

就餐 在一座葡萄园餐厅中悠闲地享用午餐

饮品 Wanaka Beerworks（见265页）酿制的时令佳酿，令人惊艳

阅读 菲利普·霍尔顿（Philip Holden）撰写的《在路特本步道徒步》（*Walking the Routeburn Track*），带你漫步在该步道的历史、植物和动物信息中

聆听 幸福地划着皮艇时格林诺奇和金洛克（Kinloch）周边的静寂

观看 简·坎皮恩（Jane Campion）导演的电视连续剧《谜湖之巅》（*Top of the Lake*），其背景就设在瓦卡蒂普湖的周边地区

网络资源 www.queenstownnz.co.nz，www.lakewanaka.co.nz

电话区号 ☎03

鹬。不妨在鸟舍间漫步，观赏生态保护表演，然后悄然走进灯光暗淡的几维鸟展厅。

空中缆车 缆车

（Skyline Gondola；见242页地图；☎03-441 0101；www.skyline.co.nz；Brecon St；成人/儿童 往返 $32/20；⏲9:00至深夜）不妨坐上贡多拉，欣赏无与伦比的景致。山顶建有不容错过的咖啡馆、餐厅、纪念品商店和观景台，还有皇后镇自行车公园（见241页）、斜坡滑车（见244页）、悬崖蹦极（Ledge Bungy；见242页地图；☎0800 286 4958；www.bungy.co.nz；成人/儿童 $195/145）、悬崖秋千（Ledge Swing；见242页地图；☎0800 286 4958；www.bungy.co.nz；成人/儿童 $160/110）和Ziptrek Ecotours（见244页）。夜晚，这里还有毛利传统文化表演，包括Kiwi Haka（见255页）带来的毛利战舞，以及观星团队游活动（含乘坐贡多拉，成人/儿童 $85/45）。

这里的步道包括一条穿过北美黄杉林的环形步道（往返30分钟）。精力充沛（或是节俭）的游客可以不坐缆车，取道Tiki Trail（见242页地图），徒步登顶。然后再沿着Ben Lomond Track（见242页地图；www.doc.govt.nz）继续前行。

海底世界观测台 观景点

（Underwater Observatory；见248页地图；☎03-409 0000；www.kjet.co.nz；主码头；成人/儿童 $10/5；⏲11月至次年3月 9:00~19:00，4月至10月 至17:00）在这座与一般场馆布置截然相反的水族馆里（游客位于玻璃缸中），6面玻璃窗展示着湖面下方的动物生活。你可以在这里看到众多体型巨大的褐鲑鱼，还有淡水鳗鱼和斑背潜鸭（一种可以潜水的鸭子），它们会游过玻璃窗，特别是在有人向食物投放箱投币的时候。

毛利新西兰：皇后镇和瓦纳卡

从恐鸟猎人（moa-hunter，早期毛利人）到怀塔哈族（Waitaha），再到纳提马摩族（Ngāti Māmoe），直至纳塔胡族（Ngāi Tahu）的统治，这样的过渡历史在这里和南岛的其他地方上演。瓦卡蒂普湖到处都是传奇故事，而其北部地段则蕴藏价值颇高的绿玉。

纳塔胡部落（Ngāi Tahu iwi）运营Shotover Jet（见240页）和Dart River Wilderness Jet（见259页），后者组织的远足活动中富含文化元素。其他可以洞察文化的活动由Kiwi Haka（见255页）举办，他们每晚都会在皇后镇空中缆车的山顶进行表演。

活动

皇后镇市中心有众多商店，提供令人眼花缭乱的各式活动。让游客更为困惑的是一些店铺会在冬夏换季之时更名改姓，有时同一个商店里同时提供数种活动，甚至某些活动名称不同，但其实是同一项。此外，这里有好几处都自称为信息中心，但是只有"i-SITE"才是真正独立的官方游客信息中心（见255页）。

如果你打算参加数项活动，这里也有种类繁多的联票，包括Queenstown Combos（见248页地图；☎03-442 7318；www.combos.co.nz；The Station，Shotover和Camp St交叉路口）提供的门票。

远足/徒步旅行和登山

不妨从环境保护部（DOC）和游客信息中心处取一份名为《瓦卡蒂普湖步道》（*Wakatipu Walks*）的小册子（$5），上面列着当地徒步旅行的步道信息，包括简单的1小时漫步小径，到时长8小时的艰难跋涉路线。

Ultimate Hikes 徒步旅行

（见248页地图；☎03-450 1940；www.ultimatehikes.co.nz；9 Duke St；⏲11月至次年4月）这里提供从皇后镇出发，在路特本步道（$179起）和米尔福德步道（Milford Track；$299起）上进行一日徒步游的活动。或者，你也可以用数天的时间走完这几条步道的全程，并住在Ultimate Hike的员工宿舍，而不是环境保护部提供的小木屋中，前者将会为你提供热气腾腾的餐点，以及带有厕所的套房。在冬天，这里将会摇身一变，经营雪上项目，并对外出租雪橇和滑雪板。

Guided Walks New Zealand 步行、徒步旅行

（☎03-442 3000；www.nzwalks.com；成人/

Queenstown Region 昆斯敦(皇后镇)地区

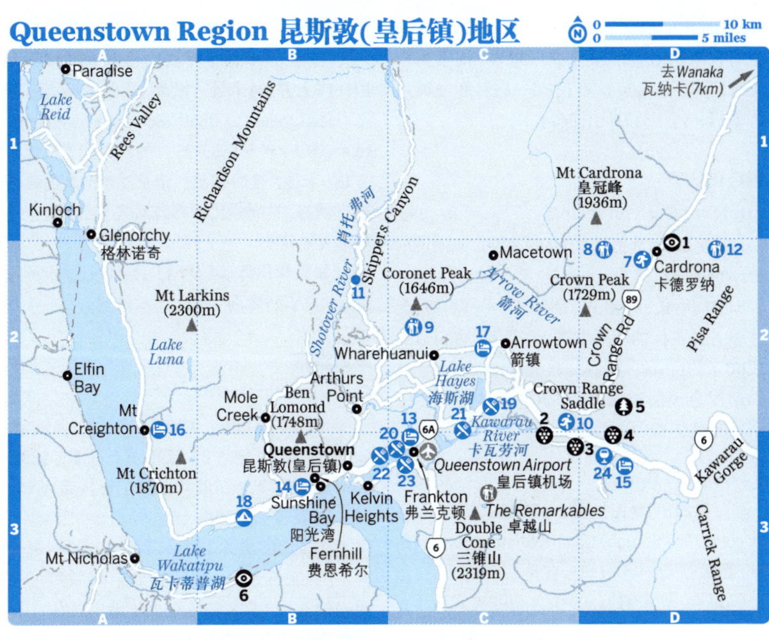

Queenstown Region 昆斯敦（皇后镇）地区

景点

1 卡德罗纳酿酒厂和博物馆 D2
2 Chard Farm C3
3 吉布斯顿山谷 C3
4 Peregrine D3
5 Pisa Conservation Area D2
6 Walter Peak Farm B3

活动、课程和团队游

7 Backcountry Saddle Expeditions D2
8 卡德罗纳高山度假村 D2
9 皇冠峰 C2
Eforea Spa at Hilton .... （见23）
10 卡瓦劳大桥 C2
Kawarau Zipride .... （见10）
11 Skippers Canyon Jet B2
12 冰雪农场 D2
Spa at Millbrook .... （见17）

住宿

13 Asure Queenstown Gatewa Apartments C3
14 Evergreen Lodge B3
15 Kinross Cottages D3
16 Little Paradise Lodge A2
17 Millbrook C2
18 Twelve Mile Delta Campsite B3
Waiorau Homestead .... （见1）

就餐

19 Amisfield Winery & Bistro C2
20 Boat Shed C3
21 Graze C2
22 Sherwood B3
23 Wakatipu Grill C3

饮品和夜生活

24 Gibbston Tavern D3

娱乐

Sherwood .... （见22）

儿童 $107/67起）在皇后镇及周边提供不错的徒步活动，从时长半天的自然步行游到持续整整3天的霍利福德步道（Hollyford Track）徒步，种类繁多。此外，这里在冬季还会提供雪地徒步游。

Climbing Queenstown 攀岩

（见248页地图；☎027 477 9393；www.clim

bingqueenstown.com; 23 Brecon St; $149起)这里有合格的向导带领你进行攀岩、铁索攀岩（通过固定的金属横木、扶手、桩钉和缆绳进行攀岩）、登山和高山徒步。

蹦极和秋千

Shotover Canyon Swing 探险运动

(见248页地图; ☎03-442 6990; www.canyonswing.co.nz; 35 Shotover St; 每人 $219, 加一次 $45)向后式、端坐式、倒挂式——你有机会体验各种各样的下落方式。在那里，你可以完成60米的自由落体运动，也能以150公里/小时的速度急速荡过峡谷。票价包括从皇后镇订票处来此的费用。

AJ Hackett Bungy 探险运动

(见248页地图; ☎03-450 1300; www.bungy.co.nz; The Station, Camp和Shotover St交叉路口)蹦极运动的鼻祖如今在皇后镇地区拥有3处起跳点，其中2处还提供大型蹦极式秋千。历史悠久的**卡瓦劳大桥**(Kawarau Bridge; 见239页地图; ☎0800 286 4958; www.bungy.co.nz; Gibbston Hwy; 成人/儿童 $190/145)建于1880年，距离皇后镇23公里（提供交通运送），所有这一切都从这里开始。1988年，这里成了世界上第一个商业蹦极点，让游人有机会在河面上方43米处一跃而下。这里也是该地区唯一一处可以进行双人蹦极的地方。

卡瓦劳大桥蹦极点的新贵当属**Kawarau Zipride**(见239页地图; ☎0800 286 4958; www.bungy.co.nz; Gibbston Hwy; 成人/儿童 $50/40, 3/5次套餐 $105/150)，这里拥有3根长达130米的高空滑索，其主要目标群体是儿童，当然对于并不热衷于巨幅跳跃的成人而言，这里也很惊险刺激。不同团队的游客可以共用多次套餐，便宜的价格使其成为蹦极之外不错的备选活动。

距离皇后镇最近的选择莫过于空中缆车山顶的悬崖蹦极和悬崖秋千（见238页）。虽然下降高度仅为47米，但其位于小镇上方400米处。冬季，你甚至能在黑夜中进行跳跃。

最后，最让人心惊胆战的是**内维斯蹦极**(Nevis Bungy; ☎0800 286 4958; www.bungy.co.nz; 每人 $275)，它是整个大洋洲和太平洋岛屿上最高的蹦极点。四轮驱动的公共交通工具将会带你进入一片私人农田，你将在那里走进一个特制的箱体，并从内维斯河（Nevis River）上方134米处一跃而下。**内维斯高空秋千**(Nevis Swing; ☎0800 286 4958; www.bungy.co.nz; 单人/双人 $195/350)的起点位于河流上方160米处，然后划出一道长达300米的弧线掠过峡谷，其绳索比橄榄球场还要长，是全世界最大的秋千。

如果你想体验数种AJ Hackett提供的探险运动，不妨咨询一下联票的情况。

激浪漂流

Queenstown Rafting 漂流

(见248页地图; ☎03-442 9792; www.rafting.co.nz; 35 Shotover St; 漂流/直升机漂流 $209/309)这里全年在波涛汹涌的肖托弗河（3~5级）以及较为平静的卡瓦劳河（2~3级）上提供漂流活动。整个行程持续4~5小时，其中2~3小时都在水上。直升机漂流也是颇为令人兴奋的选择，游客必须至少年满13周岁，且体重大于40千克方能参加。

如果你通过其他经营漂流活动的公司，例如**Extreme Green**(☎03-442 8517; www.extremegreenrafting.co.nz; 漂流/直升机漂流 $209/309)和**Challenge Rafting**(见248页地图; ☎03-442 7318, 0800 423 836; www.raft.co.nz; The Station, Shotover和Camp St交叉路口; 漂流/直升机漂流 $219/319)预订，你最终会以同一段线路结束漂流。

全年都可以驱车前往卡瓦劳河的漂流活动起点，不过冬天前往肖托弗河需要乘坐直升机。

Family Adventures 漂流

(☎03-442 8836; www.familyadventures.co.nz; 成人/儿童 $179/120; 👪)这里提供肖托弗河上较为平和（1~2级）的漂流活动，适合3岁及以上的儿童。仅在夏季运营。

喷气快艇

Shotover Jet 乘船游

(☎03-442 8570; www.shotoverjet.com; Gorge Rd, Arthurs Point; 成人/儿童 $135/75)时长半小时的喷气快艇之旅将会带你穿过岩石密布的肖托弗峡谷，途中还有很多360°转向，惊险刺激。

在皇后镇的……

两日

在Bespoke Kitchen开始你的一天，然后可以选择直接前往山坡，或是先去Shotover St预约冒险活动。乘坐空中缆车了解地形走势，而后玩一场斜坡滑车。搭乘Shotover Jet出海，然后平复心情，徜徉在皇后镇花园中，领略夕阳下美丽动人的卓越山美景。日落时分，你可以在前往Rata享用晚餐前，先去Atlas Beer Cafe中小酌一杯。晚餐后，开始整晚的泡吧。

第二天，在你开始一个上午的滑雪、蹦极、跳伞或者激浪漂流前，不妨来Fergbaker补充能量。下午的时间则花在骑自行车上，你可以在皇后镇自行车公园中骑行，也可以加入团队游，参观吉布斯顿周边的酒庄。晚上在Blue Kanu品尝晚餐，然后再前往酒吧。

四日

接着两日游的路线，然后前往箭镇，漫步在华人定居点。在Chop Shop享用午餐后，流连于各大商店之间。次日，沿着瓦卡蒂普湖的岸边，驱车前往小镇格林诺奇。不妨在Glenorchy Cafe用餐，然后开车来到路特本步道的起点，进行短途步行游。

Skippers Canyon Jet 乘船游

（见239页地图；☎03-442 9434；www.skipperscanyonjet.co.nz；Skippers Rd；成人/儿童 $139/79）这里经营的活动包括30分钟急速冲过肖托弗河上游狭窄偏远的船长峡谷（Skippers Canyon）。总长3小时的往返乘船游从皇后镇出发，会讲述该地区的淘金史。

鲨鱼船 乘船游

（Hydro Attack；见248页地图；☎0508 493 762；www.hydroattack.co.nz；Lapsley Butson Wharf；15分钟 $149；⊙11月至次年3月 9:00~18:00，4月至10月 10:00~16:30）看到那条5.5米长的"鲨鱼"跃出湖面的情景了吗？不妨坐入其中，系上安全带开始你的旅程。这艘"海洋突破者X号"艇（Seabreacher X Watercraft）在水面上的速度可达80公里/小时，下潜深度达2米，并能冲入空中近6米。观看这艘鲨鱼船和坐在其中驾驶一样有趣。

跳伞、滑翔伞和帆伞

NZone 冒险运动

（见248页地图；☎03-442 5867；www.nzoneskydive.co.nz；35 Shotover St；$299起）不妨跟随一位双人跳伞专家，从飞机上纵身而下。

GForce Paragliding 滑翔伞

（见242页地图；☎03-441 8581；www.nzgforce.com；含空中缆车 $219）在空中缆车的顶部进行双人滑翔（9:00出发便宜$30）。

Queenstown Paraflights 冒险运动

（见249页地图；☎0800 225 520；www.paraflights.co.nz；单人/双人/三人 $159/258/297）从小镇的码头出发，你将被船只牵引着在湖面上方200米的高空之中滑翔。

山地自行车游

随着皇后镇自行车公园对外营业，如今该地区已坚实地奠定了其在国际山地自行车手心中的地位。如果你会在镇上盘桓一些时日，不妨考虑加入皇后镇山地自行车俱乐部（Queenstown Mountain Bike Club；www.queenstownmtb.co.nz）。

皇后镇车道（Queenstown Trail）总长100多公里，连接着5条风景怡人的小型自行车道，途中展现了皇后镇、箭镇、吉布斯顿（Gibbston）、瓦卡蒂普湖、杰克斯角（Jack's Point）和海斯湖（Lake Hayes）的风光。该车道适合所有程度的自行车手。

皇后镇自行车公园 山地自行车

（Queenstown Bike Park；见242页地图；☎03-441 0101；www.skyline.co.nz；Skyline；半天/全天 含空中缆车 $60/85；⊙10:00~18:00，10月至次年4月光照条件允许时延长至20:00）等级从简易（绿色）到极难（双黑色），这里有超过20条不同的车道带你穿过湖面上方的鲍勃峰

Queenstown 昆斯敦(皇后镇)

(Bob's Peak)。一旦你骑车下山后，不妨搭乘空中缆车上山再来一次。对于新手而言，最佳的车道莫过于全长6公里的**Hammy's Track**，途中点缀着湖泊美景与野餐地点。请自带自行车。

Vertigo Bikes 山地自行车

（见248页地图；☎03-442 8378；www.vertigobikes.co.nz；4 Brecon St；租赁 半天/全天 $39/59起）如果你真的对山地自行车兴趣浓厚，Vertigo是不容错过的一站。这里提供的选择包括技能训练课堂（$149起）、在皇后镇自行车公园内进行的指导课程（$159起），以及卓越山中的高山自行车项目（$399）。

Fat Tyre Adventures 山地自行车

（☎0800 328 897；www.fat-tyre.co.nz；$209起）拥有适合各类人群的自行车骑行项目，包括在偏远地区进行的一日团队游、数日团队游、高山自行车骑行和单向骑行等。含租赁自行车和途中小食的费用。

滑雪和单板滑板

皇后镇的居民们有两处不错的滑雪场地可以选择，其一位于**卓越山**（见239页地图；☎03-442 4615；www.nzski.com；Remarkables Skifield Rd；上山全日通票 成人/儿童 $104/59），另一处则在**皇冠峰**（Coronet Peak；见239页地图；☎03-442 4620；www.nzski.com；Coronet Peak Rd；上山全日通票 成人/儿童 $104/59），而当他们想要换换风景时，瓦纳卡附近的卡德罗纳高山度假村（Cardrona Alpine Resort；见273页）和**三锥山**（Treble Cone；☎03-443 1406，雪况电话 03-443 7444；www.treblecone.com；上山全日通票成人/儿童 $106/52）也是不错的选择。皇冠峰是唯一提供夜间滑雪的地方，在布满星辰的夜空下滑雪是不容错过的体验。

滑雪季一般从6月左右持续至9月。在冬天，商店里满是各种滑雪用具，供游客购买和租赁。**Outside Sports**（见248页地图；☎03-441 0074；www.outsidesports.co.nz；9 Shotover St；⏲8:30~20:00）是值得信赖的选择。

即便不在主要的滑雪季节里，富有的狂热滑雪爱好者们也会选择来此进行高山滑雪。不妨试试Over The Top（见245页）、**Harris Mountains Heli-Ski**（见248页地图；☎03-442 6722；www.heliski.co.nz；The Station，Shotover和Camp St交叉路口；$940起）、**Alpine Heliski**（见248页地图；☎03-441 2300；www.alpineheliski.com；37 Shotover St；3~8次 $875~1275；⏲7月至9月）或者**Southern Lakes Heliski**（见248页地图；☎03-442 6222；www.heliskinz.com；Torpedo 7 building，20 Athol St；$895起）。

Queenstown 昆斯敦（皇后镇）

◎景点

1 几维鸟和鸟类公园 C2
2 瓦卡蒂普湖 C4
3 皇后镇花园 D4
4 空中缆车 C2

活动、课程和团队游

5 Ben Lomond Track A1
6 飞碟高尔夫 D4
7 GForce Paragliding B1
悬崖蹦极 ......（见7）
悬崖秋千 ......（见7）
8 操场 D3
9 皇后镇自行车公园 B1
10 皇后镇冰上运动场 D4
斜坡滑车 ......（见7）
11 Tiki Trail C2
Ziptrek Ecotours ......（见7）

住宿

12 Alexis F3
13 Bumbles C3
14 Butterfli Lodge B4
15 Chalet Queenstown F3
16 Coronation Lodge E3
17 Creeksyde Queenstown Holiday Park & Motels D1
18 Flaming Kiwi Backpackers D1
19 Hippo Lodge E2
20 Historic Stone House E2
21 Platinum Villas A4
22 Queenstown Park D2
23 YHA Queenstown Lakefront B4

娱乐

Kiwi Haka ......（见7）

孩子们的皇后镇

尽管皇后镇的活动数不胜数，但其中一些存在年龄限制，可能禁止旅行团里的孩子们参加。然而，你根本不用担心他们会没有地方嬉戏。

适合所有年龄段的活动包括参观**几维鸟和鸟类公园**（见237页）、乘坐**"恩斯洛号"蒸汽船**（见245页）进行湖面巡航以及驾驶四驱车在狭窄蜿蜒的船长峡谷中穿行。**皇后镇花园**（见237页）在Marine Pde入口的附近拥有一片毗邻沙滩的漂亮**操场**（见242页地图）。公园中还有一座**皇后镇冰上运动场**（Queenstown Ice Arena；见242页地图；☎03-441 8000；www.queenstownicearena.co.nz；29 Park St；门票包含用具租赁 成人/儿童 $19/15；⏲4月至10月 周六至周四 10:00~17:00，周五 至21:30）非常适合雨天活动，以及**飞碟高尔夫**（Frisbee Golf）场地。**空中缆车**（见238页）会在令人晕眩的高度缓缓移动。小孩们还可以和大人一起乘坐**斜坡滑车**，想要独自游玩必须年满6岁，并且身高达到110厘米才行。

想要体验使糖果大战略显过时的刺激游戏，这里还有许多意想不到的活动能满足这些人小鬼大的孩子们。2岁左右的孩子有机会体验**Queenstown Paraflights**（见241页）的双人滑翔，只要最小的安全带能够顺利系上就可以参加。**Family Adventures**（见240页）组织的漂流活动更为温和，适合3岁儿童。5岁以下、身高超过1米的孩子可以免费搭乘**Shotover Jet**（见240页），而6岁的孩子则可以试试**Ziptrek Ecotours**的高空滑索。勇敢无畏的10岁儿童可以在**AJ Hackett**（见240页）的任何一处**蹦极点**尝试蹦极或悬崖秋千，但内维斯蹦极（最小参与年龄为13岁）除外，而八九岁的孩子不妨去**Kawarau Zipride**（见240页）体验蹦极的惊险。

镇上有几处对外出租双人自行车和儿童自行车的地方。

想要获得更多想法和信息，包括当地临时照管婴儿服务的详情，不妨前往**游客信息中心**（见255页）或登录www.kidzgo.co.nz。

其他活动

想要列出皇后镇上所有的活动是不现实的。如果你对高尔夫、迷你高尔夫、帆船或潜水感兴趣，不妨在游客信息中心（见255页）进行咨询。

飞碟高尔夫 户外

（Frisbee Golf；见242页地图；www.queenstowndiscgolf.co.nz；Queenstown Gardens）免费 林中架有18个树上锁链铁篮，当地的体育用品商店有飞盘和记分卡对外出售。

Ziptrek Ecotours 冒险运动

（见242页地图；☎03-441 2102；www.ziptrek.co.nz；Skyline）这段包含一系列滑索（飞狐）的惊险之旅，让身背绳索包的你掠过皇后镇上空层层叠叠的树冠，而精妙的设计和环保的理念为这一刺激活动增色不少。你可以选择的路线有：全程2小时4段的"恐鸟"之旅（Moa；成人/儿童 $135/85），或是更为惊险的全程3小时6段的"鹦鹉"之旅（Kea；$185/135）。

斜坡滑车 冒险运动

（Skyline Luge；见242页地图；☎03-441 0101；www.skyline.co.nz；Skyline；2/3/4/5程含空中缆车 $45/48/49/55；⏲10月至次年3月 10:00~20:00，4月至9月 至17:00）乘坐空中缆车至山顶，然后搭乘三轮滑板车，行驶在长达800米的轨道上。你必须先在蓝道（Blue Track）上滑行，然后才被允许挑战难度更高的红道（Red Track），那里有不少弯道和隧道等着你。

团队游

湖面巡航游

Million Dollar Cruise 乘船游

（见248页地图；☎03-442 9770；www.milliondollarcruise.co.nz；巡游 $35；⏲11:00、14:00和16:00）物有所值的乘船游活动时长90分钟，内容丰富，带你驶向湖泊尽头的弗兰克顿（Frankton），途经凯尔文高地（Kelvin Heights）上价值数百万美元的房产。

"恩斯洛号"蒸汽船

乘船游

(TSS Earnslaw; 见248页地图; ☎0800 656 501; www.realjourneys.co.nz; Steamer Wharf, Beach St; 成人/儿童 $57/22)这艘豪华的蒸汽式动力船"恩斯洛号"蒸汽船在2012年庆祝了它不间断运营的百年华诞。她曾是湖上最主要的交通工具，如今它一直喷出的黑色烟云在皇后镇原始纯净的背景下显得有些不太协调。你可以登船体验标准时长为1.5小时的瓦卡蒂普湖团队游，或是花上3.5小时，前往偏远的**Walter Peak Farm**(见239页地图; 1 Mount Nicholas-Beach Bay Rd; 绵羊表演含乘船游 成人/儿童 $77/22)，观看牧羊犬和剪羊毛表演。

空中观光

Air Milford

观光飞行

(☎03-442 2351; www.airmilford.co.nz; 1 Tex Smith Lane, Frankton)这里提供的选择包括低空飞过米尔福德峡湾(Milford Sound; 成人/儿童 $420/255)、飞行—航行—飞行的套餐活动($499/300)，以及时间更长、前往神奇峡湾(Doubtful Sound)和奥拉基/库克山(Aoraki/Mt Cook)的观光飞行。

Glenorchy Air

观光飞行

(☎03-442 2207; www.glenorchyair.co.nz; Queenstown Airport, Frankton)从皇后镇或格林诺奇出发的观光团队游包括飞行—航行—飞行前往米尔福德峡湾的选择(成人/儿童 $485/295)以及奥拉基/库克山的低空飞行之旅(成人/儿童 $645/365)。

Over The Top

观光飞行

(☎03-442 2233; www.flynz.co.nz; Tex Smith Lane, Frankton)你可以乘坐直升机前往峡湾、与世隔绝的垂钓场所和偏远的绵羊牧场。7月至10月，这里还可以进行高山滑雪。

Sunrise Balloons

气球飞行

(☎03-442 0781; www.ballooningnz.com; 成人/儿童 $495/295)1小时的日出飞行包括一顿配有香槟酒的早餐，整段行程持续4小时。

葡萄酒庄团队游

大多数团队游活动都会参观位于吉布斯顿、班诺克本和克伦威尔盆地(Cromwell Basin)地区的葡萄酒庄。

记住，你是在度假

以下请看我们为你挑选的慢节奏体验活动，让你恢复活力，也提醒你的身体，旅途中不仅仅只有把你吓傻的经历。

➡ **Onsen Hot Pools**(☎03-442 5707; www.onsen.co.nz; 160 Arthurs Point Rd, Arthurs Point; 1/2/3/4人 $46/88/120/140; ⏰11:00~22:00)提供私人的日式热水浴，并可以欣赏周边的山景。记得提前预订，这里的热水澡会让你暖和起来。

➡ 玩了好几天滑雪、自行车和喷气快艇，不妨去**Mobile Massage Company**(见248页地图; ☎0800 426 161; www.queenstownmassage.co.nz; 2c Shotover St; 1小时 $120起; ⏰9:00~21:00)享受室内按摩和水疗护理，让你的身体重新焕发活力。

➡ 想要让你的身体更为舒缓，请去**Hush Spa**(见248页地图; ☎03-442 9656; www.hushspa.co.nz; 1st fl, 32 Rees St; 30/60分钟按摩 $70/128起; ⏰周五至周一 9:00~18:00，周二至周四至21:00)做一次按摩或美甲。

➡ 你还可以走一段，前往箭镇附近的Millbrook，体验真正的世界级水疗护理，那里的**Spa at Millbrook**(见239页地图; ☎03-441 7017; www.millbrook.co.nz; Malaghans Rd; 理疗 $79起)被评为新西兰最好的水疗场所之一。

➡ 此外，你还可以搭乘水上出租，穿过湖泊，去**Eforea Spa at Hilton**(见239页地图; ☎03-450 9416; www.queenstownhilton.com; 79 Peninsula Rd, Kelvin Heights; 理疗 $70起; ⏰9:00至深夜)体验一下。

Appellation Central Wine Tours 团队游

（☎03-442 0246；www.appellationcentral.co.nz；团队游 $185~230）该团队游活动会带你拜访吉布斯顿、班诺克本和克伦威尔的葡萄酒庄，费用包含在葡萄酒餐厅中享用拼盘午餐。

New Zealand Wine Tours 团队游

（☎027 305 2004；www.nzwinetours.co.nz；$185起）组织小型或私密的酒庄团队游活动，费用包含午餐和小吃，并能收获"酒香四溢"的体验。

米尔福德峡湾团队游

从皇后镇至米尔福德峡湾的一日游途经蒂阿瑙，全程耗时12~13小时，包括一次在峡湾进行的2小时乘船游。你还可以选择长途汽车—游船—飞行的团队游，在路特本步道的起点等待接送。想要节省旅途时间和费用，不妨考虑从蒂阿瑙前往米尔福德。

BBQ Bus 团队游

（☎03-442 1045；www.milford.net.nz；成人/儿童 $199/100）提供前往米尔福德峡湾的小型团队游活动（最多22人），包括一次乘船游和

吉布斯顿山谷

皇后镇上那些兴奋的游客可能会为自己悬挂在巨大的橡皮绳上来回摆动而异常高兴，殊不知，当他们朝着卡瓦劳河一跃而下之际，可能还没有意识到，自己正身处吉布斯顿的中心，这里是奥塔戈中部最主要的葡萄酒产区之一，大约20%的土地上都种植着葡萄。

几乎在卡瓦劳的正对面，一条长达2公里的险峻碎石路通向Chard Farm（见239页地图；☎03-441 8452；www.chardfarm.co.nz；Chard Rd, Gibbston；⏲11:00~17:00）免费，它是吉布斯顿风景最为优美的酒庄。再沿着Gibbston Hwy（SH6）走800米便是吉布斯顿山谷［Gibbston Valley；见239页地图；☎03-442 6910；www.gibbstonvalley.com；1820 Gibbston Hwy（SH6），Gibbston；品酒 $5~12，团队游含品酒 $15；⏲10:00~17:00］，这座大型的酿酒厂拥有奶酪坊和一家餐厅，从10:00~16:00，令人印象深刻的酒窖团队游会在每个整点出发。

继续沿着SH6前行3公里就可抵达Peregrine［见239页地图；☎03-442 4000；www.peregrinewines.co.nz；2127 Gibbston Hwy（SH6），Gibbston；⏲10:00~17:00］，这里是吉布斯顿顶级的葡萄酒庄之一，生产上佳的长相思白葡萄酒、灰皮诺、雷司令，当然还有黑皮诺。此外，令人难忘的还有酒厂的建筑，这是一座类似地堡的大楼，屋顶让人联想到展翅飞翔的猎鹰翅膀。

吉布斯顿河步道（Gibbston River Trail）是风景优美的步道和山地自行车道，沿着卡瓦劳河，从卡瓦劳大桥一直延伸至Peregrine winery葡萄酒厂（1~2小时，5公里）。徒步者（而非自行车手）可以从Peregrine出发，走温特沃斯大桥环形步道（Wentworth Bridge Loop；1小时，2.7公里），它将带你经过各式各样的木桥和铁桥，跨过古老的矿区。

当你来到该地区时，记得一定要去极其纯朴的Gibbston Tavern（见239页地图；☎03-409 0508；www.gibbstontavern.co.nz；Coal Pit Rd, Gibbston；⏲10月至次年4月 周日至周四 11:30~19:00，周五和周六 至22:30，5月至9月 周一关门）一探究竟，它就坐落在经过Peregrine后紧邻公路的地方。不妨品尝一下酒馆自制的月光葡萄酒（Moonshine Wines），这可不是在其他地方能够找到的。

如果你渴望探寻山谷中的葡萄酒厂，而又不想当天驾车返回，不妨考虑住在布满葡萄藤的Kinross Cottages（见239页地图；☎021 0881 6595；www.kinrosscottages.co.nz；2300 Gibbston Hwy（SH6），Gibbston；房 $225；📶）。每个小屋都很复古，但设施是全新的，有两个豪华的单间。此外，这里还有自己的品酒室，展示着吉布斯顿几家小型葡萄酒生产商的产品（品5种葡萄酒$15）。

不妨询问皇后镇游客信息中心或环境保护部游客中心（见255页）获取在该地区旅行的地图和信息。

一顿烧烤午餐。从蒂阿瑙加入或离开会便宜$30。

Real Journeys 团队游

（见248页地图；☎0800 656 501；www.realjourneys.co.nz；Steamer Wharf, Beach St；成人/儿童 $230/115起）提供前往米尔福德和神奇峡湾的一日游或两天一夜游，此外还有很多其他的体验活动。

其他团队游

Off Road Adventures 自驾游

（见248页地图；☎03-442 7858；www.offroad.co.nz；61a Shotover St）组织刺激的四驱车越野团队游（$109起），你也可以自驾四驱摩托车（$199起）、越野摩托车（$289起）或四驱野越车（$248，两座）。

Nomad Safaris 自驾游

（见248页地图；☎03-442 6699；www.nomadsafaris.co.nz；37 Shotover St；成人/儿童 $175/89起）不妨在船长峡谷和豆蔻镇（Macetown）附近感受绝美的景致和人迹罕至的偏远风光，或是加入"美景远征队"（Safari of the Scenes），跨过格林诺奇和瓦卡蒂普盆地（Wakatipu Basin）周边的"中土世界"。你还可以骑着四轮摩托车穿过皇后镇山（Queenstown Hill）上的绵羊牧场（$245）。

节日和活动

吉布斯顿葡萄酒及美食节 葡萄酒节、美食节

（Gibbston Wine & Food Festival；www.gibbstonwineandfood.co.nz）3月中旬的一天，吉布斯顿的葡萄酒及美食会来到皇后镇花园。

皇后镇自行车节 体育节

（Queenstown Bike Festival；www.queenstownbikefestival.co.nz）3月中旬至下旬，自行车骑行活动将持续10天。

皇后镇冬季嘉年华 体育节

（Queenstown Winter Festival；www.winterfestival.co.nz）6月下旬至7月上旬，疯狂的滑雪撬和单板滑雪活动、现场音乐、喜剧、烟火、社区嘉年华、游行、舞会和众多在寒风中进行的热闹活动将会持续10天之久。

同性恋滑雪周 同性恋节日

（Gay Ski Week；www.gayskiweekqt.com）南岛上规模最大、最受欢迎的同性恋活动，在8月下旬、9月上旬举行。

住宿

皇后镇拥有众多住宿选择，但很难找到中档客房。青年旅舍的竞争极为激烈，始终提供额外服务赢得客户，即便一般而言你并不喜欢它们，这些地方也值得考虑一番。在旅游旺季的夏天（圣诞节至次年2月）和滑雪季节（6月至9月），房间常被预订一空，物价也随之飞涨，所以请提前预约。

Goodstays（见248页地图；☎03-409 0537；www.goodstays.co.nz；1st fl, 19 Camp St）在其网站上拥有众多假日客房与公寓，价格每晚$190~2000，并且通常需要你至少住上2~5晚。

皇后镇中部

Haka Lodge 青年旅舍 $

（见248页地图；☎03-442 4970；www.hakalodge.com；6 Henry St；铺/房不带浴室 $31/89起，公寓 $180；P📶）下定决心，迈开脚步，这家青年旅舍绝对值得你前往。作为对游客的回馈，这里的铺位和房间漆上了亮丽的色彩，拥有定制的床铺，包括可以上锁的大型储物箱、保证私密的窗帘、个人用灯和电源插座。旅舍还有一个附属的双卧公寓，带厨房、宽敞休息室和洗衣设备。

Butterfli Lodge 青年旅舍 $

（见242页地图；☎03-442 6367；www.butterfli.co.nz；62 Thompson St；铺/单/双 $30/66/69；P📶）这家小型的青年旅舍坐落在镇中心以西一座清幽的山坡上，一只名为吉米（Jimmy）的家猫掌管着这里的一切。旅舍没有双层床铺，也没有套房浴室，而从其露台上远眺的风景会令你惊叹不已。

Nomads 青年旅舍 $

（见248页地图；☎03-441 3922；www.nomadsworld.com；5 Church St；铺 带/不带浴室 $32/30，房 $110~140；@📶）这家大型青年旅舍地处皇后镇夜生活的中心，地理位置优越，拥有众多设施，包括自带的小型影院、私人套

Central Queenstown
昆斯敦(皇后镇)市中心

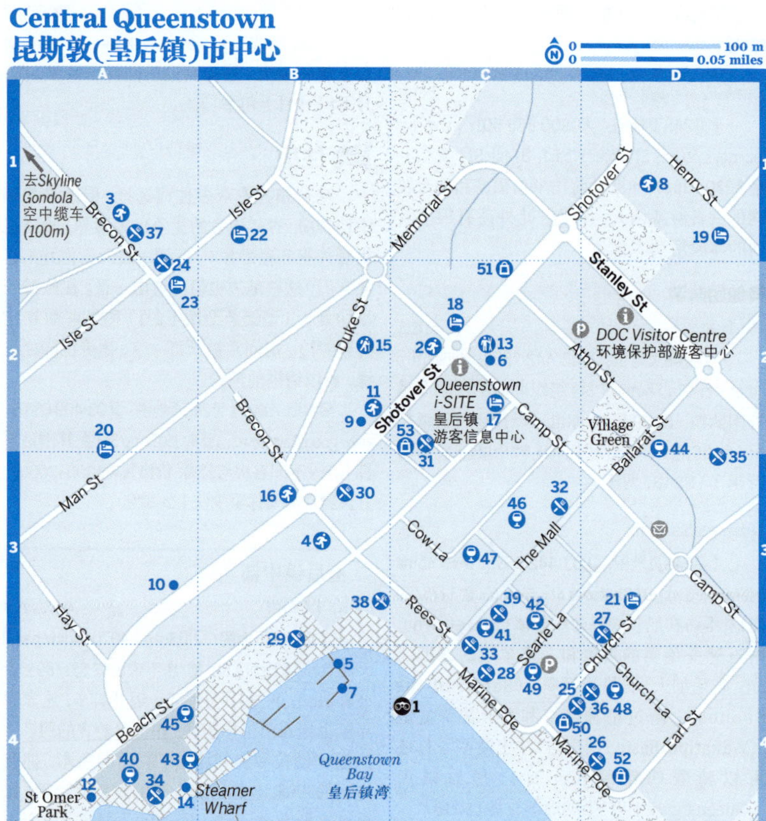

房、大型厨房、免费桑拿和一家内设的旅行社，提供的免费早餐和晚餐更为其增色。

Hippo Lodge 青年旅舍 $

（见242页地图；☎03-442 5785；www.hippolodge.co.nz；4 Anderson Heights；露营 $25，铺 $30~36，单 $50，双 带/不带浴室 $96/76起；P @ 📶）这家氛围轻松的青年旅舍略为朴素，稍显破旧，但经过了精心维护，有学生公寓的气氛，不过这里看上去要干净多了。登上相对较高的台阶后，你就可以一睹迷人的景致了。

Flaming Kiwi Backpackers 青年旅舍 $

（见242页地图；☎03-442 5494；www.flamingkiwi.co.nz；39 Robins Rd；铺/单/双 不带浴室 $35/72/82；P @ 📶）靠近镇中心的一条安静而地势平缓的街道上，坐落着这家氛围友好的青年旅舍。这里提供干净的铺房，每张床铺都配有一个储物柜。此外，旅舍还有3间厨房和不限时的Wi-Fi，前台还会为你提供一瓶防晒霜。这么来看，这里是个不错的选择。

Bumbles 青年旅舍 $

（见242页地图；☎03-442 6298；www.bumblesbackpackers.co.nz；Lake Esplanade和Brunswick St交叉路口；露营/铺/房 $30/33/72；P @ 📶）这家青年旅舍坐拥上等湖畔地段，面积虽小但床铺众多，拥有色彩艳丽的内部装饰和极为悠闲的氛围，深受旅客喜爱。所有房间都共用浴室，其后方还有一些可以露营的空间。

Sir Cedric's Southern Laughter 青年旅舍 $

（见248页地图；☎03-441 8828；www.sirce

Central Queenstown 昆斯敦（皇后镇）市中心

景点

1 海底世界观测台 C4

活动、课程和团队游

2 AJ Hackett Bungy C2
Alpine Heliski （见9）
Challenge Rafting （见2）
3 Climbing Queenstown A1
Harris Mountains Heli-Ski （见2）
4 Hush Spa B3
5 鲨鱼船 B4
6 Kiwi Discovery C2
7 Million Dollar Cruise B4
8 Mobile Massage Company D1
9 Nomad Safaris B2
NZone （见11）
10 Off Road Adventures A3
Queenstown Combos （见2）
Queenstown Paraflights （见1）
11 Queenstown Rafting B2
12 Real Journeys A4
Shotover Canyon Swing （见11）
13 Southern Lakes Heliski C2
14 "恩斯洛号"蒸汽船 A4
15 Ultimate Hikes B2
16 Vertigo Bikes B3

住宿

17 Adventure Queenstown C2
18 Goodstays C2
19 Haka Lodge D1
20 Lomond Lodge A2
21 Nomads D3
22 Sir Cedric's Southern Laughter B1
23 The Dairy A2

就餐

24 Bespoke Kitchen A2
25 Blue Kanu C4
26 Botswana Butchery D4
27 Devil Burger D3
28 Eichardt's Bar C4
29 Empanada Kitchen B3
Fergbaker （见30）
30 Fergburger B3
31 Kappa C2
32 Habebe's C3
33 Madame Woo C4
34 Public Kitchen & Bar A4
35 Rata D3
36 Sasso D4
37 Taco Medic A1
38 Vudu Cafe & Larder B3
39 Winnie's C3

饮品和夜生活

40 Atlas Beer Cafe A4
41 Ballarat Trading Company C3
42 Bardeaux C3
43 Little Blackwood A4
44 Pig & Whistle D2
45 Pub on Wharf A4
46 Rhino's Ski Shack C3
47 The Bunker C3
48 Vinyl Underground D4
49 Zephyr C4

购物

50 Artbay Gallery C4
51 Outside Sports C2
52 Vesta D4
53 Walk In Wardrobe C2

drics.co.nz; 4 Isle St; 铺 $27~32, 房 带/不带浴室 $85/75; P 📶）这家老式青年旅舍不规则地向外延伸，蹩脚的笑话布满墙面，但别就此望而却步，其实它还是极其讨人喜欢的住宿场所，友好的侍者、免费的素汤和水疗泳池至少能让你高兴起来。

YHA Queenstown Lakefront 青年旅舍 $

（见242页地图；☎03-442 8413; www.yha.co.nz; 88-90 Lake Esplanade; 铺/单/双 不带浴室 $32/70/89起; @）这家大型的滨湖青年旅舍最近进行了翻新，沿着湖畔步行10~15分钟即可置身于皇后镇的夜生活之中。

Adventure Queenstown 青年旅舍 $$

（见248页地图；☎03-409 0862; www.aqhostel.co.nz; 36 Camp St; 铺 带/不带浴室 $33/31, 双/标双 $130/150; @📶）这家青年旅舍坐落在市中心，由经验丰富的旅行家运营（这一点可以从里里外外展示着的旅行照片得知）。这里拥有一尘不染的铺房、现代化的厨房和令人艳羡的阳台。不限时上网、30个国家的国际长途电话、自行车和飞盘都是免费的。双人间拥有独立浴室，部分铺房也有。

Creeksyde Queenstown Holiday Park & Motels
假日公园 **$$**

（见242页地图；☎03-442 9447；www.camp.co.nz；54 Robins Rd；露营 $55，双不带浴室 $81，套间 $138起；🅿@📶）🍃在花园背景的映衬下，这座经过精心打理的假日公园显得格外迷人，这里有各式住宿，从小型帐篷营地到设施齐全的汽车旅馆套间，应有尽有。奇特的雕塑和伪装成中世纪烘干室（啤酒花干燥处）的洗浴楼都为这里增添了新奇的格调。

Coronation Lodge
度假屋 **$$**

（见242页地图；☎03-441 0860；www.coronationlodge.co.nz；10 Coronation Dr；双 $170~210；🅿📶）这座干净的度假屋就坐落在皇后镇花园的旁边，拥有地下停车场、豪华的床单、木质地板和土耳其小地毯，稍大的房间还配有小厨房，而前部吸引人的小型木制早餐室则会提供熟食和欧式早餐（需额外付费）。

Alexis
汽车旅馆 **$$**

（见242页地图；☎03-409 0052；www.alexisqueenstown.co.nz；69 Frankton Rd；套间 $165起；🅿📶）这家现代化的汽车旅馆位于山坡之上，从小镇出发沿着湖畔步行10分钟便可轻松抵达。设备齐全的舒适套间周到地提供立体声音响和浴袍等物品，你还可以在这里欣赏美丽的湖景。

Lomond Lodge
汽车旅馆 **$$**

（见248页地图；☎03-442 7375；www.lomondlodge.com；33 Man St；双 $145~169；🅿📶）这家中档汽车旅馆装修后变得现代化了。尽管所有房间都自带冰箱和微波炉，但不妨在花园烧烤，或使用客用厨房，以便与其他游客分享旅途中的故事。额外付费获得湖景房也很值得。

★ The Dairy
精品酒店 **$$$**

（见248页地图；☎03-442 5164；www.thedairy.co.nz；10 Isle St；单/双 $435/465起；🅿📶）该精品酒店曾是一家位于街角的商店，如今则成了拥有13间客房的豪华民宿，房间里满是上等的装饰，例如时尚的床上用品、丝质靠垫和用安哥拉山羊毛（马海毛）制成的奢华地毯。房费包括了熟食早餐和新鲜烘焙的下午茶点心。

Queenstown Park
精品酒店 **$$$**

（见242页地图；☎03-441 8441；www.queenstownpark.co.nz；21 Robins Rd；房 $360起；🅿📶）🍃白色的窗帘拂过床铺，将这座颇为时尚的酒店装饰得很是奢华。这里共有19个房间，卓越山景房（Remarkables room）拥有远眺公园、面朝山脉的阳台（没有任何湖景），而面朝空中缆车的客房则较小，但拥有后院或阳台。所有房间都配有小厨房，住客可以在前餐时取用免费的葡萄酒和小食慢慢品尝。

Historic Stone House
公寓 **$$$**

（见242页地图；☎03-442 9812；www.historicstonehouse.co.nz；47 Hallenstein St；公寓 $245起；🅿📶）这座迷人的石质楼房始建于1874年，原先是市长的寓所，如今则被改造成一个拥有3间卧室的公寓，木制的附属建筑以及后方一栋加高的大楼内还各有一套额外的带一间卧室的套间。走进其中，现代化的厨房和浴室与古老的家具相映成趣，而外面则有漂亮的花园和水疗池。

Platinum Villas
出租屋 **$$$**

（见242页地图；☎03-746 7700；www.platinumqueenstown.co.nz；96 Fernhill Rd，Fernhill；屋 $383起；🅿📶）这里有32座相同的奢华出租屋，每个都有3间卧室，不妨选择其中一栋，让自己像在家里一样自如。出租屋内拥有宽敞的开放式客厅，配备了石质大壁炉、洗衣设备与适中的车库。“湖畔”别墅并非真的位于湖边，但它们的确可以轻松地欣赏水景，而“高山”别墅则可以一窥银装素裹的山峰。

Chalet Queenstown
民宿 **$$$**

（见242页地图；☎03-442 7117；www.chaletqueenstown.co.nz；1 Dublin St；房 $245；🅿📶）这家时尚的民宿有7间指定的完美客房，其中配备了平板电视、有趣的原创艺术品和高档的床上用品。所有的房间都自带浴室，尽管其中一部分显得很小。大多数的房间还有可以欣赏美景的阳台。不妨早点抵达，要一间可以远眺湖泊的客房。

周边地区

Queenstown Top 10 Holiday Park
假日公园 **$**

（☎03-442 9306；www.qtowntop10.co.nz；

70 Arthurs Point Rd, Arthurs Point; 露营 $48, 套间 带/不带浴室 $95/85起; Ⓟ📶)🍃这座相对较小的公园可以居高远眺肖托弗河，非常适合家庭住宿，拥有不错的汽车旅馆套间，距离热闹的皇后镇也只有10分钟的车程。不妨撇下你的房车，登上著名的Shotover Jet。

Twelve Mile Delta Campsite 露营地 $

(见239页地图; www.doc.govt.nz; Glenorchy Rd, Mt Creighton; 成人/儿童 $10/5)这座环境保护部下属的露营地位于皇后镇以西12公里处，就在湖泊旁边，不仅提供平整的场地可供搭建帐篷或是停靠房车，还有无须冲洗的厕所。这里的风景优美，你甚至可以在湖畔淘金。

Little Paradise Lodge 度假屋 $$

(见239页地图; ☎03-442 6196; www.littleparadise.co.nz; Glenorchy-Queenstown Rd, Mt Creighton; 铺 $45, 房带/不带浴室 $160/140; Ⓟ)这个艺术天堂的一角不拘一格，完美地展现了瑞士和菲律宾主人的非凡视角。每个淳朴的房间都铺着木地板，装饰着独特的艺术品和手工制成的家具。在室外，精心设计的步道蜿蜒在美丽的花园之中，可谓妙趣横生。

Asure Queenstown Gateway Apartments 汽车旅馆 $$

(见239页地图; ☎03-442 3599; www.gateway.net.nz; 1066 Frankton Rd, Frankton; 单/双 $148/175起; Ⓟ📶)这座汽车旅馆坐落在机场附近的公路边(因此要比位于镇上的住宿便宜一些)，拥有一些分隔成两间卧室的公寓，并带有私人后院。如果想要安静一些，不妨要一间位于后面的套间。

Villa del Lago 公寓 $$$

(☎03-442 5727; www.villadellago.co.nz; 249 Frankton Rd, Queenstown East; 公寓 $360起; Ⓟ📶)🍃这些宽敞的公寓拥有1~3间卧室，位于公路与湖泊之间的峭壁之上，坐拥面朝湖水的露台、难以置信的美景和所有现代化设施，包括全套厨房用具、洗衣设备和煤气炉。水上出租将会停靠在私人的码头边，你也可以沿着湖泊步行20分钟，即可到达皇后镇。

Evergreen Lodge 民宿 $$$

(见239页地图; ☎03-442 6636; www.evergreenlodge.co.nz; 28 Evergreen Pl, Sunshine Bay; 房 $695; Ⓟ@📶)这家美国人经营的民宿隐秘在Sunshine Bay里，在极为私密的地段为游客提供超大的房间，能够无拘无束地坐享湖光山色。此外，这里还有附赠的啤酒、葡萄酒、桑拿，可免费使用健身房，你可以在此放松身心，远离皇后镇的喧嚣。

就餐

皇后镇中部

★ Fergbaker 面包房 $

(见248页地图; 42 Shotover St; 食物 $5~9; ⏲6:30~4:30)店中甜美的妹妹会烘焙出各种诱人的甜品。这里的大多数食物在凌晨3点畅饮啤酒的客人眼中显得很美味，不过它们在白天也魅力十足。这里的美食包括肉饼、馅料面包、丹麦点心和香蕉太妃(banoffee tarts)。如果你想品尝意大利冰激凌，不妨去隔壁的Mrs Ferg。

Taco Medic 快餐 $

(见248页地图; www.tacomedic.co.nz; 11 Brecon St; 墨西哥玉米卷 $7; ⏲11月至次年4月 11:00~21:00, 5月至10月 10:00~18:30)在Brecon St的自行车租赁点旁，这群欢乐的小伙子经营着一辆餐车，他们用美味鱼肉、牛肉、五花肉和黑豆做成的墨西哥玉米卷回馈着忠实的顾客粉丝们。来一份是小吃，来两份就是大餐了。滑雪旺季期间，他们会搬至Gorge Rd和Bowen St街角的空地上。

Empanada Kitchen 快餐 $

(见248页地图; ☎021 0279 2109; www.theempanadakitchen.com; 60 Beach St; 肉馅卷饼 $5.50; ⏲10:00~17:30)这个简陋的小亭子(你能相信就在公共厕所旁吗?)仅供应蘸有各种酱料的肉馅卷饼，但它们绝对美味可口。这里每天变换口味，包括开胃的和香甜的风味。

Habebe's 中东菜 $

(见248页地图; ☎03-442 9861; www.habebes.co.nz; Plaza Arcade, 30 Shotover St; 餐 $8~18; ⏲8:00~17:00; 🖉)具有中东风味的烤肉串、沙拉和卷饼是这里最受欢迎的美食，而浓汤和可口的馅饼(不妨试试鸡肉、紫薯和蘑菇馅饼)则与众不同。

Blue Kanu 新派新西兰菜 $$

（见248页地图；☎03-442 6060；www.bluekanu.co.nz；16 Church St；主菜 $27~39；⊙16:00至深夜）所有的波利尼西亚提基（tiki）房舍都由内而外散发着俗气？这家餐厅可不这么认为，它不仅提供美食，而且显得颇为时尚。这里的菜肴用当地的食材融合了浓郁的毛利、太平洋（Pasifika）和亚洲风味，烹调出带有异域风情的美味餐点，适合多人分享。此外，这里的服务也很不错。

Public Kitchen & Bar 新派新西兰菜 $$

（见248页地图；☎03-442 5969；www.publickitchen.co.nz；Steamer Wharf, Beach St；菜肴 $15~45；⊙9:00~23:00）这家滨水的餐厅在皇后镇刮起了一阵非正式的共享晚餐之风。不妨成群结队来到此处，点上不同分量的菜肴；特别是这里的荤菜，非常不错。

Fergburger 汉堡包 $$

（见248页地图；☎03-441 1232；www.fergburger.com；42 Shotover St；汉堡包 $11~19；⊙8:30~17:00）皇后镇著名的Fergburger如今已然成了旅游景点，迫使不少当地人为了他们硕大的美味汉堡而另寻他处。这里的汉堡始终美味可口、令人叫绝，但为一个汉堡等上30分钟是否值得由你自己决定。

Vudu Cafe & Larder 咖啡馆 $$

（见248页地图；☎03-441 8370；www.vudu.co.nz；16 Rees St；主菜 $14~20；⊙7:30~18:00）这家全球化的咖啡馆提供不错的家常烘焙餐点，配有美味的咖啡和可口的早餐。不妨坐在室内的餐桌边欣赏人少时皇后镇的巨幅画卷，或是径直来到后花园欣赏湖光山色。

Devil Burger 汉堡 $$

（见248页地图；www.devilburger.com；5-11 Church St；主菜 $10~20；⊙10:00~16:00；☑）Ferg，当心了，在皇后镇的汉堡大战中，你多了一个竞争对手。这个新到街头的"小鬼头"还制作可口的卷饼，不妨试试宿醉之后极其饱腹的"蒙羞之旅"卷饼，其中基本上塞进了一顿丰盛的熟食早餐。

Eichardt's Bar 西班牙小吃 $$

（见248页地图；www.eichardtshotel.co.nz；1-3 Marine Pde；早餐 $16~18，午餐 $25~26，西班牙小吃 $7.50~12；⊙7:30至深夜）优雅而不古板，这家附属于Eichardt's Private Hotel的小型酒吧是你远离街头喧嚣的完美场所。食物方面，西班牙小吃是这里的头牌，尽管这里的选择并非特别西班牙式，但都十分美味。

Bespoke Kitchen 咖啡馆 $$

（见248页地图；☎03-409 0552；www.facebook.com/Bespokekitchenqueenstown；9 Isle St；主菜 $11~19；⊙7:30~17:00；📶）Bespoke坐落在光线充足的街角，位于镇中心与空中缆车之间，提供你能期待的一家新西兰精致咖啡馆所能供应的一切。这里有着丰盛的柜台美食、精美烹饪的熟菜、免费Wi-Fi，当然还有香醇的咖啡。

Madam Woo 马来西亚菜 $$

（见248页地图；☎03-442 9200；www.madamwoo.co.nz；5 The Mall；主菜 $16~32；⊙正午至深夜；👪）这家餐馆用有趣的中国和马来西亚街头小食招揽顾客，提供许多可以分享的美味小吃：馄饨、蒸饺和油腻的肉卷，还有分量较大的菜肴：仁当牛肉（beef rendang）、鸭肉沙拉和辣味大虾（sambal prawns）。孩子和保有童心的成人一样会在为菜单涂色中找到乐趣。

Sasso 意大利菜 $$

（见248页地图；☎03-409 0994；www.sasso.co.nz；14 Church St；主菜 $26~36；⊙16:00~23:00）这栋石屋建于1882年，无论你是蜷缩在其中的一处壁炉旁，还是在夏夜星空下坐在前方露台的桌边，这家上等的意大利餐厅最不缺乏的便是氛围。可喜的是，这里的食物非常不错。

Winnie's 比萨 $$

（见248页地图；www.winnies.co.nz；L1, 7 The Mall；主菜 $18~29；⊙正午至深夜；📶）半酒吧半餐厅的Winnie总是十分繁忙。这里提供泰国、墨西哥和摩洛哥风味的比萨，还有分量十足的汉堡、意大利面和牛排，配上丰盛的酒精饮品，让你始终保持高昂的情绪。温暖舒适的晚上，餐厅的整个屋顶都会开放，而派对也会在此继续。

Kappa

日本菜 $$

（见248页地图；☎03-441 1423；L1, 36a The Mall；午餐 $11~17，晚餐 $16~20；⏰周一至周六 正午至14:30和17:30至深夜）不妨试试能否在狭小的阳台上找到一处座位，这样你就能一边看着商场里往来的顾客，一边喝着米酒（sake）或日式啤酒，品尝居酒屋（izakaya）风格的菜肴（在你喝酒时提供食物和小吃）。这里菜肴不多，但很精致，非常美味。

Rata

新派新西兰菜 $$$

（见248页地图；☎03-442 9393；www.ratadining.co.nz；43 Ballarat St；主菜 $36~42，2/3道菜午餐 $28/38；⏰正午至23:00）在位于伦敦、纽约和洛杉矶的餐厅相继获得米其林星级之后，主厨兼店长乔西·埃梅特（Josh Emett）将其出类拔萃，但却朴实得令人惊叹的餐厅带回了家，也就是这家位于小巷中不拘礼节的上等餐馆。当地的植被成了这里的背景，它们装饰着窗户的边缘，还出现在大幅风景壁画中。菜单很薄，却展示着新西兰最佳的时令农产品。

Botswana Butchery

新派新西兰菜 $$$

（见248页地图；☎03-442 6994；www.botswanabutchery.co.nz；17 Marine Pde；主菜 $38~53；⏰正午至23:00）这里拥有迷人的湖景和优雅的装饰，而丰富的菜单上大多（但不全）都是荤菜，葡萄酒的品种也极为丰富。售价$15的快捷午餐（Express Lunch）是不错的选择。

周边地区

Boat Shed

咖啡馆 $$

（见239页地图；☎03-441 4146；www.boatshedqueenstown.com；Sugar Lane, Frankton；主菜 $12~25；⏰8:00~17:00）这家不错的小咖啡馆占据着历史悠久的新西兰铁路（NZ Railways）运输办事处，就位于湖泊旁，供应摆盘精美的美味早餐以及鹿肉培根夹心汉堡等午餐。如果你在湖边的小道上骑车或徒步，这里是绝佳的休息补给站。

Sherwood

新派新西兰菜 $$

（见239页地图；☎03-450 1090；www.sherwoodqueenstown.nz；554 Frankton Rd, Queenstown East；早午餐 $9~16，晚餐 $20~30；⏰7:00至深夜）尽管坐落在仿都铎式（Tudor）的度假村中心，有极其复杂的葡萄酒水单，这家时尚的餐厅非常值得你跋涉3公里，从镇中心远道而来。这里的菜肴相对简单，但都经过精心烹制，包括鸡肉、三文鱼、文火炖羊肉（slow-cooked lamb）和无骨牛肉条（skirt steak），并且会和素菜搭配起来，适合分享。

Wakatipu Grill

欧洲菜 $$$

（见239页地图；☎03-450 9400；www.queenstownhilton.com；Hilton Queenstown, Peninsula Rd, Kelvin Heights；主菜 $34~40；⏰18:00~23:00）希尔顿酒店的大型建筑坐落在湖畔的卡瓦劳河河口，而拜访其特色餐厅的乐趣之一便是搭乘水上出租远航8公里。正如店名所暗示的那样，这里的菜单上总有不错的牛排选择，还有更多源自当地的鱼肉和羊肉菜肴。

Gantley's

新派新西兰菜 $$$

（☎03-442 8999；www.gantleys.co.nz；172 Arthurs Point Rd, Arthurs Point；主菜 $40~44；⏰18:00~22:00）虽然该餐厅距离皇后镇7公里，但深受法国影响的菜肴和备受推崇的葡萄酒会让你不虚此行。这座石木混搭的房屋建于1863年，好似路边的小餐馆，你可以在此收获氛围浓郁的就餐体验。如果你喜欢大快朵颐，不妨试试6道菜的品鉴套餐（$90）。

饮品和夜生活

即便是在周一和周二的晚上，皇后镇也有众多夜间畅饮的去处。然而，为了防止醉酒和不文雅的行为，许多场所会在凌晨2:00之后实行单向开门政策，这意味着只出不进。

几家公司运营有组织的酒馆联盟，你可以凭手环一路享受优惠的饮品、赠品和游戏带来的热闹之夜。如果有兴趣，不妨留意小镇周边青年旅舍和酒吧内的广告。

Zephyr

酒吧

（见248页地图；☎03-409 0852；www.facebook.com/zephyrqt；1 Searle Lane；⏰20:00至次日4:00）就像其他类似场所那样，这家皇后镇最为时尚的独立摇滚乐酒吧坐落在一条后巷里的破旧地下室中。这里有一张备受欢迎的台球桌，还有常驻的现场乐队。

Atlas Beer Cafe 酒吧

（见248页地图；☎03-442 5995；www.atlasbeercafe.com；Steamer Wharf, Beach St；⊙10:00至深夜）这家小型的酒吧位于Steamer Wharf的尽头，主要供应来自达尼丁Emerson's Brewery和皇后镇Altitude的啤酒，以及更远地区时常供应的客座佳酿。这里还提供物有所值的餐点，包括不错的英式早餐和简易丰盛的美食，例如牛排、汉堡、帕尔马干酪鸡肉（chicken parmigiana），堪称皇后镇最好的餐馆之一（主菜$10~20）。

Ballarat Trading Company 小酒馆

（见248页地图；☎03-442 4222；www.ballarat.co.nz；7-9 The Mall；⊙11:00至次日4:00）抛开不拘一格的装饰（毛绒玩具熊、挂满墙面的鸭子），这里还是颇为传统的酒馆，拥有闪闪发光的桶装啤酒、翻唱乐队、播放体育赛事的电视、竞猜之夜和丰盛的餐点，偶尔还会回荡起20世纪80年代的音乐。

Pub on Wharf 小酒馆

（见248页地图；☎03-441 2155；www.pubonwharf.co.nz；88 Beach St；⊙10:00至深夜；📶）极其时尚的室内设计将漂亮的木制品与灯光完美地融合在了一起，颇有隐秘嬉皮士的感觉，而仿制的羊头则会提醒你，自己还身处新西兰。桶装的Mac's啤酒、美味的小食和不错的葡萄酒让这里成了共度良宵的绝佳场所。酒吧每晚都有现场音乐，偶尔还有喜剧表演。

Vinyl Underground 酒吧

（见248页地图；www.facebook.com/Vinylundergroundqt；12 Church St；⊙18:00至次日2:00）走进地下世界，来到World Bar的地下空间，感受摆满了乐队海报、专辑封面和主持人罗恩·勃良第（Ron Burgundy）巨大肖像的场所，魅力非凡。周日有现场乐队表演，周一是开放音乐之夜，而其他时候则有DJ助阵。此外，玩一把"数鲍伊照片"（count the Bowie pictures）也很有趣，我们找到到了5张。

The Bunker 鸡尾酒吧

（见248页地图；☎03-441 8030；www.thebunker.co.nz；14 Cow Lane；⊙17:00至次日4:00）这家精致的小酒吧固执地选择了楼上而不是楼下作为营业场所，若是墙上的照片可以证明些什么的话，这里明显将自己视为肖恩·康纳利（Sean Connery）所扮演的詹姆斯·邦德（James Bond）可能经常光顾的那种场所。最好的去处莫过于屋顶天台，那里摆着沙发和放映着经典电影的大电视机。冬天还会有火炉。

Little Blackwood 鸡尾酒吧

（见248页地图；☎03-441 8066；www.littleblackwood.com；Steamer Wharf；⊙15:00至次日1:00）这里拥有贴着地铁瓷砖的墙面、有趣的艺术品和身着条纹衬衫的服务生，看上去就像传统的海员，可能还会听到两声"Allo"（你好）！这家迷人的鸡尾酒吧是Steamer Wharf商业建筑群中奇特元素的有益补充，比听起来还要时尚，而这里的鸡尾酒也很不错。

Pig & Whistle 小酒馆

（见248页地图；☎03-442 9055；www.pigandwhistlepub.co.nz；41 Ballarat St；⊙11:00至午夜；📶）这家英式酒馆拥有17种啤酒，8个电视大荧幕以及可供细细咀嚼的大块肋排，是你观看橄榄球、聆听翻唱音乐，或是在竞争激烈的周二竞猜之夜测试实力的好地方。

Rhino's Ski Shack 酒吧

（见248页地图；☎03-441 3329；www.rhinosskishack.com；8 Cow Lane；⊙6月至9月 15:00至深夜，10月至次年5月 17:00至次日2:00）Rhino's是一家氛围浓郁的地下室酒吧，堪称皇后镇上喜爱嘻哈文化、嬉皮士和滑雪运动首屈一指的场馆，供应各种精酿啤酒、桶装的Rhino's啤酒（$5）和比萨。动物皮毛以及滑雪板摆满了利用回收木材打造的墙面，颇有一种参加完滑雪运动后的乡村感觉。

Bardeaux 葡萄酒吧

（见248页地图；☎03-442 8284；www.goodgroup.co.nz；Eureka Arcade, Searle Lane；⊙15:00至次日4:00）这家低调的小型葡萄酒吧看上去就像一个洞穴，但这里的一切都是经典。低矮的屋顶下摆放着豪华的真皮扶手椅，还有用奥塔戈中部片岩制成的壁炉。这里的葡萄酒出类拔萃，几瓶葡萄酒的价格甚至达到了4位数。

☆ 娱乐

不妨拿一份《消息》(*The Source*; www.facebook.com/SourceNZ),这是一份每月一期的免费小册子,载有现场演出指南和活动列表。

Sherwood 现场音乐

(见239页地图; ☎03-450 1090; www.sherwoodqueenstown.nz; 554 Frankton Rd, Queenstown East)这里既是享用餐点和饮品的绝佳场所,也迅速成为皇后镇上拜访乐师的必去地方。许多新西兰的大牌明星都曾在此表演,不妨登录网站了解即将上演的现场演出。

Kiwi Haka 传统音乐

(见242页地图; ☎03-441 0101; www.skyline.co.nz; Skyline; 成人/儿童 不含空中缆车 $39/26)为了体验传统毛利文化,不妨前往空中缆车的顶部,欣赏一场长达30分钟的演出。通常每晚有3场表演,需提前预约。

购物

★ Vesta 工艺品

(见248页地图; ☎03-442 5687; www.vestadesign.co.nz; 19 Marine Pde; ⊙10:00~18:00)店里摆着有趣的版画、油画、玻璃艺术品和礼品,展现了新西兰工艺品时尚的一面。Vesta坐落在始建于1864年的Williams Cottage之中,是皇后镇上最古老的房舍。即便只是去看看20世纪30年代的墙纸和20年代的花园也很值得。

Artbay Gallery 艺术品

(见248页地图; ☎03-442 9090; www.artbay.co.nz; 13 Marine Pde; ⊙周一至周三 11:00~18:00, 周四至周日 至21:00)滨湖的共济会会堂(Freemason's Hall)建于1863年,而Artbay就坐落在这栋迷人的建筑中。即便你不会花数千块买一个精心雕刻的公羊头骨,这里也是值得你仔细观赏的有趣场所。店内展示着新西兰当代艺术家的作品,其中大多数作者都与该地区有着千丝万缕的联系。

Walk In Wardrobe 服装

(见248页地图; ☎03-409 0190; www.thewalkinwardrobe.co.nz; Beech Tree Arcade, 34 Shotover St; ⊙周二和周三 10:00~18:00, 周四至周一 至20:30)得益于富有的旅客在离开前的扫货,这家"二手时装精品店"是搜寻便宜时装的绝佳去处。大多数货架上摆满了女装。

实用信息

环境保护部游客中心(DOC Visitor Centre; 见248页地图; ☎03-442 7935; www.doc.govt.nz; 50 Stanley St; ⊙8:30~17:00)来此领取路特本步道和偏远小屋通行证的预约确认,获取最新的天气和步道信息,这里还可以根据你的水平提供个性化的建议。

邮局(见248页地图; ☎0800 501 501; www.nzpost.co.nz; 13 Camp St; ⊙周一至周五 9:00~17:00, 周六 10:00~14:00)

皇后镇游客信息中心(见248页地图; ☎03-442 4100; www.queenstowninformation.com; Shotover和Camp St交叉路口; ⊙8:30~19:00)尽管经常有些混乱,但这里氛围友好,提供不少实用信息,友善的工作人员可以为你帮忙预订,并提供皇后镇、吉布斯顿、海斯湖、箭镇和格林诺奇的信息。

到达和离开

飞机

新西兰航空(Air New Zealand; ☎0800 737 000; www.airnewzealand.co.nz)提供从奥克兰、惠灵顿和基督城飞往皇后镇的航班。**捷星航空**(Jetstar; ☎0800 800 995; www.jetstar.com)也有飞向奥克兰的航线。

不少航空公司在澳大利亚的旅游目的地,包括布里斯班、黄金海岸、悉尼和墨尔本提供前往皇后镇的直飞航班。

长途汽车

Alpine Connexions(☎03-443 9120; www.alpineconnexions.co.nz)提供往返卡德罗纳($35, 55分钟, 每天2班)、瓦纳卡($35, 1小时15分钟, 每天4班)、克伦威尔($25, 1小时, 每天4班)、亚历山德拉(Alexandra; $35, 1.75小时, 每天2班)和达尼丁($45, 4小时30分钟, 每天1班)的长途汽车。

Atomic Shuttles(☎03-349 0697; www.atomictravel.co.nz)每天提供1班长途汽车往返克伦威尔($15, 55分钟)、奥玛拉玛($30, 2小时15分钟)、特威泽尔($30, 3小时15分钟)、特卡波湖($30, 3小时45分钟)和基督城($50, 7小时)。

Catch-a-Bus South（☎03-479 9960；www.catchabussouth.co.nz）大多数日子里都运营来自因弗卡吉尔（$55，2小时45分钟）和布拉夫（Bluff；$70，3小时15分钟）的长途汽车，此外还有每周2班途经戈尔（Gore；$56，2小时45分钟）的汽车。

Connect Wanaka（☎0800 405 066；www.connectabus.com）每天2班往返瓦纳卡（$35，1小时30分钟）。

InterCity（☎03-442 4922；www.intercity.co.nz）提供每天1班的长途客车往返瓦纳卡（$17起，1小时30分钟）、弗朗兹约瑟夫（$62起，8小时）、达尼丁（$24起，4小时45分钟）和因弗卡吉尔（$48，3小时），以及每天2班前往基督城的长途汽车（$55起，8小时30分钟至11小时30分钟）。

Naked Bus（www.nakedbus.com；不固定票价）每天2班前往瓦纳卡的长途汽车（1小时15分钟），1班前往克伦威尔（1小时）、蒂阿瑙（2小时45分钟）、弗朗兹约瑟夫（5小时30分钟）和基督城（9小时）。

徒步游客与滑雪游客的交通

Buckley Track Transport（☎03-442 8215；www.buckleytracktransport.nz）提供皇后镇往返路特本步道、绿石步道起点处的交通服务。

Info & Track（☎03-442 9708；www.infotrack.co.nz；37 Shotover St；⏰7:30~21:00）在徒步旺季，这家公司提供前往路特本、绿石和凯波斯步道起点的运输服务。冬天，它则投身于滑雪事业，转而提供前往卡德罗纳和三锥山滑雪场的交通。

NZSki Snowline Express（www.nzski.com；往返 $20）在滑雪季的8:00~11:30，接驳车会从Duke St的滑雪中心（Snow Centre）外出发，前往皇冠峰和卓越山，每隔20分钟1班。13:30起，返程的巴士人满发车。16:00~19:00，他们还会为前往皇冠峰进行夜间滑雪的游客整点发车，返回的汽车从17:30开始运营到21:30，每小时1班。

Trackhopper（☎021-187 7732；www.trackhopper.co.nz；$230起，另加油费）提供便捷的租车服务，你可以在路特本、绿石、凯波斯和米尔福德步道中任意一处还车。

Tracknet（☎03-249 7777；www.tracknet.net）在徒步旺季期间，这家总部位于蒂阿瑙的公司提供连接皇后镇与路特本、绿石、凯波斯、凯普勒、霍利福德和米尔福德步道之间的交通服务。

 当地交通

抵离机场

皇后镇机场（Queenstown Airport，简称ZQN；见239页地图；☎03-450 9031；www.queenstownairport.co.nz；Sir Henry Wrigley Dr，Frankton）位于镇中心以东7公里处。**Queenstown Taxis**（☎03-450 3000；www.queenstown.bluebubbletaxi.co.nz）和**Green Cabs**（☎0508 447 336；www.greencabs.co.nz）出租车从机场进城收费为单程$40~45，但返程仅为$35~40。

Alpine Connexions（见255页）拥有按时发车的长途汽车，往返皇后镇（$5，15分钟，每天4班）、克伦威尔（$25，50分钟，每天1班）和瓦纳卡（$25起，1小时，每天4班）。

Connectabus（☎03-441 4471；www.connectabus.com）11路公共汽车（成人/儿童 $13/8）每天6:50至23:00，每隔15分钟往返于机场与皇后镇的Camp St之间。此外，还提供前往瓦纳卡的班车（$35/20）服务，每天2班。

Super Shuttle（☎0800 748 885；www.supershuttle.co.nz；车费 $20）在皇后镇上下客。

公共交通

Connectabus有着用颜色标记的线路，最远可达Sunshine Bay、Fernhill、Arthurs Point、弗兰克顿和箭镇。一日票（成人/儿童 $33/17）允许游客在整个公交网络中搭乘汽车，不妨在皇后镇游客信息中心拿一份线路图和时刻表。公共汽车从Camp St驶离。

昆斯敦（皇后镇）周边（AROUND QUEENSTOWN）

格林诺奇及周边（Glenorchy & Around）

人口 360

袖珍的格林诺奇坐落在令人难忘的秀美景色之中，是对皇后镇高调生活的完美排解。越来越多的探险活动运营商会用皮划艇、骑马或喷气快艇，让你在湖泊和附近的山村中忙得不亦乐乎。如果你喜欢用双腿开道，那么

瓦卡蒂普湖北端的崇山峻岭中有南岛最好的一些徒步地点。

车子性能不错的旅行者不妨探索一下格林诺奇北部的雄伟山谷。**Paradise**位于小镇西北方15公里处，就在Dart Track的起点前。别因名字而期望过高（paradise直译为天堂），Paradise只是一个小牧场，但那里的碎石路穿过美丽的牧场，映衬着周围宏伟的群山。当电影《指环王》（*The Lord of the Rings*）中的场景为艾辛格（Isengard）和罗斯洛立安（Lothlórien）时，你可能会认出它来。

活动

几乎所有的活动组织者都会提供往返皇后镇的班车，但需要支付一小笔费用。这里提供的其他活动包括农场团队游、飞钓（fly fishing）、摄影导览游和烹饪教学；详情请咨询皇后镇游客信息中心（见255页）。

徒步/步行

环境保护部制作的小册子《瓦卡蒂普湖湖口》（*Head of Lake Wakatipu*）和《瓦卡蒂普湖步道》（均为$5，或免费下载）详细介绍了在路特本山谷（Routeburn Valley）、思尔文湖（Lake Sylvan）、Dart River与Lake Rere步道上进行一日徒步游的信息。最好的两段短途步道是位于路特本步道起点处的**路特本天然步道**（Routeburn Nature Walk；1小时），以及**思尔文湖步道**（Lake Sylvan tramp；1小时40分钟）。

另一个不错的选择是**格林诺奇步道**（Glenorchy Walkway），起点位于镇中心，环绕着格林诺奇潟湖（Glenorchy lagoon）而行，并在沼泽地带铺设了木板路。步道分为南环（Southern Circuit；30分钟）和北环（Northern Circuit；1小时），沿途设有大量座椅，绝佳的位置可供游客远眺湖光山色。

在你启程开始任何一段长距离徒步前，不妨致电位于皇后镇（见255页）或蒂阿瑙（见281页）的环境保护部，了解最新的步道路况，并购买详尽的地图。另一个不错的信息来源则是Lonely Planet出版的《在新西兰徒步与步行》（*Hiking & Tramping in New Zealand*）。

想要在徒步途中享用餐点和零食，不妨在皇后镇上的杂货店中置备妥当。徒步旺季期间（10月下旬至次年3月），步道上的交通需求很大，试着提前预订，而许多当地的住所则会提供前往步道起点的交通服务。

★ 路特本步道 徒步

（Routeburn Track；www.doc.govt.nz）路特本步道全长32公里，沿途景色秀丽、景点众多，走完全程需要2~4天，是新西兰境内最受欢迎的雨林/亚高山带步道之一。新西兰指定的9大“顶级步道”（Great Walks），路特本步道榜上有名，许多徒步客还将之评为其中的最佳步道。

一路上，你将邂逅犹如镜面的山中小湖、汩汩的溪流、生长着茂盛苔藓的林中仙境、崎岖陡峭的山景、虬结的树木和长长的胡须地衣恣意蔓延。

你可以从步道的任何一端开始步行，但我们认为，如果你从分水岭（the Divide）启程，风景将会更好。距离分水岭的不远处有一段全程1小时的便道备受推崇，它会带你前往**钥匙峰**（Key Summit），你可以从那里欣赏到霍利福德山谷（Hollyford Valley）、埃格林顿山谷（Eglinton Valley）与绿石河谷（Greenstone River Valley）的全景。路特本步道中难度最大的部分莫过于攀登**哈里斯山坳**（Harris Saddle）。如果你在那里仍有余力，不妨继续徒步，绕行1.5~2小时登上陡峭的**Conical Hill**。若是天气晴朗，甚至可以看到此起彼伏的海浪拍打远在西岸区的Martins Bay，但要是在多云或风大的日子里，此行就不值得了。

持续增加的接待压力使步道在徒步旺季引入在线预约系统显得尤为必要，它涵盖了路线上的所有小屋和露营地。你需要前往皇后镇或者蒂阿瑙的环境保护部游客中心领取纸质门票，无论是在出发前或是当天均可。旺季之外并不强制要求预约，但你还是得来到环境保护部游客中心，购买小屋或露营地门票。步道沿途共有4座简易木屋：Lake Howden、Lake Mackenzie、Routeburn Falls和Routeburn Flats。Lake Mackenzie与Routeburn Flats的小屋附近都有露营地。另一个选择则是参加由

Routeburn, Greenstone & Caples Tracks
路特本、绿石和凯波斯步道

Ultimate Hikes（见259页）组织的导览徒步游，可住在沿途豪华的度假屋中。

冬天，路特本步道依旧照常开放。然而，我们不建议非专业的徒步客在雪后穿越高山地带，因为这需要一定的冬季登山技巧。在Lake Howden和Routeburn Falls小屋之间的地带，共有32条雪崩坡道，而且直到春季依然存在雪崩的危险。始终记得向环境保护部询问步道状况。

步道两端有停车场，但都无人照管，所以不要将任何贵重物品遗留在车内。这里有很多前往步道的接驳车，很多人选择在参加完米尔福德峡湾团队游后，从分水岭处下车，开始他们的徒步，或者计划好时间，在步行结束后赶上一班驶向米尔福德峡湾的长途汽车。

路线	时间（小时）
Routeburn Shelter至Flats Hut	1.5~2.5
Flats Hut至Falls Hut	1~1.5
Falls Hut至Lake Mackenzie Hut	4.5~6
Lake Mackenzie Hut至Howden Hut	3~4
Howden Hut 至分水岭	1~1.5

绿石步道和凯波斯步道

徒步

（Greenstone Track & Caples Track; www.doc.govt.nz; Greenstone Station Rd）这两条步道沿着蜿蜒的河流，穿过草木丰茂而平静祥和

的山谷，形成一个圈，许多远足者在此进行4~5天的徒步。沿途的简易木屋有Mid Caples Hut、McKellar Hut和Greenstone Hut，这些山中度假屋的通票需要提前购买。

两条步道都与路特本步道相交，你既可以沿着路特本步道的末端抵达分水岭，也可以（如果你已经提前预订）回到格林诺奇一侧的山中。从McKellar Hut出发，你可以步行2~3小时抵达路特本步道上的Howden Hut，它距离分水岭只有1小时的行程。

你可以从绿石码头（Greenstone Wharf）进入绿石步道和凯波斯步道，并在附近找到无人看管的停车场。

路线	时间（小时）
绿石码头至Mid Caples Hut	2~3
Mid Caples Hut至McKellar Hut	6~7
McKellar Hut至Greenstone Hut	4.5~6.5
Greenstone Hut至绿石码头	3~5

其他活动

Dart Stables 骑马

（☎03-442 5688；www.dartstables.com；Coll St）这里提供许多骑马导览游，带你穿过彼得·杰克逊导演的改编自托尔金的作品《指环王》中许多熟悉的地点，包括2小时的“河边狂野之旅”（River Wild；$145）、1.5小时的“指环王之旅”（Ride of the Rings；$165）以及持续1小时的“霍比特探险游”（Hobbits' Hack；$85）。如果你真的热衷骑马，而且是一名合格的高水平骑手，不妨考虑一下3小时的“三部曲环游”（Trilogy Loop；$185）。

Skydive Paradise 冒险运动

（☎03-442 8333；www.skydiveparadise.co.nz；Glenorchy Airfield，Glenorchy-Queenstown Rd；3660~4570米跳伞 $335~409）在这个星球最壮丽的景致上空体验双人跳伞。

Heli Glenorchy 观光飞行

（☎0800 435 449；www.heliglenorchy.co.nz；Mull St）如果开车从格林诺奇到米尔福德峡湾，可能要花费一天中最美好的时光，但搭乘直升机只要15分钟。这里提供时长3小时的“空—海—空”米尔福德峡湾套餐（Milford Sound heli-cruise-heli package；$795），你可以在旷野处落地，以便在掠过群山前，步行最后的11公里，来到著名的米尔福德步道（$850）。

团队游

Ultimate Hikes 步行游览

（☎03-450 1940；www.ultimatehikes.co.nz；⏲11月至次年4月）如果你坚持舒适感与冒险精神并重，那么Ultimate Hikes提供的为期3天的路特本步道导览徒步游（$1325起），还有为期6天、结合了路特本步道与绿石步道的“大穿越”（Grand Traverse；$1760起），以及为期8天、结合了路特本步道和米尔福德步道的经典徒步游活动（$3355起）都很适合你。行程费用涵盖从皇后镇出发的交通费、餐费和居住在设施完备的小屋中的住宿费。

此外，这里还提供持续1天的路特本邂逅游（Routeburn Encounter；$179）。

Dart River Wilderness Jet 乘船游

（☎03-442 9992；www.dartriver.co.nz；45 Mull St；成人/儿童 $229/129；⏲9:00和13:00出发）组织旅行团前往风景壮美的旷野深处，包括一小段步行穿过海滩树林和乡村道路的远足，而从格林诺奇出发的环游将会持续3小时。此外，这里还提供喷气快艇之旅，可以乘坐充气的3艘“喷气船”（funyak；8:30出发，成人/儿童 $329/229）进行的溪流速降。票价包括皇后镇的接送费，在每次开船1小时前出发。

Private Discovery Tours 自驾游

（☎03-442 2299；www.privatediscoverytours.co.nz；半/全天 $185/395）组织四驱车团队游活动，带你穿过南岛腹地的牧羊场，它位于Earnslaw和Alfred两座高山之间的偏远山谷中，沿途还有许多电影中的“中土世界”场景。票价中包括在皇后镇接送的费用。

食宿

Kinloch Lodge 度假屋 $$

（☎03-442 4900；www.kinlochlodge.co.nz；

Kinloch Rd; 铺 $35, 双 带/不带浴室 $159/95起; @ 📶) 从格林诺奇出发，穿过瓦卡蒂普湖（陆路26公里，坐船5分钟），你就可以来到这座偏远而迷人的度假屋了，这里始建于1868年，对外出租山地自行车，提供导览皮划艇之旅，并可接送游客至步道起点。“遗迹客房”（Heritage Rooms）虽小但很时尚，拥有共用的浴室。国际青年旅舍（YHA）协会下属的青年旅舍房间色彩斑斓，很是舒适，而且还有一个热水浴缸，让你在徒步后放松身心。

这里的咖啡馆酒吧终年提供午餐，夏季提供可点菜的晚餐，冬季则有晚餐套餐。

Glenorchy Lake House 民宿 $$$

（☎03-442 4900; www.glenorchylakehouse.co.nz; Mull St, Glenorchy; 房/屋 $295/495; 📶）经历了一天的徒步后，不妨在这家精品民宿的水疗池中放松身心，就位于不错的商栈（Trading Post）咖啡馆旁。两间客房配备了埃及棉床单、平板电视机和不错的卫浴用品。你也可以选择包含前往路特本和绿石步道交通费用的套餐。

Glenorchy Cafe 咖啡馆 $$

（GYC; ☎03-442 9978; 25-27 Mull St, Glenorchy; 主菜 $10~20, 比萨 $25; ⏲1月至4月 周日至周四 9:00~17:00, 周五和周六 至21:00, 5月至12月 周日至周五 10:00~16:30, 周六 至21:00）不妨在这家迷人的小木屋后方挑一张阳光明媚的桌子，享用英式早餐、三明治和浓汤。晚上，坐进咖啡馆内，在奇特的灯饰下品尝比萨和啤酒。

实用信息

格林诺奇信息中心和商店（Glenorchy Information Centre & Store; ☎03-409 2049; www.glenorchy-nz.co.nz; 42-50 Mull St, Glenorchy; ⏲8:30~18:00）这家小店紧挨着Glenorchy Hotel，是你了解最新天气和步道信息的不错来源。此外，这里出租钓竿和山地自行车。不妨要一张在附近瓦卡阿利自然保护区（Whakaari Conservation Area）进行徒步或骑山地自行车的道路地图。

到达和离开

格林诺奇位于瓦卡蒂普湖的湖口，从皇后镇出发向西北方行驶40分钟（46公里）便可到达，沿途风景秀丽。尽管绵延的群山让自行车手头痛不已，但辽阔的风景和碧玉色的湖水还是让这段柏油马路显得风景怡人。这里没有长途汽车，但在徒步旺季（10月下旬至次年3月）期间为徒步游客提供接驳车（见256页）。

格林诺奇有一处加油站，但不妨在你离开皇后镇前加满便宜的汽油吧。

箭镇（Arrowtown）

人口 2450

箭镇在19世纪60年代箭河（Arrow River）发现黄金后发展了起来，来自皇后镇的一日游旅行者非常喜欢这座古色古香的小镇。如今，小镇的迷人街道两旁树木林立，保留着60多座淘金时期的建筑原貌，但现在值得夸耀的只有日益扩张的时尚商店中，人们手中挥舞着的信用卡了。

与其加入大量的一日游旅客阵营，不如考虑将箭镇作为探索皇后镇与周边广袤地区的大本营。如此一来，在团队游巴士匆匆撤离返回皇后镇时，你还可以感受这里的历史与魅力，还有无与伦比的餐馆，

在箭镇周边的高地，令人兴奋的事情俯拾皆是。音乐制作人米特·兰格[Mutt Lange; 因与AC/DC乐队、汽车合唱团（the Cars）和仙妮亚·唐恩（Shania Twain）合作的作品而闻名遐迩，他曾娶仙妮亚为妻]在箭镇和瓦纳卡之间拥有一片广阔的土地，并购买了4座牧羊场，占地面积达555平方公里。2014年，为了为后代保护这片土地，兰格通过伊丽莎白女王二世国家信托（QEⅡ National Trust）在这里设定了一项义务，并开展了一场根除害虫和修复环境的大规模运动。还有一些措施有待实施，包括建造一座讲解中心，并通过建设步道改善公众进入此地的条件——几乎与成立一座私人的国家公园无异。这里值得关注。

景点

湖区博物馆和美术馆 博物馆

（Lakes District Museum & Gallery; www.museumqueenstown.com; 49 Buckingham St; 成

Arrowtown 箭镇

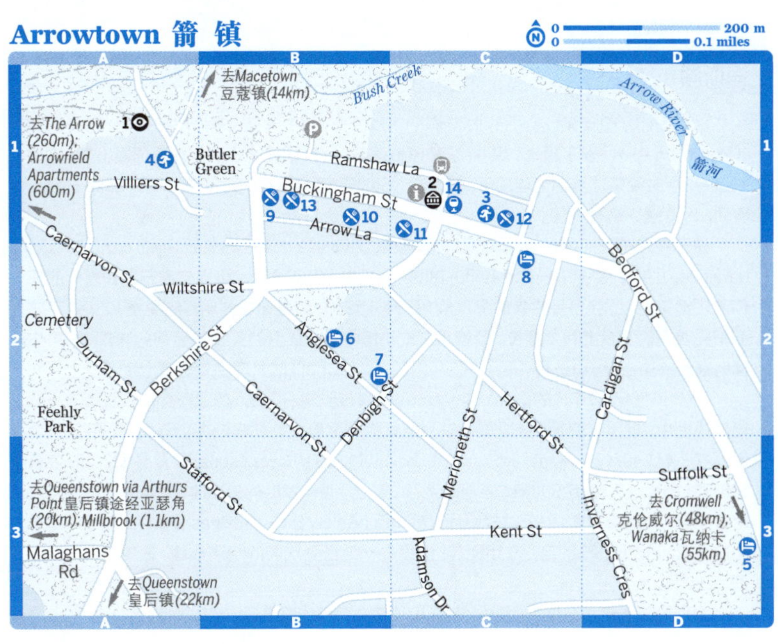

Arrowtown 箭镇

景点

1 华人定居点 A1
2 湖区博物馆和美术馆 C1

活动、课程和团队游

3 Arrowtown Bike Hire C1
4 Dudley's Cottage A1
Queenstown Bike Tours .... （见4）

住宿

5 Arrowtown Born Of Gold D3
6 Arrowtown Lodge B2
7 Old Villa B2
8 Shades of Arrowtown C2

就餐

9 Arrowtown Bakery B1
10 Chop Shop B1
11 La Rumbla C1
12 Provisions C1
13 Saffron B1

饮品和夜生活

Blue Door .... （见13）
14 Fork & Tap C1

娱乐

Dorothy Browns .... （见13）

人/儿童 $10/3; ⌚8:30~17:00）这里拥有介绍淘金热时期以及箭镇周围华人定居点早期风貌的展览。年轻的游客可以享受博物馆的趣味活动套餐（Museum Fun Pack; $5），包括活动列表、博物馆珍品猎奇、绿岩和一些黄金小颗粒。你也可以在这里借淘洗盘，在箭河上淘金（$3）试试运气——在远离镇中心的地方发现金子踪迹的可能性较大。

华人定居点 古迹

（Chinese Settlement; Buckingham St; ⌚24小时）免费箭镇有着新西兰境内早期华人定居点的最佳范本。解说标牌介绍了淘金热期间及其后中国淘金者的生活（最后一位居民于1932年去世），而经过修复的木屋和商店使得故事的场景更加生动。限于严重的种族歧视，这些中国人没有多少选择，只能加工一些尾料，而不是拓展新的淘金地点。

值得一游

海斯湖

大约14,000年前，小小的海斯湖（Lake Hayes）与瓦卡蒂普湖的弗兰克顿水道（Frankton Arm）连了起来。如今，它静谧地偏安一隅，平静的水面倒映着周遭山峦。这里是进行2小时简单徒步的绝佳场所，因为长达8公里、适合骑行的**海斯湖步道**（Lake Hayes Walkway）就环绕在周围。

位于湖泊东侧的**Amisfield**（见239页地图；☎03-442 0556；www.amisfield.co.nz；10 Lake Hayes Rd；主菜 $38~45；⏲品酒 10:00~18:00，餐厅 11:30~20:00）可以与吉布斯顿附近的任何酒庄媲美。品尝完备受赞誉的葡萄酒（品5种酒$10，如果你在此用餐则免费）之后，不妨在阳光明媚的露台上找个座位，继续用法式小馆中精心摆盘的美食犒劳你的味蕾。如果你富有冒险精神，还可以选择"相信主厨"（Trust the Chef）的共享晚餐套餐（$70）。

建于20世纪90年代的**Lake Hayes Estate**位于湖泊南面，隐藏在穿过公路后的一处自然洼地中，相比皇后镇，这里提供较为便宜而游客更少的住宿选择。**Graze**（见239页地图；☎03-441 4074；www.grazenz.co.nz；1 Onslow Rd，Lake Hayes Estate；早午餐 $12~20，晚餐 $20~25；⏲周一 7:30~17:00，周二至周日 至22:00；📶）是一家时尚的咖啡馆酒吧，值得你来此用餐，其提供大量美食。对于挑战箭河大桥车道（Arrow River Bridges Ride）或双子河车道（Twin Rivers Ride）的自行车手而言，这里是一处备受欢迎的绕道线路，途中还有一座小酒厂在等着你。

海斯湖位于箭镇以南4公里处，就在前往弗兰克顿的路上。

活动

信息中心提供一本名为《骑车和步行小道》（*Cycling & Walking Trail*）的小册子（$1），介绍了该地区一些极好的步道，其中一条特别不错的新车道是从箭镇到卡瓦劳大桥的**箭河大桥车道**（Arrow River Bridges Ride；12公里，单程90分钟），它将带你穿过新建的吊桥和一条从地下穿过公路的隧道。

Arrowtown Bike Hire 山地自行车

（☎0800 224 473；www.arrowtownbikehire.co.nz；59 Buckingham St；半/全天租赁 $38/55）对外出租自行车，并提供关于当地步道的实用建议。如果你喜欢在箭河大桥车道上驰骋，然后在一些吉布斯顿的葡萄酒庄园中品尝美酒，花费$60就能让工作人员前来接你和朋友，以及你的自行车。此外，这里也提供多日的自行车租赁服务。

Queenstown Bike Tours 山地自行车

（☎03-442 0339；www.queenstownbiketours.co.nz；Dudley's Cottage，4 Buckingham St；半/全天 $45/55；⏲9月至次年5月）你可以在这里租到自行车，然后开始你的各种自助探险，包括葡萄酒团队游活动（$125）。票价涵盖了皇后镇接站、当日结束时吉布斯顿的送站、享用吉布斯顿山谷奶酪（Gibbston Valley Cheese）拼盘，当然还包括租赁自行车的费用。

Dudley's Cottage 淘金

（☎03-409 8162；www.dudleyscottagenz.com；4 Buckingham St；⏲9:00~17:00）不妨来到这座历史悠久的小木屋中参加一堂淘金课（$10，如果你想要借一个淘洗盘并尝试一番需额外支付$5）。如果你已经具备了淘金技能，不如直接租个淘洗盘和铲子（$6）或洗矿槽（$25），然后出门亲自上阵。该小屋中还坐落着一家有趣的礼品店和一间咖啡馆。

团队游

Arrowtown Time Walks 步行游览

（☎021 782 278；www.arrowtowntimewalks.com；成人/儿童 $20/12；⏲10月至次年4月 13:30）导览徒步游（90分钟）每天1次，从博物馆出发，追寻前人的足迹穿过镇区，并在沿途游览有趣的场所，带你深入箭镇的淘金史之中。

住宿

Arrowtown Born Of Gold
假日公园 $

(☎03-442 1876; www.arrowtownholidaypark.co.nz; 12 Centennial Ave; 露营/套间 $38/130起, 房 不带浴室 $75; @📶)这家小型的假日公园距离镇中心很近，提供一排的套间小屋，装饰有修剪整齐的玫瑰花，配备有新装的设施，露营的游客可以通过自助投币的淋浴洗澡。当学生团体没有订满这里时，经济型的游客可以预订Oregon Lodge中的客房，其中的每一间都有两组双层床铺，并共用厨房和浴室。

Arrowtown Lodge
民宿 $$

(☎03-442 1101; www.arrowtownlodge.co.nz; 7 Anglesea St; 房/木屋 $195/395; 📶)从外面看，这里的客房就像是古迹木屋，但走进其中，你会发现它们温馨而又现代，还有独立浴室。每间客房都有一条从美丽花园进入的私人入口，而民宿还会提供欧式早餐。

Old Villa
民宿 $$

(☎03-442 1682; www.arrowtownoldvilla.co.nz; 13 Anglesea St; 单 $110, 双 $140~160; 📶)新鲜烘焙的面包和家庭自制的腌菜欢迎访客来到这座颇具古迹风格的别墅，其自带的花园像是专为夏日烧烤而设。两间成套的双人房装饰着修剪整齐的鲜花和古色古香的家具，其中一个房间还额外摆着一张单人床。

Shades of Arrowtown
汽车旅馆 $$

(☎03-442 1613; www.shadesofarrowtown.co.nz; Buckingham和Merioneth St交叉路口; 套间 $150起; 📶)高大的树木和花园为这些时尚的别墅小屋营造出一种闲适的氛围，其中部分还有全套厨房设备和水疗洗浴。如果你举家出游，这座两层楼的家庭套间物有所值。

Arrow
精品酒店 $$$

(☎03-409 8600; www.thearrow.co.nz; 63 Manse Rd; 套 $385起; 📶)这座时尚的酒店位于箭镇的郊外，拥有5间低调奢华的套房。这里的住宿环境现代而时尚，装饰着落地玻璃窗，展示着周围乡村的风景。房价中包含了早餐。

Arrowfield Apartments
出租屋 $$$

(☎03-442 0012; www.arrowfield.co.nz; 115 Essex Ave, Butel Park; 屋 $250起; 📶🏊)这13座相同的宽敞房屋坐落在箭镇边缘的新开发区内，静静地排列成新月形状，每座都拥有内置车库、全套厨房设备、煤气炉和3间卧室，只要付上一小笔租金，你就能独享此处。

Millbrook
度假村 $$$

(见239页地图; ☎03-441 7000; www.millbrook.co.nz; Malaghans Rd; 房 $212起; @📶🏊)🌿这个庞大的度假村就在箭镇之外，俨然就像一座小镇。温馨的私人别墅拥有一切奢华的体验，而你的门口就有一片顶级高尔夫球场。在一天行将结束之际，不妨从4家餐厅中选择其一或是在水疗池中放松身心。

就餐

Arrowtown Bakery
面包房、咖啡馆 $

(☎03-442 1587; www.arrowtownbakery.co.nz; Buckingham St; 主菜 $6.50~13; ⏲8:00~17:00)这家小餐馆既是面包房也是咖啡馆，提供大量美味可口的馅饼，包括鹿肉和泰式鸡肉等异域风味。此外，菜单上还有英式早餐、炸鱼和薯条，你也可以坐在店内，享受比萨和咖啡。

La Rumbla
西班牙小吃 $$

(☎03-442 0509; www.facebook.com/larumbla.arrowtown; 54 Buckingham St; 西班牙小吃 $11~22; ⏲周二至周日 16:00至午夜)这片小小的宝地隐藏在邮局后方，卓越的烹饪技巧将西班牙大胆的风味和深夜用餐的习惯带到了静谧的箭镇。只需要轻咬一口羊肉丸和南部炸羊肉饼(Southland suede croquettes)等菜肴，美味的当地食材便会展现在你的舌尖。内部装饰有些漫不经心，不过墙上还是有一些严肃的新西兰艺术。

Chop Shop
咖啡馆 $$

(☎03-442 1116; 7 Arrow Lane; 主菜 $18~27; ⏲8:00~15:30)可能这里的桌子略显拥挤，年轻的侍者太过活泼，但我们不会斤斤计较。从国际化的菜肴，如猪肉水饺、土耳其鸡蛋、烟熏猪肘杂碎(smoked pork-hock hash)，到有趣的内部装饰，如压制的锡条、时尚的墙纸和斜角边缘的镜子等，这家咖啡馆可谓独一无二，无与伦比。这里还有不错的咖啡等着你。

Provisions 咖啡馆 $$

(☎03-445 4048; www.provisions.co.nz; 65 Buckingham St; 主菜 $8.50~24; ⌚8:30~17:00; 📶)这里是箭镇最古老的小屋之一，如今则成了一家迷人的咖啡馆，周围是芳香四溢的花园。不妨来此享用早餐或是咖啡，可别不品尝一下名副其实的黏面包就离开小镇。这里的一切都是当场烘焙的，包括面包和百吉饼。

Saffron 新派新西兰菜 $$$

(☎03-442 0131; www.saffronrestaurant.co.nz; 18 Buckingham St; 午餐 $22~29，晚餐 $39~40; ⌚正午至15:00和18:00至深夜)该餐厅在正式的环境中提供丰盛而又美味的美食，不断变化的"咖喱三重唱"毫不费力地带你穿过亚洲，而其他菜肴则会带你掠过欧洲回归新西兰。美食爱好者可以购买名为《奥塔戈中部美味》(*The Taste of Central Otago*)的食谱，其中包含这里最好的菜谱。

饮品和夜生活

Blue Door 酒吧

(☎03-442 0131; www.saffronrestaurant.co.nz; 18 Buckingham St; ⌚17:00至深夜; 📶)这家时尚的小酒吧隐藏在一扇颇为难找的蓝色大门后，拥有令人惊艳的葡萄酒和十分淳朴的氛围，让你整夜欢声笑语。低矮的屋顶、开放式的炉火和大量蜡烛将这里打造成一处可以纵酒狂欢的私密场所。每周三，这里还会举办开放的飙歌之夜。

Fork & Tap 小酒馆

(☎03-442 1860; www.theforkandtap.co.nz; 51 Buckingham St; ⌚11:00~23:00)精酿的啤酒、可口的食物，以及阳光明媚、适合儿童的后花园让这里成为箭镇酒吧中的翘楚。始建于1870年的建筑原先是一家银行，如今这里每周三都有爱尔兰乐队助兴，夏季的周日还有其他活动，啤酒爱好者们花费$14就能品尝4杯150毫升的精酿啤酒。

娱乐

Dorothy Browns 电影院

(☎03-442 1964; www.dorothybrowns.com; Ballarat Arcade, 18 Buckingham St; 成人/儿童 $19/10)这里有电影院应有的样子：极其舒适的座位，还可以选择和你的同伴依偎在一起。此外，在大多数艺术电影放映期间，这里还提供精致的葡萄酒和奶酪拼盘。主剧场的许多展映都有幕间休息，这是你沉浸在美味冰激凌之中的良机。

实用信息

箭镇游客信息中心(Arrowtown Visitor Information Centre; ☎03-442 1824; www.arrowtown.com; 49 Buckingham St; ⌚8:30~17:00)与湖区博物馆和美术馆共用一处场地。

到达和离开

Connectabus(☎03-441 4471; www.connectabus.com)运营往返弗兰克顿与箭镇之间的10号班车线路(7:45~23:00大约每小时1班)。从皇后镇出发，你需要搭乘前往弗兰克顿的11路长途汽车，并在那里换乘。

> **值得一游**
>
> ### 豆蔻镇
>
> 豆蔻镇(Macetown)位于箭镇以北14公里处，是一座淘金热时期的废弃小镇，你可以经由洪水冲刷的崎岖小路(原先矿工货车的小道)到达此处，一路上需跨过箭河超过25次。
>
> 别想着租车能行驶至此。更为明智的选择是参加**Nomad Safaris**(见247页)组织的四驱车团队游，其中包括了淘金活动。你也可以从箭镇徒步前往豆蔻镇(单程16公里，往返7.5小时)，但冬天和春天的路况尤为复杂；出发前，请先于信息中心确认路况条件。

瓦纳卡(WANAKA)

人口 6480

皇后镇和瓦纳卡哪个更好？这是常年围绕着这片地区的问题，没有人能轻易给出答案。很难说哪一个更加美丽，两者都有令人欣喜的湖光山色。同样的，也很难说两者中谁的滑雪和徒步场所更好。

两者的主要区别在于面积、规模和热闹程度。与皇冠山脉(Crown Range)另一侧极其热情的皇后镇不同，瓦纳卡保留了慵懒的小镇氛围，尽管它已不再是一个静谧的小村落，全新的餐馆和酒吧增添了一层世俗的表象。此外，瓦纳卡虽然没有那么多令人热血沸腾的活动，但这里也并非户外冒险运动前线的懒鬼。更重要的是，这里的活动还更便宜。

景点

国家交通与玩具博物馆 博物馆

(National Transport & Toy Museum; ☎03-443 8765; www.nttmuseumwanaka.co.nz; 891 Wanaka Luggate Hwy/SH6; 成人/儿童 $17/5; ⊙8:30~17:00; 👪)蓝精灵的小军队、《星球大战》的人物小雕像、芭比娃娃、许多经典汽车以及神秘获得的米格喷气式战斗机(MiG jet fighter)都吸引着游客前来参观，众多藏品摆满了机场附近4片巨大的林间空地。博物馆内总共有大约3万件物品，包括大量你在儿时的雨后下午经常玩的玩具。

迷宫世界 游乐园

(Puzzling World; ☎03-443 7489; www.puzzlingworld.com; 188 Wanaka Luggate Hwy/SH84; 成人/儿童 $20/14; ⊙8:30~17:30; 👪)这是一座三维立体的大迷宫(3D Great Maze)，拥有许多无与伦比、考验大脑的视觉幻象，让来此的各年龄段游客或乐在其中，或紧张不安，或迷惑不已。游乐园位于前往克伦威尔的路上，距离小镇2公里远。

战斗机与车轮 博物馆

(Warbirds & Wheels; www.warbirdsandwheels.com; Wanaka Airport, 11 Lloyd Dunn Av; 成人/儿童 $20/5; ⊙9:00~16:00)这家博物馆向曾在新西兰战斗的飞行员、他们驾驶过的飞机和他们所做的牺牲致敬，拥有飓风战斗机(Hawker Hurricane)、一架英制吸血鬼战斗机(de Havilland Vampire)，以及许多修复精美、闪闪发光的经典汽车。此外，这里还有附属的一家美术馆和复古的餐厅。

Rippon 葡萄酒厂

(☎03-443 8084; www.rippon.co.nz; 246 Mt Aspiring Rd; ⊙7月至次年4月 正午至17:00) 免费 这里不但拥有新西兰葡萄酒厂中最美的风景，还有不错的葡萄酒。为了节省选出司机的时间，不妨沿着湖畔步行2公里，并从Sargood Dr的尽头走上山的小径。

Wanaka Beerworks 酿酒厂

(☎03-443 1865; www.wanakabeerworks.co.nz; 891 Wanaka Luggate Hwy/SH6; 团队游含品酒 $15; ⊙团队游 周日至周四 14:00)这座小型的酿酒厂与玩具博物馆毗邻，显得有些不协调，这里主要生产的啤酒包括卡德罗纳金色贮藏啤酒(Cardrona Gold lager)、比尔森啤酒(Brewski pilsner)、三锥山小麦酒(Treble Cone wheat beer)以及黑峰咖啡黑啤酒(Black Peak coffee stout)，而姊妹品牌Jabberwocky和众多时令佳酿更为它增光添彩。

活动

瓦纳卡是前往阿斯帕林山国家公园、三锥山(见243页)、卡德罗纳(见272页)、Harris Mountains以及比萨山脉滑雪区(Pisa Range Ski Areas)的门户。

徒步/步行

想要在小镇附近，包括在许多湖畔步道上徒步，不妨买一本环境保护部制作的小册子《瓦纳卡户外追寻》(*Wanaka Outdoor Pursuits*; $3.50)。稍作攀登，来到**熨斗山**(Mt Iron; 海拔527米，往返1.5小时)的顶峰，你便能欣赏到周边全景。

瓦纳卡的北部，位于阿尔塔山保护区(Mt Alta Conservation Area)的**Minaret Burn步道**(Minaret Burn Track; 6~7小时)通常人迹罕至，非常适合徒步和骑山地自行车。2~3小时后，你就会沿着小径来到**Colquhouns海滩**，那里是个不错的游泳点。

Aspiring Guides 冒险运动

(☎03-443 9422; www.aspiringguides.com; L1, 99 Ardmore St)该团队组织许多活动，包括深入旷野的徒步导览游(2~8天)、登山和攀登冰坡课程、在向导的带领下攀登提提蒂亚/阿斯帕林山(Tititea/Mt Aspiring)、奥拉基/库克山、布鲁斯特山(Mt Brewster)和塔斯曼山(Mt Tasman)，还有无雪道滑雪(1~5天在偏远地区的探险)。

Wanaka 瓦纳卡

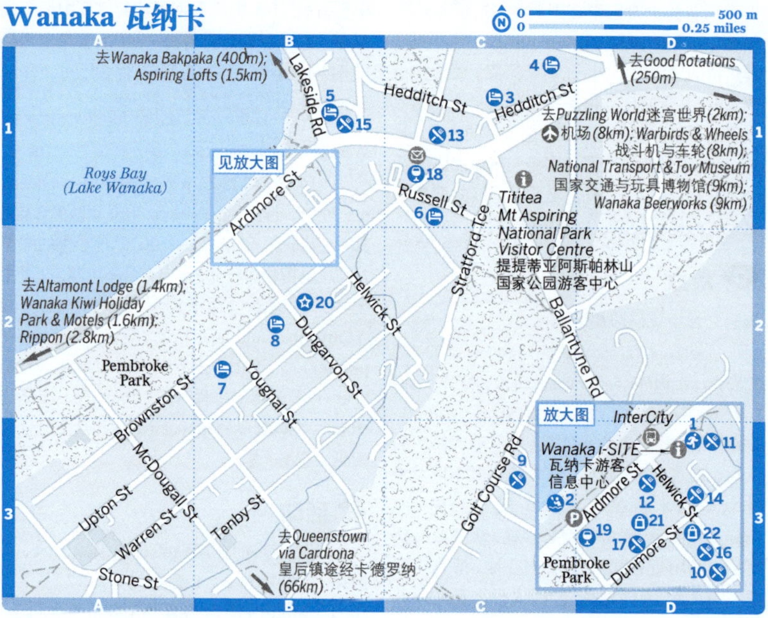

0 500 m
0 0.25 miles

Wanaka 瓦纳卡

活动、课程和团队游

1 Aspiring Guides D3
2 Wanaka Kayaks C3

住宿

3 Archway Motels C1
4 Criffel Peak View C1
5 Lakeside B1
6 Mountain View Backpackers C1
7 Wanaka View Motel B2
8 YHA Wanaka Purple Cow B2

就餐

9 Bistro Gentil C3
10 Federal Diner D3
11 Francesca's Italian Kitchen D3
12 Kai Whakapai D3
13 Red Star C1
14 Ritual D3
15 Soulfood B1
16 Spice Room D3
17 Yohei D3

饮品和夜生活

18 Barluga & Woody's C1
19 Gin & Raspberry D3
Lalaland .... （见1）

娱乐

20 Cinema Paradiso B2

购物

21 Chop Shop D3
22 Gallery Thirty Three D3

Adventure Consultants 冒险运动

（☎03-443 8711; www.adventureconsultants.com）这里提供为期2天在布鲁斯特冰川（Brewster Glacier）中进行的导览远足活动（$890起）、为期3天在吉莱斯皮隘口（Gillespie Pass）进行的旅行（$1250），以及为期4天在阿斯帕林山国家公园中进行的高山探险（Alpine Adventures; $1390起）。此外，这里还组织登山和攀登冰坡的课程。

攀岩和登山

可以在Hospital Flat找到不错的攀岩场

地，那里面朝阿斯帕林山国家公园，距离瓦纳卡25公里。

Basecamp Wanaka 攀岩

（☎03-443 1110；www.basecampwanaka.co.nz；50 Cardrona Valley Rd；一日票 $23~30；⊙周一至周五正午至20:00，周六和周日 10:00~18:00）在你攀登前，不妨先了解一下攀岩墙上的绳索。无畏的3岁孩子也可以尝试一下系上绳子开始攀登（Clip 'n Climb；$10起）。

Wanaka Rock Climbing 攀岩

（☎03-443 6411；www.wanakarock.co.nz）提供攀岩的介绍性课程（半/全天 $140/210）、为期半天的速降入门（$140）以及适合经验丰富攀岩者的砾石和多场地攀登。

山地自行车

该地区有数百公里长的小径和车道向山地自行车手们敞开怀抱，不妨买一本环境保护部的小册子《瓦纳卡户外追寻》（$3.50），其中介绍了从2公里到24公里的山地自行车道线路，包括Deans Bank Loop Track（12公里）。

其中一条风景特别怡人的新路线是Newcastle Track（12公里），它沿着克卢萨河（Clutha River）汹涌的蔚蓝河道，从阿尔伯特镇大桥（Albert Town Bridge）延伸至红桥（Red Bridge），你还可以在Luggate转入克卢萨河上游车道（Upper Clutha River Track），使你的路线形成30公里的环形。

Good Rotations 自行车出租

（☎027 874 7377；www.goodrotations.co；34 Anderson Rd；半/全天 $59/89）这里对外出租自行车，包括电动自行车和适合全地形的"胖胎车"（fat bikes），后者拥有很宽的轮胎（是在湖畔卵石路上骑行的首选）。行程开始前，你可以去隔壁的咖啡餐车处补充能量。

其他活动

Wanaka Kayaks 皮划艇

（☎0800 926 925；www.wanakakayaks.co.nz；Ardmore St；⊙10月至复活节 9:00~18:00）这里对外出租皮划艇（每小时$20）和站立式桨板（stand-up paddle boards；每小时$20），并组织自助划桨导览游，带你探索湖泊（半/全天 $95/189），以及"湍急克卢萨"（Mighty Clutha）河流之旅（半天$189）。你可以在湖边找到该店，就在Lake Bar的对面。

Skydive Lake Wanaka 冒险运动

（☎03-443 7207；www.skydivewanaka.com；$329起）你可以从3600多米的高空跳下，或是豁出去，来一场60秒、4500多米的自由落体运动。

Deep Canyon 冒险运动

（☎03-443 7922；www.deepcanyon.co.nz；$230起；⊙10月至次年4月）专注提供峡谷漂流探险活动：登山、徒步而后在荒僻的狭窄山谷中进行溪降运动。

Wanaka Paragliding 滑翔

（☎0800 359 754；www.wanakaparagliding.co.nz；双人 $199）随着夏季的热气流在三锥山的周围来一场大约20分钟的高空滑翔。

Hatch 钓鱼

（☎03-443 8446；www.hatchfishing.co.nz；半/全天 $450/750）瓦纳卡湖（Lake Wanaka）、哈威亚湖及其周边的河流非常适合钓鲑鱼。这里提供飞钓，你还可以选择乘坐直升机或喷气快艇前往偏远地区垂钓。

☞ 团队游

观光飞行

U-Fly 观光飞行

（☎03-445 4005；www.u-flywanaka.co.nz；$199起）在阿斯帕林山国家公园上空进行观光飞行后，你就可以把"驾驶飞机"从遗愿清单中划去了。别怕，他们还没有彻底疯掉，飞机可以进行双人控制，一经通知，飞行员便可以接管。

Classic Flights 观光飞行

（☎03-443 4043；www.classicflights.co.nz；$249起）驾驶古老的虎蛾式（Tiger Moth）或韦科（Waco）双翼飞机组织观光飞行，还提供比格尔斯（Biggles）的护目镜和平滑的丝质围巾。

Wanaka Helicopters 观光飞行

（☎03-443 1085；www.wanakahelicopters.co.nz）这里提供多种选择，从10分钟的体验游

（$99）到时长2小时以上前往米尔福德峡湾的活动（$995起），应有尽有。

Wanaka Flightseeing 观光飞行

（☎03-443 8787；www.flightseeing.co.nz）掠过提提蒂亚/阿斯帕林山（成人/儿童$248/165）、奥拉基/库克山（$445/285）和米尔福德峡湾（$498/315），将带给你无与伦比的观光飞行体验。

其他团队游

Wanaka Bike Tours 山地自行车

（☎03-443 6363；www.wanakabiketours.co.nz；$199起）提供导览游活动，包括高山自行车骑行的选项。

Eco Wanaka Adventures 徒步、游轮

（☎03-443 2869；www.ecowanaka.co.nz）导览游包括前往罗布罗伊冰川（Rob Roy Glacier；$275）的半天徒步游、时长4小时并在Mou Waho岛（$225）上的步行团队游，以及持续全天的乘船巡航与四驱车驾驶综合游活动（$450），此外还提供高山自行车活动。

Wanaka River Journeys 团队游

（☎03-443 4416；www.wanakariverjourneys.co.nz；成人/儿童 $229/139）组织的活动内容包括在马图基图基谷（Matukituki Valley）进行丛林漫步（50分钟）和乘坐喷气快艇。

Ridgeline Adventures 自驾游

（☎0800 234 000；www.ridgelinenz.com；$165起）驾驶四驱车，加入自然远征队，在瓦纳卡的周边地区探索旷野风情。

节日和活动

利庞音乐节 音乐节

（Rippon Festival；www.ripponfestival.co.nz）大牌新西兰乐队和音乐人聚集在湖畔的利庞葡萄园（Rippon Vineyard）中，它通常在双数年的怀唐伊周末（Waitangi weekend；大约在2月6日）举行。

瓦纳卡战斗机航展 航空展

（Warbirds over Wanaka；☎0800 496 920，03-443 8619；www.warbirdsoverwanaka.com；Wanaka Airport；3天成人/儿童 $190/25）这个极受欢迎的国际航空展每隔2年（双数年）在复活节期间举行，吸引超过5万人前来观赏。可以单独购买单日票。

瓦纳卡节 狂欢节

（Wanaka Fest；www.wanakafest.co.nz）这个10月中旬举行的活动有小镇集会的感觉，街头狂欢游行、现场音乐、奇特的比赛和不错的本地食材无不让当地人向温暖的春天说一声"你好"。

住宿

★Wanaka Bakpaka 青年旅舍 $

（☎03-443 7837；www.wanakabakpaka.co.nz；117 Lakeside Rd；铺 $30~31，双 带/不带浴室 $92/74；@📶）一对热情洋溢的夫妇运营着这家氛围友好的青年旅舍，就坐落在湖泊的上游，拥有镇上最好的风景。这里的设施非常现代化，随时可以为你服务的侍者始终会用红地毯来欢迎疲惫的旅客。你还可以考虑多付一些费用，享受双人套房及其无与伦比的美景。

YHA Wanaka Purple Cow 青年旅舍 $

（☎03-443 1880；www.yha.co.nz；94 Brownston St；铺 $30~35，双 带/不带浴室 $100/89起；@📶）该旅舍处于新西兰青年旅舍的顶级行列，提供多间多人铺房和私人客房，包括后方较新建筑中的套房。最好的地方莫过于宽敞的休息室，那里有木柴火炉，你还可以欣赏到壮美的湖光山色。

Altamont Lodge 度假屋 $

（☎03-443 8864；www.altamontlodge.co.nz；121 Mt Aspiring Rd；单/双 $55/89；📶）该度假屋地处小镇安静的尽头，好似一座有年头的青年旅舍。这里没有铺房，但有着干净的小房间、共用浴室和设施齐备的宽敞厨房。松树林立的围墙使其拥有滑雪小屋的氛围，而水疗池和休息室里熊熊燃烧着的火焰更会让你在雪坡上驰骋后温暖起来。

Wanaka Kiwi Holiday Park & Motels 假日公园 $

（☎03-443 7766；www.wanakakiwiholidaypark.nz；263 Studholme Rd North；露营地 $25~27，套间 带/不带浴室 $100/85起；@📶）为帐篷和房车而准备的草坪、众多树木以及美丽的景

不要错过

阿斯帕林山国家公园

青翠的山谷、高山上的草地、清澈的河流、崎岖的群山以及超过100多座冰川使得阿斯帕林山国家公园成了户外爱好者们的天堂。1964年，这里成为国家公园被加以保护，后来又被列入了蒂瓦希波乌纳穆新西兰西南部世界遗产地区（Te Wāhipounamu Southwest New Zealand World Heritage Area）名录，如今该公园占地3555平方公里，其从北部的哈斯特河（Haast River），沿着南阿尔卑斯山（Southern Alps）一直延伸至与峡湾地区国家公园（Fiordland National Park）接壤处，而君临此处的是雄伟的提提蒂亚/阿斯帕林山（海拔3033米）——奥拉基/库克山地区以外的最高峰。

虽然国家公园南端靠近格林诺奇的地方拥有包括诸如**路特本步道**（见257页）、**绿石步道和凯波斯步道**（见258页）在内的知名步道，但在紧邻瓦纳卡的马图基图基谷里也有众多令人惊喜的短途步道和要求更高技能的多日徒步线路；详见环境保护部小册子《马图基图基谷步道》（*Matukituki Valley Tracks*；$2）。

激动人心的**罗布罗伊冰川步道**（Rob Roy Glacier Track；9公里，往返3~4小时）带你领略冰川、瀑布和平旋桥之美。这是一条中级步道，但部分地方颇为陡峭。**西马图基图基谷步道**（West Matukituki Valley Track）通向Aspiring Hut（往返4~5小时；旺季/淡季 每晚$30/25），沿途风景优美，经过的大部分地区是平缓的草地。想要通宵或徒步数日领略阿斯帕林山的绝美景致，不妨继续向山谷上方进发，来到Liverpool Hut（海拔1000米；每晚$15）和French Ridge Hut（海拔1465米；每晚$25）。

这些步道中的许多地区经常下雪，会发生雪崩，因此较危险。在你出发前，极为重要的一件事是咨询坐落在瓦纳卡的**提提蒂亚阿斯帕林山国家公园游客中心**（见272页）的环境保护部工作人员，并购买山中小屋的门票。此外，你必须在www.adventuresmart.org.nz登记你的徒步目的。

你可以从Mt Aspiring Rd尽头的Raspberry Creek进入步道，这里距离瓦纳卡50公里。30公里的道路是没有铺设柏油的马路，包含9处浅滩交叉口；除非道路极为潮湿（请在游客中心进行查询），驾驶两轮驱动的车辆即可。

致都为这处露营地增添了不少魅力和闲适的氛围。这里提供的设施包括带有煤气炉的烧烤区、免费的Wi-Fi、水疗池和桑拿。老式风格的汽车旅馆套间都已翻新，而最新的便宜小屋中则铺设了木地板，显得颇为温馨。

Mountain View Backpackers 青年旅舍 $

（☎03-443 9010；www.wanakabackpackers.co.nz；7 Russell St；铺 $28~29，双 不带浴室 $68；P @ ≋）这家青年旅舍色彩斑斓、风格奇特，拥有一片修剪整齐的草坪和舒适温馨的客房。经历了一天忙碌的探索后，不妨点燃烧烤的火炉。便利的设施还包括烘干室和路边的停车场。

★**Alpine View Lodge** 民宿 $$

（☎03-443 7111；www.alpineviewlodge.co.nz；23 Studholme Rd South；双 $180起，小屋 $285；≋）这座上佳的度假屋坐落在小镇的边缘，坐享田园牧歌般的宁静，拥有3间民宿客房，其中一间还有自带的私人露台，两侧布满灌木丛。额外的小惊喜还包括房里的自制酥饼和一个热水浴缸。你也可以选择设施齐全的双卧室小屋，大门通向花园。

★**Criffel Peak View** 民宿 $$

（☎03-443 5511；www.criffelpeakview.co.nz；98 Hedditch St；单/双/公寓 $135/160/270起；≋）这家不错的民宿坐落在一条安静的胡同中，拥有3间客房、共用的宽敞休息室、壁炉，以及阳光明媚、缀满紫藤的露台。极富魅力的女主人住在后面独立的小屋中，那里还有一个附属的双卧室公寓，里面设施齐全。

Wanaka View Motel
汽车旅馆 $$

（☎03-443 7480；www.wanakaviewmotel.co.nz；122 Brownston St；套间 $120~195；📶）这家重新装修后的汽车旅馆有5个套间，配备了Sky TV的电视、水疗浴缸和设施完备的厨房。最大的套间拥有3个卧室，其中绝大多数可以欣赏到湖泊的美景。此外，旅馆后方还有一个舒适的单间，房价较便宜，但没有厨房，也无法欣赏到风景。

Archway Motels
汽车旅馆 $$

（☎03-443 7698；www.archwaymotels.co.nz；64 Hedditch St；套间 $125起；📶）从镇中心步行上山一小段距离，你就能来到这家略显陈旧的汽车旅馆，它拥有干净而宽敞的套间和小屋，泡在热水浴缸中欣赏山景给这里增添了额外的优势。直接预订可以享受到不错的淡季折扣。

★ Lakeside
公寓 $$$

（☎03-443 0188；www.lakesidewanaka.co.nz；7 Lakeside Rd；公寓 $295起；📶🏊）🌿不妨沉溺在现代化的公寓中，它坐落在镇中心，地段优越，还可远眺湖泊。所有公寓都有3间卧室，但可以只租其中的1间或2间卧室。公寓自带的游泳池可谓弥足珍贵，在闷热的白天不失为前往冰冷湖泊的替代方案。

Aspiring Lofts
民宿 $$$

（☎03-443 7856；www.aspiringlofts.co.nz；42 Manuka Cres；单/双 $180/220；📶）这个现代化的民宿位于得以俯瞰湖景的山脊上，拥有一座美丽的花园，在车库的上面还有阁楼，其中有两间高档民宿客房。每一间都有自己独立的阳台，让你充分享受周围的景色。

Riverview Terrace
民宿 $$$

（☎03-443 7377；www.riverviewterrace.co.nz；31 Matheson Cres，Albert Town；房 $350；📶）🌿这栋时髦而现代的房屋拥有3间设施完备的客房，位于山坡上一片新开发的小区之中，可以远眺克卢萨河。房费包括一顿英式早餐、租赁自行车和在星空下享受温泉的费用。

🍴就餐

Florence's Foodstore & café
咖啡馆 $

（☎03-443 7078；www.florencesfoodstore.co.nz；71 Cardrona Valley Rd；主菜 $9.50~18；🕗8:30~15:00）这家地处小镇边缘的咖啡馆堪称美食宝藏，而店中的木材、螺纹钢还有黄麻包层则让这里有了一种乡村的质朴之感。不妨来一份该地区最鲜美的烟熏三文鱼，还有法式油酥点心和填满馅料的美味百吉饼。

Red Star
汉堡包 $

（www.facebook.com/redstarwanaka；26 Ardmore St；汉堡包 $10~17；🕗11:30至深夜）Red Star用创新的食材和以香脆可口的面包制成的19种不同的新西兰式汉堡宠坏了这里的食客。不妨在你等待的时候，在露台上找一张椅子，慢慢品尝这里的精酿啤酒。

Soulfood
咖啡馆 $

（☎03-443 7885；www.soulfoodwanaka.co.nz；74 Ardmore St；主菜 $10~18；🕗周一至周五 8:00~18:00，周六和周日 至16:00；🖉）🌿这家小型的有机食品店提供的不是传统意义上非裔美国人的食物，而是众多有着自身特点的浓汤、比萨、意大利面和松饼。并非所有食物都是严格素食，这里不同寻常的还有野生鹿肉和散养猪肉制成的香肠。果汁和冰沙也很不错，但咖啡只有用法式压滤壶冲泡的。

Yohei
日本菜 $

（☎03-443 4222；Spencer House Mall，23 Dunmore St；主菜 $9~14；🕗9:00~17:30；📶🖉）这家氛围轻松的餐厅隐藏在商场的廊道中，制作有当地特色的有趣寿司（来份鹿肉寿司如何？）、日式咖喱、面条和顶级果汁与冰沙。

★ Francesca's Italian Kitchen
意大利菜 $$

（☎03-443 5599；www.fransitalian.co.nz；93 Ardmore St；主菜 $20~26；🕗正午至15:00和17:00至深夜）旅居海外的弗朗西斯卡（Francesca）热情洋溢，将意大利正宗家庭饮食中的浓醇香味和轻松氛围带到了瓦纳卡这家时尚而繁忙的餐厅。即便是最简单的食物，例如比萨饼、意大利面和玉米条也都无与伦比。她还在Brownston St经营着一辆比萨餐车，就在Cinema Paradiso的对面。

Ritual
咖啡馆 $$

（☎03-443 6662；18 Helwick St；主菜 $11~20；🕗9:00~17:00）Ritual是一家经典的21世纪

新西兰咖啡馆，精致但又不是特别时髦，对同性恋者和举家前来的人都很友好，常常用美味的食物满足客人的味蕾，柜台上摆满了分量十足的美味沙拉、比萨饼和司康饼。

Spice Room

印度菜 $$

（☎03-443 1133；www.spiceroom.co.nz；43 Helwick St；主菜 $21~27；⏰17:00~22:00；✎）正宗咖喱、香脆馕饼（crispy garlic naan）和冰镇啤酒，这样的组合是经过一天滑雪和徒步后补充能量的最好方式。除了提供所有你喜欢的印度美食外，Spice Room还带来了一些惊喜，包括引人瞩目的玛沙拉扇贝沙拉（scallop masala salad）等前菜。

Federal Diner

咖啡馆 $$

（☎03-443 5152；www.federaldiner.co.nz；47 Helwick St；早午餐 $12~20，主菜 $18~35；⏰周一和周二 7:00~16:00，周三至周日 至21:00；📶）这家国际化的咖啡馆隐藏在一条后街小巷中，提供健康的早餐、不错的咖啡、传奇般的司康饼以及分量十足的美味三明治。晚上，这里的菜单会列满可供众人分享的丰盛菜肴。

Kai Whakapai

咖啡馆 $$

（☎03-443 7795；Helwick和Ardmore St交叉路口；早午餐 $13~19，晚餐 $19~23；⏰7:00~23:00；👪）Kai（毛利语中意思是"食物"）是一家典型的瓦纳卡餐馆，你可以在夕阳的余晖下喝上一杯，并品尝多款填满馅料的法式长棍或比萨。当地酿制的精酿啤酒随手可取，而这里也提供奥塔戈中部地区出产的葡萄酒。

Bistro Gentil

法国菜 $$$

（☎03-443 2299；www.bistrogentil.co.nz；76a Golf Course Rd；主菜 $38~44；⏰11:30至深夜）湖泊美景、无与伦比的新西兰艺术以及美味的现代法国菜肴，这一切都让该餐厅点亮你难以忘怀的夜晚。这里有按杯出售的葡萄酒，价格也会让我们想要畅饮，而不必忍受电子自助倒酒系统的小花招。在温和的良夜，不妨要求坐在室外的餐桌旁。

🍷 饮品和夜生活

Gin & Raspberry

鸡尾酒吧

（☎03-443 4216；www.ginandraspberry.co.nz；L1, 155 Ardmore St；⏰15:00至深夜）如果你喜欢珠光宝气，那么这家时尚的酒吧会将镀金的镜子、闪亮的枝形吊灯、钢琴和居中的壁炉展现在你面前。以经典影片为背景，你可以品尝经典的鸡尾酒，包括各种马提尼，偶尔上演的现场音乐表演会点燃这里的激情。

Lalaland

鸡尾酒吧

（☎03-443 4911；www.lalalandwanaka.co.nz；L1, 99 Ardmore St；⏰18:00至次日2:30）这家小酒吧灯光昏暗，不妨蜷缩在舒适的椅子上，留心周遭的湖景，这里堪称鸡尾酒宫殿（或是天堂）。年轻的调酒师老板真正懂得鸡尾酒的奥秘，能够调制出适合每一种心情的"灵丹妙药"。你可以从后面的台阶进入酒吧。

Barluga & Woody's

酒吧

（☎03-443 5400；Post Office Lane, 33 Ardmore St；⏰16:00至次日2:30）这两家毗邻的酒吧有着共同的院落和主人，或多或少有些兄弟酒吧的意味，特别是DJ现场助阵之时。Barluga的皮革扶手椅和复古的墙纸将浓郁的氛围带到了这家精致的绅士俱乐部，而绝佳的鸡尾酒和令人迷恋的物品合力将那种印象化为泡影。Woody的台球桌和独立音乐无不彰显着活力十足的年轻感觉。

☆ 娱乐

Ruby's

电影院

（☎03-443 6901；www.rubyscinema.co.nz；50 Cardrona Valley Rd；成人/儿童 $19/15）这里流淌着十足的纽约或老上海气氛，时尚的艺术电影院与前卫的鸡尾酒吧结合起来，给注重户外活动的瓦纳卡带来了惊喜。不妨沉浸在宽大的影院座位中，或是在红色天鹅绒的休息室中品尝着精酿啤酒、经典鸡尾酒和精致的酒吧小吃。你会发现该电影院隐藏在小镇郊外Basecamp Wanaka的建筑中。

Cinema Paradiso

电影院

（☎03-443 1505；www.paradiso.net.nz；72 Brownston St；成人/儿童 $15/9.50）这家瓦纳卡的建筑中放映最好的艺术电影和好莱坞大片，你也可以在舒适的沙发、牙医式的座椅或老式的莫里斯迷你车（Morris Minor）中伸展四肢。幕间休息时，新鲜烹制的曲奇和比萨的香味会弥漫在剧院中，尽管自制的冰激凌已经足够诱人。

购物

Chop Shop 服装

（☎03-443 8297；www.chopshopwanaka.co.nz；3 Pembroke Mall；⏲10:00~18:00）出售镇上最好的咖啡，还为独具慧眼的滑雪者准备了不少当地人设计的小圆帽和时尚衬衫。

Gallery Thirty Three 工艺品

（☎03-443 4330；www.gallery33.co.nz；33 Helwick St；⏲10:00~17:00）这里有出自当地艺术家之手的陶器、玻璃和珠宝制品。

实用信息

邮局（☎03-443 8211；www.nzpost.co.nz；39 Ardmore St；⏲周一至周五 9:00~17:00，周六 至正午）

提提蒂亚阿斯帕林山国家公园游客中心（Tititea Mt Aspiring National Park Visitor Centre；☎03-443 7660；www.doc.govt.nz；Ardmore和Ballantyne St交叉路口；⏲11月至次年4月 每天，5月至10月 周一至周六 8:30~17:00）这家环境保护部的游客中心坐落在小镇中心边缘的一栋尖顶建筑内，可以预约木屋，提供关于步道及路况的建议，请确保在进行任何旷野徒步时预先致电这里。此外，这里还有一个关于瓦纳卡地理、植物和动物的小型展览。

瓦纳卡游客信息中心（☎03-443 1233；www.lakewanaka.co.nz；103 Ardmore St；⏲8:30~17:30）提供极有助益的信息，但经常十分繁忙。

瓦纳卡医疗中心（Wanaka Medical Centre；☎03-443 0710；www.wanakamedical.co.nz；23 Cardrona Valley Rd；⏲周一至周五 9:00~17:00）治疗冒险运动造成的伤病。

到达和离开

Alpine Connexions（☎03-443 9120；www.alpinecoachlines.co.nz）提供的服务将瓦纳卡与皇后镇、克伦威尔、亚历山德拉、达尼丁以及奥塔戈中部的铁路步道（Rail Trail）小镇连接起来。此外，还提供班车前往瓦纳卡机场（Wanaka Airport）和阿斯帕林山步道起点，夏天有车辆前往哈威亚湖，冬天则会前往卡德罗纳和三锥山。

Atomic Shuttles（☎03-349 0697；www.atomictravel.co.nz）每天都有1班长途汽车往返达尼丁（$35，4小时30分钟），途经克伦威尔（$15，50分钟）、亚历山德拉（$25，1小时45分钟）和罗克斯堡（Roxburgh；$30，2小时15分钟）。

Connectabus（☎0800 405 066；www.connectabus.com；单程/往返 $35/65）便捷的长途汽车服务每天2班，连接着瓦纳卡和皇后镇机场（1小时15分钟）和皇后镇（1小时30分钟），在大多数的住宿地点免费停靠。

InterCity（☎03-442 4922；www.intercity.co.nz）大巴从湖畔的Log Cabin外出发，每天都有前往克伦威尔（$10起，44分钟）、皇后镇（$17起，1小时30分钟）、哈威亚湖（$10起，20分钟）、玛卡罗拉（$12起，1小时45分钟）和弗朗兹约瑟夫（$43起，6小时30分钟）的长途汽车。

Naked Bus（www.nakedbus.com；票价不定）提供前往皇后镇（1小时15分钟）、克伦威尔（40分钟）、弗朗兹约瑟夫（4小时15分钟）、特卡波湖（3小时）和基督城（7小时15分钟）的长途汽车。

当地交通

Adventure Rentals（☎03-443 6050；www.adventurerentals.co.nz；51 Brownston St）出租汽车和四驱车。

Yello（☎03-443 5555；www.yello.co.nz）经营前往滑雪场地的出租车和班车服务。

瓦纳卡周边（AROUND WANAKA）

卡德罗纳（Cardrona）

迷人的偏远小镇卡德罗纳在19世纪70年代迎来了巅峰时刻，在淘金热高潮时期，小镇人口超过了千人。而如今，这里则是静谧的小地方，只是在滑雪旺季偶尔热闹一番。

Crown Range Road连接着卡德罗纳和皇后镇，是南岛上风景最为怡人的车道之一，沿途有着山麓小丘和无数雪峰的美景。该车道坐落在海拔1076米的地方，是新西兰最高的柏油马路，穿过Pisa Conservation Area（见239页地图）内随风摇曳的高大草丛，其中还有几条短途步道。那里有些适合稍作停留、品酒观景的好地方，特别是在你转向前往海斯湖前、道路尽头的皇后镇上。然而，这条道路狭窄蜿蜒，天气恶劣时需要谨慎驾驶。暴雪之后的冬日，车道有时会封闭，而你也时常需要为你的车轮配上防滑链。

景点

卡德罗纳酿酒厂和博物馆 酿酒厂

（Cardrona Distillery & Museum；见239页地图；☎03-443 1393；www.cardronadistillery.com；2125 Cardrona Valley Rd；团队游 $45起；⊙9:30~17:00）对于那些沿着山谷旅行的游客而言，这家全新的酿酒厂未尝不是一次有趣的消遣。这里生产单一麦芽威士忌、伏特加、杜松子酒和橙味利口酒（orange liqueur）。请提前预约团队游，这里组织在10:00~15:00的每个整点出发的团队游。

活动

卡德罗纳高山度假村 滑雪

（Cardrona Alpine Resort；见239页地图；☎03-443 8880，雪况电话 03-443 7007；www.cardrona.com；Cardrona Skifield Access Rd；一日票 成人/儿童 $101/52；⊙7月至9月 9:00~16:00）这里组织良好，非常专业，拥有345公顷的滑雪场地，在1670~1860米的高处为所有程度的爱好者提供滑道（25%适合初学者，50%适合中级选手，25%适合高级选手）。该度假村还有几条高功率的缆椅、初学者吊绳和极限滑雪场地。滑雪旺季，长途汽车将会往返于瓦纳卡和皇后镇之间，而在夏天，山地自行车则会占据此处。

Backcountry Saddle Expeditions 骑马

（见239页地图；☎03-443 8151；www.backcountrysaddles.co.nz；2416 Cardrona Valley Rd；成人/儿童 $90/70）让你骑着阿帕卢萨马（Appaloosa horses），驰骋在穿过卡德罗纳山谷（Cardrona Valley）的马道上。

冰雪农场 滑雪

（Snow Farm；见239页地图；☎03-443 7542；www.snowfarmnz.com；Snow Farm Access Rd；一日票 成人/儿童 $40/20；👪）在冬天，该冰雪农场堪称越野滑雪者和雪地徒步者的乐园，拥有长达55公里经过装饰的步道。此外，这里也提供滑雪课程和设备租赁。

住宿

Cardrona Hotel 小酒馆 $$

（☎03-443 8153；www.cardronahotel.co.nz；2310 Cardrona Valley Rd；房 $185；📶）这家始于1863年的酒店堪称该地区的象征，出现在了Speight's Brewery的“南方人”（Southern Man）啤酒广告中，如今真的成了一家滑雪后的休闲酒吧。这里还有一家不错的餐厅（早餐$14~20，主菜$26~34），夏天，你还可以在后方的花园酒吧中放松身心。经过修复的迷人房间有乡村风格的家具和通向花园的露台（夏日夜晚会有些喧闹，要做好心理准备）。

Waiorau Homestead 民宿 $$$

（见239页地图；☎03-443 2225；www.waiorauhomestead.co.nz；2127 Cardrona Valley Rd；房 $270；@📶🏊）这栋迷人的石屋隐秘在冰雪农场附近一处私密的田园角落中，拥有深邃的走廊和3间奢华的客房，每间都有独立的浴室。房费包括了一顿完整的英式早餐以及下午茶。不妨询问一下较为便宜的“小房间”（pool room；$140），店主通常在Airbnb上将它对外出租。

到达和离开

Alpine Connexions（见272页）、Yello（见272页）和Ridgeline Adventures（见268页）在瓦纳卡，Kiwi Discovery（见248页地图；☎03-442 7340；www.kiwidiscovery.com；37 Camp St）则在皇后镇，提供滑雪班车。

哈威亚湖（Lake Hawea）

人口 2180

小镇哈威亚湖地处瓦纳卡以北15公里处，坐落在141平方公里的同名湖泊南部尽头的大坝附近。蓝灰色的哈威亚湖长35公里，深410米，与瓦纳卡湖被一条名为Neck的地峡分隔。该湖泊深受渔民欢迎，他们会在此捕捞鲑鱼和陆封型三文鱼。1958年，为提高河流下游发电厂的功率，哈威亚湖的水位被提升了20米。

住宿

Lake Hawea Holiday Park 假日公园 $

（☎03-443 1767; www.haweaholidaypark.co.nz; SH6; 露营地 $16起，套间 带/不带浴室 $130/60; @📶）这片开阔而又宁静的老式假日公园坐落在湖岸边，是钓鱼和划船爱好者的最爱。这里拥有一排简易的小屋，其房门色彩鲜明，还有汽车旅馆套间和平房。

Lake Hawea Hotel 酒店 $$$

（☎03-443 1224; www.lakehawea.co.nz; 1 Capell Ave; 房 $240; 📶）酒店的房间经过重新装修，可以欣赏到无与伦比的湖泊景色，但对于一家高档的汽车旅馆来说，这里的东西还是略显昂贵。该建筑内还包括一家大型酒吧和餐厅（主菜$18~25），在那里可以坐享一流的风景。

到达和离开

InterCity（☎03-442 4922; www.intercity.co.nz）每天停靠在大坝（SH6）附近的大巴往返皇后镇（$20起，2小时）、克伦威尔（$14，1小时15分钟）、瓦纳卡（$10起，20分钟）、玛卡罗拉（$10起，1小时15分钟）和弗朗兹约瑟夫（$40起，6小时）。

玛卡罗拉（Makarora）

人口 40

偏远的玛卡罗拉是你穿过哈斯特隘口，进入狂野的西岸区的最后一站，这里也确实给人一种荒凉的感觉：除了穿梭着的团队游大巴，它实在是太过冷清了。

活动

在这片与世隔绝的地区，最好的短途步道莫过于**哈斯特隘口瞭望步道**（Haast Pass Lookout Track; 往返1小时，3.5公里），你可以在沿途的矮树丛上方欣赏优美的景色。其他选择还包括**缰绳步道**（Bridle Track; 单程1小时30分钟，3.5公里），它从哈斯特隘口的顶部一直延伸至Davis Flat；还有**蓝池步道**（Blue Pools Walk; 往返30分钟），你可能会在那里看到壮观的彩虹和偌大的褐鲑鱼。

长途步道将会穿过壮美的乡村，但是你不应轻视它们。多变的高山与河流意味着你必须准备充分，请在出发前咨询环境保护部，买一本他们制作的小册子《在玛卡罗拉地区徒步》（*Tramping inthe Makarora Region*; $2）是一笔合算的投资。在任何旷野开始徒步前，请先致电位于瓦纳卡的提提蒂亚阿斯帕林山国家公园游客中心（见272页）了解线路和路况。

吉莱斯皮隘口（Gillespie Pass） 徒步

耗时3天的吉莱斯皮隘口环形步道途经Young、Siberia和威尔金山谷（Wilkin Valley）等地。那里是一处高山隘口，冬季与春季有雪崩的危险。在该步道的最后阶段，你需要搭乘喷气快艇前往威尔金以完成行程，因此它也被评为新西兰最令人难忘的步道之一。喷气快艇将会开往Kerin Forks，而当玛卡罗拉遭遇洪水时，喷漆快艇还提供穿过Young River河口的服务。

威尔金谷步道（Wilkin Valley Track） 徒步

威尔金谷步道从玛卡罗拉河（Makarora River）开始，沿着威尔金河（Wilkin River）延伸至Kerin Forks Hut（4~5小时，15公里）。再经过一天向山谷进发的步行后，你就可以从风景秀丽的戴安娜湖（Lake Diana）、Lucidus和卡斯塔利亚湖（Lake Castalia），分别耗时1小时、1小时30分钟和3~4小时，抵达Top Forks Huts（6~8小时，15公里）。

Wilkin River Jets 乘船游

（☎03-443 8351; www.wilkinriverjets.co.nz; 成人/儿童 $119/69）该公司组织高品质的喷气快艇团队游活动，沿着玛卡罗拉河与威尔金河，进入阿斯帕林山国家公园，整个行程持续1小时，总长50公里。还提供与搭乘直升机相结合的团队游活动。

团队游

Siberia Experience 冒险团队游

（☎03-443 4385; www.siberiaexperience.co.nz; 成人/儿童 $355/287）这场异乎寻常的惊险之旅涵盖乘坐小型飞机进行25分钟的航行观光、3小时穿过一座偏远山谷的丛林徒步，以及搭乘喷气快艇在阿斯帕林山国家公园中的威尔金河与玛卡罗拉河上顺流而下的半小时乘船游。

Southern Alps Air 观光飞行

(☎03-443 4385, 0800 345 666; www.southernalpsair.co.nz) 提供飞往奥拉基/库克山以及冰川的观光旅行(成人/儿童 $445/285),还有米尔福德峡湾飞越之旅($415/265)和米尔福德飞行与航行套餐活动($498/315)。

实用信息

玛卡罗拉游客中心(☎03-443 8372; www.makarora.co.nz; 5944 Haast Pass-Makarora Rd/SH6; ⊙8:00~20:00)这是一座集咖啡馆、酒吧、商店、信息中心、露营地、简易房屋和设施齐备的套间于一体的大型建筑。

到达和离开

InterCity(☎03-442 4922; www.intercity.co.nz)每天都有班车往返皇后镇($24起,3小时30分钟)、克伦威尔($19起,2小时30分钟)、瓦纳卡($12起,1小时45分钟)、哈威亚湖($10起,1小时15分钟)和弗朗兹约瑟夫($36起,4小时45分钟)。

峡湾地区和南部区

包括➡

最佳餐饮

- Batch（见295页）
- Redcliff Cafe（见281页）
- Louie's（见295页）
- Elegance at 148 on Elles（见296页）
- Miles Better Pies（见281页）

最佳住宿

- Newhaven Holiday Park（见302页）
- Observation Rock Lodge（见309页）
- Bushy Point Fernbirds（见295页）
- Mohua Park（见302页）
- Slope Point Backpackers（见299页）

为何去

欢迎来到这片令旅行者心驰神往的景致之中！面对如此美景，就连相机都无法展现其全部魅力。

峡湾地区国家公园（Fiordland National Park）位于峡湾地区的西部，拥有薄雾缭绕的起伏山峦以及波光粼粼的湖面和海湾，以及一种极致的静谧之感。举世闻名的米尔福德步道（Milford Track）是众多蜿蜒穿过茂密森林、壮观山色和冰川峡谷的步道之一，你可以由此进入这片美丽的世外桃源。米尔福德峡湾（Milford Sound）和神奇峡湾（Doubtful Sound）也位于峡湾地区内，苍翠的悬崖峭仞向上，直插云霄，向下纵入浩瀚湛蓝的海水之中。

在南部地区的东面，有一条人迹罕至的路线转向宁静的卡特林斯地区，茂密的森林里布满着瀑布，各种野生动物齐聚在崎岖漂亮的海岸线旁。

然后继续向南就会看到国界线的终点——斯图尔特岛[又称拉基乌拉（Rakiura）]，这座偏僻的小岛生活着友好的水手和一群美丽的珍禽，包括新西兰最受欢迎的象征——几维鸟（即鹬鸵鸟）。

何时去

- 峡湾地区的气候变化无常，但从12月至次年4月，天气还算稳定（但你仍可能会碰上下雨天）。
- 10月下旬至次年4月下旬是米尔福德步道、凯普勒步道（Kepler Track）、路特本步道（Routeburn Track）和拉基乌拉步道（Rakiura Track）的徒步旺季，所有如果要在此期间探索这几条热门路线，务必提前预订。
- 斯图尔特岛/拉基乌拉多变的天气可以让你在一年中的任何一天体验四季气候，不过冬季的平均气温在10℃，夏季在16.5℃左右，可能比你想象的要温暖舒适。

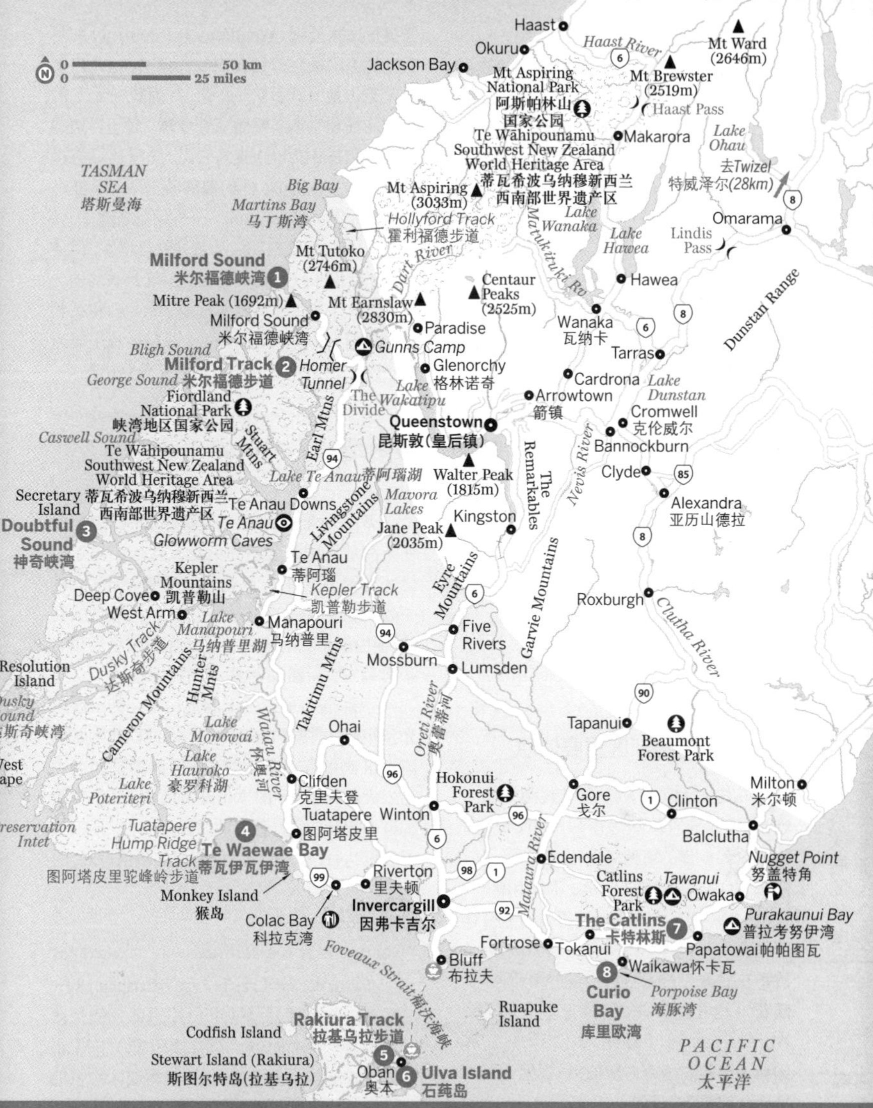

峡湾地区和南部区亮点

❶ 耸立在**米尔福德峡湾**(见287页)深色海水中的麦特尔峰，只要一眼，你便会被其绝伦的威严之姿震撼。

❷ 徒步**米尔福德步道**(见283页)，穿越世界遗产区的旷野地带。

❸ 在**神奇峡湾**(见290页)的游轮上度过一晚，感受无与伦比的周边环境，沉醉在日落与日出的景致之中。

❹ 在**蒂瓦伊瓦伊湾**(见292页)这片海浪拍岸的沿海地带，惊叹于自然的狂野力量。

❺ 在新西兰最南面的顶级步道——**拉基乌拉步道**(见307页)徒步，感受孤独。

❻ 沉浸在**石莼岛**(见306页)这一满是鸟类的天堂之中。

❼ 在宁静祥和而又长风阵阵的**卡特林斯地区**(见298页)，探索众多支路、森林瀑布和孤寂的南部海滩。

❽ 在**库里欧湾**(见299页)发现稀有的野生动物，诸如赫氏海豚和黄眼企鹅。

到达和离开

因弗卡吉尔是该地区主要的交通枢纽，欢迎着来自惠灵顿(Wellington)和基督城(Christchurch)的航班，以及远至皇后镇(Queenstown)和达尼丁(Dunedin)的长途汽车。蒂阿瑙拥有前往皇后镇、达尼丁和基督城的直达长途汽车。

峡湾地区(FIORDLAND)

峡湾地区令人心生敬畏，它拥有新西兰最广袤的茂盛荒野，崎岖起伏的山林被深邃宁静的海湾(准确的说是峡湾)包围着，宛如弯曲的手指一般，从塔斯曼海(Tasman Sea)一直伸向内陆。

峡湾地区国家公园是蒂瓦希波乌纳穆新西兰西南部世界遗产区(Te Wahipounamu Southwest New Zealand World Heritage Area)的一部分，这片遗产区由四座新西兰西南角的国家公园组成[其他几座分别是奥拉基/库克山国家公园(Aoraki/Mt Cook)、西部泰普提尼国家公园(Westland Tai Poutini)和阿斯帕林山国家公园(Mt Aspiring)]。这片广袤的荒野占地260万平方公里，并因独一无二的地理特征和生态系统而享誉全球。对于当地的纳塔胡(Ngāi Tahu)族人来说，这里还具有极为重要的文化价值，他们敬称其为蒂瓦希波乌纳穆(Te Wāhipounamu)——绿石之地。

受人欢迎的乘船游从数处峡湾出发，但徒步客才会深入这片奇幻远境，不仅是著名的、需要数日才能走完的米尔福德、凯普勒和霍利福德步道(Hollyford Track)，还包括几条短途的一日徒步线路，都可以方便地从公路出发。

峡湾地区与南部区重要信息

就餐 布拉夫牡蛎，一种新西兰的极致美味

饮品 因弗卡吉尔酿酒厂(Invercargill Brewery)制作的精酿啤酒(见293页)

阅读 洪内·图华雷(Hone Tuwhare，1922~2008年)的诗篇，最著名的卡特林斯之子

聆听 前往米尔福德峡湾沿途的瀑布轰鸣

观看 《世界上最快的印第安摩托》(*The World's Fastest Indian*，2005年)，了解因弗卡吉尔对传奇人物伯特·孟若(Burt Munro)最深的挚爱

绿色出行 参观满是鸟类的石莼岛(Ulva Island，见306页)，一睹新西兰曾经和未来可能的模样

网络资源 www.fiordland.org.nz、www.southlandnz.com、www.southernscenicroute.co.nz、www.stewartisland.co.nz

电话区号 ☎03

蒂阿瑙(Te Anau)

人口 1910

蒂阿瑙是一座祥和的湖畔小镇，也是前往峡湾地区国家公园和更受人欢迎的米尔福德峡湾的主要门户，还是休闲消磨数日时光的一处宜人之所。这里足以容纳一些不错的餐馆和住宿场所，但相比于引人瞩目的皇后镇，蒂阿瑙的冒险活动不多，开销也不大。

蒂阿瑙的东边是南部地区中心的田园风光，而蒂阿瑙湖(Lake Te Anau)以西则是峡湾地区高低起伏的山林。蒂阿瑙湖是新西兰第二大湖，由巨大的冰川开凿而成，几条支流朝群山起伏、绿荫葱茏的西海岸流去。湖泊最深处可达417米，大约是尼斯湖的两倍深。

景点

Punanga Manu o Te Anau 鸟类保护区

(www.doc.govt.nz; Te Anau-Manapouri Rd; ⏲黎明至黄昏) **免费** 这组户外的鸟舍就坐落在湖泊之畔，提供良机观察在野生世界中也很难寻觅踪迹的本土鸟类，包括峡湾地区珍贵的象征——极其罕见的短翅水鸡(takahe)。

蒂阿瑙萤火虫洞穴 洞穴

(Te Anau Glowworm Caves; ☎0800 656 501; www.realjourneys.co.nz; 成人/儿童 $79/22)在1948年被发现以前，这些令人印象深刻的洞穴只存在于毛利人的传说之中。洞穴群全长200米，只能乘船进入，这处神奇的岩洞内分布着形态各异的岩石、大小不一的瀑布和涡流，洞穴深处还有一处微光闪烁的萤火虫

Te Anau 蒂阿瑙

Te Anau 蒂阿瑙

活动、课程和团队游

1 Luxmore Jet B3
2 Rosco's Milford Kayaks B2
3 Southern Lakes Helicopters B3
4 Wings & Water B3

住宿

5 Keiko's Cottages D1
6 Radfords on the Lake B3
7 Te Anau Top 10 .... A2
8 Te Anau YHA A2

就餐

9 Miles Better Pies B2
10 Redcliff Cafe B2
11 Sandfly Cafe B2

饮品和夜生活

Black Dog Bar .... （见14）
12 Fat Duck C2
13 Ranch Bar & Grill C2

娱乐

14 峡湾电影院 C2

洞窟。Real Journeys经营全程2小时15分钟的导览游活动，让你先在湖泊上泛舟，而后步行并最终换乘地下小船抵达洞穴的中心。行程从其位于Lakefront Dr的办事处出发。

活动

蒂阿瑙湖畔步道（Lakeside Track）的沿途风景怡人。往北可以前往海滨和Upukerora河周边（往返大约1小时），往南可以经过峡湾

地区国家公园游客中心(Fiordland National Park Visitor Centre),并前往控制大门以及凯普勒步道的起点(50分钟)。

国家公园的一日徒步路线可以方便地从蒂阿瑙到达。Kepler Water Taxi(见283页)将会快速送你抵达布洛德湾(Brod Bay),你可以从那里徒步至力士摩山(Mt Luxmore,7~8小时),或沿着湖畔步道返回至蒂阿瑙(2~3小时)。在夏季,Trips & Tramps(见286页)在凯普勒、路特本及其他步道组织小规模的徒步导览游活动。Real Journeys(见288页)经营米尔福德步道沿线一段全长11公里的导览徒步游(成人/儿童 $195/127, 11月至次年4月中旬)。各种各样的一日徒步线路还可以通过由Tracknet(见282页)运营的定期班车完成。

如果想要开启一段自助导览征程,不妨选择环境保护部的《峡湾地区国家公园徒步一日游》手册(*Fiordland National Park Day Walks*, $2),可以从峡湾地区的游客信息中心(i-SITE)或峡湾地区国家公园游客中心(Fiordland National Park Visitor Centre)领取,还可以在www.doc.govt.nz下载阅读。

团队游

Fiordland Tours 团队游

(0800 247 249; www.fiordlandtours.co.nz; 成人/儿童 $139/59起)运营小型巴士游和米尔福德峡湾巡航游活动,从蒂阿瑙出发,沿途经停一些有趣的景点。该公司还提供步道交通以及在凯普勒步道上的一日导览徒步游。

Luxmore Jet 喷气快艇

(0800 253 826; www.luxmorejet.com; Lakefront Dr; 成人/儿童 $99/49)沿着怀奥河上游(Upper Waiau River,又名安都因河,River Anduin)进行一小时的航行。

Southern Lakes Helicopters 观光飞行

(03-249 7167; www.southernlakeshelicopters.co.nz; Lakefront Dr)可以乘坐飞机盘旋在蒂阿瑙上空长达30分钟($240),还有更远能抵达神奇峡湾、达斯奇峡湾(Dusky Sound)和米尔福德峡湾($685起)的航行,并提供很多其他选择,诸如高山徒步、高山自行车和高山滑雪等。

住宿

Te Anau Top 10 假日公园 $

(0800 249 746, 03-249 7462; www.teanautop10.co.nz; 128 Te Anau Tce; 露营地 $44起,房 $129起,不带浴室 $77起; @)这座紧凑的假日公园非常不错,就位于小镇和湖畔的附近,拥有私人的露营地、操场、面朝湖泊的热水浴缸、烧烤区以及现代化的厨房设备,并出租自行车。汽车旅馆的单元房也很好,还为那些不希望使用公用浴室的人士提供了价格不菲的小木屋。

Bob & Maxine's Backpackers 青年旅舍 $

(03-249 7429; www.bbh.co.nz; 20 Paton Pl,紧邻Oraka St; 铺 $36,单/标双 $70/90;)距离小镇2.5公里,紧邻蒂阿瑙—米尔福德公路(Te Anau-Milford Hwy),这座氛围轻松而又现代化的青年旅舍因可从公共休息室远眺群山景致而备受好评。不妨在柴炉边暖和一番,在设施齐备的厨房里大显身手,或者就在私人的套间中放松身心。此外,这里还提供免费的自行车和Wi-Fi。

Te Anau YHA 青年旅舍 $

(03-249 7847; www.yha.co.nz; 29 Mokonui St; 铺 $34~39,单不带浴室 $80~100,双带/不带浴室 $105/96; @)这家现代化的青年旅舍位于镇中心,拥有绝好的设施和舒适多彩的客房。你可以在后院的草坪上打排球,着手准备烧烤或是在休息室的炉火边取暖。

Keiko's Cottages 民宿 $$

(03-249 9248; www.keikos.co.nz; 228 Milford Rd; 双 $175起; 6月至8月不营业;)Keiko的周围环绕着日式的花园,其设施完备的小屋私密、舒适又非常迷人。这里的早餐会让你左右为难:品尝新西兰式还是日式的?此外,水疗和桑拿也值得你额外体验一番。

Radfords on the Lake 汽车旅馆 $$$

(03-249 9186; www.radfordsonthelake.co.nz; 56 Lakefront Dr; 房 $285起;)Radfords并非是你想象中的普通汽车旅馆,你可能已经

从它响亮的名声和不菲的价格中看出了些许端倪。这座棱角分明的建筑坐落在湖畔边修剪整齐的草坪上，共有2层楼，提供14间奢华的单元房，全都能欣赏到美丽的风景。所有的房间都配备了厨房，其中5间还有水疗浴缸。

Te Anau Lodge 民宿 $$$

（☎03-249 7477；www.teanaulodge.com；52 Howden St；单/双 $210/240起；📶）由于慈善修女会修道院（Sisters of Mercy Convent）搬迁至小镇北部，这座建于20世纪30年代的建筑就被改造成了民宿，散发着古典的氛围，与其内部装饰相得益彰。不妨坐在壁炉前的长沙发上浅斟慢酌赠送的葡萄酒，或是在扑上大床前先享受一番水疗。醒来后，你还可以在曾经的小教堂里享受一顿新鲜美味的早餐。

就餐

★Miles Better Pies 快餐 $

（☎03-249 9044；www.milesbetterpies.co.nz；19 Town Centre；馅饼 $5~6.50；⏲6:00~15:00）这里提供大量的美食选择，包括鹿肉、羊肉与薄荷以及水果馅饼。此外，这家店在人行道上也有几张桌子，但坐在湖边品尝更为适宜。

Sandfly Cafe 咖啡馆 $

（☎03-249 9529；9 The Lane；主菜 $7~20；⏲7:00~16:30；📶）要论小镇上最好的浓缩咖啡，Sandfly无疑锁定了当地人最多的投票，这里简约而又令人心满意足，是你全天候享受早餐、汤品、三明治或甜点的首选，还能聆听轻松的音乐，或是在草坪上晒日光浴。

★Redcliff Cafe 新派新西兰菜 $$$

（☎03-249 7431；www.theredcliff.co.nz；12 Mokonui St；主菜 $38~42；⏲16:00~22:00）这家饭店仿照原住民村舍的建筑风格，氛围悠闲活跃，选用当地上乘的农产品作为食材烹制精致的菜肴。你可以品尝峡湾地区的野生鹿肉，或是鲜嫩可口的兔肉。你可以一开始，或者在晚餐行将结束之际，在乡村风格的门口吧台边享用佳酿。此外，这里时常会有现场音乐表演。

饮品和娱乐

Ranch Bar & Grill 小酒馆

（☎03-249 8801；www.theranchbar.co.nz；111 Town Centre；⏲正午至深夜）该酒馆因丰富的酒吧菜肴而深受当地人的欢迎，不妨来此享受一顿高品质的周日烧烤晚餐（$15）、周四的果酱之夜或是观赏一场大型体育赛事吧。

Fat Duck 酒吧

（☎03-249 8480；124 Town Centre；⏲周二至周日 正午至深夜；📶）这座位于街角的酒吧拥有露天的座椅，你可以在此品尝Mac’s的啤酒。酒吧的厨房还烹制引领时尚潮流的酒馆和咖啡馆美食，夏季还会每天提供早餐。

峡湾电影院 电影院

（Fiordland Cinema；☎03-249 8812；www.fiordlandcinema.co.nz；7 The Lane；📶）这里循环播放不错的电影Ata Whenua/Fiordland on Film（成人/儿童 $10/5），是介绍峡湾地区美景的宣传片，时长32分钟。当然，这里也是当地人观赏电影的场所。楼下的**Black Dog Bar**（☎03-249 8844；www.blackdogbar.co.nz；⏲10:00至深夜；📶）是镇上最高雅的酒吧。

实用信息

峡湾地区游客信息中心（Fiordland i-SITE；☎03-249 8900；www.fiordland.org.nz；19 Town Centre；⏲12月至次年3月 8:30~19:00，4月至11月至17:30）提供活动、住宿和交通预订服务。

峡湾地区医疗中心（Fiordland Medical Centre；☎03-249 7007；25 Luxmore Dr；⏲周一至周五 8:00~17:30，周六9:00至正午）

峡湾地区国家公园游客中心（Fiordland National Park Visitor Centre；环境保护部；☎03-249 7924；www.doc.govt.nz；Lakefront Dr和Te Anau-Manapouri Rd交叉路口；⏲8:30~16:30）可以协助完成顶级步道的预订、购买木屋通票并获取信息。此外，这里还展示自然历史，其商店也销售在偏远地区旅行所需的徒步用品和必要的地形图。

到达和离开

InterCity（☎03-442 4922；www.intercity.co.nz）提供每天2班的长途汽车前往米尔福德峡湾（$28起，1小时30分钟）和皇后镇（$28，3小时15分

钟），以及每天1班开往戈尔（$30起，1小时45分钟）、达尼丁（$37起，4小时30分钟）和基督城（$61起，11小时）。长途汽车的起点位于Miro St的Kiwi Country外。

Naked Bus（www.nakedbus.com；票价不定）运营每天1班驶向皇后镇（2小时45分钟）和米尔福德峡湾（2小时15分钟）的长途汽车。

Topline Tours（☎03-249 8059；www.toplinetours.co.nz）全年提供往返于蒂阿瑙和马纳普里的班车（$20），11月至次年3月，还有从蒂阿瑙前往凯普勒步道起点处的控制大门（$5）以及彩虹河段（Rainbow Reach）上平旋桥（$8）的长途汽车。

Tracknet（☎0800 483 262；www.tracknet.net）每年11月至次年4月，总部位于蒂阿瑙的Tracknet将会提供3班定期长途汽车往返蒂阿瑙道恩斯（Te Anau Downs，$25，30分钟）、分水岭地区（Divide，$39，1小时15分钟）和米尔福德峡湾（$49，2小时15分钟），还有2班长途汽车往返马纳普里（$25，30分钟）以及皇后镇（$45，2小时45分钟）。冬季期间，可应要求提供服务。

蒂阿瑙周边（Around Te Anau）

蒂阿瑙是通向三大顶级步道的门户——凯普勒步道、米尔福德步道和路特本步道，还有游客虽少但同样值得一看的霍利福德步道。你可以在Lonely Planet出版的《新西兰徒步与远足》（*Hiking &Tramping New Zealand*）指南中找到详细信息，或者可以询问峡湾地区国家公园游客中心里热心的工作人员，你可以在那里通过Adventuresmart的网站（www.adventuresmart.org.nz）登记你的徒步计划。

Kepler Track 凯普勒步道

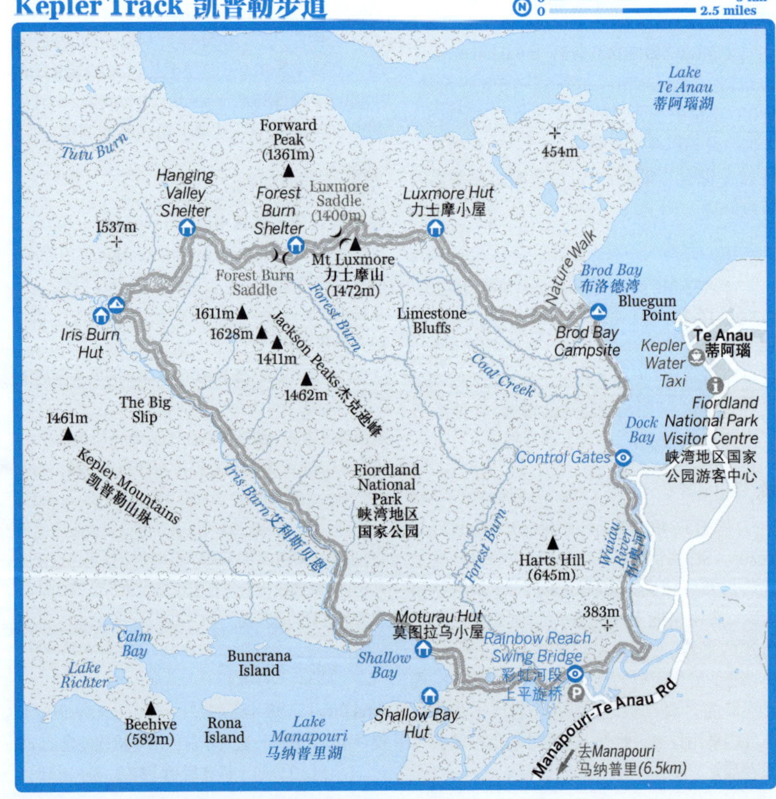

凯普勒步道（Kepler Track）

为了减轻米尔福德步道和路特本步道的游客压力，凯普勒步道于1988年对外开放，它是新西兰规划最好的步道之一，如今也跻身最受欢迎步道的排名之中。60公里的环线相当累人，起点和终点都位于蒂阿瑙湖南端的怀奥河控制大门处。全天候的徒步线路会带你翻越几座山顶，这也是这条步道的特色所在，你能饱览令人难以置信的湖泊、杰克逊峰（Jackson Peaks）和凯普勒山脉（Kepler Mountains）的景致。沿途还会穿过嶙峋的山脊、崎岖的苔原地带和宁静的山毛榉森林。

整条线路可以用4天完成，其中3晚住在小屋中。若是不经过莫图拉乌小屋（Moturau Hut），并略去彩虹河段的平旋桥部分，那么你可以把行程压缩到3天。然而，在马纳普里湖（Lake Manapouri）岸边的莫图拉乌小屋度过一晚是结束这段徒步旅程的最佳方案。虽然可以从任何方向开始徒步，但最受欢迎的线路顺序还是：力士摩山—艾利斯贝恩（Iris Burn）—莫图拉乌。

高山路段对体力的要求很高，冬季可能会无法通行，不过全年在该步道上徒步对天气的要求都极为苛刻。

预计步行时间：

天数	路线	时间（小时）
1	峡湾地区国家公园游客中心至控制大门	0.75
1	控制大门至布洛德湾	1.5
1	布洛德湾至力士摩小屋	3.5~4.5
2	力士摩小屋至艾利斯贝恩小屋	5~6
3	艾利斯贝恩小屋至莫图拉乌小屋	5~6
3	莫图拉乌小屋至彩虹河段	1.5~2
4	彩虹河段至控制大门	2.5~3.5

预订和交通

凯普勒步道是一条官方的顶级步道（Great Walk）。10月下旬至次年4月中旬，你必须获得一张顶级步道的通票才能进入**力士摩小屋**、**艾利斯贝恩小屋**以及**莫图拉乌小屋**。你必须提前获得该通票，通过环境保护部的**顶级步道预订**（Great Walks Bookings；☎0800 694 732；www.greatwalks.co.nz）网站在线或者在环境保护部的游客中心亲自付费并提前预约。淡季期间，小屋则会提供自助服务。而在**布洛德湾**和**艾利斯贝恩**则有露营地。

该段徒步线路的推荐地图是1∶60,000的Parkmap 335-09（凯普勒步道）。

从峡湾地区国家公园游客中心出发，步行不到一个小时便可以轻松地来到步道的起点，你只需沿着Manapouri–Te Anau Rd（SH95）前进，途经湖畔步道即可。在控制大门附近有一座停车场和休息处。**Tracknet**（见282页）和**Topline Tours**（见282页）都运营往返于控制大门和彩虹河段步道起点处的班车服务。

Kepler Water Taxi（☎027 249 8365；www.facebook.com/keplerwatertaxi；单程$25）在早晨提供穿过蒂阿瑙湖，前往布洛德湾的渡船服务，为你第一天的徒步节省1小时30分钟的时间。

米尔福德步道（Milford Track）

这是新西兰最著名的步道，常被誉为“世界上最美的步道”。米尔福德步道一定会让你感到震惊：这里有热带雨林、冰川深蚀的山谷、一处被群峰环绕的山坳和气势磅礴的瀑布，包括宏伟的萨瑟兰瀑布（Sutherland Falls），世界上落差最大的瀑布之一。所有这一切都证明了其受欢迎的程度：每年都有逾14,000名徒步客来此完成54公里的壮举。

大徒步期间，该步道只供单向步行，从格拉德码头（Glade Wharf）开始。第一晚，你必须在克林顿小屋（Clinton Hut）中度过，尽管其距离步道的起点只有1小时的路程，而且你必须在四天三晚的规定时间内完成全程。如果天气条件不错，这个要求完全可以接受；但若变天，你还是得抓紧时间向前，跨过高耸的麦金农山口（Mackinnon Pass），可能会错过一些壮美的景致。这完全取决于你的运气。

徒步旺季时，该步道还经常会被徒步向导

团光顾，他们住在舒适的度假屋中，屋内有地毯、热水淋浴并备足了食物。如果这听起来很诱人，不妨联系**Ultimate Hikes**（☎0800 659 255, 03-450 1940; www.ultimatehikes.co.nz; 5日徒步含食物 铺/单/双 $2195/3085/5210; ⊙11月至次年4月），这是经营米尔福德步道徒步导览线路的唯一旅行社。

该段徒步线路的地图可选择1:70,000的Parkmap335-01（米尔福德步道）。

预计步行时间：

天数	路线	时间
1	格拉德码头至格拉德小屋（Glade House）	20分钟
1	格拉德小屋至克林顿小屋（Clinton Hut）	1小时
2	克林顿小屋至Mintaro Hut	5~6小时
3	Mintaro Hut至Dumpling Hut	6~7小时
3	支线旅程至萨瑟兰瀑布	1.5小时往返
4	Dumpling Hut至白蛉角（Sandfly Point）	5.5~6小时

预订和交通

米尔福德是一条官方的顶级步道。10月下旬至次年4月中旬，你必须获得一张顶级步道的通票（Great Walk pass, $162）才能让你在以下小屋中度过3个晚上：**克林顿小屋**、**Mintaro Hut**和**Dumpling Hut**。你必须提前获得该通票，通过环境保护部的顶级步道预订网站在线或者在环境保护部的游客中心亲自付费并提前预约。务必提前预约以免失望，因为在整个徒步季节，预订一空的速度很快。

淡季期间，小屋则会提供自助服务（$15），你可以在你喜欢的任何时间前往步道进行徒步。这使得4月下旬和5月上旬成了徒步的好时节，但也取决于天气状况。同样的话在徒步季开始前则不能这么轻易地说，因为春季发生雪崩的危险还是非常大的。

步道的起点位于蒂阿瑙湖尽头的格拉德码头，你可以从蒂阿瑙道恩斯搭船进入，全程1小时30分钟，而蒂阿瑙道恩斯距离蒂阿瑙则有29公里之遥。步道的终点则在白蛉角，乘坐小船15分钟就能到达米尔福德峡湾的村庄，你可以从那里经陆路返回蒂阿瑙，大约2小时可到达。在你预订徒步小屋的住宿门票时，就可以在线选择往返的交通方式。

Tracknet（见282页）提供从皇后镇和蒂阿瑙出发，前往蒂阿瑙道恩斯和米尔福德峡湾坐船的交通服务。此外，这里还有其他抵离步道的交通方式，包括选择**Wings & Water**（☎03-249 7405; www.wingsandwater.co.nz; Lakefront Dr）经营的从蒂阿瑙前往格拉德码头的水上飞机。峡湾地区信息中心以及峡湾地区国家公园游客中心可以提供最适合你的选择。

霍利福德步道（Hollgford Track）

霍利福德步道全长58公里，需要4~5天完成（单程），是一条穿越霍利福德谷（Hollyford Valley）——峡湾地区国家公园最长的山谷——下游的中低难度线路，直抵偏远的马丁斯湾（Martin's Bay）。如今步道升级改善了交通服务，并且由于难度系数较低，可在全年任何时候完成，这也使得越来越多的徒步客前来探索这片雄伟的山峰和湖泊美景、优美的森林、种类繁多的鸟类和奇幻的海岸，让霍利福德变得如此与众不同。即便如此，这条步道每年平均只有4000人来访，因此如果你追求独处，那么这里就是一处上乘之选。

霍利福德步道基本是单向的线路（除非再加上颇具挑战性的Pyke-Big Bay Route），大多数的徒步客到达马丁斯湾后就沿着原路，或者从那里的飞机跑道上打道回府了。如果可以的话，不妨在海湾多待上一天，你可以在那里看到海豹群，运气好的话甚至可以一瞥企鹅的风采。相较新西兰最惹人讨厌的白蛉，这个体验绝对物超所值。

最适合该段徒步线路的地图是CA09（Alabaster）和CA08（米尔福德峡湾）。环境保护部还制作了一本名为《霍利福德步道》（*Hollyford Track*）的小册子。

预订和交通

徒步客可以使用沿途6个环境保护部的小屋，从自助小屋（Serviced, $15）到标准小

Milford Track 米尔福德步道

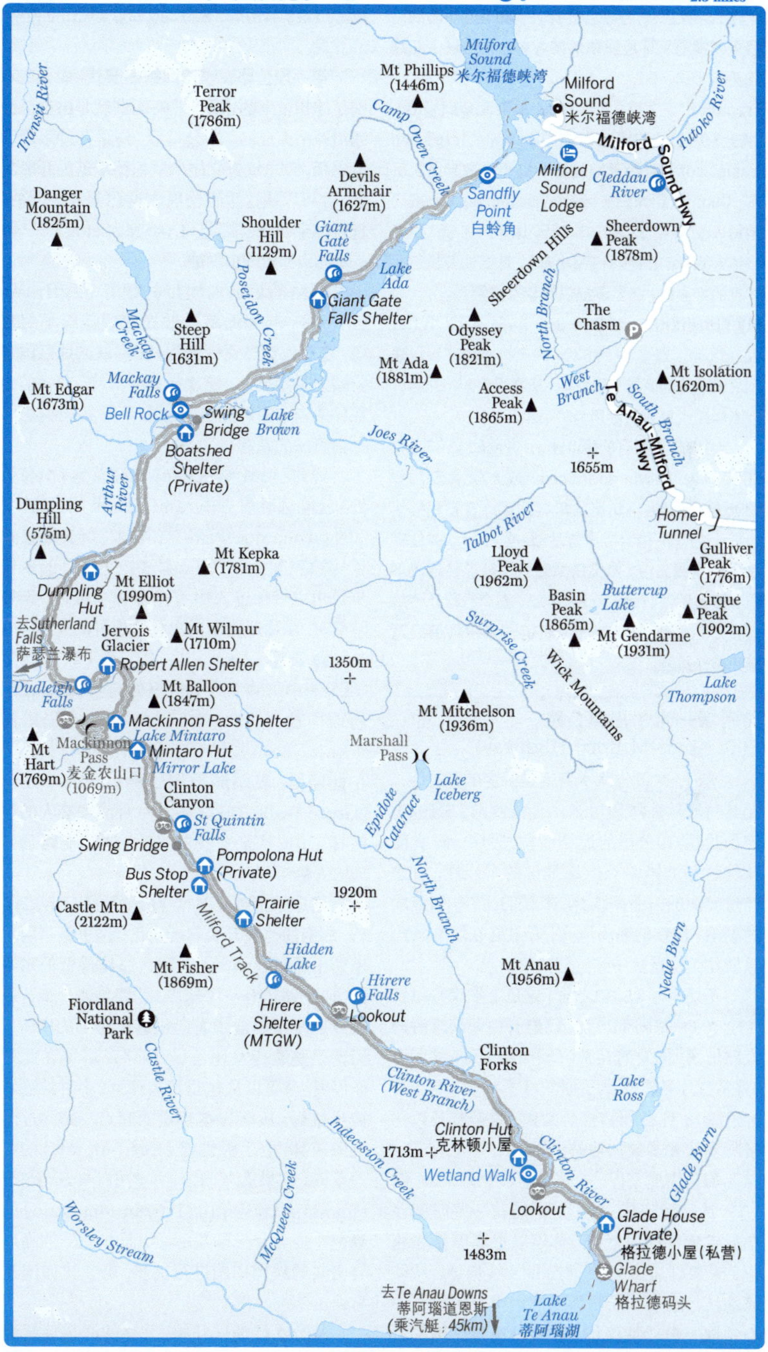

0 5 km
0 2.5 miles

Milford Sound 米尔福德峡湾
Mt Phillips (1446m)
Milford Sound 米尔福德峡湾
Tutoko River
Milford Sound Hwy
Transit River
Terror Peak (1786m)
Camp Oven Creek
Devils Armchair (1627m)
Milford Sound Lodge
Cleddau River
Danger Mountain (1825m)
Sandfly Point 白蛉角
Shoulder Hill (1129m)
Giant Gate Falls
Sheerdown Peak (1878m)
Sheerdown Hills
Lake Ada
Poseidon Creek
Giant Gate Falls Shelter
Mackay Creek
Steep Hill (1631m)
Odyssey Peak (1821m)
North Branch
The Chasm
Mt Ada (1881m)
Mt Isolation (1620m)
Mt Edgar (1673m)
Mackay Falls
Bell Rock
Swing Bridge
Lake Brown
Access Peak (1865m)
West Branch
South Branch
Te Anau-Milford Hwy
Boatshed Shelter (Private)
Joes River
1655m
Arthur River
Dumpling Hill (575m)
Talbot River
Homer Tunnel
Mt Kepka (1781m)
Lloyd Peak (1962m)
Gulliver Peak (1776m)
Dumpling Hut
Mt Elliot (1990m)
去Sutherland Falls 萨瑟兰瀑布
Jervois Glacier
Mt Wilmur (1710m)
Surprise Creek
Basin Peak (1865m)
Buttercup Lake
Mt Gendarme (1931m)
Cirque Peak (1902m)
Robert Allen Shelter
1350m
Wick Mountains
Dudleigh Falls
Mt Balloon (1847m)
Lake Thompson
Mackinnon Pass Shelter
Mt Mitchelson (1936m)
Mt Hart (1769m)
Mackinnon Pass 麦金农山口 (1069m)
Lake Mintaro
Mintaro Hut
Marshall Pass
Mirror Lake
Clinton Canyon
Lake Iceberg
Epidote
Cataract
St Quintin Falls
Swing Bridge
Pompolona Hut (Private)
North Branch
Bus Stop Shelter
Castle Mtn (2122m)
Prairie Shelter
1920m
Milford Track
Neale Burn
Mt Fisher (1869m)
Hidden Lake
Mt Anau (1956m)
Hirere Falls
Fiordland National Park
Hirere Shelter (MTGW)
Lookout
Castle River
Clinton Forks
Clinton River (West Branch)
Lake Ross
Indecision Creek
Clinton Hut 克林顿小屋
1713m
Wetland Walk
Clinton River
Glade Burn
McQueen Creek
Lookout
Worsley Stream
Glade House (Private) 格拉德小屋(私营)
1483m
Glade Wharf 格拉德码头
去Te Anau Downs 蒂阿瑙道恩斯 (乘汽艇;45km)
Lake Te Anau 蒂阿瑙湖

屋（Standard，$5）都有。小屋旁边可以野营（$5），不过白蛉可不会让你住得舒坦。小屋的门票可以提前从环境保护部游客中心的网站上在线购买。

Tracknet（见282页）和**Trips & Tramps**（☎03-249 7081，0800 305 807；www.tripsandtramps.com）都经营前往霍利福德步道起点的班车。**Gunn's Camp**（www.gunnscamp.org.nz；露营地每人 $15，铺 $25，小屋 $65，床单外加 $5）距离步道起点9公里（步行需2小时），是旅途劳顿前后休息的好去处，那里还提供车辆存放服务。

Fly Fiordland（☎0800 359 346；www.flyfiordland.com；最多4人 $620）的飞机穿梭在蒂阿瑙和马丁斯湾的简易跑道之间，通常提供包机服务，但高峰期间每人的费用为$175。

纳塔胡族拥有的**Hollyford Track**（☎03-442 3000；www.hollyfordtrack.com；成人/儿童 $1795/1395起；⏲10月下旬至次年4月下旬）在霍利福德步道上经营不错的导览游活动，全程3天，并住在私人的小屋之中。如果搭乘喷气快艇前往河流下游和麦肯罗湖（Lake McKerrow），整个行程还会缩短至2天，最后乘坐观光飞机前往米尔福德峡湾结束整个旅程。

蒂阿瑙—米尔福德公路 (Te Anau-Milford Highway)

有时，这条公路本身就是游客的目的地，尤其对于从蒂阿瑙至米尔福德峡湾（SH94）这条长达119公里的道路而言尤为正确。它能让你轻易地体验到峡湾地区的多样性，沿途经过美丽的山毛榉森林、平缓的河谷、如镜般的湖泊、精致的高山风光，并最终在堪称新西兰最壮美的景色中到达终点。

不妨一早（8:00之前）或是上午晚些时候（11:00）从蒂阿瑙出发，以避开白天峡湾游的大巴长龙。出发前在蒂阿瑙加满汽油，并留意5月至11月可能发生雪崩的日子（公路上会有标志牌），且必须带好防滑链；这些都可以在蒂阿瑙的大多数加油站中租到。

如果中途不停车，那么这段路只要2小时30分钟就能完成。不过，不妨花一些时间停车欣赏宏伟的风景吧。你可以把车停靠在路边，探索沿途多处观景点和天然步道。从峡湾地区信息中心或峡湾地区国家公园游客中心领取一份环境保护部的《峡湾地区国家公园一日徒步游》小册子（*Fiordland National Park Day Walks*，$2），或从www.doc.govt.nz下载。

第一段公路在农田间蜿蜒起伏，农田底下则是冰川留下的冰碛，蒂阿瑙湖就是由这部分冰川开凿而成的。29公里后，公路经过**蒂阿瑙道恩斯**，那里也是前往米尔福德步道的开船起点。你可以从这里轻松地往返45分钟，一路穿越森林来到**米索陶湖**（Lake Mistletoe）——由一座冰山形成的小湖泊。

公路随后通向埃格林顿谷（Eglinton Valley），起先的路段散布着放养绵羊的牧场，之后就穿过荒野的深处，向峡湾地区国家公园无尽地延伸。鳞次栉比的群峰、茂密的山毛榉森林、河畔的羽扇豆和草坪共同编织出一幅美丽的画卷。

经过**Mackay Creek**的露营地（51公里处）就能远眺前方Pyramid Peak（2295米）和Ngatimamoe Peak（2164米）的美丽景致了。**镜湖**（Mirror Lakes，58公里处）的木板步道可以带你进入山毛榉森林和湿地，天气晴朗时，湖面还能映射出整座山谷的模样。

瀑布溪（Cascade Creek）和**古恩湖**（Lake Gunn）位于77公里处，这片地区在毛利语中被称为O Tapara，前往安尼塔湾（Anita Bay）搜寻绿玉（pounamu）的人曾在此停留。**古恩湖天然步道**（Lake Gunn Nature Walk；往返45分钟）环绕着高大的红榉林，不时传来悠扬的鸟鸣，还有支路延伸通向安静的湖滩。

当你穿过84公里的**分水岭地区**（Divide）后，周围的植被开始有所变化。这里是南阿尔卑斯山脉（Southern Alps）海拔最低的东西向山口，路边有一座棚屋，为路特本、绿石或凯波斯步道的徒步者提供遮风避雨的场所，无论是整装待发还是尽兴而归，都可在此稍作停留。你可以从这里踏上往返2小时的绝妙徒步旅程，从路特本步道的起点一路穿过山毛榉树林，登上**钥匙峰**（Key Summit）的高山草甸。如果天气晴好，洪堡山（Humboldt Mountain）和达伦山（Darran Mountain）的景色一定会令你印象深刻，而在泥泞的高地与密实的榉树周围进行徒步，也会让你流连忘返。

从分水岭地区开始，公路的海拔逐渐降

低，进入**霍利福德谷**（不妨在Pop's View稍作停留欣赏美景）的山毛榉树林。此外，你还可以绕道而行，驶离SH94，朝着霍利福德谷下游前往Gunn's Camp，这是一段长达8公里，沿着土路前往霍利福德步道的行程。再向前9公里便是步道的起点所在，你还能在那里找到前往**洪堡瀑布**（Humboldt Falls，往返30分钟）的步道。

回到前往米尔福德的主路上，在距离蒂阿瑙101公里处的地方，公路开始一路攀升，穿过梦幻般的山谷，来到**荷马隧道**（Homer Tunnel），这一隧道以两侧被冰川侵蚀呈阶梯状的岩壁奇观而闻名于世。20世纪30年代，该隧道作为缓解交通的工程项目进行修建，并最终于1954年正式向机动车开放通行。整条隧道单向行驶，并且拥有世界上海拔最高的交通信号灯引导车流。漆黑的隧道全长1207米，岩壁粗糙而且渗水。穿过隧道后，你就来到了雄伟的**克雷道山谷**（Cleddau Valley），所有人都会情不自禁地连声赞叹。食肉鹦鹉（高山鹦鹉）在隧道的出口处盘旋，寻找喂食的游客，但为了它们的健康，请不要投食。

在距离米尔福德峡湾10公里处，轮椅和婴儿车均可通行的**裂谷步道**（Chasm Walk；往返20分钟）值得前去一看。浓荫蔽日的克雷道河（Cleddau River）流经许多被风化的巨石，涌入一处狭窄的裂缝，形成了深邃的瀑布和一座天然石桥。从这里可以看到峡湾地区的最高峰**图托克山**（Mt Tutoko，2746米），若隐若现的山影就在米尔福德附近这片榉树森林之上。

住宿

公路的沿途有9座简易的环境保护部露营地（每位成人/儿童 $6/3）。每一处都景色怡人，但也吸引了白蛉前来光顾。

Knob's Flat 汽车旅馆 $$

（☎03-249 9122；www.knobsflat.co.nz；露营地每位成人/儿童 $15/8，双 $130~150）该旅馆坐落在埃格林顿谷之中，距离蒂阿瑙63公里，拥有6间设施齐备的单元房，对于崇尚简约生活的游客而言堪称完美之选，你还可以在舒适的房间中欣赏到美丽的风景。不提供电力的露营地适合那些希望回归自然的露营者，当然这里也配备了较为奢侈的热水淋浴设施（$5）和一间厨房。

到达和离开

Tracknet（☎0800 483 262；www.tracknet.net）11月至次年4月，Tracknet在米尔福德峡湾至蒂阿瑙的线路上提供3班定期出发的长途汽车，经停分水岭地区和蒂阿瑙道恩斯；其中2班将会继续前往皇后镇（$90，5小时）。冬季期间，会根据要求提供服务。

米尔福德峡湾（Milford Sound）

人口 114

悉尼歌剧院、大本钟、埃菲尔铁塔——当你把视线投向这些世界著名景点，你就会不自觉地停下脚步，并立刻激动不已。麦特尔峰（Mitre Peak，Rahotu）也是如此，这座高达1692米的山峰从米尔福德峡湾（皮奥皮奥塔希，Piopiotahi）深色的海水之中兀然耸立，颇为壮观。这幅景象早已占据新西兰的旅游手册，并且是少数真正配得上"标志性"一词的景观之一。

道路的终点也是死寂的中心，陡峭的悬崖直插漆黑的海水之中，景色极其壮美。不时还有生长在陡坡上的树木攀附不住，形成了跌入峡湾的"树崩"景象。

米尔福德峡湾每年接待大约50万游客，其中大部分都在旺季（1月至2月）蜂拥而至。约有14,000人沿着米尔福德步道抵达位于峡湾的终点，其他的则会乘坐直升飞机。但更多的游客还是从蒂阿瑙驱车来此，而参加旅行团大巴的又占大多数。不过不用担心：在出海欣赏的时候，在伟大的自然面前，再多的人群也都显得微不足道。

活动

不言而喻的是，米尔福德峡湾的一切就是水，而峡湾是围绕着海水的地貌。年平均降水量7000毫米，不仅为数不胜数的瀑布提供了充足的水源，还为你眼前的美景增添了一抹迷人的薄雾。这里的淡水位于较为温暖的海水之上，从而形成了独一无二的海洋环境，并复制了深海的生态条件，使得诸如海豚、海

豹以及企鹅等海洋生物能在这样的环境中繁衍生息。因此，入海参观是必不可少的。

Rosco's Milford Kayaks 皮划艇

（☎03-249 8500，0800 476 726；www.roscosmilfordkayaks.com；72 Town Centre，Te Anau；旅行 $99~199；⊙11月至次年4月）双人皮划艇的团队导览游包括具有挑战性的 "Morning Glory"（$199），需要划桨穿越这个峡湾抵达安尼塔湾，而较为轻松的 "Stirling Sunriser"（$195）则在高达151米的斯特林瀑布（Stirling Falls）下进行冒险。另外，还有很多 "连你的祖母都能够完成" 的行程，以及在米尔福德步道上徒步与皮划艇相结合的行程套餐。

Descend Scubadiving 潜水

（www.descend.co.nz；2次潜水含装备 $299）这里组织一日游活动，内容包括乘坐7米长的双体船在米尔福德峡湾开展持续4小时的巡航游，并在沿途进行2次潜水。这片海洋保护区拥有独一无二的海洋生物，包括种类丰富的珊瑚。此外，还提供交通、装备、热饮和小吃。

团队游

在米尔福德峡湾乘坐游轮是峡湾地区唾手可得的体验，你可以在崭新的游轮码头上发现大量游轮公司，从主要的停车场出发步行10分钟便可抵达码头。

每家游轮公司都会宣称它更为安静、规模更小或更大，或更为便宜，甚至某种程度上更适合休息等，但真正的区别仅在于游览时间的长短。大多数巴士旅行团都会选择13:00的游船，所以如果你能够避开这个时间段，船上的游客会更少，海上的游船会更少，甚至路上的车辆也更少。一些游轮公司还会在非高峰时段提供优惠价。

如果你极其喜欢野生动物，别忘了问问船上是否配有通晓自然知识的导游。不管怎样，提前预约总是明智的。一般而言，你要在游船出发前20分钟到达。大多数游船公司提供从蒂阿瑙出发的接送服务，但需要收取额外的费用。从皇后镇往返的一日游时间极长，全程13小时。

所有的游轮都会探访距离码头15公里处的峡口，在波涛汹涌的塔斯曼海上体验一把乘风破浪的快感。如果航程较短，途经的景点就较少，但基本包括鲍文瀑布（Bowen Falls）、麦特尔峰、安尼塔湾和斯特林瀑布。

米尔福德探索中心（Milford Discovery Centre；www.southerndiscoveries.co.nz；Harrison Cove；成人/儿童 $36/18；⊙9:00~16:00）只能通过参加Southern Discoveries和Mitre Peak Cruises组织的团队游才能参观，这是一座漂浮在水下的观测站，在海陆线以下10米处提供观察深海珊瑚、管海葵（tube anemones）以及栖息在水底海鲈鱼的机会。

Cruise Milford 乘船游

（☎0800 645 367；www.cruisemilfordnz.com；成人/儿童 $80/18起；⊙10:45、12:45和14:45）乘坐一艘小船开始一段持续1小时45分钟的巡航游，每天3次。

Go Orange 乘船游

（☎0800 246 672，03-249 8585；www.goorange.co.nz；成人/儿童 $55/15起；⊙9:00、12:30和15:00）Real Journeys的2小时游轮之旅收费不高，全程在米尔福德峡湾游览，还额外提供免费的早餐、午餐或小吃。

Real Journeys 乘船游

（☎0800 656 501，03-249 7416；www.realjourneys.co.nz）米尔福德峡湾最大的旅行社经营着各种团队游，包括持续1小时45分钟的观光巡航游（成人/儿童 $76/22起），颇受人欢迎。2小时30分钟的自然巡航游（成人/儿童$88/22起）将自然美景与野生动物完美融合，并会让一名专家向导提供专题介绍。此外，这里还提供过夜巡航游活动，你可以在旅途中划皮划艇，并乘坐小船与大自然来一次亲密接触。

通宵旅程于15:00左右从游轮码头启航，并于次日9:30左右返回。"米尔福德流浪者号"（Milford Wanderer）仿照一艘古老的大型平底商船建造，可搭载36位乘客，提供共用浴室的2床和4床舱位（铺/单/双 $305/621/710）。"米尔福德水手号"（Milford Mariner）可容纳60人，并在船舱套间中提供更为高档的单人间（$744）或双人间（$850）。4月至9月的票价较为便宜，如果从蒂阿瑙乘坐大巴前往还需要额外收费。

住宿

Milford Sound Lodge 度假屋 $$$

(☎03-249 8071; www.milfordlodge.com; SH94; 露营地 $25起, 铺/双不带浴室 $35/99, 度假屋 $345~395; 📶) 这座简易却舒适的度假屋就在克雷道河的岸边, 距离米尔福德交通枢纽仅1.5公里之遥, 有着颇接地气的活跃氛围。游客和徒步者在休息室或者度假屋内设的Pio Pio Cafe中相谈甚欢, 后者提供餐点、葡萄酒和浓缩咖啡。奢华的度假屋还坐享河畔的优越位置。强烈建议提前预约。

实用信息

探索米尔福德峡湾信息中心 (Discover Milford Sound Information Centre; ☎03-249 7931; www.southerndiscoveries.co.nz; ⏲8:00~16:00) 尽管是由Southern Discoveries运营的, 这家位于主要停车场附近的信息中心销售大部分团队游和游轮公司, 以及观光飞行和InterCity长途汽车的票务。此外, 旁边还有一家咖啡馆。

到达和离开

长途汽车

InterCity (☎03-442 4922; www.intercity.co.nz) 提供每天2班从蒂阿瑙出发, 前往米尔福德峡湾 ($28起, 1小时30分钟) 和皇后镇 ($47起, 4小时15分钟) 的长途汽车, 在你预订车票的时候还可以增加一次乘船游或观光飞行。

Naked Bus (www.nakedbus.com; 票价不定) 每天提供长途汽车往返于蒂阿瑙和米尔福尔峡湾之间 (2小时15分钟)。

Tracknet (☎03-249 7777; www.tracknet.net) 11月至次年4月, Tracknet提供3班定期往返分水岭地区 ($35, 45分钟)、蒂阿瑙道恩斯 ($47, 1小时45分钟) 和蒂阿瑙 ($49, 2小时15分钟) 的长途汽车, 以及2班往返皇后镇 ($90, 5小时) 的长途汽车。冬季期间, 可应要求提供服务。

汽车

务必出发前在蒂阿瑙加满汽油。5月至11月存在冰雪和雪崩隐患 (路上会有标志牌), 一定要加上防滑链, 这些大多数都能在蒂阿瑙的加油站中租到。

马纳普里(Manapouri)

人口 228

马纳普里通常被当作游览神奇峡湾的起点, 大多数游客会径直前往码头乘坐独轮来到西湾 (West Arm), 由此也便低估了这座安逸的小镇, 不但因为马纳普里湖 (Lake Manapouri) 与蒂阿瑙交相辉映, 是新西兰最美丽的小镇之一, 还因为这里还有大量丰富的活动可以和当地人一同参与。

1969年, 马纳普里打响了新西兰的第一场环保战役。根据最初西湾水力发电厂的规划, 为了向因弗卡吉尔附近的炼铝厂提供电力, 湖水的水位需要提高30米。人们为了阻止这一计划而自发请愿, 总共征集到265,000个签名 (相当于当时新西兰具有投票资格公民数量的17%), 而这一事件也导致该届政府在随后选举中的失利。环保人士大举获胜, 不仅发电站的建造没有抬升湖面, 而且还催生了20世纪70年代和80年代的一系列全国性环保运动。

活动

穿过珍珠港 (Pearl Harbour) 的怀奥河, 你可以踏上一日游的徒步行程, 这些都在环境保护部的《峡湾地区国家公园一日游徒步》(*Fiordland National Park Day Walks*) 小册子中有详细的描述。经典的远足路线是**环形步道** (Circle Track, 往返3小时), 继续前行还可抵达**希望湾** (Hope Arm, 往返5~6小时)。你可以从**Adventure Manapouri** (☎03-249 8070; www.adventuremanapouri.co.nz; 出租小船每天$40, 水上出租往返$20) 租一艘小船或水上出租穿过河流, 该公司还提供导览徒步游和垂钓团队游活动。

从马纳普里以北一直延伸至珍珠港, **弗雷泽海滩** (Frasers Beach) 上1小时的徒步线路沿途提供了不少野餐和游泳的好去处, 还有绝好的湖泊美景。

凯普勒步道 (见283页) 可以从马纳普里湖最北端, 位于小镇以北10公里处的彩虹河段进入。

马纳普里还是偏僻的**达斯奇步道** (Dusky Track) 的起点, 这条极富挑战性的徒步线路

全长84公里，需要8~10天方可完成。想要获取更多资讯，不妨联系环境保护部。

住宿

Manapouri Motels & Holiday Park 假日公园 $

（03-249 6624；www.manapourimotels.co.nz；86 Cathedral Dr；露营地 $36起，单元房 $95起，不带浴室 $60起；）这座露营地虽然奇特，但不失经典魅力，拥有多种风格的便宜小屋（从仿瑞士风格的高山小屋到简易迷人的棚屋，不一而足），还有安静的露营地以及一座温馨的设施建筑。等等，这里还有……几辆老式迷你的莫里斯小轿车（Morris Minors）和几台古老的弹球游戏机。

Freestone Backpackers 青年旅舍 $

（03-249 6893；www.freestone.co.nz；270 Hillside Rd；铺 $22~33，双 $86，不带浴室 $66；）这些田园风情的小屋坐落在小镇以东3公里左右的山坡上，每个都有瓦斯炉、取暖炉和景观阳台。其公用的浴室较为简易，一座改建的家庭住宅提供单人间、双人间和标准双人间，总共可容纳8人，并配备了公用的设施，包括一个设施齐备的厨房。你可以在此询问游轮的信息。

到达和离开

Topline Tours（见282页）全年提供往返于蒂阿瑙和马纳普里的班车（$20）。

Tracknet（03-249 7777；www.tracknet.net；成人/儿童 $25/18）11月至次年4月运营往返于蒂阿瑙和马纳普里的长途汽车，每天2班，其余时间则根据要求提供服务。

神奇峡湾（Doubtful Sound）

壮丽雄伟的神奇峡湾是一片遍布崎岖山峦和茂密森林的荒野，瀑布之声雷霆万钧。神奇峡湾是新西兰最大的峡湾之一，是米尔福德峡湾长度的3倍、面积的10倍，堪称名副其实的峡湾。此外，这里人迹罕至。如果你有足够的时间和财力，在天气条件允许的情况下，神奇峡湾是一段不容错过的旅程。

在过去，只有最无所畏惧的徒步者或水手才能抵达神奇峡湾。即便库克船长（Captain Cook）也只是在1770年从海岸线的不远处打量了一番，因为他“怀疑”峡湾的风力是否足以将其船只带回大海。1959年，为了推进西湾发电站的建设，翻越威尔默特隘口（Wilmot Pass）的公路落成通车，人们进出神奇峡湾的旅途才变得更为便捷了。

团队游

主要让你纠结的是参加通宵游（价格不菲但更为可取）还是一日游，以及游轮的大小，其他需要考虑的还有你是否想要参观发电厂。通宵乘船游将提供餐食、钓鱼和皮划艇活动。

Real Journeys 乘船游

（0800 656 501；www.realjourneys.co.nz）全天候的“荒野巡航游”（wilderness cruise，成人/儿童 $250/65起）包括乘坐一艘现代双体船的行程，并配有自然专家向导，全程3小时。9月至次年5月，还运营过夜乘船游活动，不妨登上“峡湾航海家号”（Fiordland Navigator），其船舱套间可以容纳70人（4人套间 每位成人/儿童 $385/193，单/双 $1076/1230）。一些行程还包括前往西湾发电站参观。

Adventure Kayak & Cruise 皮划艇

（0800 324 966；www.fiordlandadventure.co.nz；一日/过夜团队游 $249/295；10月至次年4月）运营前往神奇峡湾的一日游或是两日游，后者需要在沙滩上露营一晚。

Fiordland Cruises 乘船游

（0800 368 283；www.fiordlandcruises.co.nz；团队游 $1650起；10月至次年5月）不妨在“南方秘密号”（Southern Secret，最多可容纳12位乘客）游轮上过夜，其船舱是双人套间。

Go Orange Kayaks 皮划艇

（03-249 8585；www.goorangekayaks.co.nz；1/2/3/5天 $245/399/550/775；10月至次年4月）组织2至5天在神奇峡湾附近的划皮艇和露营团队游活动，你也可以参加“初试者”（tasters）一日游。其价格包含了从蒂阿瑙出发的交通以及热饮的费用，但不包括餐费。

到达和离开

前往神奇峡湾的路途包含了从马纳普里的珍珠港乘船1小时，抵达西湾发电站，随后驾车22公里（40分钟）越过威尔默特隘口，来到深湾（Deep Cove，常住人口：2人），你需要在那里登上游览峡湾的游轮。马纳普里是最为便捷的出发点，虽然组织游船旅行团的公司也会来到蒂阿瑙和皇后镇载客。

南部区中部（CENTRAL SOUTHLAND）

新西兰的"南方腹地"不加掩饰地融合了荒僻的海岸线、人迹罕至的荒野和大片农田。这里氛围悠闲，人口稀少，是你另辟蹊径探索新西兰的好去处。

图阿塔皮里（Tuatapere）

人口 558

静谧的图阿塔皮里曾是一座伐木小镇，如今这里是一处农业中心，并且由于一些不易解释的原因，这里被人们称为"世界香肠之都"。当年的伐木工人颇为高效，所以大片本地罗汉松针叶林仅残存下很少一部分。

然而，荒野也并不遥远。图阿塔皮里是前往驼峰岭步道（Hump Ridge Track）的大本营，这条步道由当地的社区居民构思并建造，于2001年建成开放。步道全程58公路，需3天才能完成，可以相对轻松地穿过崎岖的高地。这里拥有丰富的自然和历史文化，从壮观的沿海和高山景致，到伐木小镇引人入胜的悠久往事，还有数不胜数的鸟类；而在长风呼啸的孤寂海岸线上，你还有机会见到赫氏海豚（Hector's dolphins）的真容。此外，你还可以在沿途经过一些历史悠久的木质高架桥，其中一座是新西兰境内最高的。

若要进行徒步，你需要通过图阿塔皮里驼峰岭步道信息中心（Tuatapere Hump Ridge Track Information Centre，见本页）进行预订。套餐中包括运送至步道起点（位于Rarakau，距离图阿塔皮里19公里）的交通费用，以及舒适小屋的住宿费。徒步线路全年都可完成，其价格将会根据三个季节段而有所不同（$175起），另外还提供有向导的徒步游）。必须提前预约。

另一片无与伦比的荒野位于图阿塔皮里以西的豪罗科湖（Lake Hauroko）周围，你可以取道一段32公里的公路前往，但该路段大部分地区未铺设柏油。豪罗科湖深462米，是新西兰最深的湖泊，周围则是黑暗深邃、浓密阴沉的树林斜坡。达斯奇步道的终点（或起点）位于北岸，不妨向总部位于图阿塔皮里的Lake Hauroko Tours（☎3-225 5677；www.duskytrack.co.nz；步道交通 $99）订一艘小船，来到步道的起点。

豪罗科湖中的水从其南端经由Wairaurahiri River流入塔斯曼海。两家当地的喷气快艇运营商W-Jet（☎0800 376 174；www.wjet.co.nz；团队游$225起）和Hump Ridge Jet（☎0800 270 556；www.wildernessjet.co.nz；一日游 $225）沿着两侧布满树林的河流提供惊险刺激的行程。

景点

克利夫登悬索桥（Clifden Suspension Bridge） 桥梁

这座优雅的木质悬索桥地处图阿塔皮里以北大约12公里处，横跨怀奥河，是新西兰同类桥梁中最长的。这里拥有信息告示板、野餐桌和厕所，都让游人值得在此停留一番。

就餐

Yesteryears Museum Cafe 咖啡馆 $

（☎03-226 6682；3a Orawia Rd；简餐 $5~10；⊙8:00-17:00，冬季运营时间缩短）不妨尝尝黛西阿姨（Aunt Daisy）的甜面包以及典型的新西兰奶昔，并为你旅途中的早餐购买一些自制的果浆。在你用餐时，这里还有不少过往年代中有趣奇特的家用物品可供仔细品鉴。

实用信息

图阿塔皮里驼峰岭步道信息中心（Tuatapere Hump Ridge Track Information Centre；☎03-226 6739，0800 486 774；www.humpridgetrack.co.nz；31 Orawia Rd；⊙7:30-17:00，冬季期间开放时间有限）帮助你了解当地的信息、驼峰岭小屋通票和交通的预订。

到达和离开

Trips and Tramps（☎03-249 7081，0800 305 807；www.tripsandtramps.co.nz）提供交通服务，让你从蒂阿瑙出发，抵达前往达斯奇步道起点的船舶始发点。

蒂瓦伊瓦伊湾和科拉克湾（Te Waewae & Colac Bays）

蒂瓦伊瓦伊湾，你为什么不去呢！这片大风呼啸的狭长海滩氛围浓郁，可以说是整条南岛观光线路（Scenic Southern Route）上最漂亮的地点了，你可以在这里凝视南极洲（Antarctica）。如果你从东边游历而来，那么这里会令你印象尤为深刻，因为它能让你一瞥冰雪覆盖的南阿尔卑斯山渐入大海之中，从而形成了海湾的西端。

不妨在**McCracken's Rest**壮观的瞭望台上稍作停留，留意偶尔出现于此的赫氏海豚和南露脊鲸。经过Orepuki之后就是前往**猴岛**（Monkey Island）的岔路了，这座绿意盎然的小岛距离岸边仅咫尺之遥，退潮后还可以登岛。黄昏时分不妨在海滩上徜徉，欣赏夕阳从遥远的山峰中下山的景致。

科拉克湾位于东部15公里处，是热门的度假胜地和不错的冲浪地点。南风刮起层层大浪，但全年的冲浪条件稳定，而且游人也不多。**Colac Bay Tavern**（☎03-234 8399；jilly.wazza@xtra.co.nz；15 Colac Bay Rd；露营地 $15起，小屋单/双 $30/65；⏲11:00~21:30；📶）以柴烤比萨或者炸鱼薯条等餐点而备受欢迎，后方还有不错的露营地，并配备了简易的房屋。

南部观光路线

南部观光路线的沿途宁静祥和、景色怡人，从皇后镇一直延伸至蒂阿瑙、马纳普里、图阿塔皮里、里弗顿和因弗卡吉尔，划出一道蜿蜒而又平缓的弧线。从因弗卡吉尔开始，它继续向东，而后向北穿过卡特林斯地区来到达尼丁。不妨登录www.southernscenicroute.co.nz或是拿一本免费的《南部观光线路》地图，实地连接所有景点吧。

里弗顿（Riverton）

人口 1430

安静的小镇里弗顿（毛利语中为Aparima）距离因弗卡吉尔仅有38公里之遥，是一处值得前往的午餐地点。如果在靠近南极洲的地方游泳让你倍感奇特，那么**塔拉亚米湾**（Taramea Bay）宽广的沙滩是不错的下水地点。

景点

蒂希考伊南岛之旅 博物馆

（Te Hikoi Southern Journey；☎03-234 8260；www.tehikoi.co.nz；172 Palmerston St；成人/儿童 $6/免费；⏲10:00~16:00）这座小型的博物馆颇为迷人，通过巧妙的手段让游人渴望了解当地的历史，它开场便是一段16分钟的有趣视频。啊，这座小镇博物馆怎么可以如此精彩！走进其中，你还会发现里弗顿游客信息中心（Riverton Visitor Information Centre），那里提供地图、遗产小径小册子以及住宿信息。

就餐

Mrs Clark's Cafe 咖啡馆 $$

（☎03-234 8600；108 Palmerston St；餐 $12~24；⏲周日至周四8:00~15:00，周五和周六 至20:00；📶）这家咖啡馆位于一栋令人吃惊的蓝绿色建筑内，从1891年起就是各种餐馆的所在地，提供各式当代菜肴和美味的日间食物（包括精致的烘焙点心）、优质的浓缩咖啡和精酿啤酒，周五和周六的夜晚还提供比萨。

因弗卡吉尔（Invercargill）

人口 51,700

这座平淡的小镇没有什么特点，却让游客无所适从［除了基思·理查兹（Keith Richards），他在1965年滚石乐队（Rolling Stones）来访之际称这里为"世界的'菊'部"（arsehole of the world）］。然而作为卡特林斯（Catlins）、斯图尔特岛（拉基乌拉）和峡湾地区的交界处，这里满足了一处休憩场所理应具备的一切。此外，这里还因拥有美丽的建筑、知名的精酿啤酒、一些不错的餐馆、漂亮的公园和赛车爱好者喜爱有趣场所而倍感自豪。

景点

因弗卡吉尔的街道上拥有众多历史建筑和其他特色物品，你可以从《因弗卡吉尔遗迹小径》(*Invercargill Heritage Trail*)这本小册子中一探究竟。名为《短途步道》(*Short Walks*)的手册详细介绍了小镇内和周边地区的各种徒步路线，其中包括奥雷蒂河(Oreti River)外**桑迪角**(Sandy Point)周围的几条步道。**奥雷蒂海滩**(Oreti Beach)位于小镇西南方10公里处，是徒步或游泳的不错去处。

南部博物馆和美术馆 博物馆

(Southland Museum & Art Gallery; ☎03-219 9069; www.southlandmuseum.com; Queens Park, 108 Gala St; ⊙周一至周五 9:00~17:00，周六和周日10:00~17:00) **免费** 因弗卡吉尔的文化中心坐落在一幢巨大的白色金字塔建筑内(低档的卢浮宫?)，提供关于南部地区自然和人文历史的永久性展览，特别是讲述了众多关于航海发展的精彩轶事。博物馆的镇馆明星无疑是喙头蜥(tuatara)，这种新西兰独有的爬行动物形似蜥蜴，2.2亿年来从未进化过。亨利(Henry)是喙头蜥家族的雄性族长，行动缓慢，已有115岁的高龄。如果以此为例，那么它们在接下来的2.2亿年里估计也不打算改变什么了。每周五16:00是喂食时间。

开放时间外，你可以在喙头蜥馆的金字塔状建筑后面，透过窗户观察它们。

女王公园 公园

(Queens Park; Gala St)半人工半天然的女王公园占地面积高达80公顷，拥有大量树木和植被、球场、池塘、操场、家畜和鸟类，甚至还有一座仙境城堡(Wonderland castle)。

E Hayes & Sons 博物馆

(☎03-218 2059; www.ehayes.co.nz; 168 Dee St; ⊙周一至周五7:30~17:30，周六和周日10:00~16:00) **免费** 我们无法回想出是否还有另一家五金店能够被收录到Lonely Planet的指南之中，然而走进这家经典装饰艺术风格的建筑内，徜徉在螺栓、烤架和扫帚的货架间，我们还发现了超过100件值得纪念的汽车物件，包括已故的伯特·孟若(Burt Munro)打破世界速度记录时所驾驶的那辆摩托车实物[2005年由霍普金斯爵士(Sir Anthony Hopkins)主演的电影《世界上最快的印第安摩托》(*The World's Fastest Indian*)向其致敬]。这里还有一辆伯特的印第安摩托仿制品，你可以在那里合影留念。

其他亮点包括一辆1910年的别克8(Buick 8)、一辆福特雷霆(Ford Thunderbolt)以及一些光鲜亮丽的雪佛兰(Chevies)。该博物馆不收门票，但你会被邀请为当地的救济院捐款——除非你只是路过想买些钉子和松脂油。

安德森公园 公园

(Anderson Park; ☎03-215 7432; www.andersonparkgallery.co.nz; 91 McIvor Rd, Waikiwi; ⊙花园 8:00至黄昏)这座美丽的公园占地逾24公顷，包括一些风景如画的花园，环绕着一座1925年建成的乔治亚式优雅庄园，周边则是茂密的本地灌木丛。儿童的操场极受当地家庭的喜爱。此外，这里还有一座雕琢别致的传统毛利睡房(wharepuni)供你探索。

可惜的是，目前建筑本身因潜在的地震风险而禁止入内。找到解决方案的时候，你将可以参观其内部无与伦比的美术馆，那里收藏了众多新西兰知名艺术家的作品。

比尔·理查德森交通世界 博物馆

(Bill Richardson Transport World; ☎03-217 1600; www.transportworld.co.nz; 26 Dart St, Hawthorndale)在本书写作之际，这家大型私人博物馆的大门即将向公众打开，其中收藏了世界上数量最多的老爷车(超过300辆，包括数量众多的福特车珍品)以及油槽车(超过150辆)。如果因任何原因还没有开放，请直接询问是否可以进行私人参观。

因弗卡吉尔酿酒厂 酿酒厂

(Invercargill Brewery; ☎03-214 5070; www.invercargillbrewery.co.nz; 72 Leet St; 团队游 $25; ⊙周一至周六 10:00~18:00)新西兰南部最好的啤酒厂拥有20个龙头，可以让你灌满酒杯，还有一些自酿和客座酿造的瓶装酒。不妨来此试吃，或者在13:00参加持续45分钟的每日团队游。我们最喜欢的莫过于清爽的毕曼比尔森啤酒(B.man Pilsner)和巧克力味的Pitch Black烈性黑啤。

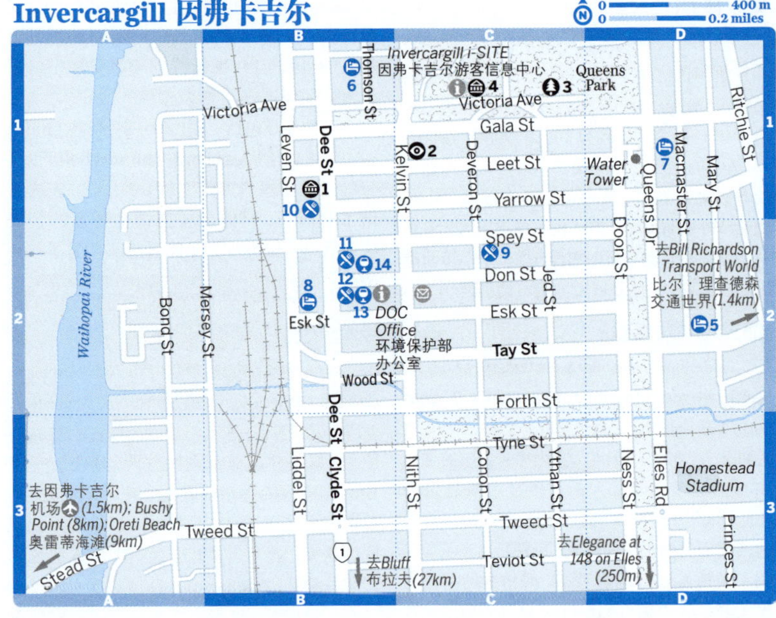

Invercargill 因弗卡吉尔

景点

1 E Hayes & Sons B1
2 因弗卡吉尔酿酒厂 C1
3 女王公园 C1
4 南部博物馆和美术馆 C1

住宿

5 Bella Vista D2
6 Southern Comfort Backpackers B1
7 Tower Lodge Motel D1
8 Victoria Railway Hotel B2

就餐

9 Batch C2
10 Louie's B1
11 Rocks B2
12 Three Bean Café B2

饮品和夜生活

13 The Kiln B2
14 Tillermans Music Lounge B2

住宿

许多住宿场所都会为前往斯图尔特岛/拉基乌拉的游客存放行李。汽车旅馆集中在Hwy 1 East（Tay St）和Hwy 6 North（North Rd）的沿途。

Southern Comfort Backpackers 青年旅舍 $

（☎03-218 3838; www.southerncomfortbackpackers.com; 30 Thomson St. Avenal; 铺/单/双$30/54/68起; 📶）这家大型的维多利亚式房屋颇为迷人，提供设施齐备的厨房和没有电视机的休息室（好耶！），还有多姿多彩的客房，包括宽敞的双人房。你可以在静谧的花园中采摘植物，甚至都难以发现自己距离镇中心只有5分钟的步行距离。

Lorneville Lodge 假日公园 $

（☎0800 234 600, 03-235 8031; www.lornevillelodge.nz; 352 Lorne-Dacre Rd, Lorneville; 露营地每人 $19, 单元房 $120, 不带浴室 $60; 📶）这座井井有条的假日公园散发着与众不同的魅力，周围散布着农田。朴素的单元房拥有迷人的复古风格，但又推陈出新。郊区的闲适、茂盛的草坪、操场和友善的动物，这一切都让这里独具特色。该假日公园就坐落在因弗卡吉尔镇中心以北10公里处，Lorneville环状路的东侧。

Invercargill Top 10 假日公园 $

（☎0800 486 873，03-218 9032；www.invercargilltop10.co.nz；77 McIvor Rd，Waikiwi；露营地$40起，单元房 $102，不带浴室 $80；📶）这座绿树成荫的公园特别吸引住惯了汽车旅馆和小屋的游客，就坐落在小镇以北6.5公里处，还有舒适的帐篷和房车停车场，并配备了精美的公用设备。

★ Bushy Point Fernbirds 民宿 $$

（☎03-213 1302；www.fernbirds.co.nz；197 Grant Rd，Otatara；单/双 $150/170）该民宿坐落在占地4.5公顷的私人森林保护区和湿地的边缘地带，非常注重环保，而两条友好的威尔士矮脚狗（corgi）也是这里的主人。Fernbirds特别受到爱鸟人士的欢迎，所以提前预约是非常必要的。民宿距离因弗卡吉尔镇中心只有5分钟的车程，而其房费还包括了在保护区内进行一次导览徒步游的费用。

Bella Vista 汽车旅馆 $$

（☎03-217 9799；www.bellavista.co.nz；240 Tay St；单元房 $120起；📶）友好的主人、合理的价格、设施齐备的干净单元房让这家现代化的二层楼旅馆成了因弗卡吉尔附近颇具竞争力的顶级汽车旅馆。这里有着各式房间，从配备了制茶和烘焙用具的温馨单间，到配有齐全厨房用具的干净公寓，不一而足。

Tower Lodge Motel 汽车旅馆 $$

（☎03-217 6729；www.towerlodgemotel.co.nz；119 Queens Dr；单元房 $130起；📶）这家较老的汽车旅馆就在因弗卡吉尔装饰奇特的维多利亚式水塔对面，拥有新铺设的地毯、新颖的内部装饰和蘑菇色的主题。即便是单人房也非常宽敞，部分卧室的客房还配有水疗浴缸。

Victoria Railway Hotel 酒店 $$

（☎03-218 1281，0800 777 557；www.hotelinvercargill.com；Leven和Esk Sts交叉路口；单/双 $130/145起；@📶）这幢巨大的老式酒店留有一丝19世纪的遗迹风情，经过重新装修后满足了客人的需求，不过略显过时和普通的内部装饰并没有真正将其潜力发挥到极致。不妨在餐厅中享用早餐或是晚餐，或者在温馨的内设酒吧中品尝当地酿造的麦芽酒。

就餐

Three Bean Café 咖啡馆 $

（☎03-214 1914；73 Dee St；餐 $11~18；⏰周一至周五 7:00~16:00，周六 8:00~14:30；📶）这家位于街边的老式咖啡馆以可口的咖啡为傲，配上精心烹制的小吃，如美味的馅饼和令人愉悦的柠檬蛋糕，以及更多诸如汤品、沙拉和汉堡等分量十足的菜肴，堪称绝配。热情友好的侍者也值得我们称赞。

★ Batch 咖啡馆 $$

（☎03-214 6357；173 Spey St；餐 $13~20；⏰7:00~16:30；📶）宽大的共用餐桌、轻松的海滩风情以及顶级的咖啡和冰沙都让这里被广泛誉为南部最好的咖啡馆。美味的柜台食物包括百吉饼、馅料丰富的卷饼、焦糖太妃奶油蛋卷（banoffee brioches）和蛋糕，它们也都堪称美食艺术品。此外，该咖啡馆还有一份较短的葡萄酒和啤酒单，让你搭配健康的午餐。夏季的周五，这里还会营业至20:00。

★ Louie's 西班牙小吃 $$

（☎03-214 2913；142 Dee St；西班牙小吃 $13~16，主菜 $29~32；⏰周三至周六 17:00至深夜）这家温馨的西班牙小吃吧是你消磨夜间时光、蜷缩在沙发上或壁炉角落边的绝好去处。这里提供创意十足的西班牙小吃——鹿肉玉米卷（venison tacos）、短尾鹱（muttonbird）、酸辣贻贝（mussels with lime and chilli），以及分量十足的主菜，而你也不会对当地捕捞的蓝鳕鱼（blue cod）有什么微词。

Rocks 咖啡馆 $$

（☎03-218 7597；www.shop5rocks.com；Courtville Pl，101 Dee St；午餐 $18~23，晚餐 $28~41；⏰周二至周六 10:00~14:00和17:00至深夜）这座家庭风格的餐厅隐藏在一条商业街内，你可以在这里享受到轻松闲适的就餐体验。午餐的亮点包括五花肉单片三明治（pork-belly

值得一游

戈尔

戈尔(人口9910)位于因弗卡吉尔东北方约66公里处,是新西兰引以为豪的"乡村音乐之乡",每年5月下旬至6月上旬,这里会举行**金吉他竞赛周**(Gold Guitar Week,www.goldguitars.co.nz;⏲5月下旬至6月上旬),每年的至少10天时间里,小镇的住宿绝对会被预订一空。至于另外的355天,也有值得在戈尔停下脚步的理由,包括著名的画廊和干净的小博物馆,还有机会驾驶复古的双翼飞机。

私酒遗产中心(Hokonui Heritage Centre;☎03-208 7032;16 Hokonui Dr;⏲周一至周六8:30~17:00,周日13:00~16:00)免费 包含了戈尔游客中心(Gore Visitor Centre)、戈尔历史博物馆(Gore Historical Museum)和**胡科努伊私酒博物馆**(Hokonui Moonshine Museum;☎03-208 9907;www.hokonuiwhiskey.com;16 Hokonui Dr;成人/儿童 $5/免费;⏲周一至周六8:30~17:00,周日13:00~16:00)。这些机构一同纪念戈尔令人自豪的捕渔业、农业和非法蒸馏制酒的历史。凭私酒博物馆的门票还可以免费品尝一口当地的"液体黄金"威士忌。

引人入胜的**南部区东部艺术馆**(Eastern Southland Gallery;☎03-208 9907;www.esgallery.co.nz;14 Hokonui Dr;⏲周一至周五10:00~16:30,周六和周日13:00~16:00)免费 又名戈尔根海姆(Goreggenheim),由戈尔原先具有百年历史的公共图书馆改建而成,收藏有大量新西兰的艺术品,包括许多雷尔夫·哈特雷(Ralph Hotere)的作品。约翰·曼尼收藏系列(John Money Collection)展示了将西非(West Africa)与澳大利亚的民间艺术融为一体的新西兰著名艺术家里塔·安格斯(Rita Angus)的作品,令人称奇。

克罗伊登飞机公司(Croydon Aircraft Company;☎03-208 9755;www.croydonaircraft.com;1558 Waimea Hwy,SH94;10/30分钟飞行 $95/220;⏲11月至次年3月 周一至周五9:30~16:30,4月至10月 周一至周五11:00~15:00)坐落在前往皇后镇的SH94公路沿途,距离戈尔16公里之遥,珍藏了不少古董飞机。在可供游客观赏的机库中(门票$10)停放着不少珍宝,包括一架罕见的蜻蜓直升机(Dragonfly)。你还可以在这里试飞20世纪30年代的虎蛾式双座双翼飞机(Tiger Moth biplane)和其他更早的飞机。**Moth**(☎03-208 9662;www.themoth.co.nz;1558 Waimea Hwy,SH94;午餐 $12~26,晚餐 $27~34;⏲全年 周三至周日10:00至深夜,外加12月至次年2月 周一和周二10:00~16:00)就在附近,不妨来此感受徐徐微风,享用餐点。

open sandwiches)、意大利面和沙拉,而晚餐菜单上的明星则是蓝莓酱鹿肉(venison in blueberry sauce)和特别美味的西西里岛鱼肉拼盘。

★ **Elegance at 148 on Elles** 法国菜、英国菜 $$$

(☎03-216 1000;148 Elles Rd,Georgetown;主菜 $26~38;⏲周一至周六18:00~23:00)欢迎来到1984年,当然我们是指用一种完全深情的方式如是表达。这是一家较为老式的高档地区餐厅,其菜单用含糊的法语和英语组成,但可以保证的是,你将享用到经过完美烹饪、配有浓稠土豆泥的鹿肉。这里的美味佳肴可真是有不少值得说道的地方。

饮品和夜生活

Tillermans Music Lounge 酒吧、夜店

(☎03-218 9240;16 Don St;⏲周五和周六23:00至次日3:30)迪尔曼先生(Mr Tillerman)的这家夜店堪称南部地区现场音乐爱好者的救星,这里将会举办各种演出,从金属摇滚乐到灵动的电子舞曲,应有尽有,而其舞池地板也已是饱经风霜。楼下的Vinyl Bar会从20:00开始营业,不妨去那里找乐子,了解最新的演出,他们还能根据你的要求找到任何一本令你爱不释手的破旧Lonely Planet。

Kiln 酒吧

(☎03-218 2258; www.thekiln.co.nz; 7 Don St; ⌚11:00至深夜; 📶)因弗卡吉尔最佳的美食酒吧也非常时髦，其墙纸追逐时尚的潮流，大号的灯罩发出柔和的光晕。这里的美食分量十足（主菜$31~37），并且提供各种精心烹调的菜肴，从贻贝和凯撒沙拉（Caesar salad），到炸鱼薯条，再到可以和朋友分享的肉食拼盘，可谓应有尽有。此外，周五和周六还有现场音乐为你助兴。

实用信息

环境保护部办公室（DOC Office; ☎03-211 2400; www.doc.govt.nz; 7th fl, 33 Don St; ⌚周一至周五 8:30~16:30）这里更像一间办公室，而不是游客中心，所以你的第一站最好还是去信息中心。不过，这里可以为你提供所需的地图和建议，如果你在其他地方没有收获的话。

因弗卡吉尔游客信息中心（Invercargill i-SITE; ☎03-211 0895; www.invercargillnz.com; Queens Park, 108 Gala St; ⌚8:00~17:00）该信息中心与南部博物馆共用一幢金字塔形建筑，可以为你解答一般性的咨询，如果你想要了解斯图尔特岛/拉基乌拉或是卡特林斯的住宿信息，他们还可以提供令你意外的惊喜。

邮局（☎03-214 7700; www.nzpost.co.nz; 51 Don St; ⌚周一至周五 9:00~17:30，周六 至13:00）

到达和离开

飞机

新西兰航空（Air New Zealand; ☎0800 737 000; www.airnz.co.nz）提供连接因弗卡吉尔与基督城和惠灵顿的航班。

斯图尔特岛航空公司（Stewart Island Flights; ☎03-218 9129; www.stewartislandflights.com）提供定期航班前往斯图尔特岛/拉基乌拉。

长途汽车

Catch-a-Bus South（☎03-479 9960; www.catchabussouth.co.nz）每天至少提供一班定期的长途汽车前往布拉夫（Bluff, $22, 30分钟）、皇后镇机场（Queenstown Airport, $55, 3小时）、皇后镇（$55, 3小时15分钟）、戈尔（Gore, $27, 1小时30分钟）和达尼丁（$55, 3小时30分钟）。

InterCity（☎03-471 7143; www.intercity.co.nz）经营直达大巴往返戈尔（$12起，1小时，每天2班）、皇后镇机场（$48, 3小时30分钟，每天1班）以及皇后镇（$48, 3小时45分钟，每天1班）。

Naked Bus（www.nakedbus.com）每天都有一班往返戈尔（50分钟）、达尼丁（3小时30分钟）和皇后镇（3小时45分钟）的长途汽车。

当地交通

因弗卡吉尔机场（Invercargill Airport; ☎03-218 6367; www.invercargillairport.co.nz; 106 Airport Ave）位于因弗卡吉尔镇中心以西3公里处。从镇中心出发，乘坐"门到门"的**机场大巴**（Airport Shuttle; ☎03-214 3434; exec.car.service@xtra.co.nz）大约需花费$14，但其更多用来接送当地居民。乘坐出租车的费用为$20左右，不妨试试**Blue Star Taxis**（☎03-217 7777; www.bluestartaxis.co.nz）。

布拉夫（Bluff）

人口 1800

作为因弗卡吉尔的港口小镇，布拉夫位于城市以南27公里处，坐落在一片突出土地的尽头，这里不仅大风呼啸，而且还略显阴冷。此外，这里还是新西兰唯一铝厂的安身之所。

人们来此的主要目的是搭乘前往斯图尔特岛/拉基乌拉的渡轮，或是在**斯特林角路标**（Stirling Point signpost）合影留念，证明已经抵达新西兰的最南端。遗憾的是，这里并非最南端。尽管人们习惯用"从雷因格海角（Cape Reinga）到布拉夫"来形容新西兰幅员辽阔，SH1公路的终点也的确位于斯特林角，但南岛的最南端是卡特林斯的斜坡角（Slope Point），而斯图尔特岛/拉基乌拉和许多偏远的岛礁也都坐落在更南面的地方。但是，可别让这些事实阻碍了你的兴致……

向任何新西兰人提起布拉夫，他们一定会想到牡蛎。一旦进入品尝季节（3月下旬至8月下旬），人们对布拉夫硕大双壳贝的需求量迅速增大。远至奥克兰（Auckland）的顶级餐厅都会争相将其加入它们的菜单之中。哪里有牡蛎，它们就是镇店之宝。别指望着能够优雅地一口将新鲜的布拉夫牡蛎吞入肚中，这些家伙可需要你咀嚼一番。如果你想了解它们，不妨在当季从Fowlers Oysters那里购买新鲜的布拉夫牡蛎，就位于进入小镇的道路左侧。否则，你得算好时间，参加5月举行的年度布拉夫牡蛎和美食节（Bluff Oyster & Food Festival）。

景点

布拉夫山

山丘

（Bluff Hill; Flagstaff Rd）一条陡峭的柏油马路一路向上，带你来到265米高的布拉夫山（Motupōhue），那里有一条小道盘旋向上，通往一处瞭望台。如果大风没有猛烈到让你站立不稳，不妨驻足阅读沿途的信息板。此外，还有不少步道通向这里，包括延伸至斯特林角和大洋海滩（Ocean Beach）的Foveaux Walkway。

布拉夫海洋博物馆

博物馆

（Bluff Maritime Museum; ☎03-212 7534; 241 Foreshore Rd; 成人/儿童 $3/1; ⏰全年周一至周五10:00~16:30，10月至次年4月 周六和周日12:30~16:30）这里盛传着众多关于海洋的传说，许多都保存在这家小型的博物馆中。此外，这里还有一艘百年之久的捕捞牡蛎船和一个古老的巨大蒸汽机。该博物馆内还有一些关于布拉夫历史、年度短尾鹱（tītī）丰收季的有趣展览，后者是当地毛利人的重要传统。

节日和活动

布拉夫牡蛎美食节

美食节

（Bluff Oyster & Food Festival; www.bluffoysterfest.co.nz; ⏰5月）庆祝布拉夫最著名的出口产品。

就餐

Oyster Cove

海鲜 $$

（☎03-212 8855; www.oystercove.co.nz; 8 Ward Pde; 主菜 $18~33; ⏰周一至周四11:00~16:00，周五至周日 至19:00; 📶）该餐厅就在著名的斯特林角路标旁，你能透过巨大的弧形玻璃窗遥望大海。事实上，这里的美景远胜食物，但也不失为品尝当地美味佳肴的好去处，例如短尾鹱、鲍鱼、斯图尔特岛牡蛎、蓝鳕鱼，当然还有闻名遐迩的布拉夫牡蛎。

购物

Fowlers Oysters

食品

（☎03-212 8792; Ocean Beach Rd; ⏰3月至8月9:00~17:00）想要购买新鲜的布拉夫牡蛎，不妨去进城道路左手边的Fowlers Oysters看看。

到达和离开

Catch-a-Bus South（☎03-479 9960; www.catchabussouth.co.nz）每天至少提供1班定期长途汽车前往因弗卡吉尔（$22，30分钟）、皇后镇机场（$70，3小时30分钟）、皇后镇（$70，3小时45分钟）、戈尔（$40，2小时）和达尼丁（$70，4小时）。

Stewart Island Experience（☎03-212 7660; www.stewartislandexperience.co.nz）经营布拉夫和因弗卡吉尔之间的大巴，并与其前往斯图尔特岛的渡船相连。此外，该公司还在渡轮终点站提供车辆保管服务（每天$8）。10月下旬至次年4月下旬，这里还有从蒂阿瑙和皇后镇前往布拉夫的交通服务。

卡特林斯（THE CATLINS）

经常被人忽视的卡特林斯隐藏在南岛的东南角，横跨南部和奥塔戈地区，SH1号公路完全不经过此处。卡特林斯以19世纪捕鲸船长的名字命名，是一处颇具魅力的地区，融合了丰饶的农田、天然的森林、孤寂的灯塔、空旷的海滩和丛林，还有发现野生动物的机会。在晴朗的夏日，这里的美值得你驻足凝望。卡特林斯面南朝向南极洲，别有一番天地。祝你好运！

探索该地区的唯一正确方式就是驾车。这是一条车速较慢的路线，沿途有大量弯道、窄路、砾石段与可供驾驶的绕道线路，但来此的意义全在于旅程，而不是目的地。

从因弗卡吉尔出发，南部观光路线（见292页）划出一道弧线穿过卡特林斯地区。然而，我们建议你在福特罗斯（Fortrose）驶离，以便你可以在尼亚加拉（Niagara）北面重新驶入观光路线前，参观怀帕帕角（Waipapa Point）、斜坡角、库里欧湾（Curio Bay）和怀卡瓦（Waikawa）。请注意，霍尔丹（Haldane）和库里欧湾之间有9公里的路段没有铺设柏油。

动植物

卡特林斯地区是独立观察野生动物的完美场所。海狗和海狮会懒散地躺在海岸边，而在春季，不妨留心观察南露脊鲸在迁徙时偶尔出没的身影。此外，海豚也是这里的常客。

与南部地区有很大不同的是，卡特林斯地区仍然生存着高耸的鸡毛松、托塔拉松和芮木泪柏。这里还有各种各样的鸟类，包括蜜雀、铃鸟、新西兰鸠（即斑尾林鸽），濒临灭绝的黄眼企鹅和稀有的新西兰金丝雀（mohua）。

实用信息

因弗卡吉尔和巴尔克卢萨（Balclutha）的信息中心也有众多关于卡特林斯地区的信息。你会在沿途经过两处信息中心：小型的**奥瓦卡博物馆及卡特林斯信息中心**（见302页）以及更小的**怀卡瓦博物馆和信息中心**（见300页）。想要获得更多信息，请登录www.catlins.org.nz和www.catlins-nz.com。

卡特林斯地区没有银行，餐馆和杂货店也十分有限。奥瓦卡的Four Square超市里有一台自动柜员机（ATM），而在福特罗斯、帕帕图瓦（Papatowai）以及奥瓦卡都有加油站（但营业时间不定）。

到达和离开

卡特林斯地区没有公共交通服务。

库里欧湾及周边（Curio Bay & Around）

夏日时分，库里欧湾内众多的沙滩吸引了不少喜爱阳光的度假者，但其余时间，这里还是一个静谧的小村庄。大多数的度假屋都位于海豚湾（Porpoise Bay）一带，那里狭长的沙滩可能是卡特林斯最好的游泳沙滩。蓝企鹅会在湾内的沙丘中筑巢，而在夏天，赫氏海豚也会来到这里哺育它们的孩子。鲸鱼偶尔会造访此处，你还可能在这里发现海狗和海狮。

库里欧湾本身就坐落在南岬周边地区一处人迹较为罕至的海岸，因侏罗纪时期的树木化石而名扬天下，你可以身处任何一侧，在退潮后的4小时内看到它们，而黄眼企鹅则会在日落前的1小时左右在岸边蹒跚。请做正确的事情，与它们保持距离。

景点和活动

怀帕帕灯塔 灯塔

（Waipapā Lighthouse；Waipapa Lighthouse Rd）该灯塔矗立在一处荒无人烟但景色怡人的角落，周围环绕着农田，其历史可追溯至1884年，就在131人丧命于“塔拉鲁瓦号”蒸汽船（SS Tararua）海难发生的3年后。信息板讲述了这桩可怕的往事。不妨踮起脚尖，在海狮之中悄然走过，审视这片海滩。去往怀帕帕角的岔路位于奥塔拉（Otara），福特罗斯东南方12公里处。

斜坡角 地标

（Slope Point；Slope Point Rd）步行20分钟穿过农田，来到不为人所熟知、标明南岛真正最南端的标志牌处。虽然斜坡角其貌不扬，但周围的风景足以弥补，不仅是大海的景色，更是众多厚实的石块奔腾向下，与之会合的场景。9月至10月，步道因母羊产羔而关闭。你从霍尔丹可以沿着指示牌一路来此。

Catlins Surf 冲浪

（☎03-246 8552；www.catlins-surf.co.nz；601 Curio Bay Rd；2小时课程 $60，租赁每3小时/天 $50/65）这所冲浪学校位于库里欧湾假日公园，在海豚湾提供冲浪课程，还能和任何路过的海豚亲密接触。如果你对自己的冲浪技术充满自信，不妨去租个冲浪板、潜水服（非常必要）和人造蹼。主人尼克（Nick）还提供立式单桨冲浪的私人指导课程（$75，2小时30分钟）。

住宿

Lazy Dolphin Lodge 青年旅舍 $

（☎03-246 8579；www.lazydolphinlodge.co.nz；529 Curio Bay Rd；铺/房不带浴室 $38/80；@📶）这是一处完美结合了海岸度假屋与青年旅舍的住宿场所，拥有阳光明媚的卧室，并配有令人心情舒畅的床单。这里有两间厨房和休息室，但你会希望在楼上的露台上消磨时光，因为那里可以远眺海豚湾。屋后有一条小路可以直通海滩。

Slope Point Backpackers 青年旅舍 $

（☎03-246 8420；www.slopepoint.co.nz；

The Catlins 卡特林斯

164 Slope Point Rd；露营地 $15起，铺 $25~30，双带/不带浴室 $90/50；📶）这间乡村住宅拥有现代化的床铺和客房，路的前方不远处还有一处设施齐备、物超所值的单元房，以及一栋拥有3间卧室的房舍。此外，这里有大片草坪可供搭建帐篷，以及停靠房车的砾石场地，主人的孩子们经常会热情洋溢地带你参观农场。这里没有电视机，取而代之的是棋类游戏、智力玩具和成堆的杂志。

Curio Bay Boutique Studios 公寓 $$

（☎03-246 8797；www.curiobay.co.nz；521a Curio Bay Rd；公寓 $180起）这里提供3间豪华的套房，其中一间公寓连着主人的居所，另外2间相仿的屋子就在路边。所有房屋的设施都很齐全，装修风格淳朴并且洋溢着海滩的风情，通过大窗户和阳光明媚的平台，就能看见旁边的海滩。此外，这里还有一幢老式的新西兰单身公寓，最多可容纳6人就寝。

怀卡瓦及周边（Waikawa & Around）

怀卡瓦位于库里欧湾以北5公里处，占据着河口一处美丽的地方。这里曾是重要的木材港口，如今则因大量的炸鱼薯条而闻名遐迩，夏天这里的交易特别红火。

景点

怀卡瓦博物馆和信息中心 博物馆

（Waikawa Museum & Information Centre；☎03-246 8464；waikawamuseum@hyper.net.nz；604 Niagara-Waikawa Rd；捐赠金币；⏲10:00~17:00）这家小型的博物馆堪比小镇上的一站式商店，拥有通常布满灰尘的农业工艺品和反映当地趣味的照片。这里还是一家信息中心，可以通过它预定当地假日出租屋，这里也销售例如报纸和邮票等重要物品。

食宿

Penguin Paradise Holiday Lodge 青年旅舍 $

（☎03-246 8552；www.catlins-surf.co.nz；612 Niagara-Waikawa Rd；铺/房不带浴室 $30/68）这家氛围悠闲的背包客青年旅舍位于一幢颇有遗迹之风的房舍之中，就在怀卡瓦村庄的中心，靠近河口的地带。特别的套餐包括一晚的住宿和90分钟的冲浪课程（$85）。

Waikava Harbour View 出租屋 $$

（☎03-246 8866；www.southcatlins.co.nz；14 Larne St；房屋 $120起）该出租屋就坐落在河口，是一栋现代化的房屋，拥有4间卧室，堪称家庭或团队游客的绝好住宿选择，最多可容纳12人就寝。较新的单元房Harakeke和Toi Tois都有一间卧室，也物有所值，最多可睡4人。

Niagara Falls 咖啡馆 $$

（☎03-246 8577；www.niagarafallscafe.co.nz；256 Niagara-Waikawa Rd，Niagara；主菜 $14~22；⏲12月至次年3月 11:00至深夜，4月至11月 周四至周一11:00~16:00；📶）该咖啡馆位于一幢维多利亚式的校舍中，是你慢慢品尝咖啡和司康饼

(scone)，或是享用自制菜肴的不错场所。美味的羊肉汉堡用新鲜烘焙的面包夹住，非常诱人，此外还有蓝鳕鱼、海鲜杂烩浓汤和让人欲罢不能的巧克力蛋糕。不妨来一瓶当地出产的精酿啤酒，或一杯葡萄酒，在草木茂盛的花园中放松身心。

帕帕图怀及周边（Papatowai & Around）

绿树成荫的村庄帕帕图怀位于塔哈科帕河（Tahakopa River）的河口附近，可能有十几个常住居民，但夏天基本上是度假者的天下，他们大多是被这里慵懒的氛围和一些不错的丛林徒步线路所吸引。村庄周边的不远处有两条短途步道，河口处也有几个野餐点，但更好玩的场所则分布在公路两侧的沿途。

西面12公路处就是前往**麦克林瀑布**（McLean Falls）的路口了。停车场距离公路4公里之遥，穿过树蕨和芮木泪柏后便可看到瀑布，步行往返需40分钟。帕帕图怀以西约5公里处，一条较为轻松的树林步道通向湖水灰暗的**威尔基湖**（Lake Wilkie；往返20分钟），周围可能传来铃鸟的啁啾之声。由此再向东1公里，就是一条延伸至宽广**陶图库湾**（Tautuku Bay）的砾石短道，你也可以在下坡进入帕帕图怀之前，去**弗洛伦斯山瞭望台**（Florence Hill Lookout）的高处遥望海湾的场景。

沿着公路向北你就可以来到位于麦柯勒伦河（Maclennan River）的**马泰瀑布**（Matai Falls，步行往返30分钟），然后再朝东南方循着路牌标识，到达层层叠叠的**普拉考努伊瀑布**（Purakaunui Falls；往返20分钟）。两处瀑布都要穿过凉爽幽暗的树蕨和罗汉松林间步道才能抵达。

从普拉考努伊瀑布沿着碎石路，穿过Tarara、Ratanui和Hinahina，便能来到杰克斯湾（Jacks Bay），那里有一条小径穿过农田，来到55米深的**杰克喷水孔**（Jack's Blowhole）。喷水孔位于一处绵羊牧场之中，虽然距离大海200米，但与地下洞穴相连。这口巨型的"大锅"因图哈瓦基酋长（Chief Tuhawaiki）经常咒骂"Bloody Jack"而得名。洞穴徒步相对轻松，单程需要30分钟。

景点和活动

失落的吉卜赛画廊 画廊

（Lost Gypsy Gallery；☎03-415 8908；www.thelostgypsy.com；2532 Papatowai Hwy；门票 $5；⊙周四至周二 10:00~17:00，5月至9月 闭馆）这里的展品由艺术家布莱尔·萨默维尔（Blair Sommerville）的各类小玩意儿改造而成，他精心制作的小装置一点都不正经。公共汽车（免费参观）里的迷人收藏品在门口挑逗着每个人的创造力（对不起，小孩子不宜参观）。发出各种声响和光亮的管风琴肯定会让你捧腹大笑。这里还提供浓缩咖啡和Wi-Fi。

大教堂洞穴 洞穴

（Cathedral Caves；www.cathedralcaves.co.nz；1069 Chaslands Hwy；成人/儿童 $5/1；⊙11月至次年5月）返回的路上来到海滩上方的悬崖处，巨大的拱形大教堂洞穴只能在落潮后2小时内进入（可以在网站、公路口和游客信息中心里找到潮汐时刻表），如果情况看上去比较危险，进入的通道可以在紧急通知后关闭。如果你乐于涉水，不妨徒步从一个入口进来，再从另一个出去。

从SH92前行2公里就是停车场，然后在平静的树林中步行15分钟，一路向下来到海滩，再走25分钟便可抵达洞穴。

Catlins Wildlife Trackers 野生动物

（☎03-415 8613，0800 228 5467；www.catlins-ecotours.co.nz）该机构于1990年起运营，提供定制化的导览徒步和团队游活动，专注于生态保护。如果你想一睹可爱的金丝雀、企鹅、海狮或者其他野生动物，玛丽（Mary）和福格斯（Fergus）会帮你找到它们。全程配备导览的3晚/2日套餐需花费$1200，费用包含所有食物、住宿和交通。

食宿

Hilltop 度假屋 $

（☎03-415 8028；www.hilltopcatlins.co.nz；77 Tahakopa Valley Rd；铺 $38，双 $110，不带浴室 $100）这两座船型的度假屋坐落在小镇外1.5公里处的山坡之上，推开后门便是原始森林，周围则环绕着绵羊牧场，坐享塔哈科帕河谷（Tahakopa Valley）与海岸美景。你可以租下一个房间，或是整栋房屋，而其双人套间也值得你小小挥霍一番。

Catlins Kiwi Holiday Park 假日公园 $

（☎03-415 8338；www.catlinskiwiholidaypark.com；9 Rewcastle Rd，Chaslands；露营地 $46起，单元房 $145起，不带浴室 $189起；@📶）这家现代化的假日公园提供个性化的住宿条件，从迷人的小木屋到精美的家庭汽车旅馆，应有尽有。住在帐篷里的客人可以在漂亮的Kiwiana度假屋中共用不错的公共设施。你还可以前往这里的Whistling Frog Cafe品尝卡特林斯最好的食物。

★ Mohua Park 小屋 $$

（☎03-415 8613；www.catlinsmohuapark.co.nz；744 Catlins Valley Rd；小屋 $190）这四座宽敞的小木屋设施齐备，位于占地14公顷的自然保护区边缘（距离公路7公里之遥），那里平静祥和，给人以安详、宁静和私密的感觉，站在门前的台阶上，你会看到各式各样有趣的树木，仿佛迪士尼电影中轻盈的仙女就在身边。小屋的主人在帕帕图怀的海滩上还有住宿场所。

Whistling Frog Cafe & Bar 咖啡馆 $$

（☎03-415 8338；www.whistlingfrogcafe.com；9 Rewcastle Rd，Chaslands；主菜 $18~23；⏲11月至次年3月 8:30~21:30，4月至10月 9:30~18:30；📶）这家咖啡馆多彩而有趣，是卡特林斯地区最好的就餐场所，提供自取的精酿啤酒和满足各色人群的菜品，包括海鲜杂烩浓汤、美味的汉堡、极其丰盛的牛排、贮藏啤酒和陈年切达干酪馅饼（cheddar pie）。真是顶呱呱！就坐落在Catlins Kiwi Holiday Park，靠近麦克林瀑布的地方。

奥瓦卡及周边（Owaka & Around）

奥瓦卡是卡特林斯地区的主要城镇（人口多达303人），值得你来此一游，参观无与伦比的博物馆，并在继续行程前加满汽油，补充杂货。

普纳维雅（Pounawea）位于向东4公里处，是一座地处卡特林斯河口（Catlins River Estuary）边缘的美丽小村庄，拥有众多迷人的住宿场所。隔水相望的是**苏拉特湾**（Surat Bay），那儿有海狮出没于此和**食人族湾**（Cannibal Bay）之间的海滩上，两个海湾之间步行距离1小时。

景点和活动

奥瓦卡博物馆及卡特林斯信息中心 博物馆

（Owaka Museum & Catlins Information Centre；☎03-415 8323；www.owakamuseum.org.nz；10 Campbell St，Owaka；成人/儿童 $5/免费；⏲10:00~16:00）这家一流的机构比绝大多数的本地历史博物馆都要有趣，通过一系列精彩的工艺品介绍毛利人和定居者们的故事，而馆内的短片还会解释卡特林斯享有"沉船海岸"名号的来由。此外，这里还是卡特林斯地区主要的游客信息中心。

卡特林斯河—威斯普环形步道 步行

（Catlins River–Wisp Loop Track；www.doc.govt.nz）这条24公里的环形步道由2段12公里的部分组成：养护较好、海拔较低的卡特林斯河步道（Catlins River Walk，5~6小时）以及Wisp Loop Walk（4~5小时），后者是一条海拔较高，通向Rocky Knoll的岔路，你可以在那里纵览亚高山带的植被。

你可以任选方向，在一天或两天之内完成该徒步线路，你也不妨通过不同的进口和出口分段完成。其主要入口位于奥卡瓦以南的Catlins Valley Road。

Catlins Horse Riding 骑马

（☎03-415 8368；www.catlinshorseriding.co.nz；41 Newhaven Rd，Owaka；1/2/3小时骑行 $60/105/145）不妨纵马探索奇特的海岸线和周遭风景。这里提供初学者和高手的骑行选择。

食宿

★ Newhaven Holiday Park 假日公园 $

（☎03-415 8834；www.newhavenholiday.com；324 Newhaven Rd，Owaka；露营地 $32起，单元房 $100起，不带浴室 $66起；📶）这家不错的小型假日公园位于河口的边缘，就在苏拉特湾海滩步道的入口处，拥有不错的公用设施、令人兴奋的小木屋和三间设施齐备的单元房。上次在此探访之时，我们不仅听到了铃鸟鸣唱的小夜曲，还在厕所中闻到了肉桂味。

Split Level 青年旅舍 $

（☎03-415 8868；www.thesplitlevel.co.nz；9 Waikawa Rd, Owaka；铺 $33，房 $82起，不带浴室 $74起；📶）这家干净的两层楼旅舍拥有舒适的休息室，其中摆放着大型电视机和皮革沙发，还有设施齐全的厨房，就好像住在自己朋友家一般。楼上的房间通向露台，而楼下的小套间则有自己的冰箱和微波炉。

Pounaewa Grove Motel 汽车旅馆 $$

（☎03-415 8339；www.pounaweagrove.co.nz；5 Ocean Grove；房 $140；📶）如果你正在寻找现代化的单元房，配有舒适的大床、奢华的纺织品、墙上的艺术品、平板电视和漂亮的浴室，那么这座拥有4间单元房的汽车旅馆满足你的所有要求。

Catlins Cafe 咖啡馆 $$

（☎03-415 8040；www.catlinscafe.co.nz；3 Main Rd, Owaka；早午餐 $15~22，晚餐 $23~30；⏲9:00~20:30；📶）这家奥瓦卡最好的餐馆从一早开始便为你准备英式早餐，并持续提供炸鱼薯条、汉堡、今日烧烤、时令菜肴以及配有大量沙拉的银鱼煎饼。

卡卡角及周边（Kaka Point & Around）

卡卡角的常住人口数量刚超过200人，是一处静谧的海岸社区，远离海浪阵阵的游泳海滩。

周边地区最大的景点莫过于**努盖特角**（Nugget Point, Tokatā），沿着海岸线继续向下，前行8公里即可到达。这是卡特林斯地区最佳的观景处，海浪劈凿的悬崖和露出水面的小岛都让这里趣味陡增，后者被称为海浪中的卷起的天然岩矿。人们时常可以在下方看到海豹和海狮慵懒的身影，此外这里还有众多其他野生动物，例如搏击长空的海鸥，以及在背风处依偎的篦鹭（spoonbills）。从停车场步行900米后便可以来到海角上的灯塔。

努盖特湾停车场的不远处就是**怒吼湾**（Roaring Bay）的停车场，那里有一处不错的藏身之所，让你观察黄眼企鹅（hōiho）登陆的场景（最佳时机是日落前2小时）。请遵守所有标牌的指示：就像你所看到的，它们都是绝无仅有的可爱生灵。

住宿

Kaka Point Camping Ground 假日公园 $

（☎03-412 8801；www.kakapointcamping.co.nz；39 Tarata St, Kaka Point；露营地不供电/供电 $129/32起，小屋单/双 $30/56；📶）这里的小屋虽然简易，但功能齐全，附近还有提供给露营者的草地围场。从林步道向周围的森林深处延伸，步道虽短，但较为陡峭，你可以漫步向下，来到海滩和村庄。

Nugget Lodge 出租屋 $$

（☎03-412 8783；www.nuggetlodge.co.nz；367 The Nuggets Rd, Kaka Point；单元房 $190；📶）这2间现代化的单元房设施齐全，一间拥有阳台，另一间则自带私人花园，就坐落在前往灯塔之路上的海边小山上。分量十足的欧式早餐（每人$15）值得品尝，包括新鲜烹制的面包以及自制的牛奶什锦早餐（muesli）。如果运气好的话，你还能看到下方有一对常住的海狮悠然自得。

饮品和夜生活

Point Cafe & Bar 小酒馆

（☎03-412 8800；58 Esplanade, Kaka Point；⏲8:30~19:30）不妨来这家漂流木装饰的酒吧喝杯冰镇啤酒，玩一场桌球，或者抢占窗口座位饱览海景。酒馆内提供外卖和冰激凌，你也可以在咖啡馆内品尝蓝鳕鱼和炸薯条，或者海鲜杂烩浓汤（主菜$26~29）。

斯图尔特岛（STEWART ISLAND）

人口 378

如果你有幸前往斯图尔特岛/拉基乌拉，旅程虽短但收获颇丰，你会比大多数的新西兰人都略胜一筹，他们虽然对新西兰"第三座岛屿"抱有浓厚的兴趣，但从未踏上过这片土地。

Stewart Island (North) 斯图尔特岛(北部)

前往斯图尔特岛的游客将会受到当地新西兰人和几维鸟的热烈欢迎。这里可能是在野外观察羽翼丰满而又腼腆害羞的新西兰国宝的最佳场所，而斯图尔特岛上的居民则关系紧密，性格随和。不要惊讶，即便你仅仅在岛上逗留几天，只要你在新西兰最南端，岛上仅有的居民区奥本（Oban）的酒吧里同大家喝上一杯啤酒，你的名字和来历就会很快传遍小镇。

斯图尔特岛提供丰富的探险活动，包括划独木舟、在顶级步道或者拉基乌拉国家公园（Rakiura National Park）中的其他步道上徒步，拉基乌拉国家公园的占地面积达到了整座岛屿的85%。除了欣赏令人目不暇接的海岸以及内陆景观，远游过程中最吸引人的莫过于观鸟活动。在斯图尔特岛/拉基乌拉市享有国际声誉的鸟类栖息地，即便是最业余的观鸟者都会被一群群鸟儿持续不断的鸣叫声、引吭高歌声及飞行的姿态所吸引。

历史

斯图尔特岛的毛利语名字是拉基乌拉

（意为光彩夺目的天空），只要一睹血红的落日或是南极光壮观的景象后，你就会明白这个名字的含义。传说中，新西兰是被毛伊（Maui；神话人物）用力从大海中拖上来的，他曾说："我们走吧，去看不见陆地的地方，去遥远的大海中，当我们完全看不见陆地的时候就抛下锚来。"北岛是毛伊捕获的鱼，南岛是他的独木舟，而拉基乌拉则是船锚（Te Punga o te Waka o Māui）。

有证据表明，早在13世纪，拉基乌拉的部分地区就已经居住着捕杀恐鸟的原住民了。附近岛屿上的灰鹱（titi）也是南部毛利人的重要时令食物来源。

库克船长是第一位到达这里的欧洲人。1770年他沿着东部、南部和西部海岸航行，并误以为斯图尔特岛是南岛的尾端，并立即决定把这里称为南角（South Cape）。1809年，捕海豹船"飞马号"（Pegasus）环航拉基乌拉一周，并以大副威廉·斯图尔特（William Stewart）命名这座岛屿。

1864年6月，政府以£6000的价格从当地毛利人的手中购得斯图尔特岛和附近的小岛。这里的早期产业包括猎捕海豹、木材加工、鱼类加工和造船业，19世纪末还出现过短暂的淘金热。如今，斯图尔特岛的经济主要依赖于旅游业和捕渔业。

动植物

由于斯图尔特岛/拉基乌拉上没有鼬类动物，例如雪貂、白鼬和鼬鼠，并且拥有大片完整的森林，因此这里是新西兰鸟类数量及种类最多的地区之一。即使你身处奥本的街道上，耳边也能回荡着蜜雀、铃鸟及橄榄色鹦鹉（kaka）的叫声。这些鸟类与新西兰黑秧鸡（weka）、新西兰绿毛鹦鹉（kakariki）、新西兰大尾莺、知更鸟和拉基乌拉奇异鸟（tokoeka）共享着这片宜人之地。此外，这里还有许多岸禽和海鸟，包括小嘴鸻、鸬鹚、大海鸟、鲸鸟、海燕、信天翁及在繁殖期数量可观的灰鹱。夜间在码头附近的小海滩上会有成队的企鹅漫步前行，可以向当地人打听具体情况。千万不要给这些鸟类喂食，这样做对它们有害。

20世纪初，欧洲马鹿和白尾鹿（whitetail deer，又名Virginia deer）这两种外来物种被引进这座岛屿，同时而来的还有刷尾负鼠。它们如今在整座岛上肆虐，对本地灌木丛造成了破坏。你还能在这里见到海狗、海狮、海象的踪影，偶尔还能见到光顾海滩及岩岸的豹海豹。

在斯图尔特岛/拉基乌拉上找不到新西兰最主要的树种山毛榉。岛上主要的低地灌木是罗汉松（podocarp），偶有高大的芮木泪柏、锈色罗汉松（miro）、罗汉松（totara）和新西兰阔叶树所组成的树冠屏障。由于岛上冬季气候温和、降雨频繁、泥土透气性强，植物都苍翠繁茂，藤蔓联结，地上铺满厚厚的蕨类及苔藓植物。

景点

★ 石莼岛 鸟类栖息地

(Ulva Island; Te Wharawhara; 见304页地图)石莼岛占地只有250公顷，就像一个小天堂，是众多新西兰本土鸟类的绝佳地点。自1922年起，这里就被设立为鸟类保护区，至今仍是斯图尔特岛/拉基乌拉最为原生态的一角。根据环境保护部的说法，只有在这里还能感受最原始的新西兰以及新西兰应有的模样。1997年，该岛宣称没有一只老鼠，3年之后，被选为南岛濒危物种鞍背鸟(saddleback)的放生地。

如今，这里随处可闻鸟鸣之声，你可以在岛上西北方的步道上徒步时欣赏，《石莼岛：自助导览徒步游》(*Ulva: Self-Guided Tour*, $2)对此有详细介绍，可在环境保护部游客中心购买。多条小径纵横交错，穿梭在美丽的芮木泪柏、弥洛松、罗汉松和花叶铁心树(rata)的树林之中。任何一个水上出租车公司都能将你从黄金海湾(Golden Bay)码头载至石莼岛，石莼岛渡船(见304页地图；☎03-219 1013；往返成人/儿童 $20/10；⏲出发 9:00、正午、16:00，返回 正午、16:00、18:00)提供定期航次。如果想踏遍岛屿的各个角落，不妨与Ulva's Guided Walks(见308页)一同旅行。

拉基乌拉博物馆 博物馆

(Rakiura Museum; 见307页地图; ☎03-219 1221; www.rakiuramuseum.co.nz; 9 Ayr St, Halfmoon Bay; 成人/儿童 $2/50c; ⏲10月至次年4月 周一至周六 10:00~13:30，周日 正午至14:00，5月至9月 周一至周五 10:00至正午，周六 10:00~13:30，周日 正午至14:00)这家小型博物馆的镇馆之宝是记录着当地自然和人文景观的老照片，除此之外还展示着毛利人的手工艺品、捕鲸工具及日常生活用品。

活动

拉基乌拉国家公园保护着岛上85%的土地，让这里成为徒步爱好者和观鸟者的朝圣地。众多步道让你尽情探索野外，包括从奥本可以轻易徒步进入的简单入门级步道，到壮观的西北环道(North West Circuit)，这是新西兰最为传奇的边远地区徒步路线。

许多商家提供导览游活动：无论是步行、驾车、乘船还是坐飞机，沿途还有野生动植物以及当地历史的介绍。自由旅行者也有许多选择：不妨前往拉基乌拉国家公园游客中心了解关于当地徒步游的更多详细信息，包括各类长短路线的步道和沿途的小屋。环境保护部的《斯图尔特岛/拉基乌拉短途步道》(*Stewart Island/Rakiura Short Walks*)手册($2)就能让你研究上数天。如果你从Red Shed租一辆自行车，那么整个行程可以加快不少。乘坐飞机可以缩短那些较长路线所需花费的时间，斯图尔特岛航空公司(见297页)会与Seaview Water Taxis合作，提供持续全天的海岸至海

观察几维鸟

斯图尔特岛/拉基乌拉是世界上为数不多的几处可以观察到野生几维鸟的地方，而且肯定是仅有的能在白天看到它们的地方。这种鸟类目前已存在约7000万年，人们常将它与已经灭绝的恐鸟联系在一起。几维鸟凭借棕色的羽毛在灌木丛中隐藏并保护自己，它们大部分都在夜间出没，这也就意味着想要在野外看到它们非常困难。

几维鸟的大小与圈养的小鸡相仿，预计总数约15,000只。斯图尔特岛/拉基乌拉的褐色几维鸟(Apteryx australis lawryi，又名拉基乌拉奇异鸟)比其北部的亚种体形更大，有更长的喙，双脚也更粗。它们是唯一在白天活动的几维鸟，一般在日出及日落时分可以观察到它们在草丛中觅食，以及沙滩上它们在被海水冲刷的海藻下挖掘沙蚤的情景。如果你有幸遇见一只，不要出声，保持不动，直到它离开。几维鸟的视力很差，它们“一根筋”的觅食方式常常会和你撞个满怀。

参加有组织的团队游活动是你欣赏这些生灵的最佳机会。考虑到岛上多变的天气，团队游时常会被取消，如果你十分渴望见到几维鸟，不妨在岛上住上几晚。另外，有时你还可能在奥本及其周边地区发现它们。日落之后前往橄榄球场边缘的树丛地带，或许你会颇为幸运。面对现实吧，这里是你期待偶遇最完美的地点。

Oban 奥本

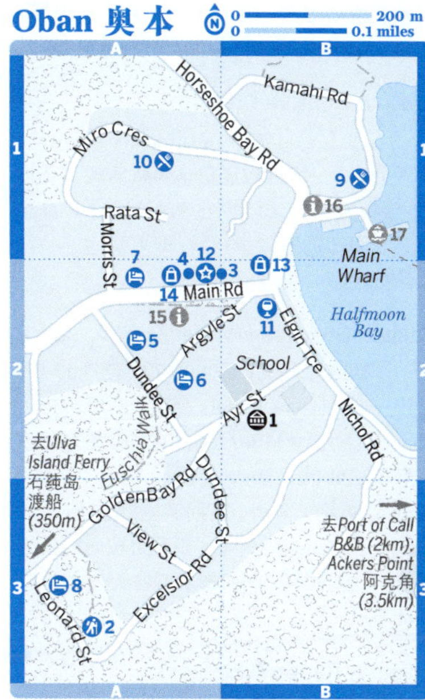

岸(Coast to Coast)跨岛徒步游。

如果你还从未尝试过海钓，或者对此仅仅抱有幻想，你可以前往此处小试身手，新西兰人引以为傲的便是捕鱼了。如果你要问是否去游泳，答案绝对是肯定的，但你可能要冒着把自己冻坏的风险。

短途步行

观察岩 步行

（Observation Rock；见本页地图）经过15分钟略显陡峭的攀爬后，你就能抵达观察岩(Observation Rock)，并在那里能够全方位地欣赏帕特森湾(Paterson Inlet)、Mount Anglem和Mount Rakeahua的景色。该步道从紧邻Ayr St的Leonard Rd尽头开始延伸，沿途标识清晰。

阿克角 步行

（Ackers Point；见本页地图）这条来回3小时的路线能够让你在海湾周围漫步，沿途会经过一条草木繁茂的小道，在抵达**阿克角灯塔**(Ackers Point Lighthouse)之前，你可以在**哈罗德湾**(Harrald Bay)一睹历史悠久的**石屋**(Stone House)风貌，它始建于1835年。而在阿克角灯塔，你则能够饱览福沃海峡(Foveaux Strait)的美景，并且有机会看到栖息于此地的小蓝企鹅和灰鹱。

过夜徒步

★ 拉基乌拉步道 徒步

（Rakiura Track；www.doc.govt.nz）拉基乌拉步道是新西兰的九大顶级步道之一，全长39公里，需要3天完成，是一条安静宜人的环形步道，紧邻迷人的海滩而行，沿途还需翻越一座高达250米、覆盖着森林的山脊，并横穿帕特森湾的海岸。该步道还会在沿途经过几处历史遗址，并且一路上都有岛上常见的海鸟和林鸟相伴。

拉基乌拉步道实际只有32公里，但两头增加了公路部分，由此增至39公里，从奥本出发形成一条清晰的环路。这条规划精良的环形步道一年四季都适宜徒步，但要求徒步者有一定的体力。作为新西兰顶级步道之一，拉基乌拉步道的路面都铺有碎石以改善岛上的泥地状况。

沿途有2间顶级步道小屋（$22），但需提前预订，你可以通过环境保护部的网站或者亲自前往拉基乌拉国家公园游客中心进行预约。任何一座小屋最多只能连续住2晚。你还可以在小屋附近以及毛利海滩（Māori Beach）的标准露营地中露营（$6）。

西北环道 徒步

（North West Circuit Track; www.doc.govt.nz）西北环道是斯图尔特岛/拉基乌拉最具传奇色彩的一条海岸步道，需要花费一定体力，其道路沿着偏远的自然海岸线延伸，沿途经过各种偏僻的海滩、沙丘和绵延数公里的泥地，还能看见众多鸟类。整个步道长达125公里，走完全程需11天，通过坐船或飞机能够使整个行程缩短一些。

该步道始于奥本，也终于奥本。沿途有宽敞的小屋，均属于标准配置（$5）。除此之外，这里还有2间顶级步道小屋（$22），需提前预订。一张西北环道通票（North West Circuit Pass, $35）能让你在沿途的每一处标准小屋中住上一晚。

推荐使用定位信号，并务必前往环境保护部了解最新信息，购买必要的地形图。此外，你还应当在Adventuresmart（www.adventuresmart.org.nz）上登记你的旅行计划，因为园中没有容易的步道。

团队游

Ulva's Guided Walks 步行团队游

（☎03-219 1216; www.ulva.co.nz）在专业的自然学家带领下进行的观鸟活动，这些不错的半天游览（$125，包括交通费）能给你一次探索石莼岛的机会。你可以在**Stewart Island Gift Shop**（见307页地图；☎03-219 1453; www.stewartislandgiftshop.co.nz; 20 Main Rd, Oban; ⊙10:30~17:00，冬季营业时间缩短）提前预订。如果你特别热衷于观察鸟类，不妨登录石莼岛的网站报名参加“丰富鸟类”之旅（Birding Bonanza, $395）。

Bravo Adventure Cruises 观鸟

（☎03-219 1144; www.kiwispotting.co.nz）日落时分出发，该机构经营小团队的观赏几维鸟之旅（$140），30分钟的船程加上一段穿越树林及海滩的短途步行后，即可到达一处风景保护区。

Rakiura Charters & Water Taxi 乘船游

（见307页地图；☎0800 725 487, 03-219 1487; www.rakiuracharters.co.nz; 10 Main Rd, Oban; 成人/儿童$100/70起）在“拉基乌拉苏济号”（Rakiura Suzy）上最受欢迎的活动就是捕鱼巡航半日游，期间会在历史悠久的Whalers' Base停留参观。行程可按时间及兴趣进行个人定制，例如加入观赏野生动植物和徒步项目等。

Ruggedy Range Wilderness Experience 生态游

（见307页地图；☎0274 784 433, 03-219 1066; www.ruggedyrange.com; 14 Main Rd, Oban）优秀向导弗哈纳（Furhana）组织生态环保主题的小规模徒步导览游活动，包括前往石莼岛的“鸟与森林”之旅（半/全天 $135/205），在野外观察几维鸟的通宵之旅（$680起），还有持续3天的野外导览徒步游，你的行李会在沿途运送至住宿的木屋之中（$970）。

Lo-Loma Fishing Charters 钓鱼

（☎03-219 1141, 027 393 8362; www.loloma.co.nz）不妨跟随史奎斯·斯夸尔斯（Squizzy Squires），在Lo-Loma上体验有趣的手钓旅行。

Phil's Sea Kayak 皮划艇

（☎027 444 2323; www.observationrocklodge.co.nz; 旅行 $90起）Phil提供斯图尔特岛/拉基乌拉仅有的皮划艇导览游活动，在帕特森湾根据游客的不同能力设计不同的路线，沿途还可欣赏野生动植物。

Stewart Island Experience 团队游

（见307页地图；☎0800 000 511, 03-219 0056; www.stewartislandexperience.co.nz; 12 Elgin Tce）在帕特森湾经营2小时30分钟的巡航游活

动（成人/儿童 $95/22），包括1小时在石莼岛上的导览徒步游，以及持续1小时30分钟，搭乘迷你巴士在奥本和周边海湾中的观光（$45/22）。

住宿

在这里寻找住宿场所有些困难，特别是在旅游淡季，许多店家都闭门谢客，因此强烈建议提前预订。岛上有许多假日出租房，通常物有所值而且可以自己做饭，这样你钓到鱼后就能自己烹调（不过这些出租房往往要求2日起住，或对只住一晚的游客额外收费）。因弗卡吉尔游客信息中心（见297页）和Red Shed Oban Visitor Centre（见310页）可以帮助你提前预订。你还可以登录www.stewartisland.co.nz查阅信息。

Jo & Andy's B&B 民宿 $

（见307页地图；☎03-219 1230；jariksem@clear.net.nz；22 Main Rd, Oban；单 $60，双和标双 $90；@📶）这家民宿对于预算有限的游客而言是极好的选择，其舒适的蓝色建筑内满是标间、双人间和单人间客房，并共用洗浴设施。丰盛早餐有什锦燕麦粥、水果和自制面包，保证让你全天都充满活力。店主乔（Jo）很随和，如果天气不好，这里还有上百本书籍可供阅读。

Bunkers Backpackers 青年旅舍 $

（见307页地图；☎027 738 1796；www.bunkersbackpackers.co.nz；15 Argyle St, Oban；铺/单/双 $34/56/80；⏲4月中旬至10月中旬 不营业；📶）这家改装后的木结构别墅是你在斯图尔特岛/拉基乌拉上最好的旅舍选择，虽然稍显拥挤，但拥有温馨的休息室、阳光明媚的花园、坐落在村庄内的地段和友好的氛围。

Bay Motel 汽车旅馆 $$

（见307页地图；☎03-219 1119；www.baymotel.co.nz；9 Dundee St, Oban；单元房 $175起；📶）🍃这里的现代化舒适套间非常宽敞，不但光线充足，还可以俯瞰整个港湾的景致。部分客房配有水疗浴缸，而所有房间都自带厨房，其中两间专为轮椅残障人士设计。如果你厌倦了小岛上吵闹的夜生活，不妨留在屋里收看Sky TV的娱乐节目吧。

★Observation Rock Lodge 民宿 $$$

（见307页地图；☎03-219 1444；www.observationrocklodge.co.nz；7 Leonard St, Oban；房 $395；📶）这家豪华的民宿藏身于鸟类密布的原生灌木丛中，坐享大海、落日和极光的美景。安尼特（Annett）与菲尔（Phil）的度假屋由3间时髦、奢华的房间组成，拥有私人露天平台和公共休息室。豪华套餐包括导览游活动、桑拿、热水浴缸以及由安尼特提供的美味晚餐（$780），你也可以入住标准间然后另外购买额外服务。

Port of Call B&B 民宿 $$$

（☎03-219 1394，027 2244 4722；www.portofcall.co.nz；Leask Bay Rd；单/双含早餐 $320/385，小屋 $175~250）你可以在这里饱览海景，在壁炉前暖和身子、放松身心，或者前往偏僻的海滩探索一番。这里还提供2处功能齐全的温馨住宿选择——靠近民宿的The Bach（奥本西南方2公里处的阿克角附近），以及位于奥本的Turner Cottage。这些都要求你至少住上两晚。可以帮忙安排徒步导览游和水上出租车行程。

餐饮

Stewart Island Smoked Salmon 海鲜 $

（见307页地图；☎03-219 1323；www.siss.co.nz；11 Miro Cres, Oban；200克三文鱼 $15）如果你是新鲜烟熏三文鱼的爱好者，不妨来这里的熏制室一探究竟。这种口味香甜的烟熏鱼热气腾腾，最适合野餐食用或搭配意大利面。

Church Hill Restaurant & Oyster Bar 新派新西兰菜 $$$

（见307页地图；☎03-219 1123；www.churchhill.co.nz；36 Kamahi Rd, Oban；午餐 $14~28，晚餐 $37~39；⏲周日 正午至14:30，每天 17:30至深夜）夏季时，在这座古老别墅的阳光露台上能远眺山顶美景，而在凉爽月份里，你可以躲在室内，依偎在火炉边取暖。这里的招牌菜当属本地的海鲜，包括以现代方式精心烹制的牡蛎、小龙虾和三文鱼，然后再是无与伦比的甜点。建议提前预约晚餐。

South Sea Hotel 小酒馆

（见307页地图；☎03-219 1059；www.stewart-island.co.nz；26 Elgin Tce, Oban；⏲7:00~21:00；

☎）欢迎来到新西兰最传统的酒吧之一，这里有着一流的鳕鱼配薯条，按夸脱提供的啤酒，值得信赖的咖啡馆（主菜$15~33），以及充斥着酒吧区的众多玩笑话。白天（或者晚上）的任何时间都适合来此坐坐，但不妨在周日的晚上前来尽情狂欢——那将是一段令人难忘的岛上生活片段。此外，这里也提供标准客房。

☆ 娱乐

Bunkhouse Theatre 电影院

（见307页地图；☎027 867 9381；www.bunkhousetheatre.co.nz；10 Main Rd，Oban；门票$10；⊙放映 11:00、14:00和16:00）这家位于奥本的舒适小电影院放映古怪而又可爱的40分钟电影短片《本地遗踪》（*A Local's Tail*），为你讲述斯图尔特岛/拉基乌拉的有趣历史文化故事。此外，这里还提供佳发蛋糕（Jaffas）和DIY爆米花。

购物

Glowing Sky 时装

（见307页地图；☎03-219 1518；www.glowingsky.co.nz；Elgin Tce，Oban；⊙周一至周四 10:30~15:30，周五至周日 10:00~17:00）在斯图尔特岛上建立，如今却在本岛上生产制造，Glowing Sky销售印有毛利设计元素的手工印花T恤和美利奴羊毛衫服饰。

ℹ 实用信息

主岛上获取信息的最佳地点是**因弗卡吉尔游客信息中心**（见297页）。

拉基乌拉国家公园游客中心（Rakiura National Park Visitor Centre；见307页地图；☎03-219 0009；www.doc.govt.nz；15 Main Rd，Oban；⊙12月至次年4月 8:00~17:00，5月至11月 周一至周五8:30~16:30，周六和周日 10:00~15:00）在这里，你可以获取关于步道的信息，并能够预订小屋，获取通行证，购买地形图、定位信标、书籍以及一些徒步的必需品，例如驱虫剂和羊毛袜子等。信息中心的展板介绍了斯图尔特岛/拉基乌拉的动植物，并有一个播放影片的图书馆，兼娱乐与教育于一体（是雨天不错的备选方案）。你还可以在这里通过Adventuresmart（www.adventuresmart.org.nz）登记你的旅行计划。

Red Shed Oban Visitor Centre（见307页地图；☎0800 000 511，03-219 0056；www.stewartislandexperience.co.nz；12 Elgin Tce，Oban；⊙10月至次年4月 7:30~18:30，5月至9月 8:00~17:00）位于码头边上，十分好找，这家Stewart Island Experience的预订办事处能够给你提供岛上及周边地区几乎所有的有用信息，包括住宿、导览游、游船、自行车、小摩托车和租车的信息。

斯图尔特岛/拉基乌拉没有银行。Four Square超市中有一台自动柜员机，但往往不太靠谱。多数活动项目都接受信用卡。

ℹ 到达和离开

Stewart Island Experience（见307页地图；☎0800 000 511，03-212 7660；www.stewartislandexperience.co.nz；Main Wharf，Oban；成人/儿童单程 $175/38，往返 $130/65）只载乘客的渡轮每天4次，往返于布拉夫和奥本之间（冬季班次减少）。夏季期间，请提前几天预订。全程需1小时，航程中有些颠簸。该公司还提供往返布拉夫和因弗卡吉尔的班车（成人/儿童 $24/12），并可以在因弗卡吉尔游客信息中心、Tuatara Backpackers和因弗卡吉尔机场上下客。

汽车可以停靠在布拉夫的停车场，安全可靠，但需额外付费。

斯图尔特岛航空公司（☎03-218 9129；www.stewartislandflights.com；Elgin Tce，Oban；成人/儿童单程 $123/80，往返 $213/128）提供往返于斯图尔特岛和因弗卡吉尔的航班，每天3次，并给予不错的起飞前剩余票和60岁以上的折扣票。票价包含了岛上机场与其位于奥本的海滨办公室之间的交通费。

ℹ 当地交通

斯图尔特岛上前往奥本和周边海湾的公路较为有限。Stewart Island Experience对外出租汽车和小轮摩托车，你可以从**Red Shed**取车（见310页）。

水上出租车为石莼岛和主岛上的偏远地区提供接送服务——对徒步者而言非常方便。运营商包括**Aihe Eco Charters & Water Taxi**（☎03-219 1066；www.aihe.co.nz）、**Rakiura Charters & Water Taxi**（见308页）和**Stewart Island Water Taxi & Eco Guiding**（☎0800 469 283，03-219 1394；www.stewartislandwatertaxi.co.nz）。

了解
新西兰南岛

今日新西兰

新西兰这些年经历了一个非常艰难的阶段——破坏性大地震、煤矿和直升飞机事故一次又一次牵动着国人的神经。但事情渐渐有了起色：旅游业在发展，艺术和啤酒行业生龙活虎，新西兰的橄榄球和板球队也所向披靡。这个国家实在有太多理由"一笑浇愁"了。

最佳电影

《指环王》三部曲（*Lord of the Rings trilogy*，彼得·杰克逊爵士导演，2001~2003年）霍比特人、恶龙和魔戒，托尔金的幻想成为现实。

《霍比特人》三部曲（*The Hobbit trilogy*，彼得·杰克逊爵士导演，2012~2014年）毛绒绒的脚动了起来，托尔金的故事更加抓人眼球。

《钢琴课》（*The Piano*，简·坎皮恩导演，1993年）一架钢琴和它的主人在19世纪中期抵达西岸区的海滩。

《鲸骑士》（*Whale Rider*，妮琪·卡罗导演，2002年）家庭奇幻故事和东海岸的遗产。

最佳读物

《发光体》（*The Luminaries*，Eleanor Catton著，2013年）获得布克奖，讲述了西岸区金矿的犯罪和密谋故事。

《皮普先生》（*Mister Pip*，Lloyd Jones著，2007年）布干维尔岛的暴乱，呼应了狄更斯的《远大前程》。

The 10pm Question（Kate de Goldi著，2009年）12岁的弗兰基努力面对人生的焦虑问题。

《凯瑟琳·曼斯菲尔德故事集》（*The Collected Stories of Katherine Mansfield*，2006年）凯瑟琳的最佳故事。

值得庆贺

基督城正马不停蹄地从2010年和2011年的两次地震中恢复过来，但是消息喜忧参半。一方面，它考验着国民与政府机构的关系，关于修缮和经费问题一直没有定论。另一方面，基督城的重建强化了新西兰人自身"战士"的身份、集体意识和公民荣誉感。

谈及令人骄傲的事，新西兰人最近可谓收获颇丰。自从全黑队（All Black）在2011年本土举行的橄榄球世界杯上取得胜利之后，2015年，这支受人爱戴的队伍又在伦敦举行的决赛上以34:17击败了劲敌澳大利亚队。由此，新西兰成为首个蝉联橄榄球世界杯的国家，全黑队也打出了在两次世界杯期间的53场比赛中仅输3场（并且平局1场）的傲人战绩。

但新西兰人的体育天赋不止橄榄球。2015年，男子板球国家队黑帽队（Black Caps）首次晋级板球世界杯决赛，在此前后举行的比赛中也屡创佳绩。其他新西兰体育明星也大放光彩，包括高尔夫球红人高宝璟（Lydia Ko），2015年，年仅17岁的她就已经排名世界第一；身高2.1米的NBA明星斯蒂芬·亚当斯（Steven Adams；来自罗托鲁阿），现在为俄克拉何马雷霆队效力；美国印地赛车四料冠军得主史考特·迪克森（Scott Dixon）；以及世界最佳的铅球运动员瓦莱丽·亚当斯（Valerie Adams，也来自罗托鲁阿——当地水土是不是有神奇的物质呢？）。

在娱乐领域，加拿大导演詹姆斯·卡梅隆（James Cameron）在首都惠灵顿附近建造了一幢乡村住所，从2016年开始在这里致力于《阿凡达》（*Avatar*）续集的拍摄，引来巨额投资，并巩固了新西兰在世界级电影取景地的地位。

除了上述这些，新西兰精酿啤酒的品质也在全球拔得头筹。现在，你在新西兰到处都能遇见精酿啤酒：产自当地，口感馥郁，酒味浓烈，且得到大力推广。新西兰的葡萄酒业也在踌躇中前行，不知那些喝长相思葡萄酒的客人们是否都已去过那里。

新的国旗？

本书撰写期间，新西兰人正处于是否要选择新国旗的煎熬之中。那么旧的国旗出了什么问题呢？其实一切都好，只是旗子一角有巨大的英国米字旗图案，让人不禁回想起新西兰曾经是英国的殖民地。

在后殖民时期，新西兰一直尽力审视并提升自己在世界上的地位，我们推测他们可能就是想要切断与英国的最后一丝联系，并且在新的国旗下自由联合独立地发展。当然，新西兰几十年来都是一个自由独立联合的国家，“改旗易帜”似乎只是最后象征性的手段。1965年，加拿大泰然自若地更换了国旗，这次新西兰又会如何做呢？

2015年年底，全民公投从5面推选的旗帜中选出了“银蕨旗”（Silver Fern Flag），计划用黑底的银蕨来取代英国米字旗。然而在2016年举行的第二次公投中，新西兰人又表现出对老国旗的眷恋。那么这到底是在浪费时间和纳税人的金钱，还是推进新西兰独立性的重要一步？时间会带来答案。

跨太合作

2015年10月，经过多年协商，跨太平洋伙伴关系协议（Trans-Pacific Partnership）终于被签署批准，澳大利亚、文莱、加拿大、智利、日本、马来西亚、墨西哥、新西兰、秘鲁、新加坡、美国和越南这12个国家有着太平洋的共同利益，推动一揽子的提议生效，意在推动该地区的经济与合作。对新西兰来说，新的协议将为出口商品降低税率和关税，这会对出口行业（尤其是乳制品行业）带来有益的影响。

跨太平洋伙伴关系协议的批评者则认为，这会推升新西兰基本药物的成本价格，并且赋予大企业更多的自由，也会让它们规避国际和国内劳动力、环境、健康、财政和食品健康的法律问题，更容易让它们只求一己私利，而不再为社会谋利。这份协议到底是有效，还是无效，答案揭晓前，不如继续关注着这里吧。

人口：**464万**

面积：**268,021平方公里**

GDP增长率：**2.4%（2015年）**

通货膨胀率：**0.4%（2015年）**

失业率：**6%（2015年）**

每100个新西兰人中

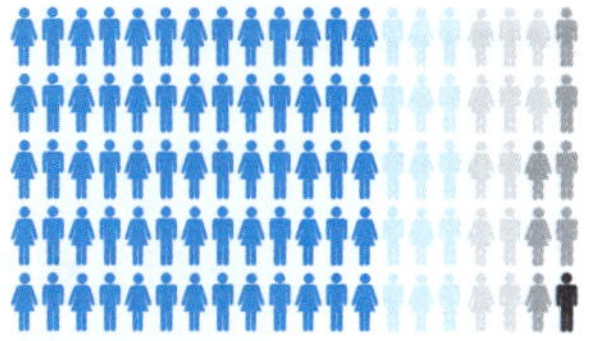

65个欧洲移民后裔
15个毛利人
12个亚裔
7个太平洋岛国裔
1个其他

新西兰公民常居地

（百分比）

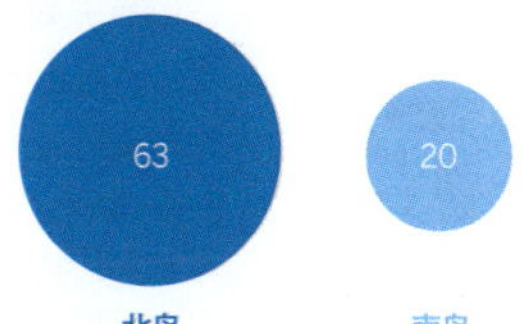

北岛
南岛

10 澳大利亚
5 世界上其他地区
2 无固定居住地

每平方公里人口数

新西兰　澳大利亚　美国

≈3人

历 史

詹姆斯·贝利奇(James Belich)

新西兰的历史并不长，但是发展得很快。不到1000年的时间里，这几座岛上就产生了两个新的民族，波利尼西亚毛利人和新西兰白种人，毛利语称后者为Pākehā(虽然并非所有人都喜欢这个词)。新西兰和其他波利尼西亚地区的历史有相通之处，和其他的欧洲殖民国家的历史也有渊源，但是也具自身的独特性。正是这些相同让不同点更加有趣，反之亦然。

毛利人的出现

虽然有流传很久的神话，可以肯定的一点是，新西兰的第一批移民是如今的毛利人的祖先，来自波利尼西亚地区。除了这点毫无疑问，其他事情就充满了问号。他们是从东波利尼西亚具体哪个地方来的——库克群岛(Cook Islands)，塔希提(Tahiti)，还是马克萨斯群岛(Marquesas)？他们是何时到达的？是一批人还是好几批人？有一些证据，比如随第一批开拓者来的波利尼西亚老鼠多样化的DNA，说明可能有多次开拓之航。从另一个角度看，移民带来的生物中只有老鼠和狗幸存下来，而更有价值的猪和鸡却没有。这些更为宝贵的动物本来更应优先存活，它们失败的引进史说明航行次数较少。

詹姆斯·贝利奇(James Belich)是新西兰最著名的现代历史学家之一，他撰写了多本有关新西兰历史的著作，并在系列电视纪录片《新西兰战争》(*The New Zealand Wars*)担任主持。

想要了解从冈瓦纳古陆至今完整的新西兰历史概况，可登录www.history-nz.org网站。

跟澳大利亚比，新西兰似乎小了很多，但它比英国还大，也比其他波利尼西亚岛屿大很多，新西兰各地区环境和气候千差万别。第一批移民主要的居住地包括温暖的沿海地区，那里适宜他们从波利尼西亚带来的植物(蕃薯、葫芦、山药、芋头)生长；有可以打磨成刀具和扁斧的石料；生存着许多大型猎物。新西兰当地除了几种蝙蝠以外，没有土生土长的陆地哺乳动物。然而，说这里有“大型猎物”一点儿也不夸张：这些岛屿上有十多种恐鸟(一种不能飞的大型鸟)，最大的体重达240公斤，相当于鸵鸟的两倍。岛上还生活着其他一些不会飞的鸟类和大型海洋哺乳动物，如毛皮海豹

大事年表

公元1000~1200年

第一批毛利人到达新西兰的大致时间。有充分的考古证据指向公元1200年左右，但从人类对环境的最早影响来看似乎要早很多。

1642年

与欧洲人首次接触：从荷属东印度群岛(印度尼西亚)出发寻找“富饶的南方大陆”的阿贝尔·塔斯曼远征到达此地。和毛利人发生海上冲突后，他的船队没有登陆就离开了。

1769年

让·德·萨维尔和詹姆斯·库克的到来重启了新西兰和欧洲之间的联系。尽管偶有冲突，但他们都设法和毛利人沟通，从此新西兰与外界的联系再未中断。

神秘的摩里欧里人

在新西兰最经久不衰的一个神话传说中，毛利人到达时发现，新西兰大陆已经被一个更和平、种族上完全不同的美拉尼西亚（Melanesian）民族——摩里欧里人（Moriori）占领，这个民族最终被毛利人消灭。这个神话自20世纪20年代以来，已经被学者多次辟谣，但不知何故仍在流传。

事实上情况比较复杂，摩里欧里人确实存在，而且毛利人对他们的确不太友好。摩里欧里人实际上是查塔姆群岛（Chatham Islands）的居民，这片群岛暴风肆虐，位于大陆东面约900公里处。但是，他们是纯种的波利尼西亚人，而且是毛利人的后代——"摩里欧里"和"毛利"只是同一个词的不同版本。1835年，大陆毛利人到了查塔姆群岛，作为火枪战争（Musket Wars）的延续，他们杀了一些摩里欧里人并俘虏了剩下的人。但是他们并没有把摩里欧里人赶尽杀绝。

（fur seal，又名海狗、毛皮海狮），它们都不太擅长逃避猎捕。对于来自太平洋小岛上的岛民而言，这几乎就像中了头彩一般。早期的移民们迅速地向远处进发，在最初的100年中他们的足迹已到达北岛北端和南岛南端。高蛋白饮食很可能促进了人口数量激增。

但是，到公元1400年前后，由于大型猎物数量减少，毛利人的经济生活从大型猎物转移到小型猎物，诸如丛林鸟类、鼠类，并从狩猎转向了种植和捕鱼。虽然生活还是可以过得不错的，但是需要对周围环境有更加细致的了解，需要坚持不断的努力和复杂的集体组织，于是毛利部落便逐渐成形。由于对资源的争夺更激烈了，冲突加剧，这导致各部落建造的军事要塞村（毛利语名为Pa）越来越复杂。在全国各地还能找到要塞村地基的遗址（比如在奥克兰的几处山头）。

毛利人没有金属，没有文字，也没有酒精或毒品，但是他们的文化和精神生活非常丰富、独特。在天父Ranginui和地母Papatuanuku之间，有掌管土地、森林、海洋的众神和随着时间推移已经成为神灵的祖先。爱捣乱的半人半神Māui尤其重要。在神话里，他曾战败太阳并把北岛从海里钓上来。他在企图征服女神Hine-nui-te-pō掌管的人类死亡宿命时，死于女神胯下。毛利传统表演艺术——战舞（kapa haka），一种团体歌舞，即使对现代观众来说，也深具感染力。毛利人的视觉艺术非常独特，尤其是木雕——用18世纪科学家、探险家约瑟夫·班克斯爵士（Sir Joseph Banks）

有传言说巨型的恐鸟（moa）依然存在，但是都没有证据。如果你在旅途中看到恐鸟，一定要拍下来——因为你经历了100年来最重要的动物学发现。

1772年

马里翁·杜·弗来宁（Marion du Fresne）的法国探险船队到来，并在岛屿湾停留了几周。他们和毛利人的最初关系很好，但由于违反了毛利圣法（tapu）导致冲突。

18世纪90年代

捕鲸船和捕猎海豹的团伙来到这个国家并和毛利人逐渐建立起友好关系，欧洲人借此从后者得到食物、水等必需品以及保护。

1818~1836年

毛利部落之间发生"火枪战争"：拥有火枪的部落袭击没有火枪的部落，并取得血腥的胜利。这场战争在1836年逐渐止息，大概是因为各个部族的火枪数量达到了均衡。

1837年

负鼠从澳大利亚引入新西兰。太棒了。

的话来说，它们“独一无二”。

阿贝尔·塔斯曼（Abel Tasman）曾将新西兰命名为斯塔腾兰（Statenland），以为它和阿根廷附近的斯塔腾岛（Staten Island）相连。之后以塔斯曼的祖国，荷兰的泽兰省（Zeeland）命名。

欧洲人的进入

新西兰在1840年正式成为英国殖民地，但是有证据表明的毛利人和外面世界的第一次接触，却发生在近两个世纪前的1642年，在南岛北端的黄金海湾（Golden Bay）。两艘荷兰船只从印度尼西亚开出，前去寻找南方大陆和那里可能蕴藏的财富。指挥官阿贝尔·塔斯曼（Abel Tasman）得到的指示是，对于任何可能遇见的土著人，都“不能表现出对贵重金属的渴求，让他们继续对这些玩意儿的价值浑然无知”。

当塔斯曼的船在海湾抛锚停泊时，当地毛利人照例按习俗划着独木舟出来挑战，以探知对方是友是敌。由于误解这一举动，荷兰人吹起号角，开始反击。当一只小船被放下准备接送两船的船员时，遭到了攻

詹姆斯·库克船长

如果外星人来到地球，他们可能会很好奇，从阿拉斯加到澳大利亚、从新西兰到北约克郡、从西伯利亚到南太平洋，都能看到方尖碑、褪色的牌匾，还有满身是涂鸦的雕像，雕像上那个身姿僵硬、戴着假发的人正在眺望大海。历史上再没有一个人能比詹姆斯·库克（James Cook，1728~1779年）探索过更多地方。在太平洋地区旅行，不可避免地会遇到库克船长的影像，以及在这些因他而向西方世界敞开的土地上他那些颇具争议的遗留问题。

跟库克广泛的游历和显赫的声名相比，他的出身略显贫苦窘迫。他是约克郡一个乡下短工的儿子，出生在一幢泥草房里，没怎么受过教育，似乎命中注定只能做个农夫，并在村子教堂里的家族墓地中安息。但是，少年库克却走向了大海，从运煤船的雇工慢慢做到了海军军官，又因绘制一套加拿大航海地图而引起人们注意。但他仍是籍籍无名的副少尉，直到1768年，皇家海军（Royal Navy）选中他去指挥一次到南太平洋（South Seas）的大胆航行，他才开始名声大振。

库克指挥着运煤船改装的“奋进号”（Endeavour）到了塔希提（Tahiti），后来又成为第一个登陆新西兰和澳大利亚东海岸的欧洲人。虽然这艘船在撞上大堡礁后几乎沉没，且40%的船员因疾病和意外死亡，但是在1771年，“奋进号”还是艰难驶回了故乡。在另一次返航途中（1772~1775年），库克成为第一个穿越南极圈、环绕地球最南端纬线附近海域的航海家，他的发现推翻了一个古代神话：环绕着地球南极的是一片人口稠密、广袤富饶的大陆。库克还在太平洋上的复活节岛和美拉尼西亚之间频繁往来，绘制了两地之间几十座岛屿的海图。虽然毛利人杀死并烹煮了10名水手，但是库克船长还是很同情这些岛民。他写

1840年	1844年	1858年	1860~1869年
从2月6号岛屿湾的怀唐伊开始，全国各地大约500名酋长签署了《怀唐伊条约》，彻底“解决了”主权归属问题。新西兰成了名义上的英国殖民地。	年轻的纳普希酋长洪尼·鹤卡挑战英国主权，他先在Kororareka（如今的拉塞尔）砍倒了英国国旗，之后洗劫了全城。随之而来的北部区战争一直持续到1846年。	怀卡托（Waikato）酋长Te Wherowhero成为第一位毛利国王。	第一次和第二次塔拉纳基战争（Taranakiwar），以政府在Waitara从毛利人手中骗取土地这一备受争议的行动为导火索，发展为因没收更多土地而引发公愤的后果。

击，4名荷兰船员被杀死。塔斯曼下令离开，再也没有回来过。随后的127年里，再也没有任何欧洲人来过。但是荷兰人还是为它取了名字，最初为“Statenland”，之后变成“Nieuw Zeeland”，也就是“新海陆”（New Sealand）。

在1769年，毛利人和欧洲人重新建立联系。英国和法国探险队，分别在詹姆斯·库克（James Cook）和让·德·萨维尔（Jean de Surville）的带领下来到这里。欧洲人与毛利人之间有了更多感情共鸣，而在科学、利润、大国竞争的推动下，探险继续进行着。库克在1773年和1777年曾两次到访此地，而法国远征队也曾到达。

从18世纪90年代开始，北方捕鲸船和南方捕猎海豹的团伙与毛利人有了非官方接触。1814年，第一个传教点在岛屿湾（Bay of Islands）设立，圣公会、卫理公会、天主教陆续抵达。到19世纪20年代的时候，亚麻和木材交

毛利和塔希提语言中的相似性表明这两个民族在历史上可能有着密切联系。毛利语和塔希提语的类似程度就好像西班牙语之于法语，虽然这两个群岛之间相隔4294公里。

道：“尽管他们食人，但是本性很善良。”

库克船长的最后一次航行（1776~1779年）是为了在大西洋和太平洋之间找到一条西北航道，在这期间，他成为第一个到达夏威夷的欧洲人，并沿着北美海岸线从俄勒冈一直到达了阿拉斯加。由于遭遇北冰洋海冰，船队被迫返回夏威夷。一开始，他被岛民当作是波利尼西亚的神明，之后却和岛民发生了冲突并因此丧生。在他十年的探索生涯中，库克的发现填补了太平洋地图的空白，正如一位法国航海者所言：“他几乎没有给后继者们留下更多可做的事情——除了钦佩他的辉煌。”

当然，库克的航行也激发了对太平洋诸岛的殖民主义浪潮。他死后的几十年内，传教士、捕鲸者、商人、移民开始改变（很多时候是具有毁灭性的改变）岛屿文明。因此，今天很多原住民将库克视为帝国主义强盗，指责他将疾病带到太平洋地区，让原住民流离失所、遭受不幸（因此库克纪念碑经常被破坏）。然而，当岛民们着手恢复传统手工和工艺，包括文身和Tapa（传统树皮布）等，他们又需要研究库克和他的随行人员的绘画和著述，把那些作为文化复兴的一种资源。不管是好是坏，这个约克郡的农村孩子对塑造现代太平洋地区的重要影响无人能及。

本文作者托尼·赫维茨（Tony Horwitz）：普利策奖得主、记者、非虚构作家。在为《蓝色纬度》（*Blue Latitudes*，又名*Intothe Blue*）搜集素材时，托尼游历整个太平洋，“大胆地前往库克船长去过的地方”。

1861年

澳大利亚淘金者加布里尔·李德（Gabrie Read）在奥塔戈发现黄金。结果奥塔戈的人口在6个月里从不到13,000人飙升至30,000人。

1863~1864年

怀卡托土地战争。近5000名毛利人抵抗20,000名帝国、殖民地和毛利“友军”组成的联合部队。尽管毛利人几次出奇制胜，但最终他们还是被击败，大量土地被没收。

1868~1872年

东海岸战争。蒂库堤成功地发动查塔姆群岛越狱，之后又在乌雷韦拉地区领导了神圣游击战。他最终放弃抵抗，修建了灵加图教堂。

1886~1887年

Tuwharetoa部落将鲁阿佩胡火山（Mt Ruapehu）、瑙鲁霍伊火山（Mt Ngauruhoe）和汤加里罗火山（Mt Tongariro）赠予政府，建立世界上第四个国家公园。

如今，《怀唐伊条约》签署地（1840年《怀唐伊条约》首次在此签署）已成为一个旅游景点，吸引着国内外游客。每年的2月6日，这里都会举行条约纪念活动，同时也有抗议活动。

"Kaore e mau te rongo－ake, ake!"（绝不会有和平——绝不，绝不！）1864年，在奥拉库战役（battle of Orakau）中，战争指挥官Rewi Maniapoto如此回应政府军队。

易已促成一些欧洲人和毛利人的小型混居点。让人吃惊的是，来到这里的西方人中数量最多的可能是美国人。新英格兰捕鲸船很喜欢在岛屿湾休息、娱乐。仅在1833~1839年，就有271条新英格兰船只先后到访。对于捕鲸者来说，"休息和娱乐"意味着性和酒精。他们最常去的Kororareka小镇（如今的拉塞尔）被传教士称为"太平洋的地狱"（Hellhole of the Pacific）。今天来这里的新英格兰游客可能会在当地毛利人里找到他们的远亲。

1840年以前，在欧洲人与毛利人交往中有过大约十到二十几次流血冲突。相对于接触的总次数，种族间的冲突其实算很少了。欧洲人需要毛利人的保护、食物和劳力，而毛利人也逐渐开始依赖欧洲人的东西，特别是火枪。欧洲人与毛利人开始通婚，因此捕鲸站、传教点和毛利部族开始建立联系，这有利于他们的和平共处。最大的冲突在毛利人内部：1818年至1836年部落间悲惨的"火枪战争"。最初，大多都是北部区的毛利人和欧洲人接触，因此岛上的纳普希（Ngāpuhi）部落率先获得了火枪。在勇将Hongi Hika的带领下，纳普希部落突袭了南方，血洗了那些没有火枪的部落。当被袭的部落获得火枪后，继而又把纳普希人赶走，而且反过来袭击更南边的部落。这种多米诺骨牌效应在1836年已经波及南岛的最南端。传教士称"火枪战争"是在他们的影响下逐渐平息的，但更重要的原因可能是，火枪数量均等使得部落之间恢复了力量均衡。

欧洲给毛利人带来了猪和土豆等好东西，同时，也带来了火枪和疾病等不好的东西。然而，这些负面影响却被夸大了。欧洲人希望像毛利人这样的种族在接触中彻底淡出。早期对毛利人口达100万人的预估过高了。目前估计1769年毛利人口数量为85,000~110,000。火枪战争中大约有20,000毛利人丧生，新的疾病也造成了一定的破坏（尽管新西兰路途遥远，具备了隔离免疫的条件：在漫长的海上航行中，通常染病的欧洲人要么康复，要么就死了。天花几乎彻底毁了美洲印第安人，但是这些情况并没有出现在新西兰）。到1840年，毛利人只剩大约70,000人口，至少减少了20%。毛利人屈服于欧洲人的势力之下，但是并没有被毁灭。

新西兰白种人的形成

到了1840年，毛利部落用"他们的Pākehā"来形容当地的白人，并且很看重他们带来的利益和威信。这两者毛利人都想要更多，继而觉得在名义上接受英国统治是最好的办法。同时，英国政府也下定决心，去承担干预新西兰事务可能要付出的昂贵代价。这同样也受利益和威信的影响，但也

1893年

在凯特·谢帕德（Kate Sheppard）向政府请愿多年并领导运动后，新西兰成为世界上第一个给予妇女投票权的国家。

1901年

新西兰委婉地拒绝了加入新的澳大利亚联邦这一邀请，但是感谢邀请。

1908年

新西兰物理学家欧内斯特·卢瑟福（Ernest Rutherford）因"原子分裂"，在元素裂变和放射性物质化学等方面的研究，而获得诺贝尔化学奖。

1914~1918年

对一个人口只有100多万的国家来说，新西兰对第一次世界大战的贡献惊人：大约有100,000新西兰人在海外参战。60,000余人牺牲，大多数人都在法国西线战事中丧生。

有人道主义的原因。英国政府错误地相信，毛利人不能处理好与欧洲人日渐频繁的非官方接触。1840年，双方达成协议，这项协议以当年2月6日在怀唐伊首次签订的条约为标志。《怀唐伊条约》（*Treaty of Waitangi*）和美国宪法在美国的地位不相上下，但是更具争议性。最初的问题是英国人和毛利人对条约的理解并不一致。英国人的理解是，承诺毛利人都享有与大不列颠臣民完全平等的权利，条件是彻底服从英国政府的统治。而依照毛利人的理解还承诺他们可以保持自己的酋长制，这实际上暗示了一种地方政府管理权。一开始问题并不严重，因为毛利人的理解仅适用于欧洲人的小型定居点之外。但是随着定居点的不断扩张，冲突日益发酵。

1840年，新西兰只有约2000名欧洲人，破烂的小镇Kororareka是首都也是最大的定居点。到了1850年，就已经新增加了6个定居点，约22,000移民。其中大约一半人都是在新西兰公司（New Zealand Company）及其商业伙伴资助下来到这里的。这家公司是爱德华·吉本·韦克菲尔德（Edward Gibbon Wakefiled）创立的，他对澳大利亚南部的定居点也有影响。韦克菲尔德希望通过“快速文明化”来缩短定居点的“野蛮边陲阶段”（barbarous frontier phase），但收效甚微。从19世纪50年代开始，这些定居者（其中的中上阶层人士比例很大）就淹没在一浪接一浪的移民狂潮中了，这股移民潮一直持续到19世纪80年代。这些人是英国和爱尔兰移民大潮的一部分——剩下的构成了澳大利亚和许多北美地区的主要人口。但是新西兰的人口构成特征明显。比如说，新西兰的低地苏格兰人数量众多，可能除了加拿大的某些地方外，没有其他地方可以比得上。新西兰的爱尔兰人，就算是天主教徒，也大都来自爱尔兰北部。新西兰的英格兰人基本来自伦敦附近的郡。还有小部分移民是德国人、斯堪的纳维亚人和华人，而后者从19世纪80年代起就面临着日益上升的种族偏见，因为当时新西兰白种人的数量已达50万。

从19世纪50年代到70年代中期，多数大规模移民潮都是在各省和中央政府协助下进行的，因此也增加了很多大型公共建设事业计划，尤其是在朱利叶斯·沃格尔（Julius Vogel）领导下的19世纪70年代。1876年，沃格尔废除了省政府，因为认为省政府阻碍了他的发展计划。最后一位有实权的帝国地方长官是乔治·格雷（George Grey），他天资聪颖但是做事不择手段。自从他在1868年结束第二任任期之后，地方长官（1917年起称为总督）很大程度上仅是名义上的国家元首。政府首脑，即总理或首相，拥有更多权力。以前比省政府、帝国地方长官和毛利部落力量都要弱小的中央政

文化和遗产部的历史网站（www.nzhistory.net.nz）是一个很棒的新西兰历史资料库。

1931年

在内皮尔（Napier）和黑斯廷斯（Hastings）发生的大地震造成131人死亡。

1935~1949年

迈克尔·萨维奇（Michae Savage）领导下的第一届工党政府掌权，开创了富有新西兰前瞻特色的福利国家，并在外交政策上采取一些独立举措。

1936年

新西兰女飞行员让·巴腾（Jean Batten）成为第一个独自从英国飞到新西兰的飞行员。

1939~1945年

“二战”中，新西兰军队支援英国及盟军。1942年起，大约有10万美国人抵达新西兰以防范日本进攻。

毛利土地战争

新西兰战争（New Zealand Wars），又叫土地战争（Land Wars）或者毛利战争（Maori Wars），是五次单独的重大冲突的合称。战火开始于北部区（Northland），之后烧遍北岛，战争起因复杂，但一个共同因素就是whenua（土地）。在五次战争中，既有毛利人为支持政府而战，也有毛利人为反抗政府而战，政府这一边还有英帝国的军队、澳大利亚人以及新西兰自己的武装警察队伍。作为参与战争的惩罚，毛利人的土地被没收，这一举动至今仍是冲突的根源。时至今日，政府仍在努力为支付赔偿而筹措资金，因为政府已经承认当年没收土地是不合法的剥夺。

北部区战争（Northland War, 1844~1846年）又名"洪尼·鹤卡战争"（Hone Heke' s War）。从著名的Kororareka（如今的拉塞尔）旗杆被砍倒开始，在罗佩卡佩卡（卡瓦卡瓦南部）"结束"。很大程度上，这只是纳普希部落不同派系的一次内战，而政府帮助其中一派打另一派。

第一次塔拉纳基战争（First Taranaki War, 1860~1861年）从Waitara开始的火种，第一次塔拉纳基战争点燃了北岛各地毛利人的怒火。

怀卡托战争（Waikato War, 1863~1864年）五次战争中规模最大的一次。怀卡托战争主要和金基汤加（Kingitanga，国王运动；见321页）有关，战争爆发的部分原因在于政府把金基汤加运动视为对其主权的一次挑战。然而，造成冲突的真正原因仍然是土地。在朗基瑞伊（Rangiriri）和其他地方被击败后，怀卡托人被迫彻底离开了自己的土地，向南进入后来被称为"国王之地"（King Country）的地方。

第二次塔拉纳基战争（Second Taranaki War, 1865~1869年）第一次塔拉纳基战争后，很多毛利人的土地被没收，毛利人对罚没土地的抵抗引发了这场战争。在英明的独眼"先知兼将领"Titokowaru的带领下，这场战争也许是毛利人最接近胜利的一次。然而，一旦这位领袖丧失了战士们对他的尊重（可能是因为他和其中一名战士的妻子有染），毛利人也就失去了这场战争的胜利。

东海岸战争（East Coast War, 1868~1872年）蒂库堤的神圣游击战。

府，如今终于执掌大权。

然而，毛利人绝不会不战而退。事实上，毛利人对欧洲人扩张的抵抗非常强有力，堪比美国苏族（Sioux）和赛米诺族（Seminole）印第安人。第一次冲突发生在1843年，地点在Wairau山谷，如今是葡萄酒产区。由定居者组建的一支民兵队出发，意图彰显英国对此地的控制神话，不料却遭

1948年

毛利斯·施灵格（Maurice Schesinger）发明了Buzzy Bee：新西兰最有名的儿童玩具。

1953年

新西兰人埃德蒙·希拉里（Edmund Hiary）和丹增·诺盖（Tenzing Norgay）"征服了那个混蛋"。他们开创了人类登顶珠穆朗玛峰的历史。

1973年

初出茅庐的新西兰前卫摇滚组合Spit Enz参加电视选秀比赛……得了倒数第二名。

1974年

签证过期的太平洋岛屿移民遭遇移民警察的"黎明搜捕行动"，这一行动由罗伯特·马尔登和国家党执政的政府领导。搜捕行动一直持续到20世纪80年代初期。

遇了毛利人控制该地的现实。这次战斗让22名白人丧生，其中包括韦克菲尔德的兄弟阿瑟（Arthur），还有6名毛利人丧生。1845年，岛屿湾发生了更严重的冲突，洪尼·鹤卡（Hone Heke）洗劫了一个英国人定居地。鹤卡和他的盟友Kawiti凭借改良过的军事要塞村，击退了三支英国远征军。这些创新的军事要塞村遗迹仍能在罗佩卡佩卡看到。地方长官格雷宣布在北方取得了胜利，但是那时候很少有人相信。格雷在南方的战绩比较好，他抓住了德高望重的Ngati Toa部落首领Te Rauparaha，在那之前，Te Rauparaha在库克海峡（Cook Strait）两岸威望都很大。新西兰白种人的势力或许可以钳制在南岛生活的一些毛利人，但是19世纪40年代发生的冲突证明，当时在北岛上的欧洲人只是在边缘地带，而腹地则是不受管束的毛利人。

定居者的人口和欲望在19世纪50年代不断膨胀，到了1860年，冲突再次爆发。战火时断时续，烧遍北岛大部分地区，到1872年才熄灭。最初的几年，毛利的民族主义组织“金基汤加”（Kingitanga）是进行抵抗的中坚力量。后来被一些非凡的“先知兼将领”（prophet-general）接替，其中最著名的是Titokowaru和蒂库堤。大多数战争规模都很小，但是1863~1864年的怀卡托战争（Waikato war）绝非如此。这场冲突和美国南北战争（American Civil War）同时代，动用了装甲蒸汽船、最新式的重型火炮、电报机和10个气势汹汹的英国正规军团。虽然力量悬殊，毛利人还是打赢了一些战役，比如1864年在陶朗阿（Tauranga）附近的Gate Pa战役。但是最终，欧洲人数量众多、装备精良的军队还是占了上风。在19世纪最后的几十年里，毛利人逐渐丧失了政治上的独立，但还是保留了文化独立。1916年，警察入侵了毛利人最后的避难所乌雷韦拉山，毛利抵抗运动被画上了句号。

“我相信我们都为离开新西兰感到高兴。那不是个好地方。那里的土著已经丧失了迷人的淳朴民风……在那里的大多数英国人都是社会的渣滓”。在1860年，查尔斯·达尔文这样描述Kororareka（拉塞尔）。

莫里斯·夏伯特（Maurice Shadbolt）所著的《犹太人之季》（*Season of the Jew*，1987年）是一部半虚构小说，描写19世纪60年代勇士蒂库堤（Te Kooti）在Poverty Bay领导的反对英国的残酷斗争。蒂库堤和他的追随者将自己比作被逐出埃及的以色列人。想要进一步了解新西兰战争，登录www.newzealandwars.co.nz。

福利和战争

从19世纪50年代到80年代，虽然和毛利人一直冲突不断，新西兰白种人的经济却一派繁荣，这要归功于羊毛出口、淘金热、用来发展的大量海外贷款。19世纪80年代，新西兰遭遇了大萧条（Long Depression），好景不再。1890年，自由党上台，得益于慢慢复苏的经济，他们一直执政到1912年。自由党是新西兰历史上第一个有组织的政党，它让新西兰享有了“世界的社会实验室”的声名，为之后几届政府开了先河。1893年，新西兰成为世界上第一个给予妇女选举权的国家。1898年设立养老机制。自由

1981年

南非国家橄榄球跳羚队巡回比赛导致新西兰人分成两派。许多人通过抗议比赛来表达反种族隔离立场。另一些人则认为体育和政治不应混为一谈，支持比赛进行。

1985年

法国政府的间谍在奥克兰港炸沉“彩虹勇士号”，目的在于阻止绿色和平组织的抗议船只驶往穆鲁罗瓦环礁，法国政府正在那里进行核试验。

1992年

政府开始为土地战争中被充公的土地赔款，并在“海神协议”中明确了毛利人的捕鱼权。几项重要的赔偿紧随其后，其中包括1995年对怀卡托土地充公的赔偿。

1995年

彼得·布雷克和卢瑟·库尔茨驾“黑魔法号”为新西兰赢得美洲杯帆船赛（Americas Cup）。“红袜子”成为一件关乎国家荣誉的大事。

生于惠灵顿的南希·韦克（Nancy Wake，代号“白鼠”）领导了一支7000多人的队伍进行反纳粹游击战。她曾获多项殊荣，她是盖世太保最想通缉的人，也是“二战”同盟国受勋最多的女军人。

党还引进了一套工业仲裁制度，虽然该制度持续了很久，但当时没能阻止1912~1913年激烈的工业动乱。动荡发生在1912年接替“自由党”执政的保守的“改革党”（Reform）任期上，他们一直执政到1928年，之后演变成“国家党”（National Party）。1929年，经济危机再次爆发，新西兰和其他国家一样，处境凄惨。在乡村地区仍然能看到那个时候被遗弃的破败小农舍。

1935年，第二个改革政府上台：由迈克尔·约瑟夫·萨维奇（Michael Joseph Savage）领导的第一个工党（Labour Party）政府，他绝对是最受新西兰人喜欢的澳大利亚人。这届政府一度被认为是除了苏维埃俄国之外最社会主义的政府。但是，1939年欧洲时局大乱，工党却毫不犹豫地向英国伸出了援助之手。

在布尔战争（Boer War，1899~1902年）和第一次世界大战（1914~1918年）中，新西兰都支持英国一方，尤其在“一战”中遭受了惨重的损失。几乎在任何一座新西兰小镇，你都能估算出他们所付出的高昂代价：中心广场或公园中都有一座列有阵亡将士名字的纪念碑，多数人死于“一战”而非“二战”。然而，在“二战”中，新西兰也履行了它应负的责任：大约10万名新西兰军人在欧洲和中东英勇作战。新西兰表面上是个很和平的国家，历史上却有很长时间都在打仗。19世纪国内战火纷飞，20世纪则在海外作战。

更棒的英国人？

英国游客一直都觉得新西兰有着强烈的英伦气息。这不仅仅因为新西兰白种人多为英国人和爱尔兰人后裔，还因为自1882年，英国和新西兰之间的联系越发紧密——那年，满载冷冻食物的货轮首次从新西兰驶向伦敦。到20世纪30年代，满载冷冻肉类、奶酪、黄油以及羊毛的巨轮定期开往英国，单程约耗时5周。新西兰经济愈发适应伦敦的滋养。同时，文化上的联系也不断增强。新西兰儿童学习英国而非本国的历史和文学。新西兰重要的科学家和作家，比如欧内斯特·卢瑟福（Ernest Rutherford）和凯瑟琳·曼斯菲尔德（Katherine Mansfield），都被吸引到英国。新西兰与英国之间的密切关系被描述为“再殖民化”，但要是把新西兰看成是被剥削的殖民地就大错特错了。新西兰的平均生活水平、福利体系、初级教育系统基本优于英国。新西兰人有机会接触英国的经济和文化，并且为后者做出了自己的贡献。有很多“英国”作家、学者、科学家、军事将领、出版人

2004年	2010年	2011年	2011年
毛利电视台开播——第一个以新西兰内容为主，并弘扬毛利语言和文化的频道。	南岛西岸区的派克河（Pike River）矿难造成29名矿工死亡。	基督城遭受强烈地震，185人丧生，中央商务区损毁严重。新西兰举办橄榄球世界杯（并且赢得冠军！）。	新西兰举办橄榄球世界杯，并且第二次获得冠军；英勇的法国队最终以7:8惜败。

等，其实都是新西兰人，不胜枚举。有些时候，特别是在战场和体育竞技场上，新西兰人视自己为更优秀版本的英国人，是住在南边的更棒的英国人。新西兰和伦敦的关系就好像美国中西部与纽约的关系一样。

公正的说，“再殖民化”的新西兰以自己的富裕、平等以及社会和谐为傲。但同时，新西兰也很循规蹈矩，甚至有清教徒式的清规戒律。20世纪50年代之前，任由家畜在面向公共道路的田野里交配，在理论上是非法的，因为有伤风化。对1953年马龙·白兰度主演的电影《飞车党》(*The Wild One*)的禁令直到1977年才解除。1969年以前，周日出报纸都是非法的。而在1989年以前都不允许商店在周日全天营业。1960年，基本上没有餐厅持有执照，也没有超市或者电视。最著名的就是，1917年到1967年之间，酒吧一定要在18:00打烊。但是，“更棒的英国人”的清教徒社会并不是故事的全部。反对商店星期日营业，不全是出于对安息日圣洁性的信仰，而是出于劳动者也需要在周末休息的理念。在乡村地区，酒吧18:00关门的法令是个标准的大笑话，特别是在南岛西岸区那些与众不同的地区。其实在20世纪60年代之后外来的反主流文化扎根之前，新西兰反主流文化就一直存在。

从20世纪30年代起，文化民族主义就开始萌芽发展了，但从70年代起才到达鼎盛时期。在这一时代，脱颖而出的绝不仅限于作家、艺术家或电影工作者。

今天，在新西兰仍然能感受到苏格兰的影响，特别是在南岛的南部。新西兰人均苏格兰风笛乐队的数量比苏格兰都还要多。

“六点钟的痛饮”(Six o' clock Swill)是指过去男人们下班后在酒吧里疯狂地喝酒，从17:05起狂饮，一直喝到酒吧严守的打烊时间——18:00。

人来人往

1935年以后，“再殖民化”体系屡受冲击，但仍然支撑到1973年。那一年，“英国母亲”私奔了，加入了法德联盟，就是如今的欧盟。新西兰开始发展英国以外的新市场，以及除了羊毛、肉类和奶制品之外的新出口产品。宽体喷气式飞机让新西兰与世界之间的往来日益频繁。1960年，新西兰只接待了36,000名游客，而如今每年有两百多万游客。女性在社会中崛起，首先跻身职场高层，后来又进入政界。尽管被道德观保守的人猛烈抨击，同性恋者还是选择开始公开他们的性取向。受过高等教育的年轻人越来越多，也越来越自信。

1945年开始，毛利人口迅速膨胀而且大规模向城市移居。1936年，17%的毛利人生活在城市里，83%住在乡下。50年之后，这两个数字调转过来。直到1960年，移民的大门仅对白人打开，后来逐渐开放，先是为了吸收劳动力，允许太平洋岛民进来，接着允许(东)亚洲人移民，看中的是他们的

2013年

新西兰成为世界上第15个承认同性婚姻合法的国家。

2013年

奥克兰女孩Ella Yelich-O' Connor，又称Lorde，以她一曲迷人、颂歌般的Royals占领美国音乐榜单榜首。

2015年

备受爱戴的新西兰全黑队(All Blacks)在英格兰接连获得橄榄球世界杯(Rugby World Cups)的胜利，最终以34:17击败其主要对手澳大利亚。

2015年

在见证新西兰赢得橄榄球世界杯后，与肾病搏斗多年的前全黑队传奇队员Jonah Lomu去世，年仅40岁。

投资。这些变化，不管对政治产生什么影响，毫无疑问已经造成重大的社会经济变迁。即使如此，绝大多数新西兰人还是把自己国家最近的“大转变”（Big Shift）与1984年的政治联系在一起。

1984年，选举产生了第三届强大的改革政府——第四任工党政府，名义上是戴维·朗伊（David Lange）领导，但实际却是财政部长罗杰·道格拉斯（Roger Douglas）掌权。这届政府采纳了取悦于左翼的反核武器的外交政策，又出台了令右翼兴奋的、更为市场化的经济政策。无数的经济限制以迅雷不及掩耳之势纷纷瓦解。中产阶级因政府的反核政策坐立不安，因为这个政策对新西兰和澳大利亚、美国之间的太平洋共同防卫组织（ANZUS）造成了威胁。但是，1985年，法国间谍在奥克兰港炸沉了反核抗议船只“彩虹勇士号”（Rainbow Warrior），造成一名船员死亡。美国对法国这一举动轻描淡写的谴责让新西兰的中产阶级开始支持政府的反核政策，而从此，反核政策和国家独立性紧密相关。其他一些新西兰人不满政府偏向市场的经济政策，但是又拿不出其他可行方案。新西兰的投资者陶醉在他们的新自由里，疯狂地进行投机买卖。当1987年世界性的经济危机到来时，他们为自己的行为付出了比世界上其他国家更沉重的代价。

新西兰坚定的反核立场为它赢得了“咆哮的小老鼠”的昵称。

21世纪头几年对于新西兰而言是段非常有趣的时间。正如新西兰的食物、葡萄酒、电影和文学，比以往任何时候都繁荣昌盛，而新的种族融合也让流行音乐与众不同。但是，有些东西始终如一——酒吧、运动场、四分之一英亩大的宅子、森林、海滩和度假小屋（bach），它们同样也是人们喜欢来这里的原因。认识到新西兰拥有的伟大文化、引人入胜的历史以及壮美的自然环境，会让你的新西兰之旅物超所值。

2016年

选举委员会3月公布就更换国旗举行的第二次全民公决初结果，结果显示，现行国旗获得56.6%的选民支持，备选方案未能“撼动”现行国旗。

2016年

11月14日，南岛凯库拉发生7.8级地震，随后的7天里发生余震4000多次。

2016年

国家党于12月12日宣布由同额竞选的英格利希及贝内特分别当选正、副党魁。两人于同日宣誓就任新西兰正、副总理及国家党正、副党魁。

2017年

新西兰旅游局1月公布最新数据，2016年接待国际旅客350万人次，从中国前来的游客人数达40.9万，相比2015年增长14.9%。

环境

沃恩·亚伍德（Vaughan Yarwood）

新西兰是一个年轻的国家，其目前地貌的形成时间还不到10,000年。大约8500万年前，在一场蔚为壮观的大面积地质变迁中，新西兰脱离了冈瓦纳超大陆（Gondwanaland，包括非洲、澳大利亚、南极洲和南美洲），之后地势不断地隆起、侵蚀、扭曲和撕裂，又随着冰川期的来去，经历了海平面缓慢的下降和上升。

土地

新西兰地处两大互相碰撞的地壳板块（太平洋板块与印度/澳大利亚板块）的交界处，时至今日，它依然深受最强大的自然力量的冲击之苦。

地壳板块运动导致的后果之一就是形成了世界上最多样、最壮观的地貌景观：从白雪皑皑的山峰、冰川覆盖的山谷到热带雨林、沙丘和超凡脱俗的火山高原。这些需要穿越一整个大洲才能看遍的地貌，却在南太平洋的小列岛上一览无余。

新西兰千万年来地质变迁的证据比比皆是。南岛的巍峨脊线南阿尔卑斯山（Southern Alps），全长650公里，是板块相互冲撞的产物。除了新西兰的最高峰奥拉基/库克山（Aoraki/Mt Cook）在1991年因山体滑坡而一夜之间骤降10米之外，整个南阿尔卑斯山就像坐上了一台高速电梯而迅速拔高，如果没有侵蚀和滑坡，在未来几百万年里，它的高度可以达到现在的10倍。

沃恩·亚伍德（Vaughan Yarwood）是一位历史学家和旅行作家，其作品在新西兰乃至全球范围内广为流传。不妨看看他的《历史制造者：新西兰的探险》（*The History Makers: Adventures in New Zealand Biography*）。

在北岛，最显著的地质变化是由火山带来的。奥克兰建于火山渣锥遍布的地峡之中，在许多火山渣锥上，至今还能看到古时毛利人修建的防御工事pa（要塞村）。奥克兰最大、最年轻的火山是有着600年历史的朗伊图图岛（Rangitoto Island），从闹市区码头乘船很快就能到达。再往南大约300公里，可以看到白雪覆盖的塔拉纳基山/埃格蒙特山（Mt Taranaki/Egmont），这座山呈标志性的圆锥形，俯瞰着宁静的牧场。

但真正的火山核心地带则横亘于北岛的中央，从汤加里罗国家公园（Tongariro National Park）内不时爆发的活火山鲁阿佩胡火山（Mt Ruapehu），向东北方向穿过罗托鲁阿（Rotorua）湖区，直到位于丰盛湾的新西兰最活跃的火山所在的怀特岛（White Island）。这段长达250公里的巨型裂谷被称为“陶波火山地带”（Taupo Volcanic Zone），也是“环太平洋火山带”（Pacific Ring of Fire）的一部分，曾经发生过多次猛烈的火山喷发，给新西兰的自然和文化都留下了难以磨灭的烙印。

最猛烈的一次火山喷发造就了陶波湖（Lake Taupo）。陶波（Taupo）是地球上火山喷射量最大的火山，1800年前的最后一次喷发是地球上过去5000年来最剧烈的火山运动。

在塔拉韦拉湖（Lake Tarawera）岸边的罗托鲁阿附近，埋没村（Te Wairoa，Buried Village）展示着火山爆发所带来的较小规模的破坏后果。附近的塔拉韦拉山（Mt Tarawera）突如其来的喷发导致这座19世纪的毛利村落被掩埋，如今，其遗址的一部分已被挖掘出来，并向公众开放。在那次火山喷发中，著名的粉白阶地（Pink and White Terraces，号称“世界第八大自然奇观”）也被毁于一旦。

新西兰是世界上欣赏间歇泉最理想的地点之一。罗托鲁阿存世短暂的怀旺格间歇泉形成于塔拉韦拉山喷发后，曾经是世界上最大的间歇泉，常有高达400米的泉水喷涌而出。

不过，大自然用一只手横扫大地的同时，往往也会用另一只手赋予新生：怀旺格火山谷（Waimangu Valley）就是剧烈的地热活动的产物，这里有地热形成的间歇泉、冒泡泥池和世界上最大的温泉，你可以在此近距离感受大地的灼热气息。也可以在罗托鲁阿的华卡雷瓦雷瓦温泉村（Whakarewarewa Thermal Village）附近逛逛，因火山喷发而流离失所的毛利人后裔们生活在地热蒸汽口之间，他们为游客提供用沸水池煮熟的食物。

地壳板块运动的第二个副产品是地震。新西兰“摇晃之岛”的称谓并非浪得虚名。大多数地震只会使玻璃器皿咯咯作响，但有一次地震却间接成就了一处举世闻名的旅游胜地。1931年，一场里氏7.9级的地震侵袭了依傍霍克斯湾（Hawke' s Bay）的城市内皮尔（Napie），造成了巨大的破坏和伤亡。新的内皮尔几乎是按照当时流行的装饰艺术（Art Deco）建筑风格完全重建而成。如今，内皮尔已经成为装饰艺术派爱好者们的圣地，走在城市街头，还能重温它仓促而成的华丽。

然而，地震并非北岛的专属。2010年9月，南岛的基督城遭受了一次7.1级大地震。不出半年，一场6.3级的大地震又于2011年2月摧毁了城市中心的老城区，导致185人丧生，使其成为新西兰历史上第二致命的一场自然灾害。在重建过程中，这座新西兰第二大城市仍不断遭受余震侵扰。

南岛也有一些火山活动的痕迹。若不是班克斯半岛（Banks Peninsula）上残留的老火山抵御着海浪，由南阿尔卑斯山脉冲下来的高山沉积物形成的辽阔的坎特伯雷平原（Canterbury Plains）早就被侵蚀掉了。

《新西兰森林指南》（*Nature Guide to the New Zealand Forest*）是对新西兰森林的照片直击，作者为J.Dawson和R.Lucas。这些蕴含丰富资源的宝库是许多古老物种的家园，这些物种最早甚至可以追溯至恐龙时期。

但在南岛，巍峨的南阿尔卑斯山本身就起着主导作用，它决定了这里的生活方式，抛出了大量挑战工程技术的难题，同时也提供了各类绝佳的娱乐活动机会。岛屿多山的脊线也影响着气候，山脊阻挡了从塔斯曼海（Tasman Sea）吹来的湿润西风，因此，南阿尔卑斯山西侧丛林密布的低处山坡成为地球上最湿润的地方之一，年降水量达15,000毫米。不再湿润的风变得干燥，继续吹过东部平原，直抵太平洋海岸。

北岛的降雨量更为平均，这使其免受南岛那样的极端天气之苦——当南极洲吹来一阵风，就可以使南岛的气温骤然下降。你要牢记一件重要的事（尤其是在高海拔地区徒步的时候），新西兰属于海洋性气候，天气变化莫测，时常会令人猝不及防。

当地动物

虽然从地质角度来看，新西兰相对年轻，但这里的动植物却有着悠久的历史。比如，在这些岛屿上所特有的一种的古老爬行动物——喙头蜥（tuatara），它们是冈瓦纳超大陆的幸存者，是恐龙的“近亲”。这里还有许多奇特且不会飞的走禽类（ratites），它们的亲戚远在非洲和南美洲。

由于长期与外界隔绝，新西兰拥有许多形形色色的奇特植物，大多数都不曾在别处发现过，这使新西兰成为一座名副其实的植物宝库。由于在哺乳动物出现之前大陆就已分离出来，鸟类和昆虫以异乎寻常的进化方式填补了没有哺乳动物的空白。

不会飞的恐鸟（moa）如今已经灭绝。这种动物体型最大的能长到3.5米高，重量超过200公斤，它们像如今的家畜那样在开阔的草原上吃草，在奥克兰博物馆可以看到它们的骨架。体型较小的几维鸟（kiwi）则昼伏夜出，在丛林的树叶中翻找昆虫和蠕虫，就像其他地方的小型哺乳动物一样。而新西兰外形最狰狞的昆虫之一——老鼠大小的巨型沙螽（weta），则像其他地方的啮齿动物那样，扮演着大自然“清洁工”的角色。

作为地球上最后被人类拓殖的地区之一，数千年来，新西兰都如同一

新西兰的环境问题

凭借原生态景观，新西兰旅游局（Tourism New Zealand）推广的“100%纯净新西兰”活动广受好评，让全世界的旅游机构艳羡。但近年来，当环保人士及媒体将新西兰“绿色洁净”这一招牌仔细地审查后，这种描绘频遭质疑。采矿、海岸油气的勘探、污染、生物多样性的丧失、环境保护经费的削减及问题成堆的城市规划等数不尽的因素诱发了负面新闻及各类抗议活动。

2013年的一项大学研究显示新西兰人将水质列为国家最严重的环境问题。他们的担心是很有道理的，新西兰的425处湖泊、河流及海滩中有1/3都被认为不宜游泳。不同团体的研究证实新西兰的水路健康严重下降。其元凶是乳品业产生的污染：奶牛的排泄物滤出后直接排放到淡水生态系统中，排泄物中含有高浓度的硝酸盐、细菌及寄生虫，比如大肠杆菌和贾第虫。

乳品业是新西兰最大的出口产业，这虽然产生了新西兰一半的温室气体排放等显而易见的危害，但还是有更多土地被开发用于乳品业。新西兰议会的环境专员Jan Wright将这一现象称作是一种典型的经济与环境间的博弈。新西兰最主要的乳品合作企业Fonterra表示要致力于提升农业管理手段以维护新西兰绿色洁净的形象。一些农民也开始注意生产中的环境问题。

对于水生环境及陆生环境来说，还有许多其他威胁，包括入侵植物及有害生物的增殖扩散，同时生物多样性也不断遭到破坏。最具破坏性的“罪犯”是负鼠、白鼬和老鼠，它们毁坏一片片森林，捕杀野生动物，尤其是鸟类。环境保护部用氟乙酸钠（1080 Poison, sodium fluoroacetate）来控制这些有害生物，尽管这一方式被Forest & Bird这类著名的环境组织及新西兰议会的环境专员所认可，但却引起了激烈的争议。动物权益保护者以及狩猎者等各类截然不同的阵营均表达了他们对使用氟乙酸钠的强烈反对，认为这会给其他生物带来二次危害，并将有毒物质带入水体中。

这只是环境保护部不断增加的工作职责之一，其他职责还包括处理保护用地内的采矿申请等。民众对于采矿这一议题也反应强烈，从近期民众对西岸区丹尼斯顿高原（Denniston Plateau）露天采煤的抗议就可见一斑。环境保护部愈发意识到情况危急，但预算削减和内部重组让他们难以开展工作。

同时，新西兰环境方面最主要的立法《1991年资源管理法案》（*1991 Resource Management Act*）正在进行有争议的改革，有人认为它为进一步利用环境资源打开了便利之门。非政府组织及社会团体一直对环境问题保持警觉，并且已经对新西兰的环境改善做出主要贡献，但未来仍然任重道远。

莎拉·本奈特（Sarah Bennett）和李·斯雷特（Lee Slater）

个安全的实验室，进行着这类冒险的进化。然而，随着毛利人及不久后欧洲人的到来，这里的情况急转直下。

许多本土特有的生物，包括恐鸟和叫声美妙的鸣禽垂耳鸦（huia）都已灭绝。大片森林遭到砍伐，用以获取木材和发展农业。栖息地的破坏和外来物种的引入使这里的环境付出了惨痛代价，新西兰人现在正在竭尽全力拯救现存的生态系统。

在寻找其他环保旅游机构时，请找带Qualmark Green标志的商家（www.qualmark.co.nz）或Organic Explorer网站上所列机构（www.organicexplorer.co.nz）。

观鸟

在新西兰，第一批波利尼西亚定居者除了发现两种蝙蝠外，几乎没找到其他陆生哺乳动物的踪迹，但在森林、平原和海岸上，却发现了大量的鸟类。这里的鸟不像其他地方的鸟那样拥有鲜艳的羽毛，而是如同本土植物一般，有种低调而不引人注目的美。

在这些鸟类之中，鸣叫声最悦耳的非铃鸟（bellbird）莫属，这种鸟在除了北部区之外的原生丛林和外来森林中都随处可见。当然，和其他鸟类一样，听见它们的鸣叫比瞥见其踪影更容易。它们常在清晨和傍晚鸣叫，叫声如同清脆的铃铛声。

另一种鸟是蜜雀（tui），它以花蜜为食，也是新西兰最美丽的鸣鸟。蜜雀擅长模仿，能极具创造性地模仿各种声音，如咔嗒声、呼噜声和咯咯声等。蜜雀全身都是深色羽毛，只有喉部羽毛呈白色，非常醒目，它们经常以郊区花园里种植的亚麻花为食，但大多数时间依旧生活在藤木纠缠的茂密森林之中（对新西兰人而言这只能算"矮树丛"）。

在林间小径上，能经常见到扇尾鹟（fantail），它们灵敏地急扑闪躲，捕食那些被徒步者惊起的昆虫。而优雅的紫水鸡（pukeko）则是生活在湿地的禽类，它们拥有蓝色羽毛和鲜红色的喙，在湿地边缘甚至道路附近都很常见。不过要小心：这些紫水鸡缺乏分辨道路的能力，别撞上它们。

巴里·海瑟（Barrie Heather）和休·罗伯森（Hugh Robertson）的《新西兰鸟类图鉴》（*Field Guide to the Birds of New Zealand*）对观鸟爱好者来说，无疑是一本详尽的指南，就算对那些偶对新西兰鸟类不寻常的生活感兴趣的人来说，也是极有裨益的一本书。另一本不错的指南是斯图亚特·钱伯斯（Stuart Chambers）所著的《新西兰的鸟类：地点指南》（*Birds of New Zealand: Locality Guide*）。

如果你在南岛的山区待上一段时间，你可能会遇到无畏又好奇的基亚食肉鹦鹉（kea），这是一种翼下呈鲜红色的不起眼的绿色鹦鹉。啄羊鹦鹉在福克斯冰川（Fox Glacier）和弗朗兹约瑟夫冰川（Franz Josef Glacier）的停车场内很常见，它们常在那儿觅食，或在汽车挡风玻璃上撕扯橡胶、尽情嬉戏。

还有南秧鸡（takahe），一种珍稀的不能飞的鸟类，曾被认为已经灭绝，直到1948年，人们才发现一小群幸存的南秧鸡。当然你还能发现同样不能飞的几维鸟，它们既是新西兰的国家象征，其英文名称"kiwi"也是对新西兰人的昵称。几维鸟圆滚滚的身体上覆盖着粗糙的羽毛，拥有强壮的腿以及长而独特的喙，在喙的末端还有鼻孔，可以嗅探食物。现在已很难在野外寻觅到几维的踪迹，但在人工模拟的野外环境仍可以看见它们的身影。

如果想感受一下丛林的原始风貌，可以前往奥克兰北边的蒂利蒂利马唐伊岛（Tiritiri Matangi Island）。这座重建的岛屿是一个开放式的保护区，也是新西兰社区协助环境保护模式最成功的典范之一。

观察海洋哺乳动物

凯库拉（Kaikoura）位于新西兰南岛东北部海岸，是在新西兰观察海洋哺乳动物的中心地带。这里最受欢迎的活动是观鲸，不过能否看到鲸鱼取决于天气因素，别指望爬上船驶向大海就能来一场梦幻般的相遇。抹香

National Parks & Forest Parks
国家公园和森林公园

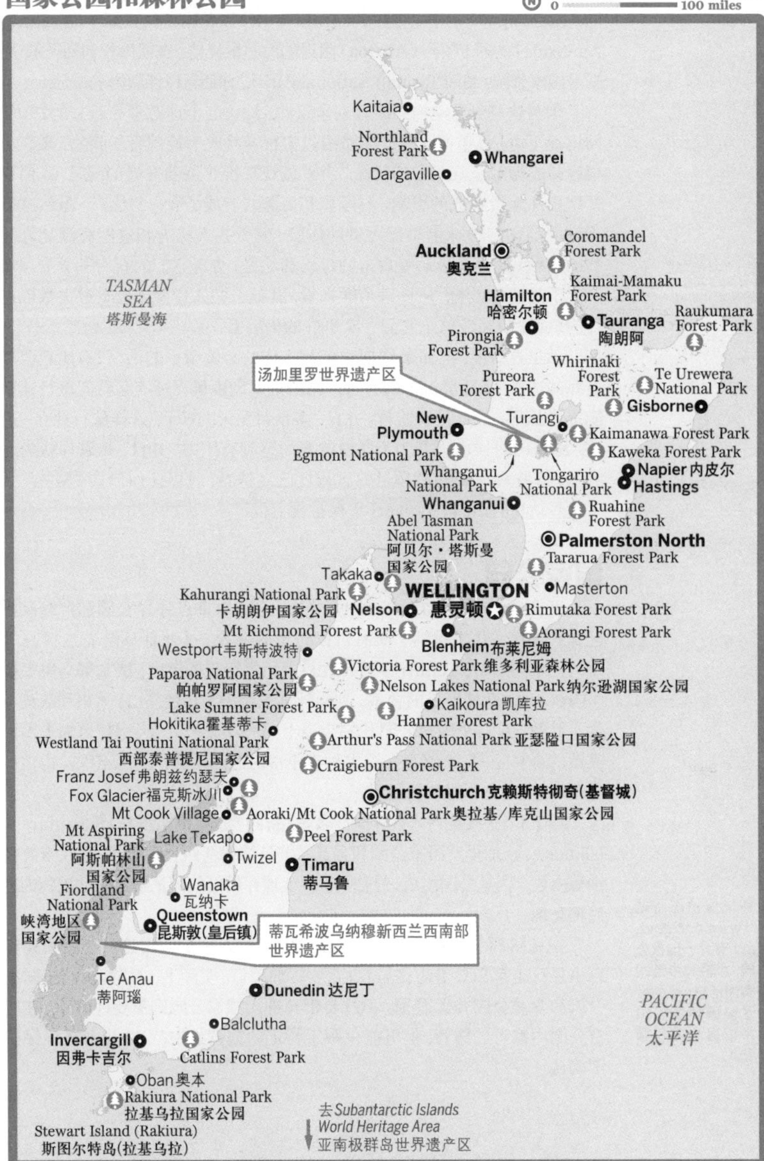

鲸是体型最大的齿鲸，几乎一年四季都出没于此。而随着季节的变换，你还可能见到四处迁徙的座头鲸、领航鲸、蓝鲸和南露脊鲸。其他的哺乳动物，如毛皮海豹（又名海狗、毛皮海狮）和暗色斑纹海豚，则全年可见。

凯库拉也是与海豚一同游泳的绝佳地点。无论何时都能看到有暗色斑纹的海豚群在此嬉戏，有时多达500头。在其他地方，与海豚一起游泳也很容易，比如，在北岛的瓦卡塔尼（Whakatane）、派希亚（Paihia）、陶朗阿（Tauranga）、豪拉基湾（Hauraki Gulf）以及南岛班克斯半岛（Banks Peninsula）的阿卡罗阿（Akaroa）附近的海豚聚集地。在凯库拉和阿贝尔·塔斯曼国家公园（Abel Tasman National Park），你还可以伴随海豹游泳。

但与这些野生动物共游存在争议性。鲸鱼的全球数量在过去的200年间迅速下滑：每年相同的迁徙路线过去很容易成为捕鲸者的猎物，现在也很容易成为鲸鱼观测者的目标。当鲸鱼观赏行业蓬勃发展的同时，人们也开始担忧起所造成的影响。与鲸鱼和海豚共游成了争论的焦点。虽然这毫无疑问是你在地球上难能可贵的体验，但一些人认为和这些海洋哺乳动物的接触（尤其是最易受攻击的母兽和幼兽）会对它们的行为和繁育习惯产生干扰性的影响。从长远角度来看，其他一些人说鉴于人类过去数以万计的杀戮，现在应该给它们一些平静的生活了。

话虽这么说，但如果你把观鲸列入你的必做清单的话，没有比新西兰更好的选择了。环境保护部有着严格的规章制度确保所有运营的旅行社都能提供执照，而且受到监管。并且，多预留几天的日子，这样旅行社在“追逐”鲸鱼的时候也不会为了取悦游客而感到有压力。并且，如果你认为与鲸鱼、海豚和海豹共游项目的旅行社已经越界，且以任何形式“骚扰”到了这些动物的话，请立即向环境保护部上报。

国家公园

新西兰国土的1/3（50,000多平方公里）由重点环保公园和自然保护区保护起来，几乎囊括了所有可以想象的景观：从北部环绕着红树林的水湾，到中部高原（Central Plateau）上积雪覆盖的火山；从东部乌雷韦拉（Urewera）森林繁茂的要塞，到南阿尔卑斯山宏伟的高山、冰川和峡湾，数不胜数。这14个国家公园和25个以上的海洋保护区及公园，再加上不计其数的森林公园，能够为你提供种类丰富的野外体验：登山、滑雪、山地自行车、远足、皮划艇和钓鳟鱼。

以下3个区域被列入世界遗产名录：新西兰的亚南极群岛（Subantarctic Islands）、汤加里罗国家公园和蒂瓦希波乌纳穆新西兰西南部。蒂瓦希波乌纳穆由数个国家公园组成，号称是世界上现存最好的冈瓦纳古陆动植物的自然栖息地。

环境保护部网站（www.doc.govt.nz）有关于国家公园、小径和步道的实用信息，还列出了偏僻地区的山中留宿小屋和露营地。

探访新西兰的荒野之地相对简单，不过入住步道沿途的小屋和在步行小径行走都需要申请许可，并且要提前预订。实际上，对游客而言，国家公园和森林公园并无差别，不过要带狗进入国家公园则需要许可证。在所有公园内都可以露营，但可能仅限于特定的露营地中，请事先与环境保护部确认。

毛利文化

约翰·胡里亚(John Huria)

“毛利”曾经只是“普通”或“每天”的意思，但现在它的意思却很难定义了。在这一章的开头，我们还是从毛利世界里太多的“以前”和“现在”开始说起吧。有些时候，这种文化似乎是源自传统，一脉相承；有些时候，这种文化却发生了沧海桑田的巨大改变；还有些时候，这种文化只关注展望未来。

如今的毛利人相当多元化。有些人忙于传统文化的建构，而另一些人则致力于将传统文化改良并植入全球化语境中。毛利人的家庭关系(whanaungatanga)在文化中占有重要的地位。家庭的范围可以从大家庭(whanau)到子部落(hapu)乃至整个部落(iwi)。从某种意义上说，它甚至可以逾越人类社会，直抵自然与灵魂世界。

毛利人是新西兰这片土地之子(tangata whenua)，自从他们定居于此，他们与土地的关系在数百年间一直不断发展。过去主要生活在乡间的毛利人，如今许多都已离开传统家园，移居到城市。但在正式场合自我介绍时，他们依然会习惯地提到自己的家乡：一座世代相传的山峰、河流、海洋、湖泊，或是一位祖先。没有任何地方能比得上家乡，但离开家乡也未尝不可。

若想在新西兰体验毛利文化，可以观看表演、与人交谈、参观美术馆和加入团队游……

约翰·胡里亚(John Huria, Ngai Tahu和Muaupoko部落)具有编辑、研究和写作的背景，主要专注于毛利文化研究和毛利语写作。他是毛利文化出版公司Huia (NZ)的资深编辑，现在自己也在经营一家编辑和出版公司Ahi Text Solutions Ltd (www.ahitextsolutions.co.nz)。

过去的毛利人

大约3000年前，远古的人们顶着强劲的风浪(出发艰难，返程相对容易)向东深入太平洋地区。有些人留在了汤加(Tonga)和萨摩亚(Samoa)，而另一些人则抵达波利尼西亚东部(East Polynesian)，在中央的热带群岛定居。

毛利人定居于“长白云之乡”(Aotearoa)的历史始于他们称之为哈瓦基(Hawaiki，毛利人最初的家乡)的地方。技术高超的航海家与海员们利用洋流、风向、星象、鸟群和波浪形状等多种航海辅助手段，驾驶着他们的巨大远洋双壳船穿越太平洋，来到这片全新的土地上。其中，第一个踏上这片土地的是伟大的航海家库佩(Kupe)，传说他是追逐一条名为Muturangi的章鱼而来到这里。但赋予新西兰这个独特的毛利名字——长白云之乡的人是他的妻子Kuramarotini，她一上岸就大声地叫道：“He ao, he ao tea, he ao tea roa!”(云，白云，长白云！)

库佩的足迹遍布新西兰：他把船帆(Nga Ra o Kupe)留在帕利瑟角(Cape Palliser)附近，形成了三角洲地貌，以他女儿Matiu和Makoro的名字命名惠灵顿港的两座岛屿。他的鲜血染红了惠灵顿南部海岸的岩石。

库佩和他的船员环绕这片土地航行了一周，库克海峡(Cook Strait，位于北岛和南岛之间)和北部区的霍基昂加(Hokianga)周围的许多地方在新西兰旅游途中，你会听到各种毛利传说：毛伊的独木舟变成了今天的南阿尔卑斯山；神灵taniwha临终前的挣扎形成了怀卡里莫阿纳湖（Lake Waikaremoana）；塔拉纳基山（Mt Taranaki）被北岛中部群山排斥驱逐，于是形成了旺阿努伊河（Whanganui River）。

至今仍沿用他们取的名字，还留有他们的旅程带来的深远影响。库佩回到哈瓦基（Hawaiki），从北部区的霍基昂加离去，并命名了此地。他把宝贵的航海信息告诉了其他的航海者，然后，这些航海者们驾着大型远航独木舟（waka）纷至沓来。

第一批定居者乘坐的独木舟以及他们的登陆地，都成了部落历史上的不朽传奇。著名的独木舟包括Tākitimu、Kurahaupō、Te Arawa、Mataatua、Tainui、Aotea和Tokomaru等。毛利人能追溯族谱至乘独木舟而来的那一辈（甚至于更早的祖辈）。

从热带小岛来到这片凉爽的广袤陆地，毛利人的生活会发生什么样的转变？他们告别了面包果、椰子和构树，迎来了恐鸟、蕨根、亚麻以及相对广阔的天地——新西兰的海岸线长达15，000余公里，而拉罗汤加岛（Rarotonga）的海岸线仅30余公里。这里有大量的土地，拥有在与外界不同程度的隔绝情况下进化了8000万年的动植物：种类多样的原生鱼群、大量唾手可得的沿海哺乳动物群（例如海豹和海狮）和令人叹为观止的鸟群。

早期定居者们继续开拓这片岛屿，这既是出于人们对土地的热爱，也是受到贸易机会和更多资源的吸引，还有迫于安全争端和威胁的驱动因素。一旦安顿下来，毛利人就通过战争或者和平的通婚及外交手段，在当地建立起区域性统治（mana whenua）。综观部落的历史可以发现不少联盟、合并及灭族的情况发生。

历史通过故事、歌谣和吟诵的形式口耳相传，而传承的精确性则面临巨大的压力。毕竟，在口口相传的文化中，人们自身就是一座活的图书馆，往往只要经过一两代人，此前的历史就会被遗忘。

毛利人居住的小村庄叫做kainga，通常带有花园。以现代标准来看，当时的居住环境是相当舒适的，虽然在室内几乎没法直立。人们时不时会

世界的起源

在毛利人关于创世的故事中，世界最初是一片混沌虚空，然后出现了夜晚。接下来，Rangi-nui（天父）和Papa-tu-a-nuku（地母）出现了，将他们的孩子们拥抱在两人身体中间抚育。但是这种养育出现了问题，孩子们闷在黑暗的怀抱中，全身无法伸展，也看不清周围，他们试图分开父母。风神Tawhiri-matea对着他们肆虐，战神Tu-mata-uenga向他们发起了攻击。每个神的孩子轮流作法，但是天父和地母依然紧紧地拥抱在一起。直到最后，森林和人类之神Tane-mahuta用脚顶着父亲，后背靠着母亲，缓慢而无情地将他们分离开。然后，这个世界就有了光，有了半神半人，也就有了人类。

在这个光明的世界里，一位半神半人的祖先毛伊（Maui）出生时就被丢在海边，漂浮于母亲的发髻里。他有千变万化的本领，可以随心变化成鸽子、狗或鳗鱼。他从众神那里偷来火种，又用祖母的下颚骨猛击太阳，致使太阳只能缓慢蹒跚地爬过天空，这样人们在白天会有足够的时间劳作（要是他能再这么干一次就好了！）。他将南岛当作独木舟，用下颚骨做鱼钩，钓起了“毛伊之鱼”（Te Ika a Maui）——北岛。而最终，他还是在与死亡的斗争中死去。毛伊想趁着死亡女神Hine Nui Te Po熟睡时，从她的阴道爬到心脏，以此获得重生（并因此战胜死亡）。可是她的阴道里长满了黑曜石牙齿（黑曜石是一种火山玻璃，破碎后会产生锋利的边缘）。一只扇尾鹟（fantail）看到这荒唐的一幕，笑出声来，惊醒了死亡女神。她夹紧大腿，将毛伊压死了。在死亡与人类的较量中，1:0，死亡赢了。

离开家园，去收获季节性的食物。当和平的生活被战争冲突所打断，人们就会撤退回要塞村（pa）。

之后，欧洲人逐渐到来。

现在的毛利人

如今的毛利文化在艺术、商业、体育和政治方面都有着长足的发展和进步。虽然历史造成的创伤依旧存在，但有些部落[例如纳塔湖（Ngāi Tahu）和泰努伊（Tainui）部落]已经解决了不少历史遗留问题，成为新西兰经济发展的中坚力量。毛利人为了防止毛利语使用率的继续减少，开设了kohanga reo、kura kaupapa Māori和wananga（即用毛利语授课的学前班、学校和大学）。如今已培养出了以毛利语为母语的一代人。毛利语电台已成规模，而毛利语的电视节目也吸引了大批忠实的观众。近年来重新兴起的玛塔里基（毛利新年，Matariki）成了越来越重要的毛利文化活动。玛塔里基星座也被称为昴宿星团（Pleiades），每年5月底或6月初从地平线上冉冉升起，从传统意义上看，它的出现昭示着学习、计划和未雨绸缪的时节的到来，也意味着歌唱、舞蹈和欢庆季节的到来。这时可以留意一下访谈、讲座、音乐会、晚宴以及正式宴会等活动信息。

如果想要了解这片土地与土地之子（tangata whenua）之间的关系，最佳方式是亲自前往并与毛利人交谈。

宗教

基督教会和教派在毛利世界拥有非常重要的地位。基督教通过电视福音传道；通过主流教堂主持日常和节日礼拜；此外，还有两个主要的毛利教堂（灵加图Ringatu和Ratana）——这就是毛利人的基督教世界。

但在最初（非犹太基督教派时期），还有原始的毛利众神（atua Māori）。在许多毛利人的心目中，毛利众神至今依然拥有非常强大的力量。在毛利人集会地（marae）正式演讲前，人们通常会先向地母和天父祈祷。众神的形象会通过艺术、雕刻和歌谣（waiata）吟诵等形式得以呈现。当一座会堂落成时、一条独木舟下水时，甚至仅仅是在用餐前，人们都会通过祷告和咒语（karakia）祈求神灵保佑。神灵的形象不仅在集会时会被提及，还出现于更丰富的毛利语境之中。传统的毛利创世传说广为人知，并被人们颂扬庆祝。

你可以登录维基百科网站（www.en.wikipedia.org/wiki/list_of_iwi）查看部落分布地图，或了解部落的网站名单。

艺术

新西兰全国各地有不少毛利文化珍品（taonga）收藏。惠灵顿的蒂帕帕博物馆（Te Papa Museum）和奥克兰博物馆（Auckland Museum）收藏的规模最大，藏品最为丰富，基督城的坎特伯雷博物馆（Canterbury Museum）的藏品也属上乘，而霍基蒂卡博物馆（Hokitika Museum）的展览则介绍了普纳姆（一种绿玉）的故事。

如果想了解毛利艺术的最新发展，可以阅读*Mana*杂志（从大多数报刊销售商处均可购得）、收听部落电台（www.irirangi.net）或从Radio New Zealand（www.radionz.co.nz）收听每周播客。Maori TV电视台也定期介绍毛利艺术，详情可登录www.maoritelevision.com。

Maori TV于2004年开播，对于许多毛利人而言是个感人的时刻，他们终于可以在大众传媒中看到自己的文化、关注自己的呼声并听到自己的语言。90%以上的内容都是新西兰本地制作的，节目同时采用毛利语和英语：

所有节目都有字幕，每个人都能看懂。如果你想舒服地在自家座椅上感受一下毛利语的节奏和韵律，那就调到Te Reo吧，这是一个纯毛利语频道。

文身

Ngahuia Te Awekotuku所著的《Mau Moko:毛利的文身世界》(*Mau Moko: The World of Maori Tattoo*, 2007年)中充满美丽而有力的图片以及深刻评论。

Ta moko是毛利人的文身艺术，按照传统，男人通常选择刺于面部、大腿和臀部，女人则刺在下巴和嘴唇上。文身通过骨质凿刀将染料永久地刺入皮肤。染料是由烧焦的毛毛虫或贝壳杉树胶灰制成的。至于骨质凿刀工具也有不同种类，锋利的梳齿状工具用来刻画较宽的纹路，而尖直的刀片则用于完成细节的雕琢。在奥克兰、惠灵顿或基督城等大城市的博物馆均有传统文身工具的展示。

现代文身枪已得到普遍使用，但那些想回归传统的毛利人还是会重新拿起骨制凿刀。自20世纪60年代毛利文化复兴以来，许多艺术家开始从事文身，而如今，很多毛利人都怀着自豪而谦恭的心态刻上文身。

游客是否也能参与甚至刺上文身呢？最近兴起的kirituhi（皮肤雕刻）指的就是源自毛利文化的现代文身，适合于非毛利人。

雕刻

传统的毛利雕刻细节精致，线条流畅，令人赏心悦目。很难想象这些雕刻品竟然是由石头工具完成的，因为在钢铁出现之前，石头工具的制作本身就非常艰难，有了钢铁之后钉子都顿时变得十分常见了。

主要的传统雕刻形式包括独木舟、仓库（pataka）和会堂（wharenui）。你可以在惠灵顿的蒂帕帕看到传统雕刻的精美展示，也可前往以下地点：

奥克兰博物馆（Auckland Museum）的毛利会堂。

地狱之门（Hell' s Gate）每天都有雕刻家现场创作。位于罗托鲁阿（Rotorua）附近。

奥塔戈博物馆（Otago Museum，见213页）在独木舟和会堂（whare runanga）上的精美而古老的雕刻，位于达尼丁。

普提基教堂（Putiki Church）内部装饰着传统雕刻和墙板（tukutuku），位于旺阿努伊（Whanganui）。

陶波博物馆（Taupo Museum）雕刻会堂。

蒂马纳瓦（Te Manawa）重点展现毛利文化的博物馆，位于北帕默斯顿（Palmerston North）。

怀卡托博物馆（Waikato Museum）战船（waka taua）雕刻精美，位于哈密尔顿（Hamilton）。

怀拉基阶地（Wairakei Terraces）雕刻会堂，位于陶波。

《怀唐伊条约》签署地（Waitangi Treaty Grounds）会堂和战船。

华卡雷瓦雷瓦温泉村（Whakarewarewa Thermal Village）拥有雕刻及其他艺术、会堂和表演活动的“活村庄”，位于罗托鲁阿。

旺阿努伊地区博物馆（Whanganui Regional Museum）精美雕刻的独木舟，位于旺阿努伊。

现今雕刻艺术最顶尖的作品当属雕刻的会堂（whare whakairo）。委托方将相关历史和祖先故事告知雕刻家，然后雕刻家就会在木头或纤维板上通过阐释历史故事和人物（有时表现方式显得十分松散宽泛）以表达传统主题。

艺术家克里夫·怀廷（Cliff Whiting）创作的*Rongomaraeroa Marae*

参观毛利人集会地

当你在新西兰旅游时会看见许多毛利人集会地建筑群。毛利人集会地通常属于世袭部落，也有一些属于城市毛利团体、学校、大学和教会组织。必须提前与毛利人集会地拥有者预约才能参观。有一些毛利人集会地可供参观，包括陶朗阿的**胡利亚集会地**（Huria Marae；☎07-578 7838；www.ngaitamarawaho.co.nz/marae；Te Kaponga St，Judea）免费；Whanganui River Rd上的**考利尼蒂集会地**（Koriniti Marae；☎06-345 0303，021 0292 4785；Koriniti Pa Rd；⌚9:00~17:00）免费，以及瓦卡塔尼的**蒂马努卡图塔希集会地**（Te Manuka Tutahi Marae）和惠灵顿的**蒂帕帕博物馆**（Te Papa museum）。

毛利人集会地建筑中都有一座会堂（wharenui），它通常代表一位祖先。会堂屋脊代表祖先的后背，椽代表祖先的肋骨，庇护着子孙后代。在会堂前有一片空地（比如marae atea），有时还会有其他建筑，如餐厅（wharekai）、卫生间或淋浴室，还可能有教室和游戏设施等。

集会（Hui）在毛利人集会地举行，人们讨论事务、上课、庆祝重大事件或举行葬礼。毛利语（Te reo Māori）是主要语言，有时也是唯一的语言。

如果集会时间超过一天，参观者就会住在会堂里。地上铺设床垫，有人还会自带吉他。直到夜深时，还会有人讲故事、开玩笑，乐趣无穷。

欢迎仪式（Powhiri）

如果跟随旅行团参观毛利人集会地，你将会见识到正式的欢迎仪式。下面列举的是比较常见的欢迎仪式。

首先可能会有一次挑衅（wero）。一位手持棍棒（taiaha）的毛利武士靠近游客，在地上放下一根棍子，让一位游客捡起。

其次进行召唤仪式（karanga）。主人队伍中的一位女性向游客召唤，然后游客队伍中的一位女性做出回应。她们长久、高亢和起伏的召唤声交错重叠，游客在召唤声中步入会堂前的空地。

最后就是演说仪式（whaikōrero）。主人向游客致以欢迎，游客做出回应。演说最后会以一首歌曲（waiata）而告以结束，这时，代表游客的演讲者要将礼物（koha，通常是装着现金的信封）放在毛利人集会地。主人们邀请游客握手（hariru）和进行碰鼻礼（hongi）。游客和主人们现在已完成仪式结下情谊，将共享点心或大餐。

碰鼻礼（Hongi）

碰鼻礼需要用力碰触额头，紧贴鼻子，然后握手，也可能会说着“Kia ora”或“Tēnā koe”来致以问候。有些人习惯碰一下（两三秒或者时间更长一些），另一些人习惯快速碰两下（碰下，分开，再碰下）。男女之间有时会互相亲吻一侧脸颊。有些人误以为*hongi*仅仅是碰一下鼻子（很难对准，有点尴尬！），或者互相蹭一下鼻子（那更尴尬）。

神圣禁忌（Tapu）

神圣禁忌（tapu）和力量权威（mana）在毛利世界中是认真而严肃的事。必须坐在提供的椅子或座位上，严禁坐在桌子上；走路时要绕过别人身边，不能直接跨过他人；欢迎仪式充满了神圣禁忌，期间如果私下吃东西，是一种莫大的冒犯，必须得到主人的允许才可以进食。不过不用担心会饿肚子，因为毛利人的一项重要美德就是慷慨（manaakitanga）。

由于区域不同，欢迎仪式也有不同的性别角色：女性负责招呼（karanga），而男性负责演说（whaikōrero）。女性引导游客进入毛利人集会地，而男性在前排演说者长凳（paepae）就座。在现代社会的语境下，有关性别角色的争论难以平息。

收藏于惠灵顿的蒂帕帕，是对传统艺术形式进行当代重塑的最为绚丽的典范之作。和许多其他的传统艺术一样，雕刻艺术中最大的变化无外乎是新的材质与工具的运用。Rangi Kipa用名为Corian的合成聚合物来制作他的hei tiki（精美的雕刻人形颈饰，也称tiki），这种材料也被用于厨房操作台面。可以登录www.rangikipa.com了解他的作品。

编织

编织是一门重要的艺术，它可以制作服装、渔网、绳索、适于乡间艰苦跋涉的鞋制品，以及铺在地面的垫子，还能制作用于盛放东西的篮子（kete）。许多编织品既美观又实用。一些大件编织品，如斗篷（korowai），需要花上好几年才能完成。编织材料大多以亚麻和鸟类羽毛为主，而今，这类编织品主要用于正式仪式场合，看上去场面盛大，非常壮观。

使用天然材料能使人们获得更大的善道，需要保持原材料的稳定供应并遵循规律顺势而为，从而达到事物的尽善尽美。劳作中的礼仪十分必要，妇女们在神灵的庇护下虔诚地编制劳作。如今，传统受到极大尊重，但并不需要严格恪守每项传统。

阅读Hirini Moko Mead的*Tikanga Maori*、Pat和Hiwi Tauroa的*Visiting a Marae*以及Anne Salmond的*Hui*，能更详细地了解毛利风俗。

从过去到现在，亚麻都是编织的首选材料。为了从亚麻叶中提取粗壮的纤维，编织者先用蚌壳刮去叶肉，然后不断敲打，直至纤维变软，之后染色并晾干。但是现代编织者也会使用各种其他材料：酒椰纤维、铜丝、橡胶，就连摇粒绒和喷水管都可以！

体验编织工艺的最好方法就是参观编织工坊。通过学习编织艺术，你会更加懂得欣赏博物馆内陈列的编织精品。如果想拥有一件编织品，可以在大多数城镇购买到编织篮（kete）和背包等时尚配件。在全国各地的商业画廊都有编织艺术品出售。

战舞

观看战争舞蹈（Haka）让人感觉十分紧张刺激，正如一位新西兰白种人目击者于1929年看到舞蹈时所联想到的黑暗的撒旦磨坊，因为"他们看起来就像是来自地狱的上了发条的魔鬼"。战舞可以令人心生畏惧，也可以振奋人心。战舞不只是一种战争舞蹈，它还可以用于欢迎客人、庆祝成功、表明身份或者强烈地表明观点。

战舞包含有节奏的高声呼喊、剧烈的肢体动作以及pukana（表演者扭曲面部，翻着白眼以突出眼球，有时还伸长舌头）。

新西兰橄榄球国家队（全黑队）在赛前表演的著名战舞"Ka Mate"，是为了纪念足智多谋的战斗首领Te Rauparaha，庆祝他的死里逃生。他曾经为了躲避敌人追杀而藏身于保存食物的地窖里。当敌人离去之后，一位友好的酋长Te Whareangi（在这支战舞中是"头发蓬乱的角色"）把他放了出来。重见天日的那一刻，Te Rauparaha跳起了"Ka Mate"战舞。

你可以在各式文化演出中观看战舞，包括米泰毛利村（Mitai Maori Village）、塔玛基毛利村（Tamaki Maori Village）、蒂普亚（Te Puia）和罗托鲁阿的华卡雷瓦雷瓦温泉村（Whakarewarewa Thermal Village）的表演。基督城柳岸（Willowbank）的**Ko Tane**（见155页）和凯库拉（Kaikoura）的Maori Tours（见76页）也经营此类演出。

不过，最佳战舞表演还要属蒂马塔提尼国家战舞节（Te Matatini National Kapa Haka Festival；www.tematatini.co.nz）上的演出，全新西

兰顶级的舞蹈团队都会参加。赛事每两年举办1次(在奇数年举办)。

当代戏剧

20世纪70年代,毛利戏剧与剧作家大量涌现,而今,戏剧舞台已成为毛利艺术极为重要的阵地之一。毛利戏剧极大程度上沿袭了会堂传统。不同于一般剧院中调暗灯光、开门见山的开场,许多毛利戏剧团体选择以风格化的欢迎仪式(powhiri,即进入毛利人集会地时的传统欢迎仪式)开场,给观众留下回应互动的空间,并以特别的祈祷(karakia)或道别形式作为结尾。

毛利戏剧独立制作公司Taki Rua至今已成立25年,他们的作品涉猎丰富,老少皆宜。除了在各大主要剧院公演之外,大多是巡回演出,可登录网站www.takirua.co.nz以查询最新上演的剧目。毛利戏剧也经常在主要艺术中心的专业剧场以及两年一度的新西兰节(New Zealand Festival)上演出。而霍恩·柯卡(Hone Kouka)和布莱尔·格雷斯·史密斯(Briar Grace-Smith)的作品(剧本都已出版)曾在新西兰全国及英国戏剧节上巡演。

想要了解毛利艺术的最新信息,可登录Toi Maori网站(www.maoriart.org.nz)。

当代舞蹈

当代毛利舞蹈的创作灵感常常源自于文化舞蹈(kapa haka),传统的毛利形象,以及对欧洲人到来之前的时代探究。例如,毛利编舞指导莫斯·帕特森(Moss Patterson)在他最新的舞蹈作品中使用了一种名为kokowai的人体装饰胶(由淡红色的黏土和鲨鱼油制成)作为舞蹈要素,而这一作品本身就以kokowai来命名。

新西兰顶尖的毛利舞蹈公司**Atamira Dance Collective**(www.atamiradance.co.nz),自2000年起一直致力于创作具有批判性、挑战性又唯美的舞蹈作品。如果觉得他们的作品太严肃,那可以关注另一位编舞指导Mika Torotoro,他的作品把文化舞蹈、扮装、歌剧、芭蕾和迪斯科欢快地结合在一起,可登录www.mika.co.nz观赏舞蹈片段。

毛利人的电影业

尽管毛利的纪录片已经相当成功(*Patu!*和*Tangata Whenua*系列引人注目,在许多城市的音像店都能找到),但直到1987年,新西兰才有了第一部由毛利人导演的故事片——改编自巴里·巴克利(Barry Barclay)的*Ngati*,而第一部由女性导演拍摄的故事片是Mereta Mita的电影*Mauri*(1988年)。Mita和巴克利的拍摄目标和工作方式都颇具政治性,在电影开拍前的长时间的准备过程中,他们会向kaumatua(长辈)寻求指引方向。毛利文化色彩浓郁的电影包括悲壮的《极限特工》(*Once Were Warriors*)以及振奋激昂的《鲸骑士》(*The Whale Rider*)。奥斯卡入围导演泰卡·怀蒂蒂(Taika Waititi)具有Te Whanau-a-Apanui部落血统,他自编自导了电影《鹰与鲨》(*Eagle vs Shark*)和《男孩》(*Boy*)。

新西兰电影档案馆(New Zealand Film Archive; www.filmarchive.org.nz)是个观看毛利电影的好去处,绝大多数场次收费都很便宜,甚至免费。你可以在奥克兰和惠灵顿找到他们的办事处。

毛利人的写作

毛利人创作的小说和短篇故事集很多,你可以按照个人喜好来选择。如果按照地区划分来阅读的话,在惠灵顿附近可以阅读帕特里夏·格雷斯

（Patricia Grace，代表作*Potiki*、*Cousins*、*Dogside Story*、*Tu*）；在北岛东海岸可以阅读伊希玛埃拉（Witi Ihimaera，代表作*Pounamu*、*Pounamu*、*The Matriarch*、*Bulibasha*、《鲸骑士》）；而在南岛则一定要阅读柯里·休姆（Keri Hulme，代表作*The Bone People*、*Stonefish*），这两者搭配就好似煎锅里的银鱼炒蛋一样美味。阿兰·达夫（Alan Duff，代表作《极限特工》）的作品在哪儿都能读，不过阅读之后你会感到悲伤甚至震撼。前往奥克兰的西岸区沙滩和北部区的九十里海滩（Ninety Mile Beach），则一定要带一本詹姆斯·乔治（James George，代表作*Hummingbird*、*Ocean Roads*）的书。至于宝拉·莫里斯（Paula Morris，代表作*Queen of Beauty*、*Hibiscus Coast*、*Trendy but Casual*）和凯利·安娜·莫里（Kelly Ana Morey，代表作*Bloom*、*Grace Is Gone*）的作品，就带去奥克兰和更远的地方吧。如果你喜欢诗歌，不要错过那些用英文写作的伟大毛利诗人，已故诗人洪内·图华雷（Hone Tuwhare，代表作*Deep River Talk: Collected Poems*）的作品家喻户晓，他的书适合带去任何地方。

艺术和音乐

殖民时期结束后，新西兰花了100年时间确立了具有鲜明特点的艺术风格。在20世纪上半叶，作家和视觉艺术家率先挥起了艺术之旗。到了20世纪70年代，新西兰酒吧摇滚乐征服了澳大利亚，而到了80年代，风靡全球的独立音乐进驻达尼丁的奇特而精彩的非主流音乐场地，并生根发芽。然而，直到90年代电影产业的成功，才令世界关注到这个国家的无限创造力。

文学

2013年，新西兰人欣喜地获知28岁的埃莉诺·卡顿（Eleanor Catton）成为第二位获得布克奖（Man Booker Prize，堪称世界上最具盛名的文学奖项）的新西兰人。2007年，当劳埃德·琼斯（Lloyd Jones）凭借他的小说《皮普先生》（*Mister Pip*）入围候选名单时，他曾无限接近布克奖，但是自从1985年凯里·乎尔摩（Keri Hulme）获奖之后，新西兰人经历了长久的等待。有趣的是，卡顿史诗般的历史小说《发光体》（*The Luminaries*）和乎尔摩那部令人难忘的《骨人》（*The Bone People*）都把背景设置在了神秘的南岛西海岸——两书都从风景中撷取到了一些原始和神秘的元素。

卡顿和乎尔摩延续了新西兰女作家的骄傲，这份荣耀始于20世纪早期的女作家凯瑟琳·曼斯菲尔德（Katherine Mansfield）。曼斯菲尔德的作品开创了新西兰短篇小说的传统，这一传统多年来被小说家珍妮特·弗雷姆（Janet Frame）奉为圭臬，而简·坎皮恩（Jane Campion）则根据珍妮特的自传拍摄了电影《天使与我同桌》（*An Angel at My Table*），将她传奇的一生搬上了银幕。弗雷姆的小说《喀尔巴阡山脉》（*The Carpathians*）于1989年获得了英联邦作家奖。

虽然莫里斯·吉（Maurice Gee）在国际上的知名度不高，但他已6次荣获年度国家最佳小说奖，最近他的获奖作品是《盲视》（*Blindsight*，2005年）。他的儿童文学《山下》（*Under the Mountain*，1979年）大受欢迎，并于1981年被拍成电视连续剧，在2009年又被制作成动画电影搬上银幕。2004年，由他另一部小说《在我父亲的洞穴里》（*In My Father's*

毛利人在文学界

以布克奖得主凯里·乎尔摩为代表的毛利作家群体创作了许多有趣的新西兰小说。伊希玛埃拉（Witi Ihimaera）的小说生动地描述了东海岸小镇毛利人的生活，尤其是《吉卜赛之王》（*Bulibasha*，1994年）和《鲸骑士》（*The Whale Rider*，1987年），后者被改编成了大受好评的电影。同样，帕特里夏·格雷斯（Patricia Grace）的作品巧妙地讲述了乡村毛利人集会地的美妙故事，推荐作品*Mutuwhenua*（1978年）、*Potiki*（1986年）、*Dogside Story*（2001年）或*Tu*（2004年）。*Chappy*（2015年）是格雷斯洋洋洒洒的一篇小说，讲述了浪子回到新西兰故土，去解开跨文化遗产的谜题。

中土旅游

如果你是受电影《指环王》中的景色吸引而前来新西兰的游客，那么这里一定不会让你失望。彼得·杰克逊决定在新西兰拍摄并不是纯粹的爱国精神使然，主要是因为地球上再也找不出一个地方能拥有如此原始多样的自然风景了，更不用说还有薪酬低廉的演员。

在新西兰，你一定可以认出一些电影取景地，比如霍比屯［玛塔玛塔（Matamata）附近］、末日山［一眼就能认出那座高耸的瑙鲁霍伊火山（Ngauruhoe）］和迷雾山脉（南岛的南阿尔卑斯山）。惠灵顿、特威泽尔或皇后镇的游客信息中心会提供路线，指引你去当地的《指环王》取景地。如果你特别想要找到某个电影场景的确切位置，可以买伊恩·布罗迪（Ian Brodie）的《指环王：地点指南》（*The Lord of the Rings: Location Guidebook*），书中有相关说明甚至GPS坐标，能带你找到所有关键取景地。

Den，1972年）改编而成的电影，多次获得国际电影节重要奖项，并成为全国最卖座的电影之一。

对于新西兰小说家来说，莫里斯是一个幸运的名字。同样名为莫里斯的已故作家——莫里斯·夏伯特（Maurice Shadbolt）的多部小说也广受赞誉，尤其是以新西兰战争为背景的小说。推荐他的作品《犹太人的季节》（*Season of the Jew*，1987年）和《内乱之家》（*The House of Strife*，1993年）。

电影和电视

如果你起初是被银幕上的新西兰吸引而对这里产生兴趣的话，那与你想法一样的大有人在。彼得·杰克逊的《霍比特人》和《指环王》三部曲，是继《库克船长》之后，对新西兰旅游业做出最大贡献的杰作。

然而新西兰电影可算不上轻松的电影。在BBC投拍的纪录片《不安的电影》（*Cinema of Unease*）中，新西兰演员山姆·尼尔（Sam Neill）将这个国家的电影工业形容为“独特的奇异和黑暗”，认为这个国家的电影人在制作阴冷而令人不安的作品。只要看看李·塔玛霍利（Lee Tamahori）的《极限特工》（*Once Were Warriors*，1994年），就会明白他的意思了。

除了2003年获得奥斯卡奖的《王者归来》（*Return of the King*）之外，《钢琴课》（*The Piano*）是唯一获得奥斯卡最佳影片奖提名的新西兰电影。这部电影的导演简·坎皮恩（Jane Campion）是首位获最佳导演提名的新西兰导演，而彼得·杰克逊（Peter Jackson）则是首位获此殊荣的新西兰人。

《听众》的电影评论家菲利普·马修斯（Philip Matthews）则做出了略为积极的评论：“在妮琪·卡罗的《鲸骑士》、克里斯廷·杰夫斯的《雨》和《指环王》三者之中，可以提炼出我们最佳电影品质之精华。除了精巧的技术成就之外，所有电影都具有一种土地神秘主义以及一种与生俱来的超自然感。”

这类电影还包括简·坎皮恩的《钢琴课》（1993年）、布拉德·麦甘（Brad McGann）的《在我父亲的洞穴里》（2004年）和杰克逊的《罪孽天使》（*Heavenly Creatures*，1994年），这些影片均用奇妙而繁茂的风景衬托令人不安的暴力。这种频频展现的土地神秘主义几乎让人毛骨悚然。

即使新西兰人想来点儿幽默，也一定会披上黑色的外衣——和他们的橄榄球队一个颜色。从杰克逊早期的血腥恐怖片和大化·韦迪提（Taika Waititi）的《男孩》（*Boy*，2010年）中就可见一斑。新西兰出口喜剧并不容易，然而HBO制作的电视音乐滑稽剧*Flight of the Conchords*却在国际市场上意外地获得了成功，它讲述了一对、笨手笨脚的新西兰民歌二重唱组合在纽约闯荡的故事。

波利尼西亚的诙谐风格最有可能打破新西兰影院的阴沉气息，例如，2006年一部精彩纷呈、高潮迭起的电影《西奥的婚礼》（*Sione's Wedding*），就成为新西兰史上票房收入第二的本土影片。

新西兰人以前从未出现在国际影片中，而如今在《星球大战》中，新西兰明星特缪拉·莫里森（Temuera Morrisons）则带领整支克隆部队入侵宇宙。动作片中也常常看到克利夫·柯蒂斯（Cliff Curtis）和卡尔·厄本（Karl Urban）等熟面孔扮演着墨西哥或俄罗斯匪徒。他们当中有许多人的表演生涯始于长篇肥皂剧*Shortland St*（TV2台，每周一至周五19:00播放）。

到目前为止，获得过奥斯卡奖的新西兰演员只有安娜·帕奎因（Anna Paquin，《钢琴课》）和罗素·克劳[Russell Crowe，《角斗士》（*Gladiator*）]。帕奎因出生在加拿大，4岁时搬到了新西兰，而克劳则是在4岁时从新西兰搬去了澳大利亚。

视觉艺术

新西兰人“can do”（我能行）的精神同样延伸到了视觉艺术领域。如果你去当地人家中拜访，不要惊讶：墙上挂着主人自己的画作，后花园摆着主人的伴侣用贝壳碎片、浮木和一段神奇的“八号铁丝”（number-eight wire）创造的雕像。

这是当地艺术与手工艺蓬勃发展的表现。丰富多彩的高等教育课程培养出传统雕刻家、纺织者、首饰制作者、多媒体专家、金属和玻璃制模工。大城市里还有一些杰出的商业画廊，可以代理本地艺术家使用各种材质创作的有趣作品。

并非所有最好的画廊都在奥克兰或惠灵顿。新建的雷恩·莱中心会令人大吃一惊，这里收藏有雕塑家兼电影制作人雷恩·莱（Len Lye）的大量遗作，仅这一处就值得你专程去一趟新普利茅斯。而位于戈尔的南部区东部美术馆（见296页）也有许多重要的藏品，并且其数量还在不断增加。

传统毛利艺术拥有独特的视觉风格，发展成熟的毛利文化主题得到了新西兰各民族艺术家的青睐。绘画方面，表现在戈登·沃尔特斯（Gordon Walters）出色的现代主义作品以及Dick Frizzell备受争议的提基系列波普艺术作品上。同样，太平洋岛主题的艺术作品也很常见，尤其是在奥克兰。生于Niuean而长于奥克兰的约翰·普尔（John Pule）的作品就是其中的典型。

这样一个以自然风光著称的国家，其风景画在欧洲艺术界占有一席之地毫不令人意外。约翰·格利（John Gully）和彼得鲁斯·范·德费尔登（Petrus van der Velden）等画家来到这片土地，都以这片土地的风景为蓝本，绘出了令人难忘（不过画风有时过于戏剧化）的画作。

之后不久，查尔斯·弗雷德里克·高第（Charles Frederick Goldie）绘制了一系列引人注目的写实的毛利人肖像。尽管围绕高第作品中政治尺度的激烈讨论持续了数年，但其作品的价值现已被广泛认可，尤其是毛利人自己普遍认可的画作。他们将其视为祖先的画像而给予尊重。

从20世纪30年代起，新西兰艺术选择朝更现代化的方向发展，全国最有声望的艺术家们也诞生了，如丽塔·安格斯（Rita Angus）、桃丝·沃雷斯顿（Toss Woollaston）和科林·麦卡宏（Colin McCahon）。麦卡宏被普遍认为是新西兰最重要的艺术家。他的画作神秘而冷峻，高深莫测，难以理解。但就算他的作品深陷天主教神秘主义或只是引述自圣经，他的精神却始终根植于这片土地。他创作的风景画荒凉阴郁，令人联想起新西兰土地蕴含的惊人力量。

盖雷斯·舒特（Gareth Shute）是本书音乐章节的作者，他著有包括《长白云之乡的街舞音乐》（*Hip Hop Music in Aotearoa*）和《新西兰摇滚1987—2007》（*NZ Rock 1987~2007*）在内的4本著作。他也是一位音乐家，作为红色太阳（The Ruby Suns）乐队和咖啡色头发（The Brunettes）乐队的成员，在英国、欧洲和澳大利亚进行过巡回演出。如今，他是车库摇滚组合（The Conjurors）的成员。

音乐

新西兰的音乐，最早可追溯到毛利人到来之后逐步形成的民歌（waiata）。主要乐器是由骨头或木头制成的吹奏乐器，其中最著名的是恩咕噜（nguru，也被称为“鼻笛”），演奏时同时伴随着拍腿或拍胸脯来打节拍。近年来，毛利音乐表演最热闹的场合要属战舞比赛（kapa haka competition），各队在比赛中表演他们自身在日常活动中的传统歌舞。可以在蒂马塔提尼国家战舞节（Te Matatini National Kapa Haka Festival）上观看表演，它于每个奇数年的3月在不同地点举行（2017年在霍克湾的Kahungunu举行）。而奥克兰的太平洋岛民文化节也同样热闹，活动划分不同区域以代表太平洋诸岛。你可以看到波利西尼亚音乐的传统及现代形式：既有现代嘻哈音乐，也有热闹的库克群岛鼓，还有海岛风情吉他、夏威夷四弦琴以及滑音吉他演奏。

古典音乐和戏剧

20世纪初，早期欧州移民带来了他们自己的音乐风格，并造成了当地音乐的多样化。在20世纪50年代，道格拉斯·利尔本（Douglas Lilburn）成为新西兰本土第一位受到国际认可的古典音乐作曲家。近年来，新西兰已在这一领域产生了许多享誉全球的音乐人，包括歌剧演唱家凯丽·特·卡娜娃夫人（Dame Kiri Te Kanawa）、拥有百万销量的流行天后海丽·薇斯特拉（Hayley Westenra）、作曲家约翰·帕沙达斯（John Psathas，他创作了2004年奥运会音乐）、作曲家兼打击乐手加雷思·法尔[Gareth Farr，他也曾男扮女装并以莉莉丝（Lilith）之名进行演出]。

对于独立摇滚迷来说，本地摇滚信息一个很棒的来源是www.cheeseontoast.co.nz，该网站列出了演出信息并且有乐队采访/照片资料。更多本地嘻哈、流行、摇滚信息请查看www.thecorner.co.nz和老牌网站www.muzic.net.nz。

摇滚乐

新西兰有着浓厚的摇滚氛围，其中最为世人所熟知的摇滚从业者有飞翔修女唱片公司（Flying Nun）和芬恩兄弟（Finn Brothers）。

飞翔修女唱片公司于1981年组建，创办人是基督城一家音像店的老板罗杰·谢泼德（Roger Shepherd）。早期，其大部分乐队都来自达尼丁，那里的本土音乐以朋克的DIY态度，创作出低保真（lo-fi）独立音乐，并引起了英国NME杂志和美国《滚石》杂志的狂热褒奖。*Billboard*杂志甚至于1989年声称：“Flying Nun出品，必属精品！”

许多飞翔修女唱片公司出身的音乐人至今仍从事现场表演，包括大卫·乔高（David Kilgour，来自The Clean乐队）、谢恩·卡特（Shayne Carter，过去在Straitjacket Fits乐队，如今在Dimmer and The Adults乐队）。The Bats仍旧在发行专辑，马丁·菲利浦斯（Martin Phillipps）的乐队The Chills在2015年发行了回归专辑*Silver Bullets*。

各大场馆的最新演出信息可查阅www.ripitup.co.nz。大部分演出门票可以在www.ticketek.co.nz、www.ticketmaster.co.nz购买，小型演出则在www.undertheradar.co.nz购买。

雷鬼、嘻哈和舞曲

被毛利人和波利尼西亚新西兰人积极继承和发展的音乐类型是雷鬼（20世纪70年代）和嘻哈音乐（20世纪80年代），而这两种类型又衍生出诸多独特的本土音乐形式。在惠灵顿，蓬勃发展的爵士乐与雷鬼的碰撞产生了一群混合了打击、根源摇滚和疯克摇滚的乐队，最著名的是Fat Freddy's Drop乐队。在公共假日怀唐伊节[2月6日，那天恰巧也是鲍勃·马利（Bob Marley）的生日]，每年一度的雷鬼音乐会会在奥克兰和惠灵顿举行。

芬恩兄弟

如果气氛合适，又有一瓶啤酒在手，有些曲调是所有新西兰人都会跟着一起唱的。这些曲调中，很大一部分出自蒂姆·芬恩（Tim Finn）和内尔·芬恩（Neil Finn）两兄弟之手，其中许多歌曲后来享誉全球。

蒂姆·芬恩因20世纪70年代的乐队Split Enz而成名。当乐队的吉他手退出时，年仅15岁的内尔赶往英国加入了他们。这个乐队在澳大利亚、新西兰和加拿大拥有大量忠实的追随者，最终于1985年解散。

之后，内尔与两位澳大利亚音乐人（Paul Hester和Nick Seymour）一起组建了Crowded House乐队，他们的早期单曲《别幻想，结束了》（*Don't Dream, It's Over*）一度在美国排行榜上名列第二。后来蒂姆加入了乐队，不过只是很短的一段时间。在此期间，兄弟二人写出了"*Weather With You*"，在英国排行榜排到第七位，这也使得他们的专辑*Woodface*成为金唱片。1996年，Crowded House在悉尼歌剧院举行了有100,000观众参与的大型告别演唱会。不过芬恩兄弟和Seymour于2007年又再次重组乐队，并开始巡回演出，偶尔也录制唱片。蒂姆和内尔都单独发行过个人专辑，也以芬恩兄弟的身份发行过两人合辑。

最近，内尔依然十分忙碌，他以"七世界的碰撞"（Seven Worlds Collide）之名发布了一系列表演及作品。在这些活动中，他与海外知名的音乐家合作，如杰夫·特威迪（Jeff Tweedy, Wilco乐队）、约翰尼·马尔（Johnny Marr, The Smiths乐队）和电台司令（Radiohead）的成员们。他的最新乐队"睡衣俱乐部"（Pajama Club）是与妻子莎朗（Sharon）、奥克兰音乐家肖恩·唐纳利（Sean Donnelly）以及阿兰那·斯凯林（Alana Skyring）合作组建的。

内尔的儿子利亚姆（Liam）也开启了自己的职业生涯，他与埃迪·维德（Eddie Vedder）和黑键（The Black Keys）一起在美国巡演，还登上了《大卫·莱特曼深夜秀》（*Late Show with David Letterman*）。

本土嘻哈音乐的大本营在南奥克兰的郊区，那儿是毛利人和太平洋岛民的聚居地。新西兰最重要的嘻哈乐队之一Dawn Raid（意为"黎明搜捕行动"）就诞生于这里。这个乐队的名字取自20世纪70年代臭名昭著的事件——警察于凌晨时分对疑似签证过期的太平洋岛民进行了突然搜捕。Dawn Raid乐队中最成功的艺术家是萨维奇（Savage），他的单曲《摇摆》（*Swing*）在电影《敲门》（*Knocked Up*）中作为主题曲，卖出了100万张。新西兰境内最知名的嘻哈乐队是Scribe、Che Fu以及Smashproof［其歌曲《兄弟》（*Brother*）在新西兰单曲榜上居于榜首，它在榜时间比其他本地音乐都久得多］。

舞曲音乐在20世纪90年代的基督城取得了一席之地，它采用了流行的打碟/电子乐装备，造就了Salmonella Dub乐队及其衍生出的Tiki Taane乐队。Drum' n' bass不仅在当地深受欢迎，还孕育出国际流行的乐队Concord Dawn和Shapeshifter。

大量的文化活动信息可查阅www.eventfinder.co.nz，这是一个查找音乐会、古典音乐独奏会和战舞表演信息的好网址。更多新西兰古典乐信息可查阅www.sounz.org.nz。

新音乐

2000年以来，政府说服商业电台，后者将播出时间的20%用于播放本土音乐，这给新西兰本土音乐注入了全新活力，也给已商业化的音乐人创造了固定职业。在这一环境下，摇滚团体（如Shihad、The Feelers以及Op-

出色的劳尔德!

当然，目前新西兰音乐界最大的新闻就是劳尔德（Lorde）的成功，她是一位来自奥克兰北海岸德文波特（Devonport）的创作型歌手。对于她的朋友而言，她是不那么尊贵显赫的Ella Yelich-O' Connor。2013年，16岁的劳尔德凭借她充满魔力的以校园歌曲为创作灵感的*Royals*占据了美国Billboard charts的榜首——这是新西兰第一位登顶美国排行榜的独唱歌手。*Royals*接下来赢得了2014年格莱美的“年度单曲”奖。她的首张专辑《纯粹女英雄》（*Pure Heroine*）获得了一系列的成功，并在全球售出了上百万张。

shop）开始茁壮成长，并且涌现出一系列歌声充满深情的女声独唱家（她们恰巧都有毛利血统）：比克·润戈（Bic Runga）、安妮卡·莫阿（Anika Moa）以及布鲁克·弗雷泽[Brooke Fraser，是全黑队伯尼·弗雷泽（Bernie Fraser）的女儿]。这段时间，新西兰还诞生了两个国际知名的车库摇滚表演者：Datsuns和D4。

目前，新西兰人正逐渐赢得国际认可，包括令人难以置信的天才女歌手金布拉（与Gotye合唱了风靡全球的《我曾经熟知的人》、独立的另类摇滚乐队Naked & Famous、多才多艺的创作歌手Ladyhawke、颇具艺术气息的Lawrence Arabia以及半迷幻音乐乐队Unknown Mortal Orchestra。Aaradhna是备受赞誉的R&B歌手，她的专辑*Trebel & Reverb*目前引起了很大的轰动并在2013年赢得了新西兰音乐奖“年度专辑”的奖项。2015年的颁奖典礼则由Broods（这个兄妹另类流行双人组合来自纳尔逊）和Marlon Williams（来自基督城的歌手，举止很像Jeff Buckley）主宰。

生存指南

出行指南

签证

申请表可以从新西兰驻外使馆、旅行社和**新西兰移民局**(Immigration New Zealand; ☎0508 558 855, 09-914 4100; www.immigration.govt.nz)获得。新西兰移民局在海外有很多办事处，详情见网站。

旅游签证

一般的新西兰单次旅游签证最多允许停留30天，有效期3个月。5年多次访问签证准许每次最多停留6个月，任意12个月内，访问者停留一般不能超过6个月。签证申请费人民币895元，服务费人民币225元(价格随汇率浮动变化)。新西兰移民局建议，至少于出发日期前20天提交申请。具体申请流程和所需资历请查阅https://www.immigration.govt.nz/audiences/chinese/visiting/visitor-visa。申请电子签证可以缩短出签时间，并且节省更多费用，需要注意的是，电子签证只能单人申请。

旅游签证可以从9个月延长至12个月，但是如果你获得了延期，你必须在12个月期限届满后离开新西兰，并需等待12个月方能再次入境。每一例申请都需进行评估，你可能需要提供财力证明，表明你有足够的资金支持你的旅行(每月$1000)，还需一张返程的机票证明你离境的意图明确。在任何一个新西兰移民局的办事处均可申请签证延期，具体地点见其官网。

工作签证

除了澳大利亚公民可以无需签证或许可在新西兰合法工作以外，任何外国公民凭其旅游签证在新西兰工作都是违法的。如果你来新西兰是为了找工作，或者你已经收到了录用通知，那么你必须申请工作签证，其有效期最长可达3年，具体取决于你个人的情况。你可以在抵达新西兰时申请工作许可，但其有效期将从你入境之日算起。申请工作签证的费用可高达$190，这取决于办理签证的地点、申请方式(书面或在线)以及申请的类别。

假期工作计划

对于仅有兴趣依靠短期工作以补贴旅费的游客而言，只要符合条件，就可以参加新西兰的假期工作计划(working holiday schemes, 简称WHS)。根据该计划，来自42个国家，包括中国、加拿大、法国、德国、爱尔兰、日本、马兰西亚、荷兰、斯堪的纳维亚半岛国家、英国和美国等，年龄在18~30周岁的公民都可以申请此类签证。对于大多数国家的公民而言，该签证的有效期为12个月，且只向真正寻求假期工作，而非永久性工作的人士签发。所以，你为一个雇主工作的时间不应超过3个月。

符合假期工作资质的国家公民应当从本国在线申请该签证。申请人应当持有一张返程机票、一本自离境之日起仍有3个月有效期的护照以及至少$4200的充足资金证明。无论你在何处申请，申请费均为$165，被拒后不会返还。

不同国家的公民适用的规则不同，所以务必登录www.immigration.govt.nz/migrant/stream/work/workingholiday，仔细阅读协议细则。

保险

➡ 一份承保盗窃、遗失和医疗问题的严密旅行保险单都是很有必要的。部分保单会明确排除指定的“危险活动”，例如水肺潜水、蹦极、激浪漂流、滑雪，甚至徒步。如果你打算参加上述任何活动（在新西兰是非常有可能的），请确保投保的保险对你全面承保。

➡ 需要注意的是，根据新西兰的法律，你不能就个人伤害（惩罚性损害赔偿除外）提起诉讼，而是由该国的意外事故赔偿公司（Accident Compensation Corporation; www.acc.co.nz）执行事故赔偿方案，它为新西兰居民和前往该国的游客（无论是否存在过错）提供意外事故保险。然而该方案不能免除你购买旅行综合保险的必要性，因为它并不承保诸如收入损失、回国治疗或治疗持续性疾病之类的费用。

➡ 可以考虑直接向医生或医院付费的保单，而不是先在现场付款，随后再申请赔付的保单。如果你必须事后申请赔付，请务必保留所有证明文件。部分保单会要求你向位于本国的保险中心致电（对方付费），并即刻进行问题评估。请核对你的保险范围，确保它涵盖急救和飞机紧急医疗救援的费用。

➡ 你可以在www.lonelyplanet.com/travel-insurance上购买全球旅行保险，即便已经上路，也能随时在线购买、延期及申请赔付。

现金

自动柜员机和销售点电子转账系统

新西兰主要银行的各分行在南岛都设有自动柜员机，但并非所有地方都能找到它们（例如在小镇上无法找到）。

许多新西兰的企业都使用销售点电子转账系统（Eftpos），它允许你使用自己的银行卡（信用卡或借记卡）进行直接支付，通常还有提现功能。销售点电子转账系统几乎随处可见，就像自动柜员机一样，如果需要使用该系统，你需要输入银行卡密码（PIN）。

绝大部分国内银行发行的银联卡在国外每天可以在提款机上提取等值1万人民币的现金，中国农业银行限额等值5000元人民。

双币卡（指的是有银联标志，但同时也有Visa或Mastercard标志的银行卡，也称银联标识卡，一般卡号以4或5开头）在境外取现一般无法选择中国银联通道，建议使用银联单币卡（银联标准卡，一般卡号以62开头）；否则，当地的提款机可能优先使用Mastercard或是Visa的通道，造成高额的提现手续费。

银联发行的信用卡取现会有额外手续费和利息，所以提现建议使用借记卡，自动柜员机所在银行可能会收取部分手续费，一般会在取现前提醒，请使用时注意并尽量使用不收取费用的银行自动柜员机。如果是在境外的商家消费使用信用卡，没有手续费。

中国银联汇率的发布和生效以北京时间为准，使用时请注意时差，包括银联卡的每日取现限额也是以北京时间计算的，通常为北京时间工作日每天11:00发布的汇率为准，24小时内都会执行这个汇率。如果你的银联卡是中国大陆以外的地区发行的非人民币银联卡，其汇率请参考非人民币银联卡汇率查询。

在新西兰，可以使用ANZ、BNZ或KIWIBANK、NZCU的自动柜员机进行银联卡提款，单笔最高提款限额为2000纽币，ANZ、BNZ和KIWIBANK的提款机遍布新西兰的大中小城市，不用担心热门景点没有自动柜员机；手续费会以人民币扣款的方式从你的银联账户中扣除，每家发卡行的收费策略不尽相同。新西兰的大部分旅游特产商店可以直接使用银联卡消费，没有手续费。

银行账户

关于游客在新西兰开设银行账户的难易程度，我们听到过各种说法，而银行的网站也语焉不详。有消息称，开户非常简单，只要提交几份身份证明文件即可；其他人则说，银行不会允许游客开立账户，除非其能够在申请时提供就业证明。无论怎样，如果想要在新西兰的任何机构工作（包括假期工作），你需要开设银行账户。因此，在你抵达前好好做做这方面的功课。

信用卡和借记卡

信用卡

新西兰广泛接受信用卡，如维萨卡（Visa）和万事达卡（MasterCard）等，从支付旅舍床位费到玩蹦极均可使用，租车时更是必不可少。信用卡还可以在银行柜台和自动柜员机上预提现金，但请注意，这类交易将会产生费用。大莱卡（Diners Club）和美国运通卡（American Express card）并不被广泛接受。

借记卡

借记卡可以让你在自动

柜员机、银行或销售点电子转账系统设备上，直接从你的开户银行划账。任何连接到国际银行系统（Cirrus、Maestro、Visa Plus和Eurocard）的借记卡都需要使用你的密码。使用费用各不相同，这取决于你所选择的本国银行，所以临行前最好先去咨询一番。此外，类似通济隆（Travelex）这样的公司提供固定取现费用的借记卡，并且还可以在旅途中从你的个人银行账户中充值。

货币

新西兰的货币是新西兰元（$），1新西兰元合100分（cent）。新西兰有10分、20分、50分、1元和2元面值的硬币，以及5元、10元、20元、50元和100元的纸币。价格通常精确到分，然后在你付款的时候四舍五入至10分。

货币兑换商

在南岛的银行或主要旅游地区、城市和机场的持牌货币兑换商（如通济隆）处兑换外汇（以及更为老派的旅行支票）一般不成问题。

税费与退税

新西兰对所有国内的商品和服务统一征收15%的消费税（Goods and Services Tax，简称GST），Lonely Planet所列的所有价格都包含了消费税。在你离开新西兰时，不存在消费税退税的情况。

小费

在新西兰，给小费完全是自愿的——你所要支付的仅仅是餐馆账单底部的总额（请留意有时需要支付额外的服务费）。即便如此，为优质的服务支付小费也是完全可以接受的，支付账单费用的5%～10%即可。

旅行支票

现如今，美国运通、通济隆和其他国际品牌的旅行支票有点过时，但它们在银行和货币兑换处进行兑现仍然十分便捷。兑现时请出示你的护照以确认身份，不妨货比三家，以获得最优汇率。

折扣卡

全球认可的**国际学生证**（International Student Identity Card）由国际学生旅游联盟（ISIC Association，www.isic.org）制作，并颁发给12岁及以上的全日制学生。该国际学生证提供住宿、交通和景点门票的折扣优惠。此外，该联盟还制作**国际青年旅游卡**（International Youth Travel Card），提供给30岁以下非全日制学生的游客，享受国际学生证同等优惠措施。同样，教职人员也有**国际教师证**（International Teacher Identity Card）。这3种卡（每张$30）都可以在线（www.isiccard.co.nz）申请，或者从STA Travel等学生旅游公司购买。

新西兰卡（New Zealand Card；www.newzealandcard.com）是一张价格为$35的折扣卡，在住宿、团队游、观光和活动时有5%～50%的折扣优惠。

年满60岁以上，且携带某种形式的身份证明（如本国颁发的官方老人卡）的旅行者经常能享受到特惠价格。

电源

如要使用电源插座（230伏特交流电，50赫兹），请使用三脚插头适配器（和澳大利亚的相同，但不同于英国的三脚插头适配器）。

使领馆

大多数驻新西兰的外交代表机构设在北岛，主要位于惠灵顿，还有部分在奥克兰。

澳大利亚高级专员公署（Australian High Commission；☎04-473 6411；www.newzealand.highcommission.gov.au；72-76 Hobson St，Thorndon，Wellington；h周一至周五9:00~16:00）

加拿大高级专员公署（Canadian High Commission；☎04-473 9577；www.canadainternational.gc.ca；L11，125 The Terrace，Wellington；⌚周一至周五8:30至正午）

中国大使馆（Chinese Embassy；☎04-473 3514；www.chinaembassy.org.nz；4 Halswell St，Thorndon，Wellington；⌚周一至周五9:00~11:30，周一、周三和周五14:00~16:00）

中国驻奥克兰总领事馆[☎64-9-5265680; www.chinaembassy.org.nz; 630 Great South Road, Ellerslie, Auckland; ⏲申请办证时间：周一至周五 9:00~11:30（仅收件），取证时间：周一至周五 14:00~16:00]

中国驻基督城总领事馆[☎64-3-3433650（9:00~12:00）; www.chinaembassy.org.nz; 108 Hansons Lane, Upper Riccarton, Christchurch, 8041; ⏲周一至周五 9:00~12:00（节假日除外）]

斐济高级专员公署（Fijian High Commission; ☎04-473 5401; www.fiji.org.nz; 31 Pipitea St, Thorndon, Wellington; ⏲周一至周五 9:00~17:00）

法国大使馆（French Embassy; ☎04-384 2555; www.ambafrance-nz.org; 34-42 Manners St, Wellington; ⏲周一至周四 9:00至正午和14:00~17:00，周五 9:00至正午和14:00~16:00）

德国大使馆（German Embassy; ☎04-473 6063; www.wellington.diplo.de; 90-92 Hobson St, Thorndon, Wellington; ⏲周一至周五 10:45至正午）

日本大使馆（Japanese Embassy; ☎04-473 1540; www.nz.emb-japan.go.jp; Lvl 18, The Majestic Centre, 100 Willis St, Wellington; ⏲周一至周五 9:00~17:00）

英国高级专员公署（UK High Commission; ☎04-924 2888; www.gov.uk; 44 Hill St, Thorndon, Wellington; ⏲周一至周五 9:00~ 17:00）

美国大使馆（US Embassy; ☎04-462 6000; http://nz.usembassy.gov; 29 Fitzherbert Tce, Thorndon, Wellington; ⏲周一至周五 9:00~17:00）

海关条例

关于允许和禁止携带进入新西兰的物品信息，请访问新西兰海关总局（New Zealand Customs Service）的网站（www.customs.govt.nz）。每人可携带的免税限额物品包括：

- （最多）3瓶1125毫升的烈性酒或利口酒
- 4.5升的葡萄酒或啤酒
- 50支香烟（或50克烟草或雪茄）
- 价值不超过$700的应税商品

申报所有不常见的药品都是一个好主意。徒步装备（靴子、帐篷等）在被获准入境前都会被检查，可能还需要进行清洗。必须申报所有动植物产品（包括各种木制品）和食物。若未取得许可并进行安全测试，武器和枪支都禁止携带入境。不要轻视这些规定，因违规而遭受的罚款真的会让你的钱包元气大伤。

旅游信息

国家旅行官方机构的网站新西兰旅游网（Tourism New Zealand; www.newzealand.com）是行前研究攻略的最好去处。该网站标榜自己是100%纯新西兰品牌，并以多种语言提供信息，包括德语、西班牙语、法语、中文和日语。

本地旅游办公室

几乎每个新西兰的城镇看上去都有一个游客信息中心。大型的信息中心联合成了成效显著的游客中心网络（www.newzealand.com/travel/i-sites），大约有80家信息中心隶属于新西兰旅游局。游客中心拥有训练有素的职员，提供当地活动和景点的信息，以及免费的宣传册和地图。工作人员还会为你预订活动、交通和住宿。

请记住，部分信息中心仅推荐属于当地旅行协会付费会员的住宿场所和旅行社，而且有时候，信息中心的职员也不应该推荐称，某一家活动或住宿的提供方比另一家要好。

环境保护部（Department of Conservation，简称DOC; www.doc.govt.nz）的游客中心网络也可以帮你规划和预订活动。位于国家公园、地区中心和主要城市的环境保护部游客中心也经常会举办有关当地民俗、动植物和生物多样性的展览。

营业时间

各季节的营业时间并不固定（如冬季的达尼丁就很安静），但以下信息也可作为参考。请注意，圣诞节和耶稣受难日当天的大多数地方都不营业。

银行 周一至周五 9:30~16:30；部分银行周六 9:00至正午

咖啡馆 7:00~16:00

邮局 周一至周五 8:30~17:00；大型分局周六 9:30~13:00

小酒馆和酒吧 正午至深夜（不同地区及不同时日，"深夜"的含义也不尽相同）

餐馆 正午至14:30和18:30~21:00

商店和公司 周一至周五 9:00~17:30以及周六 9:00至正午或17:00

超市 8:00~19:00；城市中的超市通常至21:00或更晚。

节假日

新西兰的主要公共节假日

包括:

新年 1月1日和2日

怀唐伊日(Waitangi Day) 2月6日

复活节(Easter)耶稣受难日和复活节周一;3月/4月

澳新军团节(Anzac Day)4月25日

女王诞辰日(Queen's Birthday)6月的第1个周一

劳动节(Labour Day)10月的第4个周一

圣诞节12月25日

节礼日(Boxing Day) 12月26日

除此以外,新西兰各省也有自己的纪念日假期,时间并不固定:如果正好在周五和周日之间,则通常会顺延至下一个周一庆祝;如果恰好在周二和周四之间,则会提前至那一周的周一。

南岛的省级假期包括:

南部区 1月17日

纳尔逊 2月1日

奥塔戈 3月23日

南坎特伯雷 9月25日

莫尔伯勒 11月1日

查塔姆群岛 11月30日

西部 12月1日

坎特伯雷 12月16日

学校假期

圣诞假期从12月中旬一直持续到1月下旬,是学校暑假的一部分:在此期间,交通票和住宿场所会被早早预订一空,而旅游景点也都排着长队,请做好准备。一年中还有3个稍短的学校假期:4月中旬至下旬、7月上旬至中旬以及9月中旬至10月上旬。确切的日期可以在新西兰教育部(Ministry of Education; www.education.govt.nz)的网站上找到。

住宿

旅游旺季期间,请提前预订住宿。从圣诞节至次年1月下旬的暑假和复活节期间住宿需求大,在滑雪度假城镇(如皇后镇和瓦纳卡),冬季也一样是旺季。

民宿

新西兰的民宿(提供住宿加早餐)在城市的中心、偏远的乡村和海岸沿线蓬勃发展,提供郊区平房、宏伟庄园等各式房屋。

早餐可能是"欧式"(燕麦、烤面包、茶或咖啡)、"丰盛欧式"(增加酸奶、水果、自制面包或松饼)或分量十足的熟食早餐(鸡蛋、培根和香肠等)。部分民宿主人还会为客人烹制晚餐,而晚餐、住宿和早餐(DB&B)的打包服务是重要卖点。

尽管部分地区的要价为每两人$300,这里的民宿费用基本为$120~200(每2人)。一些主人会因为住宿的卧室位于其家中而理直气壮地收取更高的费用。在大城市里,拥有小巷停车位通常是民宿提供的额外福利。

信息资源包括:

New Zealand Bed & Breakfast
www.bnb.co.nz

Bed and Breakfast New Zealand
www.bed-and-breakfast.co.nz

预订服务

新西兰境内的本地游客信息中心会提供大量有关当地住宿的信息,有时会提供折页册子,列出住宿地点的设施和最新的价格。许多信息中心还可以为你预订。

请访问以下网站获取更多信息:

Lonely Planet(www.lonelyplanet.com/new-zealand/hotels)提供全面的新西兰住宿信息,从青年旅舍到酒店,应有尽有。

Automobile Association(www.aa.co.nz)提供在线住宿预订(尤其是汽车旅馆、民宿和假日公园)。

Jasons(www.jasons.com)这家长期运营的旅行社提供海量的可在线预订的线路供游人选择。

New Zealand Bed & Breakfast(www.bnb.co.nz)网站的名字说明了一切。

Bed & Breakfast New Zealand(www.bed-and-breakfast.co.nz)拥有民宿和设备齐全的住宿场所列表。

Farm Helpers in NZ(www.fhinz.co.nz)制作了一本小册子($25),上面列有大约350家新西兰农场,只要每天劳动4~6小时,就可以换取住宿。

Rural Holidays NZ (www.ruralholidays.co.nz)提供新西兰全境的农场和寄宿家庭列表。

Book a Bach(www.bookabach.co.nz)可以预约公寓和假日住宿(甚至可能会有一两座乡村小屋)。

Holiday Houses(www.holidayhouses.co.nz)出租假日小屋,范围涵盖新西兰全境。

在线预订住处

Lonely Planet作者提供的更多住宿评论,可查看http://lonelyplanet.com/hotels。你会找到独立评价,以及最佳住宿处推荐。最重要的是,还可以在线预订住处。

New Zealand Apartments（www.nzapartments.co.nz）这里有各种户型的上等公寓出租信息。

露营和假日公园

露营者和房车司机一样，汇聚在新西兰最为受人欢迎的"假日公园"，在提供或不提供电力的露营地、便宜的平房宿舍（铺房）、小木屋和设备齐全的套间（经常被称为汽车旅馆或游客公寓）中安详地进入梦乡。那里还经常设有设施齐备的公共厨房、就餐区域、游戏和电视机房间。在城里，假日公园通常距离市中心有些距离；而在小镇上，它们则坐落在镇中心或者靠近湖泊、海滩、河流和森林的地方，令人印象深刻。

假日公园露营的费用通常在每晚每位成人$15~20，儿童半价，而提供电力的场地会贵一些。小木屋/套间的住宿价格一般为每两人$70~120。除非另有说明，Lonely Planet列出的露营地、房车营地、小屋和小木屋的费用都是两人的价格。

环境保护部和自由露营

对于房车司机而言，250多处可供车辆驶入的新西兰"保护区露营地"（Conservation Campsites）为他们提供了极佳的选择，这些露营地由环境保护部（Department of Conservation，www.doc.govt.nz）运营，价格为免费（提供基本的厕所和淡水）至每位成人$15（抽水马桶和淋浴）。环境保护部印刷免费的小册子，上面包含了详尽的描述和前往每处露营地的路线说明（甚至提供全球定位坐标）。上路前不妨从环境保护部办公室拿一份，也可访问其网站获取信息。

环境保护部还管理着上百座山间小屋（Backcountry Huts）和山间露营地（Backcountry Campsites），这些地方只能步行抵达，详情请见其网站。顶级步道沿途的小屋和露营地也由环境保护部管理，更多信息请见33页。

南岛的风景如此优美，让人不禁想在一处绝美的风景点靠边停车，并露营一晚。但是，千万不要以为在任何地方露营都是可以的：记得向当地人询问，或在当地的游客中心、环境保护部办公室及商业露营地进行查询。如果你选择自由露营，请尊重露营场地。请注意，如果你选择的露营地和你的房车都没有厕所设施，那么你在那里的住宿行为就是非法的（你的房车也必须安装上位于车内的盥洗污水储存系统）。法律允许对在禁区露营或不恰当处理废物的行为收取$200的罚金（如果废弃物可能破坏环境，罚款可高达$10,000）。请登录www.camping.org.nz获取更多关于自由露营的建议。

农庄住宿

农庄住宿打开了体验新西兰农场生活的大门，并鼓励旅行者在果园、奶牛场、牧羊场和养牛场里沾染尘土，亲自劳动。住宿费用不定，有些相距甚远，通常带有床铺和早餐的地方需要$80~140。部分农场提供独立的小屋，你可以在那里亲手烹调美食，而其他的则是价格低廉、背包客共享风格的住宿环境。

Farm Helpers in NZ（www.fhinz.co.nz）制作了一本小册子（$25），上面列有大约350家新西兰农场，只要每天提供4~6小时的劳动就可以换取住宿。

Rural Holidays NZ（www.ruralholidays.co.nz）列出了新西兰全国的农庄住宿和家庭住宿清单。

青年旅舍

新西兰南岛有很多适合背包客的青年旅舍，部分是独立经营，部分则隶属于大型连

有机农场志工

如果你不介意弄脏你的双手，一种在新西兰境内旅游的经济型方式是成为国际性组织**有机农场志工**（Willing Workers On Organic Farms；简称WWOOF；%03-544 9890；www.wwoof.co.nz）的会员，参加一些志愿者工作。在农场里，作为一天辛勤劳作的交换，主人会提供食物、住宿和一些有机农场的亲手劳动经验。就像你住酒店或旅舍一样，请提前1~2周和农场主联系，以便安排你的住宿——千万别不告而来！

一年期的在线会员费为$40，而一本邮寄给你的农场目录则需额外花费$10~30，取决于你的邮寄地址在哪个国家。当你造访新西兰时，你必须持有假日工作签证，因为移民部门认为有机农场志工是来工作的。

锁店，从拥有一些床铺的小型家庭住宿风格旅舍，到大城市中经过重新装修的酒店和现代化的摩天大楼，可谓应有尽有。Lonely Planet所列的青年旅舍床铺价格均是非会员价，通常为每晚$25~35。

青年旅舍组织

经济型背包客青年旅舍（Budget Backpacker Hostels; www.bbh.co.nz）新西兰最大的青年旅舍集团，拥有大约220处青年旅舍。会员费为每年$45，可以使你按照（免费的）年度经济型背包客青年旅舍住宿（BBH Backpacker Accommodation）的小册子上所列的价格在会员旅舍中住宿，非会员则需要每晚多付$3。不妨在任何一家会员旅舍买一张会员卡，或者在线订购一张（$50），详情请见其网站。

新西兰青年旅舍协会（YHA New Zealand; www.yha.co.nz）在新西兰的绝好地段拥有大约40家青年旅舍。该组织隶属于国际青年旅舍（Hostelling International; www.hihostels.com），所以如果你在自己的国家已经是国际青年旅舍的会员，那么你可以以会员身份入住新西兰的青年旅舍。如果在自己的国家没有会员资格，你可以花$25，在新西兰青年旅舍协会旗下的旅舍注册或在线加入，有效期为12个月。非会员每晚需要多付$3。

Base Backpackers（www.stayatbase.com）在新西兰全境拥有10家青年旅舍，包括南岛的瓦纳卡、皇后镇、纳尔逊、达尼丁和基督城。这里有干净的铺房、仅限女生活动的区域和大量参加派对的机会。花费$259便可获得10晚的Base Jumping住宿卡，可网上预约。

VIP Backpackers（www.vipbackpackers.com）这家国际性组织下辖约20家新西兰青年旅舍（非经济型背包客青年旅舍或新西兰青年旅舍协会旗下的旅馆），大多数都位于城市和旅游热门景点处。花上大约$61（含邮资），你将会得到有效期12个月的会员资格，每晚的住宿费用便宜$1。你可以在线或在VIP旗下的旅舍中加入会员。

Nomads Backpackers（www.nomadsworld.com）这个澳大利亚的组织在新西兰拥有7家连锁店，并且与Base Backpackers保持着联盟关系。旗下旅舍在南岛上的位置包括阿贝尔塔斯曼国家公园、瓦纳卡、达尼丁和皇后镇。12个月的会员费需要花费$19.50，可使你每晚的住宿费用打九五折。不妨在加盟的旅舍或在线申请会员。

Haka Lodge（www.hakalodge.com）这是一家正在逐步崛起的本土旅舍连锁店，在皇后镇和基督城拥有时尚的南岛青年旅舍。房价可与新西兰全境的其他旅舍相媲美，质量也很高。此外，这里还提供团队游。

客栈、酒店和汽车旅馆

新西兰境内最便宜的住宿场所就是简陋的客栈了。部分客栈特点鲜明，部分则是摇摇欲坠的令人不愉快的住宿场所，游客们最好敬而远之，独自出行的女性尤其要注意。请先行确认你所入住的那个晚上是否有乐队演出——不然，你可能会度过一个不眠之夜。在最便宜的客栈里，单人间/双人间至少需要花费$30/60（楼下大堂有共用的浴室），而$50/80的房间则更为普遍。

高级酒店包括国际五星级连锁酒店、度假村和建筑华丽的精品酒店，这些场所都会因现代化的生活设备、便捷的服务和/或浓郁的历史氛围而收取高昂的费用。我们所引用的都是这些地方的门市价（官方公布的价格），但经常会有折扣和特殊优惠。

新西兰的小镇上还有大量毫无特色的汽车旅馆，双人间的收费为$80~180。它们都是隐藏在小镇边缘公路边的低矮建筑，但大多数旅馆较为现代（尽管其内部装饰都是21世纪早期的特点），且拥有相似的设备，即制茶和咖啡机、冰箱和电视机。标准不同，价格不一。

住宿租赁

简易的新西兰度假房被称为“单身公寓”（bach，即bachelor的简称，因其历史上是单身男士用于打猎和钓鱼的住所），而在奥塔戈和南部区，则被叫作“棚屋”（cribs）。这些可供出租的简易小屋设施齐全，坐落在郊外和沿海地带，经常地处与世隔绝之处。房费一般为每晚$80~150，这个价格对于一整幢小屋或是设备齐全的平房而言不算太贵。如果想要入住更为高端的度假住宿处，做好支付$150~400（每2人）的准备。

在线资源：

- www.holidayhomes.co.nz
- www.bookabach.co.nz
- www.holidayhouses.co.nz
- www.nzapartments.co.nz

饮食

南岛是品尝葡萄酒和美食的绝佳场所，详情请见饮食（见47页）。

地图

新西兰的**汽车协会**(Automobile Association，简称AA；☎0800 500 444；www.aa.co.nz/travel)制作高质量的城市、市政、地区、岛屿和公路地图，并在各地的办事处提供。汽车协会还制作了一份详细的《新西兰道路地图集》(*New Zealand Road Atlas*)。其他可靠的全国地图由Hema、KiwiMaps和Wises出版，在游客信息中心和书店均有售。

新西兰国土信息部(Land Information New Zealand；www.linz.govt.nz)出版过数套详尽的系列地图，包括街道、国家和假日地图，还有国家公园和森林公园地图，以及适合远足者的地形图。想要获得地形图，不妨前往较大的书店、最近的环境保护部办事处或游客信息中心。

如果想要获取在线资源，请登录AA Maps(www.aamaps.co.nz)或Wises(www.wises.co.nz)，可以精确地找到新西兰境内的地址。

邮局

新西兰邮政(New Zealand Post；☎0800 501 501；www.nzpost.co.nz)提供的服务十分可靠，而且价格合理。关于国内、国际投递区域和邮资，以及邮局的地址信息，请见其网站。

就餐价格区间

以下价格区间指一道主菜的均价：

$ 低于$15

$$$ 15~32

$$$ 高于$32

天气

克赖斯特彻奇(基督城)

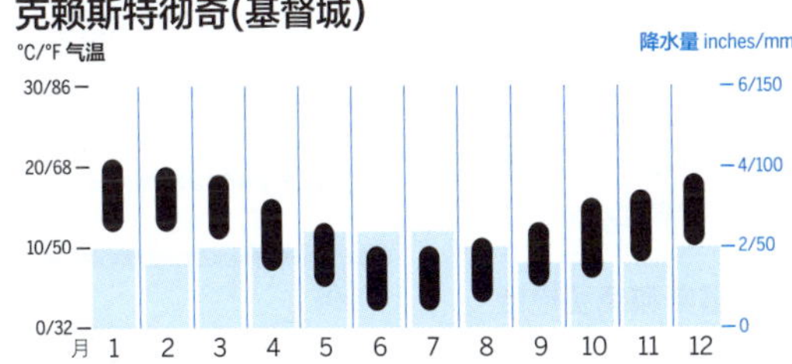

纳尔逊

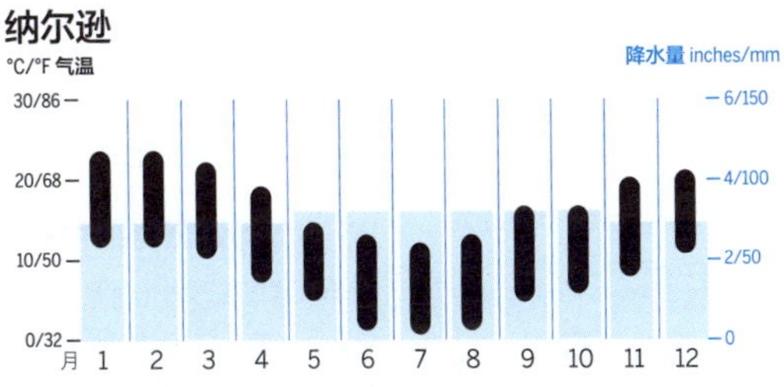

昆斯敦(皇后镇)

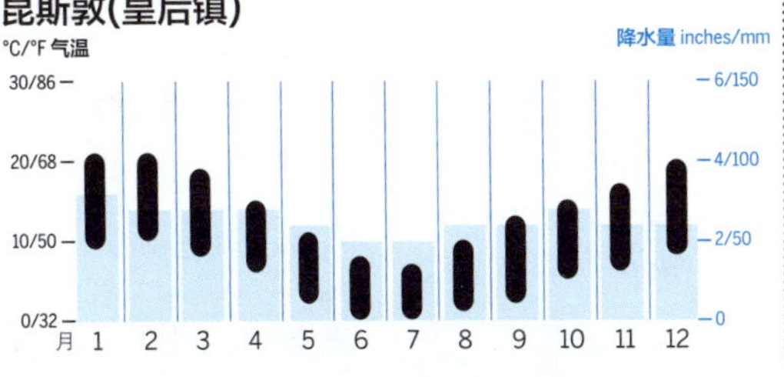

电话

Spark New Zealand(www.spark.co.nz)是新西兰国内主要的电信服务提供商，并在当地的移动电话(手机)市场上占有可观的份额。

主要的手机服务提供商包括：

Skinny Mobile(www.skinny.co.nz)

沃达丰(www.vodafone.co.nz)

2 Degrees(www. 2degrees mobile. co.nz)

移动电话

大多数新西兰的移动电话(手机)号码以☎021、☎022或☎027开头。在南岛的城市和小镇，手机信号的覆盖范围很广，但在远离市中心的区域时，信号则时断时续。

如果你想带上自己的手机，并使用当地SIM卡预付费服务(而非为你本国的移动网络支付昂贵的全球漫游费)，沃达丰(www.vodafone.co.nz)是个切合实际的选择。沃达丰的任何门店(位于大多数主要城镇)都可以为你提供一张新西兰旅游SIM卡（NZ Travel SIM）和手机号码（大约$30起；有效期为30天、60天或90天），可以在新西兰全国的报刊店、邮局和加油站内买到充值卡。

欧洲手机能使用新西兰的电话网络，多数美国、日本手机不适用。你也可以从沃达丰租一部手机，沃达丰在基督城和皇后镇的国际机场都设有提取和归还点。Phone Hire New Zealand（www.phonehirenz.com）也对外出租手机、SIM卡、调制解调器和GPS定位系统。

本地电话

通过私人电话拨打本地电话是免费的！通过付费电话拨打本地电话的费用是前15分钟为$1，此后每分钟$0.20，不过投币电话已经颇为少见（如果你确实找到了一部，投币口已被堵塞的情况很有可能发生）；所以，你一般需要一张电话卡。拨打手机号码的收费会更高。

国际长途

如果想要从新西兰境内拨打国际长途（可以使用付费电话），你需要加拨国际接入码☎00、国家代码和区号（不拨首位的0）。所以，例如需要拨打中国的号码，你需要先拨☎00-86，然后再是被呼叫的号码（如果需要加上区号）。

如果从海外拨打新西兰境内的电话，国家代码是☎64，随后是相应的区号，但需要去掉区号前的0。

长途电话和区号

新西兰的国内长途电话采用两位地方区号，任何付费电话均可拨打。如果你拨打本地电话（即同城呼叫），不必加拨区号。然而，如果呼叫的对象位于同一地区的不同城镇（即便是身处同一区号的相邻城镇），还是得加拨区号。

信息服务和免费电话

以☎0900开头的电话号码通常都会提供语音信息服务，每分钟收费高于$1（手机拨打费用更高）。这些号码无法通过付费电话拨打，有时也不能用预付费手机拨打。

新西兰免费电话的号码以☎0800或☎0508开头，你可以从新西兰的任何地方拨打，但在部分地区或使用手机时可能无法接通。新西兰境外无法拨打以☎0508、☎0800或☎0900开头的电话号码。

电话卡

新西兰有种类繁多的电话卡供你选择，这种固定面额（通常为$5、$10、$20和$50）的电话卡可以在青年旅舍、报刊店和邮局内购买。通过拨打一个免费的接入号，然后输入卡上的密码，你就可以在公用或私人电话上使用电话卡了。请货比三家，因为各大运营商的价格都不一样。

上网

除了最偏远的地区以外，在南岛上网是件容易的事情。在本书中，我们用Wi-Fi和因特网的标志来标记可无线上网或通过网线上网的地方。

Wi-Fi和网络服务提供商

Wi-Fi从宾馆客房到花园酒吧，再到青年旅舍的宿舍，你可以在新西兰各处搜到Wi-Fi信号。通常，你只有成为他们的客人或顾客才能连接网络，并分配一个登录密码；有时上网是免费的，有时则需要收费。

热点 该国主要的电信运营商是Spark New Zealand（www.spark.co.nz），其无线上网的热点遍布全国，你可以购买预

实用信息

报纸 可翻阅奥克兰的《新西兰先驱报》（*New Zealand Herald*；www.nzherald.co.nz）、惠灵顿的《自治领邮报》（*Dominion Post*；www.stuff.co.nz/dominion-post）或基督城的《新闻报》（*The Press*；www.stuff.co. nz/the-press）。

电视 收看以下国有电视台，包括TV One、TV2、Māori TV或100%毛利语的Te Reo，或者是仅限订阅者收看的天空电视台（www.skytv.co.nz）。

广播 可调至新西兰广播台（Radio New Zealand；www.radionz.co.nz）收听新闻、时事消息、古典乐和爵士乐。Radio Hauraki（www.hauraki.co.nz）则制作摇滚乐。

DVD 新西兰DVD的区域码是四区（Region 4），包括澳大利亚、太平洋、墨西哥、中美洲、加勒比海地区和南美洲。

度量衡 新西兰使用公制度量衡。

付卡实现网络连接，也可以用信用卡在任何无线热点的登录页面购买预付费号码。热点列表请见Spark的网站。

设备和网络服务提供商 如果你带了掌上电脑或笔记本电脑，不妨考虑购买预付费的USB调制解调器（USB modem，又名“加密狗”）和一张当地的SIM卡：Spark以及沃达丰（Vodafone；www.vodafone.co.nz）均有销售，价格大约在$100。如果你想要通过当地的网络服务提供商（ISP）连网，以下公司可供选择：

Clearnet（☎0508 888 800；www.clearnet.co.nz）隶属于沃达丰。

Earthlight（☎03-479 0303；www.earthlight.co.nz）

Slingshot（☎0800 892 000；www.slingshot.co.nz）

网吧

相比5年之前，如今网吧是越来越少了，但你仍旧可以在大一点的城市里找到，网吧的上网费用为每小时$4~6。

类似的，大多数青年旅舍已经用Wi-Fi取代了可供上网的电脑。大部分酒店、旅馆、民宿和假日公园也都提供Wi-Fi，有时免费，但一般都会收取少量的费用。

时间

新西兰时间比格林尼治标准时间（GMT）/国际标准时间（UTC）早12个小时，且比北京时间快5个小时，而查塔姆群岛的时间则比新西兰主岛的时间早45分钟。

新西兰在夏季执行夏令时制，9月的最后一个周日，时钟将会被调快1个小时，而在次年4月的第一个周日再调整回来。

厕所

新西兰的厕所是坐便式。公共厕所很多，且通常较为干净，并配有门锁和大量的厕纸。

想要了解新西兰境内公共厕所的位置，请登录www.toiletmap.co.nz查询。

旅行安全

尽管危险程度稍逊于其他发达国家，但暴力犯罪在新西兰确有发生。天黑之后以及在偏远地区的街道上，请小心为上。

- 避免将贵重物品遗留在车内：汽车盗窃在新西兰一直是个问题。
- 新西兰的天气变幻莫测：低温症在高海拔地区是一大威胁。
- 前往沙滩的游客请提防海浪裂流和下层逆流，它们可能将游泳者拖入大海之中。
- 新西兰的道路常常因迷途的游客、体型庞大的露营房车和无视交通的羊群而变得危险重重。
- 若论讨厌鬼的排行榜，新西兰的白蛉（sandflies）绝对算得上个中“翘楚”（让人痒得难受）。身处沿海地区时，请记得涂好驱虫剂。

健康

新西兰是全世界最卫生的旅游国家之一。从来没有听说过有人在那里得了诸如疟疾（malaria）和伤寒（typhoid）等疾病，而且由于这里没有毒蛇或其他危险动物出没，所以在此参加户外冒险活动比在邻国澳大利亚安全多了。

来自各国政府的旅游建议

以下政府网站提供目前热点地区的旅行公告和信息：

澳大利亚外交和贸易部（Australian Department of Foreign Affairs & Trade；www.smarttraveller.gov.au）

英国外交与联邦事务部（British Foreign & Commonwealth Office；www.gov.uk/fco）

加拿大外交、贸易和发展部（Foreign Affairs，Trade & Development Canada；www.international.gc.ca）

荷兰外交部（Dutch Ministry of Foreign Affairs；www.government.nl/ministries/ministry-of-foreign-affairs）

德国联邦外交办公室（German Federal Foreign Office；www.auswaertiges-amt.de）

日本外务省（Japanese Ministry of Foreign Affairs；www.mofa.go.jp）

美国国务院（US Department of State；www.travel.state.gov）

出发前

健康保险

对于所有游客而言，健康保险是必不可少的。虽然新西兰的医疗卫生质量很高，而且按照国际标准而言也并不过分昂贵，但还是会产生巨额的费用，而遣送回国的成本也很高。

如果你现在的健康保险不承保在海外发生的医疗费用，不妨考虑额外投保，登录www.lonelyplanet.com/travel-insurance获取更多信息。美亚保险推出的"万国游踪"和"乐悠游"险种包含24小时全球紧急医疗救援服务。提前弄清楚你的保险计划是直接支付给医疗服务提供者，还是事后向你偿付海外医疗费的。

药品

为旅行而携带的处方药必须盛放在标志清晰的原始容器中。带着由你主治医师开具、载明日期的署名信函也是一个不错的主意，上面应描述你的用药状况、药品名称（包括药物通用名），携带必须的注射器或针头也是明智的选择。

疫苗

虽然新西兰没有强制要求任何游客接种疫苗，但世界卫生组织建议所有游客，无论目的地是哪里，都应当接种白喉、破伤风、麻疹、腮腺炎、风疹、水痘、脊髓灰质炎以及乙型肝炎疫苗。向你的医生索要一份国际疫苗接种证（International Certificate of Vaccination，即黄皮书），上面将记载着你已接种的所有疫苗。

在南岛

可以获得的医疗服务及费用

新西兰的公立医院提供高标准的医疗服务（居民免费）。所有在新西兰发生意外事故（如机动车事故、探险活动事故）的游客都可以获得由意外事故赔偿公司（Accident Compensation Corporation；www.acc.co.nz）提供的医疗服务，但在新西兰期间因病产生的治疗费用只能由旅游保险承保。更多详情请见www.health.govt.nz。

24小时的免费热线**Healthline**（☎0800 611 116）在新西兰全境提供健康咨询服务。

环境引发的危险

在新西兰，少有可能咬、叮或吃你的动物，但低温症（hypothermia）和溺水则是常见的危险。

低温症

罹患低温症的风险很大，特别是在冬季期间和高海拔地区。山区和/或强风产生致寒因素，甚至在温和凉爽的温度下也会导致低温症的发生。早期症状包括不能完成细致的动作（比如系纽扣）、发抖和说话不利索（支支吾吾、嘟嘟囔囔、结结巴巴）。

治疗的方法是将热量损失降到最低：换掉湿衣服，添加有防风防水效果的干燥衣物，增加保暖并射入水和碳水化合物，以便通过发抖提高体温。低温症严重时，发抖其实会停止。此时，除了采取上述措施之外，还需要紧急撤离，并进行医疗急救。

冲浪海滩

南岛有一些狂野的冲浪海滩。由于海床的倾斜程度不一，海浪的强度会发生变化，裂流和下层逆流时有发生。跳入大海之前，请咨询当地的冲浪救生组织，并注意自己的身体极限和技术程度。

传染病

除了一般通过性传播的疾病外（请做好保护措施），新西兰还会发生贾第虫（giardiasis）传染病。贾第虫广泛分布在新西兰的水道中，所以我们不推荐饮用未经处理的溪水或湖水。请使用滤水器，并将水煮沸，在水中加碘也是预防疾病的有效措施。该传染病的症状包括间歇性腹泻、腹胀和肠气。你可以在新西兰获得有效的治疗，如使用替硝唑（tinidazole）或甲硝唑（metronidazole）。

药物

在新西兰，非处方药都能从私人药剂师那里买到，包括止痛药、抗组胺药（antihistamines）、护肤品和防晒霜。部分诸如抗生素和避孕药等药品只能通过全科医师的处方才能买到。如果你定期服药，请携带足够剂量，务必知道这些药品的详细通用名，因为在不同国家，品牌名称是不一样的。

自来水

一般而言，新西兰境内的自来水都是可以安全饮用的，全国范围内的饮用水标准很高。

法律事务

在新西兰，大麻被广泛吸食，但该行为是违法的：被抓到携带大麻或其他违禁药物的任何人都会被严厉地惩罚。

在新西兰酒驾是严重的违法行为，并会带来严重的后果。血液中酒精含量的法定上限是：20岁以上的司机为0.05%，不满20岁则为0。

如果被逮捕，你有权利在任何正式审问开始前咨询律师。

残障旅行者

南岛的住宿场所一般都会为残障旅行者提供贴心的服务，众多青年旅舍、酒店、汽车旅馆和民宿都配有适合轮椅进出的客房，许多旅游景点也同样提供轮椅和轮椅通道。

在大多数主要城市里都有配备无障碍交通工具的团队游运营商，重要城市还提供"无障碍公共汽车"（kneeling buses，通过液压设备将台阶降至路沿高度，以方便上下车的公共汽车），而出租车公司则有方便轮椅上下的车辆。如阿维斯（Avis）、赫兹（Hertz）等大型租车公司均提供配有手控装置的汽车，并且不收取额外费用（但需要提前通知）。新西兰航空也有极好的设施设备，可方便乘轮椅的残障旅行者使用。

活动

户外活动方面，环境保护部维护着大量适合轮椅出入的步道，并将之命名为"easy access short walks"，米尔福德前滩步道（Milford Foreshore Walk）就是一个不错的例子。

如果你更喜欢寒冷天气下的活动，不妨登录新西兰残障人士雪上运动网（Disabled Snowsports NZ; www.disabledsnowsports.org.nz）查询。

资源

Weka（www.weka.net.nz）提供不错的基本信息，下设包括交通和旅行在内分类信息。

盲人基金会（Blind Foundation, www.blindfoundation.org.nz）

聋人国家基金会（National Foundation for the Deaf, www.nfd.org.nz）

Mobility Parking（www.mobilityparking.org.nz）提供残障人士停车许可证（mobility parking permit）和在线申请服务。

同性恋旅行者

新西兰的同性恋旅游产业不如其他发达国家那么高调，但这里有较为进步的人权保护法律：2013年同性婚姻在此合法化，而自愿发生性关系的法定最小年龄为16周岁。一般而言，新西兰人在接受同性恋方面较为随意，但也不是说"恐同"人士并不存在。农村社区较为保守，在这里的公共场所应避免举止亲昵。

资源和活动

新西兰有许多专注于同性恋旅游的网站，新西兰同性恋旅游网（Gay Tourism New Zealand; www.gaytourismnewzealand.com）就是一个很好的引擎，提供各种网站的链接。其他值得一看的网站包括以下这些：

- www.gaynz.com
- www.gaynz.net.nz
- www.lesbian.net.nz
- www.gaystay.co.nz

不妨查阅每月全国发行的杂志《速递》（*Express*; www.gayexpress.co.nz），获取有关新西兰同性恋的最新资讯、评论和场所列表。

同性恋滑雪周（*Gay Ski Week*; www.gayskiweekqt.com）是每年8月、9月在皇后镇举办的冰雪盛会，引领着南岛节日的潮流。

女性旅行者

对于女性旅行者而言，新西兰通常是个很安全的地方，不过一些明智的常用防范措施也同样适用（无论男性女性）：避免深夜独行，绝不独自搭乘便车。如果你要出城，记得制定安全返回住地的计划。性骚扰在新西兰并不是被广泛报道的问题，但这当然不意味着它不会发生，登录www.womentravel.co.nz获取更多适合独行女性的团队游活动。

志愿者服务

新西兰拥有大量活力十足的户外志愿者活动，为游客提供亲近自然和参与环保项目的机会。项目活动种类丰富，包括种树、除草、步道施工、栖息地保护以及围栏搭建等。不妨在任一地区的游客信息中心询问当地志愿者工作的机会，并加入环境保护部组织的某项活动（www.doc.govt.nz/getting-involved）。你也可以查询以下在线资源：

- www.conservationvolunteers.

org.nz

- www.helpx.net
- www.nature.org.nz
- www.volunteeringnz.org.nz
- www.wwf.org.nz

工作

如果你持旅游签证抵达新西兰，就不得从事有偿工作。若是违反该（或任何其他）签证条件而遭查处时，你可能会被驱逐出境，从哪儿来回哪儿去。

如果你已被签发假期工作签证，新西兰有不少短期工作的机会，报酬大约在每小时$14～20（也不是很高）。此外，周边地区还有大量临时工作，主要是在农业（采摘水果、农耕、葡萄酒庄园）、服务业（酒吧工作、伺候进餐）或滑雪场工作。此外，高科技、银行、金融和电话推销领域也有办公室工作可寻。找一家当地的办公室工作介绍所注册，开始你的工作之旅吧。

对游客而言，采摘时令水果、修剪树枝和收割是主要的短期工作。从12月到次年5月，超过30,000公顷的苹果、猕猴桃和其他蔬果需要采摘。这些繁重的体力活需要你在炙热的太阳下与尘土亲密接触，因此人员的流动性很高。报酬通常按照你采摘的数量（每箱、每筐或每公斤）支付：如果你坚持一会儿，你的速度会越来越快，而且事实上赚到数量可观的现金。如果你在南岛上，不妨试试纳尔逊（塔帕韦拉和黄金湾）、莫尔伯勒（布莱尼姆附近）以及奥塔戈中部（亚历山德拉和罗克斯堡）。

在滑雪度假村或它所在的小镇里都能找到临时的冬季工作，包括吧台侍者、服务员、保洁员、滑雪吊索操作员，如果你有足够的资历，还可以从事滑雪或单板滑雪的指导工作。

资源

背包客的出版物、旅舍经理以及其他游客是你获得当地工作机会的最佳信息来源。Base Backpackers（www.stayatbase.com/work）通过其网站开展就业服务，而经济型背包客旅舍网站（www.bbh.co.nz）的信息公告（Notice Boards）页面则列出了其旅舍的空缺职位和一些其他机会。

Kiwi Careers（www.careers.govt.nz）的网站上列出了许多领域的求职机会（农业、创意产业、卫生、教育、志愿者工作和招聘），Seek（www.seek.co.nz）则是新西兰最大的求职网站之一，上面有数以千计的工作可供选择。

不妨查询滑雪度假村网站，寻找在一片冰天雪地中工作的机会。如果想在水果采摘/园艺领域小试身手，可以试试以下网站：

- www.seasonalwork.co.nz
- www.seasonaljobs.co.nz
- www.picknz.co.nz
- www.pickingjobs.com

所得税

死亡和税收——你永远都无法逃避！对于大多数游客而言，在新西兰境内挣来的钱都要缴纳所得税，并由雇主代扣代缴，这一过程被称为“所得税代扣制”（Pay As You Earn，简称PAYE）。

新西兰所得税的税率为，年薪$14,000及以下的11.95%，$48,000及以下的18.95%，$70,000及以下的31.45%以及更高收入的为34.45%。此外，还需要从薪水中扣除新西兰意外事故赔偿公司（ACC）的意外事故赔偿方案（大约1.5%）。请注意，这些税率每年都可能有小幅变动。

如果你在访问新西兰期间曾短期工作（如参加假期工作计划），你或许有资格在离开时要求退税。在你离开新西兰前提交一份退税申请是你获得退税的最好方式。想要获得更多资讯，登录税务局（Inland Revenue Department，www.ird.govt.nz）网站或致电☎03-951 2020。

税号

在新西兰境内从事有偿工作的游客（包括假期工作计划）必须先开立新西兰的银行账号，然后获得税号（Inland Revenue Department number）。你可以从税务局的网站（www.ird.govt.nz）上下载《个人税号申请表——非居民/离岸个人所得税742》（*IRD number application – non-resident/offshore individual IR742*）。税号的配发一般需要8～10个工作日。

交通指南

到达和离开

无论从何处前往新西兰南岛，似乎都是一段漫长的旅程，大多数游客从远方乘飞机前往北岛的奥克兰机场（Auckland Airport），然后再搭乘国内航班向南飞行。航班、游览活动和火车票可以在lonelyplanet.com/bookings上预订。

入境

新西兰的入境手续非常简单，只需要填写寻常的报关单，并从行李转盘上取回自己的托运行李即可。在严格控制的"乘客预先扫描"（Advance Passenger Screening）系统下，原本在你踏上新西兰国土后才检查的文件（护照、签证等），如今则会提前至你登机前进行——请确保你带齐了所有的文件，以便顺利入境。

护照

外国公民入境新西兰不受限制，只要你持有有效的护照和签证（免签国公民无需签证），就可以自由入境。

飞机

南岛全年都举办丰富多彩的活动，这意味着机场在大多数时候都颇为忙碌：如果你想要在一年中的旺季（例如圣诞节期间）飞赴新西兰，请提前预订机票。

前往该地区的航班旺季是夏季（12月至次年2月），旺季前后（10月、11月和3月、4月）会有少量优惠活动。淡季通常在冬季（6月至8月），不过在这个时候，航空公司会开始为运送滑雪爱好者而繁忙起来。

机场和航空公司

国际机场

尽管奥克兰机场是新西兰主要的航空枢纽，但南岛的一些机场也会接待国际航班，大多来自澳大利亚和亚洲国家：

基督城机场（Christchurch Airport；简称CHC；☎03-358 5029；www.christchurchairport.co.nz；30 Durey Rd）

达尼丁机场（Dunedin Airport；简称DUD；☎03-486 2879；www.dnairport.co.nz；25 Miller Rd，Momona）

皇后镇机场（Queenstown Airport；简称ZQN；☎03-450 9031；www.queenstownairport.co.nz；Sir Henry Wrigley Dr，Frankton）

抵离新西兰的航线

新西兰航空（Air New Zealand；www.airnewzealand.co.nz）是新西兰的国际航空公司，运

气候变化和旅行

任何使用碳基燃料的交通工具都会产生二氧化碳，这是人为导致气候变化的原因之一。空中旅行耗费的燃料以每公里人均计算比汽车少，而且其行驶的距离也要远得多。但是飞机在高空所排放的气体（包括二氧化碳）和颗粒同样对气候变化造成影响。许多网站提供"碳排量计算器"以便人们估算个人旅行所产生的碳排量，并鼓励人们参与减缓全球变暖的旅行计划，以抵消个人旅行对环境所造成的影响。Lonely Planet会抵消所有员工和作者旅行所产生的碳排放影响。

营飞往欧洲、北美、东亚、澳大利亚和太平洋的航班，并且在新西兰境内拥有广泛的航线网络。

如果从澳大利亚出发，维珍澳洲航空（Virgin Australia; www.virginaustralia.com）、澳洲航空（Qantas; www.qantas.com.au）、捷星航空（www.jetstar.com）和新西兰航空是主要的航班运营商。新西兰航空还经营往返北美的航线。其他从北美出发的航空公司包括加拿大航空（Air Canada; www.aircanada.com）和美国航空（American Airlines; www.aa.com）。

如果从欧洲出发，可选择的航空公司就更多了，英国航空（British Airways; www.britishairways.com）、汉莎航空（Lufthansa; www.lufthansa.com）和维珍大西洋航空（Virgin Atlantic; www.virginatlantic.com）都加入了该航线的竞争，此外还有很多其他航空公司的航班经停新西兰。

如果从亚洲或太平洋地区出发，你也有众多选择，中国、日本、新加坡、马来西亚、泰国和太平洋岛国都有直飞新西兰的航班。新西兰航空与中国国航共享代码，运营从北京、上海、南京、成都、重庆、大连等国内城市往返奥克兰、惠灵顿、皇后镇、达尼丁等地的直飞航班，预订信息请见官网：http://www.airnewzealand.cn/beijing-new-zealand。新西兰航空还提供香港往返奥克兰、惠灵顿、皇后镇、基督城等地的直飞航班，预订信息请见官网：http://www.airnewzealand.hk/new-zealand-flight-deals。

船

游艇 尽管并非直达，但是乘坐游艇往来于南岛、澳大利亚和太平洋诸岛之间还是有可能的，不妨去港口、码头、游艇和帆船俱乐部问问。**3**月和**4**月是搭船前往澳大利亚的最好时节，而**10**月至**11**月是从斐济出发的旺季，你在那时出游则可以避免遭遇台风。

游轮 如果你在寻找速度慢一些的出行方式，南岛的码头边停靠着大量游轮，提供各种直达航线。对新人而言，不妨试试**P&O Cruises（www.pocruises.com.au）**的行程。

货船 此外，在抵离新西兰的货船或商船上觅得一席之地也算一种奇特的出行方式，可查询www.freightercruises.com和www.freighterexpeditions.com.au等网站，获取更多信息。

离境税

从新西兰的国际机场离境时，你需要支付最多$25的国际“乘客服务费”，该费用将包含在你的机票中。此外，你还会被收取其他费用（如$1.50的民航费用，$12的航空安全服务费，$6的离境费，$16的到达费），这些费用也将包含在你的机票价格中。

当地交通

飞机

对于时间有限的游客而言，充分利用新西兰发达（且非常安全可靠）的国内航班网络穿梭于南岛各景点之间十分必要。

南岛的航空公司

该国的主要国内航空公司是新西兰航空，其航班网络几乎覆盖全国，新西兰支线航空（Air New Zealand Link）还经常运营乘客较少的航线；总部位于澳大利亚的捷星航空在新西兰主要城市和地区之间也设有航班，这两家公司搭载了新西兰大多数国内航班的乘客。除此以外，还有一些小规模的地区性航空公司提供前往斯图尔特岛和查塔姆群岛等边远小岛的必要航线。新西兰境内还有大量观光飞行和包机飞行的运营商，此处暂未列举。航空公司包括：

查塔姆航空（Air Chathams; ☎03-305 0209; www.airchathams.co.nz）提供从惠灵顿、基督城和奥克兰飞往偏远的查塔姆群岛的航班，还有奥克兰至瓦卡塔尼（Whakatane）的航线。

新西兰航空（☎0800 737 000 www.airnewzealand.co.nz）提供20余处国内目的地之间航班，并有众多海外航线。

Air2there.com（☎0800 777 000; www.air2there.com）的航班连接库克海峡（Cook Strait）两端的目的地，包括帕拉帕拉乌穆（Paraparaumu）、惠灵顿、纳尔逊和布莱尼姆。

Golden Bay Air（☎0800 588 885; www.goldenbayair.co.nz）提

供惠灵顿和黄金海湾塔卡卡(Takaka)之间的定期航班，还为前往希菲步道(Heaphy Track)的徒步旅行者提供飞向卡拉米亚(Karamea)的航线。

捷星航空(☎0800 800 995; www.jetstar.com)连接主要的旅游中心：奥克兰、惠灵顿、基督城、达尼丁、皇后镇、纳尔逊、纳皮尔(Napier)、新普利茅斯(New Plymouth)和北帕莫斯顿(Palmerston North)。

新西兰地区航空(Kiwi Regional Airlines; ☎07-444 5020; www.flykiwiair.co.nz)提供纳尔逊与达尼丁、哈密尔顿和陶朗加(Tauranga)之间航班的新航空运营商。

Soundsair(☎0800 505 005; www.soundsair.co.nz)每天有多次航班往返皮克顿与惠灵顿之间，并提供从惠灵顿前往布莱尼姆、纳尔逊、韦斯特波特和陶波(Taupo)的航班。此外，还有从布莱尼姆飞赴帕拉帕拉乌穆和纳皮尔，从纳尔逊飞赴帕拉帕拉乌穆的飞机。

斯图尔特岛航空公司(Stewart Island Flights; ☎03-218 9129; www.stewartislandflights.com)运营因弗卡吉尔和斯图尔特岛之间的航线。

航空套票

新西兰航空仅向来自美国或加拿大，且购买新西兰航空机票从美国、加拿大、澳大利亚或太平洋岛国飞往新西兰的游客提供物超所值的新西兰探索者套票(New Zealand Explorer Pass; www. airnewzealand.com/explorer-pass)，该套票允许旅行者在新西兰、澳大利亚、南太平洋岛屿和国家(包括诺福克岛、汤加、新喀里多尼亚、萨摩亚、瓦努阿图、塔希提、斐济、纽埃岛和库克群岛)的最多27处旅游目的地之间往返。套票费拆分成4组以距离计价的折扣价：一区航班US$99起(如奥克兰至基督城)，二区US$129起(如奥克兰至皇后镇)，三区US$214起(如惠灵顿至悉尼)，以及四区US$295起(如塔希提至奥克兰)。你可以在出发前或抵达新西兰之后购买套票。

自行车

在南岛上骑车的游客越来越多，特别是在夏季。新西兰干净整洁、环境优美而且交通并不拥挤，沿途还有很多便宜的住宿场所(包括露营地)和充沛的淡水。境内的路况大都很好，气候也很宜人。公路交通的危险性是最大的：卡车超车时距离骑车人太近就是一大典型的危险。在主要的旅游中心，租赁或购买自行车及相关装备很方便，自行车修理店也很普遍。

法律规定，所有自行车手必须佩戴经过批准的安全头盔(否则将面临罚款)，身着反光的安全服也很必要。想要使用公共交通的骑车人会发现，主要的公交线路和火车仅在“空间允许”的情况下同意乘客携带自行车上车，并将加收至多$10的费用。另一方面，一些小型班车公司则会为骑车人提供自行车的存放空间，但须额外支付费用。

如果你想要在新西兰境内用飞机托运或运送自行车入境，请提前了解相关航空公司的费用，以及自行车拆解和包装程度的要求。

登录www.nzta.govt.nz/traffic/ways/bike获取相关自行车安全和法律建议，新西兰自行车道(New Zealand Cycle Trail; Nga Haerenga; 见42页)是一片包括23条新西兰境内顶级车道的网络。

租车

大多数户外用品商店出租公路或山地自行车，租金通常为每小时大约$20至每天$60。若是长期租赁，可以协商价格。你经常可以在住宿地点(青年旅舍、假日公园等)租赁自行车，也可以在大型城镇上的自行车店内租赁性能更为卓越的车辆。

购买自行车

你可以轻易地在新西兰的大城市买到自行车，但新款价格很高。想要购买一辆混合型自行车或者耐用的山地自行车，需要支付$800~1800，不过，你可以用大约$500买到一辆便宜的(但届时你仍然需要购买车筐、头盔和车锁等，成本将会迅速攀升)。还可以选择在圣诞节后的促销时期和年中盘点时购买，那时较新的自行车会有大幅度的折扣。

船

新西兰虽然是个岛国，但国内几乎没有远距离的水上交通。不过南岛却有特例，这里有穿越库克海峡，往返于皮克顿和惠灵顿之间的岛际渡轮，以及越过福沃海峡(Foveaux Strait)，穿梭在布拉夫和斯图尔特岛的奥本(Oban)之间的客船。

如果你财力颇丰，不妨考

虑在新西兰海岸线上航行的游轮，把这作为泛南太平洋游览的一部分，P&O Cruises（www.pocruises.com.au）是这一服务的主要提供商。

长途汽车

在新西兰乘坐长途汽车相对方便，组织良好，提供将你送抵两岛最远端（包括数条步道的起点、终点）的服务，但费用不菲，且旅途冗长乏味。

新西兰主要的长途汽车公司是**InterCity**（www.intercity.co.nz），几乎可以把你运送至南岛和北岛的任何一地。它的主要竞争对手**Naked Bus**（www.nakedbus.com）也有类似的线路。两家公司最便宜的票价只要$1!

InterCity还有一条名为**Newmans Coach Lines**（www.newmanscoach.co.nz）的南岛观光支线，带你在皇后镇、基督城和西岸区的冰川间游览。

座椅等级和吸烟规定

新西兰的长途汽车上没有经济型或豪华型座位（非常民主）的分别，同时有严格的禁烟要求。

预订

在夏季、学校假期和公共假期中，热门线路的长途汽车票一定得提前预订（如果可能的话提前1~2周），其他时候提前一两天就够了。最优惠的车票一般都可在网上买到，提前几周预订即可。

长途汽车套票

如果你想去的地方很多，InterCity和Naked Bus都提供长途汽车套票，比分段购票实惠得多，但它们肯定会限制你在其相应的公交网络内换乘。套票的有效期通常为12个月。

除了套票外，InterCity还会为新西兰青年旅舍协会、国际学生（ISIC）、Nomads、经济型背包客青年旅舍协会或VIP背包客等的会员卡持有人提供大约10%的折扣。

南岛套票

在南岛上，InterCity提供6种随上随下的固定线路套票，巴士沿着西海岸行驶，价格为$119（往返于皮克顿和皇后镇）至$509（环南岛），线路不同，价格不一。可登录www.intercity.co.nz/bus-pass/travelpass获取详情。

全国套票

Flexipass InterCity提供的一种随上随下的套票，几乎允许你在新西兰从任何方向前往境内所有地方，包括乘坐穿越库克海峡的岛际渡轮。该套票按照行程时间销售，最短为15小时（$119），最长为60小时（$449）。购买小时数越多，平均成本越低。如果你需要更多行程时间，可以给套票充值。

Aotearoa Explorer, Tiki Tour & Island Loop 这是InterCity提供的随上随下固定线路的全国套票，这些套票将旅游热门地点连接起来，价格为$738~995。登录www.intercity.co.nz/bus-pass/travelpass可获取详情。

Naked Passport（www.nakedpassport.com）Naked Bus发售的这款套票可以让你购买车程（5车程起售），并随时增加车程，还可以根据需要预订车程。5/15/30段车程需花费$151/318/491，而无限制套票则需要支付$597—如果你要在新西兰旅游数月，这个选择物超所值。

班车

除了InterCity和Naked Bus之外，地区性的班车填补了小镇之间的交通空白。以下这些南岛上的班车运营商（登录www.tourism.net.nz/transport/bus-and-coach-services获取完整列表）提供定期班车和／或巴士团队游及包车服务：

Abel Tasman Travel（www.abeltasmantravel.co.nz）的巴士穿行在纳尔逊、莫图伊卡、黄金海岸和阿贝尔塔斯曼国家公园之间的公路上。

Atomic Shuttles（www.atomictravel.co.nz）提供南岛全境的班车服务，包括前往基督城、达尼丁、因弗卡吉尔、皮克顿、纳尔逊、格雷茅斯、霍基蒂卡、皇后镇和瓦纳卡的汽车。

Catch-a-Bus South（www.catchabussouth.co.nz）运营从因弗卡吉尔和布拉夫开往达尼丁和皇后镇的班车。

Cook Connection（www.cookconnect.co.nz）提供库克山、特威泽尔和特卡波湖之间的三角班车线路。

East West Coaches（www.eastwestcoaches.co.nz）运营基督城和韦斯特波特之间的班车线路，途经刘易斯隘口。

Hanmer Connection（www.hanmerconnection.co.nz）每天提供往返汉默斯普林斯和基督城之间的班车。

Tracknet（www.tracknet.net）在夏季提供步道（米尔福德、路特本和凯普勒）与皇后镇、蒂阿瑙和因弗卡吉尔之间的交通。

Trek Express（www.trek express.co.nz）在南岛的北部提供前往所有步道的班车服务。

West Coast Shuttle（www.westcoastshuttle.co.nz）每天都有班车从格雷茅斯前往基督城并返回。

背包客长途汽车

如果你想和一些志趣相同的背包客一起出行（甚至通宵达旦），以下这些运营商经营全国范围、南岛或北岛上固定线路的巴士团队游，费用通常包括食宿，可以随时上下车。

Adventure Tours New Zealand（www.adventuretours.com.au）在南岛、北岛或南北岛上提供5种为期11~22天的新西兰境内团队游。

Bottom Bus（www.travelh eadfirst.com/local-legends/botto m-bus）提供除达尼丁、因弗卡吉尔和皇后镇以外的南岛南部地区的团队游。

Flying Kiwi（www.flyingkiwi.com）组织新西兰境内活动丰富的有趣旅程（4~28天），包括露营和小木屋住宿。

Haka Tours（www.hakatours.com）3~16天冒险、滑雪和山地自行车主题的团队游。

Kiwi Experience（www.kiw iexperience.com）提供随时上下车的服务，同时也组织很多团队游。

Stray Travel（www.straytr avel.com）提供大量随时上下车的套票和团队游活动。

小汽车和摩托车

深度探索南岛的最好方式当然是自驾，你可以轻易地以合适的价格租到小汽车和露营房车。或者，如果你要在此逗留数月，不妨考虑买一辆车。

汽车协会

新西兰的汽车协会（Automobile Association，简称AA；☎0800 500 444；www.aa.co.nz/travel）提供紧急救援服务、地图和住宿指南（包括假日公园、汽车旅馆和民宿）。

外国汽车协会的会员请记得携带会员卡——许多这样的协会都和新西兰汽车协会订立过互惠协议。

驾照

前往新西兰的国际游客可以使用本国颁发的驾照。如果你的驾照不是英文的话，随身携带经公证的翻译件是个不错的主意。或者，你也可以使用国际驾照（International Driving Permit，简称IDP），一般由你本国的汽车协会签发（有效期为12个月）。

燃料

新西兰全境的加油站都可以为你提供燃料（汽油）：若你驾驶着20世纪70年代的老爷车到处转悠，那就只能加“无铅汽油”或液化气（LPG）。液化气在乡村并不常见，如需要燃气，保险起见最好开一辆油气双燃料车。除了偏远地区，如米尔福德峡湾和库克山等地，其他地方油价相差不大，本书写作期间，每升大约在$2。

租车

露营房车

在新西兰的任何一条车道上行驶，你都能从后视镜中看见非常酷炫的白色露营房车紧跟着你，里面载着无拘无束的旅行者、山地自行车和便携式烧烤炉。

大大小小的城镇都设有提供电力的露营地或假日公园（你可以在那里为你的汽车充电），收费约为每晚$35。新西兰境内还有250余座可供机动车进入的露营地，由环保部（www.doc.govt.nz）运营，价格从免费到每位成人$15：详情请见网站，或351页。

你可以从不少租车公司租到房车，价格随季节、房车型号和租期不同而有所差异。

准乘两人的小房车基本都配备了迷你厨房和折叠餐桌，后者还可以在用餐结束、收拾妥当后变身为一张双人床。稍大的“高级”双铺房车包含淋浴和厕所，而4~6铺位的房车尺寸和卡车无异（同时也很笨重），除了宽敞的空间外，通常还配备了厕所和淋浴。

夏季，主要的租车公司都会提供2/4/6铺位的露营房车，提前6个月预订并租1个月之久，租金约为每天$110/150/210起，而冬季的价格则会有所降低，每天$50/70/100。

主要的房车租赁公司包括：

Apollo（☎09-889 2976，0800 113 131；www.apollocamp er.co.nz）

Britz（☎09-255 3910，0800 081 032；www.britz.co.nz）还提供Britz自行车（增加一辆山地或城市自行车，每天$12起）。

Kea（☎09-448 8800，0800 464 613；www.keacampers.com）

Maui（☎09-255 3910，0800 688 558；www.maui.co.nz）

Wilderness Motorhomes（☎09-282 3606；www.wilderness.co.nz）

背包客露营房车

经济型房车出租公司为背包客提供了外观时尚（通常是酷炫的彩绘喷色）、装配良好的房车，价格也很有竞争力（5月至9月2/4铺房车每天$25/50起；12月至次年2月每天$90/150起）。主要运营商包括：

Backpacker Sleeper Vans（☎0800 321 939, 03-359 4731; www.sleepervans.co.nz）

Escape Campervans（☎0800 216 171; www.escaperentals.co.nz）

Hippie Camper（☎0800 113 131; www.hippiecamper.co.nz）

Jucy（☎09-929 2462, 0800 399 736; www.jucy.co.nz）

Mighty Cars & Campers（☎0800 422 505; www.mightycampers.co.nz）

Spaceships（☎0800 772 237, 09-526 2130; www.spaceshipsrentals.co.nz）

小汽车

南岛的租车公司之间竞争非常激烈，特别是在一些大城市和皮克顿。务必牢记，如果你想要驾车长途旅行，需要租用不限里程数的车辆。部分（但不是全部的）公司会要求司机至少年满21岁——建议你四处打听打听。

大多数租车公司建议（或坚持）不要将车开到穿越库克海峡的渡轮上。你可以把车停在惠灵顿或皮克顿的停车点，跨过海峡后再选一辆车继续旅行，这会帮你省下一笔运费，而且不会遇到什么麻烦。

国际租车公司

大型跨国公司在大多数主要城市、小镇和机场都设有办事处。租车公司有时提供单程租赁服务（即你可以在皇后镇提车，并在基督城还车），但你通常会受到一些限制并需缴纳费用。另外，若因弗卡吉尔的租车公司需要调运一辆车至布莱尼姆，这时该方向的单程租车就会非常划算（有时甚至是免费的）。

主要的租车公司提供两种选择：一种不限里程数，另一种是里程数在每天100公里（或左右）免费，超出部分按公里计费。在主要的城市，一辆紧凑型新款日系车的租金为每天$40左右，中型车辆约为$75（含消费税、无限里程和保险）。

阿维斯（Avis; ☎09-526 2847,0800 655 111; www.avis.co.nz）

Budget（☎09-529 7784, 0800 283 438; www.budget.co.nz）

Europcar（☎0800 800 115; www.europcar.co.nz）

赫兹（Hertz; ☎03-358 6789, 0800 654 321; www.hertz.co.nz）

Thrifty（☎03-359 2720, 0800 737 070; www.thrifty.co.nz）

本地租车公司

本地的租车公司大量涌现。这些公司的价格通常都比大型租车公司低廉——有时甚至半价，但便宜的价格伴随着严重的问题：通常车辆较旧，停车场可能距离机场/市中心很远，而手续的不正规有时也会导致租车人的法律权益得不到有效保障。

从当地公司租用最小型号的汽车价格约为每天$30。如果你租一周或更长时间，价格还可以更为便宜。此外，这些公司还经常提供淡季和周末折扣。

价格公道且拥有全国网络的独立运营商有：

a2b Car Rentals（☎09-254 4397, 0800 545 000; www.a2b-car-rental.co.nz）

Ace Rental Cars（☎09-303 3112, 0800 502 277; www.acerentalcars.co.nz）

Apex Rentals（☎03-363 3000, 0800 500 660; www.apexrentals.co.nz）

Ezi Car Rental（☎09-254 4397, 0800 545 000; www.ezicarrental.co.nz）

Go Rentals（☎09-974 1598, 0800 467 368; www.gore ntals.co.nz）

Omega Rental Cars（☎09-377 5573, 0800 525 210; www.omegarentalcars.com）

Pegasus Rental Cars（☎09-275 3222, 0800 803 580; www.rentalcars.co.nz）

Transfercar（☎09-630 7533; www.transfercar.co.nz）提供单程租车服务的专家。

摩托车

生性狂野？南岛拥有适合摩托车出行的绝佳地形，尽管部分地区有着变化无常的天气。岛上大部分出租摩托车的商店位于基督城内，你可以在那里租到各种车型，从小型的50cc轻便摩托车（又名nifty-fifty）到马力十足的750cc旅行摩托，应有尽有。以下推荐的运营商（也组织导览游）提供的价格为每天$50起：

New Zealand Motorcycle Rentals & Tours（☎09-486 2472; www.nzbike.com）

Te Waipounamu Motorcycle Tours（☎03-372-3537; www.

公路里程(公里)

	奥拉基/库克山	亚瑟隘口	布莱尼姆	克赖斯特彻奇(基督城)	达尼丁	弗朗兹约瑟夫冰川	格雷茅斯	汉默斯普林斯	霍基蒂卡	因弗卡吉尔	凯库拉	米尔福德峡湾	纳尔逊	奥马鲁	皮克顿	昆斯敦(皇后镇)	蒂阿瑙	蒂马鲁	瓦纳卡
亚瑟隘口	410																		
布莱尼姆	635	420																	
克赖斯特彻奇(基督城)	330	150	310																
达尼丁	325	455	665	360															
弗朗兹约瑟夫冰川	485	230	500	390	560														
格雷茅斯	510	95	330	250	550	180													
汉默斯普林斯	460	265	260	140	490	395	215												
霍基蒂卡	510	100	370	250	550	135	40	255											
因弗卡吉尔	440	660	870	570	210	530	710	700	665										
凯库拉	505	290	130	185	535	540	330	135	390	745									
米尔福德峡湾	540	840	1060	760	410	630	805	890	770	275	930								
纳尔逊	745	370	115	425	775	470	290	310	335	990	245	1100							
奥马鲁	210	340	550	250	115	510	430	375	435	325	420	525	660						
皮克顿	660	450	30	340	690	530	355	290	400	900	160	1090	120	580					
昆斯敦(皇后镇)	260	565	785	480	285	355	530	610	490	190	660	290	820	290	815				
蒂阿瑙	420	725	945	640	295	515	690	770	650	160	815	120	980	410	975	170			
蒂马鲁	210	260	465	165	200	490	350	295	360	410	340	605	580	85	495	330	490		
瓦纳卡	210	510	730	430	280	285	465	555	420	245	600	345	755	230	760	70	230	275	
韦斯特波特	610	195	260	340	650	280	100	220	145	810	330	905	230	535	290	630	790	455	565

motorcycle-hire.co.nz)

保险

与其承受意外的经济损失，不如购买一份综合保险，或者（也是通常的选择）每天支付租车公司一笔额外的费用，以降低事故中你必须支出的费用，大约可从$1500或$2000降至大约$200或$300。租金便宜的小型租车公司通常强制要求购买保险，可用信用卡提供保证金，费用约为$900。

大多数保单不会承保玻璃（包括挡风玻璃）或轮胎损坏的费用，而且承保范围一般不含因在沙滩和未铺设柏油的特定粗糙（四驱车）道路行驶产生的问题——请仔细阅读保单上的细则。

登录www.acc.co.nz可了解新西兰意外事故赔偿公司的保险计划（无过错人身伤害保险）信息。

购车

买辆车环游新西兰，旅行结束时再卖掉，这不失为一种最为划算的最佳旅行方式。在南岛上，基督城是购车最方便的城市。Turners Auctions（www.turners.co.nz）是新西兰最大的汽车拍卖行，在新西兰境内有10家分店。

合法性

务必确保你的车具有合格证（Warrant of Fitness，简称WoF），并在有效的注册期内，登录新西兰交通局（New Zealand Transport Agency; www.nzta.govt.nz）网站查询详情。

购车人还应当购买第三者责任险，这样可以确保因为你的过失而造成第三方车辆毁损时可由保险公司赔付修理费，不妨联系**汽车协会**（AA; ☎0800 500 444; www.aa.co.nz/travel）办理此业务。新西兰的事故赔偿公司（www.acc.co.nz）提供的无过错保险计划承保人身伤害，但请确保你同时购买了旅行保险。

如果你正在考虑购买汽车，并希望有人为你检验，这里有很多汽车检修公司以大约$150的价格提供服务。你可以在汽车拍卖行找到他们，或者他们也会主动联系你。不妨试试**Vehicle Inspection New Zealand**（简称VINZ；☎09-573 3230，0800 468 469；www.vinz.co.nz）或汽车协会。

购买之前，请核实车辆所有权，并查证该车是否存在瑕疵（如赃车或存在未清偿债务等）是较为明智的做法。汽车协会的**LemonCheck**（☎09-420 3090， 0800 536 662；www.lemoncheck.co.nz）提供该项服务。

回购协议

与销售商签订一份回购协议可以有效避免自主买/卖车辆带来的麻烦。可以预见的是，销售商经常会狡猾地压低回购价格，甚至可能比你购买的价格低一半，所以如果有时间的话，自行租车或买卖车辆是更为划算的选择。

道路危险

外国司机在新西兰发生道路交通事故的几率异乎寻常的高，大约30%的交通事故中有非本地司机的身影。南岛的交通状况通常比较理想，但是很容易就被行驶在前方的慢速卡车或房车阻挡。请保有足够的耐心，并在驾驶前掌握交通规则。新西兰还有大量绵延起伏的道路、单行桥和许多砂石路，所有这些道路均需要你更为小心地驾驶。此外，留意路上的绵羊！

想要了解路况，请致电☎0800 444 449，或登录www.nzta.govt.nz/traffic查询。

交通规则

新西兰人靠道路左侧行驶，驾驶员的位置在车的右侧，而在路口则需避让右边行驶的车辆。

在单行桥（这种桥梁的数量多得惊人）上，如果较小的红色箭头指向你前进的方向，这意味着你需要让行。

开放路段的限速一般为100公里/小时，高楼林立的区域限速通常为50公里/小时。到处都有限速摄像头和雷达。

机动车上的所有乘客都必须系安全带，否则就会遭到罚款。儿童则必须坐在检验合格的安全座椅中并系上安全带。

驾车时一定要携带驾照。在新西兰，酒驾是一项严重的违法行为，会带来严重的后果，尽管广泛宣传且惩罚严厉，但酒驾行为仍屡禁不止。血液中酒精含量的法定上限是：20岁以上的司机为0.05%，不满20岁的则为0。

搭便车和拼车

在新西兰搭便车并非绝对安全，因此我们不推荐这么做。搭便车的旅行者应当意识到，自己需要承担的风险可能非常严重。尽管如此，在新西兰乡间小路沿途要求搭便车的旅行者还是颇为常见。

或者，你也可以查询青年旅舍的告示板，看看是否有拼车的机会。

当地交通工具

公共汽车、火车和有轨电车

南岛上较大的城市中分布着大量公共汽车线路，但除了一些"敬业"的地方外，基本只在工作日的白天运营，周末班次不频繁，有些班次周末甚至停运。基督城设有免费的城际往返班车服务，以及历史悠久的有轨电车服务。

南岛上没有专门用于日常通勤的火车。

出租车

主要城市都提供出租车，即便在小镇上也有出租车服务。出租车按里程计费，而且通常较为可靠，值得信赖。

火车

在新西兰，乘坐火车是为了游玩，而不是急急忙忙地赶着抵达什么地方。**KiwiRail Scenic Journeys**（☎0800 872 467，04-495 0775；www.kiwirailscenic.co.nz）运营4条线路，包括以下所列的位于南岛的两条。你可以直接在KiwiRail Scenic Journeys或者在大多数的火车站、旅行社和游客信息中心进行预约。所有车次都在白天运营（不提供卧铺）。

TranzAlpine 这是世界上最著名的火车线路之一，越过南阿尔卑斯山，往返于基督城和格雷茅斯之间。

Coastal Pacific 沿着南岛的东部海岸线行驶，穿梭于基督城与皮克顿之间。

火车套票

持有KiwiRail Scenic Journeys Scenic Journey Rail Pass (www.

kiwirailscenic.co.nz/scenic-rail-pass) 可以享受该公司所有线路的无限次搭乘，包括乘坐从皮克顿至惠灵顿的岛际渡轮。套票分为两种，但均要求你在临行前至少提前24小时预订座位：

固定套票（Fixed Pass）有限期限的套票，1/2/3周的价格分别为每位成人$599/699/799（儿童票较为便宜）。

自由套票（Freedom Pass）允许你在12个月的期限内的特定天数内搭乘火车，一张3/7/10天的套票需花费$417/903/1290。

语言

新西兰有3种官方语言：英语、毛利语和新西兰手语。虽然在任何地方你都会听到英语，但是毛利语已经开始复苏。在新西兰，你可以对任何人讲英语，但在有些场合，比如拜访会堂（marae）的时候，懂一点毛利语很有帮助，因为那时人们通常只讲毛利语。了解一些毛利语也有助于你识别许多毛利地名。

新西兰英语

与世界上其他英语国家的人一样，新西兰人用自己独特的方式讲英语。平舌发元音是新西兰英语最显著的特色。例如"fish and chips"听起来更像是"fush and chups"。在北岛，句子末尾常被加上"eh!"的音，而在最南边，卷舌音"r"很常见，这是因为当地语言继承了该地区的苏格兰传统——在南岛尤其明显。

毛利语

毛利人用歌曲和赞美诗记录历史，生动活泼，它们讲述了毛利人从波利尼西亚移民到新西兰等重大历史事件。早期的传教士是第一批以文字形式记载该语言的人，他们仅使用了15个英语字母就完成了这一工作。

毛利语与夏威夷语、大溪地语和库克群岛毛利语等其他波利尼西亚语言的关系很密切。事实上，新西兰毛利语和夏威夷语十分相似，虽然火奴鲁鲁和奥克兰相隔7000公里。

毛利语言从未消逝，毛利人在仪式中经常用到，但随着时间的流逝，人们对它的熟悉度在下降。幸运的是，这些年来人们对毛利语的兴趣有所增长，这成为毛利文化（Maoritanga）复兴的重要组成部分。多年来，很多毛利人能够在会堂听到这种语言，但是日常生活中并不使用，现在他们在学习这种语言而且讲得很流利。全新西兰的学校都教授毛利语，很多英语地名也用毛利语重新命名，有些政府部门甚至也有毛利语名字：例如税务局，也被称为"Te Tari Taake"（最后一个词实际上就是"take"，意思是"征收"，但是该部门选择把它拼写为"aa"来强调长音）。

在许多地方，毛利人聚到一起将其语言和文化传授给孩子，想要让他们在成长的过程中既会毛利语又会英语，并熟悉毛利传统。掌握这门语言是值得骄傲的事。在一些会堂里，人们只讲毛利语。

发音

毛利语流畅并富有诗意，一旦学会把每个词（有的可能极长）的音节拆分，它的发音就非常容易掌握。这种语言的每个音节都以元音结尾，没有不发音的字母。

毛利语中大多数辅音（h、k、m、n、p、t和w）都和英语中的辅音发音相同。毛利语的"r"是一个闪音（不卷舌），发音时需要把舌头顶在嘴前部。它的发音更接近英语中的"l"。

ng的发音类似英语单词"singing"或"running"中的发音一样，可以用于词首，也可以用于词尾。要练习的话，就反复说"ing"，然后把其中"ng"的部分分离出来。

wh这两个字母一起出现时，其发音通常和英语中的软腭音"f"一样。新西兰很多地方都用到了这个发音，比如Whakatane、

Whangaroa和Whakapapa（发音都如同软腭音“f”开头）。有的地方有所差异：比如，在旺阿努伊河周围的区域，wh的发音与英语单词“when”的发音一样。

元音的正确发音很重要。下面的例子是粗略的指南，仔细听毛利语说得好的人讲话对你掌握这门语言很有帮助。每个元音都有个长音，还有个短音，人们经常用字母上的横线或双元音来表示长音。本书中没有对长短元音区分标注。

元音

a	如同“large”，“r”不发音
e	如同“get”
i	如同“marine”
o	如同“pork”
u	如同“moon”的“oo”

元音组合

ae，ai	如同“sky”的“y”
ao，au	如同“how”的“ow”
ea	如同“bear”
ei	如同“vein”
eo	如同“eh-oh”
eu	如同“eh-oo”
ia	如同人名“Ian”
ie	如同“yet”的“ye”
io	如同“ye old”的“ye o”
iu	如同“cue”的“ue”
oa	如同“roar”
oe	如同“toe”
oi	如同“toil”
ou	如同“how”的“ow”
ua	如同“fewer”的“ewer”

问候和闲谈

使用毛利语问候越来越受欢迎——如果有人对你说Kia ora，请不要惊慌失措。

欢迎！	Haere mai!
你好。/祝你好运。/祝你健康。	Kia ora.
你好。（对一个人说）	Tena koe.
你好。（对两个人说）	Tena korua.
你好。（对三个人或以上的人说）	Tena koutou.
再见。（对留下来的人说）	E noho ra.
再见。（对要离开的人说）	Haere ra.
你好吗？（对一个人说）	Kei te pehea koe?
你好吗？（对两个人说）	Kei te pehea korua?
你好吗？（对三个人或以上的人说）	Kei te pehea koutou?
很好，谢谢。/还挺好的。	Kei te pai.

毛利地理术语

下列词汇构成了新西兰很多毛利地名的一部分，有助于你理解这些地名的意思。例如：Waikaremoana是指细浪（kare）水域（wai）之海（moana），而Rotorua（罗托鲁阿）的意思是第二（rua）湖（roto）。

a——……的

ana——洞穴

ara——路，路径，道路

awa——河流或山谷

heke——下降

hiku——末尾，尾巴

hine——女孩；女儿

ika——鱼

iti——小的

kahurangi——宝贵的财产；特别的绿玉

kai——食物

kainga——村庄

kaka——英语

kare——细浪

kati——关闭或关上

koura——小龙虾

makariri——冷的

manga——溪流或支流

manu——鸟

maunga——山

moana——海或湖

moko——文身

motu——岛屿

mutu——完成的，结束的

nga——定冠词（相当于the的复数）

noa——普通的，不神圣的

nui——大或伟大的

nuku——距离

o——……的，……的地方

one——沙滩，沙子或泥土

pa——军事要塞村

papa——大块蓝灰色泥岩

pipi——常见的可食用的双壳类

pohatu——石头

poto——短的

pouri——悲伤的；暗淡的；阴沉的

puke——小山

puna——泉水；泉眼；喷泉

rangi——天空；天堂

raro——北

rei——宝贵的财产

roa——长

roto——湖泊

rua——地上的洞；两个

runga——上面

tahuna——沙滩；沙洲

tane——男人

tangata——人们

tapu——神圣的，禁止的或禁忌的

tata——接近；撞击；双岛

tawaha——入口或开口

tawahi——（河流或湖泊的）另一边

te——定冠词（相当于the）

tonga——男

ure——男性生殖器

uru——西

waha——破碎的

wahine——女人

wai——水

waingaro——丢失的；在某些季节消失的水域

waka——独木舟

wera——烧掉的或温暖的；漂浮的

wero——挑战

whaka——作为……，表现为……

whanau——家庭

whanga——海港，海湾或水湾

whare——房子

whenua——陆地或者国家

whiti——东

由上述词语组成的地名还有：

Aramoana——海（moana）路（ara）

Awaroa——长（roa）河（awa）

Kaitangata——吃（kai）人（tangata）

Maunganui——大（nui）山（maunga）

Opouri——悲伤（pouri）的地方（o）

Te Araroa——这条（te）长（roa）路（ara）

Te Puke——这座（te）小山（puke）

Urewera——烧焦的（wera）男性生殖器（ure）

Waimakariri——冷（makariri）水（wai）

Wainui——大（nui）海（wai）

Whakatane——作为（whaka）男人（tane）

Whangarei——宝贵的（rei）海港（whanga）

术语表

下面的列表包含本书中用到的缩略语、“新西兰英语”、毛利语、俚语以及你在新西兰可能听到的词汇。

All Blacks——全黑队，新西兰备受推崇的国家橄榄球队

ANZAC——澳新军团，澳大利亚和新西兰军团

Aoraki——奥拉基/库克山的毛利语名字，意为“穿透云霄”

Aotearoa——新西兰的毛利语名字，通常被翻译为“长白云之乡”

aroha——爱

B&B——民宿，提供床铺和早餐

bach——度假屋（发音同“batch”）；另见crib

black-water rafting——黑水漂流，在地下洞穴乘筏或轮胎漂流

boozer——酒吧

bro——字面意思是“兄弟”，通常用来称呼伙伴

BYO——“自带酒水”的缩写，通常用于餐馆或咖啡馆的酒精饮品

choice/chur——极好的，太棒了

crib——奥塔戈和南部的度假屋（bach）

DB&B——提供“晚餐、床铺和早餐”的半食宿地点

DOC——环境保护部（或Te Papa Atawhai）；管理国家公园、步道和小屋的部门

eh?——大致翻译为“不是吗？”

farmstay——新西兰农场住宿

football——联合会式或联盟式橄榄球，有的时候指英式足球

Great Walks——伟大的徒步，新西兰境内的九条著名徒步路线

greenstone——绿玉，普纳姆（pounamu）

gumboots——橡胶靴或高筒靴，得名于橡胶地里的采掘者

haka——舞蹈，但通常指战舞

hangi——一种炉子，把盛放食物的篮子置于炉子里的余烬上，可将食物蒸熟；毛利宴会

hapu——亚部落或更小的部落群集

Hawaiki——夏威基，毛利人的最初故乡

hei tiki——仿效某种风格的人物雕像饰品，可以戴在脖子上，也叫作tiki

homestay——家庭寄宿

hongi——碰鼻礼，毛利人的问候；前额和鼻子接触，分享生命的气息

hui——聚集，会面

i-SITE——游客信息中心

iwi——大型聚居部落，其共同的世系可追溯到来自毛利人家乡夏威基的原始移民；人们；部落

jandals——“日式凉鞋”的缩写，平底人字拖鞋，通常是橡胶鞋类

jersey——毛衫（通常是羊绒的），橄榄球员的球衫

kauri——贝壳杉

kia ora——你好

Kiwi——新西兰人；指与新西兰有关的任何东西的形容词

kiwi——几维鸟，鹬鸵；一种不会飞的鸟，有长长的喙部，在夜间生活

Kiwiana——与新西兰生活和文化有独特的东西，特别是与过去有关的

kiwifruit——一种多汁的小水果，果皮呈棕色，有绒毛，果肉绿色多汁；就是猕猴桃或奇异果（zespri）

kumara——波利尼西亚红薯，毛利人的一种主食

Kupe——库佩，来自毛利人家乡的波利尼西亚领海者，被视为发现了现在的新西兰的人

mana——一个人或物体的精神品质；权威或声望

Maori——毛利人，即新西兰原住民

Maoritanga——毛利人的东西，例如毛利文化

marae——毛利人集会地会堂前的空地，更常用来指整个建筑物

Maui——毛伊，毛利（波利尼西亚）神话人物

mauri——生命力量和法则

moa——恐鸟，一种大型鸟类，不能飞，已灭绝

moko——文身，通常指面部文身

nga——定冠词the的复数，另见te

ngai/ngati——字面意思是“……的人”或“……的后裔”；部落（在南岛的发音为“kai”）

NZ——指代新西兰的通用词汇，读作“en zed”

pa——毛利军事防御村，通常位于山顶

Pacific Rim——现代新西兰菜肴，运用引进方式烹调当地农产品

Pakeha——毛利语中指代白人或欧洲人的词汇

Pasifika——太平洋岛屿文化

paua——鲍鱼贝壳；用来做首饰的罕见彩色贝壳

pavlova——奶油水果蛋白霜蛋糕；砂糖和蛋白掺制的糕饼，外层涂油奶油和奇异果

PI——太平洋岛民的简称

poi——亚麻织品做的球

pounamu——毛利语中的绿玉，普纳姆

powhiri——传统的毛利欢迎语，在会堂中使用

rip——海滩上强烈危险的退潮激流

Roaring Forties——咆哮西风带，南半球南纬40度至50度之间的海洋，以强风闻名

silver fern——银蕨，全黑队和其他新西兰国家队的运动员球衫上的标志；新西兰国家篮网球队就被称为“银蕨队”

sweet，sweet as——万能词汇，极好的，棒极了

tapu——毛利文化中的一种强大力量，有众多含义；最简单的意思是神圣的、禁止的、禁忌的

te——定冠词the的单数；另见nga

te reo——意为“语言”，毛利语言

tiki——hei tiki 简称

tiki tour——观景旅行

tramp——丛林徒步，徒步旅行

tuatara——大蜥蜴，一种要追溯到与恐龙同时期的史前爬行动物

tui——当地的蜜雀

wahine——女人

wai——水

wairua——精神

Waitangi——《怀唐伊条约》的简称

waka——独木舟

Warriors——武士队，新西兰著名的橄榄球俱乐部，隶属于澳大利亚国家橄榄球联赛

Wellywood——惠灵顿的别称，因为电影业发展繁荣而被称为“惠莱坞”

zorbing——太空球，坐在充气塑料球内沿山滚下

幕后

说出你的想法

我们很重视旅行者的反馈——你的评价将鼓励我们前行，把书做得更好。我们同样热爱旅行的团队会认真阅读你的来信，无论表扬还是批评都很欢迎。虽然很难一一回复，但我们保证将你的反馈信息及时交到相关作者手中，使下一版更完美。我们也会在下一版特别鸣谢来信读者。

请把你的想法发送到**china@lonelyplanet.com.au**，谢谢！

请注意：我们可能会将你的意见编辑、复制并整合到Lonely Planet的系列产品中，例如旅行指南、网站和数字产品。如果不希望书中出现自己的意见或不希望提及你的名字，请提前告知。请访问lonelyplanet.com/privacy了解我们的隐私政策。

声明

气候图表数据引用自Peel MC,Finlayson BL & McMahon TA (2007) '*Updated World Map of the Köppen-Geiger Climate Classification*', *Hydrology and Earth SystemSciences*, 11, 163344。

封面图片：峡湾地区国家公园，Robert Harding World Imagery/Alamy。

本书部分地图由中国地图出版社提供，其他为原书地图，审图号GS (2017) 341号。

关于本书

这是Lonely Planet《新西兰南岛》的第五版。本书的作者为查尔斯·罗林斯卫、莎拉·本奈特、李·斯雷特和彼得·德拉吉策维奇。

本书为中文第一版，由以下人员制作完成：

项目负责 关媛媛

项目执行 丁立松

翻译统筹 肖斌斌 王玫珺

翻　　译 陈薇薇 黄祎杰 陈 侃 诸晓雯

内容策划 王 珏（本土化内容） 涂 识

视觉设计 李小棠 陈 斌

协调调度 高 原

责任编辑 马 珊 李偲涵

编　　辑 于佳宁

地图编辑 马 珊

制　　图 刘红艳

流　　程 孙经纬

终　　审 朱 萌

排　　版 北京锋尚制版有限公司

感谢向阳、兰珊、苗卉、普黎洋为本书提供的帮助。

索 引

000 地图页码
000 图片页码

H

I

J

K

L

M

N

000 地图页码
000 图片页码

Z

地图图例

景点

- 海滩
- 鸟类保护区
- 佛教场所
- 城堡
- 基督教场所
- 孔庙
- 印度教场所
- 伊斯兰教场所
- 耆那教场所
- 犹太教场所
- 温泉
- 神道教场所
- 锡克教场所
- 道教场所
- 纪念碑
- 博物馆/美术馆/历史建筑
- 历史遗址
- 酒庄/葡萄园
- 动物园
- 其他景点

活动、课程和团队游

- 人体冲浪
- 潜水/浮潜
- 潜水
- 皮划艇
- 滑雪
- 冲浪
- 游泳/游泳池
- 徒步
- 帆板
- 其他活动

住宿

- 住宿场所
- 露营地

就餐

- 餐馆

饮品

- 酒吧
- 咖啡馆

娱乐

- 娱乐场所

购物

- 购物场所

实用信息

- 银行
- 使领馆
- 医院/医疗机构
- 网吧
- 警察局
- 邮局
- 电话
- 公厕
- 旅游信息
- 其他信息

地理

- 棚屋/栖身所
- 灯塔
- 瞭望台
- 山峰/火山
- 绿洲
- 公园
- 关隘
- 野餐区
- 瀑布

人口

- 首都、首府
- 一级行政中心
- 城市/大型城镇
- 镇/村

交通

- 机场
- 过境处
- 公共汽车
- 缆车/索道
- 自行车路线
- 轮渡
- 地铁
- 单轨铁路
- 停车场
- 加油站
- 出租车
- 铁路/火车站
- 有轨电车
- 其他交通方式

路线

- 收费公路
- 高速公路
- 一级公路
- 二级公路
- 三级公路
- 小路
- 未封闭道路
- 广场
- 台阶
- 隧道
- 步行天桥
- 步行游览路
- 步行游览支路
- 小路

境界

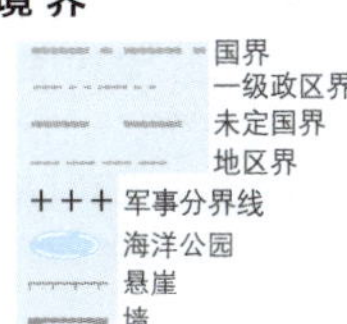

- 国界
- 一级政区界
- 未定国界
- 地区界
- 军事分界线
- 海洋公园
- 悬崖
- 墙

水文

- 河流、小溪
- 间歇河
- 沼泽/红树林
- 暗礁
- 运河
- 水域
- 干/盐/间歇湖
- 冰川
- 珊瑚礁

地区特征

- 海滩/沙漠
- 基督教墓地
- 其他墓地
- 公园/森林
- 运动场
- 一般景点(建筑物)
- 重要景点(建筑物)

注：并非所有图例都在此显示。

我们的故事

一辆破旧的老汽车，一点点钱，一份冒险的感觉——1972年，当托尼（Tony Wheeler）和莫琳（Maureen Wheeler）夫妇踏上那趟决定他们人生的旅程时，这就是全部的行头。他们穿越欧亚大陆，历时数月到达澳大利亚。旅途结束时，风尘仆仆的两人灵机一闪，在厨房的餐桌上制作完成了他们的第一本旅行指南——《便宜走亚洲》(*Across Asia on the Cheap*)。仅仅一周时间，销量就达到了1500本。Lonely Planet 从此诞生。

现在，Lonely Planet 在都柏林、富兰克林、伦敦、墨尔本、奥克兰、北京和德里都设有公司，有超过 600 名员工和作者。在中国，Lonely Planet 被称为“孤独星球”。我们恪守托尼的信条：“一本好的旅行指南应该做好三件事：有用、有意义和有趣。”

我们的作者

查尔斯·罗林斯卫（Charles Rawlings-Way）

生于英国，机缘巧合地成了澳大利亚人，是全黑队的球迷。他对长白云之乡的早期认识不太全面（羊群、大山、大山上的羊群……），直到1981年，一个云游四方的叔叔带回来一块仿玉提基神像，查尔斯才发现新西兰除了大山和羊群之外还有其他东西。1982年，在看到身着米黄色队衣的新西兰板球队队员后，他心生崇敬，于是开始写作。塔拉纳基山的雪峰、纳皮尔的艺术、旺阿努伊不羁的魅力都让他沉醉。这一次，他又深深陶醉于新西兰梦幻般的风景、淳朴的民风和新西兰人掌握政治及自身命运的决心。查尔斯撰写了本书的“计划你的行程”（除了“南岛徒步”“南岛滑雪”和“南岛极限运动”）、“今日新西兰南岛”“艺术和音乐”和“生存指南”等章节。

莎拉·本奈特和李·斯雷特（Sarah Bennett & Lee Slater）

莫尔伯勒和纳尔逊、西岸区、克赖斯特彻奇（基督城）和坎特伯雷　莎拉和李对于新西兰旅行非常熟悉，尤其擅长户外探险活动，例如徒步、山地骑行和野营。除了 5 个版本的《新西兰》指南，他们也是 Lonely Planet 的《新西兰徒步与流浪》（*Hiking & Tramping in New Zealand*）和《新西兰自驾》（*New Zealand's Best Trips*）的作者。在 www.bennettandslater.co.nz上可以了解更多关于他们的信息。莎拉和李也撰写了本书的“南岛徒步”“南岛滑雪”和“南岛极限运动”章节。

彼得·德拉吉策维奇（Peter Dragicevich）

达尼丁和奥塔戈、昆斯敦（皇后镇）和瓦纳卡、峡湾地区和南部区　为海外出版公司工作了近 10 年之后，彼得的人生完成了一次大循环，他又回到了他的家乡奥克兰。他担任奥克兰《快讯报》（*Express*）的执行主编，几乎整个 20 世纪 90 年代都在写有关本地艺术、俱乐部和酒吧的文章。彼得也参与了数版《新西兰》指南的写作，在为 Lonely Planet 写过很多作品之后，这仍然是他最爱的舞台。